清史列传

简体字本

王钟翰 点校

清史列傳

卷一～卷八

中华书局

图书在版编目（CIP）数据

清史列传:简体字本/王钟翰点校. —北京:中华书局,2022.5
ISBN 978-7-101-15682-9

Ⅰ.清… Ⅱ.王… Ⅲ.历史人物-列传-中国-清代
Ⅳ.K820.49

中国版本图书馆 CIP 数据核字(2022)第 052093 号

书　　名	清史列传(简体字本)(全十册)	
点 校 者	王钟翰	
出版发行	中华书局	
	（北京市丰台区太平桥西里 38 号　100073）	
	http://www.zhbc.com.cn	
	E-mail:zhbc@zhbc.com.cn	
印　　刷	北京盛通印刷股份有限公司	
版　　次	2022 年 5 月第 1 版	
	2022 年 5 月第 1 次印刷	
规　　格	开本/880×1230 毫米　1/32	
	印张 226½　插页 20　字数 4614 千字	
印　　数	1-3000 册	
国际书号	ISBN 978-7-101-15682-9	
定　　价	680.00 元	

简体字本清史列传出版说明

　　清史列传是除了清史稿的列传部分之外，记载清朝三百年间人物传记最为全面的史书。著名清史专家王钟翰先生，曾参与点校中华书局 1977 年版清史稿，后又独立点校了清史列传，并于 1987 年在中华书局出版。点校本清史列传深受学术界和广大读者认可，成为清代文史研究的必备史书。

　　本次出版的简体字本清史列传，在中华书局 1987 年版繁体竖排点校本的基础上完成。出版过程中，我们基本遵循原点校本体例，保留了繁体字本人名、地名、书名等专名标注，仅对原点校本中一些明显的破句或编校错误加以订正。同时，简体字本清史列传也在个别地方作了必要的技术处理。例如，原点校本每卷之末附有本卷校勘记，现改为每一篇人物传记后附校勘记；原点校本书末所附人名索引以四角号码排列，现改为拼音排序，以便读者查询。

中华书局编辑部

2022 年 2 月

点校序言

清史列传八十卷，不著编纂人，又无序跋，莫详来源。从其书以清史命名，全书共分八门（一、宗室王公；二、大臣［画一传档正编，次编，续编，后编，新办大臣传，已纂未进大臣传］；三、忠义；四、儒林；五、文苑；六、循吏；七、贰臣；八、逆臣）来看，自来学者都认为它的稿本来源就是出于前清国史馆历朝纂修的大臣列传，只不过选录其中约三千人，分门别类，依时间先后，编排而成。时在民国初年，故又改“国史”而为“清史”，视为理所当然之事，似无异辞的了。

夷考其实，亦不尽然。近年来我据北京中国第一历史档案馆所藏原国史馆纂修的大臣列传稿本以及满汉名臣传、国朝耆献类征初编诸种传记与清史列传互相校勘，发现清史列传一书的稿本来源，直接钞自原国史馆纂修的大臣列传稿本的为数固不少，而间接从满汉名臣传和国朝耆献类征初编过录的尤不在少数。我们知道，大臣列传稿本共四十四包，凡一千五百十七件，计有三千一百二十九篇传，包括重复的传，而附传未计在内；但八十卷的清史列传共有二千八百九十四篇传，附传包括在内；

两者姓名相同的传,只有六百多篇。可是,清史列传与满汉名臣传和国朝耆献类征初编相比对,三书同名的传有三百七十一人,此外,清史列传与满汉名臣传同名的传仅有四百二十六人,而与国朝耆献类征初编同名的传多至一千六百四十九人。但清史列传仍有一千一百九十人既不见于满汉名臣传,亦不见于国朝耆献类征初编。从中可以看出,清史列传所独有的一千一百九十篇传,很可能是从大臣列传稿本转钞来的,可惜目前北京档案馆内保存的三千多篇传稿,乾隆以前的寥寥无几,即乾、嘉以后的恐怕亦决不止此数,所以一时无法做出肯定的答案来。据说,台湾故宫博物院还藏有原国史馆纂修的历朝本纪,"自天命至光绪朝,分满、汉文两种",完好无缺(载台湾故宫季刊第六卷,第四期)。是否北京所缺的这一千一百九十篇传稿,全部或部分仍保存在台湾,迄今未见报导,不得闻知其详。这只有等待不久的将来,台湾海峡两岸通邮或台湾回归祖国以后,将两地保存好的大臣列传稿本比勘一下,自会有个分晓。

根据清史列传与大臣列传稿本同名的六百多篇传,逐一比勘之后,有的传,如马尔泰传、唐绥祖传、岳起传、恩长传、兴奎传等,两者内容几乎完全相同,除个别字句偶有笔误者外,甚至连一字也不差。有的传,如玉德传,清史列传首云"玉德,瓜尔佳氏,正红旗满洲人"(耆献类征同),而现存的大臣列传稿本无玉德的姓氏,眉批"玉德系雅德之弟。见高宗实录乾隆六十年五月";下文又有"命署山东济东泰武道"一句(耆献类征亦同),大臣列传稿本于"武"字旁添注一"临"字。又如德楞泰传,清史列传作"正黄旗蒙古人"(耆献类征同),而大臣列传稿本将"蒙古"

二字钩乙于"正黄旗"之前；下文只有"命儒臣制赞"（耆献类征亦同）一句，而大臣列传稿本于"赞"字下添入"赞曰：夺桥毁寨，克卡破围。单骑百战，千人一挥。仄径螺旋，大河凫渡。飒爽英姿，□□□□"云云。以上玉德、德楞泰两篇传既不见于满汉名臣传，而大臣列传稿本又与清史列传和耆献类征中所辑的"国史馆本传"有所不同。从而不难推知，清史列传的稿本来源，其直接钞自大臣列传稿本的部分，大都经过多次修改删定，究竟出于正本、副本或清本，恐怕不能一概而论。目前北京档案馆保存的大臣列传稿本就有一人多至三、四份传稿者，而清史列传过录的因人而异，其独有的一千一百九十篇传，绝大部分又不见于现存的大臣列传稿本。上述清史列传中的玉德传和德楞泰传，就是尚未经过修改删定的初稿本的两个例证。

现存的大臣列传稿本中的额亦都、范文程、洪承畴、祁充格、陈名夏、孙承泽、费英东等传，是乾隆三十年开馆重辑大臣列传仅存的七篇传。拿其中额亦都、费英东、范文程三传和清史列传、满汉名臣传、耆献类征三书中相同的三传比勘一下：稿本中额亦都传的"布寨"，清传、满传、耆献类征三书均作"布齐"，"齐"字显系"斋"字的形似而讹，"寨"、"斋"二字又音同异译；又"噶盖"，三书均作"噶益"，亦形似而讹；又"三岔儿堡"，三书均脱"三"字，但"嘉木湖之贝浑巴颜"，清传"嘉木湖"作"家穆瑚"，又"贝"下衍一"勒"字，耆献类征全同，而满传的"勒"字不衍，只"木湖"作"穆瑚"，"浑"作"珲"，同名异译为少异；又"太祖亲临哭之恸"，清传、耆献类征两书均脱"临"字，而满传不脱；又"进爵一等子"，清传作"授爵一等子"，耆献类征同，而满传

"授"作"受",亦异。稿本中的费英东传,如"贝勒巴雅喇",清传、满传、耆献类征三书"巴"均误作"色",又"叶赫城",三书均脱"城"字;但"斐优城"的"优"字,清传、耆献类征两书均作"悠",而满传作"优",又"赐敕免死二次"的"敕"字,清传、耆献类征两书均误作"勋",而满传不误。据此,知清史列传既不同于大臣列传稿本,又与满洲名臣传小同大异,但与耆献类征全同,是额亦都、费英东两传确系钞自耆献类征无疑了。范文程传不见于满汉名臣传,清传又不似从现存的乾隆三十年大臣列传稿本中钞出,如稿本首云"范文程,字宪斗。先世自江西乐平县徙沈阳",清传删去自"字"至"徙"十二字,改作"沈阳人",而耆献类征于"字宪斗"之下,作"汉军镶黄旗人";又"师入北京"之前,稿本尚有"凡檄皆署文程官阶姓氏"一句,今清传全删,而耆献类征则作"畿内甫平,挞伐四出,腾布文告,调发军需,事无巨细,皆应机立办"云云。疑乾隆稿本为初稿本,耆献类征为过渡本,清史列传所录当系删定本,只不过这个删定本没有被保存下来罢了。

　　清史列传钞自耆献类征之例尚多,毋庸一一胪列,今再举钞自满洲名臣传之例:如伊勒慎传中的"太祖高皇帝戊申年",清传与满传"祖"均误作"宗",而耆献类征不误;又"守将烈烈浑、寨萨等",清传与满传均脱一"烈"字,而耆献类征不脱。又如顾八代传中的"不宜留任部院",清传、满传、耆献类征三书均脱"留任"二字;但"直上书房"的"上"字,清传与满传两书均误作"尚"字,而耆献类征不误。上述伊勒慎、顾八代两传均可作为清史列传钞自满洲名臣传的例证。同时,清传钞自汉名臣传的例子也不少：如韩菼传中的"平定朔漠方略"，清传、汉传、耆献类征三书均脱"方略"二字；而"弘德殿"的"弘"字，清传、汉传两书均避讳作"宏"，但耆献类征不避讳作"弘"。又如魏象枢传中的"吏科都给事中"，清传、汉传、耆献类征三书均脱"都"字，但"郎中宋文运"，清传、汉传两书均脱"宋"字，而耆献类征不脱。又如张鹏翮传中的"黄河比裴家场引河身高"的"比"字，清传、汉传、耆献类征三书均误作"北"；"给事中慕琛"的"慕"字，三书均误作"幕"；但"同州知州蔺佳选"的"蔺"字，清传、汉传两书均作"兰"，形似而讹，而耆献类征不误；"王家堂缺口"的"堂"字，两书均误作"营"，而耆献类征不误；"按南河志"的"南河"系指南运河，两书均误作"河南"，显系颠倒其字，而耆献类征不颠倒。这就很明显可以看出，上述韩菼、魏象枢、张鹏翮三传都是清史列传钞自汉名臣传的有力例证。

如前所述，清史列传的稿本来源，大别有三：一，出于原国史馆纂修的大臣列传稿本，除现存稿本中相同的六百多篇传外，还有清史列传的一千一百九十篇传查无下落，很可能也是出于散佚的大臣列传稿本；二，小部分钞自满汉名臣传（京都琉璃厂菊花书屋巾箱本），连同与耆献类征重出的相加在一起，总共才有四百二十六篇传，在清史列传的二千八百九十四篇传中只占七分之一强；三，大部分钞自耆献类征（光绪十六年湘阴李氏家刻本），单与清史列传相同的就有一千二百七十八篇传，连同与满汉名臣传重出的加在一起，多至一千六百四十九篇传，占清史列传全书的一半以上。但我们很清楚地知道，清史列传当中的一部分是直接钞自原国史馆纂修的大臣列传稿本，而另一部分则是间接从满汉名臣传和耆献类征过录的。满汉名臣传刊刻于乾、嘉之际，正在乾隆三十年（1766 年）第二次开国史馆重辑大臣列传迄于乾隆末经过多次修改删定，依次呈进之后。是知乾隆重辑的大臣列传即为满汉名臣传所依据以刊刻成编者，满传四十八卷，汉传三十二卷，其中正传满六百三十九人、汉二百七十九人，附传满一百三十九人、汉二十八人，满汉两传均系录自天命迄乾隆历次所辑大臣列传中的著名人物。国朝耆献类征初编七百二十卷，刊于光绪十六年（1890 年，续编五百五十卷，迄未刊布），其中除收录清代名人的碑传墓志以外，馀均标明"国史馆本传"字样。很显然，不管满汉名臣传也好，或者耆献类征也好，绝大部分的稿本来源都出之于前清国史馆历朝所辑的大臣列传，这些大臣列传几乎散佚大半以上，如今既为清史列传转录下来，虽属第二手资料，仍不失具有较高参考价值的接近于第一手资料。

从目前现存的几十种清代传记来看，满汉名臣传收录的名臣不到一千人，而且都是乾、嘉以前的著名人物；差不多与清史列传同时刊布的国史列传（东方文化学会印行本）八十卷，二十册，收录的仅五百馀人，均系乾、嘉年间的人物，而且许多与满汉名臣传雷同；耆献类征成书于清季，收录之富，远远超过上列二书，但碑传墓志，无所不包，杂沓讹夺，不一而足，而且直接从"国史馆本传"钞出的固多，但辗转过录的亦复不少。那末，包括有清一代三百年间的人物传记，自然要算清史列传和清史稿中的列传部分了。但清史稿的列传所收虽有少数不见于清史列传，而绝大多数的传，叙事简略，多半有年无月，有的连年月全都省去,未免失之过简,对于清史研究工作者的进一步深入钻讨,极为不便;与此相反,清史列传叙事较为详明,年月首尾具备,虽有纯属流水账簿之诮,但因人依时,沿流溯源,探索以求,每每得事半功倍之益。不特此也,清史列传亦有足补清实录的阙失或纠正它的错讹的地方:如清史列传中的张鹏翮传,有康熙三十八年四月一疏,而清实录失载;又田从典传有雍正六年三月乞休得旨的原文,远比清实录为详晰。又如清实录节录失误而幸得清史列传载有原文足以纠正者:道光六年八月朱士彦的覆奏,实录删减为“原参有因而未尽实等语”一句,骤视之殊不可解。及查清史列传中的朱士彦传,原文为“原参各款,有并无其事者,有事出有因而未尽实者”云云,可证实录纂修者竟将原奏的“事出有因”四字删节成“有因”二字,殊不成辞。不有清史列传本传收录原奏,孰能通晓其意? 然则清史列传的史料价值也就不言而喻了。

　　这次点校工作,仍以标点、分段为重点,同时也注意校勘,作有校勘记附于每卷之末,共计约二千条,俾这次的新点校本成为比较完善的、接近于前清国史馆历次所纂大臣列传的原稿本。所用的工作本就是民国十七年(1928 年)上海中华书局的排印本。除根据北京中国第一历史档案馆所藏原国史馆纂修的大臣列传稿本中相同的六百多篇传,拿来与清史列传一一对勘而外,同时还拿满汉名臣传、耆献类征、国史列传三书与清史列传中相同的各传逐一互校,并参考大清历朝实录以及有关史籍档册,拾遗补阙,订误纠失,作出校记,并一一说明理由和根据来源,以备覆查。关于史实错误及同音异译的人名、地名、官名、部落名称等,一般不改动,只在本传内略作统一;清朝避讳字,一律改回;凡遇明显的错别字,以及对少数民族名称带有侮辱性的字眼(旧史中习见的泛称除外),均加改正,不再出校记。但原文文理不通,或人名、地名等偶有脱误,一时查不到出处的地方,都维持原状。原书卷首附有按笔画排列的正附传的人名索引,这次由小儿王楚云在原来基础上加以扩充,于正附传之外,凡各传附见的小传以及类似的小传,也都一一收录补入,作为新编的人名索引,改用四角号码排列,移于全书之末,以便检查。

这里必须特别提出来,这次清史列传的点校,得到中华书局和中国第一历史档案馆许多同志的大力支持与热忱协助,才得以顺利完成,谨在此志谢。

限于水平、时间和各种条件,点校方面可能还存在着不少错误和缺点,殷切地希望读者不吝指教,俾能在再版时改正。

王钟翰 1981 年 10 月于北京中央民族学院历史系

清史列传目录

第一册

卷一　宗室王公传一 …………………………………………… 1

　代善 ……………………………………………………………… 1

　阿济格 ………………………………………………………… 12

卷二　宗室王公传二 ………………………………………… 23

　多尔衮 ………………………………………………………… 23

　多铎 …………………………………………………………… 45

　豪格 …………………………………………………………… 57

　硕塞 …………………………………………………………… 61

　济尔哈朗 ……………………………………………………… 64

　尼堪 …………………………………………………………… 78

　萨哈璘 ………………………………………………………… 82

　博洛 …………………………………………………………… 86

　雅尔哈齐 ……………………………………………………… 89

　阿巴泰 ………………………………………………………… 90

卷三　宗室王公传三 ……………………………………… 101

岳托 …………………………………………………… 101

瓦克达 ………………………………………………… 110

勒克德浑 ……………………………………………… 113

阿敏 …………………………………………………… 118

穆尔哈齐 ……………………………………………… 120

巴雅喇 ………………………………………………… 120

褚英 …………………………………………………… 120

芬古 …………………………………………………… 121

杜度 …………………………………………………… 127

察尼 …………………………………………………… 130

喀尔楚浑 ……………………………………………… 133

巴思哈 ………………………………………………… 134

务达海 ………………………………………………… 135

博和托 ………………………………………………… 136

固尔玛浑 ……………………………………………… 140

洛托 …………………………………………………… 143

傅喇塔 ………………………………………………… 144

穆尔祜 ………………………………………………… 154

萨弼 …………………………………………………… 155

苏布图 ………………………………………………… 157

温齐 …………………………………………………… 157

阿拜 …………………………………………………… 158

巴布泰 ………………………………………………… 159

汉岱 …………………………………………………… 160

恭阿 …………………………………………… 161

屯齐 …………………………………………… 162

塔拜 …………………………………………… 164

赖慕布 ………………………………………… 164

玛瞻 …………………………………………… 165

巴穆布尔善 …………………………………… 166

巴尔堪 ………………………………………… 166

扎喀纳 ………………………………………… 170

莽古尔泰 ……………………………………… 172

德格类 ………………………………………… 173

拜音图 ………………………………………… 175

硕托 …………………………………………… 176

延信 …………………………………………… 177

卷四　大臣画一传档正编一 ………………… 179

费英东 ………………………………………… 179

额亦都 ………………………………………… 181

扈尔汉 ………………………………………… 184

佟养正　子佟图赖 …………………………… 185

西喇布　子玛喇希 …………………………… 186

觉罗拜山　子顾纳岱　孙莫洛浑 …………… 188

武理堪　子武拜 ……………………………… 190

伟齐　子穆里玛 ……………………………… 193

额尔德尼 ……………………………………… 194

达海 …………………………………………… 195

希福 ……………………………………………………… 197

康果礼 …………………………………………………… 199

佟养性　孙国瑶 ………………………………………… 200

阿什达尔汉 ……………………………………………… 202

达尔汉 …………………………………………………… 204

伊勒慎 …………………………………………………… 206

图赉 ……………………………………………………… 208

阿山 ……………………………………………………… 211

叶臣 ……………………………………………………… 214

恩格图 …………………………………………………… 216

哈宁阿 …………………………………………………… 217

准塔 ……………………………………………………… 219

和托 ……………………………………………………… 221

焦安民 …………………………………………………… 223

佟养甲 …………………………………………………… 224

罗绣锦　弟绘锦 ………………………………………… 226

谭泰 ……………………………………………………… 227

祁充格 …………………………………………………… 231

刚林 ……………………………………………………… 232

何洛会 …………………………………………………… 233

冷僧机 …………………………………………………… 235

敦拜 ……………………………………………………… 236

沈文奎 …………………………………………………… 238

张大猷 …………………………………………………… 242

李思忠　子塞白理 ·················· 244

柯永盛　弟永昇 ·················· 246

陈泰 ·················· 248

阿尔津 ·················· 250

李国翰 ·················· 252

济什哈 ·················· 255

朱玛喇 ·················· 257

爱星阿　子富善 ·················· 260

卓罗 ·················· 262

卷五　大臣画一传档正编二 ·················· 265

范文程 ·················· 265

额色赫 ·················· 269

宁完我 ·················· 271

觉罗巴哈纳 ·················· 273

车克 ·················· 274

明安达礼 ·················· 276

蓝拜 ·················· 278

宁古哩 ·················· 280

噶达浑 ·················· 281

伊拜　弟库尔阐 ·················· 283

金砺 ·················· 286

刘之源 ·················· 287

伊尔德 ·················· 290

根特 ·················· 292

郎廷佐 …………………………………………………… 294

蒋国柱 …………………………………………………… 296

喀喀穆 …………………………………………………… 299

梁化凤 …………………………………………………… 301

达素 ……………………………………………………… 304

赵廷臣 …………………………………………………… 305

李率泰 …………………………………………………… 307

马国柱 …………………………………………………… 311

林起龙 …………………………………………………… 313

耿继茂 …………………………………………………… 316

尚之孝 …………………………………………………… 317

金光祖 …………………………………………………… 319

石廷柱 …………………………………………………… 322

蒋赫德 …………………………………………………… 326

傅以渐 …………………………………………………… 327

吕宫 ……………………………………………………… 329

魏裔介 …………………………………………………… 331

孙廷铨 …………………………………………………… 334

黄机 ……………………………………………………… 336

苏拜　　子和托 ………………………………………… 340

鄂罗塞臣 ………………………………………………… 342

哈什屯 …………………………………………………… 343

褚库 ……………………………………………………… 345

卷六　大臣画一传档正编三 …………………………… 347

郎球 ································· 347

斐雅思哈 ··························· 348

巴山　　子舒恕 ····················· 350

星讷 ································· 352

苏克萨哈 ··························· 354

苏纳海 ······························ 356

朱昌祚 ······························ 358

王登联 ······························ 360

鳌拜 ································· 362

巴哈 ································· 367

玛尔赛 ······························ 368

索尼 ································· 370

遏必隆 ······························ 374

杨雍建 ······························ 376

米思翰　　子李荣保 ················· 379

巴泰 ································· 381

佟国印 ······························ 382

杜笃祜 ······························ 383

对喀纳 ······························ 386

傅达礼 ······························ 387

朱国治 ······························ 388

甘文焜　　子国城　和善等 ··········· 389

范承谟 ······························ 392

马雄镇 ······························ 396

高天爵　吴万福等 ···························· 398

希尔根　子喀西泰 ···························· 399

根特 ·· 402

瓦尔喀 ······································ 403

图喇 ·· 405

莽依图 ······································ 406

毕力克图 ····································· 409

额楚 ·· 412

莫洛 ·· 415

陈福 ·· 418

傅弘烈 ······································ 421

图海 ·· 426

李之芳 ······································ 431

卷七　大臣画一传档正编四 ··················· 441

董卫国 ······································ 441

瑚图 ·· 444

蔡毓荣 ······································ 447

鄂善 ·· 452

周有德 ······································ 455

觉罗舒恕 ····································· 458

穆成额 ······································ 461

桑格 ·· 463

塔勒岱 ······································ 465

赖塔 ·· 466

赵良栋 ……………………………………………… 471

王进宝　子用予 …………………………………… 475

佛尼勒 ……………………………………………… 479

希福 ………………………………………………… 481

穆占 ………………………………………………… 484

勒贝 ………………………………………………… 487

哲尔肯 ……………………………………………… 489

郝浴 ………………………………………………… 490

觉罗伊图 …………………………………………… 492

李霱 ………………………………………………… 493

宋德宜　子骏业 …………………………………… 496

杜立德 ……………………………………………… 501

冯溥 ………………………………………………… 504

姚文然 ……………………………………………… 508

上官铉 ……………………………………………… 510

锡卜臣 ……………………………………………… 514

张长庚 ……………………………………………… 516

卞三元　子永誉 …………………………………… 518

熊赐履 ……………………………………………… 521

卷八　大臣画一传档正编五 ……………………… 527

王熙 ………………………………………………… 527

魏象枢 ……………………………………………… 532

汤斌 ………………………………………………… 534

陆陇其 ……………………………………………… 539

索额图 …………………………………………………… 543

明珠 ……………………………………………………… 546

佛伦 ……………………………………………………… 552

余国柱 …………………………………………………… 556

于成龙 …………………………………………………… 558

王骘 ……………………………………………………… 566

朱之锡 …………………………………………………… 571

靳辅 ……………………………………………………… 578

徐旭龄 …………………………………………………… 592

于成龙 …………………………………………………… 596

姚启圣　子仪 …………………………………………… 603

第二册

卷九　大臣画一传档正编六 …………………………… 609

吴兴祚 …………………………………………………… 609

马如龙 …………………………………………………… 614

傅拉塔 …………………………………………………… 616

杨素蕴 …………………………………………………… 618

黄梧　子芳度　侄芳世　芳泰 ………………………… 621

施琅 ……………………………………………………… 628

万正色 …………………………………………………… 635

拉哈达 …………………………………………………… 638

杨捷 ……………………………………………………… 640

徐治都 …………………………………………………… 643

瓦岱 ……………………………………………………… 645

叶映榴 …………………………………………… 647

伊桑阿 …………………………………………… 649

阿兰泰 …………………………………………… 651

张英 ……………………………………………… 653

吴琠 ……………………………………………… 656

吴正治 …………………………………………… 658

陈廷敬 …………………………………………… 660

李天馥 …………………………………………… 666

徐元文 …………………………………………… 667

王掞 ……………………………………………… 673

叶方蔼 …………………………………………… 677

励杜讷 …………………………………………… 678

韩菼 ……………………………………………… 679

王士祯 …………………………………………… 681

宋荦 ……………………………………………… 684

汤右曾 …………………………………………… 687

卷十　大臣画一传档正编七 …………………… 691

麻勒吉 …………………………………………… 691

郎廷相 …………………………………………… 694

赵祥星 …………………………………………… 696

陶岱 ……………………………………………… 697

钱珏 ……………………………………………… 699

徐乾学　弟秉义 ………………………………… 701

高士奇 …………………………………………… 708

王鸿绪 ……………………………………………… 712

王顼龄　弟九龄 ……………………………………… 720

高尔位 ……………………………………………… 722

张玉书 ……………………………………………… 725

李光地 ……………………………………………… 729

萨布素 ……………………………………………… 745

郎坦 ………………………………………………… 753

佟国纲 ……………………………………………… 756

萨穆哈 ……………………………………………… 757

郭琇 ………………………………………………… 762

彭鹏 ………………………………………………… 766

卷十一　大臣画一传档正编八 …………………… 773

费扬古 ……………………………………………… 773

孙思克 ……………………………………………… 777

珠满 ………………………………………………… 784

硕岱 ………………………………………………… 785

马际伯　弟见伯　觊伯 …………………………… 787

赫寿 ………………………………………………… 791

佟国维 ……………………………………………… 794

温达 ………………………………………………… 797

张鹏翮 ……………………………………………… 799

蒋廷锡 ……………………………………………… 815

顾八代 ……………………………………………… 818

徐潮 ………………………………………………… 821

郭世隆 ·· 824

贝和诺　子马喇 ································· 830

博霁 ·· 835

范承勋 ·· 837

陈瑸 ·· 842

施世纶 ·· 848

蓝理 ·· 851

王新命 ·· 853

卷十二　大臣画一传档正编九 ·············· 857

舒兰 ·· 857

祖良璧 ·· 859

李麟 ·· 861

赵申乔 ·· 863

陈诜 ·· 868

张伯行 ·· 871

赵弘灿　弟弘燮　子之桓 ·················· 878

范时崇 ·· 880

年遐龄　子希尧 ······························· 884

黄秉中 ·· 886

鄂海 ·· 888

许汝霖 ·· 891

慕天颜 ·· 893

阿山 ·· 898

噶礼 ·· 901

阿灵阿　子阿尔松阿 …………………………………… 907

揆叙 …………………………………………………………… 909

鄂伦岱 ………………………………………………………… 910

觉罗满保 ……………………………………………………… 913

施世骠 ………………………………………………………… 918

蓝廷珍 ………………………………………………………… 921

富宁安 ………………………………………………………… 922

田从典 ………………………………………………………… 926

逊柱 …………………………………………………………… 930

高其位　子起 ……………………………………………… 933

萧永藻 ………………………………………………………… 936

沈近思 ………………………………………………………… 939

卷十三　大臣画一传档正编十 …………………………… 943

励廷仪　子宗万 …………………………………………… 943

张廷枢 ………………………………………………………… 950

隆科多 ………………………………………………………… 953

年羹尧 ………………………………………………………… 957

蔡珽 …………………………………………………………… 972

李维钧 ………………………………………………………… 976

陈鹏年 ………………………………………………………… 981

齐苏勒 ………………………………………………………… 985

杨宗仁 ………………………………………………………… 991

王国栋 ………………………………………………………… 994

法海 …………………………………………………………… 996

田文镜 ···························· 998

李卫 ····························· 1004

杨文乾 ···························· 1015

嵩祝 ····························· 1021

拉锡 ····························· 1025

福敏 ····························· 1026

卷十四　大臣画一传档正编十一 ·········· 1031

朱轼 ····························· 1031

蔡世远 ···························· 1039

马齐 ····························· 1042

徐元梦 ···························· 1047

陈元龙 ···························· 1051

白潢 ····························· 1055

鄂尔泰　弟鄂尔奇 ·················· 1057

张廷玉　弟廷璐　廷瑑　子若霭 ········ 1067

杨名时 ···························· 1092

黄叔琳　子登贤 ···················· 1099

高其倬 ···························· 1103

赵国麟 ···························· 1109

卷十五　大臣画一传档正编十二 ·········· 1113

李绂　孙友棠 ····················· 1113

孙嘉淦 ···························· 1124

魏廷珍 ···························· 1133

甘国璧 ···························· 1138

图理琛 ··· 1140

莽鹄立 ··· 1145

范时绎 ··· 1149

宪德 ·· 1153

硕色 ·· 1160

傅鼐 ·· 1166

石云倬 ··· 1168

冶大雄 ··· 1171

来保 ·· 1174

史贻直 ··· 1178

卷十六　大臣画一传档正编十三 ············· 1187

陈世倌 ··· 1187

阿克敦 ··· 1192

刘于义 ··· 1198

徐本　弟�杞　子以烜 ····················· 1203

迈柱 ·· 1209

黄廷桂 ··· 1216

张允随 ··· 1226

查郎阿 ··· 1232

嵇曾筠 ··· 1242

高斌　子恒　孙朴 ································ 1249

顾琮 ·· 1262

牛钮 ·· 1267

海望 ·· 1269

卷十七　大臣画一传档正编十四 …………………… 1275

　杭奕禄 ……………………………………………… 1275

　盛安 ………………………………………………… 1279

　梅毂成 ……………………………………………… 1283

　傅尔丹 ……………………………………………… 1287

　岳钟琪　　子濬 …………………………………… 1295

　元展成 ……………………………………………… 1309

　张广泗 ……………………………………………… 1311

　谭行义 ……………………………………………… 1320

　汪漋 ………………………………………………… 1321

　杨超曾 ……………………………………………… 1328

　喀尔吉善　　子定长 ……………………………… 1333

　方观承 ……………………………………………… 1343

　吴达善 ……………………………………………… 1359

　陈惪华 ……………………………………………… 1361

　王安国 ……………………………………………… 1363

第三册

卷十八　大臣画一传档正编十五 …………………… 1367

　尹会一　　子嘉铨 ………………………………… 1367

　杨锡绂 ……………………………………………… 1377

　王士俊 ……………………………………………… 1386

　仲永檀 ……………………………………………… 1393

　哈元生　　子尚德 ………………………………… 1399

　马尔泰 ……………………………………………… 1402

魏定国 ·· 1407

尹继善 ·· 1410

陈大受　子辉祖 ··· 1423

陈宏谋 ·· 1429

刘统勋 ·· 1440

卷十九　大臣画一传档正编十六 ····························· 1457

傅清　子明仁 ·· 1457

拉布敦 ·· 1465

班第 ··· 1467

熊学鹏 ·· 1479

鄂容安 ·· 1481

纳穆札勒 ·· 1492

三泰 ··· 1496

方苞 ··· 1497

钱陈群　子汝诚 ··· 1501

任兰枝 ·· 1507

张照 ··· 1509

沈德潜 ·· 1515

汪由敦 ·· 1520

彭启丰 ·· 1524

卷二十　大臣画一传档正编十七 ····························· 1529

邹一桂 ·· 1529

董邦达 ·· 1532

金德瑛 ·· 1533

秦蕙田 …………………………………………… 1536

曹秀先 …………………………………………… 1537

乔光烈 …………………………………………… 1540

傅恒　子福灵安 ………………………………… 1541

兆惠 ……………………………………………… 1557

阿里衮 …………………………………………… 1568

舒赫德 …………………………………………… 1577

梁诗正　子敦书 ………………………………… 1592

蒋溥 ……………………………………………… 1596

官保 ……………………………………………… 1599

刘纶 ……………………………………………… 1601

卷二十一　大臣画一传档正编十八 …………… 1605

于敏中 …………………………………………… 1605

程景伊 …………………………………………… 1611

梁国治 …………………………………………… 1613

嵇璜 ……………………………………………… 1619

伍弥泰 …………………………………………… 1632

杨廷璋 …………………………………………… 1637

永贵 ……………………………………………… 1645

三宝 ……………………………………………… 1653

庄有恭 …………………………………………… 1657

达勒党阿 ………………………………………… 1665

哈达哈　子哈宁阿 ……………………………… 1670

爱隆阿　弟巴灵阿 ……………………………… 1676

卷二十二　大臣画一传档正编十九 ·············· 1681

　　额勒登额 ······················· 1681

　　巴图济尔噶勒 ················· 1683

　　和起　子和隆武 ············· 1686

　　高天喜　子仁　人杰 ······· 1690

　　冯钤 ··························· 1692

　　张若震 ······················· 1697

　　讷亲 ··························· 1699

　　杨应琚 ······················· 1716

　　明瑞 ··························· 1726

　　珠鲁讷 ······················· 1733

　　德福 ··························· 1735

　　觉罗雅尔哈善 ············· 1735

　　觉罗纳世通 ················· 1743

　　唐绥祖 ······················· 1749

　　阿思哈 ······················· 1752

卷二十三　大臣画一传档正编二十 ·············· 1759

　　明德 ··························· 1759

　　胡宝瑔 ······················· 1764

　　高晋 ··························· 1770

　　李侍尧 ······················· 1780

　　周学健 ······················· 1806

　　鄂昌 ··························· 1809

　　吴士功 ······················· 1814

刘藻 ································· 1822

彰宝 ································· 1827

裘曰修 ······························· 1831

钱维城 ······························· 1851

卷二十四　大臣画一传档正编二十一 ······· 1855

任举　子承恩 ························· 1855

温福 ································· 1860

董天弼 ······························· 1865

哈国兴 ······························· 1870

庄存与 ······························· 1874

张泰开 ······························· 1877

德保 ································· 1879

周煌 ································· 1892

窦光鼐 ······························· 1894

常青 ································· 1912

袁守侗 ······························· 1923

陆燿 ································· 1927

鄂宁 ································· 1929

宗室莽古赉 ··························· 1935

海禄 ································· 1938

卷二十五　大臣画一传档正编二十二 ······· 1947

黄仕简　子秉淳 ······················· 1947

蓝元枚 ······························· 1959

福隆安 ······························· 1966

桂林 ························· 1970

谢墉 ························· 1977

钱载 ························· 1983

阿肃 ························· 1986

陆锡熊 ························· 1988

海兰察 ························· 1991

普尔普 ························· 2001

富勒浑　花尚阿 ·················· 2005

勒尔谨 ························· 2005

柴大纪 ························· 2015

尹德禧 ························· 2025

刚塔 ························· 2028

卷二十六　大臣传次编一 ·········· 2035

阿桂 ························· 2035

福康安 ························· 2053

蔡新 ························· 2071

刘墉　侄镮之 ·················· 2077

王杰 ························· 2083

彭元瑞 ························· 2090

孙士毅 ························· 2096

索琳 ························· 2109

刘星炜 ························· 2113

王昶 ························· 2114

陆费墀 ························· 2116

第四册

卷二十七　大臣传次编二 …………………… 2119

尹壮图 ………………………………………… 2119

舒常 …………………………………………… 2127

宗室兴肇 ……………………………………… 2132

刘秉恬 ………………………………………… 2136

乌什哈达 ……………………………………… 2144

鄂辉 …………………………………………… 2146

舒亮 …………………………………………… 2154

穆克登阿 ……………………………………… 2157

孙全谋 ………………………………………… 2161

彭承尧 ………………………………………… 2164

玉德 …………………………………………… 2169

梁肯堂 ………………………………………… 2175

徐绩 …………………………………………… 2178

闵鹗元 ………………………………………… 2181

陈淮 …………………………………………… 2184

姚棻 …………………………………………… 2186

庆桂 …………………………………………… 2188

书麟 …………………………………………… 2193

福崧 …………………………………………… 2203

卷二十八　大臣传次编三 …………………… 2209

董诰 …………………………………………… 2209

朱珪 …………………………………………… 2214

纪昀 ……………………………………………… 2226

刘权之 ………………………………………… 2230

费淳 …………………………………………… 2235

戴衢亨 ………………………………………… 2241

成德 …………………………………………… 2253

傅森 …………………………………………… 2255

瑚图礼 ………………………………………… 2258

沈初 …………………………………………… 2262

熊枚 …………………………………………… 2264

吴省钦　弟省兰 ……………………………… 2269

赵佑 …………………………………………… 2275

汪承霈 ………………………………………… 2277

周廷栋 ………………………………………… 2281

钱樾 …………………………………………… 2284

万承风 ………………………………………… 2286

刘凤诰 ………………………………………… 2289

钱棨 …………………………………………… 2293

卷二十九　大臣传次编四 …………………… 2295

勒保 …………………………………………… 2295

明亮 …………………………………………… 2314

和琳 …………………………………………… 2331

姜晟 …………………………………………… 2337

花连布 ………………………………………… 2342

仙鹤林 ………………………………………… 2348

额勒登保 ……………………………………… 2351

德楞泰　子苏冲阿 ………………………… 2367

清史列传卷三十　大臣传次编五 ……………… 2389

惠龄 …………………………………………… 2389

宜绵　子瑚素通阿 ………………………… 2395

毕沅 …………………………………………… 2413

秦承恩 ………………………………………… 2418

景安 …………………………………………… 2431

吴熊光 ………………………………………… 2438

宗室恒瑞 ……………………………………… 2447

呢玛善 ………………………………………… 2462

赛冲阿 ………………………………………… 2463

卷三十一　大臣传次编六 ……………………… 2477

马瑜 …………………………………………… 2477

薛大烈 ………………………………………… 2481

桂涵 …………………………………………… 2487

李长庚 ………………………………………… 2494

许松年 ………………………………………… 2501

邱良功 ………………………………………… 2506

张见陞 ………………………………………… 2508

胡振声 ………………………………………… 2510

岳起 …………………………………………… 2511

清安泰 ………………………………………… 2515

恩长 …………………………………………… 2518

颜检 ……………………………………………… 2519

裴行简 …………………………………………… 2533

张诚基 …………………………………………… 2537

陆有仁 …………………………………………… 2539

荆道乾 …………………………………………… 2542

谢启昆 …………………………………………… 2545

蒋兆奎 …………………………………………… 2550

兴奎 ……………………………………………… 2557

三音布　扎勒杭阿等 ……………………………… 2559

卷三十二　大臣传次编七 ………………………… 2561

松筠 ……………………………………………… 2561

托津 ……………………………………………… 2578

邹炳泰 …………………………………………… 2589

曹振镛 …………………………………………… 2591

百龄 ……………………………………………… 2598

章煦 ……………………………………………… 2616

铁保 ……………………………………………… 2622

金光悌 …………………………………………… 2626

秦瀛 ……………………………………………… 2628

鲍桂星 …………………………………………… 2631

费锡章 …………………………………………… 2634

卷三十三　大臣传次编八 ………………………… 2641

那彦成 …………………………………………… 2641

温承惠 …………………………………………… 2654

高杞 …………………………………………………… 2663

刘清 …………………………………………………… 2672

方维甸 ………………………………………………… 2679

方受畴 ………………………………………………… 2701

赵慎畛 ………………………………………………… 2704

胡克家 ………………………………………………… 2708

朱勋 …………………………………………………… 2711

曾燠 …………………………………………………… 2713

康绍镛 ………………………………………………… 2715

陈凤翔 ………………………………………………… 2717

卷三十四　大臣传次编九 …………………………… 2731

伯麟 …………………………………………………… 2731

富俊 …………………………………………………… 2735

孙玉庭 ………………………………………………… 2746

蒋攸铦 ………………………………………………… 2757

汪廷珍 ………………………………………………… 2772

初彭龄 ………………………………………………… 2777

姚文田 ………………………………………………… 2787

王引之 ………………………………………………… 2797

陈用光 ………………………………………………… 2801

玉麟 …………………………………………………… 2803

第五册

卷三十五　大臣传次编十 …………………………… 2815

和珅 …………………………………………………… 2815

恒敬 …………………………………………… 2829

穆克登布 ……………………………………… 2832

叶世倬 ………………………………………… 2833

吴璥 …………………………………………… 2835

曹师曾 ………………………………………… 2843

杨懋恬 ………………………………………… 2845

徐炘 …………………………………………… 2847

程含章 ………………………………………… 2850

戴三锡 ………………………………………… 2857

阿霖 …………………………………………… 2859

莫晋 …………………………………………… 2862

庆祥 …………………………………………… 2864

福绵 …………………………………………… 2869

吴光悦 ………………………………………… 2871

武隆阿 ………………………………………… 2873

舒尔哈善 ……………………………………… 2881

塔斯哈 ………………………………………… 2882

卢坤 …………………………………………… 2883

张井 …………………………………………… 2893

魏元煜 ………………………………………… 2899

陈中孚 ………………………………………… 2903

杨怿曾 ………………………………………… 2906

邱树棠 ………………………………………… 2910

孙尔准 ………………………………………… 2912

卷三十六　大臣传续编一 ……………………………… 2919

　长龄　　子桂轮 …………………………………… 2919

　文孚 ……………………………………………… 2932

　卢荫溥 …………………………………………… 2943

　阮元 ……………………………………………… 2948

　王鼎 ……………………………………………… 2960

　戴均元 …………………………………………… 2968

　伊里布 …………………………………………… 2976

　李鸿宾 …………………………………………… 2982

　陈官俊 …………………………………………… 2993

卷三十七　大臣传续编二 ……………………………… 3003

　黄钺 ……………………………………………… 3003

　王宗诚 …………………………………………… 3008

　何凌汉 …………………………………………… 3010

　朱士彦 …………………………………………… 3014

　鄂山 ……………………………………………… 3020

　觉罗海龄 ………………………………………… 3027

　英瑞 ……………………………………………… 3030

　王玮庆 …………………………………………… 3031

　杨遇春 …………………………………………… 3034

　陶澍 ……………………………………………… 3048

　程祖洛 …………………………………………… 3062

　祁墳 ……………………………………………… 3070

　裕谦 ……………………………………………… 3077

卷三十八　大臣传续编三 …………………… 3089

　贺长龄 ………………………………………… 3089

　林则徐 ………………………………………… 3096

　邓廷桢 ………………………………………… 3106

　栗毓美 ………………………………………… 3115

　钟祥 …………………………………………… 3122

　陈銮 …………………………………………… 3127

　吴其濬 ………………………………………… 3131

　梁章钜 ………………………………………… 3135

　张日晟 ………………………………………… 3140

　吴荣光 ………………………………………… 3141

　韩克均 ………………………………………… 3145

　乌尔恭额 ……………………………………… 3148

　巴哈布 ………………………………………… 3154

　特依顺 ………………………………………… 3157

　那彦宝 ………………………………………… 3162

　凯音布 ………………………………………… 3172

　舒通阿 ………………………………………… 3175

　海龄 …………………………………………… 3178

　袁登舜　张喜 ………………………………… 3180

卷三十九　大臣传续编四 …………………… 3181

　成顺 …………………………………………… 3181

　常德 …………………………………………… 3182

　乌珍泰 ………………………………………… 3185

霍隆武 ································· 3186

赓音岱 ································· 3187

图明额 ································· 3189

杨芳 ································· 3190

胡超 ································· 3201

段永福 ································· 3208

齐慎 ································· 3210

罗思举 ································· 3215

张必禄 ································· 3220

李国栋 ································· 3225

刘允孝 ································· 3228

王得禄 ································· 3230

关天培 ································· 3233

陈化成 ································· 3236

祝廷彪 ································· 3241

余步云 ································· 3243

唐际盛 ································· 3249

葛云飞 ································· 3253

郑国鸿 ································· 3256

王锡朋 ································· 3257

张士秀 ································· 3260

卷四十　大臣传续编五 ················· 3261

潘世恩 ································· 3261

卓秉恬　子標 ················· 3269

文庆 …………………………………………… 3276

裕诚 …………………………………………… 3283

琦善 …………………………………………… 3289

讷尔经额 ……………………………………… 3302

穆彰阿 ………………………………………… 3308

宗室耆英 ……………………………………… 3318

柏葰 …………………………………………… 3329

叶名琛 ………………………………………… 3333

卷四十一　大臣传续编六 …………………… 3343

杜受田 ………………………………………… 3343

汤金钊 ………………………………………… 3351

宗室敬徵 ……………………………………… 3362

宗室奕经 ……………………………………… 3371

宗室禧恩　弟裕恩 …………………………… 3376

何汝霖 ………………………………………… 3388

花沙纳 ………………………………………… 3392

徐泽醇 ………………………………………… 3397

宗室恩华 ……………………………………… 3405

黄爵滋 ………………………………………… 3407

袁希祖 ………………………………………… 3412

吕贤基 ………………………………………… 3418

戴熙 …………………………………………… 3422

卷四十二　大臣传续编七 …………………… 3425

姚元之 ………………………………………… 3425

文蔚 ································· 3428

吴文镕 ······························· 3432

王懿德 ······························· 3441

李星沅 ······························· 3444

罗绕典 ······························· 3452

陆建瀛 ······························· 3455

恒春 ································· 3463

季芝昌 ······························· 3468

舒兴阿 ······························· 3474

程矞采　弟楙采 ······················· 3480

周天爵 ······························· 3486

胡林翼 ······························· 3497

罗泽南 ······························· 3509

第六册

卷四十三　大臣传续编八 ················· 3517

江忠源 ······························· 3517

李续宾 ······························· 3526

邹鸣鹤 ······························· 3535

吉尔杭阿 ····························· 3541

蒋文庆 ······························· 3543

李孟群 ······························· 3546

王有龄 ······························· 3550

罗遵殿 ······························· 3554

徐有壬 ······························· 3556

常大淳 ·· 3558

陶恩培 ·· 3562

柏贵 ··· 3564

陆应榖 ·· 3567

陆费瑔 ·· 3572

郑祖琛 ·· 3574

崇纶 ··· 3579

青麐 ··· 3581

杨文定 ·· 3584

宗室祥厚 ·· 3589

和春 ··· 3591

善禄 ··· 3597

扎拉芬 ·· 3600

卷四十四　大臣传续编九 ······················ 3603

瑞昌 ··· 3603

宗室绵洵 ·· 3607

托云保 ·· 3609

佟鉴 ··· 3611

达洪阿 ·· 3613

霍隆武 ·· 3618

乌兰泰 ·· 3619

克兴额 ·· 3622

穆腾额 ·· 3623

乌尔棍泰 ·· 3624

向荣 ……………………………………………………… 3626

张国樑 …………………………………………………… 3641

邓绍良 …………………………………………………… 3652

塔齐布 …………………………………………………… 3656

双福 ……………………………………………………… 3662

尤渤 ……………………………………………………… 3664

陈金绶 …………………………………………………… 3668

乐善 ……………………………………………………… 3672

鞠殿华 …………………………………………………… 3674

博勒恭武 ………………………………………………… 3676

常禄 ……………………………………………………… 3677

都隆阿 …………………………………………………… 3680

恒安 ……………………………………………………… 3681

文俊 ……………………………………………………… 3682

褚克昌 …………………………………………………… 3683

邓尔恒 …………………………………………………… 3684

卷四十五　大臣画一传档后编一 ……………………… 3687

僧格林沁 ………………………………………………… 3687

曾国藩 …………………………………………………… 3703

骆秉章 …………………………………………………… 3724

桂良 ……………………………………………………… 3737

官文 ……………………………………………………… 3746

翁心存 …………………………………………………… 3755

彭蕴章 …………………………………………………… 3764

卷四十六　　大臣画一传档后编二 ························· 3773

祁寯藻 ··· 3773

周祖培 ··· 3790

倭仁 ··· 3799

瑞常 ··· 3810

朱凤标 ··· 3817

贾桢 ··· 3823

瑞麟 ··· 3829

麟魁 ··· 3834

张祥河 ··· 3839

王庆云 ··· 3842

卷四十七　　大臣画一传档后编三 ························· 3853

沈兆霖 ··· 3853

李棠阶 ··· 3864

赵光 ··· 3866

许乃普 ··· 3871

曹毓瑛 ··· 3879

谭廷襄 ··· 3881

罗惇衍 ··· 3887

宗室肃顺 ··· 3896

陈孚恩 ··· 3902

穆荫 ··· 3906

恒祺 ··· 3909

基溥 ··· 3911

明善 ·········· 3913

胜保 ·········· 3915

卷四十八 大臣画一传档后编四 ·········· 3929

黄宗汉 ·········· 3929

杜翰 ·········· 3939

颜伯焘 ·········· 3941

徐广缙 ·········· 3945

牛鉴 ·········· 3953

恒福 ·········· 3957

潘铎 ·········· 3960

易棠 ·········· 3964

慧成 ·········· 3968

熙麟 ·········· 3971

刘韵珂 ·········· 3973

刘源灏 ·········· 3977

毛鸿宾 ·········· 3979

劳崇光 ·········· 3986

吴振棫 ·········· 3996

怡良 ·········· 4002

卷四十九 大臣画一传档后编五 ·········· 4013

马新贻 ·········· 4013

曾望颜 ·········· 4018

张亮基 ·········· 4021

何桂清 ·········· 4029

李续宜 ·· 4040

张芾 ·· 4044

赵景贤 ··· 4053

周之琦 ··· 4059

徐之铭 ··· 4065

徐宗幹 ··· 4074

翁同书 ··· 4079

冯德馨 ··· 4088

刘蓉 ·· 4089

卷五十　大臣画一传档后编六 ············· 4097

蒋益澧 ··· 4097

袁甲三　　俚保庆 ································· 4104

多隆阿 ··· 4121

托明阿 ··· 4126

觉罗耆龄 ··· 4130

明绪 ·· 4132

宗室常清 ··· 4142

明谊 ·· 4147

裕瑞 ·· 4150

平瑞 ·· 4153

舒保 ·· 4155

宗室奕纪 ··· 4157

全顺 ·· 4161

关保 ·· 4162

锡霖 …………………………………………… 4167

德兴阿 ………………………………………… 4168

瑞昌 …………………………………………… 4171

周天受 ………………………………………… 4172

周天培 ………………………………………… 4175

鲍起豹 ………………………………………… 4177

王浚 …………………………………………… 4180

卷五十一　　大臣画一传档后编七 …………… 4183

饶廷选 ………………………………………… 4183

刘松山 ………………………………………… 4185

江忠义 ………………………………………… 4194

林文察 ………………………………………… 4196

高连升 ………………………………………… 4201

黄开榜 ………………………………………… 4204

郑魁士 ………………………………………… 4209

陈大富 ………………………………………… 4213

熊天喜 ………………………………………… 4214

杨昌泗 ………………………………………… 4215

程学启 ………………………………………… 4218

张树珊 ………………………………………… 4223

李臣典 ………………………………………… 4227

唐殿魁 ………………………………………… 4230

石清吉 ………………………………………… 4233

余际昌 ………………………………………… 4235

谭国泰 ·· 4237

左宗棠 ·· 4238

文祥 ·· 4260

第七册

卷五十二　大臣画一传档后编八 ············· 4271

赛尚阿 ·· 4271

英桂 ·· 4282

单懋谦 ·· 4288

沈桂芬 ·· 4291

全庆 ·· 4295

宗室载龄 ·· 4304

宗室灵桂 ·· 4308

文煜 ·· 4314

宝鋆 ·· 4317

崇纶 ·· 4324

魁龄 ·· 4327

崇实 ·· 4329

毛昶熙 ·· 4342

卷五十三　大臣画一传档后编九 ············· 4353

景廉 ·· 4353

锡珍 ·· 4364

宗室奎润 ·· 4367

袁保恒 ·· 4371

雷以諴 ·· 4376

薛焕 …………………………………………… 4386

黄钰 …………………………………………… 4391

张家骧 ………………………………………… 4392

胡家玉 ………………………………………… 4394

吴棠 …………………………………………… 4399

沈葆桢 ………………………………………… 4407

卷五十四　大臣画一传档后编十 ………… 4425

布彦泰 ………………………………………… 4425

觉罗乐斌 ……………………………………… 4434

李宗羲 ………………………………………… 4436

张树声 ………………………………………… 4444

丁宝桢 ………………………………………… 4447

刘长佑 ………………………………………… 4457

何璟 …………………………………………… 4463

杨岳斌 ………………………………………… 4471

严树森 ………………………………………… 4488

翁同爵 ………………………………………… 4497

卷五十五　大臣画一传档后编十一 ……… 4499

福济 …………………………………………… 4499

晏端书 ………………………………………… 4507

刘典 …………………………………………… 4514

黎培敬 ………………………………………… 4522

丁日昌 ………………………………………… 4525

郭柏荫 ………………………………………… 4532

林肇元 ·· 4535

潘鼎新 ·· 4540

张曜 ·· 4544

都兴阿 ·· 4555

魁玉 ·· 4563

金顺 ·· 4570

卷五十六　大臣画一传档后编十二 ·········· 4575

穆图善 ·· 4575

英翰 ·· 4583

托云 ·· 4587

皂保 ·· 4588

宗室奕山　　子载鸎 ························ 4592

长麟 ·· 4604

吴长庆 ·· 4605

周盛波 ·· 4609

周盛传 ·· 4612

鲍超 ·· 4617

江长贵 ·· 4625

傅振邦 ·· 4628

刘厚基 ·· 4632

陈国瑞 ·· 4635

郑国魁 ·· 4643

杨玉科 ·· 4646

卷五十七　新办大臣传一 ···················· 4653

李鸿章 ················· 4653

阎敬铭 ················· 4671

张之万 ················· 4684

恩承 ················· 4688

宗室福锟 ················· 4695

宗室麟书 ················· 4699

额勒和布 ················· 4702

荣禄 ················· 4706

裕德 ················· 4713

宗室崑冈 ················· 4716

李鸿藻 ················· 4721

毕道远 ················· 4729

卷五十八　新办大臣传二 ················· 4733

潘祖荫 ················· 4733

彭玉麟 ················· 4747

许庚身 ················· 4761

景廉 ················· 4763

崇绮 ················· 4769

怀塔布 ················· 4773

续昌 ················· 4774

宗室绵宜 ················· 4776

曾纪泽 ················· 4778

孙诒经 ················· 4788

周德润 ················· 4802

洪钧 ……………………………………………… 4812

李文田 …………………………………………… 4816

薛福成 …………………………………………… 4817

卷五十九　新办大臣传三 …………………… 4823

崧蕃 ……………………………………………… 4823

刘岳昭 …………………………………………… 4827

岑毓英 …………………………………………… 4830

卞宝第 …………………………………………… 4846

曾国荃 …………………………………………… 4850

李瀚章 …………………………………………… 4858

刘坤一 …………………………………………… 4864

杨重雅 …………………………………………… 4872

徐延旭 …………………………………………… 4875

倪文蔚 …………………………………………… 4876

刘锦棠 …………………………………………… 4882

张煦 ……………………………………………… 4891

马丕瑶 …………………………………………… 4892

许振祎 …………………………………………… 4895

刘铭传 …………………………………………… 4901

色楞额 …………………………………………… 4905

依克唐阿 ………………………………………… 4906

卷六十　新办大臣传四 ……………………… 4911

延茂 ……………………………………………… 4911

英廉 ……………………………………………… 4913

沙克都林扎布 ………………………………… 4915

升泰 …………………………………………… 4918

文海 …………………………………………… 4919

郭松林 ………………………………………… 4920

萧孚泗 ………………………………………… 4928

吴全美 ………………………………………… 4931

谭上连 ………………………………………… 4933

陶茂林 ………………………………………… 4935

方耀 …………………………………………… 4939

孙开华 ………………………………………… 4943

黄翼升 ………………………………………… 4948

李朝斌 ………………………………………… 4960

周达武 ………………………………………… 4965

罗孝连 ………………………………………… 4969

雷正绾 ………………………………………… 4973

唐友耕 ………………………………………… 4978

谭拔萃 ………………………………………… 4981

张得胜 ………………………………………… 4984

赵鸿举 ………………………………………… 4989

左宝贵 ………………………………………… 4992

刘明镫 ………………………………………… 4995

刘步蟾 ………………………………………… 4996

郭宝昌 ………………………………………… 4997

邓安邦 ………………………………………… 5002

徐占彪 ……………………………………………… 5005

徐邦道 ……………………………………………… 5007

第八册

卷六十一　新办大臣传五 ………………………… 5011

王德榜 ……………………………………………… 5011

刘连捷 ……………………………………………… 5015

刘倬云 ……………………………………………… 5018

宗室敬信 …………………………………………… 5021

崇礼 ………………………………………………… 5023

钱应溥 ……………………………………………… 5026

徐会沣 ……………………………………………… 5028

廖寿恒 ……………………………………………… 5029

立山　　联元 ……………………………………… 5037

薛允升 ……………………………………………… 5039

张百熙 ……………………………………………… 5044

寿山 ………………………………………………… 5053

陆宝忠 ……………………………………………… 5057

杨昌濬 ……………………………………………… 5063

刘秉璋 ……………………………………………… 5067

陶模 ………………………………………………… 5073

饶应祺 ……………………………………………… 5081

谭钟麟 ……………………………………………… 5083

聂士成 ……………………………………………… 5088

黄万鹏 ……………………………………………… 5091

闪殿魁 …………………………………………… 5096

卷六十二　已纂未进大臣传一 ………………… 5099

蒋凝学 …………………………………………… 5099

裕禄 ……………………………………………… 5102

毓贤 ……………………………………………… 5106

恩铭 ……………………………………………… 5107

启秀 ……………………………………………… 5112

刚毅 ……………………………………………… 5115

马如龙 …………………………………………… 5121

欧阳利见 ………………………………………… 5128

康国器 …………………………………………… 5133

席宝田 …………………………………………… 5143

宋庆 ……………………………………………… 5155

徐用仪 …………………………………………… 5159

边宝泉 …………………………………………… 5163

余联沅 …………………………………………… 5169

孙毓汶 …………………………………………… 5172

冯子材 …………………………………………… 5174

吴育仁 …………………………………………… 5179

罗荣光 …………………………………………… 5180

许景澄 …………………………………………… 5182

李兴锐 …………………………………………… 5184

余虎恩 …………………………………………… 5187

杨岐珍 …………………………………………… 5198

郑崇义 ·· 5201

卷六十三　已纂未进大臣传二 ························ 5203

游智开 ·· 5203

郝长庆 ·· 5206

杨儒 ··· 5207

夏辛酉 ·· 5208

马玉崑 ·· 5212

邵友濂 ·· 5214

王孝祺 ·· 5216

徐桐 ··· 5218

任道镕 ·· 5224

谭碧理 ·· 5226

徐寿朋 ·· 5227

徐承煜 ·· 5228

刘永庆 ·· 5229

赵舒翘 ·· 5231

叶祖珪 ·· 5237

李鹤年 ·· 5240

牛允诚 ·· 5244

萧庆衍 ·· 5246

袁昶 ··· 5248

苏元春 ·· 5256

刘恩溥 ·· 5262

邓承修 ·· 5278

翁同龢 ·· 5291

卷六十四　已纂未进大臣传三 ······················· 5295

张仁黼 ·· 5295

王文韶 ·· 5304

曹鸿勋 ·· 5320

马维骐 ·· 5321

景星 ·· 5326

廷杰 ·· 5328

丰陞阿 ·· 5335

孙家鼐 ·· 5338

陈启泰 ·· 5342

张之洞 ·· 5352

葛宝华 ·· 5367

戴鸿慈 ·· 5370

陆元鼎 ·· 5387

陈璋 ·· 5391

卷六十五　忠义传 ······································· 5393

劳汉　尹布等 ·· 5393

护穆萨　觉罗兰泰等 ·· 5394

董廷元　弟廷儒　廷柏 ··· 5396

瑚密色　色赫等 ··· 5398

李芝桂　张泰瑞等 ·· 5399

王德教　王维新等 ·· 5400

郦引昌　袁梦吉等 ·· 5401

佟国仕　张国缨等 …………………………………………… 5403

武韬　王廷衡等 ……………………………………………… 5403

周永绪　尹明廷等 …………………………………………… 5405

马腾龙　张顺等 ……………………………………………… 5406

金汉蕙　郭养志等 …………………………………………… 5407

邬象鼎　慎俶允等 …………………………………………… 5407

熊应龙　子天琳　刘国泰等 ………………………………… 5409

祝昌　许文耀等 ……………………………………………… 5410

武君烈　唐铨等 ……………………………………………… 5411

高应第　刘延祉等 …………………………………………… 5412

金世爵　杜峤等 ……………………………………………… 5413

金光　王焜等 ………………………………………………… 5413

杨三知　孙世誉等 …………………………………………… 5414

萧震　张松龄等 ……………………………………………… 5415

成国梃　王攀桂等 …………………………………………… 5416

嵇永仁 ………………………………………………………… 5418

张存　刘超凤等 ……………………………………………… 5419

臧世龙　陈豹等 ……………………………………………… 5420

噶林　六十等 ………………………………………………… 5421

姬登第　王大勋等 …………………………………………… 5422

冷格　邦乌礼等 ……………………………………………… 5423

刘崐　马秉伦等 ……………………………………………… 5424

苏世爵　刘雄等 ……………………………………………… 5425

张玉　徐学圣等 ……………………………………………… 5426

李文仲　王承文等 …………………………………… 5427

倪国正　吴嗣昌等 …………………………………… 5428

策塔尔　常明等 ……………………………………… 5428

傅泽布　福太等 ……………………………………… 5429

布英克　五格尔等 …………………………………… 5430

胡邦佑　许景淹等 …………………………………… 5431

何道深　李应芳等 …………………………………… 5432

杨先春　金国保等 …………………………………… 5434

国兴　韩世贵等 ……………………………………… 5434

扎拉芬　拉托尔凯等 ………………………………… 5436

赵文哲　王日杏等 …………………………………… 5436

薛琮　张清士等 ……………………………………… 5438

陈圣矩　次子理　钱国佐等 ………………………… 5439

滕家瓒　族弟家泰　施锦等 ………………………… 5440

王一魁　饶德丰等 …………………………………… 5441

朱锦庆　王凤翔等 …………………………………… 5442

尚维岳 ………………………………………………… 5443

高杰　倪占鳌 ………………………………………… 5443

石阵图　廖廷超等 …………………………………… 5444

章宪　赵朝珍等 ……………………………………… 5445

黄应文　子捒等 ……………………………………… 5446

冯培元　江永辉等 …………………………………… 5448

和伦　永谦等 ………………………………………… 5449

陈名魁　连旭 ………………………………………… 5450

强克捷 ·· 5451

苏超　李珍等 ·· 5453

乌云布　倭克金泰等 ···································· 5453

方振声　沈志勇等 ·· 5454

杨延亮　子宏万等　杨成鼎等 ···················· 5455

朱贵　子昭南 ·· 5456

韦逢甲　颜履敬等 ·· 5458

麦廷章 ·· 5459

缪志林　赵发元等 ·· 5460

唐树义 ·· 5462

曾国华 ·· 5463

邵懿辰 ·· 5465

萧启江 ·· 5467

褚汝航 ·· 5469

福咸 ··· 5470

丰陞额　德安 ·· 5471

李鹤章 ·· 5472

王鑫 ··· 5476

温绍原 ·· 5478

王懿荣 ·· 5480

成肇麐 ·· 5483

卷六十六　儒林传上一 ································· 5485

孙奇逢　子博雅　魏一鳌　赵御众 ············· 5485

刁包　杜越 ·· 5489

沈国模　史孝咸　王朝式　韩当　邵曾可 ………………… 5491
张履祥　凌克贞　何汝霖　张嘉玲　祝洤　陈梓 …………… 5493
沈昀　陈确　屠安世　郑宏　叶敦艮　恽日初　刘汋
　汋子茂林 …………………………………………………… 5498
陆世仪　陈瑚　盛敬　江士韶 ……………………………… 5503
芮长恤　蔡所性　吴光　张怡　雷士俊……………………… 5508
李容 …………………………………………………………… 5511
白奂彩　党湛　李士瑸　马棫士 …………………………… 5513
王夫之 ………………………………………………………… 5515
谢文洊　甘京　封濬　黄熙　宋之盛　之盛孙士宗 ……… 5517
彭士望　彭任……………………………………………………… 5520
张自勋　张时为 ……………………………………………… 5521
朱用纯　王喆生　陆求可 …………………………………… 5523
费密 …………………………………………………………… 5525
耿介　陈愹……………………………………………………… 5527
崔蔚林　张潽……………………………………………………… 5529
马光裕　曹续祖 ……………………………………………… 5530
范鄗鼎　李生光　党成 ……………………………………… 5531
胡承诺　彭大寿　萧企昭 …………………………………… 5534
曹本荣　陈大章　万年茂　刘梦鹏 ………………………… 5537
张贞生　张烈　张能麟 ……………………………………… 5539
应撝谦　姚宏任　秦云爽 …………………………………… 5542
汪佑　吴曰慎　施璜　汪璲 ………………………………… 5545
汤之锜　金敞　顾培 ………………………………………… 5547

高愈　严珏　张夏　华学泉 ················· 5548

王弘撰　王建常　康吕赐 ················· 5550

李因笃　李柏 ················· 5553

王心敬　康乃心 ················· 5555

彭珑　子定求　钱民 ················· 5556

陆元辅　周象明 ················· 5559

窦克勤　子容邃　田兰芳　徐邻唐　汤准 ········· 5561

冉觐祖　李经世 ················· 5564

李来章　刘宗泗 ················· 5566

刘源渌　范明徵　孙若群　刘以贵 ··········· 5568

詹明章　郑文炳　陈九龄 ················· 5571

张鹏翼　林赤章　李梦箕　梦箕子图南　童能灵 ····· 5573

颜元　王源 ················· 5576

李塨　恽鹤生　程廷祚 ················· 5579

卷六十七　儒林传上二 ················· 5583

劳史　桑调元　茅星来 ················· 5583

邵廷采 ················· 5585

沈佳　向璿 ················· 5587

徐世沐　黄商衡　华希闵　张云章　王步青 ······· 5588

焦袁熹　杨履基 ················· 5591

张自超　刘齐　刘捷　姜兆锡 ············· 5592

陈迁鹤　子万策 ················· 5595

李光坡　从弟光壂　光型　从子钟伦　钟伦子清馥 ··· 5598

方迈 ················· 5601

陈法 ·· 5604

李文炤　王元复 ·· 5607

胡方　陈遇夫　冯成修　劳潼　冯经 ············ 5608

殷元福　夏锡畴 ·· 5611

胡具庆　郭善邻　王聿修 ···························· 5612

王植　黄叔璥　王之锐 ······························· 5615

王懋竑 ··· 5618

朱泽沄　乔溎　任瑗 ·································· 5620

陆奎勋 ··· 5622

汪绂　余元遴　元遴孙龙光　洪腾蛟　董桂敷 ··· 5624

马翮飞　胡国鈇 ······································ 5628

黄永年　陈道　邓元昌　宋昌图 ················· 5629

曾受一　邓纯 ··· 5632

孙景烈　王巡泰　刘绍攽 ···························· 5633

官献瑶 ··· 5635

孟超然 ··· 5638

戴祖启 ··· 5639

阎循观　韩梦周　姜国霖　张镠 ················· 5640

法坤宏　梁鸿翥 ······································ 5644

谢金銮　陈庚焕　阴承方 ···························· 5646

卿彬　子祖培　苏懿谐 ······························· 5648

姚学塽　潘谘 ··· 5651

唐鉴　窦垿 ·· 5652

胡达源　丁善庆 ······································ 5655

朱文炳　刘传莹 …………………………………………… 5657

李元春　贺瑞麟　薛于瑛 ………………………………… 5659

路德　柏景伟 ……………………………………………… 5663

方坰　顾广誉　乐尧　邵懿辰　陈寿熊 ………………… 5665

方东树　方宗诚 …………………………………………… 5668

夏炘　弟炯 ………………………………………………… 5671

许鼎　苏惇元　朱道文　方潜 …………………………… 5672

汪桂月　吕缉熙　杨德亨 ………………………………… 5674

刘绎　龙文彬 ……………………………………………… 5676

吴嘉宾 ……………………………………………………… 5677

苏源生　刘廷诏 …………………………………………… 5678

刘熙载　宗稷辰 …………………………………………… 5680

范泰衡 ……………………………………………………… 5682

成孺 ………………………………………………………… 5683

余焕文 ……………………………………………………… 5684

第九册

卷六十八　儒林传下一 …………………………………… 5687

顾炎武　张弨　吴任臣 …………………………………… 5687

黄宗羲　弟宗炎　宗会　子百家　陈赤衷 ……………… 5690

钱澄之　方中通 …………………………………………… 5694

朱鹤龄　陈启源　臧琳 …………………………………… 5696

张尔岐　马骕 ……………………………………………… 5697

黄生 ………………………………………………………… 5698

薛凤祚 ……………………………………………………… 5700

俞汝言　徐善　徐庭垣 …………………………………… 5701

姚际恒　孙之騄 ……………………………………………… 5703

梅文鼎　弟文鼐　文鼏　王锡阐 ………………………… 5704

毛奇龄 ……………………………………………………… 5710

胡渭　子彦昇　叶佩荪 …………………………………… 5712

阎若璩　李铠　吴玉搢　宋鉴 …………………………… 5714

万斯大　兄斯选　弟斯同　从子言　子经 ……………… 5718

惠周惕　子士奇　孙栋　余萧客 ………………………… 5722

陈厚耀 ……………………………………………………… 5725

冯景 ………………………………………………………… 5727

魏荔彤　王又朴 …………………………………………… 5728

顾陈垿 ……………………………………………………… 5729

吴廷华　盛世佐 …………………………………………… 5731

顾栋高　陈祖范　吴鼎　梁锡玙　华玉淳　顾镇　蔡德晋 …… 5732

诸锦　郑江 ………………………………………………… 5736

沈炳震 ……………………………………………………… 5737

徐文靖　赵继序 …………………………………………… 5738

王文清　潘士权　余廷灿 ………………………………… 5739

任启运 ……………………………………………………… 5741

全祖望 ……………………………………………………… 5743

沈彤　王士让 ……………………………………………… 5744

龚元玠　刘斯组　陈象枢　李荣陛 ……………………… 5745

江永　胡匡衷 ……………………………………………… 5747

卢文弨　孙志祖　邵瑛 …………………………………… 5750

翁方纲 ··· 5751

朱筠　李威 ·· 5753

王鸣盛　金曰追　吴凌云　汪照 ······················· 5755

钱大昕　族子塘　坫 ····································· 5756

钱大昭　子东垣　绎　侗 ······························· 5759

范家相　姜炳璋　盛百二　翟均廉 ···················· 5762

褚寅亮　程际盛 ··· 5765

翟灏　黄模　周广业 ····································· 5766

任大椿　族弟兆麟　基振 ································· 5767

梁上国　张崇兰 ·· 5769

戴震 ·· 5770

段玉裁　钮树玉　陈树华 ································· 5773

凌廷堪 ··· 5776

江声　兄筠　孙沅　顾广圻 ···························· 5777

崔述 ·· 5781

程瑶田 ··· 5782

邵晋涵　周永年 ··· 5784

孔广森　孔继涵 ··· 5785

刘台拱　刘玉麐 ··· 5787

臧庸　弟礼堂 ·· 5789

金榜　洪榜　汪龙 ·· 5790

王念孙　李惇　宋绵初 ··································· 5792

王谟 ·· 5794

汪中　子喜孙　江德量　徐复　许珩　汪光爔 ·········· 5795

梁玉绳　弟履绳　汪远孙 ·············· 5798

庄述祖　庄绶甲　庄有可 ·············· 5800

武亿 ·············· 5802

戚学标　陈熙晋　李诚 ·············· 5803

丁杰　周春　吴东发 ·············· 5805

沈梦兰　宋世荦 ·············· 5808

卷六十九　儒林传下二 ·············· 5809

孙星衍　毕亨　李贻德 ·············· 5809

陈鱣 ·············· 5813

王聘珍 ·············· 5814

洪亮吉　子饴孙　符孙　麟孙 ·············· 5815

桂馥　许瀚 ·············· 5819

朱彬　侄士端 ·············· 5821

汪德钺　吕飞鹏 ·············· 5822

张惠言　子成孙　江承之　胡祥麟 ·············· 5824

许宗彦 ·············· 5828

郝懿行　牟庭 ·············· 5830

莫与俦　子友芝 ·············· 5832

陈寿祺　子乔枞　谢震　何治运　孙经世　柯蘅 ·············· 5834

马宗梿　子瑞辰 ·············· 5839

林春溥 ·············· 5840

严可均　严元照 ·············· 5841

焦循　子廷琥　顾凤毛　钟怀　李钟泗 ·············· 5843

李锐　汪莱　张敦仁　谈泰　陈懋龄 ·············· 5848

朱琦　胡世琦　左暄　包世荣 ……………………………… 5852

李富孙　兄超孙　弟遇孙　冯登府 ………………………… 5853

洪颐煊　兄坤煊　弟震煊 …………………………………… 5856

徐养原　臧寿恭　张应昌　周中孚　凌堃 ………………… 5858

胡承珙　胡秉虔 ……………………………………………… 5861

沈钦韩　陈逢衡 ……………………………………………… 5862

刘逢禄　宋翔凤　戴望 ……………………………………… 5864

雷学淇　王萱龄 ……………………………………………… 5867

沈涛 …………………………………………………………… 5869

江藩　黄承吉　黄奭 ………………………………………… 5870

凌曙 …………………………………………………………… 5872

朱骏声 ………………………………………………………… 5873

薛传均　薛寿 ………………………………………………… 5874

方成珪　赵坦　严杰 ………………………………………… 5875

刘文淇　子毓崧　孙寿曾　方申 …………………………… 5876

胡培翚　杨大堉 ……………………………………………… 5878

迮鹤寿 ………………………………………………………… 5880

丁晏 …………………………………………………………… 5881

王筠 …………………………………………………………… 5883

俞正燮　王曜南 ……………………………………………… 5884

姚配中 ………………………………………………………… 5886

罗士琳　顾观光 ……………………………………………… 5887

曾钊　林伯桐　李黼平　吴懋清 …………………………… 5889

魏源　邹汉勋 ………………………………………………… 5893

陈澧　　侯康　侯度　…………………………………… 5897

邹伯奇　………………………………………………… 5901

华长卿　………………………………………………… 5902

柳兴恩　　许桂林　钟文烝　……………………………… 5904

朱右曾　………………………………………………… 5907

郑珍　　王崧　…………………………………………… 5908

刘宝楠　　子恭冕　潘维城　……………………………… 5909

龙启瑞　　苗夔　庞大堃　………………………………… 5911

陈立　…………………………………………………… 5916

桂文灿　………………………………………………… 5917

陈奂　　金鹗　管礼耕　陆元纶　………………………… 5918

黄式三　　子以周　……………………………………… 5921

李善兰　………………………………………………… 5925

李联琇　………………………………………………… 5927

吴树声　………………………………………………… 5927

刘庠　…………………………………………………… 5929

朱一新　………………………………………………… 5930

卷七十　文苑传一　……………………………………… 5933

魏禧　　兄际瑞　弟礼　礼子世俊　世侭　李腾蛟　邱维屏　曾灿

　　林时益　梁份　……………………………………… 5933

顾柔谦　　子祖禹　……………………………………… 5938

周茂兰　　杨无咎　金俊明　葛芝　纪映钟　冷士嵋　王大经

　　顾有孝　……………………………………………… 5939

冒襄　　子丹书　归庄　………………………………… 5944

陆圻　弟堦　从子繁弨 ……………………………………… 5945

柴绍炳　毛先舒　丁澎　沈谦　孙治　吴百朋　陈廷会　虞黄昊

　　张丹 ………………………………………………………… 5947

王晫　沈用济 ……………………………………………… 5951

欧阳斌元　陈宏绪　徐世溥　贺贻孙　章憇　陈允衡 ……… 5952

毛乾乾　李子金 …………………………………………… 5955

李世熊　薛镕 ……………………………………………… 5957

林古度　余怀 ……………………………………………… 5959

杜濬　弟岕 ………………………………………………… 5960

陈恭尹　陈子升　屈绍隆 ………………………………… 5961

李邺嗣　陈汝登　周容　陈洪绶　彭孙贻 ………………… 5962

冯班　兄舒　吴殳　宗元鼎 ……………………………… 5964

任元祥　董以宁　邹祗谟 ………………………………… 5967

谷应泰 ……………………………………………………… 5968

窦遴奇　井在　米汉雯 …………………………………… 5969

杨思圣　申涵光　殷岳　张盖 …………………………… 5970

宋琬　曹尔堪 ……………………………………………… 5972

施闰章　高咏 ……………………………………………… 5974

王庭　从兄翃　李明嶅 …………………………………… 5976

熊伯龙　刘子壮 …………………………………………… 5977

胡亶 ………………………………………………………… 5978

唐梦赉　孙蕙　杜漺　王钺　张贞 ……………………… 5979

李来泰 ……………………………………………………… 5982

侯方域　王猷定 …………………………………………… 5982

王士禄　弟士祜　徐夜　傅宸 …………………………………… 5984

顾大申　邱象升　象升弟象随　马世俊　崔华　朱克生 ……… 5987

秦松龄　倪灿　严绳孙 …………………………………………… 5989

丁炜　林侗　侗弟佶　许友　友子遇………………………………… 5991

黎士弘 ……………………………………………………………… 5993

汪琬　叶燮 ………………………………………………………… 5994

王命岳 ……………………………………………………………… 5996

梅清　梅庚 ………………………………………………………… 5999

刘体仁　刘榛　周在浚 …………………………………………… 5999

吴兆骞　弟兆宜　顾贞观　杨宾 ………………………………… 6001

计东　宋实颖 ……………………………………………………… 6002

唐甄　余霑 ………………………………………………………… 6004

毛际可　方象瑛 …………………………………………………… 6005

黄与坚　顾湄　王撰　王昊 ……………………………………… 6006

叶封 ………………………………………………………………… 6008

董俞　田茂遇 ……………………………………………………… 6008

吴农祥　王嗣槐　徐林鸿　陆次云 ……………………………… 6010

顾景星　张仁熙　刘醇骥　王戬 ………………………………… 6012

刘献廷 ……………………………………………………………… 6014

黄仪　钮琇 ………………………………………………………… 6017

邵远平　姚之骃 …………………………………………………… 6019

沈珩　沈光邦 ……………………………………………………… 6020

陆莱　徐嘉炎 ……………………………………………………… 6021

任辰旦　徐咸清 …………………………………………………… 6023

颜光敏　李澄中　曹贞吉　谢重辉　王苹　张笃庆 ·········· 6024

乔莱 ··· 6027

林麟焻　张远 ··· 6029

徐倬 ··· 6030

蒋伊　陆肯堂　吴暻 ·· 6031

高层云　子不骞 ··· 6032

庞垲　袁佑　边连宝 ·· 6034

卷七十一　文苑传二 ·· 6037

陈维崧　吴绮　章藻功 ··· 6037

朱彝尊　子昆田　孙稻孙　李良年　谭吉璁　钟渊映

　　龚翔麟 ··· 6039

周筼　沈进　汪森 ·· 6043

尤侗　子珍 ··· 6045

汪楫　汪懋麟　王岩　刘心学　心学孙中柱　张璱 ·········· 6046

孙枝蔚　李念慈 ··· 6049

潘耒　徐釚　曹禾 ·· 6050

吴雯　傅山　程康庄 ·· 6052

黄虞稷 ·· 6054

毛晋 ··· 6055

郑元庆 ·· 6056

吴嘉纪　邓汉仪　陶季 ··· 6057

邵长蘅　陈玉璂 ··· 6058

叶奕苞　蔡方炳 ··· 6059

赵执信　冯廷櫆　洪昇 ··· 6060

金德嘉 …………………………………………………………… 6062

吴苑 ……………………………………………………………… 6063

梁佩兰　程可则　方殿元　王隼　吴文炜 …………………… 6064

史申义　顾图河　周起渭 ……………………………………… 6066

郑梁　裘琏 ……………………………………………………… 6067

储欣　从孙大文 ………………………………………………… 6069

姜宸英　严虞惇　性德 ………………………………………… 6071

刘岩　唐孙华　徐葆光 ………………………………………… 6073

查慎行　弟嗣瑮　族子昇　查揆 ……………………………… 6075

汪份　弟士鋐 …………………………………………………… 6077

王式丹　吴廷桢　徐昂发　张大受　李重华 ………………… 6079

何焯　陈景云　景云子黄中 …………………………………… 6081

沈元沧　子廷芳　沈名荪　名荪子嘉辙　陈奕禧　汪惟宪 …… 6084

倪璠　王琦　赵殿成　冯应榴 ………………………………… 6087

方楘如 …………………………………………………………… 6088

方式济 …………………………………………………………… 6089

顾嗣立　吴之振 ………………………………………………… 6089

杜诏　楼俨 ……………………………………………………… 6091

王澍 ……………………………………………………………… 6092

万承苍　盛际斯　际斯子乐　尚廷枫 ………………………… 6094

陈仪　陈潢 ……………………………………………………… 6095

杨椿　子述曾 …………………………………………………… 6098

厉鹗　符曾　吴颖芳　严遂成 ………………………………… 6099

车腾芳　许遂　韩海 …………………………………………… 6102

马维翰 ……………………………………………… 6103

卢见曾 ……………………………………………… 6104

蒋恭棐　朱桓 ……………………………………… 6105

郑方坤　兄方城　黄任 …………………………… 6106

王峻　王延年 ……………………………………… 6108

张鹏翀　孙致弥　金兆燕 ………………………… 6109

陈兆仑 ……………………………………………… 6111

商盘　童钰 ………………………………………… 6112

何梦瑶　劳孝舆　罗天尺　苏珥 ………………… 6113

林蒲封　杨仲兴 …………………………………… 6115

彭端淑　弟肇洙　遵泗 …………………………… 6116

黄之隽 ……………………………………………… 6117

周宣猷　陈长镇　易宗涒 ………………………… 6118

汪师韩 ……………………………………………… 6119

顾我锜　柯煜 ……………………………………… 6120

江昱　马荣祖 ……………………………………… 6121

蒋衡 ………………………………………………… 6122

刘大櫆　吴定　王灼 ……………………………… 6123

明安图　刘湘煃　邵昂霄 ………………………… 6124

胡天游 ……………………………………………… 6126

周长发　陈士璠 …………………………………… 6127

夏之蓉　周大枢 …………………………………… 6128

齐召南 ……………………………………………… 6129

杭世骏　周京　陈撰　汪沆　金志章 …………… 6131

马曰琯　弟曰璐　金农　丁敬　陈章　姚世钰 ……………… 6134

赵昱　子一清　弟信　沈炳巽 …………………………………… 6136

张庚　沈冰壶　祝维诰 …………………………………………… 6138

李锴　曹寅 ………………………………………………………… 6139

鲍鉁　朱孝纯　舒瞻 ……………………………………………… 6140

屈复　吴镇　杨鸾　胡钦 ………………………………………… 6142

翁照　潘高　许廷鑅　李果 ……………………………………… 6143

鲍皋　子之钟　余京　张曾　周准 ……………………………… 6145

卷七十二　文苑传三 ……………………………………………… 6147

赵青藜　汪越 ……………………………………………………… 6147

郑燮　王鸣韶 ……………………………………………………… 6148

袁枚　程晋芳　王友亮 …………………………………………… 6149

叶酉 ………………………………………………………………… 6152

邵齐焘　王太岳 …………………………………………………… 6153

郑虎文　王右曾　沈叔埏 ………………………………………… 6155

许伯政 ……………………………………………………………… 6156

汪宪　朱文藻　吴骞 ……………………………………………… 6157

李中简　戈涛 ……………………………………………………… 6159

郭起元　萧正模 …………………………………………………… 6160

朱仕琇　兄仕玠　鲁九皋 ………………………………………… 6161

顾奎光　子敏恒 …………………………………………………… 6164

梁同书　王文治 …………………………………………………… 6165

王元启　万光泰　沈大成 ………………………………………… 6166

沈业富　施朝幹 …………………………………………………… 6168

曹学闵　折遇兰 ·· 6169

余庆长　段嘉梅　程大中 ······································ 6170

蒋士铨　杨垕　汪轫　赵由仪 ································ 6172

陈奉兹　孙世庆 ·· 6174

李文藻　李维寅 ·· 6175

朱休度　张云璈 ·· 6176

张远览 ··· 6178

赵翼 ·· 6179

曹仁虎　赵文哲　吴泰来　褚廷璋 ·························· 6181

檀萃　鲍倚云　方正澍 ··· 6183

李调元　弟鼎元　骥元 ··· 6184

姚鼐　姚范　刘开 ··· 6186

张九钺　弟九键　九镒　九镡 ································ 6189

余集　沈赤然　王宗炎 ··· 6191

彭绍升　汪缙　罗有高 ··· 6193

严长明　子观　吴卓信　庄炘 ································ 6196

鲍廷博　黄丕烈　秦恩复 ·· 6199

曹庭栋　吴文溥 ·· 6200

李怀民　弟宪乔 ·· 6201

钱沣　曹锡宝　谢振定　管世铭 ····························· 6202

杨于果 ··· 6207

吴锡麒　吴蒝　乐钧　刘嗣绾　吴慈鹤 ·················· 6208

黄景仁　吴嵩梁 ·· 6210

祁韵士　许鸿磐 ·· 6212

章学诚　章宗源　吴兰庭　叶维庚 ……………………… 6214

冯敏昌　赵希璜　李符清　莫元伯 ………………………… 6216

法式善 …………………………………………………… 6218

汪学金　杨伦 …………………………………………… 6219

师范　袁文典　周于礼 ………………………………… 6220

宋大樽　朱彭 …………………………………………… 6221

杨芳灿　弟揆　徐鑅庆 ………………………………… 6222

何道生 ………………………………………………… 6224

高澍然　张绅 …………………………………………… 6225

伊秉绶　萨玉衡 ………………………………………… 6226

黎简　张锦芳　张锦麟　黄丹书　胡亦常　吕坚　李士桢 …… 6228

张问陶 ………………………………………………… 6230

叶继雯　喻文鏊　陈诗 ………………………………… 6231

石韫玉 ………………………………………………… 6232

恽敬　陆继辂　继辂兄子耀遹　毛燧传　赵怀玉　董士锡 …… 6234

吴德旋　吕璜 …………………………………………… 6237

王芑孙 ………………………………………………… 6238

舒位　王昙　孙原湘 …………………………………… 6239

张士元　张海珊　张履 ………………………………… 6241

欧阳辂　周有声 ………………………………………… 6242

黄文旸　乔载繇 ………………………………………… 6244

陈鹤　周济 …………………………………………… 6244

宋湘　吴兰修　温承恭 ………………………………… 6248

卷七十三　文苑传四 …………………………………… 6251

张澍　邢澍　任其昌 …………………………………………… 6251

瞿中溶　黄易　赵魏　张廷济　陆增祥………………………… 6253

顾莼　朱绶　陆文 ……………………………………………… 6256

谢兰生　凌扬藻 ………………………………………………… 6258

徐松　沈垚……………………………………………………… 6259

李兆洛 …………………………………………………………… 6260

胡敬　程同文 …………………………………………………… 6262

陈文述　屠倬 …………………………………………………… 6263

钱林　方元鹍 …………………………………………………… 6264

姚莹　戴钧衡 …………………………………………………… 6265

张作楠　沈钦裴　骆腾凤 ……………………………………… 6268

钱仪吉　从弟泰吉 ……………………………………………… 6272

郭尚先　何绍基 ………………………………………………… 6273

黄安涛　王衍梅　徐熊飞 ……………………………………… 6275

邓显鹤　周树槐 ………………………………………………… 6276

张鉴　杨凤苞　施国祁　汪家禧 ……………………………… 6277

余煌　施彦士 …………………………………………………… 6279

王赠芳　李祖陶 ………………………………………………… 6280

李惺 ……………………………………………………………… 6281

包世臣　齐彦槐　徐璈 ………………………………………… 6282

陈沆　谢阶树 …………………………………………………… 6284

刘淳　潘焕龙　谢荚 …………………………………………… 6285

董祐诚　兄基诚　周仪暐 ……………………………………… 6287

方履籛 …………………………………………………………… 6290

彭兆荪　　郭麐 ······································· 6291

王豫　　吴翌凤 ······································· 6292

赵绍祖 ··· 6293

姚椿 ··· 6294

梅曾亮　　管同　　毛岳生 ····························· 6295

张维屏　　谭敬昭　　黄培芳　　彭泰来　　倪济远　　邵咏 ······· 6298

黄爵滋　　郭仪霄 ····································· 6301

汤鹏 ··· 6302

项名达　　戴煦　　陈杰　　夏鸾翔　　汪曰桢 ············· 6303

陈偕灿　　艾畅　　汤储璠 ····························· 6307

黄本骥　　兄本骐 ····································· 6309

潘德舆　　叶名沣 ····································· 6310

龚自珍　　端木国瑚 ··································· 6311

戴絅孙 ··· 6313

朱琦　　王拯 ··· 6314

郑献甫 ··· 6315

姚燮　　黄燮清 ······································· 6317

梁廷枏　　杨廷桂 ····································· 6318

冯桂芬 ··· 6320

符葆森　　樊雨　　尚镕 ······························· 6322

王柏心 ··· 6323

何秋涛　　张穆　　李光建 ····························· 6324

孙鼎臣　　吴敏树　　冯志沂 ··························· 6326

徐鼒 ··· 6327

周寿昌　郭崑焘 ……………………………………………… 6328

鲁一同 …………………………………………………………… 6330

张际亮 …………………………………………………………… 6331

林昌彝 …………………………………………………………… 6332

史梦兰　边浴礼 ……………………………………………… 6333

谭莹　子宗浚　熊景星　徐荣　仪克中　黄子高 ………… 6334

张文虎　韩应陛 ……………………………………………… 6337

丁取忠　吴嘉善 ……………………………………………… 6338

蒋曰豫 …………………………………………………………… 6339

潘咏　蒋湘南 ………………………………………………… 6339

吴观礼 …………………………………………………………… 6341

卷七十四　循吏传一 ………………………………………… 6343

李允祯 …………………………………………………………… 6343

金镇 ……………………………………………………………… 6344

王天鉴 …………………………………………………………… 6346

毕振姬 …………………………………………………………… 6347

方国栋 …………………………………………………………… 6348

赵廷标 …………………………………………………………… 6349

骆钟麟 …………………………………………………………… 6351

朱克简　子约 ………………………………………………… 6352

多弘安 …………………………………………………………… 6354

白登明 …………………………………………………………… 6355

于朋举 …………………………………………………………… 6357

吴汝为 …………………………………………………………… 6358

汤家相 ……………………………………………… 6359

宋必达 ……………………………………………… 6360

赵吉士 ……………………………………………… 6361

田起龙 ……………………………………………… 6365

李矗 ………………………………………………… 6365

刘伟 ………………………………………………… 6366

黎士弘 ……………………………………………… 6367

黄贞麟 ……………………………………………… 6368

陆求可 ……………………………………………… 6369

崔宗泰　于宗尧 …………………………………… 6370

任辰旦 ……………………………………………… 6371

张沐 ………………………………………………… 6372

王又旦 ……………………………………………… 6373

崔华 ………………………………………………… 6374

姚文燮 ……………………………………………… 6375

韩荩光 ……………………………………………… 6376

江皋 ………………………………………………… 6377

孙蕙 ………………………………………………… 6378

张瑾 ………………………………………………… 6380

卫立鼎 ……………………………………………… 6382

龚其裕　子嵘　孙一发　曾孙景瀚 ……………… 6383

陆在新 ……………………………………………… 6392

陈洪谏 ……………………………………………… 6393

邵嗣尧 ……………………………………………… 6394

井睦 ⋯⋯⋯⋯⋯⋯⋯⋯⋯⋯⋯⋯⋯⋯⋯⋯⋯⋯⋯ 6395

蒋伊 ⋯⋯⋯⋯⋯⋯⋯⋯⋯⋯⋯⋯⋯⋯⋯⋯⋯⋯⋯ 6395

张埙 ⋯⋯⋯⋯⋯⋯⋯⋯⋯⋯⋯⋯⋯⋯⋯⋯⋯⋯⋯ 6398

张克嶷 ⋯⋯⋯⋯⋯⋯⋯⋯⋯⋯⋯⋯⋯⋯⋯⋯⋯⋯ 6400

靳让 ⋯⋯⋯⋯⋯⋯⋯⋯⋯⋯⋯⋯⋯⋯⋯⋯⋯⋯⋯ 6401

朱振 ⋯⋯⋯⋯⋯⋯⋯⋯⋯⋯⋯⋯⋯⋯⋯⋯⋯⋯⋯ 6401

成康保 ⋯⋯⋯⋯⋯⋯⋯⋯⋯⋯⋯⋯⋯⋯⋯⋯⋯⋯ 6402

高荫爵 ⋯⋯⋯⋯⋯⋯⋯⋯⋯⋯⋯⋯⋯⋯⋯⋯⋯⋯ 6403

祖进朝 ⋯⋯⋯⋯⋯⋯⋯⋯⋯⋯⋯⋯⋯⋯⋯⋯⋯⋯ 6404

刘棨 ⋯⋯⋯⋯⋯⋯⋯⋯⋯⋯⋯⋯⋯⋯⋯⋯⋯⋯⋯ 6405

杨朝正 ⋯⋯⋯⋯⋯⋯⋯⋯⋯⋯⋯⋯⋯⋯⋯⋯⋯⋯ 6407

王繻 ⋯⋯⋯⋯⋯⋯⋯⋯⋯⋯⋯⋯⋯⋯⋯⋯⋯⋯⋯ 6407

赵俞 ⋯⋯⋯⋯⋯⋯⋯⋯⋯⋯⋯⋯⋯⋯⋯⋯⋯⋯⋯ 6409

陶元淳 ⋯⋯⋯⋯⋯⋯⋯⋯⋯⋯⋯⋯⋯⋯⋯⋯⋯⋯ 6410

郑善述　子方城　孙天锦 ⋯⋯⋯⋯⋯⋯⋯⋯⋯⋯ 6412

廖冀亨　曾孙文锦　文锦子惟勋 ⋯⋯⋯⋯⋯⋯⋯ 6414

陈汝咸 ⋯⋯⋯⋯⋯⋯⋯⋯⋯⋯⋯⋯⋯⋯⋯⋯⋯⋯ 6417

蒋兆龙 ⋯⋯⋯⋯⋯⋯⋯⋯⋯⋯⋯⋯⋯⋯⋯⋯⋯⋯ 6420

佟国珑 ⋯⋯⋯⋯⋯⋯⋯⋯⋯⋯⋯⋯⋯⋯⋯⋯⋯⋯ 6421

周中鋐 ⋯⋯⋯⋯⋯⋯⋯⋯⋯⋯⋯⋯⋯⋯⋯⋯⋯⋯ 6422

刘继圣 ⋯⋯⋯⋯⋯⋯⋯⋯⋯⋯⋯⋯⋯⋯⋯⋯⋯⋯ 6423

迟维坤 ⋯⋯⋯⋯⋯⋯⋯⋯⋯⋯⋯⋯⋯⋯⋯⋯⋯⋯ 6423

黄世发 ⋯⋯⋯⋯⋯⋯⋯⋯⋯⋯⋯⋯⋯⋯⋯⋯⋯⋯ 6424

李发枝 ⋯⋯⋯⋯⋯⋯⋯⋯⋯⋯⋯⋯⋯⋯⋯⋯⋯⋯ 6425

沈庆曾 …………………………………………… 6426

夏熙泽 …………………………………………… 6427

陆师 ……………………………………………… 6428

沈光荣 …………………………………………… 6429

张士琦 …………………………………………… 6430

窦容邃 …………………………………………… 6431

余甸 ……………………………………………… 6432

第十册

卷七十五　循吏传二 ……………………………… 6435

阎尧熙 …………………………………………… 6435

魏峋 ……………………………………………… 6436

赵之鹤 …………………………………………… 6437

陈悳荣 …………………………………………… 6438

谢济世 …………………………………………… 6440

叶新 ……………………………………………… 6441

施昭庭 …………………………………………… 6443

刘士铭 …………………………………………… 6444

庄亨阳 …………………………………………… 6447

叶左宽 …………………………………………… 6448

沈起元 …………………………………………… 6449

翁运标 …………………………………………… 6453

朱弘仁 …………………………………………… 6455

蒋祝 ……………………………………………… 6455

陈庆门 …………………………………………… 6456

纪迖宜 ……………………………………………… 6457

谢仲坑 ……………………………………………… 6459

王时翔 ……………………………………………… 6459

蓝鼎元 ……………………………………………… 6461

童华 ………………………………………………… 6463

鲁淑 ………………………………………………… 6465

金溶 ………………………………………………… 6466

朱懋德 ……………………………………………… 6469

牛运震 ……………………………………………… 6470

邵大业 ……………………………………………… 6472

李大本 ……………………………………………… 6474

陈玉璧 ……………………………………………… 6476

陆广霖 ……………………………………………… 6476

王希伊 ……………………………………………… 6478

张甄陶 ……………………………………………… 6479

谢应龙 ……………………………………………… 6480

周克开 ……………………………………………… 6481

林明伦 ……………………………………………… 6482

白云上 ……………………………………………… 6483

康基渊 ……………………………………………… 6484

邓梦琴 ……………………………………………… 6487

李炯 ………………………………………………… 6489

顾光旭 ……………………………………………… 6489

王德屏 ……………………………………………… 6492

茹敦和 ………………………………………………… 6493

莫瞀 …………………………………………………… 6494

郑基 …………………………………………………… 6495

汪辉祖 ………………………………………………… 6496

陈昌齐 ………………………………………………… 6498

刘大绅 ………………………………………………… 6499

张吉安 ………………………………………………… 6501

纪大奎 ………………………………………………… 6502

狄尚絅 ………………………………………………… 6503

蒋励常 ………………………………………………… 6505

伊秉绶 ………………………………………………… 6506

刘体重　子煦 ………………………………………… 6507

严如熤　子正基 ……………………………………… 6510

李赓芸 ………………………………………………… 6514

方积 …………………………………………………… 6516

史绍登 ………………………………………………… 6517

盖方泌 ………………………………………………… 6519

卷七十六　循吏传三 ………………………………… 6521

刘台斗 ………………………………………………… 6521

吴梯 …………………………………………………… 6525

李文耕 ………………………………………………… 6527

李毓昌 ………………………………………………… 6528

孔传坤　徐邦庆 ……………………………………… 6529

张琦 …………………………………………………… 6531

刘衡 ………………………………………………… 6532

俞德渊 …………………………………………… 6536

朱士达　子念祖 ………………………………… 6538

朱大源 …………………………………………… 6540

费庚吉 …………………………………………… 6541

吴均 ……………………………………………… 6544

吴应连　子宝林 ………………………………… 6545

石家绍 …………………………………………… 6548

徐栋 ……………………………………………… 6549

史秉直 …………………………………………… 6550

何曰愈 …………………………………………… 6551

顾夔 ……………………………………………… 6553

云茂琦 …………………………………………… 6554

刘庆凯 …………………………………………… 6556

桂超万 …………………………………………… 6557

王肇谦 …………………………………………… 6559

托克清阿 ………………………………………… 6561

沈衍庆 …………………………………………… 6562

黄辅辰　子彭年 ………………………………… 6563

徐台英 …………………………………………… 6567

吴祖昌 …………………………………………… 6569

李元度 …………………………………………… 6570

赵秉贻 …………………………………………… 6576

蒯贺荪 …………………………………………… 6578

李朝仪 …………………………………………… 6580

陈崇砥 …………………………………………… 6583

朱次琦 …………………………………………… 6586

李仁元 …………………………………………… 6588

钱德承 …………………………………………… 6589

穆其琛 …………………………………………… 6592

许瑶光 …………………………………………… 6593

尹耕云 …………………………………………… 6594

刘秉琳 …………………………………………… 6599

卷七十七　　循吏传四 …………………………… 6603

杨荣绪 …………………………………………… 6603

陈建侯 …………………………………………… 6604

铁珊 ……………………………………………… 6606

金国琛 …………………………………………… 6607

钟谦钧 …………………………………………… 6611

俞澍 ……………………………………………… 6613

娄诗汉 …………………………………………… 6613

段起 ……………………………………………… 6615

姚国庆 …………………………………………… 6617

沈锡华 …………………………………………… 6618

朱靖甸 …………………………………………… 6620

陈佐平 …………………………………………… 6623

秦焕 ……………………………………………… 6624

李孟荃 …………………………………………… 6625

李炳涛 ……………………………………………… 6626

朱根仁 ……………………………………………… 6629

林达泉 ……………………………………………… 6630

储裕立 ……………………………………………… 6632

丁寿昌 ……………………………………………… 6633

方大湜　陈豪 ……………………………………… 6636

何金寿 ……………………………………………… 6638

方瑞兰 ……………………………………………… 6640

曾纪凤 ……………………………………………… 6641

萧世本 ……………………………………………… 6643

邹振岳 ……………………………………………… 6644

潘治 ………………………………………………… 6645

周秉礼 ……………………………………………… 6646

任兰生 ……………………………………………… 6647

李金镛 ……………………………………………… 6651

蒯德模 ……………………………………………… 6653

金福曾 ……………………………………………… 6656

毛隆辅 ……………………………………………… 6659

袁垚龄 ……………………………………………… 6662

刘含芳 ……………………………………………… 6663

王寅清 ……………………………………………… 6665

曹秉哲 ……………………………………………… 6666

冷鼎亨 ……………………………………………… 6668

陈文黻 ……………………………………………… 6670

桂中行 ··· 6672

沈镕经 ··· 6673

章洪钧 ··· 6674

冯德材 ··· 6675

孙叔谦 ··· 6676

涂官俊 ··· 6677

夏敬颐 ··· 6678

王仁堪 ··· 6680

何庆钊 ··· 6684

张华奎 ··· 6685

马嘉桢 ··· 6687

赵以焕 ··· 6688

许祺身 ··· 6690

李景祥 ··· 6690

卷七十八　贰臣传甲 ································· 6693

刘良臣　子泽洪 ································· 6693

孙定辽 ··· 6694

孔有德 ··· 6695

王鳌永 ··· 6700

王正志 ··· 6702

徐一范 ··· 6703

徐勇 ··· 6704

郝效忠 ··· 6706

马得功 ··· 6707

李永芳 ·············· 6709

孟乔芳 ·············· 6711

张存仁 ·············· 6714

刘武元 ·············· 6717

祖可法 ·············· 6718

尚可喜 ·············· 6721

洪承畴 ·············· 6726

刘芳名 ·············· 6738

李国英 ·············· 6741

张勇 ·············· 6744

祝世昌 ·············· 6749

鲍承先 ·············· 6751

王世选 ·············· 6753

祖大寿 ·············· 6754

祖泽润　弟泽溥 ·············· 6762

祖泽洪 ·············· 6764

邓长春 ·············· 6764

耿仲明 ·············· 6765

全节 ·············· 6767

吴汝玠 ·············· 6769

宋权 ·············· 6770

王弘祚 ·············· 6772

李化熙 ·············· 6774

任濬 ·············· 6776

曹溶 ………………………………………………… 6777

卫周胤 ……………………………………………… 6780

李鉴 ………………………………………………… 6782

胡茂祯 ……………………………………………… 6783

高第 ………………………………………………… 6785

孔希贵 ……………………………………………… 6785

张煊 ………………………………………………… 6786

徐起元 ……………………………………………… 6789

贾汉复 ……………………………………………… 6790

张天禄　弟天福 …………………………………… 6792

马宁 ………………………………………………… 6794

常进功 ……………………………………………… 6796

卢光祖 ……………………………………………… 6796

高进库 ……………………………………………… 6798

霍达 ………………………………………………… 6799

吴六奇 ……………………………………………… 6800

陈世凯 ……………………………………………… 6802

田雄 ………………………………………………… 6805

卷七十九　贰臣传乙 ……………………………… 6809

孙得功 ……………………………………………… 6809

马光远 ……………………………………………… 6810

沈志祥 ……………………………………………… 6812

谢陞 ………………………………………………… 6812

金之俊 ……………………………………………… 6815

胡世安 …………………………………………… 6818

田维嘉 …………………………………………… 6819

沈维炳 …………………………………………… 6820

房可壮 …………………………………………… 6822

刘汉儒 …………………………………………… 6824

黄图安 …………………………………………… 6825

高斗光 …………………………………………… 6826

王永吉 …………………………………………… 6828

王铎　　子无党 ………………………………… 6830

左梦庚 …………………………………………… 6832

许定国 …………………………………………… 6833

赵之龙 …………………………………………… 6834

梁云构 …………………………………………… 6835

刘良佐 …………………………………………… 6835

刘应宾 …………………………………………… 6837

苗胙土 …………………………………………… 6837

张凤翔 …………………………………………… 6839

吴伟业 …………………………………………… 6840

夏成德 …………………………………………… 6840

冯铨 ……………………………………………… 6842

李若琳 …………………………………………… 6848

谢启光 …………………………………………… 6849

孙之獬 …………………………………………… 6850

李鲁生 …………………………………………… 6852

吴惟华 …………………………………………… 6854

土国宝 …………………………………………… 6856

鲁国男 …………………………………………… 6857

陈之遴 …………………………………………… 6859

刘正宗 …………………………………………… 6861

周亮工 …………………………………………… 6863

钱谦益 …………………………………………… 6864

魏琯 ……………………………………………… 6867

潘士良 …………………………………………… 6869

李犹龙 …………………………………………… 6870

王之纲 …………………………………………… 6871

任珍 ……………………………………………… 6872

梁清标 …………………………………………… 6873

党崇雅 …………………………………………… 6876

卫周祚 …………………………………………… 6878

戴明说 …………………………………………… 6880

刘馀祐 …………………………………………… 6881

龚鼎孳 …………………………………………… 6883

刘昌 ……………………………………………… 6885

孙承泽 …………………………………………… 6886

熊文举 …………………………………………… 6888

薛所蕴 …………………………………………… 6889

李元鼎 …………………………………………… 6890

傅景星 …………………………………………… 6891

叶初春 …………………………………………… 6892

张若麒 …………………………………………… 6893

唐通 ……………………………………………… 6895

董学礼 …………………………………………… 6897

骆养性 …………………………………………… 6898

陈之龙 …………………………………………… 6900

柳寅东 …………………………………………… 6901

方大猷 …………………………………………… 6902

陈名夏 …………………………………………… 6904

高尔俨 …………………………………………… 6907

张忻　子端 ……………………………………… 6908

白广恩 …………………………………………… 6909

南一魁 …………………………………………… 6910

张缙彦 …………………………………………… 6912

孙可望 …………………………………………… 6915

白文选 …………………………………………… 6918

卷八十　逆臣传 ………………………………… 6921

吴三桂 …………………………………………… 6921

马宝　王屏藩 …………………………………… 6937

李本深 …………………………………………… 6939

张国柱　杨遇明　杨富　蔡禄　杨来嘉　王永清 …… 6940

曹申吉　罗森　吴之茂　陈洪明　崔之瑛 ……… 6943

王辅臣 …………………………………………… 6945

谭弘　子天祕　郑蛟麟 ………………………… 6948

祖泽清 ··· 6949

耿精忠 ··· 6951

曾养性　刘秉政 ···································· 6957

刘进忠 ··· 6959

尚之信 ··· 6961

严自明 ··· 6967

孙延龄 ··· 6969

马雄　子承荫　郭义 ······················· 6972

线国安 ··· 6975

姜瓖 ·· 6977

李建泰 ··· 6979

金声桓 ··· 6980

章于天 ··· 6981

李成栋　袁彭年 ··································· 6982

郑芝龙 ··· 6984

刘泽清 ··· 6992

马逢知 ··· 6993

曹纶 ·· 6995

清史列传人名索引 ···································· 1

清史列传卷一

宗室王公传一

和硕礼亲王代善

代善，太祖高皇帝第二子。初封贝勒。岁丁未正月，与兄褚英随太祖弟贝勒舒尔哈齐往徙东海瓦尔喀部斐悠城新附人户。军夜行，大纛上有光，舒尔哈齐疑非吉兆，欲旋师。代善、褚英持不可，遂进收屯寨，大败乌拉兵万众于路。代善追及其统兵贝勒博克多，纵马，左手攫其胄而斩之。太祖嘉代善奋勇克敌，赐号古英巴图鲁。

癸丑正月，太祖亲征乌拉，既攻克逊扎塔、郭多、〔一〕鄂谟三城，布占泰率兵三万越富勒哈城结营。诸将皆欲战，太祖曰："征伐大国，岂能遽使无孑遗乎？"代善率诸将奏言："我士饱马腾，利速战，所虑者布占泰不出耳！今彼既出，平原广野，可一鼓擒也。舍不战，厉兵秣马何为？"太祖曰："我仰荷天眷，虽遇劲敌，无不单骑突阵,斩将搴旗。今何难身先搏战,但恐尔等或致一二被伤,故欲计出万全。尔众志既孚,即可决战。"因命进,乌拉兵亦出,阵距百步许。代善随太祖临阵,奋战大破之,遂克其城。代善邀击溃众,殪过半。布占泰窜叶赫,所属城邑皆降,编户万家。

丙辰,太祖建元天命,封代善及舒尔哈齐长子阿敏,太祖第五子莽古尔泰,与太宗文皇帝并为和硕贝勒。国中称代善为"大贝勒",阿敏为"二贝勒",莽古尔泰为"三贝勒",太宗文皇帝为"四贝勒"。天命三年四月,上以七大恨告天,兴师征明。行二日,雨,欲旋师。代善曰:"我与明和久矣,因其不道,故兴师。今既临境,若遽旋,将与明复修好乎?抑相仇怨乎?兴兵之名,安能隐之!天虽雨,吾军士皆有制衣,弓矢亦有备雨具,何虑沾湿?且天降此雨,以懈明边将心,使吾进兵出其不意耳。是雨利我,不利彼也。"上曰:"善。"夜将半,遂进。霁,月出,分队驰。昧爽,围抚顺城。明游击李永芳以城降,东州、玛哈丹二城及台、堡、寨五百馀皆下,携降众以还。既出明边二十里,闻明总兵张承荫等率兵万来追,代善同四贝勒返战。上遣巴克什额尔德尼谕止之,代善驻兵于边,令复奏曰:"彼若待我,我则与战;若不待,是必走矣。当乘势追袭,无使我兵寂然归,致谓怯也。"上然之。亦移师入边,破其三营,斩承荫及副将颇廷相、参将蒲世芳、游击梁汝贵等。

四年正月,命率大臣十六、兵五千守扎喀关,以防明来侵。寻,撤还。三月朔,侦明兵四万出宽甸,侵我南路;六万出抚顺,侵我西路。上以南路有兵五百驻防,亲出御西路,命代善前行。

侦者又告明兵六万出清河路。代善曰："清河界道仄崎岖,未能骤至,当先御抚顺兵。"遂与侍卫扈尔汉等过扎喀关,四贝勒以祀事后至,言界藩山上有筑城夫役,宜急卫之。代善方进兵太兰冈,欲设伏待敌,从四贝勒言,直趋界藩。见明兵攻吉林崖者约二万,又一军列萨尔浒山,与阿敏、莽古尔泰及诸将议曰:"吉林崖卫夫役兵仅四百,急增千人助之,俾登山驰下冲击,以右翼兵夹攻之;敌众在萨尔浒山者,以左翼兵当之。"遂遣千人往吉林崖,上至,询知,谕分右翼二旗兵与左翼四旗兵合,先破萨尔浒山敌营,其夹攻吉林崖之右翼二旗兵,仍如议。于是合六旗兵趋萨尔浒山,明兵出阵发枪炮,我兵仰射之,奋力冲击,不移时,破其营;而前往助吉林崖兵千人自山下击,右翼二旗兵渡水直前夹攻,阵斩明总兵杜松、王宣、赵梦麟等。是夜,明兵别由开原出三岔口者,其总兵马林率三万人营尚间崖,监军道潘宗颜率万人营斐芬山。翌旦,上率四贝勒击明游击龚念遂、李希泌兵一万于斡珲鄂谟。代善以三百馀骑驰至尚间崖,见林结方营,掘濠三匝,濠外火器兵居前,继列骑,宗颜军其西三里,即驰骑告。时上已破念遂等,不待四贝勒收兵,亲临尚间崖,传令士皆下马步战。左翼二旗兵下者方四五十人,明兵已自西突至,代善告敌至,即跃马直入阵,众军奋进,斩获过半。翌日,上驻跸界藩,代善请以二十骑先归都城,探南路敌远近,上亦于是夜还都城。代善奉命偕诸贝勒统先至军士御明总兵刘綎,甫出瓦尔喀什窝集,见綎兵至阿布达哩冈,四贝勒以右翼兵登山,代善以左翼兵出其西,夹攻之,明兵大溃,綎殁于阵。旋收降助明之朝鲜将士以还。

　　七月,从上攻克明铁岭城,败助明之蒙古兵。八月,上亲征叶赫,围其贝勒锦台什所居东城,代善同众贝勒围其贝勒布扬古所居西城。东城下,布扬古及其弟布尔杭古大惧,乞盟,代善谕降之,叶赫遂平。六年三月,上亲征明沈阳,四贝勒先败明总兵李秉诚、朱万良、姜弼等,代善偕其长子台吉岳托追四十里,斩馘甚众。七月,镇江城降将陈良策叛投明总兵毛文龙,上命同莽古尔泰迁金州民于复州。

十一年八月,太祖龙驭上宾,岳托偕弟台吉萨哈璘议以告父代善曰:“四贝勒才德冠世,深契先帝圣心,众皆悦服,当嗣大位。”代善曰:“此吾素志也! 天人允协,其谁不从?”代善告阿敏、莽古尔泰及众贝勒,皆曰善。遂合词请太宗文皇帝嗣位,太宗文皇帝让再三,代善言益恳切,众议亦坚,乃从之。十月,征蒙古喀尔喀扎噜特部,擒贝勒巴克与其二子及岱青、多尔济、拉什希布、桑阿尔斋等,斩贝勒鄂尔斋图,〔二〕俘其属户而还。

天聪元年五月,从上围明锦州,闻明兵自山海关来援,迎击之,遂薄宁远城,殪敌无算。因溽暑,班师。三年十月,从上征明,入洪山口,克遵化,趋京城北土城关之东驻营。明大同总兵满桂、宣府总兵侯世禄率援兵至德胜门,败之。十二月,攻克良乡,还,破敌永定门南,遂从上阅蓟州形势。明兵五千自山海关至,距城二里许与我遇,遂立营,环列车楯、枪炮。代善麾左翼四旗护军攻其东,破之。四年正月,明兵部侍郎刘之纶以兵至遵化登山营,代善率众环围之,招之纶降,不从,遂攻破其七营;之纶遁岩中,为我军射殪,擒游击、守备各一。

五年三月,命诸贝勒直言时政,代善奏曰:“刑罚不中,民有怨言,由谳狱之不得人,宜选易之。”八月,从上围明大凌河城,正红旗围西北，代善军为策应。城外守台明兵害我游牧十人，掠驼马去。代善同贝勒济尔哈朗等以炮攻克其台，留兵守。九月，明监军道张春、总兵吴襄等率兵四万自锦州来援，距城十五里。代善从上统兵二万往击，至则敌已阵，枪炮齐发，声震天地，我骑纵横驰突，飞矢如雨，敌败却，襄及其副将桑阿尔斋遁。春等复收溃众立营，黑云起，大风自西来，敌乘风纵火，势甚炽，将逼我军，天忽雨，反风，敌营毁，死者甚众。我军合攻之，阵斩副将张吉甫、满库、王之敬，生擒春及副将张洪谟等。春见上不跪，上欲诛之，代善奏曰："前所俘无不收养，此人欲以死成名，奈何杀之以遂其志？"上赦春。

先是天命六年二月，太祖命代善、阿敏、莽古尔泰同太宗分月直，佐理事。及天聪三年正月，太宗以诸兄宜节劳，谕以弟侄代直，每御殿，命代善、阿敏、莽古尔泰列坐左右，不令下坐。至是，礼部参政李伯龙请定朝会班次仪制，下诸贝勒会议，谓莽古尔泰不可并坐。代善言："我等奉上居大位，仍并列坐，甚非心所安。请上南面中坐，我与莽古尔泰侍坐于侧，外国蒙古诸贝勒坐我等下。"众皆曰："善。"遂定议。六年五月，从上征察哈尔，行二旬过兴安岭，闻林丹汗遁，移师趋归化城，入明大同、宣府境，以书示沙河堡、得胜堡、张家口诸守将，议和而还。八年五月，从上征明，出榆林口，至宣府境，分兵自喀喇鄂博攻克得胜堡，遂由朔州趋马邑。八月，会大军于大同，以俘获献御营而还。

崇德元年四月，晋封和硕兄礼亲王。十二月，从上征朝鲜，降国王李倧。二年二月，班师。七月，因征朝鲜时违旨，以所获粮饲马及选护卫溢额等事，集诸王、贝勒、贝子、大臣等，谕曰：

"朕于兄礼亲王极爱敬,何竟不体朕意?"又谕曰:"王等于朕虽尽恭敬,朕亦不喜,必须正身行义相辅佐,朕始嘉赖焉。"三年二月,上亲征喀尔喀,王与郑亲王济尔哈朗等留守。十二月,以失朝,自检举,部议罚锾,上免之。四年十一月,从上猎于叶赫,至英格布占,王射獐,马仆,伤足。上见之,驰下马,亲为裹创,酌金卮劝饮,因泣下,谕曰:"朕以兄年高,不可驰马,曾屡劝兄,奈何不自爱?"遂罢猎,命乘舆齐行,日十五里或二十里。八年八月,世祖章皇帝嗣位,王集诸王、贝勒、大臣议,以郑亲王济尔哈朗、睿亲王多尔衮同辅政。又发贝子硕托、郡王阿达礼欲立睿亲王私议,令法司鞫,诛之。硕托乃王第二子,阿达礼则王第三子颖亲王萨哈璘子也。

顺治元年,朝元旦,命上殿毋拜。二年春,王复来。五年十月,薨,年六十有六。赐祭葬银万两,立碑纪功。康熙十年六月,追谥曰烈,复立碑表墓。今上乾隆十九年九月入祀盛京贤王祠。四十三年正月,诏以王与郑亲王济尔哈朗、睿亲王多尔衮、肃亲王豪格、克勤郡王岳托并太祖、太宗、世祖时戮力行间、栉风沐雨之亲藩,宜配飨太庙;又以王等茂著壮猷、克昭骏烈,初封嘉号,当长延奕祀,诏现袭礼亲王爵之康亲王复封号曰礼。

初次袭满达海,礼烈亲王代善第七子。崇德五年九月,随大军围明锦州,败其杏山、松山援兵。六年五月,封辅国公。八年,随肃亲王豪格围松山,以本旗兵败敌。明总督洪承畴援踵至,却其三队;旋复来犯,力拒之,所乘马创,肃亲王易以马,甫乘而敌大至,鼓勇复击之,殿后而还。明总兵吴三桂倚山结营自固,偕诸军击破之,三桂宵遁。七年四月,随郑亲王济尔哈朗攻塔山,毁其城而还。八年八月,授都察院承政。

顺治元年四月,随睿亲王多尔衮入山海关,击败流贼李自成。十月,晋封固山贝子。随英亲王阿济格追剿自成,由边外趋绥德。二年二月,克沿边三城及延安府,自成遁湖广,蹑之,屡败贼,八月凯旋。三年正月,随肃亲王剿流贼张献忠,七月,由汉中进秦州,围贼渠高如砺等于三台山,如砺降。十一月,师至西充,擒斩献忠。肃亲王令满达海与贝勒尼堪等分剿遵义、夔州、茂州馀贼。四年八月,班师。五年二月,以徇隐同征西充之护军参领希尔根冒功事,议罚锾,睿亲王令免之。六年四月,袭封和硕亲王。时睿亲王与英亲王、敬谨亲王尼堪、端重亲王博洛先后讨大同叛镇姜瓖,以王与兄郡王瓦克达剿贼朔州、宁武,寻授征西大将军。八月,克复朔州、马邑县、宁武关城、宁化所、八角堡及静乐县;遂会端重亲王军,攻复汾州城,斩伪巡抚姜建勋、伪布政使刘秉业等,伪总兵杨振威斩瓖首,献英亲王军,大同平。王遣护军统领索浑围平遥,署护军统领希尔根围太谷,贝勒拜音图围沁州,镇国公汉岱围辽州,先后攻复其城,屯留、襄垣、榆社、武乡等县俱降。十月,睿亲王令留兵付瓦克达剿抚馀贼,王同辅国公萨弼携应撤兵还京。

七年二月,与端重亲王、敬谨亲王同理六部事。八月,睿亲王遣尚书阿哈尼堪迎朝鲜王李淏弟,阿哈尼堪白理部事诸王,以理事官恩国泰代,坐徇隐,罚锾。八年二月,加封号曰巽。寻同诸王奏削故睿亲王封爵。三月,命诸王分管六部,王掌吏部。九年二月,薨,年三十有一,谥曰简。十六年十月,追论王与睿亲王素无嫌,分取其所遗财物;掌吏部时,尚书谭泰骄纵,不能纠,削爵、谥。

　　二次袭常阿岱,原封巽简亲王满达海第一子。顺治九年七
月,袭封和硕巽亲王。十六年十月,追论满达海罪,降常阿岱为
贝勒。康熙四年四月,薨,年三十有三,谥曰怀愍。第六子星尼,
降袭固山贝子;次子锡伦图封奉恩将军:后俱停袭。乾隆四十三
年三月,诏以巽亲王满达海著有劳绩,赐一等辅国将军爵,世袭
罔替,以满达海七世孙福色砐额袭。

　　三次袭杰书,礼烈亲王代善孙。初,礼烈亲王第八子祜塞封
镇国公,[三]卒,第二子精济袭,晋封多罗郡王,卒。顺治六年十
月,以祜塞第三子杰书袭多罗郡王,八年二月,加号曰康。十六
年十二月,常阿岱既降爵,以杰书袭和硕亲王,仍号康。康熙十
三年六月,授奉命大将军讨逆藩耿精忠。九月,师至浙江,驻金
华,贼已陷温州、处州。都统赖塔、总督李之芳驻衢州,破贼于焦
园、紫郎山。贼将徐尚朝引众五万犯金华,王令都统巴雅尔、副
都统玛哈达迎击,斩贼将吴荣先等与兵无算。[四]十二月,尚朝复
引贼五万逼金华城南十二里庄,巴雅尔与总兵陈世凯等会剿,破
贼垒于积道山,杀二万馀,复永康、缙云二县。贼将马公辅由义
乌遁武义,署前锋统领希福蹑之苦竹岭,斩殪甚众。贼将沙有祥
据桃花岭,梗处州路,玛哈达同总兵李荣等击溃之,副都统穆赫
林又败之白水洋。十四年正月,复处州府及仙居县。公辅、尚朝
等犹据宣平、松阳,屡窥处州。都统拉哈达偕诸将御剿,破之石
塘、石佛岭、大王岭东陇隘口上套寨、下五塘诸处。时宁海将军
贝子傅喇塔由黄岩规复温州,叛镇祖弘勋、曾养性纠贼数万倚山
凭江,水陆抗阻。上命杰书由衢州进,回奏处州方有贼警,金华

兵力弱，难骤进。

十五年三月，谕趣之曰："王坐守金华，将及二载，徒以文移往来为事，不亲统官兵进剿，逆贼何日可灭？宜克期进取，毋再迟延观望，贻误军机！"八月，自金华移驻衢州，败贼于大溪滩，复江山、常山二县。进攻仙霞关，伪参将金应虎迎降，遂抵浦城县，攻拔之。檄精忠言："浦城为闽财赋要地，今大兵攻拔，已扼咽喉。与其絷颈就戮，曷若立功赎罪，全百万生灵？"九月，复建阳，抚降建宁、延平二府。精忠震慑无措，遣其子显祚来迎，王遣赉示免死敕谕，精忠出城六十里迎降。十月，王入驻福州，奏精忠请随大军剿海贼郑锦以赎罪，上报可。

时锦伪总统许耀众三万结寨乌龙江之南小门山及真凤山，王遣拉哈达等击走之。十一月，疏言："精忠出剿海贼，其弟昭忠、聚忠宜以一人来福州，统辖藩属。"又疏言："福建经制兵已照原额全设，精忠随大军所率佐领下兵数已不少，其左右两镇官兵可并裁。弘勋、养性应令赴京候补。"上命耿昭忠为镇平将军，〔五〕驻福州，馀俱如所请。是月，王遣穆赫林击败伪将军吴淑于浦塘，复邵武府；进师泰宁，伪总兵王安邦等降，汀州府及所属诸县悉复。

十六年正月，拉哈达、赖塔破贼将赵得胜、何祐等二十六营于白茅山、太平山诸处，复兴化府。二月，复泉州、漳州二府。奏入，得旨："王统率官兵自衢州入仙霞关，直抵福州，剿抚并用，所向克捷；击逐海贼，收复全闽，安辑百姓，克奏肤功，深为可嘉。"三月，疏言："福建既平，臣欲即统兵入粤，但省会重地，未可轻离，且距漳州远，恐迟至炎暑，难进师。先就现驻漳州、汀州骑兵,令将军拉哈达等率同耿精忠赴潮州。"寻遣总兵马三奇同前锋参领都克纳败海贼于龙溪班山;副都统杨凤翔守泉州,败来犯贼五千馀。

十七年闰三月,海贼犯漳州,提督段应举却之。四月,贼陷平和,环逼海澄,穆赫林、段应举守御越七旬,援不至,城遂陷,长泰亦陷贼。王以援迟请罪,诏俟师旋日再议。七月,贼陷同安、惠安,王遣副都统禅布、提督杨捷复之。九月,赖塔等破贼于蜈蚣山,复长泰,寻破贼于柯铿山、万松关;副都统吉勒塔布同捷破贼将刘国轩于江东桥,又败之潮沟;副都统瑚图破吴淑于石卫寨。十八年正月,吉勒塔布、捷复败国轩于郭塘、欧溪头。二月,贼犯江东桥,吉勒塔布却之,追剿至太平寨,斩贼千馀。十月,吉勒塔布败贼于鳌头山,副都统沃申攻克东石城。十九年二月,沃申剿平大定、小定、玉洲、石马诸贼巢,复海澄;水师提督万正色克海坛。三月,拉哈达、捷等克厦门、金门,赖塔克铜山,馀贼悉窜台湾。

先是,精忠为藩下参领徐鸿弼等首其归顺后尚蓄逆谋,王疏请逮治,上密谕王令自请来京。至是,精忠自请入觐,王亦奉诏班师。五月,疏言:"福建投诚兵甚多,需饷浩繁。厦门、金门已恢复,宜留八旗兵六百守泉州,二千四百分守福州、漳州,馀皆随还。"十月,至京,上率王大臣至卢沟桥迎劳。十一月,命预议政。二十一年十二月,追论前在金华数年,顿兵不进,及至福建,又迟援海澄,销去军功,罚俸一年。

二十四年十二月,顺天府承王维珍以旗人与房山县民争煤窑、自倚康亲王府差委、鼓众闹堂肆诉状,疏闻,下部逮究,旗人四舒、华善辱詈职官,俱拟枷责。上嘉维珍无所瞻顾,下部议叙。谕阁臣曰:"旗下恶棍,干预词讼,久经严禁。四舒等挟制官司,横肆诟詈,情殊可恶! 再加严审治罪,其主一并察议。"大学士勒德洪奏其主即康亲王杰书,上曰:"朕止论事之是非,不论其为何人也。"于是法司覆勘,四舒论斩,华善论绞,王府护卫及管煤官降罚有差,王坐失察罚俸如例。二十九年七月,率兵屯归化城备剿噶尔丹。寻以大将军裕亲王福全将抵乌兰布通,诏移师会之。至则贼已窜,十月,撤还。三十六年闰三月,薨,年五十有三,谥曰良。

四次袭椿泰,康良亲王杰书第六子。康熙三十六年七月,袭封和硕康亲王。四十八年五月,薨,年二十有七,谥曰悼。

五次袭崇安,康悼亲王椿泰第一子。康熙四十八年十月,袭封和硕康亲王。雍正五年十二月,掌宗人府事。十一年九月,薨,年二十有九,谥曰修。

六次袭巴尔图,康良亲王杰书第五子。康熙三十二年四月,封三等辅国将军。雍正十二年四月,袭封和硕康亲王。乾隆十八年三月,薨,年八十,谥曰简。

七次袭永恩,康修亲王崇安第二子。雍正十二年四月,封多罗贝勒。乾隆十八年五月,袭封和硕康亲王。十九年十一月,总理正黄旗觉罗学。四十三年正月,命复礼烈亲王始封之号,仍为礼亲王。嘉庆十年二月,薨,年七十有九,谥曰恭。

八次袭昭梿,礼恭亲王永恩第一子。嘉庆七年十一月,岁满,封不入八分辅国公。是月,委署散秩大臣。十年六月,袭封和硕礼亲王。

【校勘记】

〔一〕郭多　"郭"下原衍一"尔"字。国朝耆献类征初编(湘阴李氏家
　　刻本,以下简称耆献类征)卷首三叶一下同。今据清太祖武皇帝
　　弩儿哈奇实录(一九三二年,北平故宫博物院排印本,以下简称
　　武录)卷二叶六上,及清太祖高皇帝实录(大清历朝实录景印本,
　　以下简称高录)卷四叶六上删。

〔二〕擒贝勒巴克与其二子及岱青多尔济拉什希布桑阿尔斋等斩贝勒
　　鄂尔斋图　两"斋"字原均误作"齐"。耆献类征卷首三叶五下均
　　同。今据清太宗文皇帝实录(大清历朝实录景印本,以下简称文
　　录)卷一叶一五下作"桑噶尔赛"与"鄂尔寨图";又同书卷九叶四
　　二上作"桑阿尔寨"。按"阿"与"噶","赛"、"寨"与"斋"均音近
　　相通;而"斋"与"齐"又形似致误。今均为改正。

〔三〕礼烈亲王第八子祜塞封镇国公　"祜"原作"祐",形似而讹。耆
　　献类征卷首三叶一一上同。今据宗室王公世职章京爵秩袭次全
　　表(光绪三十二年石印本,以下简称爵秩全表)卷三叶一四上,及
　　宗室王公章京世职爵秩册(钟翰自藏宫中手稿本,以下简称爵秩
　　册)卷二叶〔二〇〕上改。

〔四〕斩贼将吴荣先等与兵无算　原脱"与"字。耆献类征卷首三叶一
　　一上下同。今据清圣祖仁皇帝实录(大清历朝实录景印本,以下
　　简称仁录)卷五〇叶一八上补。

〔五〕上命耿昭忠为镇平将军　"昭"原误作"精"。耆献类征卷首三叶
　　一二下同。今据仁录卷六四叶一二下改。按耿精忠系耿继茂长
　　子,耿昭忠系次子。

　　和硕英亲王阿济格

　　阿济格,太祖高皇帝第十二子。初授台吉。天命十年十一

月,科尔沁台吉奥巴苦察哈尔林丹汗之虐,来乞援。阿济格随三贝勒莽古尔泰等征之,至农安塔,林丹汗遁,乃还。十一年四月,同台吉硕托征喀尔喀巴林部,[一]十月,随大贝勒代善征扎噜特部,有功。是年,封贝勒。天聪元年正月,同二贝勒阿敏等征朝鲜,克五城。五月,从上征明,同莽古尔泰等率偏师卫塔山粮运,败明兵二万。会大军于锦州,进薄宁远城北,明援兵千馀掘濠为车营,列火器以拒,阿济格歼之。明总兵满桂出城东二里阵,上欲进击,阿济格请从,诸贝勒以距城近,不可攻,劝阻甚力。上怒,亲率阿济格等驰击明前队骑兵,追至城下,尽殪之。诸贝勒皆愧,奋不及胄,驰进,分击步卒,斩馘无算。二年三月,以擅主弟贝勒多铎婚,削爵,寻复之。

三年八月,同贝勒济尔哈朗等略明锦州、宁远,焚其积聚,俘获三千计。十月,从上征明,率左翼四旗及蒙古兵克龙井关,明汉儿庄副将易爱、洪山口参将王遵臣来援,斩之,歼其众。进围汉儿庄,明守将李丰降。十一月,大军克洪山口,至遵化,明山海关总兵赵率教以精兵来援,阿济格奋击,率教败走。会上以数骑视遵化城垣,因遮击败兵,阿济格追斩率教于阵,并戮其副将以下官,遂进薄京城。明宁远巡抚袁崇焕、锦州总兵祖大寿以援兵二万屯广渠门外,我师追杀至城濠,阿济格马创死,始还。十二月,同贝勒阿巴泰等略通州,焚其船,克张家湾。寻从上阅蓟州形势,遇明山海关援兵五千于城外,同代善等突入敌营,歼之。

五年三月,命诸贝勒直言时政,阿济格奏曰:“臣愚鲁无能,致烦圣虑。自今愿痛改前非,勉励职业。”八月,上征明,由白土场趋广宁,阿济格同贝勒德格类、岳托率兵二万由义州进大凌河,与大军会,夜围锦州。敌兵袭阿济格营,时大雾,人觌面不相识,阿济格严阵待。忽青气自天下冲敌阵,雾中开如门,顷之霁,急击,大败之,擒游击一,获甲械及马二百馀。上亲劳,以金卮酌赐。九月,谕授围城方略,觇察援兵,勿以敌寡轻战堕计中。寻闻明增兵来援,命额驸扬古利率八旗护军之半往益阿济格军。时锦州兵七千逐我侦者于小凌河岸,突近御前,卫兵不满二百,上擐甲渡河,直入敌阵,败之。阿济格继至,敌复出步军列濠外,骑兵翼其后,阿济格奋前,破其步卒,斩副将一。于是上以所统兵付阿济格。明监军道张春等复以兵四万援锦州,我师迎击于大凌河,截杀过半,逐北逾一舍。

六年五月,从上征察哈尔,林丹汗遁。阿济格统左翼及蒙古兵略大同、宣府,明兵惧,尽献张家口所贮犒边财物。七月,师旋。七年三月,命筑通远堡城,以兵驻守。五月,明降将孔有德等自登州海道来归,为明总兵黄龙所遮,朝鲜复扼之,阿济格同济尔哈朗、贝勒杜度等往迎,立营江岸。明与朝鲜兵望见,皆引退,有德等辎重得毕至。六月,诏问征明及朝鲜、察哈尔三者何先,奏言:“臣意当攻明,以耕耘毕兴师。皇上亲驻关外,诸贝勒将帅率大军进关,攻略城堡,招抚民人。然后相敌形势,酌量缓急而行,计之得也。”八月,同阿巴泰等略山海关,俘获甚众。师还,以不能乘胜入关,诏切责。阿济格奏:“臣欲息马运粮,诸贝勒不从。”上曰:“汝果能坚执不从,诸贝勒谁弃汝而来?朕非欲加罪于尔等,自后当谨识朕言耳!”八年五月,从上征明,同贝勒多尔衮、多铎自巴颜珠尔克入龙门口,遇明兵,败之;追攻龙门,未下,趋保安州,克其城,斩守备一。谒上于应州,籍俘获数以闻。八月，拔灵丘，斩知县、守备，师还。

崇德元年四月，叙功，晋封多罗武英郡王。五月，同阿巴泰征明，克雕鹗堡，薄延庆州。先后克定兴、安肃、容城、安州、雄县、东安、文安、宝坻、顺义、昌平，遇敌，五十六战皆捷，俘人畜十数万，擒总兵巢丕昌等。又遣都统谭泰等设伏，斩遵化三屯营守将。我师方出关，明兵蹑我后，还击歼之，获马百四十馀。捷闻，旨嘉奖，赐鞍马一。九月，师旋，驾出地载门十里，迎劳设宴。上见王远征劳瘁，为之恻然，命坐于右侧，亲以金卮酌赐。十二月，上征朝鲜，令驻守牛庄。

二年三月，以贝子硕托等攻皮岛久未下，命引兵千往助。四月，至军，令都统萨穆什哈率护军前进，都统阿山等率锐卒乘小舟疾攻西北隅，兵部承政车尔格督八旗及汉军、朝鲜等兵乘巨舰逼其城，都统石廷柱、户部承政马福塔从北隅督战，敌不能支，遂克皮岛，斩总兵沈世奎，败诸路来援之兵，俘户三千有奇、船七十、赀畜无算。上遣使褒谕。十二月，遣军自牛庄入白土场，遇明兵于清河岸，败之。

四年二月，从上征明，王率师至大凌河东，扬言欲以红衣炮攻台，守卒惧，四里屯、张刚屯、宝林寺、王民屯、于家屯、〔二〕成化峪、道尔彰等俱下。寻率四旗护军还守塔山、连山，俘人马千计。三月，上遣四旗骑兵往助。四月，自连山会御营于义州南山冈，班师。九月，略锦州、宁远界。六年三月，同郑亲王济尔哈朗围锦州，其守郭蒙古台吉吴巴什等密议降，为明总兵祖大寿所觉。接战，王乘夜登城助击，明兵败，乃徙蒙古及明兵降者于义州。事详郑献亲王传。四月，败明援兵于松山北岭。六月，复败明关内援兵,追击薄松山城,获马五十馀。七月,上以阿济格克敌奏捷,劳绩可嘉,赐银四千两。

八月,明总督洪承畴率总兵吴三桂、王朴等来援锦州兵,号十三万。上亲征,大军营松山,明兵惧,将奔塔山,王追击之,获其笔架山积粟;复往塔山,邀击明兵败奔者;又同睿亲王多尔衮克敌台四,擒副将王希贤、参将崔定国、都司杨重镇等。三桂、朴仅以身免。方三桂等之败也,明锦州、松山、杏山、高桥诸路兵犹固守不下。九月,驾还盛京。同杜度、阿巴泰、多铎等分兵围之。十一月,承畴夜出松山兵来袭,我军沿壕射,敌返走,城闭不得入,降其众二千馀。七年二月,围杏山,遣前锋统领鄂莫克图等略宁远,遣护卫及亲军策应,诱杀三桂等追兵。三月,三桂复率兵四千驻塔山,分兵至高桥,不战而退,遂纵兵追至连山,斩三十人,获马三十。师逾宁远城西十里,审视粮运海道,宁远兵出犯,又击败之。四月,凯旋。十月,议王驻高桥时有"军行劳苦"语,又纵敌人,私行猎及上御殿宴赉,不俟赏先归等罪,削爵,诏从宽罚锾;又议值敏惠恭和元妃丧时,王歌舞,应幽禁,诏免罪。八年九月,复同郑亲王征宁远,军城北,填壕布云梯,以炮急攻,城颓,敌溃,斩游击吴良弼、都司王国安等二十馀员;直抵前屯卫,立营栅,复移炮城西攻之,斩总兵李辅明、袁尚仁等三十馀员、兵四千馀。明中前所总兵黄色弃城遁,进拔之。

顺治元年四月,同睿亲王入山海关,破流贼李自成。十月,晋封和硕英亲王,赐鞍马二。寻命为靖远大将军,由沿边趋陕西,断贼归路。先是,宣府巡抚李鉴以赤城道朱寿鋆贪酷不法,将劾之,寿鋆遣子入京,嘱素识之旗人绰书泰求王给印札与鉴,

令贳寿鋆罪。至是,王出师过宣府,召谕鉴曰:"寿鋆忠良,宜释
免。"鉴曰:"此重犯,若擅释之,王亦不便。"绰书泰时在侧,叱之
曰:"尔何不惧王而反惧冲龄皇帝耶?"鉴艴然去。王复遣绰书
泰与总兵刘芳名强之,不可。事闻,寿鋆、绰书泰俱伏诛,责鉴金
币。二年二月,以王擅出边,至土默特、鄂尔多斯逗遛需索,谕趣
之。寻奏大军入边剿贼,八战皆捷,陕西属城克者四,降者三
十八。

　　时自成已为豫亲王多铎所败,弃西安据商州。上命多铎还
趋江南,而以阿济格追剿流贼。方自成南走时,携贼十三万,并
湖广襄阳、承天、荆州、德安守御贼七万,声言欲取南京,水陆齐
下。王分兵蹑其后,追及于邓州、承天、德安、武昌、富池口、桑家
口、九江,屡败贼,抚其降者;穷追至贼老营,大破之。自成仅以
步卒二十人遁,斩其两叔父及伪汝侯刘宗敏于军,伪军师宋献
策、总兵左光先等皆就俘。是役凡十三战,皆大捷。故明宁南侯
左良玉子梦庚方泊军九江,闻大军至,执总督袁继咸等,率总兵
官十二、马步兵十万、舟数万诣军门降。计所下河南属城十二,
湖广属城三十九,江西属城六,江南属城六,皆设官抚定。闰六
月,捷闻,命侍臣赴军慰劳,复谕曰:"王克奏肤勋,不胜喜悦! 念
王及行间将士驰驱跋涉,悬崖峻岭,深江大河,万有馀里,可谓劳
苦而功高矣。寇氛既靖,宜即班师。其招抚馀兵,应留充军伍,
或散归田里,王与诸大臣商榷行之。"八月,师旋。

　　方自成遁时,王诳报已死,又不候旨班师。摄政王多尔衮传
语,以王等有罪,不遣迎,但于午门会齐归第。复议前胁李鉴令
释朱寿鋆,又擅索土默特、鄂尔多斯马,降郡王,罚银五千两。又

王在军中尝称上为"孺子",谕随征都统公谭泰等集众暴其罪,谭泰等匿之。至是,论罪,谭泰等降革有差。三年正月,以张盖坐午门,罪之,未几复原爵。五年八月,剿平天津、曹县土寇。十一月,喀尔喀行猎近边,命赴大同驻守。十二月,大同总兵姜瓖闻大兵将至,疑袭己,据城叛,附近十一城皆应,王至,夜围之。事闻,即命王为平西大将军,以都统巴颜等率兵会讨。六年正月,贼党刘迁犯代州,据外郭,章京爱松古、游击高得胜被围,遣端重郡王博洛等往援,破斩贼渠郎方,迁遁去。

三月,摄政王至大同,会王两妃卒,摄政王谕令先归。王启云:"予不希富贵,但丈夫重名誉,欲佐命效力,俾后世垂名史册耳。顾以妻死弃大事而归乎?"卒不行。四月,复左卫,命还京。六月,遣人启摄政王言:"辅政德豫亲王征流寇至望都,潜身僻地,破潼关、西安,不歼其众;追腾机思,不取其国。功绩未著,不当优异其子。郑亲王乃叔父子,不当称'叔王';〔三〕予乃太祖之子,皇帝之叔,当以予为'叔王'。"摄政王拒之曰:"德豫亲王薨未久,何忍出此言?曩者令尔征流寇,德豫亲王征江南,尔逗遛边外。德豫亲王乃破流寇克西安,平定江南、河南、浙江,追腾机思,败喀尔喀二汗兵,功较尔甚多,且原系亲王,尔原为郡王,其一子吾养为子,一子袭王爵,何为优异?郑亲王虽叔父子,原系亲王,尔安得妄思越分,自请为叔王?"已而,王复请营府第,于是摄政王廷数其罪曰:"尔前往大同,擅加大同、宣府文武官各一级,私除各处职官,违命攻浑源州,又与郡王瓦克达私赠财物,姑免治罪,嗣后勿复预部务、接汉官。"八月,复同贝子巩阿岱统兵征大同。九月,伪总兵杨振威斩瓖及其兄琳、弟有光,诣军门降。

大兵入城，诛从逆吏民，隳大同城埤堄五尺，班师。

八年正月，摄政王薨于喀喇河屯，王赴丧次，即归帐。其夜，诸王赴临，王独不至，而私遣人至京召其第五子郡王劳亲以兵迎胁摄政王所属人附己。诈言摄政王悔以多尔博为子，曾取劳亲入正白旗；又怨摄政王不令豫亲王子多尼诣己，诘责豫亲王旧属阿尔津、僧格，且讽端重亲王博洛等速推己摄政。至石门，上迎丧，王不去佩刀；劳亲兵至，王张纛与合队，左右坐举动甚悖。摄政王近侍额克亲、吴拜、苏拜等首其欲为乱，郑亲王等即于路监守之。至京，鞫实，议削爵，幽禁，降劳亲贝子。闰二月，以初议罪尚轻，下诸王大臣再议，移系别室，籍其家，子劳亲等皆黜宗室。三月，阿济格于狱中私藏兵器事觉，诸王大臣复议："阿济格前犯重罪，皇上从宽免死，复加恩养，给三百妇女役使及僮仆、牲畜、金银、什物，乃仍起乱心藏刀四口，欲暗掘地道与其子及心腹人约期出狱，罪何可贷？应裁减一切，止给妇女十口及随身服用，馀均追出，取入官。"十月，监者复告阿济格谋于狱中举火，于是论死，赐自尽，爵除。

第一子和度，初封辅国公。顺治元年，封固山贝子。三年十月，卒。第二子傅勒赫，顺治二年，封镇国公。八年，削爵。十七年三月，卒。十八年四月，以傅勒赫因父罪被黜，复封其次子构挚为辅国公。康熙五年三月，卒。构挚弟绰克都，康熙四年正月，封辅国公。二十七年十月，任盛京将军。三十七年四月，以不称职革任。十一月，复议绰克都久任将军，不能训练，削爵。

初次袭普照，绰克都第八子。康熙三十七年十一月，宗人府议革绰克都公爵，不准承袭，得旨："照议不准承袭，则英王一支绝矣。此公爵著其子普照承袭。”十二月,袭封辅国公。五十二年十一月,议普照恭送淑惠妃发引,违例乘马,削爵,以弟经照袭。雍正元年三月,复以军前效力封辅国公,寻署领侍卫内大臣。四月,署镶蓝旗护军统领,兼理右翼前锋统领。五月,署西安将军。七月,授宗人府右宗人。二年七月,任镶蓝旗满洲都统。九月,卒,年三十有四。十一月,子恒冉袭。三年九月,谕宗人府曰:“普照之子恒冉现在承袭公爵,其家原不应有二公。向因普照在军前效力尚属勤谨,且年羹尧之妻系普照兄女,朕因年羹尧青海之功,又念普照原系承袭公爵之人,是以特授为辅国公。今年羹尧如此背负朕恩,其普照之公爵,著不必承袭。”十年六月,追议普照受年羹尧银两,削爵。

二次袭经照,绰克都第九子。康熙五十二年十二月,袭封辅国公。雍正十年六月,以冒领所属护军校钱粮,削爵。

三次袭璐达,绰克都孙,闲散宗室隆德子。雍正十年十二月,袭封奉恩辅国公。乾隆六年三月,卒,年三十有七,谥曰恭简。

四次袭麟魁,恭简辅国公璐达第一子。乾隆六年七月,袭封奉恩辅国公。十年十二月,以残虐削爵。

五次袭九成,绰克都孙,闲散宗室兴绶子。乾隆十一年四月,袭封奉恩辅国公。二十五年五月,以值班时隐匿金水河淹毙人事,削爵。

六次袭谦德,九成第四子。乾隆二十五年六月,降袭三等镇国将军。三十二年三月,卒,年十九。

七次袭顺德,九成第七子。乾隆三十二年六月,降袭奉恩将军。四十三年正月,谕曰:"朕览实录载英亲王阿济格秉心不纯,往追流贼,诳报已死,又擅至沿边索马,且向巡抚嘱托公事,过迹昭著,虽前此亦有微劳,究不足以抵其罪,黜爵实由自取。至其子孙前俱降为庶人,削其宗籍,皇祖御极之初,曾加恩将伊次子傅勒赫复还宗支,追封公爵递袭,其馀诸子仍行除籍。嗣于康熙五十二年,复蒙恩将伊第三子伯尔逊、第八子佟塞、第十子鄂拜、第十一子班进泰各支赐给红带子,附入玉牒。今思傅勒赫一支既已作为宗室袭爵,其有后之伯尔逊等各支及无后之和度等,同系英亲王之子孙,似毋庸复为区别,因推广皇祖恩意,著交宗人府一体查明,复还黄带子,列入宗谱。"嘉庆元年十月,以病休致。四年二月,授头等侍卫。五年六月,顺德卒,年四十有七。

八次袭华宁,奉恩将军顺德第一子。嘉庆五年十二月,袭封奉恩将军。

【校勘记】

〔一〕同台吉硕托征喀尔喀巴林部 "林"下原衍一"布"字。耆献类征卷首三叶一六下同。今据高录卷一〇叶八下删。

〔二〕王民屯于家屯 "王"原作"旺",音近而误;"于"原作"千",形似而讹。耆献类征卷首三叶二〇上均同。今据文录卷四五叶一八上改。

〔三〕不当称叔王 "王"原误作"父"。耆献类征卷首三叶二四上同。今据清世祖章皇帝实录(大清历朝实录景印本,以下简称章录)卷四四叶二一下至二二上改。按本书卷二多尔衮传不误。

清史列传卷二

宗室王公传二

和硕睿亲王多尔衮

多尔衮，太祖高皇帝第十四子。初封贝勒。天聪二年二月，上征察哈尔多罗特部，大败之敖穆抡，俘获万馀。以多尔衮从征有功，赐号墨尔根岱青。三年十月，从上自龙井关入明边，与三贝勒莽古尔泰等攻汉儿庄，降之。十一月，先驱赴通州，相视渡河，捕哨卒。从上攻明北京，败宁远巡抚袁崇焕、锦州总兵祖大寿援兵于广渠门外。十二月，遇明山海关援兵于蓟州，歼之。四年二月，上自滦河旋跸，多尔衮与莽古尔泰先行，破敌营，斩级六十，获马八。

五年三月，命诸贝勒直言时政，多尔衮奏曰："谳狱重务，凡任事诸臣，当悉心详议，不可苟且塞责。"七月，初设六部，命掌吏部事。八月，从上围大凌河城，明兵出诱战，多尔衮偕诸将冲入阵,敌隳壕,死者百馀,城上炮矢齐发,我将士有阵殁者。上切责其从官曰:"定例,遇敌时,贝勒坐镇军中,令诸将率兵击之。今贝勒轻自进战,尔等何不阻止? 傥有疏失,尔等死不足蔽辜矣。"十月,大寿以锦州降,多尔衮与贝勒阿巴泰等以兵四千随大寿作溃奔状,城内兵分路迎,并为我军击败。事详饶馀郡王传。

　　六年五月,从上征察哈尔,与贝勒济尔哈朗俘其部众千馀于归化城西南黄河岸。七年六月,诏问征明及朝鲜、察哈尔三者何先,奏言:"宜整兵马,乘谷熟时,入明边围北京,截其援兵,毁其屯堡,为久驻计,可坐待其敝也。"八年五月,从上征明,入龙门口,败明兵,克保安州。事详英亲王传。略朔州,至五台山而还。先是,我军征察哈尔,林丹汗西渡河,欲奔唐古特,行至大草滩,病卒。其子额哲率千馀户留托里图。九年二月,上命多尔衮同贝勒岳托、萨哈璘、豪格统兵一万招之。四月,至锡喇珠尔格,降其台吉索诺木及所属千五百户,进逼托里图,恐其众惊溃,按兵不动。额哲母,叶赫贝勒锦台什女孙也,其弟南楚暨族叔祖阿什达尔汉,皆为我大臣,遣宣谕慰抚。额哲遂奉其母,率宰桑、台吉等众迎降。时鄂尔多斯部济农诱额哲往附,既盟且行矣,追留之;谕"尽返所携察哈尔人众,不然,即移兵讨"。济农惧,尽送于军。六月,师还渡河,岳托率兵千卫降众驻归化城。多尔衮与两贝勒携额哲及宰桑、台吉等征明,自平鲁卫至朔州,毁宁武关,略代州、忻州、崞县、黑峰口及应州,斩级六千馀,俘获无算,仍由归化城携降众还。察哈尔有元玉玺,交龙纽,镌汉篆曰"制诰之宝",顺帝失之沙漠。越二百馀年,有牧山麓者,见羊不食草,以蹄撅地,发之,乃玺。归于元裔博硕克图汗,后为林丹汗所得。

至是,多尔衮令额哲献于上,众贝勒大臣以蒙古悉臣服,且得前代玺,表上尊号。事具颖毅亲王传。

崇德元年四月,晋封和硕睿亲王。八月,上以武英郡王阿济格、饶馀贝勒阿巴泰统师征明,已越北京,谕王同豫亲王多铎等征山海关,以牵制明兵。至锦州,收降城中士人胡有陞、张绍祯、门世文、门世科、秦永福等,闻武英郡王奏捷,乃班师。十二月,从上征朝鲜,二年正月,同肃亲王豪格别从宽甸路入长山口,克昌州,败其兵于宁边城下;又以五千人追败其黄州援兵万五千,进攻江华岛,以红衣炮击溃船四十,乘胜入岛,殪伏兵千馀,克其城,获朝鲜王妃及其二子,国王李倧穷蹙乞降。〔一〕上班师,命王约束后军,携朝鲜质子李淏、李淏及大臣子以还。

三年二月,上亲征喀尔喀,以王与礼亲王代善等留守,并监筑辽阳都尔弼城,逾月工竣,改名屏城;复同阿巴泰董治盛京至辽河大路,广十丈,高三尺,夹以壕。八月,授奉命大将军,统左翼兵征明。自董家口东登山,毁边墙入,掩其无备,取青山营。遣人约右翼兵会通州河西,越北京至涿州,分兵八道,〔二〕右傍西山麓,左沿运河,长驱并进。自北京西千里内,明将卒皆溃遁,略地至山西界而还。复东趋临清,渡运河,攻济南,破之。还略天津、迁安,由太平寨出青山关。凡二十馀战,皆捷,克城四十馀,降者六,俘户口二十五万有奇。四年四月,凯旋,赐马五、银二万两。

五年六月,同肃亲王等赴明义州屯田,谕以驻营近锦州,断敌往来路。至则攻克锦州城西九台,尽刈其禾稼;又攻克小凌河西二台。七月,明兵五百出锦州城,夜袭我镶蓝旗营,击却之,斩八人。明总督洪承畴至宁远,分兵据杏山,营城下;击败其骑兵,获马七十。上遣人传谕曰:"王等但固守营垒,俟敌来犯,乃击之。"是月,敌兵千馀出战,却复入,击斩甚众,获马百馀。旋复斩其出樵者八十六人,又追斩明兵夜入义州戕我屯卒者。九月,败敌杏山城北,击松山援兵,获马匹、甲仗。六年二月,攻广宁山城,击松山援兵,斩二百四十及出猎小凌河之锦州兵百七十馀。

是时围锦州之王、贝勒等移营去城三十里,又令每旗一将校率每佐领下甲士五人先归。上遣郑亲王济尔哈朗往伏,传谕王曰:"前令尔等围锦州,由远渐近以困之。今离城远驻,致敌人田猎挽运,任意往来,军律何在? 若久驻马疲,当遍察以定去留,仍严惩不善牧者;乃均派遣还,尤属错谬。其由何人倡议,各指名拟罪。"王回奏:"臣因敌兵在锦州、松山、杏山三城,闻其马皆牧他处;〔三〕若彼来犯,可更番抵御。是以遣每旗官一员率佐领下五人还牧马,修治甲胄、器械。又因旧驻近城处草尽,移远就牧。皆臣倡议,应治臣罪。"上又遣内大臣等至辽河传谕曰:"朕爱尔过于诸子弟,赉予独厚,以尔勤劳国政,恪遵朕命故也。今于围敌紧要之时,离城远驻,遣兵归家,何违命若此? 其自行议罪。"王奏:"臣识庸虑短,背违谕旨,罪应死。"上命降为郡王,罚银万两,夺两佐领户口。

六月,同肃郡王往代郑亲王等围锦州。〔四〕承畴率王朴、李辅明、唐通、白广恩、曹变蛟、马科、王廷臣、吴三桂八大将,合兵十三万,次松山,屡迎战。王击却之,以敌兵多,请济师。上亲统大军疾驰六日,至戚家堡,遣大学士刚林谕王以立营高桥。王令刚林代奏:"圣驾亲临,臣等勇气倍增,惟务进攻。但明兵甚众,臣等屡攻战,微有损伤;若再速战,恐力不及。遽立营高桥,虑敌人潜约锦州、松山两处兵夹攻。请上驻营松山、杏山间。"上从之,自乌欣河南山至海,绵亘列营。明兵屡犯我镶蓝旗、镶红旗诸汛,既败却,伺我军归营,辄来犯。上张黄盖指挥布阵,明将士望见,皆溃遁。王偕贝子洛托等趋塔山大路横击之,敌死者相枕藉;遂携红衣炮攻克塔山外四台,擒明副将王希贤等。三桂、朴由杏山奔宁远。九月,王还盛京。十一月,往代贝勒杜度等围锦州。七年二月,下松山城,承畴就擒。三月,克锦州,大寿以城降。四月,移师克塔山城,歼官属及兵七千,复以炮攻杏山城,管粮官朱廷榭、副将吕品奇降,尽毁松山、塔山、杏山三城,乃班师。七月,叙功,复爵和硕睿亲王。

八年八月,世祖章皇帝即位,礼亲王集诸王、贝勒、大臣议,以郑亲王与王辅政。王自誓曰:"如不秉公辅理,妄自尊大,天地谴之!"越日,郡王阿达礼潜语王曰:"王正大位,我当从王。"贝子硕托亦言:"内大臣及侍卫皆从我谋,王可自立。"王遂与礼亲王发其谋,阿达礼、硕托并伏诛。十二月,同郑亲王集众定议,罢诸王、贝勒、贝子管理六部。顺治元年正月,却朝鲜国王李倧馈物,告郑亲王及诸大臣曰:"朝鲜国王因予取江华岛时,全其妻子,常以礼来馈,较诸王独厚,向曾奏闻先帝受之。今我等辅政,谊无私交,不当受。"遂定议禁外国馈送诸王、贝勒。是月,郑亲王集内三院、六部诸大臣,谕以凡政事先白王,书衔名亦先之。三月,都统和洛会等讦肃亲王怨王不立己,语言悖妄,因集众定谳,削肃亲王爵,以议政大臣扬善等谄附谋乱,诛之。

四月,上御笃恭殿,授王奉命大将军印,给御用纛盖,敕便宜行事,率武英郡王、豫郡王、恭顺王孔有德、怀顺王耿仲明、智顺王尚可喜等征明。师次翁后,明平西伯吴三桂自山海关书来请兵。王得书,即移锦州红衣炮向山海关,复三桂书曰:"我国向欲与明修好,屡致书,明君臣不计国家丧乱,生民涂炭,曾无一言答。是以整师三入,盖示意于明,欲其熟筹通好。今则不复出此,惟底定中原,与民休息而已。今闻流贼攻陷京都,崇祯帝惨亡,不胜发指!用率仁义之师,沉舟破釜,誓不返旌,必灭贼出民水火,伯遣使致书,思报主恩,与流贼不共戴天,诚忠臣之义,勿因向守辽东与我为敌,尚复怀疑。昔管仲射桓公中钩,〔五〕桓公用为仲父,以成霸业。伯若率众来归,必封以故土,晋为藩王。国仇可报,身家可保。世世子孙,长享富贵。"

师次连山,三桂复遣使请速进,夜驰逾宁远,次沙河,距关十里,三桂报贼已出边立寨。王令诸王迎击,败贼将唐通于一片石。师至关,三桂出迎。王令三桂归营,兵各以白布系肩为识,恐与贼混致误杀,使先驱入关。时李自成率贼二十馀万,自北山横亘至海列阵待,我兵少,对贼布阵不及海岸。王令曰:"流贼横行久,犷且众,不可轻击。吾观其阵大,相去远,首尾不能顾。可鳞次集我兵,对贼阵尾,伺其气衰,突之必胜。努力破此,则大业成矣。勿违节制越伍躁进。"阵既列,令三桂兵居右翼末,悉众搏战。是日大风扬沙蔽天,咫尺莫辨,贼力斗良久,我军呼噪者再,风遂止。从三桂阵右突出,冲贼中坚,万马腾跃,飞矢雨堕。自成方登高冈观战,知为我兵,胆落,急策马下冈走。我兵无不一当百,追奔四十里,贼大溃遁回京都。王即军前承制进三桂爵平西王,下令关内军人皆剃发,以马步兵万隶三桂,先驱追贼。乃誓诸将曰：“此行除暴救民，灭贼安天下。勿杀无辜，勿掠财物，勿焚庐舍。不如约者，罪之。”仍谕官民以取残不杀、共享太平之意。自关以西，各城堡百姓逃窜山谷者，皆还乡里，剃发迎降。遂以捷音驰奏。

五月朔，师次通州。自成已先一日焚宫阙，载辎重西遁。王令诸王同三桂各率所部追贼。翌日，王入京师，明文武百官率军民老幼焚香跪迎朝阳门外，设故明卤簿，请乘辇。王曰：“予法周公辅成王，不当乘辇。”诸臣以周公负扆摄政固请，王曰：“予来定天下，不可不从众意。”乃乘辇入武英殿，下令安辑百姓，饬将士皆乘城，毋入民舍。有卒屠民家犬，射伤犬主，斩以徇，民皆安堵如故。为崇祯帝发丧三日，具帝礼葬；归顺诸臣俱以明原官任事。武英郡王等追贼至望都，自成奔西安，畿辅诸城俱纳款。分遣都统觉罗巴哈纳、石廷柱、叶臣及侍郎王鳌永等招抚山东、山西、河南，以京城内外经贼蹂躏，鳏寡孤独无生计者，饬所司赡养。告官吏军民曰：“养民之道，莫大于省刑罚，薄税敛。自明季祸乱，刁风日竞，以越诉诬告为常，设机构讼，败俗伤财，心窃痛之！自今嘉与维新，凡五月初二日昧爽以前，罪无大小，悉行宥免。违谕兴讼，即以所告罪罪之。斗殴、婚、田细事，就有司告理，重大经抚按结案。非机密重情，毋得入京越诉。讼师诬陷良民，加等反坐。前朝敝政，莫如加派，辽饷外又有剿饷、练饷，数倍正供，远者二十年，近者十馀载，天下嗷嗷，朝不及夕。更有召买、粮科诸名目，巧取殃民。今与民约，额赋外，一切加派，尽予删除。如官吏仍混征暗派，察实治罪。”

时明福王朱由崧自立于江宁，其大学士史可法督师扬州，又设江北四镇,沿淮、徐置戍卒。王欲招之降,令南来副将韩拱薇等致书可法曰:"予向在沈阳,即知燕京物望,咸推司马。后入关破贼,得与都人士相接,识介弟于清班,曾托其勒手书,致衷绪,未审以何时得达? 比闻道路纷纷,多谓金陵有自立者。夫君父之雠,不共戴天。春秋之义,有贼不讨,则故君不得书葬,新君不得书即位,所以防乱臣贼子,法至严也。闯贼李自成,称兵犯阙,手毒君亲,中国臣民,不闻加遗一矢。平西王吴三桂,介在东陲,独效包胥之哭。朝廷感其忠义,念累世之宿好,弃近日之小嫌,爰整貔貅,驱除狗鼠。入京之日,首崇怀宗帝、后谥号,卜葬山陵,悉如典礼。亲郡王、将军以下,一仍故封,〔六〕不加改削。勋戚文武诸臣,咸在朝列,恩礼有加。耕市不惊,秋毫无犯。方拟秋高气爽,遣将西征,传檄江南,联兵河朔,陈师鞠旅,戮力同心,报乃君国之仇,彰我朝廷之德。岂意南州诸君子,苟安旦夕,弗审事机,聊慕虚名,顿忘实害,予甚惑之! 国家之抚定燕都,乃得之于闯贼,非取之于明朝也。贼毁明朝之庙主,〔七〕辱及先人。我国家不惮征缮之劳,悉索敝赋,代为雪耻。孝子仁人,当如何感恩图报。兹乃乘逆寇稽诛,王师暂息,遂欲雄据江南,坐享渔人之利。揆诸情理,岂可谓平? 将以为天堑不能飞渡,投鞭不足断流耶? 夫闯贼但为明朝崇耳,未尝得罪于我国家也,徒以薄海同仇,特伸大义。今若拥号称尊,便是天有二日,俨为勍敌。予将简西行之锐,转旆东征,且拟释彼重诛,命为前导。夫以中华全力受制溃池,而欲以江左一隅兼支大国,胜负之数,无待蓍龟矣。予闻君子之爱人也以德,细人则以姑息。诸君子果识时知命,笃念故主,厚爱贤王,宜劝令削号归藩,永绥福禄。朝廷当待以虞宾，统承礼物，带砺山河，位在诸王侯上，庶不负朝廷伸义讨贼、兴灭继绝之初心。至南州群彦，翩然来仪，则尔公尔侯，列爵分土，有平西之典例在。惟执事实图利之！挽近士大夫好高树名义，而不顾国家之急，每有大事，辄同筑舍。昔宋人议论未定，兵已渡河，可为殷鉴。先生领袖名流，主持至计，必能深维终始，宁忍随俗浮沉？取舍从违，应早审定。兵行在即，可西可东。南国安危，在此一举。愿诸君子同以讨贼为心，毋贪一身瞬息之荣，而重故国无穷之祸，为乱臣贼子所窃笑，予实有厚望焉！记有之，惟善人能受尽言。敬布腹心，伫闻明教。江天在望，延跂为劳。书不宣意。"

可法旋遣人答书曰："南中向接好音，法随遣使问讯吴大将军。未敢遽通左右，非委隆谊于草莽也，诚以大夫无私交，春秋之义。今倥偬之际，忽捧琬琰之章，真不啻从天而降也！循读再三，殷殷致意。若以逆贼尚稽天讨，烦贵国忧，法且感且愧。惧左右不察，谓南中臣民偷安江左，竟忘君父之怨，敬为贵国一详陈之。我大行皇帝敬天法祖，勤政爱民，真尧舜之主也，以庸臣误国，致有三月十九日之事，法待罪南枢，救援无及。师次淮上，凶问遂来，地坼天崩，山枯海泣。嗟乎，人孰无君，虽肆法于市朝，以为泄泄者之戒，亦奚足谢先皇帝于地下哉？尔时南中臣民哀恸，如丧考妣，无不拊膺切齿，欲悉东南之甲，立翦凶仇；而二三老臣，谓国破君亡，宗社为重，相与迎立今上，以系中外之心。今上非他，神宗之孙，光宗之子，而大行皇帝之兄也。名正言顺，天与人归。五月朔日，驾临南都，万姓夹道欢呼，声闻数里。群臣劝进，今上悲不自胜，让再让三，仅允监国。迨臣民伏阙屡请，始以十五日正位南都。从前凤集河清，瑞应非一，即告庙之日，紫云如盖，祝文升霄，万目共瞻，欣传盛事，大江涌出楠梓十万章，助修宫殿，岂非天意也哉？越数日，遂命法视师江北，刻日西征。忽传我大将军吴三桂借兵贵国，破走逆成，为我皇帝、后发丧成礼，扫清宫阙，抚辑群黎，且罢剃发之令，示不忘本朝。此等举动，振古铄今，凡为大明臣子，无不长跽北向，顶礼加额，岂但如明谕所云‘感恩图报’已乎？谨于八月，薄治筐篚，遣使犒师，兼欲请命鸿裁，连兵西讨。是以王师既发，复次江、淮。乃辱明诲，引春秋大义来相诘责，善哉言乎！然此文为列国君薨，世子应立，有贼未讨，不忍死其君者立说耳。若夫天下共主，身殉社稷，青宫皇子，惨变非常，而犹拘牵不即位之文，坐昧大一统之义，中原鼎沸，仓猝出师，将何以维系人心，号召忠义？紫阳纲目踵事春秋，其间特书，如莽移汉鼎，光武中兴；丕废山阳，昭烈践阼；怀、愍亡国，晋元嗣基；徽、钦蒙尘，宋高缵统：是皆于国仇未翦之日，亟正位号。纲目未尝斥为自立，率以正统与之。甚至如玄宗幸蜀，太子即位灵武，议者疵之，亦未尝不许以行权，幸其光复旧物也。本朝传世十六，正统相承，自治冠带之族，继绝存亡，仁恩遐被。贵国昔在先朝，凤膺封号，载在盟府，宁不闻乎？今痛心本朝之难，驱除乱逆，可谓大义复著于春秋矣。昔契丹和宋，止岁输以金缯；回纥助唐，原不利其土地。况贵国笃念世好，兵以义动，万代瞻仰，在此一举。若乃乘我蒙难，弃好崇仇，规此幅员，为德不卒，是以义始而以利终，为贼人所窃笑也。贵国岂其然？往先帝轸念潢池，不忍尽戮，剿抚互用，贻误至今。今上天纵英明，刻刻以复仇为念，庙堂之上和衷体国，介胄之士饮泣枕戈，忠义民兵愿为国死。窃以为天亡逆闯，当不越于斯时矣。语曰：'树德务滋，除恶务尽。'今逆成未服天诛，谍知卷土西秦，方图报复。此不独本朝不共戴天之恨，抑亦贵国除恶未尽之忧。伏乞坚同仇之谊，全始终之德，合师进讨，问罪秦中，共枭逆贼之头，以泄敷天之愤，则贵国义闻，照耀千秋。本国图报，惟力是视。从此两国世通盟好，传之无穷，不亦休乎！至于牛耳之盟，则本朝使臣久已在道，不日抵燕，奉盘盂从事矣。法北望陵庙，无涕可挥；身陷大戮，罪当万死。所以不即从先帝者，实惟社稷之故。传曰：'竭股肱之力，继之以忠贞。'法处今日，鞠躬致命，克尽臣节，所以报也。惟殿下实昭鉴之！"书至，宣付内院。

先是，畿辅初定，王遣辅国公屯齐哈、和度等迎上驾，奏言："京师形势宜建都，皇上宅中图治，宇内朝宗，可慰天下仰望心。"至是，率诸王迎驾于通州。十月，上御皇极门，赐册宝，封叔父摄政王，建碑纪绩；复豪格肃亲王爵，晋阿济格为英亲王，同三桂、可喜由边外趋绥德；复多铎豫亲王爵，同有德、仲明由河南趋西安剿贼，定后，豫亲王还征江南。二年五月，郑亲王等议定摄政王仪制，视诸王有加礼。王曰："上前未敢违礼，他处如议行。"翌日入朝，见诸臣皆跪，遂回舆，责大学士刚林等曰："诸臣何故跪？此皇上之朝门也，他处行此礼尚可，乃行之朝门，岂有竟受之理？其谕众官知之！"御史赵开心疏言："摄政王见诸臣跪迎即回，因诸臣徒知尊王而不知王之尊皇上也。以叔父之亲，兼摄政之尊，原与诸王有异，然群臣谒王，当与朝见皇上礼不同，宜明定仪制。又正号必先正名，上谕称'摄政叔父王'，叔父惟皇上得称之，若臣庶皆称，则尊卑无异。臣以为当于'叔父'上加一'皇'字,庶上下辨而名义定。"疏下礼部,议行。六月,豫亲王克扬州,可法死之;遂下江宁,擒由崧于芜湖。江南平。

闰六月,英亲王剿贼至武昌,东下九江,故明宁南侯左良玉之子梦庚率众降,遂班师。七月,王致书豫亲王曰:"王遣贝勒博洛等招抚常州、苏州、杭州、绍兴诸府,降故明潞王朱常淓、淮王朱常清,已悉知之。大兵日久劳苦,王可率诸将士还京。南京改称江南省,应天府改为江宁府,王量留兵交贝勒勒克德浑、都统叶臣驻守。朱氏在任,改补他职,所贮留充饷。洪武陵设太监四名,守陵兵四十名,给地供祭祀。投诚官或来京,或彼处安置,王其酌行之。"又致书英亲王曰:"尔等先称流贼尽灭,李自成已死;后又言战败贼兵凡十三次。则先称歼贼,竟属虚语。今又闻自成遁江西。尔等既称在江西候旨,何竟启行?"八月,英亲王还京,王令停遣官出迎。寻议英亲王出征时罪,降郡王,事具本传。十月,诫浙江总督张存仁曰:"各官之任,曾屡饬尽忠勤职,毋谄媚馈遗本王。尔为封疆大吏,宜表率僚属,尔乃送本王缎、茶。岂前谕未之闻耶?后勿复如此。"

是月,同郑亲王、肃亲王入谢上赐良马恩,出,谕曰:"凡遇朝贺大典,朕受王礼。若此等小节,无与诸王同。"王奏:"上年幼冲,臣不敢违礼。俟上春秋鼎盛,凡有宠恩,自不敢辞。"十二月,集诸王、贝勒、贝子、公、大臣等,遣人传语,以尊崇皇上,戒诫媚己,且曰:"太祖、太宗所贻之业,予必力图保护。俟皇上春秋鼎盛,即行归政。"又曰:"前所以不立肃亲王者,非予一人意,因诸王大臣皆曰:'若立肃亲王,我等皆无生理。'是以不立。"传语毕,惟豫亲王不答,使者还报,复遣传语曰:"昔太宗宾天时,予在朝门幄中坐,尔与英王跽请即尊位,谓两旗大臣属望我者多,诸亲戚皆来言。予时以死自誓,乃已。此言岂乌有耶?"豫亲王语塞,诸王请议其罪,王以事在赦前,且诫令自省,非欲加罪,免之。

三年正月,遣肃亲王征四川流贼张献忠。二月,集尚书公英俄尔岱等语曰:"予为上摄政,惟恐事多阙误,生民失所,日夜焦思,又素婴风疾,劳瘁弗胜。予有过毋或瞻徇,其一一指陈。至国家事,各有专属,户部惟英俄尔岱,内院惟范文程、刚林、宁完我、额色特是赖。皆当勉力,勿惮劳。"又言:"诸王均宜优养安荣,其拜跪仪文,殊为可省。日者肃亲王出师,予为祖道,以金鞍良马解赠,王屈体而受,予心恻至今。因欲禁此礼,尔等为我善谕之。"五月,率诸王大臣出安定门送豫亲王征苏尼特部,谕将帅皆宜躬先临阵,奋勇破敌,勿退后,冒虚名。八月,豫亲王击败喀尔喀部土谢图汗、硕雷汗,凯旋。王迎之乌兰诺尔,宴赍出征王、贝勒及外藩台吉等。四年七月,集各部尚书、启心郎等谕曰:"内大臣、礼部金以豫亲王功懋,应晋'辅政叔王'。予初亦念及,以王为予季弟,犹豫未果。今复思黜陟为国家巨典,乌容瞻徇? 尔等与诸王议行。"又诫豫亲王曰:"汝继予辅政,其益加勤勉!"寻罢郑亲王辅政,复阿济格亲王。十二月,以风疾不胜跪拜,从诸王大臣议,元旦节上前行礼后起立以待,其进酒入班行跪礼,俱停止。

五年二月,肃亲王平四川凯旋,王以肃亲王徇隐随征护军统领希尔根冒功事,又欲擢用罪人扬善之弟吉赛,戒饬再三,不引咎,令诸王大臣论罪,幽系之。七月,王视三桂子应熊服黄纱衣,诘之,乃豫亲王所与,罚豫亲王银二千两。十二月,大同总兵姜瓖叛，遣副都统阿喇善等助英亲王围剿。

六年二月，王自将征大同，次固尔班口。有硕雷汗下七人来归，言硕雷汗兵马距十日程。王因出张家口趋喀尔喀，行三日，以马瘠，且道乏水，罢，仍移师讨瓖。三月朔，次桑乾河，先遣官招抚浑源州、应州。越数日，应州从贼参将张祖寿、山阴从贼知县颜永锡各诣军前降。师薄大同，遣人谕瓖曰："浑源负固不服，已克平；应州、山阴皆效顺。予今来此，速开门迎降，当宥尔。今不降，势迫后降，亦不从。与其自取死亡，不如速归顺。"瓖抗拒如故。端重郡王博洛、承泽郡王硕塞复代州，敬谨郡王尼堪剿贼太原，率都统阿赖等，屡战皆捷，斩伪巡抚姜辉，王即军中晋封三郡王为亲王，告之曰："尔等向不在贵宠列，予以同系太祖孙，加锡王爵，位次俸禄，不得与大藩等。"王先归。四月，以贝子务达海、镇国公屯齐喀等征大同，令英亲王还京。六月，英亲王遣人启王以辅政德豫亲王子不当优异，郑亲王不当称"叔王"，而自请为"叔王"。王拒之曰："豫王功多，且旧封亲王，其子多尔博，予养为子，多尼应袭王爵，何谓优异？郑王虽叔父子，封亲王亦久，尔原为郡王，何得妄思越分？"英亲王复请营府第，王乃数其擅加大同众官衔及诸罪，令后勿预部事、接汉官。并诫众曰："诸王及内大臣有干预部院政事，及内外汉官升降者，不论言之是非，即治罪。予于各官应迁者迁，应降者降，岂如明偏听人言，轻为进退耶？至诸王于非所属官员，私传至府者，罪在诸王；听传往者，罪在众官。如遇应传之事，诸王必先启奏，方许。"又谕礼部曰："予师行在外，所出政令，必谕六部、都察院、銮仪卫之事，原设印信，不便携行。今仿古制，别铸印各一，加'行在'二字。

以后差遣侍卫，用銮仪卫印。”

七月，复统师征大同，行十馀日，遣护军统领索浑、希尔根助亲王满达海剿贼宁武关，猎于阿噜什巴尔台等处而还。入宁武关，伪总兵刘伟、伪道赵梦龙等降，大同伪总兵杨振威等斩瓖及其兄弟首献军前，贼党以次削平。九月，一等轻车都尉希福自以奉使外藩劳，丐王优用，王以其自请，谕内大臣等议罪，应弃市，令免死，革职，不许随朝及往来诸王大臣家。十月，以喀尔喀二楚虎尔尝犯边，统师讨之，征敖汉、扎噜特、察哈尔、乌喇特、土默特、四子部落各以兵会。至喀屯布拉克，不见贼，乃班师。十二月，王妃博尔济吉特氏薨，以玉册宝追封为敬孝忠恭正宫元妃。七年正月，纳肃亲王妃博尔济吉特氏，并遣官选女子于朝鲜。二月，令部不须题奏者，付亲王满达海及端重亲王、敬谨亲王料理。五月，率诸王贝勒猎山海关，令亲王多尼，顺承郡王勒克德浑，贝子务达海、锡翰，镇国公汉岱并议政。是月，朝鲜送女至，王亲迎之于连山，即日成婚。六月，猎中后所，责随猎王、贝勒等不整行列罪，罚贝勒屯齐、尚善，贝子扎喀纳锾有差；[八]宥亲王满达海罚，申戒之。

七月，王欲于边外筑城清暑，令户部计额征地亩人丁数，加派直隶、山西、浙江、山东、江南、河南、湖广、江西、陕西九省银二百四十九万两有奇，输工用。王寻以悼妃故有疾，锡翰与内大臣席讷布库等诣第，王怨曰：“顷予罹此莫大之忧，体复不快。上虽人主，念此大故，亦宜循家人礼，一为临幸。若谓上方幼冲，尔等皆亲近大臣也。”又曰：“尔等毋以予言请驾临。”锡翰等出，王遣人追止之，不及。于是上幸王第，王责锡翰等罪，降罚有差。八月,遣礼部尚书阿哈尼堪迎朝鲜王李淏之弟,阿哈尼堪启理部事诸王,以理事官恩国泰自代。事觉,议罪,革阿哈尼堪职;罚亲王满达海银三千两;降端重亲王、敬谨亲王为郡王:各罚银二千两。

十一月,王以疾率诸王贝勒猎边外。十二月,薨于喀喇河屯,年三十有九。上闻震悼,亲率王、贝勒、大臣缟服迎奠东直门外,允议政王大臣请,部院事仍令满达海、博洛、尼堪三王理之。八年正月,议以王嗣子多尔博袭封亲王,俸禄视诸王三倍,用物同御用者撤去,裁护卫百员为六十。议入,得旨:"朕之初心,本欲于摄政王归政之后,优礼酬报,不意王中道捐弃,未遂朕怀。今多尔博应特加恩礼,所议裁去护卫四十,朕殊不忍,其仍留八十员。"寻以王近侍苏克萨哈、詹岱为议政大臣,复博洛、尼堪亲王,诏各省输助筑城银尽抵今年额征钱粮。

二月,苏克萨哈、詹岱等首告王薨时,其侍女吴尔库尼将殉,呼从官罗什、博尔惠、苏拜、穆济伦告以王曾制八补黄袍,令与大东珠朝珠、黑貂褂、潜置棺内;又王欲于永平圈房,以两旗官兵移驻;与都统和洛会等共定逆谋,因出猎稽迟未行。都统谭泰亦首言王纳肃亲王妃,并令肃亲王子至第较射,和洛会以恶言詈之。于是郑亲王济尔哈朗、巽亲王满达海、端重亲王博洛、敬谨亲王尼堪及内大臣等疏言:"昔太宗文皇帝龙驭上宾,诸王大臣共矢忠诚,翊戴皇上,因方在冲年,令臣济尔哈朗与睿亲王多尔衮同辅政。逮后多尔衮独专威权,不令济尔哈朗预政,遂以母弟多铎为'辅政叔王',背誓肆行,妄自尊大,以皇上之继位尽为己功。又将太宗文皇帝昔年恩养诸王大臣官兵人等为我皇上攻城破敌、剿灭贼寇之功,全归于己。其所用仪仗、音乐、卫从俱僭拟至尊,造府与宫阙无异,擅用织造缎匹,糜库贮金银。将皇上侍臣伊尔登、陈泰一族及所属人丁,刚林、巴尔达齐二族,尽收入己旗。又擅自诳称太宗文皇帝之即位,原系夺立,以挟制中外。又构陷威逼,使肃亲王不得其死,遂纳其妃,且将户口财产不归公,俱以肥己。又诱皇上侍臣额尔克岱青、席讷布库等,欲令附己。凡一切政事及批票本章,不奉上命,概称诏旨,擅作威福,任喜怒为黜陟。僭妄背理,不可枚举。又不令诸王、贝勒、贝子、公等入朝办事,令日候府前,竟以朝廷自居,显有悖逆心。臣等从前畏其声威,今苏克萨哈等首告逆谋,详鞫皆实,应追治其罪,削爵,黜宗室,籍财产入官,其嗣子多尔博给信亲王多尼。"疏入,得旨,如议行。闰二月,追论王私阅太祖高皇帝实录,令大学士刚林等削书其母殉葬时事,刚林等治罪如律。

十二年,诏内外大小官直言时政,吏科副理事官彭长庚、一等子许尔安各上疏颂睿亲王元功,请复爵号,修其墓。下王大臣议,郑亲王济尔哈朗、贝勒尚善等奏:"长庚言:'太宗文皇帝创业盛京,诸王俱树勋劳,而睿亲王之功为冠;又与诸王坚持盟誓,扶立皇上,鞠躬任事。'考自太宗文皇帝创业,遴诸王分理六曹,从未以多尔衮功大,推为冠首。皇上嗣膺大宝,王大臣等同心翊赞,亦非多尔衮独效忠诚。又言:'遇奸人煽惑,离间骨肉,如郡王阿达礼,〔九〕贝子硕托私谋拥戴,乃执大义,立置典刑。'查阿达礼、硕托之伏法,由谋于礼亲王代善。礼亲王遣谕多尔衮,言词迫切,多尔衮惧罪及己,始行举首。又言:'奉命统兵,收拾明疆,大权在握,关内关外,咸知有摄政王一人。是时皇上冲龄,远在盛京,彼若肆然自帝,谁能禁之? 而乃先驱绥定,恭迎圣驾。'查多尔衮克取明疆,并非秉权独往,先是臣济尔哈朗率兵攻克明中后所、前屯卫、中前所三城凯旋,乃遣多尔衮往收燕京。彼时燕京不过一空城耳,即他王攻取,亦势在必克,有何伟绩? 又言:'当其初薨,尚无异议。为时无几,朝论纷起,论罪削爵,毁灭过甚。'查多尔衮亡后,礼数甚渥,因近侍首告逆迹,审实始追夺爵号,何谓朝论纷起、毁灭过甚? 又言:'询之故老,听之传闻,前后予夺之间,似不相符。'查长庚分属新进,所询故老何人? 所得传闻又是何语? 又言:'肃亲王妃渎乱一事,愆尤莫掩。然功多罪少,应存议亲议故之条。'〔一〇〕查多尔衮将肃亲王无因戕害,收其一妃,又以一妃私与其兄英亲王,此罪尚云轻小,何罪为大? 多尔衮议亲是矣,肃亲王又皇上何人,独非亲乎? 又言:'私匿帝服御用等物,必由彼传谕织造早晚赍送,暂贮王府。'查多尔衮专制帝服随身备用,伊侍女密嘱潜置棺内,经首告始搜出,并非暂贮之物。又言:'方今皇上宵旰求宁,而水旱相继,似同风雷之警。'伏思多尔衮在日,岂无水旱之虞? 即今日亦并无风雷之警,何得以金縢比拟? 又言:'赐之昭雪,复其爵号,一以彰太祖之有子,太宗之有弟,皇上开创之有臣;且以见太宗知人之明,并以励诸王作忠之气,幽明交感,灾眚可弭。'率皆狂惑之心,悖妄之语。至于援引成王周公事迹,以比睿王,尤属乖谬。夫武王继商而立,封周公之子伯禽于鲁,特命周公摄守国政。多尔衮摄政,曾奉有太宗之特命乎? 周公诛管叔,放蔡叔于郭邻,以其同武庚叛也。肃亲王亦曾有叛情乎? 且多尔衮图肃亲王元妃,又以一妃与英亲王,周公曾有此行乎? 与其党同谋,离间皇上,侍卫勒幸其第。周公又有此行乎? 以避痘为名,奉皇上远幸边外西喇塔喇地方，侍卫不及百人，又乏扈从之兵，时经长夏，势甚孤危。周公又有此行乎？与弟豫亲王及英亲王子劳亲造府，糜帑数百万，致兵饷空虚，以他物抵充。周公又有此行乎？于海子内，建避痘处所，私动内帑，擅差部员，苦累官工。夫皇上一切营建，止用内府工匠，而彼竟私役官工。周公又有此行乎？尤可异者，多尔衮欲离皇上，私与其党定计，驻永平；又擅娶朝鲜国王族女，一女不足其愿，又娶一女，未至而身亡；又太宗时，英亲王被论，因罚出公遏必隆等三佐领，及至燕京，多尔衮擅给还英亲王；又将黄旗下刚林、和洛会、巴尔达齐三族取入伊旗。又皇上六近臣曾各盟誓效忠，而多尔衮逼勒败盟；又违例于八旗选美女入伊府，并于新服喀尔喀部索取有夫之妇；又滥费公帑，将织造江南、苏、杭缎匹，私为己有，充赏比幸。种种不法情状，众目共见，其馀琐细败检之事，不可枚举。长庚、尔安乃妄称功侔周公，结党煽乱，应论死，家产籍没，妻子为奴。"诏从宽，并流徙宁古塔，许尔安所袭父定国世爵，准定国他子袭。

乾隆三十八年二月，谕曰："睿亲王多尔衮当世祖章皇帝冲龄践阼时，摄政有年，威福自专，不能恪尽臣节。身殁之后，因其属人首告，经诸王大臣定罪除封，成案具在。第念我朝定鼎之初，睿亲王实先统众入关，肃清京辇，檄定中原，前劳未可尽泯。今其后嗣废绝，而茔域之在东直门外者，岁久益就榛芜，亦堪悯恻！着交内务府派员往视缮葺，仍为量植松楸，并准其近支王公等以时祭扫，用昭朕笃念成勋之意。"四十三年正月，谕曰："睿亲王多尔衮当开国时，首先统众入关，扫荡贼氛，肃清宫禁；分遣诸王，追歼流寇，抚定疆陲。一切创制规模，皆所经画。寻即奉迎世祖车驾入都，定国开基，以成一统之业，厥功最著。顾以摄政有年，威福不无专擅，诸王大臣未免畏而忌之，遂致殁后为苏克萨哈等所构，授款于其属人首告，诬以谋逆，经诸王定罪除封。其时我世祖章皇帝实尚在冲龄，未尝亲政也。夫睿亲王果萌异志，则方兵权在握，何事不可为？且吴三桂之所迎，胜国旧臣之所奉，止知有摄政王耳，其势更无难号召；即我满洲大臣心存忠笃者，自必不肯顺从，然彼诚图为不轨，无难阴除异己，以逞逆谋。乃不于彼时因利乘便，直至身后以敛服曾用明黄龙衮，指为觊觎之证，有是情理乎？况英亲王阿济格，其同母兄也，于追捕流贼回京时，诳报李自成身死，且不候旨班师，睿亲王即遣员斥责其非，并免王公等往迎之礼；又因阿济格出征时，胁令巡抚李鉴释免逮问道员及擅至鄂尔多斯、土默特取马，令议其罪，〔一〕降为郡王。平日办理政务，秉公持正若此，是果有叛志无叛志乎？又实录载：'睿亲王集诸王、贝勒、贝子、公、大臣等，遣人传语曰："今观诸王、贝勒、大臣等，但知谄媚于予，未见有尊崇皇上者，予岂能容此？昔太宗升遐，嗣君未立，英王、豫王跪请予即尊位，予曰：'若必如此言，予即当自刎。'誓死不从，遂奉皇上缵成大统。似此危疑之日，以予为君，予尚不可；今乃不敬皇上而媚予，予何能容？自今以后，有尽忠皇上者，予用之爱之；其不尽忠、不敬事皇上者，虽媚予，予不尔宥也。"且云："太宗恩育予躬，所以特异于诸子弟者，盖深信诸子之成立，〔一二〕惟予能成立之。"'每览实录至此，未尝不为之堕泪。则王之立心行事，实能笃忠荩，感厚恩，深明君臣大义，尤为史册所罕觏。使王彼时如宋太宗之处心积虑，则岂肯复以死固辞而不为邪说摇惑耶？乃令王之身后,久抱不白之冤于泉壤,心甚悯焉!假令王之逆迹稍有左验,削除之罪,果出于我世祖圣裁,朕亦宁敢复翻成案。乃实由宵小奸谋,构成冤狱,而王之政绩载在实录者,皆有大功而无叛逆之迹,岂可不为之昭雪乎?前于乾隆三十八年因其茔域久荒,特敕量为缮葺,并准其近支祭扫。然以王之生平,尽心王室,尚不足以慰彼成劳,朕以为应加恩复还睿亲王封号,追谥曰忠,补入玉牒,并令补继袭封,照亲王园寝制度修其茔墓,仍令太常寺春秋致祭。其原传有未曾详叙者,并交国史馆恭照实录所载敬谨辑录,增补宗室王公功绩传,用昭彰阐宗勋至意。"〔一三〕于是多尔衮追复旧封,配享太庙,其睿亲王爵,世袭罔替。八月,入祀盛京贤王祠。

初次袭淳颖,睿忠亲王多尔衮七世孙。初,王嗣子多尔博归本宗,恩封多罗贝勒,生苏尔发袭固山贝子,生塞勤,塞勤生功宜布,皆袭辅国公。功宜布生如松,袭多罗信郡王。淳颖,如松第三子也。乾隆三十六年四月,袭信郡王修龄所遗奉恩辅国公。四十三年正月,上既追复多尔衮旧封,命袭封和硕睿亲王。四十九年五月,管理正红旗觉罗学。五十一年四月,掌宗人府事。十一月,充玉牒馆副总裁。五十七年闰四月,任正黄旗汉军都统。五十八年四月,任阅兵大臣。五十九年四月,署正黄旗领侍卫内大臣。是月,调左宗正。五月,调右宗正。嘉庆元年五月,任正黄旗领侍卫内大臣。是月,调正白旗领侍卫内大臣。十一月,充玉牒馆副总裁。二年九月,复调正黄旗领侍卫内大臣。十二月,调镶红旗满洲都统。四年正月,高宗纯皇帝龙驭上宾,上命王总理丧仪。是月,管理藩院事,授御前大臣。六月,上诣观德殿,回宫时,王将宗人府引见官折撤出。谕曰:"朝廷之章疏,岂有出入自由之理?设遇有封口奏章,或参劾大臣,亦可任其徇私撤下乎?即淳颖之意,为朕节劳起见,不知朕日理万几,从不以为劳,何得将已递之折径行撤回?殊属胆大!着交宗人府严加议处。"寻议罚亲王俸三月。八月,调正黄旗满洲都统。十一月,命为御前王内廷行走。五年闰四月,署健锐营事。十一月,薨,年四十。上念其人品端方,奉职勤慎,辍朝三日,亲临赐奠,谥曰恭。

二次袭宝恩,睿恭亲王淳颖第一子。嘉夫四年三月,授散秩大臣、乾清门行走。十二月,岁满,封不入八分辅国公。六年二月,袭封和硕睿亲王。四月,任正黄旗领侍卫内大臣。七年五月,薨,年二十有五,谥曰慎。

三次袭端恩,睿恭亲王淳颖第四子。嘉夫七年六月,袭封和硕睿亲王。十年正月,乾清门行走。

【校勘记】

〔一〕国王李倧穷蹙乞降 "倧"原误作"杰"。耆献类征卷首四叶三下同。今据文录卷三三叶三二上改。

〔二〕越北京至涿州分兵八道 "八"原作"人",形似而讹,不成辞。耆献类征卷首四叶四上同。今据文录卷四五叶二二上改。按本书卷三扎喀纳传不误。

〔三〕闻其马皆牧他处 "闻"原误作"人"。耆献类征卷首四叶五上同。今据文录卷五五叶九上改。

〔四〕同肃郡王往代郑亲王等围锦州 "郡"原误作"亲"。耆献类征卷首四叶五下同。今据文录卷五六叶四上改。按豪格晋封和硕肃

亲王在崇德元年,同年降贝勒。四年复原封,五年又降郡王。围
锦州在六年,正降郡王。详本卷豪格传。

〔五〕昔管仲射桓公中钩　原脱"中"字。耆献类征卷首四叶七下同。
今据章录卷四叶一五下补。

〔六〕亲郡王将军以下一仍故封　"仍"原误作"切"。耆献类征卷首四
叶一〇上同。今据章录卷六叶一七下改。

〔七〕贼毁明朝之庙主　原脱"主"字。耆献类征卷首四叶一〇上同。
今据章录卷六叶一八上补。

〔八〕罚贝勒屯齐尚善贝子扎喀纳锾有差　"子"原误作"勒"。耆献类
征卷首四叶一九上同。今据章录卷四九叶七上改。

〔九〕如郡王阿达礼　"如"原误作"于"。耆献类征卷首四叶二二上
同。今据章录卷九〇叶一三下改。

〔一〇〕应存议亲议故之条　"故"原作"政",形似而讹。耆献类征卷
首四叶二三上同。今据章录卷九〇叶一五下改。

〔一一〕令议其罪　"令"原误作"会"。耆献类征卷首四叶二六上同。
今据清高宗纯皇帝实录(大清历朝实录景印本,以下简称纯
录)卷一〇四九叶一〇上改。

〔一二〕盖深信诸子之成立　"子"下原衍一"弟"字。耆献类征卷首四
叶二六下同。今据纯录卷一〇四八叶一一上删。

〔一三〕用昭彰阐宗勋至意　"昭"原误作"副"。耆献类征卷首四叶二
七下同。今据纯录卷一〇四八叶一二上改。

和硕豫亲王多铎

多铎,太祖高皇帝第十五子。初封贝勒。天聪二年二月,从
上征多罗特部有功,赐号额尔克楚呼尔。三年十月,从上征明,

由龙井关入，同贝勒莽古尔泰、多尔衮以偏师围汉儿庄城，降之，遂会大军克遵化，进薄京城。明宁远巡抚袁崇焕、锦州总兵祖大寿以兵二万来援，屯广渠门外，诸贝勒败之，追至壕，多铎以幼后，溃卒来犯，却之。十二月，旋师蓟州，遇明援兵自山海关来，距城二里许列阵，多铎同诸贝勒击歼之。五年三月，命诸贝勒直言时政，多铎奏曰："臣未预理刑，其中公私不得知。但观法司诸臣，实心任事、秉公执法者少，当令明习法律，遵守成规。"八月，从上围明大凌河城，正白旗兵围东北，多铎军为策应，旋同大贝勒代善等克近城台堡。九月，明援兵七千出锦州，拒我前锋，军于小凌河岸，上以兵二百驰击，敌溃遁。多铎追迫锦州，坠马，马逸入敌阵，乃乘军校札福塔之马而还。越十日，明援兵四万距大凌河十五里列营，多铎从上击败之。十一月，同贝勒济尔哈朗往塔山东，沿海截隘，俘百馀人。六年五月，从上征察哈尔，林丹汗遁，同济尔哈朗、多尔衮等俘其众千馀于归化城西南黄河岸。

　　七年六月，诏问征明及朝鲜、察哈尔三者何先，奏言："我兵非怯斗，止攻山海关外城，岂可必得？攻关外城与攻北京城，名虽不同，劳苦则一。宜直入关，庶可餍士心，成久远计。且相机审时，古语有之。若缓旦夕，敌渐知备，固城池，修根本，何隙之可乘？我何爱于明？只念士卒劳苦，姑与和。若时可取，原不待再计。至察哈尔，且勿加兵；朝鲜已和，勿遽绝；惟先图其大者。如蒙天佑得之，馀随所求皆至矣。"八年五月，从上征明，入龙门口，败明兵，克保安州。事详英亲王传。复略朔州，至五台山，还。从上击败明兵于大同城南。九年五月，上先遣诸贝勒征明山西，度明必调宁远、锦州兵往援，命多铎以军入宁、锦界牵制之。遂由广宁进，以都统阿山、石廷柱率兵四百前驱，大寿令副将刘应选、吴三桂、刘成功、赵国志合锦州、松山兵三千五百营大凌河西。多铎甫过十三山站，阿山等遣人以敌数报，多铎尽率所部驰击，尘蔽天，明兵惊溃。我军两路追击，一至锦州，一至松山，斩应选及军官八人、兵五百，擒游击曹得功等，获马二百馀、甲胄无算。翌日，攻克一台，回驻广宁边境，旬馀乃还。驾出怀远门五里迎劳，谕嘉其初专阃外，能出奇取胜，赐良马五、甲五。

崇德元年四月，晋封和硕豫亲王。六月，命掌礼部事。八月，同睿亲王多尔衮征明锦州，降胡有陞等，由义州还。十二月，从上征朝鲜，由沙河堡领兵千继前锋军至朝鲜国都，其国王李倧遁南汉山城，进围之；其臣在外者以兵二万馀援，城中兵亦出，屡击之：皆捷。迎上驻城西，献所获马、械，命分赍有差。二年正月，朝鲜全罗、忠清两道援兵列营南汉山，命多铎往视。朝鲜兵拒山下，败之，追奔上山，值雪，阴晦，乃还。旦，复进，朝鲜兵已拔营遁，收其马千馀。三年九月，上至演武场送睿亲王征明，王以目疾甫愈，不至，命俟睿亲王班师议罪。仍从上征明锦州，由蒙古托衮博伦界分道，[一]同贝子博洛率护军及土默特兵入明境，俘斩哨卒十馀，攻克桑阿尔斋旧所居之大兴堡，[二]斩守备及壮丁二百，俘其户口，道擒大寿谍二人。诏往助郑亲王济尔哈朗军，将过中后所，大寿以兵来袭，伤我兵九人，掠马三十。王且战且退，斩三十人，夜达郑亲王营。翌日，薄中后所城，上统师至，敌不敢出。四年五月，议前不送出师及中后所失士马罪，降多罗贝勒。八月，命掌兵部事。十月，同肃亲王豪格征明宁远，败敌城北山冈，斩总兵金国凤及其二子。五年三月，命同郑亲王分统左右翼兵往义州,葺城屯田,逾月毕工,垦田东西四十里。复同迎蒙古多罗特部苏班岱等降众,败明兵,赐御厩良马一。事详郑献亲王传。

十一月,围锦州,夜伏兵桑阿尔斋堡,旦,敌至,败之,追至塔山,斩级八十馀,获马二十。六年三月,复同郑亲王围锦州,收其守郭蒙古将诺木齐等,[三]屡败明兵杏山、松山间。事俱详郑献亲王传。八月,明总督洪承畴以八总兵、十三万众来援锦州,上亲统大军临之,自盛京驰六日环松山而营,明兵震怖,宵遁。上命多铎设伏,明总兵吴三桂、王朴从杏山奔宁远,我前锋兵自杏山西逐之至高桥,伏起,杀敌无算。九月,上旋跸,留多铎与诸王更番围松山,城中兵夜出,犯镶黄旗营,败之,斩级千馀。十二月,又犯正黄旗、正红旗营,沿壕射却之,殪四百馀人。七年二月,明松山副将夏承德遣通款,以其子舒出质,约内应,夜半,梯而登,生擒承畴及巡抚邱民仰,总兵王廷臣、曹变蛟、祖大乐等。七月,叙功,晋封多罗豫郡王。十月,贝勒阿巴泰由黄崖口征明蓟州,命多铎屯宁远边境,牵制明兵,至则遣人入略,俘百馀人。敌出,战败之,多获牲、械。八年四月,因圣躬违和,有事祈祷,疏言:"兵不得已而用,今日之势,宜暂息兵。至国中兴作,俟规模既定,然后举行,但当以农务为急。农务克勤,则庶民衣食丰足;衣食丰足,则举国庆豫,圣躬长享安和矣。此后举行,未晚也。"

顺治元年四月,随睿亲王入山海关,破流贼李自成。十月,晋封和硕豫亲王。时明福王朱由崧自立于南京,设江北四镇,扼淮、徐为割据计。上命多铎为定国大将军,统师南征,值河南奏流贼肆掠怀庆,诏先剿贼河南。十二月,至孟津,遣护军统领图赖先渡河,走贼守将黄士欣等,沿河十五寨堡望风归附。睢州明总兵许定国、玉寨首领李际遇降。[四]至陕州,贼将张有曾壁灵宝县城外,拔之。进距潼关二十里,贼据山列营,前锋统领努山、鄂硕等攻破之,图赖复率骑掩杀其众。伪汝侯刘宗敏遁。二年正月,贼将刘方亮犯我营,却之。自成亲率步骑迎战,大军进击,歼其步卒,贼骑奔,夜屡来犯,皆败还。贼凿重壕,立坚壁,大军发巨炮进攻。更叠战,方酣,贼骑三百横冲我师,贝勒尼堪、贝子尚善等跃马夹击,贼败衄。都统恩格图等蹑之,斩获甚众。诸军连破贼营,尸满壕堑,委军械、甲胄弥野。自成精锐略尽,遁还西安。伪吴山伯马世尧率所部七千馀众降。[五]大军入关,获世尧所遣致书自成者三人,并世尧斩以徇。越二日,师至西安,自成已先五日毁室庐,挈子女、辎重出蓝田口,窜商州,南走湖广。

二月,奏捷,谕嘉“壮猷伟略,调度有方”,命以陕西事付英亲王阿济格,即由河南趋淮、扬,[六]讨南京之称号自立者。是月,旋师河南,流贼伪平南伯刘忠迎降。三月,分徇南阳、开封,亲统师趋归德,州县望风纳款。所至抚兵民,设官属,疏请速铸给印信,以防诈伪,从之。诏奖“方收关、陕,旋定中原,剿寇安民,勋庸茂著”。赐宝饰佩刀、镀金鞯带。四月,趋泗州,明守将焚桥遁,遂夜渡淮,直趋扬州,距城二十里立营,令镇国将军汉岱等前驱,获船三百馀。翌日,薄城,招谕明大学士史可法、翰林学士卫胤文等降,不从;攻七日,克其城,擒斩之。五月,师至扬子江北岸,明镇海伯郑鸿逵等以水师分守瓜洲、仪征。我军左右对敌列营,相持三日,造船二百馀,留左翼兵驻江北岸,遣镇国将军拜音图等直渡江。副都统李率泰引大军次渡。福王闻扬州失守,遁太平。

　　大军至南京,明忻城伯赵之龙、魏国公徐州爵、大学士王
铎、礼部尚书钱谦益等迎降,收文武官数百员、马步兵二十三万
有奇。王入驻城中,安抚居民,令投诚军悉归伍;遣贝勒尼堪、贝
子屯齐等追福王于太平,复走芜湖,欲渡江,图赖等邀之江口,明
靖国公黄得功迎战,败,中流矢死,总兵田雄、马得功缚福王及其
妃归我军。谕嘉"王与诸臣同心协力,克奏肤功",遣侍卫赴军
劳之。初,福王走太平,其大学士马士英挟福王母南走杭州,议
奉潞王朱常淓拒守。六月,贝勒博洛等趋杭州,士英迎战,败,渡
钱塘江逃,常淓率众降;淮王朱常清亦自绍兴来降。浙东西悉归
顺。王承制改南京为江南省,疏授江宁巡抚、安庆巡抚以下官三
百七十三人。有伪称杜阳王煽乱庐江,无为知州以闻,遣总兵吴
胜兆等剿平之。寻奉诏侯贝勒勒克德浑至江宁俘福王等,还京。
十月,凯旋,上行郊劳礼于南苑,晋封和硕德豫亲王,赐黑狐帽、
紫貂朝服、金五千两、银五万两、马十、鞍二。

　　三年五月,苏尼特部腾机思、腾机特等叛奔喀尔喀,诏集外
藩诸蒙古兵于克鲁伦河,以多铎为扬威大将军,同承泽郡王硕塞
统师追剿。七月,师至盈阿尔察克山,闻腾机思在衮噶噜台,星
夜疾进三日,败贼于谔特克山,斩台吉茂海,渡图拉河,追至布尔
哈图山,斩腾机特子二、腾机思孙三及喀尔喀台吉十三人,尽获
其家口、辎重。师次扎济布喇克,喀尔喀土谢图汗两子以兵二
万,硕雷汗子以兵三万,两路迎战,我师奋击,大捷,追奔三十馀
里。先后斩级数千,俘千馀人,获驼千九百、马二万一千一百、牛
万六千九百、羊十三万五千三百有奇。十月,凯旋,上出安定门

迎劳,宴之。所获牲畜,悉颁赉将士,加赐王鞍马一。四年七月,晋封辅政叔德豫亲王,[七]赐金千两、银万两、鞍马二,增册文称"定鼎中原以来,所建功勋,卓越等伦"云。六年三月,薨,年三十有六,立碑纪功。

九年三月,郑亲王济尔哈朗等议多尔衮既削封爵,多铎系其母弟,应追降郡王,从之。康熙十年六月,追谥曰通。乾隆四十三年正月,谕廷臣曰:"豫亲王多铎从睿亲王入关,肃清京辇,即率师西平流寇,南定江、浙,实为开国诸王战功之最。乃以睿亲王之诬狱株连,降其亲王之爵,其后又改封信郡王。虽至今承袭罔替,但以王之勋绩超迈等伦,自应世祚原封,以彰殊眷,岂可以风影微眚,辄加贬易?"命追复亲王及封号,并配飨太庙。八月,入祀盛京贤王祠。

初次袭多尼,豫通亲王多铎第二子。崇德七年七月,封多罗郡王。顺治六年十月,袭封和硕亲王。七年五月,预议政。八年二月,加号曰信。九年三月,追降多铎为郡王,多尼亦降多罗信郡王,罢议政。十月,复议政。十五年正月,上命多尼为安远靖寇大将军,偕平郡王罗科铎,贝勒尚善、杜兰等征明桂王朱由榔,与四川、广西两路军会期进取。九月,由湖南至贵州,会平越。十一月,由贵阳趋安庄卫,由榔之晋王李定国焚磨盘江铁索桥遁。十二月,大军以浮桥济,遂自交水至松岭卫,击走其巩王白文选。十六年正月,薄云南省城,定国、文选挟由榔奔永昌,王入城驻守,令贝勒尚善等由镇南州克永昌府及腾越州。六月,以王跋涉险阻,经历寒暑,传谕慰劳,赐御衣一、蟒袍一及鞍马、弓矢等物。十七年五月,凯旋,上遣内大臣迎劳。六月,追论在云南时误坐前锋统领瑚哩布等磨盘山败绩罪,罚锾。十八年正月,薨,年二十有六,谥曰宣和。

二次袭鄂扎,信宣和郡王多尼第二子。顺治十八年六月,袭封多罗信郡王。康熙十四年三月,察哈尔布尔尼叛,上命鄂扎为抚远大将军往讨,以大学士图海副之。濒行,谕曰:"大兵出山海关,当宣布从前待布尔尼厚恩及今不忍加诛之意,彼若悔罪来归则已,否则以敕书付纵还蒙古特往谕之,即布尔尼等临阵来降,亦当保全恩养。"四月,军次岐尔哈泰,侦贼屯达禄。王留辎重,与图海及副都统乌丹等轻骑前,布尔尼设伏列阵待,王分布满洲、蒙古兵山涧间。贼伏发,挠我土默特兵,破之,布尔尼列火器以拒,大军奋击,贼大败,复收溃卒战,几歼之,获马、械无算。布尔尼偕弟罗布藏以三十骑遁,至扎鲁特境贵勒苏特,为科尔沁赴调之部长沙津射殪。察哈尔平。王招抚馀党千三百馀户。闰五月,师旋,上迎劳于南苑,谕褒以远行征讨,建立大功,赐金百两、银五千两。二十四年十二月,掌宗人府事。二十九年七月,噶尔丹深入乌珠穆沁,上命恭亲王常宁为安北大将军,鄂扎副之。三十五年二月,上亲征噶尔丹,以王统领正白旗营。三十八年十二月,以惰,解宗人府任。四十一年十月,薨,年四十有八。

三次袭洞鄂,豫通亲王多铎第七子。顺治十八年正月,封多罗贝勒。康熙十三年,四川叛应逆藩吴三桂,上命洞鄂为定西大将军,同贝子温齐、辅国公绰克托讨之。师由陕西进,将抵略阳,陕西提督王辅臣叛于宁羌州。洞鄂以道阻,退次汉中,留将军锡卜臣等驻守;自引兵出栈道,由凤县至凤翔,复留副都统赫业等驻守;身率馀兵回西安。十四年正月,上谕廷臣曰:"兰州近边要地,应速遣兵驻守。今保宁大兵已回西安,达礼善巴图鲁兵亦将至西安,其拨西安现在兵每佐领下四五名,赴兰州剿御逸贼。"洞鄂疏言:"兰州固宜遣防,但保宁还卒,铠甲未备,达礼善巴图鲁兵兼程来,恐难骤遣。若以西安兵往,恐辅臣由陈仓诸路断我栈道,自秦州、平凉来逼,深为可虞。"又疏言:"兴安兵变,杀总兵王怀忠。臣等出示安抚,仍止前往兴安之副都统穆舒浑兵。"上敕抚慰兴安,又谕洞鄂曰:"陕西重地,栈道关系尤急,沔州、秦州乃通汉中要路。其若何据守保固,与总督等会议,务期万全。"

时凤县贼毁偏桥,守隘阻运,辅臣所部王好文等复断栈道。二月,谕责洞鄂等退缩迟延,致狡寇阻截,仍严饬往定平凉、秦州诸路。于是将军阿密达、署副都统鄂克济哈等率所调与京兵、西安兵往平凉。洞鄂与温齐、绰克托等率回自保宁及达礼善巴图鲁兵往秦州。是月,贼陷兰州,敕两路兵速进,洞鄂至陇州,经仙逸关,伪总兵高鼎、蔡元拒关山河岸。洞鄂与署前锋统领穆占、西安将军佛尼勒等分布前后队,先遣都统赫业为奇兵应援,合力冲击,贼败遁,获马、械无算。进复关山关,追击五十里。三月,大军次渭河,夺其桥,围秦州。四月,四川平凉诸贼万馀来援,屯南山城内,突出贼八千馀,分击败之,克东西两关,屡败贼,阵斩伪总兵何隆、李国栋,招抚伪文武官二百二十馀、兵八千四百馀,安辑民人九万有奇,复秦州;佛尼勒等追剿至阎关,贼迎战,败之,复礼县;追贼至西和,杀千馀人,阵斩伪官三十。清水羌俱平。捷闻,诏嘉奖。六月,复遣安西将军穆占复巩昌,伪总兵赵士升以兰州降。

七月,上谕洞鄂曰:"国家仰荷天眷,秦州、巩昌、兰州等处渐次恢复,朕甚嘉悦。此系保宁还旆之兵,间关跋涉,戮力效命所致。须不时存念,恤其劳苦,非紧要必节其劳,无大过则宽其罚。尔等将兵在外,事情经练颇多,必能同寅协恭,折衷而行。但相隔辽远,意虑所及,不得不为告诫。秦地实为形胜要区,今将军、提督、总兵及投诚兵众,云屯一处,将军张勇劳绩甚多,恐贝勒等藐忽视之,生彼愤懑,时廑朕怀。贝勒等既效勤劳,底定秦省,务期克奏全功,以慰朕望。”八月,招抚归川十二堡伪参将普国祥及兵千馀,与将军毕力克图、阿密达会平凉贼出战,击斩伪总兵郝天祥,毙贼无算。九月,遣副都统鄂泰、阿尔琥败贼于宝鸡县羊添池山,焚其营。十二月,疏言:“大兵攻平凉,克取第一关厢,距城三里许,对南山屯营。欲进薄城,因沟深地险难下,垒故未能即下。”谕宜断贼饷道以困之。十五年二月,谕兵部曰:“大将军贝勒洞鄂等屯兵平凉日久,贼寇尚未剿灭,城池尚未恢复。夫秦省不能即定,川贼尚在窥伺者,皆由王辅臣未剿灭,平凉未克取故也。其以都统大学士图海为抚远大将军,呕赴陕西剿灭逆孽,其贝勒洞鄂以下悉听大将军节制。”是月,疏言:“闻逆贼将断关山,拟遣兵往守。但现在兵少难分,至巩昌虽有副都统翁爱率兵前赴,而贼逼可虞。”命将军锡卜臣等调兵守关山,张勇等堵剿出犯秦、巩之贼。

十六年二月,上以洞鄂统兵出征,殊负委托,削贝勒爵。三十一年九月,任正蓝旗满洲都统。四十二年三月,袭封多罗信郡王。四十五年七月,薨,年六十。礼部请恤,谕廷臣曰:“洞鄂补授都统,袭封王爵以来,并无感恩效力之处,且原系军政问罪之人,不准赐恤。其王爵亦当论嫡长所生,应以前信郡王鄂扎之子德昭袭。"

四次袭德昭，<u>信郡王鄂扎</u>第五子。康熙四十五年七月，袭封多罗信郡王。<u>雍正</u>二年十一月，授宗人府左宗正。四年八月，命管正白旗事务。五年十一月，转右宗正。<u>乾隆</u>二十七年二月，薨，年六十有三，谥曰悫。

五次袭如松，<u>豫通亲王多铎</u>六世孙。初，王第三子<u>多尔博</u>出为<u>睿忠亲王</u>后。<u>睿忠亲王</u>被罪，未及袭，还本宗，封多罗贝勒。<u>多尔博</u>生<u>苏尔发</u>，袭固山贝子，生<u>塞勤</u>。<u>塞勤</u>生<u>功宜布</u>，皆袭辅国公。<u>如松</u>，<u>功宜布</u>第三子也。<u>乾隆</u>十一年六月，袭父爵辅国公。十七年七月，任乾清门散秩大臣。二十一年四月，管健锐营事。六月，署镶黄旗满洲副都统。二十二年正月，署领侍卫内大臣，寻授宗人府右宗人。二月，授兵部侍郎。四月，授镶红旗满洲副都统。二十三年二月，调正黄旗满洲副都统。九月，迁正黄旗汉军都统。二十四年六月，转左宗人。九月，署兵部尚书。十二月，授领侍卫内大臣。二十五年十月，授绥远城将军。二十六年十一月，调西安将军。二十七年闰五月，袭封多罗信郡王。八月，授正蓝旗蒙古都统。九月，署领侍卫内大臣。二十八年七月，授右宗正。十月，管理宗人府银库事。三十年十一月，以纵舆夫、开博场，应革爵，得旨宽免，在闲散王上行走。<u>如松</u>请岁缴王俸五千两赎罪，宗人府议不足蔽辜，应革爵，命照<u>如松</u>请，仍免革爵。三十五年十一月，薨，年三十有四，谥曰恪。

六次袭修龄，<u>信悫郡王德昭</u>第十五子。<u>乾隆</u>二十七年六月，袭<u>如松</u>所遗之辅国公。三十年十二月，授散秩大臣。三十四年十月，授宗人府右宗人。十二月，任正白旗满洲副都统。三十五年正月,调镶红旗满洲副都统。五月,转左宗人。闰五月,调正红旗汉军副都统。三十六年四月,袭封多罗信郡王。四月,授左宗正。三十七年三月,总理镶白旗觉罗学。四十三年正月,命复豫通亲王始封爵号,晋袭和硕豫亲王。四月,任正白旗蒙古都统。四十八年十月,授盟长。十一月,掌宗人府事。四十九年闰三月,调镶蓝旗满洲都统。五十一年三月,薨,年三十有八,谥曰良。

七次袭裕丰,豫良亲王修龄第一子。乾隆五十一年十月,袭封和硕豫亲王。六十年二月,管理镶红旗觉罗学。

【校勘记】

〔一〕由蒙古托衮博伦界分道　"托"原作"扎",形似而讹。耆献类征卷首五叶三下同。今据文录卷四四叶一〇下改。

〔二〕攻克桑阿尔斋旧所居之大兴堡　"斋"原作"齐",形似而讹。耆献类征卷首五叶四上同。今据文录卷四四叶一二上改。下同。参卷一代善传校勘记〔二〕。

〔三〕收其守郭蒙古将诺木齐等　"木"原作"本",形似而讹。耆献类征卷首五叶四下同。今据文录卷五五叶一五上改。

〔四〕玉寨首领李际遇降　"玉"原误作"土"。耆献类征卷首五叶五下同。今据章录卷一二叶七上改。

〔五〕伪吴山伯马世尧率所部七千馀众降　"世"原作"士",音近而误。耆献类征卷首五叶六上同。今据章录卷一四叶三上改。下同。按本卷济尔哈朗传不误。

〔六〕即由河南趋淮扬　"扬"原作"阳",音形相近而误。耆献类征卷首五叶六上同。今据章录卷一六叶二〇上改。

〔七〕晋封辅政叔德豫亲王　"叔"原误作"淑"。耆献类征卷首五叶八上同。今据章录卷三三叶二上改。

和硕肃亲王豪格

豪格,太宗文皇帝第一子。初,从征蒙古栋夔、察哈尔、鄂尔多斯诸部,有功,封贝勒。天命十一年十月,同大贝勒代善等征克扎噜特部。天聪元年五月,上征明,豪格同贝勒德格类等败明兵于锦州;复率偏师卫塔山粮运,遇明兵二万,我前军八十人击却之。二年五月,同贝勒济尔哈朗征蒙古固特塔布囊,诛之,收其众。三年十月,上征明,命同三贝勒莽古尔泰等赴通州,视渡口,捕哨卒,大军由通州薄京城,豪格迎击明宁、锦援兵于广渠门外,敌重兵右伏,莽古尔泰令诸贝勒击其右,避敌者罪。豪格独如命,冲杀至壕,敌大溃。十二月,同贝勒岳托、萨哈璘围永平府,别攻香河县,克之。四年正月,同岳托守沈阳。五年三月,命诸贝勒直言时政,豪格奏曰:"臣愿竭忠为国,遇征伐不辞劳瘁,以图报称。七月,上统师攻明大凌河城,豪格与贝勒杜度等居守。六年五月,上征察哈尔,林丹汗遁,移师略归化城诸路。六月,晋封和硕贝勒。

七年六月,诏问征明与朝鲜、察哈尔三者何先,奏言:"我征明,如徒得锦州,馀壁不下,恐旷日老我师。今宜悉我众及边外新旧蒙古从旧道入,颁示屯寨,告以我愿和而明不肯。彼民身被创痍,将自怨其主,我勇气自倍矣。再用更番法,俟马肥,益以汉兵巨炮,一从宁远,一从旧路入,夹攻山海关,得则已,不得,屯兵彼地。遣人招谕流贼来归,不然,驻师通州,侦流贼情形。彼方分兵御我,俟其懈,袭之。至朝鲜,且暂行抚慰;察哈尔如近我境,则相机而行,远则且缓图也。"八月,与贝勒阿巴泰等略明山海关,俘获户口、牲畜四千有奇。八年七月,上亲统大军征明,由宣府趋朔州,豪格偕额驸扬古利毁边墙,大兵遂由尚方堡分道进。八月,同贝勒多尔衮略朔州及五台山,还,从上视大同城,击败明援兵。

九年二月,命同多尔衮、岳托、萨哈璘统兵收察哈尔林丹汗子额哲,受其降。师还,抵归化城,岳托以疾留。豪格同诸贝勒略明山西州县,败明兵,遂会岳托于归化城,班师。事详睿忠亲王传。崇德元年四月,晋封和硕肃亲王。六月,命掌户部事。寻坐党岳托,且漏上言,有怨心,降贝勒,解部任,罚锾。八月,同睿亲王多尔衮攻明锦州,降胡有陞等。十一月,命仍摄户部。十二月,从上征朝鲜,同睿亲王统满洲、蒙古及外藩蒙古各左翼兵别从宽甸入。〔一〕二年正月,入长山口,昌州民不能御,奔山立寨,攻克之;败安州、黄州兵五百于宁边城下,擒其总兵。宁边帅复率兵来援,遣蒙古都统苏纳等败擒之。师次宣屯村,村民言:"黄州帅闻其王被围,率兵万五千往援,行三日矣。"我军疾驰一昼夜,追及于陶山,败之。九月,以都统鄂莫克图欲胁取蒙古台吉博洛女以媚豪格,豪格不治鄂莫克图罪,议罢部任,罚锾。

三年九月,征明,自董家口毁边墙入,败明兵于丰润县,遂下山东,降高唐州,略地至曹州,明兵毁桥拒,我师列阵诱敌,潜渡绕其后败之,还下东光县。又遣骑二千败郭太监兵于滹沱河,破献县。四年四月,凯旋,赐马二、银万两。八月,命仍摄户部。九月,复原封。十月,同贝勒多铎征明宁远,败之北山冈。五年六

月,同睿亲王等屯田义州,刈其禾稼,屡败明兵,克其台,却其总
督洪承畴之众。十二月,命同睿亲王围锦州,嗣以我军离城远
驻,又遣弁兵私回,议罪,与睿亲王并降郡王。六年六月,同睿亲
王多尔衮代郑亲王济尔哈朗等围锦州,屡捷,击败承畴之卒十三
万。九月,还盛京。事俱详睿忠亲王传。十一月,命同辅国公满
达海围松山。七年二月,明松山副将夏承德内应,擒承畴及巡
抚、总兵等,斩兵备道、副将、游击等官百馀,兵三千六百有奇。
事具豫通亲王传。三月,驻杏山,斩明兵出薪者三十馀人,又遣
前锋努山击败明兵欲入宁远者五百馀人。四月,同郑亲王攻塔
山,克之。七月,叙功,复原封,赐鞍马一、蟒缎百。

　　顺治元年四月,以语侵睿亲王,为都统和洛会等所讦,削爵。
十月,上大封诸王,念豪格从定中原有功,仍复原封。是冬,命征
山东土寇,至则定济宁,破满家洞等贼巢,堙二百五十一洞。土
寇平。三年正月,命为靖远大将军,同衍禧郡王罗洛浑、贝勒尼
堪等西征。三月,抵西安,遣尚书星讷等剿贼于邠州,宋大杰、贺
洪器、齐勋、张国栋降;复遣都统都类剿贼于庆阳,斩石二。五
月,贼渠刘文炳、康千总、郭天星等迎拒,击之,斩康千总。时贼
渠贺珍、一只虎、孙守法据汉中、兴安,武大定、高如砺、蒋登雷、
石国玺、王可成、周克德据徽县、阶州。大军自西安进,分兵奋
击,降登雷、国玺、可成、克德,馀溃遁,复所陷州县。陕西平。十
一月,入蜀至南部,侦贼张献忠据西充县,令护军统领鳌拜先发,
大军夜继进。诘旦抵西充,献忠悉众来拒,大破之,斩献忠于阵。
分兵克贼营百三十馀、斩数万级。捷闻,得旨嘉奖。四年八月,
奏分定诸郡县,蜀寇悉平。五年二月,凯旋,上御太和殿宴劳。

三月，睿亲王以豪格徇隐随征护军参领希尔根冒功事，又欲擢用罪人扬善之弟吉赛，议罪削爵，系之，卒于狱。八年正月，上亲政，念其枉，复封和硕肃亲王，立碑表之。十三年九月，追谥武，再立碑以纪其功。乾隆四十三年正月，上追念肃亲王忠勋，命配享太庙，其现袭之显亲王，复封号曰肃。八月，入祀盛京贤王祠。

初次袭富绶，肃武亲王豪格第四子。顺治八年二月，袭封和硕亲王，改号曰显。寻预议政。康熙八年十二月，薨，年二十有七，谥曰懿。

二次袭丹臻，显懿亲王富绶第四子。康熙九年六月，袭封和硕显亲王。三十五年二月，从上征噶尔丹，同副都统禅穆布等统领正蓝旗营。四十一年五月，薨，年三十有八，谥曰密。

三次袭衍潢，显密亲王丹臻第六子。康熙四十一年八月，袭封和硕显亲王。乾隆元年二月，总理镶白旗觉罗学。三十六年十二月，薨，年八十有二，谥曰谨。

四次袭蕴著，显懿亲王富绶孙，辅国将军拜察礼第三子。康熙四十七年十二月，封三等奉国将军。乾隆七年六月，授内阁侍读学士。十年二月，迁通政使。十一月，迁盛京户部侍郎。十二年五月，调兵部侍郎，寻任镶黄旗满洲副都统。九月，授漕运总督。十四年四月，以受商人程志仁等馈遗，又称奉旨严查盐政吉庆私产，狡诈乖张，拟绞监候，嗣恩释。二十年十一月，授镶白旗汉军副都统。二十一年八月，调右翼副都统。二十三年八月，授凉州将军。二十七年正月，调绥远城将军。二十八年三月，摄归化城都统事。三十年十二月，授工部尚书。三十一年正月，预议政,寻充经筵讲官。二月,管会同四译馆。三十二年三月,因工部派办沟渠工程不公,降二级调用。三十七年四月,袭封和硕显亲王。五月,授镶蓝旗满洲都统。三十八年闰三月,总理镶蓝旗觉罗学。四十三年正月,命复肃武亲王始封之号,仍为肃亲王。四月,薨,年八十,谥曰勤。

五次袭永锡,显密亲王丹臻孙,奉国将军成信第五子。乾隆三十三年十一月,授三等侍卫。四十三年闰六月,袭封和硕肃亲王。四十九年六月,总理正黄旗觉罗学。嘉庆二年八月,任镶蓝旗汉军都统。四年正月,管理圆明园八旗、内务府三旗官兵。二月,署正黄旗蒙古都统。三月,署镶蓝旗蒙古都统。五年二月,以皇三子入学时,王进陈设玩器,革都统任并圆明园官兵事务。

【校勘记】

〔一〕同睿亲王统满洲蒙古及外藩蒙古各左翼兵别从宽甸入 “别”原作“列”,形似而讹。耆献类征卷首五叶一八上同。按文录卷三二叶一九下原无“列”字,当是“别”字之误。

和硕承泽亲王硕塞

硕塞,太宗文皇帝第五子。顺治元年十月,封多罗承泽郡王。时流贼李自成奔潼关,河南仍为贼守。十二月,随豫亲王多铎出征有功。事具豫通亲王传。二年二月,还师河南,寻随豫亲王征明福王朱由崧于南京。四月,赐团龙纱衣一袭。五月,克南京,福王就俘。凯旋,赐金二千两、银二万两。三年五月,苏尼特部叛奔喀尔喀,随豫亲王往剿,亦有功。七月,败喀尔喀土谢图汗、硕雷汗兵。五年八月，同英亲王阿济格等剿天津土寇。十一月，喀尔喀行猎近边，同英亲王戍大同。会总兵姜瓖叛，王坚守汛地，贼至，麾兵掩杀之。六年正月，援代州，走贼党刘迁，贼又于祖马、得胜路立两营以拒，王亲督战败之。三月，睿亲王多尔衮赴大同招抚瓖，承制晋硕塞为亲王。七年八月，以和硕亲王之下、多罗郡王之上，无止称亲王例，仍改为多罗郡王。八年闰二月，晋封和硕承泽亲王。三月，掌兵部事。十月，预议政。十一年十一月，掌宗人府事。十二月，薨，年二十有七。康熙十年六月，追谥曰裕。

初次袭博果铎，承泽裕亲王硕塞第一子。顺治十二年六月，袭封和硕亲王，改号曰庄。雍正元年正月，薨，年七十有四，谥曰靖。无嗣。

二次袭允禄，圣祖仁皇帝第十六子。康熙六十一年十一月，任内务府总管。雍正元年二月，命为博果铎后，袭封和硕庄亲王。二年十一月，掌宗人府事。七年二月，任正红旗汉军都统。七月，调镶白旗满洲都统。十年八月，调正黄旗满洲都统。今上御极，命总理事务兼掌工部，食亲王双俸。王承圣祖仁皇帝指授，精于天文、算法，预修数理精蕴；至是充增修七政时宪书总裁，又修律吕正义后编，御制序称其贯彻乐义。乾隆二年十二月，以总理事务得优叙，赐一奉恩镇国公，并允王请以承泽裕亲王曾孙钮赫袭。三年二月，任理藩院尚书，寻充玉牒馆总裁。四年十月，议王与弘普往来党私，应削爵，得旨宽免，裁亲王双俸，罢理藩院尚书任。十二月，复以王私抵官物，应削爵，诏仍免之，罚亲王俸五年。六年十二月，奉旨免罚俸。七年六月，总理乐部事。二十九年六月,王七十诞辰,赐诗有"近尊行里无双老,阖藩卫中有数贤"之句。三十二年二月,薨,年七十有二,谥曰恪。

三次袭永瑺,庄恪亲王允禄孙、奉恩辅国公弘普第一子。乾隆八年七月,袭父爵奉恩辅国公。二十一年四月,管健锐营事。二十二年正月,署銮仪卫事。七月,任镶黄旗满洲副都统。二十六年二月,调镶黄旗汉军副都统。三十二年六月,袭封和硕庄亲王,寻任镶红旗蒙古都统。十月,总理乐部事。三十四年十月,总理正蓝旗觉罗学。三十八年九月,署领侍卫内大臣。十月,授盟长。十一月,掌宗人府事。三十九年九月,总理左右翼宗学。四十一年十一月,充玉牒馆总裁。四十二年六月,调正红旗满洲都统。五十三年二月,薨,年五十有二,谥曰慎。

四次袭绵课,庄慎亲王永瑺弟奉国将军永珂第一子,出为永瑺后。乾隆四十七年十一月,授三等侍卫。五十三年五月,袭封和硕庄亲王。十一月,内廷行走。十二月,管左翼近支头族族长,并管理镶白旗觉罗学。嘉庆四年九月,任正红旗蒙古都统,十二月,署正白旗领侍卫内大臣。五年正月,任正黄旗领侍卫内大臣。三月,署正白旗汉军都统。六年正月,授阅兵大臣。二月,调镶蓝旗满洲都统。四月,以王随驾行在,失约束家奴,驰马冲突御道,革领侍卫内大臣、都统及阅兵大臣任,退出内廷行走,罚王俸二年。八年八月,授镶蓝旗汉军都统。九年九月,以监修裕陵隆恩殿工程妥协,命内廷行走。十一月,管右翼近支第三族族长。十二月,署镶黄旗领侍卫内大臣。十年四月,署正白旗领侍卫内大臣。闰六月,署镶红旗蒙古都统。

和硕郑亲王济尔哈朗

济尔哈朗,追封和硕庄亲王舒尔哈齐第六子。舒尔哈齐,显祖宣皇帝第三子太祖高皇帝母弟。初封贝勒。岁丁未,东海瓦尔喀部斐悠城长策穆特赫苦乌拉部长之虐,乞归附。太祖命舒尔哈齐同贝勒褚英、代善往收其环城屯寨五百户以还,赐号达尔汉巴图鲁。事详广略贝勒褚英传。辛亥年八月,薨。顺治十年五月追封和硕亲王,谥曰庄。

济尔哈朗幼育于太祖宫中,封和硕贝勒。天命十年十一月,同台吉阿巴泰等援科尔沁有功,事详饶馀敏郡王传。十一年四月,征喀尔喀巴林部,十月,征扎噜特部,并有功。天聪元年正月,同贝勒阿敏、岳托、阿济格等征朝鲜,师屡胜,次平壤城,朝鲜王李倧使请和。阿敏仍欲进攻,岳托不可。济尔哈朗以不宜深入,可驻平山城,以待和议之成。遂引军往,与李倧议岁贡,定盟而还。事详克勤郡王传。五月,从上征明,出广宁旧边,进围锦州,同贝勒莽古尔泰等率偏师卫塔山粮运,遇明兵,败之。寻移师宁远,与明总兵满桂兵遇,裹创力战,大败其众。二年五月,以蒙古固特塔布囊自察哈尔移据阿拉克绰特部旧地,遇来归我者辄行阻杀,命同贝勒豪格讨诛之,收其众。

三年八月,同贝勒德格类、岳托、阿济格等征明锦州、宁远,焚其积聚,多俘获。十月,上亲统大军由洪山口征明,命同岳托攻大安口,毁其水门,乘夜进击,走明马兰营援兵。旦,见明兵立二营于山上,济尔哈朗先击败其众,追至马兰营歼之。是日自辰迄巳,五战皆捷,降马兰营、马兰口、大安口三营。兵趋石门寨,明援兵至者悉斩之,寨中官民出降。遂会大军于遵化,进薄北京。十二月,同贝勒阿巴泰等徇通州,焚其船,克张家湾。四年正月,从上围永平。先是,刘兴祚叛归明,与明巡抚袁崇焕同赴永平,闻我军将至,遂趋太平寨,道杀喀喇沁蒙古之以俘来献者。上命济尔哈朗与阿巴泰往捕,追及于山海关,斩兴祚,擒其弟兴贤以献。大军既克永平,命与贝勒萨哈璘统兵万镇守,察仓库,阅士卒,置官吏,降明道员白养粹,废员孟乔芳、杨文魁等。以书招永平属州县,于是滦州州同张文秀、迁安县知县朱云台、副将王维城、参将马光远、守备李继全、千户钱奇志相继降。三月,上旋跸,令阿敏、硕托更守永平,因趋迤西路,招降榛子镇,乃还。

　　五年三月,命诸贝勒直言时政,济尔哈朗奏曰:"比者谳狱滋怨,皆由诸臣。自今当选贤良,慎司刑宪。"七月,初设六部,命掌刑部事。八月,从上围明大凌河城,镶蓝旗兵围西南,济尔哈朗军为策应。旋同大贝勒代善等克近城台堡。十一月,明总兵祖大寿以城降,将旋师,同贝勒多铎往塔山东沿海截隘,俘百馀人。六年五月,从上征察哈尔,林丹汗遁,大军次穆噜哈喇克沁,济尔哈朗与岳托等率右翼兵趋归化城,收察哈尔部众千馀。七年三月,奉命筑岫岩城。五月,明将孔有德、耿仲明自登州航海来降,济尔哈朗等迎护其众。事具英亲王传。六月,诏问征明及朝鲜、察哈尔三者何先,奏言:"朝鲜不遵约,当反其贡物,姑与互市,不必往征。明乃吾敌国,宜取其近京数城,久驻伺隙,别屯兵山海以东、锦州以西,扰其耕获,使不得休息。复分兵半于山海关前立营,半绕入关后,内外夹攻,敌必绌。"八年五月,上复亲征察哈尔,济尔哈朗留守盛京。崇德元年四月,晋封和硕郑亲王。十二月,上征朝鲜,复留守。

三年十月,率兵征明宁远,薄中后所城,明兵惧,不敢出,乃移师克模龙关及五里堡屯台。四年五月,征明锦州及松山,与敌遇,九战九败之,俘二千有奇。五年三月,葺义州城,上亲临阅。有旧附明之蒙古多罗特部苏班岱、阿巴尔岱居杏山西五里台,遣托克托内吁,请率三十户来归。上命王与多铎、郡王阿达礼率师千五百往迎,濒行,谕曰:"敌见我兵寡,必来拒战。可分兵为前、后、中三队,前队拒战,后队应援。"遂辞御营,遵谕乘夜过锦州城南至杏山,令来使潜告苏班岱等携户口辎重行。旦,明杏山总兵刘周智沿城结营,与锦州、松山守将分翼列阵逼我军,王令驻军待敌呼噪而来。王督战,冲入敌阵,与诸王、贝勒并进,大败之,追奔至城下,斩其副将杨伦、周延州,[一]参将李得位。复遣兵破敌两营于城南,献所获马、械于御营,分赉有差,加赐御厩良马一。九月,同武英郡王阿济格等围锦州,城中兵屡出犯,王设伏城南,俟敌;敌知有伏,即遁,追斩六十馀人。又遣辅国将军务达海俘明运粮兵于杏山、塔山间。

六年三月,复围锦州,绕城立营八,掘壕筑堑,为久困计。时大寿在城中,以蒙古兵守外郭,蒙古台吉诺木齐、吴巴什等欲降缒二人赍书下,约献东关。至期,为大寿觉,而斗声闻郭外,大军薄城,蒙古兵缒以上,我师与蒙古合击明兵,明兵败入内城,遂据其郭;迁郭内蒙古六千馀口于义州,并收降明都司、守备以下八十六员。使驰奏,上命入门,击鼓,集众官宣捷于笃恭殿。四月,明援兵自杏山至松山,王令右翼兵伏锦州南山西冈,左翼兵伏于山北岭,遣前锋军挑战;敌至,伏起,夹击,大败之。五月,明援兵六万屯松山北冈，击斩二千人。六月，睿亲王多尔衮等至锦州更代，两军合营，闻明兵自松山趋海口，我左翼兵由东，右翼兵由西，击却敌众，追至松山城，获马五十馀，振旅还。

八月，明总督洪承畴率兵十三万至松山，上亲统大军临之，命留守。九月，上将旋跸，仍赴锦州更代围城。十二月，败承畴。承畴夜犯正红、正黄两旗营，敌兵从杏山宵遁者，复为我伏兵所歼。七年二月，肃亲王豪格等克松山城，擒承畴，王仍围锦州。三月，大寿遣人乞降，请盟誓，王留其使二人，遣一，传谕曰："我围困此城，且夕可取，何与尔盟誓？欲降则降，非相强也。"大寿乃率众赴营降。四月，移师塔山，克之；进围杏山，以炮毁城，城中惧，开门降，乃籍俘数以奏。奉命毁塔山、松山、杏山三城而还。七月，叙功，赐鞍马一、蟒缎百。

八年八月，世祖章皇帝嗣位，王与睿亲王多尔衮同辅政。九月，征明宁远，拔中后所城，斩游击吴良弼、都司王国安等；进攻前屯卫，斩总兵李辅明、袁尚仁，中前所总兵黄色弃城遁，取之，遂班师。顺治元年正月，王集内三院、六部诸大臣，谕以政事先白睿亲王，书衔名亦先之。五月，睿亲王入山海关，击走流贼李自成。九月，王扈驾至京师。十月，上御皇极门，封信义辅政叔王，赐金千两、银万两、缎千匹。四年二月，以造第逾制，擅用铜狮、铜龟、铜鹤，罚锾，罢辅政。五年三月，贝子屯齐等讦王在盛京时，不举发两黄旗大臣谋立肃亲王私议，及扈驾入关，擅令两蓝旗越次立营前行等事，降多罗郡王。闰四月，复爵和硕郑亲王。

九月，命为定远大将军，征湖广。十月，道出山东，剿曹县土贼,擒获贼首李化鲸、李名让、张学允等,得降镇刘泽清逆书煽乱状以闻,叛党并伏诛。六年正月,由安陆府渡江抵长沙。时明桂王朱由榔之总督何腾蛟及附由榔之总兵马进忠、王进才、杜允熙、陶养用、胡一青纠流贼馀党一只虎等据湖南府县。王令顺承郡王勒克德浑、都统阿济格尼堪为前哨,大军继进,抵湘潭,生擒腾蛟,拔其城。四月,分兵趋永兴,击走允熙,遂至辰州,一只虎闻风遁;令尚书阿哈尼堪等击进才于宝庆,克其城;又遣破南山坡、大水、洪江诸路兵,凡二十八营。宝庆平。七月,分兵定靖州,进衡州,斩养用,破一青七营于城南山;追剿至广西全州,分兵定道州、黎平府及乌撒土司,先后收六十馀城。七年正月,凯旋,叙功,赐金二百两、银二万两。

八年二月,同巽亲王满达海、端重亲王博洛、敬谨亲王尼堪奏削故睿亲王封爵。事详睿忠亲王传。三月,上以王年老,一切朝贺、谢恩悉免行礼。九年二月,晋封叔和硕郑亲王。十二年二月,疏言:"太祖高皇帝开创初,日与四大贝勒、五大臣及众台吉等讨论政务得失,咨访兵民疾苦,使上下交孚,鲜壅蔽。故能上合天心,下洽民志,扫靖群雄,肇兴大业。太宗文皇帝缵承大统,绍述前猷,亦时与诸王、贝勒、大臣讲论不辍;且崇奖忠直,鼓励英杰,录微功,弃小过。凡下诏令,必先讲求可以顺民心、垂久远者,然后施行;又虑武备废弛,不忘骑射,时驾出射猎。诸王、贝勒置酒宴会,以优为乐,太宗皇帝还自猎所,克勤郡王岳托发其事。太宗皇帝勃然怒曰:'我国肇兴,治弓矢,缮甲兵,视将士若赤子。故人争效死,每战必克,以成大业。朕常恐后世子孙弃我国淳厚之风,沿习汉俗,即于慆淫。今汝等为此荒乐,欲国家兴隆,其可得乎?'遣大臣索尼再三宣谕。今皇上诏大小臣工尽言无隐,诚欲立纲陈纪,绵国祚于无疆也。臣以为平治天下,莫要于信,诏令顺民心,前降谕轸恤满洲官兵疾苦,闻者无不欢忭。嗣又令修乾清宫。诏令不信,何以使军民服从? 伏祈效法太祖、太宗,不时与内外大臣详究政务得失,凡事必豫商摧然后颁之。诏令见诸施行,庶几法行令信,可以绍二圣之休烈矣。抑臣更有请者,垂休典谟,广昭令德,莫要于立史官。古圣帝明王,进君子,远小人,顺天心,合民志,措天下于太平,垂鸿名于万世,良于史臣有赖。今宜仿古制,特设起居注官,置之左右,凡圣主嘉言懿行,一一记载,于以垂万世、传无穷,亦治道之一助也。"上嘉纳之。三月,同贝勒尚善等议吏科副理事官彭长庚、正白旗一等子许尔安请复睿亲王旧封,妄颂功勋,结党煽乱,应立斩,上命从宽流徙;又议广东布政使胡章诬奏平南王尚可喜、靖南王耿继茂纵兵占官廨等事,与诬告凡人不同,应立绞,上命褫职免罪。

五月,王疾剧,驾临问,王奏:"臣受三朝厚恩,未能仰答,不胜感痛! 惟愿以取云贵、灭桂王为念。且满洲兵甚少,而能破流贼,取京都,应加抚恤。"上垂涕曰:"天何不令朕叔长年耶?"言已,大恸。驾旋,命工图其像。翌日,薨,年五十有七。诏辍朝七日,赐祭葬银万两,置守园十户,立碑纪功。康熙十年六月,追谥曰献。乾隆十九年九月,入祀盛京贤王祠。四十三年正月,上追念郑亲王忠勋,命配享太庙,其现袭之简亲王,复始封号曰郑。

初次袭济度,郑献亲王济尔哈朗第二子。顺治八年闰二月,封其兄富尔敦为郑亲王世子,济度为多罗简郡王。四月,富尔敦卒,九月,济度封世子。九年十月,命议政。十一年十二月,以海贼郑成功扰福建，授定远大将军，同贝子务达海、都统噶达浑剿之。十二年九月，师入闽境，闻泉州贼遁，驻福州，久之，乃进驻泉州。十三年六月，投诚伪总兵黄梧，副将苏明、郑纯等自海澄县遣迎大兵，伪官八十馀人、兵一千七百有奇俱降。王自泉州移驻漳州。俄闻成功犯福州，遣副都统觉罗阿克善、参领褚库巴图鲁、统领伊巴格图赴援，[二]遇贼高齐陆路，败之，斩二百馀级。将抵福州，贼船二百馀泊乌龙江，阿克善等水陆并进，却贼众，追至大漳河口，阵斩伪总兵林祖兰等，获船十有四。时惠安、闽安、漳浦频告警，分遣护军统领觉罗雅布兰、副都统阿玉锡等往剿，斩贼二千馀，获船数百。先后降伪总兵一，副将五，参将、游击以下五十人，兵三千有奇。十四年三月，还京，上遣议政大臣哈什屯等迎之卢沟桥，令先赴郑亲王丧所，上亲临其第慰之。五月，袭封和硕亲王，仍其郡王之号曰简。十七年七月，薨，年二十有八。康熙十年六月，追谥曰纯。

二次袭德塞，简纯亲王济度第三子。顺治十八年二月，袭封和硕简亲王。康熙九年三月，薨，年十有九，谥曰惠。

三次袭喇布，简纯亲王济度第二子。康熙七年正月，封三等辅国将军。九年九月，袭封和硕简亲王。十三年九月，以逆藩吴三桂、耿精忠党分扰江西，命为扬威大将军，镇江宁。十四年九月，诏移江西。十二月，遣兵斩贼朱三于东乡县。十五年二月，遣兵败贼王用等于鄱阳县之沙兰粟岭。五月，奏招抚南康、吉安、饶州伪官四百五十馀、兵万五千有奇。七月，奏伪都督杨益茂据金溪县，破其木寨，斩三千馀级，复金溪。十月，遣兵赴万年县，剿贼杨彪、万胜，破贼于五都冯家山。十二月，奏故平南王尚可喜子之信在广州乞降，以所赍密疏上陈。

先是，三桂贼将高大杰、韩大任等陷吉安，王奏调绿旗兵会剿，又请敕总督运红衣炮十具攻吉安，并从之，谕戒以勿坐守观望；因奏省会紧要，不可轻离。至是，将军额楚等击贼螺子山，失利。上命侍郎班迪等赴吉安察状，还奏，谕令戴罪图功。王乃亲围吉安。十六年三月，贼夜出南门逸，王入城驻。六月，奏招抚江西各属伪官千九百馀、兵三万七千四百有奇。又疏言："韩大任等屯宁都、乐安诸处，调兵三路进剿。韩大任愿降，请为入告。"诏报可。既而大任自宁都出扰万安、泰和等县，王请调兵御剿。上曰："简亲王喇布自到江西，并未建尺寸之功，宴坐会城，虚縻粮饷。迨赴吉安，以重兵围城，逆贼韩大任奔逸，不能击灭进攻，窃据宁都，虽遣副都统布舒库等率兵前往，究未大创贼众。今韩大任自宁都窜突，延及万安、泰和诸处，不能扑剿。又以兵少具奏，计喇布所辖满、汉官兵为数不少，一韩大任未能翦除，任其出入，宜即严加处分。念现在与贼相持，姑俟事平日议罪。"十七年正月，护军统领哈克三等败大任于老虎洞，毁其营，斩六十馀级。大任奔福建，赴康亲王杰书军前降。

二月，诏移师湖南，驻茶陵。八月，奏三桂死于衡州，诏师还。十八年正月，抵衡州，贼帅吴国贵、夏国相等宵遁，复其城。二月，分兵复祁阳、耒阳等县及宝庆府，降伪总兵卓英、董世兴，伪副总兵周嘉贞等，又伪将军全钺，伪总兵马隆兴、熊天章、鲁大捷、姜继尚，伪侍郎范思徵等相继降。六月，疏言："随征之乌拉、宁古塔兵千二百馀人，应遵旨撤还。但新宁诸处贼未平，请暂留剿。"从之。八月，疏言："将军穆占复新宁，安亲王岳乐克武冈，贼窜遁。臣驻东安,遣乌拉、宁古塔兵还京,令穆占驻新宁。"上严责其不追剿贼于沅州、靖州。九月,奏伪副将张朝贵以下七十馀人降,诏进定广西,驻桂林。

十九年正月,奏昭义将军马承荫标下粮匮兵噪,拨饷给,乃定。又言:"马承荫奉旨设五营会剿云贵,今请自募兵足七千数,增立援剿二营。"上以将军标无七营例,不允。三月,疏言:"臣遵旨率兵往柳州,至永福县,闻马承荫叛,即欲进剿,因兵单,暂还桂林。"五月,疏言:"大兵分路进剿,总督金光祖破贼武宣,复县城;将军莽依图破贼陶登,定象州。臣由雒容进柳州,马承荫率众降。"八月,诏移驻南宁。十月,奏伪将军饶一龙以庆远府城降。是月,诏选所部兵付大将军赖塔,进定云南。二十年八月,奉诏率柳州、南宁间驻兵还京。十月,薨,年二十有八。二十二年三月,追论吉安诸处失机罪,削爵。

四次袭雅布,简纯亲王济度第五子。初封三等辅国将军。康熙二十二年三月,袭封和硕简亲王。二十七年七月,以噶尔丹扰喀尔喀,命同安亲王岳乐各率兵五百赴苏尼特汛界驻防。十月,撤还。二十九年七月,噶尔丹深入乌珠穆沁地,命裕亲王福全为抚远大将军,出古北口;恭亲王常宁为安北大将军,王与信郡王鄂扎副之,出喜峰口。既而,停喜峰口出师,命赴裕亲王军参赞军务。八月,败噶尔丹于乌兰布通,噶尔丹乞宥罪,旋由大碛山遁。师旋,议不追剿罪,削爵,得旨从宽罚俸三年。三十五年二月,从上亲征,由中路抵克噜伦河,闻噶尔丹败窜,乃还。三十八年十二月,掌宗人府事。四十年九月,薨,年四十有四,谥曰修。

五次袭雅尔江阿，简修亲王雅布第一子。康熙三十六年十二月，封世子。三十九年四月，命直郡王允禔浚永定河，[三]雅尔江阿与僖郡王岳希、贝勒延寿分董其事。四十一年正月，袭封和硕简亲王。四十九年正月，掌宗人府事。雍正元年正月，充玉牒馆总裁。三年十月，告成，赐银币，寻因编载遗漏及办事屡误，停俸，撤六佐领归公。四年二月，奏请再行酌撤佐领，恩免停俸，谕责其"人甚卑鄙，终日沉醉，诸事漫不经心"。下所司议处，削爵。

六次袭神保住，简修亲王雅布第十四子。康熙五十五年四月，封三等奉国将军。雍正四年三月，袭封和硕简亲王。乾隆十三年九月，谕曰："神保住自袭爵以来，不知自爱，恣意妄为，致两目成眚，因辞食王俸，朕加恩赏给半俸，赡其度日之资。伊竟不知感恩守分，且罔顾近派族人，稍加周恤。今据宗人府劾奏，神保住陵虐伊兄忠保之女，其行事更出情理之外。着革去王爵，另行请旨承袭。"

七次袭德沛，郑献亲王济尔哈朗从曾孙。初，王弟追封多罗贝勒芬古，生傅喇塔，封固山贝子；生福存，袭固山贝子。德沛，福存第八子也。雍正十三年五月，封三等镇国将军。八月，授兵部左侍郎。乾隆元年七月，任古北口提督。

二年二月，授甘肃巡抚。六月，疏言："备荒期于先筹，赈恤贵乎实惠。向遇歉岁，州县必俟详允后，动支仓库钱粮，上司又必委验核减。文移辗转，至开仓散赈时，而饥民已待哺不得，携老幼转徙矣；且仓廒大率在城，近者尚可匍匐支领，远者每以跋涉甘馁。是徒费国家仓贮，而饥民沾恩未遍。甘省地处万山，风多雨少，岁常歉薄，民鲜盖藏；且地方辽阔，倍他省州县，所辖由百里至四五百里不等。闲时已觉迢遥,领赈尤多狼狈,虽筋力壮盛者,亦不能数百里往返领一日口粮,况孤寡残弱哉?今岁雨旸时若,可望有秋,但有备无患,不得不预为绸缪。臣思散赈贵多设厂,而专其责于州县。请预勘各州县地方,就乡村连络处,分择公廨庙宇十馀处,造具地名册籍。遇散赈时,该州县具详日,即将仓粮散给,务使老少均沾,强弱普被,既无拮据之难,且免守候之累。则向苦流离之人,皆得就食,但运粮脚价费多,甘省每岁于青黄不接时,令各州县平粜仓粮,秋收买补;或遇丰年,除还正项价,馀亦即买粮存贮:此向例也。嗣后赈恤运价,应将此项粮价馀银贮州县库,停其买粮以为运费,如不敷,先于州县库不拘何项动支,再于司库旧存公用银十八万两内还项。赈毕造册核销,如有捏冒,立即参赔。如此则官易为理,而民沾实惠矣。"奉旨:"先事预防,原当如此。至粮价馀银作为运脚一项,应用时咨部请示。"

九月,擢湖广总督。三年四月,疏陈苗疆七事:"一,苗民懒不习田,请于新辟苗疆代买牛种、器具,令地方官亲劝开垦;一,苗民未睹礼让,请立义馆,以附近生员教诲;一,苗居山丛林密,令官弁诱买树木,数年后山中无险可恃;一,苗寨系茅屋,畏火攻,请制火器;一,苗疆兵驻处,偶有急需,无项可支,请于苗疆州县库存银千两,同知、通判驻所亦请交贮帑银千两,并建常平仓买贮谷二三千石,庶储蓄有备;一,边地紧要,官兵势难分布,查山东沿海及滇、黔、蜀、粤俱有团练乡勇之事,应令地方官力行此法,一团有警,各团救护,立练总、什长相统率;一,苗民贪贿忘亲,凡犯罪逃匿之案,请悬立赏格,有能擒献重犯者,赏银二十两,情罪稍轻者,赏银八两,先刊石晓谕。"时廷议水田未便劝垦,苗人不可欺诱,至要犯悬购,临时酌赏,馀俱如所请行。十二月,摄襄阳镇总兵。

四年七月,调闽浙总督。八月,疏言:"泉州府晋江县之衙口乡大姓肆横械斗等事,不一而足,只缘僻处海滨,不解法度。查永宁旧寨,地势高敞,去衙口陆行十馀里,由海径渡七八里,即可直达。且衙口原系陆路提标右营汛地,应请即以该游击带兵二百三十名移驻永宁,其衙口后身空公庵设把总一员、兵五十名,海边石亭设一汛,拨兵十名稽查。又西仓处各大姓适中地,查兴化同知止司逃盗、海防,请以该管事务归并兴化通判,即以该同知改隶泉州,移驻西仓。"议如所请行。五年十二月,谕廷臣曰:"德沛屡任封疆,操守廉洁,既一介不取,而因公犒赏之处又复繁多,所得养廉,不能敷用,以致京中逋负不能清还,且弃旧有之产,朕心深为轸念!此等清官应格外加恩,以风有位。着将福建藩库银就近赏给一万两,示朕嘉奖之意。"六年二月,命稽查浒墅、北新两关。七月,兼署浙江巡抚。

七年四月,调两江总督。八月,疏言:"扬州猝被水,庐舍荡然。现自扬州至宝应堤埂高阜,灾民断续搭蓬居住。将来兴化、泰州之无处容身者,势必移来。人烟杂沓,俱系待赈穷民,奸良莫辨。臣于扬州城厢及高邮、宝应令游击等巡查,以期奸匪遁迹。"奉旨:"好!应如是办理。然只宜行之以暂而不可久。"初,上谕:"嗣后该州县当秋成时,谷价高昂不能买补,而该处存仓谷石尚可接济者,照例详请展限于次年买补。傥谷价既属不敷,而贮仓谷石又系不足者,准其详明上司,以别州县谷价之赢馀添补采买,为酌盈剂虚挹彼注兹之计。"至是,德沛奏言:"江南地广人稠,谷不敷食,历系取资江、广及上江、枞阳、运漕等处。迩闻各处米价俱昂,转贩者少。如以别州县赢馀添补,则江苏所属买补止有不足并无赢馀,若因筹补无项,致通省仓贮全虚,目前无以济用,日后何赖?臣请俟秋成后各属有粜价存库者,不拘本境邻封,择时价稍平者,即为代买;其不敷之价,应照前抚臣徐士林所请,于捐监项下补足。至淮、扬、徐、海等州县现在被灾,印官赈务殷繁,不能兼顾,已饬藩司动支司库银十万两,遴员采买,俟饬提各属粜价归还原款。"奉旨:"好!着照所议行。"

八年二月,召来京。六月,授吏部右侍郎。十二月,兼管国子监祭酒事务。十年七月,教习庶吉士。十一年二月,奉上谕:"侍郎德沛因伊度日艰难,指伊弟简亲王现食俸禄,奏请借支十年以完旧逋,以资生计。着照所请行。"闰三月,转吏部左侍郎。十二年三月,兼署户部左侍郎。五月,署山西巡抚。九月,命上书房行走。十二月,擢吏部尚书。十三年七月,以疾解任。九月,谕曰:"神保住已获罪革爵,德沛于此王爵既有承袭之分,且在等辈中较为厚重,可即令承袭王爵。德沛袭王之后,宜追念从前诸王,将族中应行资助之人,加意周恤,共相和睦,以期仰沐朕恩于无既。"是月,袭封和硕简亲王。十七年六月,薨,年六十有五,谥曰仪。

八次袭奇通阿,郑献亲王济尔哈朗曾孙。初,王第四子追封辅国公巴尔堪生巴赛,袭辅国公,奇通阿,巴赛第十子也。雍正四年八月,封三等辅国将军。九月,授头等侍卫。九年十二月,袭父爵辅国公。十年三月,授散秩大臣。乾隆元年四月,任正红旗满洲都统。三年十二月,授领侍卫内大臣。十七年十月,袭封和硕简亲王。二十一年六月,掌宗人府事。二十二年正月,充玉牒馆总裁。二十八年六月,薨,年六十有三,谥曰勤。

九次袭丰讷亨,简勤亲王奇通阿第一子。乾隆八年二月,封三等辅国将军。二十三年七月,以三等侍卫奉命率健锐营兵一千剿准噶尔馀孽及回部。十一月,至阿克苏城。十二月,随参赞大臣舒赫德进师巴尔楚克。二十四年正月,至呼尔璊。逆回霍集占引贼五千馀来犯,丰讷亨同侍卫丰安等合诸军击却之,追溃众十馀里。翌日再进,贼据堑拒,复夺堑,所乘马创,易马进,贼退避。夜,率兵取水于沁达勒河,连败贼众于渡口,遂进援大军之与贼相持于叶尔羌者,败贼于叶尔羌河岸。大军闻枪炮声,突围出,合击贼众,却之,乃还阿克苏。诏嘉其临阵奋勇,迁二等侍卫。寻擢镶白旗满洲副都统。十月,以经理台站至额格尔、呼尔璊,遇结寨出掠之布噜特贼众,斩二十馀级。得旨奖叙。二十五年三月,颁赍缎十二、银五百两。四月,调阿克苏兵赴伊犁,为领队大臣。九月,率兵百人捕窃马台站之玛哈沁贼众,过察尔图岭,穷追十馀日,擒七十馀人,获马五十馀。复得旨奖叙。二十七年二月,同领队大臣伊勒图驱越境游牧之哈萨克部众,擒其魁五人,收其马二千馀。至伊犁,诏以哈萨克归附日浅,未知内地法度,宥其罪。谕奖丰讷亨熟悉情形,令传旨晓谕哈萨克,释还其人及马。闰五月,汇叙出征以来,得三等功牌一、头等功牌四,予云骑尉世职。十二月,还京,赐双眼孔雀翎。迁护军统领,管健锐营事。二十八年十月,袭封和硕简亲王。寻授领侍卫内大臣。初,简勤亲王原袭之辅国公及丰讷亨之云骑尉世职,因已袭亲王,销除。三十年六月,谕嘉丰讷亨频年出征,颇著劳绩,其先世功勋所遗公爵,宜仍予袭,遂以丰讷亨之弟经讷亨袭。互详武襄辅国公传。三十四年正月,任正黄旗汉军都统。三十八年十月,掌宗人府事。四十年十二月,薨,年五十有三,谥曰恪。

　　十次袭积哈纳,简恪亲王丰讷亨第二子。乾隆四十年四月,授头等侍卫。四十一年五月,袭封和硕简亲王。寻授散秩大臣。四十三年正月,命复郑献亲王始封之号,仍为郑亲王。四十九年五月,薨,年二十有七,谥曰恭。

　　十一次袭乌尔恭阿,郑恭亲王积哈纳第一子。乾隆五十七年三月,袭封和硕郑亲王。王初名佛尔果崇额,六十年七月奉旨更今名。嘉庆六年四月,管理镶白旗觉罗学。

【校勘记】

〔一〕斩其副将杨伦周延州　原脱"延州"二字,不成文。耆献类征卷首六叶四下同。今据文录卷五一叶三一上补。

〔二〕统领伊巴格图赴援　"统"原误作"参"。耆献类征卷首六叶九下同。今据章录卷一〇六叶九上改。

〔三〕命直郡王允禔浚永定河　"禔"原误作"禠"。耆献类征卷首六叶一三下同。今据仁录卷一九八叶二六上改。按允禔系清圣祖第一子,封直郡王在康熙三十七年,正合。

和硕敬谨亲王尼堪

　　尼堪,太祖高皇帝孙,原封广略贝勒褚英第三子。初,征多罗特、栋夔诸部,有功。天聪九年五月,大兵征明山西,随贝勒多铎率偏师入宁、锦界，牵制明西援兵。崇德元年，封固山贝子。十二月，上征朝鲜，李倧遁，尼堪随豫亲王多铎追至南汉山城，围之。朝鲜将来援，为我军所歼，又击败其副将。二年正月，倧降，师还。四月，预议政。四年二月，上征明，随武英郡王阿济格等率四旗兵环守塔山、连山。七年九月，代公博和托等驻守锦州。

顺治元年四月，随睿亲王多尔衮入山海关，败流贼李自成。五月，随武英郡王追击流贼于望都。十月，晋封多罗贝勒。十二月，随豫亲王率师自孟津至陕州，大破贼众。二年正月，至潼关，贼将刘方亮犯我营，尼堪同护军统领图赖夹击之，获马三百馀；贼又以骑兵横冲我师，同贝子尚善败之。三月，趋归德，定河南。谕嘉王、贝勒等勤劳日久，赐尼堪弓一。五月，随豫亲王克明南京，追缚福王朱由崧于芜湖，攻克江阴。十月，凯旋，赐金二百两、银万五千两、鞍一、马五。

三年三月，随肃亲王豪格西征，尼堪抵西安，由栈道进发。贼渠贺珍自鸡头关迎拒，败之，抵汉中，疾躏其营，贼溃走西乡，追击于楚湖；至汉阴，贼一只虎奔四川，孙守法奔岳科寨。十一月，入蜀，张献忠伏诛。与贝子满达海分兵剿遵义、夔州、茂州、荣昌、隆昌、富顺、内江、资阳，擒斩伪王及官弁等二千三百有奇，俘获无算。川寇平。互见肃武亲王传。五年正月，师旋。八月，同英亲王阿济格剿平天津土寇。九月，晋封多罗郡王，加号敬谨。六年正月，命为定西大将军，讨大同叛镇姜瓖。三月，奏都统阿赖等屡挫贼众，败伪巡抚姜辉兵，伪参将罗英坛率所部降。是月，睿亲王多尔衮赴大同招抚瓖，承制晋尼堪为亲王。四月，围大同。八月，伪总兵杨振威等斩瓖及其兄琳、弟有光降。七年二月,命理六部事。八月,以徇隐尚书阿哈尼堪不亲往迎朝鲜王弟事,降郡王。八年正月,晋封和硕敬谨亲王。二月,同诸王奏削故睿亲王封爵。三月,以英亲王私藏兵器事隐不奏,降郡王。寻命诸王分管六部,王掌礼部。五月,复封亲王。九年六月,掌宗人府事。

时献忠馀孽孙可望、李定国等皆受明桂王朱由榔封爵,分犯湖南、贵州。七月,命为定远大将军,征之。濒行,赐御服、佩刀、鞍马,上亲送至南苑。八月,定国陷桂林,敕王毋往贵州,取湖南宝庆后入广西剿贼。十一月,抵湘潭,由榔将马进忠遁,我师进击于衡山县,败其兵千八百。是夜,兼程趋衡州。诘旦,大兵方列阵,定国兵四万馀猝至,王遣首队进击,大破之,逐北二十馀里,获象四、马八百有奇。方进击时,林中贼伏发,城内贼出应之,师欲退,王曰:“我兵凡临阵无退者。我为宗室,不斩除逆寇,何面目归乎?”遂奋勇直入,贼环围之,王率诸将士纵横冲击,矢尽,拔刀力战,殁于阵,年四十有三。十年十月,丧还,上辍朝,遣亲王以下郊迎,谥曰庄。十六年,追论分取睿亲王所遗财物,掌礼部时不参劾尚书谭泰罪,削爵,诏王以宗室阵亡,仍留王爵。

初次袭尼思哈,敬谨庄亲王尼堪第二子。顺治十年十二月,袭封和硕敬谨亲王。十七年十一月,薨,年十岁,谥曰悼。

二次袭兰布,敬谨庄亲王尼堪第一子。顺治十三年正月,封三等辅国将军。十八年六月,袭封多罗贝勒。康熙六年二月,谕宗人府曰:“尼堪以亲王阵亡,殊属可悯!世祖章皇帝复尝矜念,仍留所袭之爵,又无不准承袭之旨。兰布着封为郡王,仍与原号。”七年八月,兰布以父阵亡功,请复,得旨:“兰布着袭封和硕亲王。"八年五月,议兰布娶辅臣鳌拜孙女为妻,诘鳌拜罪状,狡称不知,降镇国公。十三年六月,随贝勒尚善讨逆藩吴三桂于湖南。十七年十月,卒于军,年三十有七。十九年十一月,追论在岳州时退缩罪,削爵。

三次袭赖士,原袭亲王兰布第四子。康熙十八年四月,降袭辅国公。三十五年正月,上亲征噶尔丹,赖士统兵赴归化城驻守。十一月,师还。五十三年四月,议赖士不安静守分,探听消息,散布流言,削爵。五十四年五月,赴阿尔台军前效力。五十九年七月,随征西将军祁里德至额尔齐斯河击杀贼众,议叙,得头等功牌一。雍正八年二月,复封辅国公。十年闰五月,卒,年七十有一。

四次袭富增,原袭亲王兰布孙,辅国公务友第六子。康熙四十八年十二月,封三等镇国将军。五十三年五月,袭封辅国公。雍正四年二月,谕宗人府曰:"辅国公富增人甚不及,前革退赖士公爵时,因无可承袭之人,始令伊承袭。今赖士在军前行走数年,其子伊尔登又甚勤谨,竭力行走,着将富增公爵革退,与伊尔登承袭。"

五次袭伊尔登,辅国公赖士第三子。雍正三年五月,管武备院事。九月,任镶蓝旗汉军副都统。四年二月,迁右翼前锋统领。是月,袭封辅国公。六年八月,擢正黄旗蒙古都统。八年三月,摄镶红旗护军统领。十一月,复署右翼前锋统领。乾隆十四年四月,卒,年六十有六,谥曰简恪。

六次袭富春,简恪辅国公伊尔登第七子。乾隆十四年十月,袭封奉恩辅国公。三十五年四月,授吉林将军。四十一年六月,调杭州将军。十一月,以前任吉林时不能禁止采参,议革将军,得旨,富春着革去公爵另袭,仍革职,留杭州将军之任。四十二年十一月,革任。

七次袭宾宁,原袭奉恩辅国公富春第二子。乾隆二十六年十二月,授四等侍卫。二十七年正月,封二等奉国将军。十一月,迁三等侍卫。三十九年十二月,迁二等侍卫。四十年十一月,迁头等侍卫。四十二年十一月,袭封奉恩辅国公。四十三年三月,上念敬谨亲王尼堪功勋颇显,且以力战捐躯,晋封宾宁为镇国公,世袭罔替。四十七年八月,任正红旗蒙古副都统。十月,授宗人府左宗人。四十八年五月,任镶蓝旗护军统领。嘉庆五年闰四月,[一]卒,谥曰恪勤。

八次袭果勒丰阿,恪勤辅国公宾宁第一子。乾隆四十九年十二月,岁满,封二等辅国将军。嘉庆五年闰四月,袭封奉恩镇国公。是月,授散秩大臣。九年十二月,往守西陵。

【校勘记】

〔一〕嘉庆五年闰四月　“闰四”原作□,缺文。耆献类征卷首五叶二三上同。今据清仁宗睿皇帝实录(大清历朝实录本,以下简称睿录)卷六六叶一七上补。按宾宁,睿录作斌宁,同名异写耳。

和硕颖亲王萨哈璘

萨哈璘,太祖高皇帝孙,礼烈亲王代善第三子。初授台吉。天命十年十一月,察哈尔林丹汗围科尔沁,[一]萨哈璘以精骑五千援之,林丹汗遁。十一年四月,征喀尔喀巴林部,十月,征扎噜特部，俱有功。是年封贝勒。天聪元年五月，上征明，同贝勒德格类等率护军精骑为前队，上由大凌河至锦州城，明兵遁，萨哈璘邀歼之；复同三贝勒莽古尔泰等领偏师卫塔山粮运，败明兵二万。大军薄宁远城，击明总兵满桂，斩级无算，萨哈璘以力战被创。三年十月，上征明，次波罗河屯。大贝勒代善、莽古尔泰密请班师，上不怿；萨哈璘偕贝勒岳托等力劝决进取，遂由洪山口，克遵化，进逼明北京。十二月，萨哈璘略通州，焚其船，克张家湾；围永平，克香河县；复歼沙河驿蒙古兵之出奔山海关者五百人。四年正月，克永平，同贝勒济尔哈朗驻守永平。李春旺者讹言将屠城，以慰众枭之，招谕所属之迁安、滦州、建昌、台头营、鞍山堡，皆降。事具郑献亲王传。三月，遣军败明副将张弘谟兵。四月，明兵自乐亭、抚宁攻滦州，萨哈璘率兵援之，败遁。二贝勒阿敏来代，乃携所俘还。

五年三月，命诸贝勒直言时政，萨哈璘奏曰："图治在乎用人。人主灼知邪正，则臣下争尚名节，竭力图功。惟皇上慎简贝勒大臣及审事官，任以政务。遇大征伐，上亲在行间，诸臣自悉遵方略。若遣发，宜选贤能者为帅，给符节，畀事权，仍限官品某以下干军令者，许军法从事。"七月，初设六部，命掌礼部事。是月，上征明，与贝勒杜度、豪格留守。六年五月，同济尔哈朗等率右翼兵略归化城黄河诸路，俘蒙古千馀；复指授归顺蒙古诸贝勒牧地，申约法。十月，师还。

七年六月，诏问征明及察哈尔、朝鲜三者何先，奏言："当宽朝鲜，拒察哈尔，而专征明。察哈尔虽不加兵，彼如虫食穴中，势必自尽。至于明，我少缓一年，彼守御益固。臣意视今岁秋成图进取,乘彼禾稼方熟,因粮于彼,为再进计。量留兵防察哈尔。上先与诸贝勒以骑往来袭击,俘获蹢躅之,再命贝勒率精兵自一片石入山海关,则彼宁、锦诸州为无用。或仍从宁、锦入,断北京四路,度地形,夺粮足之地,据守勿归,乘机伺便,二三年中,大勋克集矣。"八月,同贝勒阿巴泰、阿济格略明山海关,师还,上以不乘胜入内地责之。八年二月,同贝勒多尔衮往迎明降将尚可喜,招抚广鹿、长山二岛户口三千八百有奇。六月,上征明,萨哈璘自喀喇鄂博攻克得胜堡,歼明兵,参将李全自缢。八月,略代州,侦崞县城颓,夜袭,拔之,王东、板镇二堡居民弃城遁;复败代州骑兵百、步兵三百,追薄城,乃率兵会御营于大同,籍俘获数以闻。

九年二月,同多尔衮、岳托、豪格等统兵收察哈尔林丹汗子额哲,途遇察哈尔汗之妻及台吉索诺木率属来降,进抵托里图,进取额哲全部。师还,岳托驻军归化城,萨哈璘复同多尔衮、豪格略明山西府县,仍由归化城旋。事具睿忠亲王传。先是诸贝勒、大臣以远人归附,国势日隆,合词请上尊号,上却之。十二月,诸贝勒以收察哈尔全部复请,上仍不允。萨哈璘乃令内院大臣希福等奏曰:"臣等屡请,未蒙俯鉴,夙夜悚惶,罔知所措。伏思皇上不受尊号,咎在诸贝勒不能殚竭忠信,展布嘉猷,〔二〕为久大计。今诸贝勒誓改行竭忠,辅开太平之基,皇上宜受尊号。"上称善,曰:"萨哈璘为朕深谋,善承皇考开创之业,开陈及此,实获我心。其应誓与否,尔身任礼部,当自主之。"翌日,萨哈璘集诸贝勒于朝,各书誓词以奏。上以内外诸贝勒诚难固让,而朝鲜乃通好之国,宜使告知。"萨哈璘复奏:"诸贝勒当遣人与使臣前往，告以内外之诚，并示以各国来附兵力强盛之实。"上嘉纳之。

崇德元年正月，萨哈璘有疾，上遣希福等传谕曰："朕望尔病速痊，念之甚切。尔则不可强图亟愈，即思见朕也。群子弟中，启我所不及，助我所遗忘，整理治道，惟尔是赖。尔但当勤于调治，以冀病痊。"萨哈璘对曰："蒙皇上温旨眷顾，窃冀仰荷恩育，或可得生。即不幸先填沟壑，亦复何憾？但当国家大勋垂就，不能尽力捐躯，辗转床蓐，为可恨耳！"希福等以其言奏，上恻然曰："国家岂有专事甲兵以为政治者？傥疆土日增，克成大业，无此明哲人，何以整理乎？"是月，上临视萨哈璘疾，见其羸瘠，泪下，萨哈璘悲痛流涕。五月，薨，年三十有三。

萨哈璘明达聪敏，通晓满、汉、蒙古文义，掌部事，赞谟猷，上深嘉之。病革，上复亲临，及薨，不胜震悼，入哭者四。自辰至午乃还宫，仍于庭中设幄居，不御饮食，辍朝三日。祭时，上亲奠，哭。追封和硕颖亲王，读册毕，复痛哭，三奠。六月，上御翔凤楼，偶假寐，梦人请曰："颖亲王乞赐牛一。"如是者再。寤，以问希福等，皆奏曰："此皇上悼念所致。"上曰："不然，当别有故。"于是希福检会典，凡亲王薨，初祭，例赐一牛。颖亲王初祭未用牛，上命致祭如礼。康熙十年六月，追谥曰毅。乾隆十九年九月，入祀盛京贤王祠。

初次袭阿达礼，追封颖毅亲王萨哈璘第一子。崇德元年六月，袭封多罗郡王。三年二月，从征喀尔喀，至博硕堆，侦扎萨克图汗远遁而还。五年五月，同郑亲王济尔哈朗等驻义州，迎来归蒙古多罗特部于杏山西五里台，败明追兵，赐御厩良马一。六年三月，同郑亲王围锦州，降城中蒙古台吉诺木齐、吴巴什等。四月,败明援兵于锦州南山西冈。六月,败明松山援兵。九月,围松山,明兵犯我镶黄旗、正红旗、正黄旗营,击败之,斩级千四百馀。七年二月,克松山城,俘明总督洪承畴、巡抚邱民仰等。具详郑献亲王传。七月,叙功,赐鞍马一、蟒缎九十。寻命管礼部事,预议政。先是,上御笃恭殿,王以下及众官皆立侍。九月,王请更定仪制,上御殿及赐宴,亲王以下众官等皆跪迎,上升陛方起,驾兴亦如之。十月,贝勒阿巴泰征明蓟州,同豫郡王多铎屯宁远,牵制援兵。八年八月,世祖章皇帝嗣位,以阿达礼与贝子硕托谋立睿亲王,伏诛,爵除。

【校勘记】

〔一〕察哈尔林丹汗围科尔沁　"围"原误作作"图"。耆献类征卷首七叶六上同。今据本卷阿巴泰传改。

〔二〕展布嘉猷　"展"原误作"屡"。耆献类征卷首七叶八下同。今据文录卷二六叶二七下改。

和硕端重亲王博洛

博洛,太祖高皇帝孙,饶馀敏郡王阿巴泰第三子。天聪九年五月,大军由明宣府、大同边境征朔州、代州、应州,别遣贝勒多铎从广宁入宁远、锦州界,牵制明关外兵,使不得援山西。博洛随征有功,崇德元年,封固山贝子。随父阿巴泰征明延庆州,凯旋,预宴。二年四月,预议政。三年七月,任理藩院承政。十月,从上征明宁远,分军趋中后所,明总兵祖大寿猝袭我后,冲溃土默特蒙古兵,护军统领哈宁哈等与相持,博洛突前奋击,敌乃却五年五月，同郑亲王济尔哈朗驻营义州，迎来归之蒙古多罗特部于杏山西五里台，败明追兵，赐良马一。寻与诸王更番围锦州。六年八月，明总督洪承畴来援，败之松山，追至塔山，获其笔架山积粟。事具英亲王传。又同贝勒罗洛浑等设伏桑阿尔斋堡，击败王朴、吴三桂。七年春，松山、锦州相继下，博洛与兄辅国公博和托暨贝子尼堪等更番驻防锦州。

顺治元年四月，随睿亲王多尔衮入山海关，破流贼李自成。十月，晋封多罗贝勒。随亲王多铎征河南，破李自成于潼关，下西安，南定江宁。豫亲王分兵半，以博洛领之，招抚常州、苏州，同镇国将军拜音图等趋杭州，明兵分拒皆败，夜渡钱塘江逃，我军追至江岸，驻营；敌见之，以为潮且至，营必没，而潮连日不至，敌惊为神。明潞王朱常淓遂率杭州官属开门纳款，淮王朱常清亦自绍兴渡江来归。十月，凯旋，赐金二百两、银万五千两、鞍马一。

三年二月，命为征南大将军，往平浙、闽。五月，至杭州，时明鲁王朱以海称监国于绍兴，旧将方国安等营钱塘江东岸，绵亘二百里，我军无舟不得渡。忽江沙暴涨，水浅可涉，护军统领图赖等策马径渡，敌惊遁。博洛遣贝子屯齐等继进，国安弃舟遁，以海走台州，斩殪无算，擒敌将武将科等，抚定绍兴。六月，围金华，七月，克之，斩明蜀王朱盛浓等，遂克衢州。浙江悉平。明唐王朱聿键犹据福建，我军分常山、江山两路并进，博洛偕图赖与前锋统领努山、护军统领都尔德破敌仙霞关，克浦城、建宁、延平。聿键先由延平走汀州，博洛遣护军统领阿济格尼堪等克其城，擒聿键及曲阳王朱盛渡、西河王朱盛淀、松滋王朱演汉、西城王朱通简及其官属。敌将姜正希引兵二万来援,夜袭城,击却之,斩级万馀。镇国将军海岱等败敌将师福于分水关,克崇安县,副都统卓布泰等克福州。先后二十馀捷,斩其巡抚杨廷清、李暄、杨文忠,降伪国公郑芝龙等二百九十馀人、马步兵十一万有奇,抚定兴化、漳州、泉州等府。十一月朔,捷闻,得旨嘉奖。是月,博洛驻福州,令总兵佟养甲进征广东。时聿键弟聿𨮁据广州,伪称绍武年号。养甲既克潮州、惠州,遂薄广州,克其城,斩聿𨮁及其宗属十馀人,抚定广州。四年二月,博洛承制以佟养甲为两广总督,自率贝子博和托、都统图赖等凯旋,优赉所获金帛、人口。叙功,晋封多罗郡王,加号端重。

五年十一月,同英亲王阿济格往大同侦防喀尔喀,至则总兵姜瓖已据城叛,遂围之。六年正月,叛党刘迁陷代州,王偕郡王硕塞赴援,克其郛,贼遁。三月,旋军大同,瓖潜期助祖马、得胜两路贼五千由北山逼我营,[一]自驱骑千馀出犯,王与护军统领鳌拜、彻尔布等分御之,击斩过半。北山贼窜,瓖亦闭城不敢复出。是月,睿亲王赴大同招抚瓖,承制晋博洛为亲王。四月,命为定西大将军,移师讨汾州叛贼。五月,奏清源、交城、文水、徐沟、祁县贼平。六月,奏贼犯平阳,遣副都统谭布击败之,贼渡河遁。七月,贼万馀犯绛州,遣副都统洛硕击走之,斩级二千馀;又分遣诸将剿贼孝义县,克其城,屡败贼于寿阳、平遥、辽州、榆社。时英亲王与敬谨亲王尼堪围大同,亲王满达海与郡王瓦克达剿贼朔州、宁武,有旨令博洛酌撤闲驻兵,率还京。王疏言:“太原、平阳、汾州三府属州县虽渐收复,然未复者尚多,恐撤兵后,贼乘虚袭据,应仍留守御。”上是其言,令俟满达海自朔州移师至汾州,并力剿贼。八月,大同降将杨振威斩璟首献英亲王军,王与满达海合兵攻汾州,九月,克其城,斩伪巡抚姜建勋、伪布政使刘炳业,复岚县、永宁州,遣军分剿馀贼于岳阳县、绛州、孟城驿、老君庙,歼之,乃班师。

七年二月,命理六部事。八月,以徇隐尚书阿哈尼堪不亲往迎朝鲜王弟事,降郡王。八年正月,晋封和硕端重亲王。二月,同诸王奏削故睿亲王封爵。三月,以英亲王私藏军器事隐不奏,降郡王。寻命诸王分管六部,王掌户部。五月,复封亲王。八月,上察尚书谭泰狂悖逞私持六部权,下诸王勘问,王与贝子锡翰等证其罪状,伏诛。九年三月,薨,年四十,谥曰定。十四年正月,王第四子塔尔纳封多罗郡王。三月,卒,年十有五,谥曰敏思。十六年十月,追论王分取睿亲王财物,掌户部时不参劾谭泰罪,削博洛及塔尔纳爵、谥。

初次袭齐克新,原封端重亲王博洛第八子。顺治十二年四月,袭封和硕端重亲王。十六年十月,追论博洛罪,降齐克新多罗贝勒。十八年正月,薨,年十有二,谥曰怀思。爵除。

【校勘记】

〔一〕璟潜期助祖马得胜两路贼五千由北山逼我营　原脱“祖”字。耆献类征卷首七叶一四上同。今据章录卷四三叶一一上补。按本卷硕塞传同。

多罗通达郡王雅尔哈齐

雅尔哈齐,显祖宣皇帝第四子,与太祖高皇帝及追封亲王舒尔哈齐俱为宣皇后所生。舒尔哈齐事迹,见其子郑亲王济尔哈朗传。雅尔哈齐无嗣,其卒年及事迹,旧史不著。世祖章皇帝顺治十年五月,追封多罗郡王,谥曰通达。十一年三月,配享太庙,与武功郡王礼敦、慧哲郡王额尔衮、宣献郡王斋堪并列东庑。高宗纯皇帝乾隆十九年九月,入祀盛京贤王祠。四十三年正月,谕曰:"通达郡王系显祖之子,武功、慧哲、宣献三郡王系景祖之子,当时虽身与配享,第以三郡王宗支已在觉罗之列,宗室王公表传内亦未立通达郡王传,国史传又以属在宗潢,令此四王无所附丽,亦觉缺典。着交内阁、国史馆补为立传,通达郡王入于宗室,武功等三郡王列于国史诸大臣传之前。或当时纪载简少,功绩无由稽核,不拘详略,各立一传,以征信实。"

多罗饶馀郡王阿巴泰

阿巴泰,太祖高皇帝第七子。初授台吉。岁辛亥七月,同费英东、安费扬古率兵千征东海窝集部之乌尔固辰、穆稜二路,俘千馀人,还。天命八年四月,同台吉德格类、宰桑古、岳托征扎噜特部,渡辽河,由额尔格勒行百馀里,攻其部长昂安所居。昂安携妻子从二十馀人遁,我总兵官达音布先躯,追及,战殁。阿巴泰督诸将继进,斩昂安及其子,俘其众以还。上行郊劳礼,随征将士分赐所俘。十年十一月,同三贝勒莽古尔泰、贝勒济尔哈朗等援科尔沁。时察哈尔林丹汗围科尔沁之克勒珠尔根城已数日,我军至农安塔,林丹汗夜遁,军还。

十一年九月,太宗文皇帝即位,封阿巴泰贝勒,阿巴泰语额驸扬古利、达尔汉曰:"战则我擐甲胄,行猎则我佩弓矢出,何不得为和硕贝勒?"扬古利等以奏,上命劝其勿怨望。天聪元年五月,上亲征明锦州,同贝勒杜度居守。十二月,察哈尔昂坤杜棱来归,设宴,阿巴泰语纳穆泰曰:"我与小贝勒列坐,蒙古贝勒明安、巴克俱坐我上,实耻之!"纳穆泰入奏,上宣示诸贝勒,于是大贝勒代善率诸贝勒训责之曰:"德格类、济尔哈朗、杜度、岳托、硕托早随五大臣议政,尔不预。阿济格、多尔衮、多铎皆先帝分给全旗之子,诸贝勒又先尔入八分列。尔今为贝勒,心犹不足,欲与和硕贝勒抗,将紊纪纲耶?"阿巴泰引罪,愿罚,于是罚甲胄、雕鞍马各四、素鞍马八。

二年五月,同贝勒岳托、硕托征明锦州,敌弃城退守宁远,自十三山站以东毁堠二十一,斩守者三十人,获人畜,毁锦州、杏山、高桥三城。师还,上出五里迎劳。三年十月,从上征明,由喀喇沁之波罗河屯行七日,同贝勒阿济格率左翼军克龙井关,败明援兵,进克汉儿庄。事详英亲王传。时右翼军克大安口,上亲统师进克洪山口,并趋遵化城。十一月,败明援兵自山海关至者,下遵化城;由蓟州、三河县趋通州,明大同总兵满桂、宣府总兵侯世禄屯顺义县,阿巴泰同岳托击走之,获马千馀、驼百馀,顺义知县降。

大军驻京城北土城关之东北,明宁远巡抚袁崇焕、锦州总兵祖大寿以兵二万来援,屯广渠门外。阿巴泰同贝勒莽古尔泰、阿济格、多尔衮、多铎、豪格攻之,闻敌右伏甚众,因约军入隘趋右,由正路入者,与避敌同。豪格趋右,败伏兵,转战至城壕。阿巴泰与豪格离,由正路冲溃敌兵,亦抵壕。既收军,诸贝勒大臣议阿巴泰违约罪,应削爵,夺所属人员给豪格。上曰:"阿巴泰原非怯懦无能者比,不过以顾其二子,致离豪格耳。朕奈何以子故,加罪于兄?"因宥之。十二月,同阿济格焚通州,克张家湾。从上至蓟州,败敌援兵。事具英亲王传。四年正月,捕斩叛将刘兴祚于山海关。事具郑献亲王传。二月,上旋跸,以阿巴泰同济尔哈朗、萨哈璘镇永平。四月,明兵攻我军驻守滦州者,击走之。事具颖毅亲王传。

五年三月,命诸贝勒直言时政,阿巴泰奏曰:"国人怨,惟患不知。未有见善而不以为善,见恶而不以为恶者。臣无他能,谨识上谕,自今凡事从公断而已。"七月,初设六部,命掌工部事。八月,从上围明大凌河城,正黄旗兵围北之西,镶黄旗兵围北之东,阿巴泰军其中策应。十月,明总兵祖大寿以城降。上议取锦州策,命阿巴泰同贝勒德格类、多尔衮、岳托率兵四千作汉装,偕大寿及降兵三百五十人,乘夜袭锦州。二更行,炮声不绝,锦州城中闻之,以为大凌河围者得脱,分路应援,我军击斩甚众。会大雾,皆失队伍,乃收军还。七年三月,监筑兰磐城。五月,召宴,赐御用蟒衣一、紫貂皮八、马一。

六月,诏问征明及朝鲜、察哈尔三者何先,奏言:"明之情形,皇上既悉知之,其地利臣等亦熟识之。袭其不备,关门可得。上亲统大军驻关外,择贝勒大臣分路入关,获其人可用者用之,消息易得,锦州无足顾虑。天时既至,可令祖大寿入山海关,与我兵合攻。"八月,同阿济格征明,略山海关而还,以不能乘胜入关训诫之。八年五月,从上征明宣府。八月,同阿济格克灵丘县及王家庄,献捷大同城南山冈御营。九年七月,谕阿巴泰曰:"尔尝自谓手疼,似觉不耐劳苦。不知人身血脉劳则无滞,惟图家居佚乐,身不涉郊原,手不持弓矢,忽尔行动,疾病易生。若日以骑射为事,奚复患此? 凡有统帅士卒之责者,非躬亲教演士卒,谁肯专心武事? 骑射之艺,精于勤而荒于嬉,不可不时加练习。尔当努力奋励,毋偷安旦夕,斯克敌制胜,能报先帝养育之恩,为国尽忠矣。"

崇德元年四月,晋封多罗饶馀贝勒。六月,同武英郡王阿济格等征明,大捷。九月,凯旋。事详英亲王传。十二月,上亲征朝鲜,令驻防噶海城。二年二月,遣兵入明义州境捉生,得二人。是月,朝鲜降,上班师,阿巴泰携驻噶海兵还沈阳。三年二月,上亲征喀尔喀,以阿巴泰与礼亲王代善等留守,并监筑都尔弼城,治盛京至辽河大路。九月,同睿亲王多尔衮征明。四年四月,凯旋,赐马二、银五千两。事俱详睿忠亲王传。九月,同武英郡王等赴明锦州、宁远侦敌。

五年六月,同睿亲王等赴明义州,督兵屯田,有功。七月,同贝勒杜度率兵设伏宁远路,歼明运粮兵,获米千石。九月,败明杏山、松山兵。时大军更番围锦州,受代而还。十二月,往围锦州。六年三月,以听从睿亲王离锦州城三十里驻营及遣兵还家事,论削爵,夺所属户口,诏从宽罚银二千两。六月,复攻围锦州,败明总督洪承畴援兵十三万于松山,获马五百七十;上亲征,歼敌数万。九月,驾旋,留军合围松山、杏山、高桥,命阿巴泰仍与诸王更番围锦州。七年三月,锦州降,同郑亲王济尔哈朗进克杏山,回驻锦州。七月,受代还,叙功,赐蟒缎七十。

是年十月,授奉命大将军,同内大臣图格等征明,上亲送郊外。十一月,由黄崖口入,败明总兵白腾蛟、白广恩于蓟州,破河间、景州,趋兖州,擒明鲁王朱以派及乐陵、阳信、东原、安丘、滋阳诸王;分兵徇莱州、登州、青州、莒州、沂州,南至海州,凡攻克抚降城八十八;还略沧州、天津、三河、密云。八年六月,由墙子岭凯旋,上遣郑亲王、睿亲王等郊迎三十里,赐银万两。

顺治元年四月,叙功,晋封多罗饶馀郡王。二年正月,统兵镇山东,剿平满家洞土贼。时明福王朱由崧兵屯徐州东北,遣都统准塔等往剿,捷,还。三年三月,薨,年五十有八。康熙元年二月,以子岳乐晋和硕亲王,赠如其爵。十年六月,追谥曰敏。乾隆十九年九月,入祀盛京贤王祠。

初次袭岳乐,饶馀敏郡王阿巴泰第四子。初封镇国公。顺治三年正月,随肃亲王豪格征四川,诛流贼张献忠。五年八月,随英亲王阿济格剿平天津土贼。十一月,复随英亲王驻防大同。六年九月,晋封多罗贝勒。八年二月,袭封多罗郡王,改号曰安。九年二月,掌工部事。十月,预议政。十年七月,以喀尔喀部土谢图汗、车臣汗等违旨不还所掠巴林户口,又来索归顺同部蒙古,命为宣威大将军,驻归化城,相机进剿。寻因喀尔喀悔罪入贡,撤还。十二年八月,掌宗人府事。十四年十一月,谕奖"性行端良,莅事敬慎",晋封和硕安亲王。

康熙十三年十月,命为定远平寇大将军,赴江西剿逆藩吴三桂、耿精忠贼党,进征广东。十二月,抵南昌,诏移师征湖南。王奏:"江西形势为广东咽喉,江南、湖广要冲。今三十馀城皆贼盘据,且吴逆造木城于醴陵,置伪总兵十馀人、兵七万、傈傈三千,坚守萍乡诸隘。若撤抚州、饶州、都昌防兵往湖南,则诸处复为贼有。否则兵势单弱,不能长驱;且广东诸路恐亦多阻。臣欲先平江西贼,无却顾忧,然后分防险要,移师湖南。"得旨,令速行整理江西要地。旋奏遣副都统穆成额等击走吴逆伪总兵张泰,杀贼五千馀,复安福县;又奏副都统雅赍等招抚康山馀贼,复都昌县。十四年二月,奏护军统领桑格等阵斩伪总兵朱一典、谢以泰等,复上高、新昌二县。三月,奏将军希尔根、前锋统领舒恕败贼抚州之唐埠及七里冈。四月,奏副都统珠喇禅等败贼五桂寨、徐汉等处,并招抚冷口、南湖、西湖、铜鼓营诸伪官,复馀干、东乡二县。王亲攻建昌,耿逆伪将军邵连登迎战长兴乡,击走之,复建昌府城;分兵破贼于石头街、鸾石岭、白水山,遂复万年、安仁二县。闰五月,谕留兵守建昌,速回南昌,居中调度。是月,奏都统霍特败贼新城县,副都统珠喇禅败贼武宁县,将军额楚败贼弋阳县,复广信府。六月,奏将军希尔根败贼馀干县,复饶州;又败贼碣碑铺及景德镇,复浮梁、乐平二县。前锋统领舒恕、总兵许真败贼宜黄,蹑之,逾崇仁及乐安,三县并复。七月,奏泰和、龙泉、永新、庐陵、永宁及湖南茶陵并就抚。七月,奏游击周志新等破吴逆伪总兵桂芳等,复靖安县。十一月,疏言:"吴逆闻臣进取长沙,必固守要害,非绿旗兵无以搜险,非红衣炮不能破垒。乞令提督赵国祚、都督陈平各率所属随臣进讨,并敕发新造西洋炮二十。"又奏希尔根、额楚剿灭浮梁馀贼,招降伪将张辅圣等,复贵溪县。

十二月,耿逆伪总兵张存遣来告领兵八千屯顺昌,俟大兵进闽为内应。诏以简亲王喇布已自江宁移驻南昌,闽事付之料理,王即进征长沙。十五年二月,王至萍乡,分兵四路破贼寨十二。吴逆伪将军夏国相遁,收复萍乡县,遂进薄长沙。七月,奏:"贼船集长沙城下,我兵无船难破贼。长沙附近林木甚多,请先敕拨战舰七十济用,并令督抚委员伐材造船。"诏并如所请。八月,谕曰:"朕闻王恢复萍乡,大创逆贼,直抵长沙,甚为嘉悦!王其善抚百姓,俾困苦得纾;至胁从叛变之人,原系朕之臣子,当加意招徕。"十六年正月,遣副都统阿进泰等败伪总兵解先声及马棚贼于浏阳县。十二月,遣兵败贼平江县,复其城。十七年闰三月,奏遣兵追剿马棚贼邱义尚于七家洞,擒斩无算;招降伪总兵揭玉庆、朱永升等,伪将军林兴珠率伪官杨廷言等自湘潭来降。九月,诏以三桂既伏冥诛,贼势渐溃,宜广示招徕,速行攻剿。王请自赴岳州布置舟师,调诸路大炮攻贼陆营。上命大将军贝勒察尼急图岳州,王仍围攻长沙。

十八年正月,岳州伪将军陈珀、伪总兵王度冲降于察尼军,馀贼溃审,长沙贼亦弃城遁。王入城抚定,遣前锋参领沙纳哈等复湘潭县。贼退据衡山县,王遣兵会简亲王败贼众,衡州、宝庆相继复。六月,疏言:"臣所统护军、骁骑兵每佐领下十五人,蒙古兵一百馀人。喇布既进取新宁,臣当率每佐领兵十一、绿旗兵一万,与喇布相机进剿武冈东口贼。留每佐领兵各一、绿旗兵一千二百及荆州水师二千守衡州;留每佐领兵各一、绿旗兵一千守宝庆;拨每佐领兵各二协同绿旗兵守岳州。"诏如所议行。是月,遣都统释迦保败贼宝庆之岩溪,斩级数百,获船四十馀。伪总兵王熙忠、伪副将陈起凤、伪知府金世正降。七月,王统师抵紫阳河,见贼营对岸,令提督赵国祚、副将尼满偕降将林兴珠渡河直前。护军统领瓦岱等绕出贼后,夹击,大溃,追斩二百馀级,伪知县周冠、陈廷飏等降。进攻武冈,贼帅吴国贵、胡国柱以贼二万馀据隘口,我军奋攻,炮殪国贵,贼骇窜。贝子彰泰追至木瓜桥,杀贼无算,遂复武冈州及枫木岭。八月,奏捷,得旨嘉奖。

十一月,命以敕印付贝子彰泰,撤每佐领兵八率还京。十九年正月,上遣官迎,宣谕曰:"王连年以来,远莅岩疆,亲经百战,栉风沐雨,历暑逾寒,竞扬貔虎之雄,克清枭獍之孽。湖、湘诸处,已见荡平;滇、黔馀氛,俱成坐困;更体朕轸念穷荒之心,广示招徕,深加抚恤。王师所至,遐迩来归。捷奏屡宣,中外称庆。朕既嘉硕画,益笃亲亲,爰命班师,副朕怀想。顷者闻王已抵武昌,奏凯可期,特遣使臣慰劳,兼赐骆驼、良马,以示优眷。王其按程而来,朕计日以待。"三月,凯旋,上行郊劳礼于卢沟桥南二十里。

俘明伪太子朱慈灿以来。先是,顺治元年冬,有赴故明外戚周奎家自称太子者,奎白诸朝,令旧宫人及东宫官属辨视非真,法司鞫实,太监杨玉取刘玉子诈冒状,并伏诛。康熙十二年冬,京师闻吴三桂反,有自称三太子朱慈瑞者,伪署广德元年,纠党京城内外举火作乱,擒其党于鼓楼西街及镫市口,诘以朱慈瑞,云即杨起隆,已遁矣。十八年秋,王驻营枫木岭,土人首擒伪军师戴必显、无为教姚文明,因获朱慈灿于新化县僧寺,追讯前在京城逆谋。慈灿诉己系崇祯帝长子,十二岁遭闯难出奔南京,后并未再至北京,福王由崧曾置诸狱,释为民,即往河南随朽木和尚为僧;流落江西、湖广二十馀年,因病还俗;往来永州、宝庆,欲声讨吴三桂悖逆反覆,不忠、不孝、不义诸罪,商之戴必显、姚文明,招兵散劄一年,因三桂死,中止。王疏陈谳词,因言前此屡有冒明太子事,朱慈灿虽云欲讨吴逆招兵散札,但当大军复宝庆时不即自首,应与戴必显、姚文明并论斩;其曾受伪札人已示许自首,续缴伪札销毁免罪;慈灿既自称真系明嗣,当械至京辨识。得旨:"朱慈灿等着王带来,俟到日再议。"至是,王移送法司,令与前系狱之朱慈璊逆党对质,俱不识,诘其造印散札与戴必显、姚文明谋乱属实,皆拟凌迟如律,诏并改为处斩。是年秋,复有以朱慈璊之名在陕西煽诱者,擒之汉中三河口,大将军图海械送至京,敕法司勘讯,面有刺痕,实非明嗣,并非杨起隆,依大逆律磔于市。

二十年十二月,命王仍掌宗人府事。二十七年七月,以噶尔丹扰喀尔喀,同简亲王雅布各率兵五百赴苏尼特汛界驻防,十月,撤还。二十八年二月,薨,年六十有五,谥曰和。二十九年十二月,礼烈亲王代善之曾孙原封贝勒诺尼诉岳乐康熙四年掌宗人府事,偏听诺尼姑母谗言,枉坐诺尼不孝死罪,革爵系狱,蒙鉴原释放,岳乐诬陷无辜,理应反坐,诏宗人府会同领侍卫内大臣察议,复诺尼贝勒,追降岳乐郡王,削其谥。

二次袭玛尔浑,安郡王岳乐第十五子。康熙十六年正月,封世子。二十九年二月,袭封多罗安郡王。三十五年正月,大将军征噶尔丹,命率兵往归化城侦防。四十年十月,掌宗人府事。四十五年,充玉牒馆总裁。四十八年十一月,薨,年四十有七,谥曰懿。

三次袭华玘,安懿郡王玛尔浑第二子。康熙四十九年二月,袭封多罗安郡王。五十八年九月,薨,年三十有五,谥曰节。雍正元年十二月,谕廷臣曰:"向时安郡王岳乐谄附辅政大臣,又自恃长辈,每触忤皇考,蒙圣德宽仁,始终容宥;而伊诸子全不知感,不务竭诚效力,弟兄之间互相倾轧,竞事营求,妄冀得爵,谗害骨肉,此众所共知者。玛尔浑系应袭王爵之人,似属安分,其子华玘尚无劣迹,而其嗣夭折,封爵虚悬,是以皇考审择其人,踌躇有待;乃安郡王岳乐之子伍尔占、孙色亨图等遽生怨望,形于辞色。夫国家恩施,岂可倚恃而强邀? 今廉亲王允裪借此逞其谗说,以离间宗室旧人,致朕从容施恩之本念俱不可行,将袭封安郡王之本章发回,不准承袭,旧所属佐领撤出,另拨。"乾隆四十三年三月,上追念饶馀敏郡王阿巴泰、安郡王岳乐累著功绩,赐奉恩辅国公爵,世袭罔替。

四次袭奇昆,安节郡王华玘孙,追封奉恩辅国公锡贵第二子。乾隆四十三年三月,袭封奉恩辅国公。四月,授散秩大臣。四十七年七月,卒,年四十有四。

五次袭崇吉,奉恩辅国公奇昆第三子。乾隆五十九年二月,袭封奉恩辅国公。嘉庆八年四月,往守泰陵。九年十二月,以公盛住往陵寝重地青桩内开采石块,及朔望委员拈香等款,崇吉未奏参,复亦委员行礼二次,削爵。

六次袭布兰泰,安节郡王华玘曾孙,追封奉恩辅国公岱英第二子。嘉庆十年正月,袭封奉恩辅国公。

清史列传卷三

宗室王公传三

多罗克勤郡王岳托

岳托，太祖高皇帝孙，礼烈亲王代善第一子。初授台吉。天命六年二月，大兵略明奉集堡，将旋，有小卒指明兵所在，岳托同台吉德格类等击败之。三月，上征拔沈阳，大军方追明总兵李秉诚于白塔铺，岳托后至，逐北四十里，途斩三千馀人。初，喀尔喀扎噜特贝勒昂安执我使者送叶赫，被杀。八年四月，同台吉阿巴泰等讨之。事详饶馀敏郡王传。十一年十月，复随父大贝勒代善征扎噜特部，有功。是年，封贝勒。

天聪元年正月，同二贝勒阿敏、贝勒济尔哈朗等征朝鲜，攻义州、定州、汉山三城，克之。渡嘉山江，克安州，至平壤，其守者弃城遁；遂渡大同江，次中和，遣谕朝鲜王李倧降。阿敏欲直趋至其都，岳托知不可止，密与济尔哈朗议驻师平山城，复遣副将刘兴祚谕李倧，倧报愿岁贡方物。岳托谋曰："吾等事已成矣。蒙古与明皆敌国，或有边事，当思备御。宜盟而班师。"既盟以告，阿敏以己未与盟，仍纵掠。岳托曰："盟既成，纵掠，非义也。"劝之不可，复令李倧弟觉与盟，乃班师。

五月，从上征明，同三贝勒莽古尔泰等率偏师卫塔山粮运，又从围宁远，并有功。八月，败明兵于牛庄，斩守备一、千总二、兵二百。二年五月，同贝勒阿巴泰、硕托征明锦州，有功。事详饶馀敏郡王传。三年八月，略明锦州、宁远，焚其积聚。十月，上征明，岳托同济尔哈朗由大安口入，旦，见明兵营山上，岳托率兵半驻以待，济尔哈朗以其半击之；复见明兵自遵化来援者，顾谓济尔哈朗曰："吾当击此。"是日五战皆捷。十一月，同阿巴泰败大同总兵满桂、宣府总兵侯世禄于顺义；薄北京，复从父代善击败明援兵。十二月，同贝勒萨哈璘等围永平府，克香河县。四年正月，同贝勒豪格还守沈阳。

五年三月，命诸贝勒直言时政，岳托奏曰："刑罚舛谬，实在臣等。祈皇上擢用直谏士，近忠良，绝谗佞，行黜陟之典，明加甄别，则诸臣咸知激劝矣。"七月，初设六部，命掌兵部事。八月，上征明大凌河城，自白土场趋广宁，岳托同贝勒阿济格等率兵二万别由义州进会大军。都统叶臣率镶红旗兵围城西南，岳托军为策应。十月，明总兵祖大寿请降，以子可法质。可法见贝勒，欲下拜，岳托曰："战则为仇敌，和则为弟兄，何以拜为？"命以国礼见，因问尔等死守空城何意，曰："畏屠戮耳！"岳托曰："辽东以久抗不降，故诛之。杀永平人，乃贝勒阿敏所为，已论系之矣。我皇上即位以来，敦行礼义，治化一新，养民爱士，仁心仁政。尔等岂不闻之?"可法曰:"上于贫者衣食之,富者秋毫无扰。宽仁爱民之德,实皆闻之。"遂辞归。越三日,大寿以城降。夜,袭败锦州兵。事具饶馀敏郡王传。

六年正月,奏言:"前克辽东、广宁,汉人拒命者诛之,后复屠永平、滦州汉人,纵极力抚谕,人怀疑惧。今天与我以大凌河汉人,正使天下知我善养人也。臣愚以为善抚此众,归顺者必多。当先予以室家,出公帑给其需。傥蒙天眷,奄有其地,仍给还家产,彼必悦服。众官宜令诸贝勒给庄一区,每牛录取汉男妇二名、牛一头,编为屯,人给二屯。其出人口、耕牛之家,牛录以官值偿。至明兵弃乡土,穷年戍守,一苦也;畏我诛戮,又一苦也。今慕义归降之汉兵,令满、汉贤能官善为抚恤,毋令一人失所,则人心归附,大业可成。"上嘉纳之。

五月,同济尔哈朗等略察哈尔部于归化城,俘获以千计。九月,同贝勒德格类拓疆,自耀州至盖州以南。七年六月,诏问征明及朝鲜、察哈尔三者何先,奏言:"时不可失。山海关、通州、北京三路,乘时图其一,则丕基定矣。"是月,同德格类等率右翼楞额礼、叶臣,左翼伊尔登、昂阿喇,汉军都统石廷柱,元帅孔有德,总兵耿仲明攻明旅顺口,俘获无算。八月,奏言:"前蒙圣谕,留一都统守旅顺口。今留叶臣、伊尔登帅两翼,每旗留官三员、兵二千五百名,旧汉军以游击佟图赖主之,〔一〕统防御二员、兵百名驻守。臣等自木场驿启行,俟抵我界,贮炮车于盖州,留俘振旅。"是月,师还,上宴劳于郊,以金卮酌酒赐之。八年二月,奏定马匹倒毙,择牛录殷实之家酌免丁徭,责令偿补;又奏减牛录下厮养卒。得旨,惟哨长许留,馀悉罢。三月,上大阅,岳托率满洲、蒙古等十一旗行营兵,赴沈阳城北郊,列阵二十里许。上驻蒲马冈,岳托指示纪律,军容严肃,上嘉奖之。五月,上征察哈尔,谕留守盛京诸贝勒及将领等毕,岳托复晓于众曰:"自堤岸以东、巨流河以西,原置十四哨。尔等酌量布置,昼则令军士习射,夜勿解衣,张弓、开甲囊,以备不虞。"岳托随行,有疾。六月,上临视,命还盛京。

九年二月,同贝勒多尔衮、萨哈璘、豪格收降察哈尔林丹汗子额哲。六月,师还,诸贝勒略明山西。岳托有疾,以兵千留驻归化城。会土默特部人告博硕克图汗子俄木布遣人偕阿噜喀尔喀及明使者至,将谋我,岳托伏兵邀之。俄木布乳母之夫毛罕知之,趣还,伏猝起,诛毛罕,擒明使者。随命土默特捕斩阿噜喀尔喀之谋匿马驼者,部分土默特壮丁三千有奇为十队,队以官二员主之,授条约并颁于鄂尔多斯。寻,诸贝勒会师于归化城,岳托偕还。

崇德元年四月,晋封和硕成亲王。八月,以徇庇莽古尔泰、硕托,且有离间郑亲王济尔哈朗及肃亲王豪格事,论死,特旨宽之,降多罗贝勒,罢兵部任。十一月,复命摄部事。十二月,从上征朝鲜,国王李倧奔南汉山城,同豫亲王多铎进围之,败其援于城下。二年八月,命两翼较射,岳托奏不能执弓。上曰:"尔徐引射之,不射如他王贝勒等何!"谕再三,始引弓,弓堕地者五,遂掷之。诸王论岳托骄慢,当死,上复宽之,降固山贝子,罢部任,罚锾。三年正月,复封多罗贝勒,管旗务。二月,从上征喀尔喀,至博硕堆,侦知扎萨克图汗遁而还。八月,命为扬威大将军,贝勒杜度副之,统右翼兵,与左翼奉命大将军睿亲王多尔衮分道伐明。九月,至墙子岭,明兵入堡,外为三寨,我师攻克之。获敌卒,知堡坚,且有重兵,不易拔,岭东西有间道可趋。于是分兵攻其前,以牵敌师,潜从间道逾岭入,克台十有一。

寻以疾薨于军,年四十有一。四年三月,睿亲王奏捷,上览奏无岳托名,惊问,知病卒,恸哭久之,命勿使礼亲王知。四月,丧还,驾至沙岭,设幄遥奠。还,御崇政殿,命王以下及诸大臣往奠,覆命,乃回宫,辍朝三日。诏封为多罗克勤郡王,赐驼二、马五、银万两,葬盛京城南五里万柳塘。康熙二十七年十一月,命立碑以纪其功。乾隆八年,驾幸盛京,亲诣王园寝,赐酹。四十三年正月,上追念王忠勋,命配享太庙。其现袭之平郡王,复封号曰克勤。八月,入祀盛京贤王祠。是年,驾幸盛京,复诣王园寝赐酹,四十八年如之。

初次袭罗洛浑,克勤郡王岳托第二子。崇德四年九月,袭封多罗贝勒,管旗务。五年五月,同郑亲王济尔哈朗等迎蒙古多罗特部苏班岱等降众,败明兵。事详郑献亲王传。九月,同郑亲王围锦州。六年三月,复围之,设伏败明援兵于南山西冈。六月,睿郡王多尔衮、肃郡王豪格来代,合击明山海关援兵,追及松山城而还。八月,从上征明,克松山,擒明总督洪承畴、巡抚邱民仰等。七年七月,叙功,赐蟒缎七十。八年正月,以怨怼诽议,又敏惠恭和元妃薨时丝竹不辍,论罪,削爵。五月,封多罗贝勒,仍管旗事。上命济尔哈朗、多尔衮召罗洛浑,谕曰:"尔父屡获罪愆,因皇考太祖皇妣太后抚养为子,朕视之如弟。殁后,犹追封克勤郡王,并加恩于尔,命为多罗贝勒,管旗务。尔不思率由善道,以辅国政,嗜酒作慝,致干国法。朕又追念尔父,特行宽宥,复尔多罗贝勒,仍令管旗事。尔当敬慎修身,勤思善行;若今仍嗜酒妄乱,不第尔禄位难保,即置尔于法,亦所不赦。至本旗所属诸臣,俱宜戒酒,仍劝勉贝勒效力赎罪。"罗洛浑率诸臣叩首谢罪。顺治元年十月,以从定京师、破流贼功,晋多罗衍禧郡王。三年正月,同肃亲王豪格征四川。八月,薨于军,年二十有四。五年正月,丧还,命贝子屯齐等迎之,辍朝二日。康熙十年六月,追谥曰介。

二次袭罗科铎,衍禧介郡王罗洛浑第一子。顺治五年闰四月,袭封多罗衍禧郡王。八年二月,改封号曰平。十五年正月,随信郡王多尼征明桂王朱由榔于云南,破其晋王李定国、巩昌王白文选等兵,十六年六月,赐蟒衣、弓刀、鞍马,旌其劳。康熙二十一年七月,薨,年四十有三,谥曰比。

三次袭讷尔图,平比郡王罗科铎第四子。康熙十八年正月,封长子。[二]二十二年正月,袭封多罗平郡王。二十六年四月,以殴毙无罪人罗米及折杨之桂、[三]菩萨保手足,削爵。

四次袭讷尔福,平比郡王罗科铎第六子。康熙二十四年正月,封固山贝子。二十六年五月,袭封多罗平郡王。四十年七月,薨,年三十有一,谥曰悼。

五次袭讷尔苏,平悼郡王讷尔福第一子。康熙四十年十二月,袭封多罗平郡王。五十七年十一月,随抚远大将军允禵收西藏,寻驻博罗和硕。五十九年正月,移驻古木。六十年十月,摄大将军事。六十一年十一月,复摄印如故。雍正元年正月,回京,管上驷院事。四年七月,以前在西宁军前贪婪受贿,削爵。乾隆五年九月,卒,命仍以郡王礼葬。

　　六次袭福彭，原袭平郡王讷尔苏第一子。雍正四年七月，袭封多罗平郡王。十年正月，任镶蓝旗满洲都统。四月，奏："凡外省来京袭职旗员，到日随奏，不令久候多费，以仰副体恤至意。"从之。闰五月，授宗人府右宗正。十一年二月，充玉牒馆总裁。四月，命军机处行走。七月，命为定边大将军，讨逆贼噶尔丹策凌。十一月，师驻乌里雅苏台。十二月，奏言："军中驼马最要，今喀尔喀扎萨克贝勒班第等感恩献驼马，力请停偿值。伏念远臣当军兴际，不肯私所有，况宗室王、贝勒、贝子、公等皆有马场滋生马匹，岂不内愧于心？臣家有马五百匹，愿送军前备用，并将臣奏宣示诸王、贝勒、贝子等。臣料诸宗臣等必以臣言为当，弥切踊跃急公之义。"得旨，允行。十二年六月，奏言："乌里雅苏台、扎克拜达里克、推河并应撤京城满洲、汉军、右卫、宁夏、察哈尔、土默特兵三千六百。所有内扎萨克及乌兰察布兵三百七十，调赴推河驻防。现在乌里雅苏台馀兵九千不敷调遣，请以洪鄂尔鄂隆所调满洲兵六百，再增拨四百速赴军营。"从之。是月，王率将军傅尔丹赴科布多总统北路军营，令内大臣萨木哈掌威远将军印，办理乌里雅苏台军务。八月，诏量撤北路兵，王率副都统王常等领兵还。十三年闰四月，命总统大兵驻鄂尔坤，七月，于额尔德尼昭迤北筑城，寻以公庆复代，还京。

　　乾隆元年二月，上以北路所存粮米如何令蒙古兵支领，并屯获糜米出陈易新之处，诏令查议，奏言："蒙古兵向不给粮，臣前以坐卡兵远临贼境，取羊未便，曾折给一月米粮。兹蒙皇上轸念蒙古，一视同仁，加恩赏米。臣议将存留之喀尔喀兵及坐卡台站蒙古兵，搀米支给。今王大臣等又议将派驻鄂尔坤之蒙古兵给粮,在此时存米充裕,不难概给。傥日久米少议停,转生怨望;且准噶尔鬼蜮多端,将来或仍须蒙古兵移驻,又岂能一例支给? 北地寒凉,盖藏得宜,米可经三四年不坏。臣愚于驻防蒙古兵酌量赏给,馀请仍给羊价为便。再鄂尔坤种地兵已撤,糜麦无从易新,青稞、大小麦较米尤不耐蒸遏,应请恩赏蒙古米粮先给此项麦石。"又奏言:"喀尔喀所牧马,除留军营备用外,各游牧处现有马二万九千馀,内扎萨克各游牧处马四万馀。伏思鄂尔坤驻兵,以归化城为声援,其间距三千馀里,鞭长莫及,中途须接换有马往来,缓急始足恃。请度适中地近台站水草佳处设马厂,于土默特、察哈尔兵内择有眷属者移驻牧放,令归化城都统协理。再请拨骟马万、儿马二千,令台站总管拨入官马厂牧放备用。有事无难轻骑疾驰,马力足而人心可恃,虽道远无虑矣。"诏并下王大臣议行。三月,任正白旗满洲都统。十月,调正黄旗满洲都统。三年七月,预议政。十三年十一月,薨,年四十有一,谥曰敏。

　　七次袭庆宁,敏郡王福彭第一子。乾隆十四年三月,袭封多罗平郡王。十五年九月,薨,年十九,谥曰禧。无嗣。

　　八次袭庆恒,原袭平郡王讷尔苏孙,贝子品级福秀第一子,出为福彭后。乾隆十五年十二月,袭封多罗平郡王。十九年八月,任镶红旗汉军都统。二十六年十二月,授宗人府右宗正,寻管理镶红旗觉罗学。二十七年闰五月,坐旗属冒借官银,降固山贝子,馀任悉罢。四十年闰十月,复封多罗平郡王。四十三年正月,命复克勤郡王始封之号,仍为克勤郡王。四十四年二月,薨,年四十有七,谥曰良。

　　九次袭雅朗阿,原袭平郡王讷尔图孙,闲散宗室讷清额第十子。乾隆十六年十月，授三等侍卫。二十六年七月，任镶红旗蒙古副都统。九月，授乌里雅苏台参赞大臣。二十七年八月，调正红旗满洲副都统。寻授科布多参赞大臣。三十一年十二月，任成都副都统。三十四年三月，授荆州将军。三十五年十月，以祖护所属骁骑校楚德，降三级调用。十一月，以副都统品级往库尔喀喇乌苏办事。三十七年五月，复以徇隐台站属员不法，削副都统品级，在伊犁印务笔帖式行走。八月，奉旨着在库尔喀喇乌苏章京处办事。十月，以副都统品级赴塔尔巴哈台。十一月，奉旨雅朗阿办事得宜，仍留库尔喀喇乌苏办事。三十八年十二月，任三姓副都统。三十九年十二月，调盛京副都统。四十年十月，调黑龙江副都统。四十一年十二月，迁绥远城将军。四十四年四月，袭封多罗克勤郡王。四十五年九月，管理镶蓝旗觉罗学，寻授宗人府右宗正。四十七年二月，任正白旗汉军都统。四十八年四月，调镶红旗满洲都统。七月，调正黄旗满洲都统。五十一年十一月，充玉牒馆总裁。五十九年二月，以病解都统任。五月，罢右宗正任，并觉罗学。十二月，薨，年六十二，谥曰庄。

十次袭恒谨，克勤庄郡王雅朗阿第三子。乾隆四十九年十二月，岁满，封三等镇国将军。六十年三月，袭封多罗克勤郡王。嘉庆四年五月，皇后出神武门，恒谨失避道，削爵，赏四品顶带往守西陵。十二月，授散秩大臣。七年十月，封不入八分辅国公。八年二月，故。

十一次袭尚格，克勤庄郡王雅朗阿孙，原任三等侍卫佐领晋封多罗克勤郡王恒元第一子。嘉庆四年六月，袭封多罗克勤郡王。

【校勘记】

〔一〕旧汉军以游击佟图赖主之　原脱“旧”字。耆献类征卷首八叶一
　　八下同。今据文录卷一五叶九上补。

〔二〕封长子　“长”原误作“贝”。今据仁录卷七九叶六下改。按耆献
　　类征卷首八叶二三上不误。

〔三〕折杨之桂　“杨”原作“伤”，形似而讹，整句不成文。耆献类征卷
　　首八叶二三上同。今据仁录卷一三〇叶七下改。

　　多罗谦郡王瓦克达

　　瓦克达，太祖高皇帝孙，礼烈亲王代善第四子。天聪元年五
月，上亲征明宁远，明总兵满桂拒战，大败之，追至宁远城下，瓦
克达以力战被创。崇德五年七月，随睿亲王多尔衮围明锦州，见
敌兵出樵者，以十馀人越前锋统领布颜军击斩之。六年八月，明
总督洪承畴集兵十三万援锦州，次松山，大军进击之，敌骑来夺
我红衣炮，瓦克达同辅国公满达海力战却之；会天雨，敌复来战，
又败之。复进击承畴三营步兵，前锋什长费雅思哈失马，瓦克达
与之累骑，出；参领哈宁阿坠马，创甚，敌围之数重，瓦克达直入
其阵，挈以归。

　　顺治元年四月，随睿亲王入山海关，败流贼李自成，追剿至
望都。十月，随英亲王阿济格由边外趋绥德。二年五月，自成遁
湖广，蹑追至安陆府，贼众千馀方乘船遁，瓦克达同护军统领鳌
拜率师涉水登岸，射殪贼众无算，获其船以济大军。三年正月，
叙功，封三等镇国将军。先是，崇德八年八月，因兄硕托、兄萨哈
璘之子阿达礼谋立睿亲王伏诛，瓦克达坐黜宗室。至是，复入宗

室。五月，随豫亲王多铎剿苏尼特部腾机思、腾机特等大败之图拉河，进至布尔哈图山，瓦克达与贝子博和托合军，斩千馀级，擒八百馀人，获驼、马、牛羊无算；又击败喀尔喀土谢图汗等兵。十月，师旋。四年三月，封镇国公。

五年十一月，晋封多罗郡王。十二月，以喀尔喀部扰我边界，命随英亲王阿济格驻防大同。姜瓖叛据大同，附近郡邑应之，王随英亲王围浑源州。六年三月，睿亲王统师拔浑源州，令还京。七月，命同亲王满达海剿贼朔、宁武。八月，以巨炮攻克朔州城，伪总兵姜之芬，伪兵道孙乾、高奎遁。王与辅国公萨弼击败其还战兵，移师攻宁武关，伪总兵刘伟、伪兵道赵梦龙焚城西遁，王追之。时大同伪总兵杨振威通款英亲王军，斩瓖首以降，伟、梦龙等亦率伪将五十馀人、兵五千四百馀降于军，平静乐县及宁化所、八角堡诸寨。十月，诏满达海还京，以王代为征西大将军，剿抚山西馀贼。七年二月，疏报大兵分剿潞安、平阳、泽州叛党，伪总兵申亥、郭中杰、魏闵各率馀党归顺，废官李建泰叛据太平县，围之二十馀日，穷蹙，遂出降。诏诛建泰及其兄弟子侄，籍家产入官。三月，奏复平阳府属三十六州县。四月，班师。

八年二月，加封号曰谦。三月，命诸王分管部务，王掌工部。十月，预议政。九年正月，以医人何大福出入部署，辱骂职官，招摇吓诈，伏诛。王坐徇纵，罚锾，解部任。四月，罢议政。八月，薨，年四十有七。康熙十年六月，追谥曰襄。初，王剿山西贼时，尝驻平阳，后平阳民追思其戢军安民，建祠以祀，榜曰多罗谦郡王庙。

初次袭哈尔萨，谦襄郡王瓦克达第三子。顺治十年闰六月，议政王等以瓦克达曾获罪,郡王爵不应承袭,上怜其子留雍、哈尔萨,命食奉国将军品级俸。康熙六年四月,哈尔萨等诉其父军功,辅政大臣鳌拜、尚书马尔赛为哈尔萨姻戚,议封哈尔萨镇国公,留雍镇国将军。八年七月,留雍以己不得与弟一例晋爵,诉不平;议政王奏留雍等俱贪缘得封,应革哈尔萨镇国公并原有之奉国将军品级,留雍应革镇国将军,仍食奉国将军品级俸。旨,哈尔萨奉国将军品级俸,乃世祖章皇帝恩给,仍如旧。二十一年五月,哈尔萨复诉父爵系军功所得,例得袭,宗人府以奏,命袭封镇国公,并封其子海青为辅国公。二十二年八月,授宗人府左宗人。二十四年九月,迁右宗正。二十五年十月,谕责哈尔萨钻营不安分,罢右宗正任,削镇国公及海青辅国公爵。

二次袭留雍,谦襄郡王瓦克达第二子。康熙二十五年十月,袭封镇国公。三十七年四月,诏宗人府会同领侍卫内大臣察劾行走懒惰者,削留雍爵,停袭。乾隆四十三年三月,上追念谦襄郡王瓦克达劳绩,赐一等镇国将军爵,世袭罔替。

三次袭洞福,原袭镇国公留雍曾孙。初,留雍第三子原封三等辅国将军台浑生忠端为闲散宗室,洞福,忠端第二子也。乾隆四十三年三月,袭封一等镇国将军。四十九年十月,授护军参领。五十七年五月,卒,年五十有二。

四次袭德文泰,一等镇国将军洞福第二子。乾隆五十五年十二月,岁满,封二等奉国将军。五十七年十一月,袭封一等镇国将军。嘉庆三年二月,授佐领。

多罗顺承郡王勒克德浑

勒克德浑，太祖高皇帝曾孙，追封颖毅亲王萨哈璘第二子。兄阿达礼以谋立睿亲王多尔衮伏诛，勒克德浑亦坐黜宗室。顺治元年十一月，上念勒克德浑年幼，未与谋，命复入宗室，封多罗贝勒。二年七月，命为平南大将军，代豫亲王多铎驻江宁，分兵剿抚两浙。时明鲁王朱以海据浙东，称监国，其大学士马士英等率兵渡钱塘江立营，击却之。九月，遣左翼副都统珠玛喇败士英于馀杭，右翼副都统和托败其总兵方国安于富阳；两翼合营杭州城三十里外，敌来突，复大败之。士英、国安复渡江来窥，为副都统济席哈等所败，溺死无算。

时明唐王之总督何腾蛟合流贼一只虎，窃据湖广州郡，十一月，命同镇国将军巩阿岱、都统叶臣征之。三年正月，大兵自江宁抵武昌，侦知叛贼总兵马进忠、王进才、应腾蛟于长沙，遣护军统领博尔辉等进击，贼千馀掠临湘，歼之；抵岳州，叛将遁，降其副将黑运昌；至石首，闻贼渡江犯荆州，遣尚书觉罗郎球等以偏师赴南岸，伺贼渡，击之。大兵乘夜疾驰，诘旦抵城下，分两翼蹂贼营，大破之，斩获甚众。薄暮，郎球等亦寻夺贼船归。翌日，遣奉国将军巴布泰等分追贼于安远、南漳、喜峰山、关王岭、襄阳府，击斩殆尽。次彝陵，流贼李自成弟孜、伪磁侯田见秀、伪义侯张耐、伪武阳伯李佑、伪太平伯吴汝义及伪将三十九人，马步贼五千有奇，诣军前降，获马、骡、牛万二千馀。捷闻，得旨优奖。七月，班师，十月，赐金百两、银二千两。

五年九月，晋封多罗顺承郡王。寻，同郑亲王济尔哈朗拔湘潭,擒腾蛟。事详郑献亲王传。移师征广西,贼渠赵廉犯全州,率前锋统领席特库等败之,获马四十馀。曹杠子据永安关,破其营,斩关入。九月,曹杠子复率党万馀寇道州,又击败之。七年正月,师还,赐金五十两、银五千两。五月,预议政。八年三月,掌刑部事。九年三月,薨,年三十有四。康熙十年六月,追谥曰恭惠。

初次袭勒尔锦,顺承恭惠郡王勒克德浑第四子。顺治九年八月,袭封多罗顺承郡王。康熙十一年八月,掌宗人府事。十二年十二月,逆藩吴三桂反,命为宁南靖寇大将军,由湖南进征。十三年三月,驻荆州。时沅州、常德相继失陷,贼兵自蜀道直抵巴东、襄阳,势甚急,遣都统鄂讷驰防。是月,伪将刘之复率舟师犯彝陵,夹江立五营,遣护军统领额司泰等水陆并击,贼大败,遁归宜都。四月,伪将陶继智复自宜都来犯,败之。七月,败伪将军吴应麒等。十四年五月,贼犯均州,遣都统伊里布屡败之,斩获无算。

六月,伪将军杨来嘉列阵山顶,自山沟下断我归路,我师分击之,阵斩三千馀级。是月,疏言:"逆贼逼彝陵,兵众舟多,又于虎渡口运粮及火器,请益战舰以断运送。"从之。七月,奏伪将军张以诚、王会等连来嘉犯南漳,遣伊里布期总督蔡毓荣分击之。八月,疏言:"贼立垒掘堑,骑兵不能冲突,须简绿旗步兵,造轻箭帘车、炮车,驾以连进,填其壕,用炮轰击,继以满兵,则逆贼可灭。"上如所请。十月,复兴山县。十二月,疏请益禁旅,上以迁延时日责之。十五年三月,统兵自荆州渡江,遣前锋参领卦尔察败贼文村,又败之石首。寻以击贼太平街失利,退荆州,具疏请罪,上复切责之。九月,奏副都统塞格剿贼郧西,复其县。十七年十一月,奏先后投诚伪官及房县来归之伪总兵何以敬等,虽授札示鼓舞,而乏兵粮,生计难给。上以何以敬等慕化来归,悉予半俸。

十八年正月,疏言新增兵万二千,请设随征前、后、左、右四营总兵官分辖,从之。是月,渡江,分路剿松滋、枝江、宜都及澧州,以次复,守百里洲,伪将军洪福率舟师降。二月,进取常德,贼先期焚庐舍,舟舰遁,伪按察使陈宝钥等迎降;又招抚伪巡抚李益阳、知县张文明、总兵黄志功、副将杨达武等;又遣游击许嘉谟兵至青石渡,贼首潘龙等迎敌,我兵左右夹击,追至平峪铺,斩首及落崖死者无算。复兴山县,进攻归州,败贼廖进忠于马黄山;贼向巴东遁,至西壤,大败之,复归州、巴东。十九年二月,命进取重庆,寻奏留将军噶尔汉之兵于荆州防御。七月,王率兵赴重庆,中途返,具疏自劾,请解大将军任,往沅州效力。上责令率所属官兵还京。十一月,议以老师糜饷,坐失事机,削爵。

二次袭勒尔贝,原袭顺承郡王勒尔锦第三子。康熙十九年十二月,袭封多罗顺承郡王。二十一年二月,薨,年五岁。

三次袭扬奇,原袭顺承郡王勒尔锦第四子。康熙二十一年七月,袭封多罗顺承郡王。二十六年四月,薨,年七岁。

四次袭充保,原袭顺承郡王勒尔锦第七子。康熙二十六年五月,袭封多罗顺承郡王。三十七年九月,薨,年十四岁。

五次袭布穆巴,原袭顺承郡王勒尔锦第五子。康熙三十八年正月,袭封多罗顺承郡王。五十四年五月,以御赐鞍马给优人,为护军校赖图库妻所讦,削爵。

六次袭诺罗布,顺承恭惠郡王勒克德浑第三子。康熙三十七年正月,授头等侍卫。三十八年二月,擢镶黄旗汉军副都统。十二月,调镶蓝旗满洲副都统。四十年九月,迁正黄旗蒙古都统,预议政。十一月,摄右翼前锋统领。四十二年四月,授杭州将军。五十四年五月,袭封多罗顺承郡王。五十六年二月,薨,年六十有八,谥曰忠。

七次袭锡保,顺承忠郡王诺罗布第四子。康熙五十六年十月,袭封多罗顺承郡王。雍正三年三月,掌宗人府事,并命在内廷行走。四年五月,谕曰:"顺承郡王锡保才品优长,乃国家实心效力之贤王。今在内廷行走,差遣甚多,王之费用亦多,着给与亲王俸;护卫官员,俱照亲王之数用。"九月,授镶蓝旗满洲都统。五年九月,调正黄旗汉军都统。先是,锡保徇庇贝勒延信罪状不奏,又将不能骑马之章京派拿延信,以致迟误。十一月,议削爵,得旨宽免,其特恩赏给之亲王俸及护卫官员,俱撤回。旋降任左宗正。七年三月,大军征噶尔丹策凌,王署振武将军印,赴阿尔台军营。八年十一月,奏八旗驻防官兵军营效力两年,巡牧均已习练,请仍留,俟大兵凯旋,不必如例三年更代。诏如所请行。

初,王奏喀尔喀游牧处安顿妥协,其三路副将军各思效力,已将御贼守城之策,商酌预备。九年七月,上以锡保防范有方,传谕慎筹喀尔喀等处战守机宜。八月,谕宗人府曰:"锡保自派往军营以来,办理军务克殚诚心,勤劳宣力,甚属可嘉! 王之祖多罗颖郡王亦系国家懋著劳绩之贤王,着将锡保晋封顺承亲王。"九月,命严守察罕廋尔。十月,疏言:"准噶尔贼大策凌敦多卜、小策凌敦多卜、多尔济丹巴等自华额尔齐斯至索勒毕乌拉克沁，留兵四千应援，率兵二万六千犯科布多等处，见我军强盛，不敢轻进，遂抵克噜伦，令贼将海伦、鄂勒锥等掠喀尔喀牧。大策凌敦多卜兵向苏克阿勒达呼屯扎，小策凌敦多卜子曼济掠鄂尔海西喇乌苏。臣令王丹津多尔济等合兵邀击，至鄂登楚勒，遣台吉巴海夜入大策凌敦多卜营挑其众，贼将衮楚克扎卜、喀喇巴图鲁复率兵三千来御我兵，诱斩喀喇巴图鲁，衮楚克扎卜伤遁，擒杀数百。大策凌敦多卜移营台什哩山，曼济兵亦败归，俱由哈布塔克拜达克遁。"疏入，诏嘉奖之。

十一月，授靖远大将军。先是，上以军前大臣甚少，命锡保于军营营总官中择可胜副都统、护军参领之任者，密封陈奏。十年二月，疏言："新调吉林佐领委署前锋翼领阿思哈，黑龙江协领委署前锋翼领布尔沙，均属效力，请赏给副都统职衔。"诏允之。七月，侦知贼赴额尔德尼河源，遣王丹津多尔济等率兵于奔博图山岭堵截。八月，师至额尔德尼昭，遇贼兵，鏖击十馀次，贼且战且却。日暮，抵大山梁，一面逼水，战益酣，杀贼万馀，尸满山谷。馀贼负伤奔，获械、畜无算。十一年四月，奏言："察罕廋尔当阿尔台诸路要道，建城驻兵，历有年所。嗣以薪刍不足，移驻阿勒达尔托罗海，去年又移驻乌里雅苏台。此外尚有额德尔齐、德尔特、启塔密尔地各宽阔，然并在杭爱山阳，与内地近，至特斯等处僻在迤北，若贼由南路来犯，邀击堵御，呼应不灵，并不便驻大兵。今已于乌里雅苏台山岭分建炮台，左近令满洲、蒙古兵驻扎，且特斯、台什哩各驻万人，贼不敢逼。应请即于乌里雅苏台内外植木，中实土为城，设仓库。明春，以察罕廋尔所贮银米、军装、火药等物，陆续解运。"上从之。七月，议贼越克尔森齐老时，不速发援,失机,罢大将军任,削爵。

八次袭熙良,原封顺承亲王锡保第一子。雍正三年十月,封辅国公。寻授散秩大臣。五年七月,晋封镇国公。十年正月,封世子。三月,署镶红旗汉军都统。十一年七月,以父罪革世子。十二月,袭封多罗顺承郡王。乾隆元年二月,管镶蓝旗觉罗学。九年四月,薨,年四十,谥曰恪。

九次袭泰斐英阿,顺承恪郡王熙良第一子。乾隆九年九月,袭封多罗顺承郡王。十三年十二月,授宗人府右宗正。十五年九月,管镶红旗觉罗学。十九年四月,任左翼前锋统领。十月,迁正黄旗汉军都统。二十一年六月,转左宗正。七月,薨,年二十有九,谥曰恭。

十次袭恒昌,顺承恭郡王泰斐英阿第七子。乾隆二十一年十月,袭封多罗顺承郡王。四十三年二月,薨,年二十有六,谥曰慎。

十一次袭伦柱,顺承慎郡王恒昌第一子。乾隆五十一年二月,袭封多罗顺承郡王。

和硕贝勒阿敏

阿敏,显祖宣皇帝孙,追封庄亲王舒尔哈齐第二子。初授台吉。岁戊申三月,太祖命同长子褚英征乌拉宜罕山城,克之,斩千人,获甲三百,俘其众以归。癸丑正月,从上征乌拉,布占泰以三万众迎拒,诸将欲战,上止之。阿敏偕贝勒代善等奏曰:“布占泰已出,舍不战,何耶?”上遂决进,克其城,灭之。丙辰,太祖建元天命,封和硕贝勒,以齿序,阿敏为二贝勒。四年三月,从上破明兵于萨尔浒山及尚间崖,复奉命御明总兵刘綎于栋鄂路,代善等继之,阵斩綎。阿敏偕大臣扈尔汉击败明游击乔一琦兵,一琦奔固拉库崖,与朝鲜都元帅姜弘立合营。阿敏同诸贝勒攻之,弘立降,一琦自缢。八月,从上征叶赫,灭之。六年三月,从上取明沈阳、辽阳。七月,镇江城中军陈良策叛投明将毛文龙,阿敏迁镇江沿海居民于内地。十一月,文龙屯朝鲜。阿敏渡镇江,夜入朝鲜,斩其守将及兵千五百,文龙仅以身免。十一年四月,征喀尔喀巴林部,取所属屯寨。十月,征扎噜特部,俘其众。

天聪元年正月,同贝勒岳托等征朝鲜,濒行,谕曰:"朝鲜累世获罪,理宜声讨,然此行非专伐朝鲜也。明毛文龙近彼海岛,纳我叛民,故整旅徂征。如朝鲜可取,并取之。"因亲授方略。是月,大军薄义州,拔其城;分兵捣文龙所居铁山,文龙败归海岛;师克宣川。连定三城,次平壤,朝鲜王李倧遣使请和,阿敏书数其罪七;次黄州,倧复请和,阿敏欲进攻,诸贝勒议许之。事详克勤郡王传。凯旋,上郊劳于武靖营,赐御衣一袭。

五月,从上征明锦州,复围宁远,击斩千馀人。四年正月,大兵克永平、滦州、迁安。三月,命阿敏代贝勒济尔哈朗等驻守。师至,合略迻西路,并招降榛子镇。四月,谕归降汉文武官曰:"我国法度,从来贿赂不行,廉者举之,贪者勿录。况皇上简用者,俱廉洁忠直之辈。尔等若有罪,虽赂千金无益;若无罪,即众贝勒何惧焉!"五月,明监军道张春等围滦州,阿敏怯不往援,滦州陷。阿敏遽弃永平,杀降者,夜出冷口归。六月,上御殿,诸贝勒大臣议阿敏十六罪,上命岳托宣示于众,诸贝勒大臣合词请诛阿敏,诏特宥其死,削爵,幽禁。崇德五年十一月,卒于幽所。

爵除。

多罗诚毅贝勒穆尔哈齐

穆尔哈齐,显祖宣皇帝第二子。初授台吉。以功赐号诚毅。岁乙酉四月,从太祖高皇帝征哲陈部,嘉哈部长苏库赍呼密告哲陈部主。于是托摩和、章嘉、巴尔达、萨尔浒、界藩五城集兵以待。上执麾前进,穆尔哈齐及近侍延布禄、乌灵阿皆奋勇直入重围,斩二十馀级,败其众,涉浑河走。穆尔哈齐复随上渡河蹑其后,至吉林崖,见兵由旁径来,上虑为彼见,去冠缨,隐身以待,射前至者一人,贯脊而殪,穆尔哈齐复射殪其一,馀多坠崖死。太祖曰:“今日之役,以四人败八百众,天助我也!”天命五年九月,卒,年六十,上亲奠。顺治十年六月,追封多罗贝勒,谥曰勇壮。爵除。

多罗笃义贝勒巴雅喇

巴雅喇,显祖宣皇帝第五子。初授台吉。岁戊戌正月,太祖命同长子褚英征安楚拉库路,夜取屯寨二十,降万馀人,赐号笃义。丁未四月,命征东海窝集部取赫席赫、鄂谟和苏噜、佛讷赫托克索三路,俘二千人。天命九年九月,卒,年四十有三。顺治十年五月,追封多罗贝勒,谥刚果。爵除。

多罗广略贝勒褚英

褚英,太祖高皇帝第一子。初授台吉。岁戊戌正月,上命征安楚拉库路,以功赐号洪巴图鲁。寻封多罗贝勒。初,东海瓦尔喀部斐悠城长策穆特赫苦乌拉布占泰之虐,乞移家归附;丁未正月,命同贝勒舒尔哈齐、代善率兵徙之。军夜行,阴晦,忽大纛上有光,众以为异,扪视无有;复建之,光如初。舒尔哈齐曰:"吾幼从上征讨,所阅事多矣,未见此异,疑非吉兆。"欲班师,褚英同代善持不可,曰:"吉凶兆已定,遽还,何以报命?"决进,抵斐悠城,收某屯寨五百户,令大臣扈尔汉卫之先行,兵仅二百。布占泰以万众邀诸路,伤我一人,大将扬古利斩其七人,乃却。褚英与代善至,策马前,谕军士曰:"上每征伐,无不以少击众。今虽未亲行间,我等奉命来此,尔众无忧! 昔擒布占泰,宥归,俾主其地,时不久,背恩如故。今岂不能再缚之?"众皆曰:"愿效力!"褚英遂与代善各率兵五百夹击,天方晴明,忽大雪,寒冽,乌拉兵大败,斩其统兵贝勒,生擒贝勒常住、瑚哩布及常住之子,死者相枕藉,获马五千、甲三千。上以褚英率先败敌嘉之,复赐号广略。

戊申三月,同贝勒阿敏征乌拉宜罕山城,克之。布占泰与蒙古科尔沁贝勒翁阿岱合兵,出乌拉城二十里,遥望我军,知不可敌,相约还;复以失宜罕山城,大惧,遣使来盟。乙卯闰八月,褚英以罪伏诛。爵除。

多罗贝勒芬古

芬古,显祖宣皇帝孙,追封庄亲王舒尔哈齐第八子。天聪五年三月,授镶蓝旗都统。八月,随上征明,抵大凌河,芬古率本旗兵围城之西南。时贝勒阿济格败明兵于松山,上将幸其营,城中兵来突,芬古等夹击,大败之。九月,上令军士向锦州,帜而驰,如明援兵状,距城十里,炮声不绝。总兵祖大寿统众出西南隅,攻军台,芬古等迎击,大寿败回,不敢出。七年六月,诏问征明与朝鲜、察哈尔三者何先,奏言:"我军蓄锐已久,势可用,宜即入明边,毁其城堡,戮力进取,何忧无成?"八年七月,从上征明,同贝勒德格类进师独石口,七月,克长安岭,杀其守备官;攻赤城,克其郛;复入保安州,谒上于应州城,籍俘获以献。九年五月,命芬古等随贝勒多铎入宁、锦界,牵制明兵,俾毋援山西。大寿营大凌河西,我军击败之。崇德元年五月,随武英郡王阿济格等征明,薄延庆州,先后克城十。十二月,从征朝鲜,同都统谭泰以骑入其城,朝鲜王遁,尽收其辎重而还。叙功,封固山贝子。四年五月,坐取外藩蒙古贿,削爵。八月,复封辅国公。六年八月,大军围松山,明兵夜遁,芬古追破之。七年十月,随饶馀贝勒阿巴泰征明,抵蓟州,败明总兵白腾蛟等,克其城。八年十月,驻防锦州。十二月,卒,年三十有九。顺治十年五月,追封多罗贝勒,谥曰靖定。乾隆十五年七月,以曾孙德沛袭封和硕简亲王,赠如其爵。

初次袭尚善,追封靖定贝勒芬古第二子。顺治元年四月,袭封辅国公。十月,晋封固山贝子。二年正月,随豫亲王多铎南征,至潼关,贼李自成以骑三千横冲我师,尚善与贝勒尼堪败之。三月,平河南。五月,渡江,平江南。尚善并在事,有功,赐圆补纱衣一袭、金百两、银五千两、鞍马一。五年八月,随英亲王阿济格剿天津土寇,歼之。十二月,驻防大同。六年十月,晋封多罗贝勒。九年二月,掌理藩院事。十月,预议政。十五年正月,随信郡王多尼征明桂王朱由榔于云南,薄其城。由榔奔永昌。尚善同征南将军卓布泰进镇南州,破其将白文选于玉龙关,渡澜沧江,下永昌。由榔先遁,乘胜取腾越界,进剿南甸,至孟村而还。

十六年六月，赐蟒袍一、玲珑刀一、鞍马一。十七年七月，议尚善预撤永昌守门兵，致军入城伤百姓，降固山贝子。

多罗贝勒芬古

康熙十一年闰七月，谕宗人府："尚善性行端良，凡事小心敬慎，勤劳为国，着仍复多罗贝勒。"十二年六月，任宗人府右宗正。十三年三月，以疾罢宗正。是时逆藩吴三桂反，上命顺承郡王勒尔锦由荆州进征；六月，复命尚善为安远靖寇大将军，率师之岳州，速灭贼。尚善至军，移书三桂，其略曰："王以亡国馀生，乞师我朝，殄歼贼寇，为国雪耻，为父复仇，感我圣恩，倾心报国，蒙恩眷顾，列爵分藩，荣施后嗣。忠孝慈义之节，炳于天壤，富贵宠荣之盛，绝于近代，迄今三十馀年矣。而末路晚节，复效童昏，顿丧初心，自取颠覆，窃为王不解也。何者？王藉言兴复明室，则曩者大兵入关，奚不闻王请立明裔？且天下大定，犹为我计除后患，翦灭明宗，安在为故主效忠哉？将为子孙谋创大业，则公主、额驸曾偕至滇，其时何不遄萌反侧？至遣子入侍，乃复背叛，以陷子戮，可谓慈乎？如欲光耀前人，则王之投诚也，祖考皆膺封锡。今则坟茔毁弃，骸骨遗于道路，可谓孝乎？为人臣仆，迭事两朝，而未尝忠于一主，可谓义乎？不忠、不孝、不义、不慈之罪，躬自蹈之，而欲逞志角力，收复人心，犹厝薪于火而云安，结巢于幕而云固也。谚曰：'老将至而耄及之。'王非老悖，何乃至是？如即输诚悔罪，圣朝宽大，应许自新，毋蹈公孙述、彭宠故辙，赤族湛身，为世大傻。"三桂得书，不报。

十一月，疏请发荆州绿旗兵，拨京口沙唬船五十，并赴岳州进剿,从之。十四年六月,贼犯彝陵,急遣舟师绝其饷道。十五年三月,以舟师败贼于洞庭,取君山。四月,分遣兵助安亲王岳乐攻长沙。十六年正月,征南将军穆占由岳州赴长沙,深入贼境,命尚善率水陆兵进援。四月,三桂奔衡州,复进湘潭,分遣其众侵两粤。尚善请拨鸟船四十、〔一〕精兵每佐领四名,水陆夹击。十七年二月,谕责尚善珍贼缓,令率所部每佐领五人驻守长沙,而以岳乐统大军取岳州。尚善愿统舟师克岳州自效,上从其请,遣湖广总督蔡毓荣率标兵三千、荆州绿旗兵二千驰赴岳州协击。六月,贼将杜辉犯柳林嘴,大军迎击,君山、扁山舟师亦至,合战,贼败走,斩获甚众。贼固守套湖峡,总兵万正色等又击破之。捷闻,下部议叙。八月,薨于军,年五十有八。十九年十一月,廷议出师湖广功罪,尚善坐退缩,追削爵。

二次袭门度,原封贝勒尚善第四子。康熙七年正月,封镇国公。二十五年十一月,任宗人府右宗正。三十七年四月,以惰削镇国公。时门度子弟镇国公根度,亦以乖张削爵。五月,谕大学士等:“门度、根度乃贝勒尚善之子,今两公爵俱革,尚善别无公爵之子孙,则其爵遂绝矣。着交宗人府议。”寻议奏门度之祖芬古系辅国公,门度应袭公爵,得旨,门度着袭辅国公。雍正四年十一月,以病削爵。

三次袭裕绶,原封贝勒尚善孙,原封镇国公根度第四子。康熙五十五年正月,授三等侍卫。雍正四年十一月,袭封辅国公。寻授散秩大臣。九年五月,管正蓝旗觉罗学。十三年十一月,任宗人府左宗正。乾隆五年十月,卒,年五十有二,谥曰敏恪。

四次袭嵩椿,敏恪辅国公裕绶第六子。乾隆六年二月,袭封奉恩辅国公。十二年四月，授散秩大臣。十三年二月，任正红旗汉军副都统。闰七月，授正蓝旗护军统领。十四年五月，迁镶黄旗汉军都统，兼左翼前锋统领。十五年四月，调镶黄旗蒙古都统。十月，任宗人府右宗人。十九年四月，署领侍卫内大臣。十二月，管理銮仪卫事。二十二年正月，授荆州将军。二十五年十二月，调西安将军。二十六年十一月，授察哈尔都统。二十七年闰五月，复任西安将军。二十九年十一月，与副都统成德互参，议嵩椿徇私保题官属，又不将违例放债之沙尔图及坐扣钱粮之佐领朱林泰究参等罪，革任回京。三十年正月，任散秩大臣。十二月，授绥远城将军。三十一年十二月，以不裁轿夫饷银，革任。三十三年九月，署领侍卫内大臣。十月，任正红旗蒙古都统。三十五年四月，任右宗人。三十六年六月，授内大臣。三十七年十一月，授江宁将军。四十六年三月，调绥远城将军。四十九年六月，调宁夏将军。五十一年八月，调绥远城将军。五十三年十月，调西安将军。

五十四年四月，调盛京将军。五十六年六月，奏请："牛庄、盖州及各海口流寓闽人中虽经编甲，恐有遗漏。现添设保长，傥保长回籍，再行选补。捕鱼船按船给票，巡哨船查拿私船，仍准渔人互相稽察，若获私船者即给之。获洋面盗船及见盗报官者，加奖赏。秋冬时，商船南旋，地方官亲往查验，附船回闽者，册内除名，年终结报。流寓人等有无增减，仍令各该处副都统稽察。"得旨："所定章程合宜。为之在人，勉之！"九月，以病解将军任。五十七年三月，奏请解内大臣任并辅国公爵。六十年十月，卒，年七十有二，谥勤僖。

五次袭景熠，勤僖辅国公嵩椿第一子。乾隆三十年十二月，封二等辅国将军。四十年四月，授镶红旗满洲副都统。五月，署正蓝旗蒙古副都统。十二月，署镶白旗护军统领。是月，授正黄旗护军统领，仍兼副都统。四十一年正月，授向导大臣。五月，调镶黄旗护军统领。四十七年九月，任右翼前锋统领。五十七年三月，袭封奉恩辅国公。五十八年二月，管理上虞备用处。九月，以惰解前锋统领，仍授镶白旗护军统领。六十年九月，复任右翼前锋统领。嘉庆四年正月，任内务府大臣。二月，授御前侍卫。三月，授清字经馆总裁。是月，任宗人府右宗人。五年正月，授黑龙江将军。六年二月，齐齐哈尔副都统恒伯奏参："景熠刚愎贪鄙，屡于私署演剧，令兵丁习歌曲。赴布特哈审案及查灾布特哈、墨尔根、黑龙江时，受馈送皮张、银两；又擅造连枷，致毙人命；借筹办兵丁马匹为名，派员赴呼伦贝尔买马转卖，私用价银；并用税课馀钱，放俸饷扣存平馀等款。"命刑部侍郎瑚素通阿等鞫之，拟绞监候，在宗人府圈禁。九月，得旨，景熠着从宽，仍圈禁。八年六月，命释之，授黏杆处拜唐阿。八月，授四等侍卫。十一月，迁三等侍卫，授哈密办事大臣。十年十二月，命更换回京。十六年正月，故。

六次袭禄义，勤僖辅国公嵩椿孙，追封奉恩辅国公景焕第三子。嘉庆六年五月，袭封奉恩辅国公。是月，授散秩大臣。九年二月，因祭关帝庙未到，革散秩大臣。是月，往守东陵。十一月，回京。十二月，仍授散秩大臣。十年十二月，以不进班，革散秩大臣。

【校勘记】

〔一〕尚善请拨鸟船四十　"鸟"原作"乌"，形似而讹。耆献类征卷首
　　九叶——上同。今据仁录卷六七叶一〇下改。

多罗安平贝勒杜度

　　杜度，太祖高皇帝孙，原封广略贝勒褚英第一子。初授台
吉。天命九年正月，喀尔喀巴约特部台吉恩格德尔请移居东京，
杜度随大贝勒代善等徙其户口来归。寻封贝勒。天聪元年正
月，同二贝勒阿敏、贝勒岳托等征朝鲜，李倧请和，诸贝勒许之。
阿敏欲直趋至其都，谓杜度可同住。〔一〕杜度变色曰："皇上乃吾
叔父，何可远离耶？"遂与岳托等议，定盟而还。二年二月，上征
多罗特部，杜度留守。三年十一月，从上征明，薄京城，败满桂、
侯世禄；又同贝勒阿巴泰等焚通州，克张家湾。从上至蓟州败敌
援兵。事具英亲王传。十二月，命杜度统本旗兵驻遵化。四年
正月，明兵来攻，败之，斩其副将，获驼、马千计。

　　五年三月，命诸贝勒直言时政，杜度奏曰："谳狱务求明允，
请别选贤能听讼，必事理是非，斟酌悉当者，庶有成效。"七月，上
征明，杜度留守。六年四月，上征察哈尔，复留守。七年三月，监
筑碱场城。五月，明将孔有德、耿仲明来降，杜度等迎护其众。
事具英亲王传。六月，诏问征明及朝鲜、察哈尔，奏言："察哈尔
与我逼，〔二〕则征之，破则天下自然胆裂；然后远取大同边地秣
马，乘机深入明境。"八年五月，命驻防海州。崇德元年四月，叙
功，晋封多罗安平贝勒。九月，守海州河口。伊勒慎奏明将造巨
舰百馀横截辽河，为战御计，命杜度济其师，明兵败却，乃还。十

二月,上征朝鲜,杜度护辎重后行,谕简精骑略皮岛、云从岛、大花岛、铁山,至则居民先遁,杜度焚其庐舍。二年二月,抵临津江前一日,闻冰解,不可渡;夕,大雨雪,冰复凝,军数万径渡。状闻,上曰:"嘉祥荐至,皆天意也!"是月,同睿亲王多尔衮取江华岛,败其水师,再败其兵于江岸,克其城。

三年二月,上征喀尔喀,同代善、济尔哈朗等留守,并监筑辽阳都尔弼城。是月,明石城岛总兵沈志祥挈属降,杜度运米济之。八月,命岳托为扬威大将军,杜度副之,统右翼军伐明。抵密云东北墙子岭,明兵迎战,败之。进攻墙子岭堡,分兵入,破明黑峪关、古北口、黄崖口、马兰峪等关。岳托以病薨于军,杜度总军务,与左翼会于通州河西,越北京,西抵山西,南抵济南,降城克敌。事具睿忠亲王传。四年四月,凯旋,赐驼一、马二、银五千两。八月,命掌礼部事。九月,同贝勒济尔哈朗等略明锦州、宁远。五年四月,上巡视义州,杜度留守。六月,同睿亲王等于义州屯田。七月,杜度率右翼兵伏宁远路,杀明运粮兵三百人。寻往锦州诱敌,败其兵。八月,获大凌河海口船。九月,代还。十二月,围锦州。馀详睿忠亲王传。

六年三月,以听从睿亲王离城远驻,遣兵私回,论削爵,夺所属户口,诏从宽罚锾。六月,复往围锦州,败明兵于松山。八月,从上亲征。九月,驾旋,留杜度围锦州。七年六月,薨,年四十有六。病革时,诸王、贝勒方集笃恭殿会议出征功罪,上闻之,罢朝。讣至,命护军统领图赖往奠。雍正二年,立碑,以旌其功。

初次袭杜尔祜,安平贝勒杜度第一子。初封贝子。崇德元年七月,有蒙古及汉人自伊噜逃,杜尔祜驻兵藩城、屏城间伺之,不获而还。议削爵，诏免之。六年八月，从上围松山，明兵遁，诸将相继追击，杜尔祜疑后有敌兵，少待，已而无至者，遂随众追破之。七年三月，随大军围锦州，祖大寿以城降，命杜尔祜还京。六月，降袭镇国公。十月，以参领拜山等首告怨望，削爵，黜宗室。顺治元年十月，随豫亲王多铎南征。二年二月，仍入宗室，封辅国公。十月，叙功，赐金五十两、银二千两。五年九月，随郑亲王济尔哈朗征湖广。六年四月，败贼于永兴，抵辰州，贼渠一只虎遁，追击之，进剿广西，定全州。馀详郑献亲王传。七年正月，凯旋，叙功，赐银六百两。八年二月，晋封多罗贝勒。九年十月，命议政。十二年二月，卒，年四十有一，谥曰悫厚。

二次袭敦达，悫厚贝勒杜尔祜第五子。顺治十二年八月，降袭固山贝子。康熙十三年十月，卒，年三十有二，谥曰恪恭。

三次袭普贵，恪恭贝子敦达第二子。康熙十三年十二月，降袭镇国公。三十七年四月，谕宗人府察行走勤惰，议奏普贵原有疯疾，今虽愈，不便令其行走，应革退。得旨："普贵向来行走尚优，既称疯疾已痊，着照常行走。"雍正元年十月，以病削爵。

四次袭智保，原袭镇国公普贵第十一子。雍正元年十月，降袭辅国公。三年正月，卒，年七岁。

五次袭苏保，原袭镇国公普贵第十三子。雍正三年正月，袭封辅国公。四年十二月，卒，年四岁。

六次袭诚保，原袭镇国公普贵第七子。雍正五年二月，袭封辅国公。乾隆十九年九月，卒，年四十有三，谥曰温禧。

七次袭庆春，温禧辅国公诚保第二子。乾隆二十年二月，袭封奉恩辅国公。三十八年六月，卒，年二十有四。

　　八次袭恒宁,奉恩辅国公庆春第一子。乾隆三十八年十月,袭封奉恩辅国公。嘉庆四年四月,委署散秩大臣。五月,署镶黄旗蒙古副都统,寻署镶黄旗满洲副都统,授镶红旗汉军副都统。八月,署正红旗蒙古副都统。五年三月,署正红旗护军统领。五月,以不值宿,革署护军统领任。是月,弹压试翻译生员,至晚,同副都统都尔哈灭收卷处烛,不准收卷,径行出场,革副都统任。九年八月,往守西陵。

【校勘记】

〔一〕谓杜度可同住　"住"原作"往",形似而讹。耆献类征卷首九叶一五上同。今据文录卷二叶二三上改。

〔二〕察哈尔与我逼　"察哈尔"原误作"朝鲜"。耆献类征卷首九叶一五下同。今据文录卷一四叶二一上改。

　　多罗贝勒察尼

　　察尼,太祖高皇帝孙,豫通亲王多铎第四子。顺治十三年正月,封多罗贝勒。康熙七年正月,授宗人府左宗正。七月,预议政。九年三月,充玉牒馆副总裁。十二年十二月,逆藩吴三桂反,命随顺承郡王勒尔锦由湖广进剿,参赞军务。十三年三月,至荆州,贼已陷岳州。七月,察尼同将军尼雅翰进征,伪将军吴应麒以贼七万由陆路来拒,败之,斩级甚众。舟师抵七里山以炮攻,沉其船十馀。因溽暑风逆,仍回荆州。十四年五月,贼陷穀城,察尼佩靖寇将军印往援,都统伊里布等先至,贼遁。时南漳、兴山为贼陷,又逼彝陵,据城外镇荆山,掘壕结寨。八月,察尼至彝陵,以贼寨难进攻,其粮由江运,议增舟师,断贼运,困之。十月,遣兵败贼于牛皮丫口,进攻黄连坪,焚其积聚,兴山贼遁。十五年二月,吴逆移南漳、彝陵贼往长沙,顺承郡王令察尼回荆州,渡江剿贼。三月,同都统伊里布等趋石首县,贼据虎渡口,迎战,败之,追至太平街,斩级三百馀。泊江南岸,翌日,再登岸,击贼过太平街,遇贼伏,失利,退荆州。诏责勒尔锦老师糜饷,察尼参赞无能,令立功赎罪。

十七年八月,贝勒尚善薨于岳州军,命察尼代为安远靖寇大将军,规复岳州。九月,疏言:“舟师入湖三月馀,虽未大挫贼锋,贼亦不能出战。近闻贼饷将绝,宜于湖水涸后,围以木筏,立木桩,列火炮,俾小船巡警以困之。然水涸为期尚迟,两三月间,贼中安知不变。今乘水势未退,立一营于南津港,俟水涸,酌拨舟师营于君山高家庙,绝其粮道,贼势穷蹙,不难扑灭。”上善其言,令副都统关保率兵赴岳州听调遣。是月,遣提督桑额协同抚远将军彰泰率师至南津港,大败贼众。十一月,奏伪将军杜辉、巴养元、姜义舟师犯陆石口,[一]将军鄂讷等败之,斩千馀级。署副都统叶储赫等进攻岳州,破贼万馀。又疏言:“贼屯岳州,侦知其粮已匮,以舟师悉出,意在通饷道。鏖战移时,伪帅复率众五千自高家庙渡江来犯,增遣前锋统领杭奇御退之。”先是,察尼以舟师屡经出战,疏请发江南子母等炮一千;又请调荆州水师总兵张忠并标兵营君山高家庙:上皆从之。至是,又疏言:“湖水渐涸,陆地渐出,我兵营伍隔绝,恐贼潜通馈饷,请增发满、汉兵。”议政王等议不准行,上以围取岳州,关系重要,贼粮将绝,令安亲王岳乐以长沙间驻兵量调赴之。

十八年正月,〔二〕疏请调兵六千围<u>岳州</u>城,并请兵随征左、右、前、后四营总兵官分辖,诏允之。是月,伪总兵<u>王度冲</u>、<u>陈珀</u>等各以舟师降,<u>吴应麒</u>弃城遁,复<u>岳州</u>。计招抚伪官六百馀、兵五千馀,获船六十五、炮六百四十馀。二月,<u>安亲王</u>自<u>长沙</u>进取<u>衡州</u>,<u>察尼</u>发绿旗兵沙船助其军。寻奏都统<u>珠满</u>追击贼于<u>湘阴</u>,斩获无算,复其城;提督<u>桑额</u>取<u>安乡</u>,降伪员外郎等三人。四月,命<u>察尼</u>由<u>常德</u>进征<u>辰龙关</u>,军务在<u>澧州</u>以南者,听调度。十九年三月,同都统<u>鄂讷</u>等攻克<u>辰龙关</u>,抵<u>辰州</u>,贼溃遁,伪知府<u>傅祖禄</u>等以城降;并招抚伪将军<u>杨有禄</u>、<u>周祯</u>、<u>杨宝荫</u>、<u>祖述舜</u>等。五月,疏言:"自<u>常德</u>进<u>辰</u>、<u>沅</u>,沿途雨泞,马乏。"诏暂屯<u>沅州</u>,酌量进发。六月,疏言:〔三〕"计在军前锋四百有奇,护军、骁骑每佐领二十馀人,应简前锋三百,每佐领护军六、骁骑九,进取<u>云</u>、<u>贵</u>。"上命<u>彰泰</u>统师进征,<u>察尼</u>领先出征效力劳苦之满洲兵还<u>京</u>。

十一月,议<u>察尼</u>出师<u>湖广</u>,退缩,不速扼要害,应削贝勒及议政、宗人府职,籍其家属财产,仍行拘禁。上念克<u>岳州</u>功,仅削爵为闲散宗室。二十四年十二月,特授奉天将军。二十七年九月,卒,年四十有八。丧至<u>京</u>,命领侍卫内大臣公<u>费扬古</u>往奠,祭葬如辅国公例,谥曰<u>恪禧</u>。爵除。

【校勘记】

〔一〕姜义舟师犯陆石口　原脱"口"字。<u>耆献类征</u>卷首九叶二一上同。今据<u>仁录</u>卷七八叶八上补。按本卷博和托传附彰泰传不脱。

〔二〕十八年正月　"正"原误作"六"。<u>耆献类征</u>卷首九叶二一下同。今据<u>仁录</u>卷七九叶四上下改。按书中凡遇年、月、日的讹夺或颠

倒,一般不出校记;只有在上下文读不通或不合逻辑时,才出
校记。

〔三〕疏言　原脱"言"字。耆献类征卷首九叶二二上同。今据仁录卷
九〇叶一一上补。

多罗贝勒喀尔楚浑

喀尔楚浑,太祖高皇帝曾孙,追封克勤郡王岳托第三子。顺
治元年四月,随睿亲王多尔衮入山海关,破流贼李自成,追击至
望都。二年二月,封镇国公。三年正月,随肃亲王豪格讨流贼张
献忠,时贼党据陕西,同贝子满达海进剿,伪参将石国玺以下五
十馀人率贼七百迎降。贼首高如砺遁三台山,掘壕围之,如砺亦
率众降。十一月,肃亲王进征四川,斩献忠于西充,喀尔楚浑在
事有功。五年八月,任镶红旗满洲都统。六年正月,随敬谨亲王
尼堪讨大同叛镇姜瓖,师至太原,贼由宁武关迎战,遣都统阿赖
等败之;进围宁武,贼犯我镶红、镶黄两旗营,击败其众。四月,
由左卫往围大同,伪总兵杨振威斩瓖降。十月,晋封多罗贝勒。
八年二月,摄理藩院事。八月,薨,年二十有四,谥曰显荣,立碑
纪功。康熙十三年三月,复立碑旌之。

初次袭克齐,显荣贝勒喀尔楚浑第一子。顺治九年十月,袭
封多罗贝勒。康熙六十一年六月,薨,年七十有二。

二次袭鲁宾,贝勒克齐第一子。康熙二十三年正月,封固山
贝子。三十年正月,授宗人府左宗正。三十五年二月,上征噶尔
丹,同都统喀岱等统领镶蓝旗营。三十八年十二月,以惰罢宗正
任。雍正元年三月,改降袭固山贝子。四年二月,坐举动狂悖,

削爵。三月,以鲁宾无应袭贝子之人,复降封辅国公。乾隆八年六月,卒,年七十有四,谥曰恪思。

三次袭讷穆金,显荣贝勒喀尔楚浑玄孙。初,喀尔楚浑孙鲁宾以弟奉恩将军品级兰鼐子宗智为嗣,未袭卒,讷穆金,宗智第四子也。乾隆九年四月,降袭奉恩将军。二十五年十二月,授三等侍卫。四十八年十月,卒,年四十有四。

四次袭萨宾图,奉恩将军讷穆金第二子。乾隆四十九年五月,袭封奉恩将军。五十五年十月,授三等侍卫。嘉庆三年二月,授佐领。八年三月,以失察闲散宗室庆成保滋事,削爵,并革侍卫、佐领任。

五次袭恒璀,奉恩将军讷穆金第三子。嘉庆八年四月,袭封奉恩将军。

多罗贝勒巴思哈

巴思哈,太祖高皇帝曾孙,追封克勤郡王岳托第五子。崇德四年正月,封镇国将军。顺治六年十月,晋封多罗贝勒。九年七月,流贼张献忠馀党孙可望等犯湖南,随敬谨亲王尼堪征之,赐蟒衣、鞍马、弓矢。十一月,尼堪战殁于衡州,命贝勒屯齐代其军,巴思哈合营。三月,由永州趋宝庆,败贼兵十万于周家坡。十一年十月,议随敬谨亲王出征败绩罪,削爵。十二年三月,任镶红旗满洲都统。八月,封镇国公品级。十五年正月,随信郡王多尼征明桂王朱由榔于云南,合四川、广西两路军,期进取。十一月,抵贵阳趋安隆,击斩其众。十六年正月,大军薄云南省城,同贝勒尚善等克镇南州、玉龙关、永昌府腾越州,六月,赐蟒袍、鞍马劳之。十七年五月，师旋。七月，议前征云南时撤永昌门兵，致军士入城扰民，降镇国将军品级。十八年二月，卒，年三十。

初次袭固克度浑，原封贝勒巴思哈第二子。顺治十八年六月，降袭三等辅国将军品级。康熙四年六月，卒，年十岁。

二次袭库布素浑，原封贝勒巴思哈第三子。康熙四年九月，降袭三等奉国将军品级。十二年正月，晋三等辅国将军品级。三十四年十月，以病误较射，削爵。

三次袭兰甫，原封三等辅国将军品级库布素浑第一子。康熙三十四年十月，降袭三等奉国将军品级。五十八年正月，卒，年四十有一。

四次袭宗智，奉国将军品级兰甫第三子。康熙五十八年十二月，降袭奉恩将军品级。雍正八年二月，授三等侍卫。寻迁二等侍卫。乾隆元年九月，授前锋参领。四年十二月，擢副都统。八年十月，卒，年四十有三。

五次袭宗熹，奉国将军品级兰甫第六子。乾隆九年七月，降袭云骑尉品级。四十年十二月，因军政虚报年岁，削级。爵除。

固山贝子务达海

务达海，显祖宣皇帝孙，追封诚毅勇壮贝勒穆尔哈齐第四子。天聪八年十二月，授骑都尉。崇德三年七月，任刑部左参政。四年八月，封三等辅国将军。五年二月，任镶白旗满洲副都统。十一月，随郑亲王济尔哈朗围锦州，侦知敌于杏山、塔山间运粮刍，夜略之，擒斩甚众。七年六月，擢刑部承政。先是，务达海随贝勒阿巴泰征明，分略山东登州，未至，离众先归。八年七月，部议削世职，罢副都统任，夺所赏俘获，上衹命夺俘获入官。顺治元年四月，随睿亲王多尔衮入山海关，败流贼李自成。二年二月，叙功，晋封二等辅国将军。四年正月，以议郑亲王造府逾制罪瞻徇，削世职。六月，复封一等辅国将军。九月，晋三等镇国将军。五年四月，同都统阿赖等戍汉中。是年，晋封固山贝子。六年四月，同镇国公屯齐喀、辅国公巴布泰往大同，代英亲王阿济格讨叛镇姜瓖。八月，上仍命阿济格赴大同，务达海还京。七年五月，预议政。八年五月，摄都察院事。十一年十二月，随郑亲王世子济度讨福建海寇郑成功，中途疾，还京。十二年五月，卒，年五十有五，谥曰襄敏。爵除。

固山贝子博和托

博和托，太祖高皇帝孙，饶馀敏郡王阿巴泰第二子。初封辅国公。崇德元年十二月，上亲征朝鲜，豫亲王多铎等先驱，博和托随军，围其都，进围南汉山城，先后败援兵二万馀。上驻营城西，博和托以所获献。二年二月，李倧降，分赐所俘。三年八月，随睿亲王多尔衮等征明，由董家口入略京西南六府，至山西界；移师山东，克济南。四年四月，凯旋，赐银二千两。六年三月，随郑亲王济尔哈朗等围锦州。七年三月，锦州下，围杏山。七月，驻防锦州。十月，随父阿巴泰征明，入黄崖口，攻蓟州，由河间、景州进克兖州。八年六月，凯旋，赐银三千两。十月，同辅国公芬古驻防锦州。顺治元年四月，随睿亲王入山海关，破流贼李自成。十月，晋封固山贝子。三年五月，随豫亲王剿苏尼特部腾机思、腾机特等有功。十月,凯旋,优赐俘获。五年九月,卒,年三十有九,谥曰温良。

初次袭彰泰,温良贝子博和托第四子。顺治八年闰二月,封镇国公。寻封固山贝子。九年四月,改袭其父固山贝子。康熙十三年春,逆藩吴三桂陷湖南,命顺承郡王勒尔锦由荆州渡江剿贼,别敕贝勒尚善为大将军规复岳州,以彰泰参赞军务。十五年二月,谕责尚善暨彰泰进取迟延。三月,彰泰同尚善议分军,水陆并进,遣护军统领额司泰等剿贼洞庭湖,贼船入南津港泊君山及由岳州出犯者,皆败之,获船五十馀。贼攒立栅桩于套湖峡口阻我舟,大军仍驻陆。十七年六月,伐栅桩,掉轻舟,击贼柳林嘴,发炮毁其船,毙贼无算。八月,尚善卒于军,诏以贝勒察尼代为大将军,授彰泰抚远将军。九月,师出南津港,贼船数十泊癞子山下,令前锋统领杭奇、提督桑额击毙贼百馀,获船四。十月,败贼于陆石口,连营白米滩,绝贼舟运。十八年正月,岳州贼乏食,伪将军陈珀、伪总兵王度冲出降,彰泰偕桑额复华容、石首二县。三月,诏彰泰会安亲王岳乐军于衡州。七月,由宝庆进征武冈,贼帅吴国贵据隘口,[一]我军炮毙国贵,贼溃,追至木瓜桥,杀贼甚众。十一月,命岳乐还京,以彰泰代。

十九年三月,奏都统穆占、总督董卫国等破贼帅吴应麒,复沅州,降靖州及绥宁县附近各土司。八月,疏言:“将军蔡毓荣奉有调遣汉兵之旨,今进取贵州,满、汉既合兵一路,若调遣不相知,恐碍事机。”上诏毓荣一切军机,关白大将军酌行。闰八月,自沅州进征,十月,距镇远十五里驻营,贼据大路及两山结垒。先令卫国等攻镇远卫关口,穆占等截贼旁遁隘口,自与毓荣攻贼垒,贼败溃,卫国夺取十向口,败贼将张足法等于大岩门。穆占蹑贼至偏桥卫,贼由山径窜,遂复镇远府。进定平越府及新添卫,直趋贵阳。逆孽吴世璠与应麒等皆遁,彰泰驻守贵阳,进复安顺、石阡、都匀、思南诸府。十一月,遣军复永宁州,败贼于安笼铺,追剿至鸡公背山铁索桥。十二月,疏言诇贼兵万三千欲据盘江,遣前锋统领萨克察等率兵至铁索桥诸处守隘。上以大兵秣马贵阳已月馀,谕趣彰泰亲统大兵扑贼,进定云南。

　　二十年正月,渡盘江,侦贼将线緎等据普安县之江西坡,二月,前驱至沙子哨,贼迎战,败之。彰泰督兵继进,抵腊茄坡、贼至江西坡者夜窜,都统拉赛等追之,复新兴所,逐北三十里;贼千馀还拒,阵斩二百馀,仍蹑踪疾追,复普安州。时大将军赖塔由广西入云南曲靖府,彰泰由普安进沾益州,会嵩明州,议合围云南省城,距城三十里。贼胡国柄、刘起龙引众万馀,列象阵拒战。赖塔军右,彰泰军左,自卯至午,〔二〕贼殊死战。彰泰密遣前锋统领沙纳哈等冲其旁,贼溃遁,阵斩国柄、起龙及伪总兵九人,俘获无算。彰泰与赖塔、毓荣进归化寺驻营,令诸军分布南坝、萨石卫、走马街、双塔寺、得胜桥、重关等处,以扼其吭;仍广宣招抚敕谕,于是大理、临安、永顺、姚安、武定诸伪官相继诣军门降。

　　先是,贼将马宝、胡国柱、夏国相等掠四川,闻云南围急,还救。彰泰遣桑额及都统希福剿贼楚雄,宝据乌木山扼险拒,希福击败其众;宝越山遁,至姚安,知伪镇将等俱先归顺,乃乞降。七月,疏言:"马宝已投降,夏国相党羽解散,奔窜广南,惟胡国柱往鹤庆、丽江,尚未扑灭。提督桑额、都统希福追捕逆贼,情形与前不同。臣等围城兵力有馀。顷闻将军噶尔汉、总督哈占自四川移师贵州,将由威宁来云南,恐饷不敷。臣等议令哈占兵还四川,噶尔汉兵至日,以厮役补缺兵,量行减汰,则饷不多糜,围城兵亦足用。"诏哈占、噶尔汉并旋师四川,酌防要地,馀皆遣归。

彰泰又疏言:"马宝屡经招抚,不即悔罪投诚,反奔寻甸,携妻子赴楚雄纠逆党,为大兵所败,穷蹙已极,始率众不满百人乞降,莫赎其罪。同时来降之伪将军巴养元、郑旺、李继业等,应并羁禁候旨。"九月,希福至云龙州,国柱自缢死。总兵李国梁与土司侬朋剿贼广南,围国相于西板桥,国相降。彰泰奏其罪与宝同,并械送京。十月,彰泰与赖塔及将军赵良栋等破贼营于南坝、得胜桥、太平桥、走马街,贼窜入城,大军薄城环攻,世璠自缢死,伪将军何进忠、林天擎、缐緎、黄明等出降。彰泰戒将士勿抢掠,令都统玛奇、穆占先入城抚民,清理仓库,籍贼党属,戮世璠尸,函首驰献阙下。云南全省底定。是年,即军前授宗人府左宗正。二十一年十月,凯旋,上率王大臣至卢沟桥南二十里迎劳。

二十二年二月,议出征岳州迁延,应以恢复贵州、云南功抵罪,命仍纪功封册,赐金二十两、银千两。二十四年九月,以滥举宗人府属官品行不端,罢左宗正。二十九年正月,卒,年五十有五。

二次袭屯珠,贝子彰泰第三子。康熙十一年正月,封镇国公。二十七年二月,以庸懦降镇国将军。二十九年六月,袭封镇国公。五十二年十月,授宗人府左宗正。五十六年十月,任礼部尚书。五十七年闰八月,卒,年六十有一。诏赠固山贝子,谥曰恪敏。

三次袭逢信,恪敏贝子屯珠孙。初,屯珠子安詹殇,以兄百绶子文昭第三子逢信嗣安詹为子。康熙五十七年十二月,降袭辅国公。乾隆十二年八月,卒,年四十有二,谥曰恭恪。

四次袭盛昌,恭恪辅国公逢信第二子。乾隆十二年十二月,袭封辅国公。二十二年七月,以侍班失仪,削爵。二十三年二月,封镇国将军。十二月,晋封辅国公。五十二年七月,卒,年四十有七。

五次袭庆怡,奉恩辅国公盛昌第二子。乾隆四十九年十二月,封二等辅国将军。五十二年十一月,袭封奉恩辅国公。是月,授散秩大臣。五十七年十一月,授归化城副都统。嘉庆六年五月,命守祖母制,回京。七年二月,任镶黄旗蒙古副都统,管健锐营事。九月,稽察宝坻县等四处。十一月,署镶黄旗汉军副都统。十二月,授广州将军。十年三月,以病解任。

【校勘记】

〔一〕贼帅吴国贵据隘口　"贵"原误作"宝"。耆献类征卷首一○叶四下同。今据仁录卷八三叶一四上下改。

〔二〕自卯至午　原脱"自"字,不成辞。耆献类征卷首一○叶五下同。今据仁录卷九五叶五上补。

固山贝子固尔玛浑

固尔玛浑,显祖宣皇帝曾孙,原封贝勒阿敏第三子。崇德三年九月,随睿亲王多尔衮征明,由北京至山西,复东至济南,克城四十馀。四年四月,凯旋,赐驼一、马一、银二千两。是年,封辅国公。先是,内大臣多尔济所属蒙古及汉人盗马,自伊噜逃。命同镇国公扎喀纳等伺诸藩城、屏城间，既望见，以淖不追而还。八月，议削爵，旨免之。五年六月，以父阿敏罪，削爵，黜宗室。顺治五年闰四月，复入宗室，封辅国公。六年正月，随郑亲王济尔哈朗征湖广，擒何腾蛟于湘潭，进师永兴，夺门入，固尔玛浑俱在事有功。凯旋，赐银六百两。十月，晋封固山贝子。康熙二十年十月，卒，年六十有七，谥曰温简。

初次袭瓦三，温简贝子固尔玛浑第四子。康熙四年正月，封三等辅国将军。十三年十月，随安亲王岳乐征江西，进定湖广。十八年十一月，还京。二十年十二月，降袭辅国公。二十一年八月，授宗人府左宗人。二十二年三月，议瓦三前在长沙退缩罪，削爵。得旨："瓦三才具甚优，况其公爵乃伊父贝子固尔玛浑效力年久恩赐之爵，着革去右宗人，从宽留其公爵。"二十三年四月，任镶蓝旗蒙古都统。五月，调镶蓝旗满洲都统。先是，鄂罗斯窃据雅克萨、尼布潮二城，上谕黑龙江将军萨布素收其田禾以困之，萨布素以失机请罪。是年，命瓦三偕侍郎果丕会萨布素议雅克萨应否攻取，嗣奏："我兵于来年四月抵雅克萨招抚，不就抚则攻其城。万一难取，即遵前旨毁田禾以归。"上命都统朋春等会剿，十二月，议政王大臣奏请黑龙江将士应遣大臣统辖，得旨："军机关系紧要，非熟练戎行者不可。公瓦三素谙行师，遣往必能胜任。护军统领佟宝、佛可托皆堪效力之人，可令公瓦三统辖之。"二十四年正月，卒，年三十有五，谥曰襄敏。

二次袭齐克塔哈，襄敏辅国公瓦三第二子。康熙二十四年正月，袭封辅国公。三十二年十二月，任宗人府右宗人。三十五年正月，从上征噶尔丹，同护军统领鄂克济哈统领正红旗营。三十九年四月,浚永定河,齐克塔哈分董其事。四十年正月,任正黄旗蒙古都统。四十六年五月,以钻营削爵。

三次袭鄂斐,温简贝子固尔玛浑孙,镇国公玛尔图第四子。康熙六年三月,封三等奉国将军。三十三年五月,任镶蓝旗蒙古副都统。三十五年正月,从上征噶尔丹,同康亲王杰书等统领镶蓝旗营。三十八年九月,调正红旗蒙古副都统。三十九年十二月,调正黄旗满洲副都统。四十年二月,擢正黄旗汉军都统。九月,调正黄旗满洲都统。四十一年九月,授领侍卫内大臣。四十六年六月,袭封辅国公。四十七年七月,任宗人府左宗人。五十二年八月,卒,年六十有一。

四次袭鄂齐,辅国公鄂斐第五子。康熙三十八年八月,封奉恩将军。四十八年二月,以事削爵。寻授散秩大臣。雍正三年五月,任正黄旗汉军副都统。十一月,以陕甘总督岳钟琪奏将罗隆宗诸部给达赖喇嘛管理,遣大臣往谕,命鄂齐偕学士班第会提督周瑛详细妥办。嗣鄂齐奏言:"臣至西藏审视情形,首领办事者互不睦,请降旨谕达赖喇嘛等和衷共事。"诏允之。十二月,上谕:"鄂齐自委任以来,竭力行走,差往西藏,办事公明。着将伊父鄂斐未袭辅国公爵给与承袭。"四年十月,擢镶黄旗汉军都统。五年七月,晋镇国公。十一月,调天津水师营都统。六年九月,以兵丁滋事,削爵,授三等侍卫效力。七年二月,任正红旗满洲副都统。十月,奏请:"八旗训练必弓箭相称、娴熟中的为要,除官射用鈚子箭外,常演俱用骲头,则指发与梅针箭同,视制鈚子箭价省。"议如所奏。九年八月,署镶红旗蒙古都统。十一年,革任,爵除。

固山贝子洛托

洛托,显祖宣皇帝曾孙,追封和硕贝勒塞桑古第一子。天聪八年八月,从上征明,有功,籍所俘献于大同南山冈御营。[一]崇德元年,封固山贝子。十二月,从征朝鲜,同贝勒多铎围南汉山城,歼援兵八千,又败其援兵五千。二年四月,命议政。四年二月,随英亲王阿济格围明塔山、连山。五年六月,随睿亲王多尔衮屯田义州。九月,锦州兵夜袭我镶蓝旗营,同镇国公屯齐击败之。六年三月,以围锦州时不临城及私遣兵回,议削爵,诏罚锾。八月,上征松山,大败明总督洪承畴兵,洛托横击其溃军于塔山。十一月,复围锦州。七年三月,随郑亲王济尔哈朗攻塔山,[二]四月,克之。六月,任都察院承政。九月,同贝子博洛、尼堪驻锦州。八年八月,家人都塔里讦其阴事,勘实。上以其悖乱违法,重挞之,削爵,幽禁。

顺治八年三月,复封三等镇国将军。十三年五月,谕吏部:"三等镇国将军洛托当太宗时曾犯大罪,因爱其才,且系宗室,特加宽宥。今值国家用人之际,久令闲住,深为可惜! 着补授镶蓝旗满洲都统。"时川寇馀孽孙可望、李定国、冯双礼并叛贼岳州总督马进忠,均受明桂王朱由榔封爵,可望据黔,扰湖南。十四年四月,命洛托为宁南靖寇将军,驻防荆州,与经略洪承畴商度剿抚。至则遣兵攻取心潭隘,断巴东渡口,[三]可望所属伪总兵赵世超、伪副将赵三才等降。十二月,可望与定国内讧,战不胜,亦来降。命同都统济席哈由湖南进取贵州。

十五年三月,会承畴师于常德,抵辰州,收复沅陵、泸溪、麻

阳、黔阳、溆浦诸县；进军沅州，进忠遁，檄偏沅巡抚袁廓宇招抚
靖州，并屯镇远二十里山口堵御。是日，双礼遣伪总兵冯天裕、
阎廷桂等先后自平越降。四月，大军至贵州，由榔之总兵罗大顺
复收溃卒袭新添卫城，败之，洛托与承畴守贵阳。十六年二月，
凯旋，叙功，授云骑尉，晋一等镇国将军。十七年七月，命为安南
将军，同尚书车克、内大臣达素、都统索浑、征海寇郑成功，大破
贼众。十一月，师还。康熙四年四月，卒，年五十。

　　初次袭富达礼，原封贝子洛托第七子。康熙四年九月，袭洛
托军功所得云骑尉世职。十二月，改袭奉恩将军。八年七月，晋
一等辅国将军。二十三年正月，任头等侍卫。二十五年四月，授
散秩大臣。十一月，以谄领侍卫内大臣索额图，恃势致富，为其
从弟苏起所讦，削爵，爵除。

【校勘记】

〔一〕籍所俘献于大同南山冈御营　"山"原误作"西"。耆献类征卷首
　　　一○叶一三上同。今据文录卷一九叶三四下改。

〔二〕随郑亲王济尔哈朗攻塔山　"攻"原误作"驻"。耆献类征卷首一
　　　○叶一三下同。今据文录卷五九叶二六上改。

〔三〕断巴东渡口　"断"原误作"度"。耆献类征卷首一○叶一四上
　　　同。今据章录卷一一三叶七上改。

　　固山贝子傅喇塔

　　傅喇塔，显祖宣皇帝曾孙，追封靖定贝勒芬古第四子。顺治
二年二月，封辅国公。十一月，随顺承郡王勒克德浑征湖广，凯

旋,赐金五十两、银千两。五年九月,复随郑亲王济尔哈朗征湖广,追剿至广西,凯旋,赐银六百两。六年十月,晋封固山贝子。十六年二月,以朝参失仪,降辅国公。十八年二月,复封固山贝子。

康熙十三年六月,逆藩耿精忠反,命为宁海将军,偕奉命大将军康亲王杰书讨之。师至浙江,温州、处州已陷。王驻金华,傅喇塔进师台州。十二月,伪都督曾养性、伪总兵陈理屯黄瑞山,击之,斩伪副将陈鹏等。贼犯天台,复破之紫云山、九里寺山。十四年八月,养性与叛镇祖弘勋复犯台州,遣副都统吉勒塔布自仙居袭其后,疾驰至半山岭,破伪都督刘邦仁;乘胜进攻黄岩,至黄土岭,贼迎拒,大破之,遂围其城,养性遁,伪副将朱镇山以城降。进败贼于上塘岭及小河渡,先后复太平、乐清、青田三县及大荆、盘石二卫。十月,攻温州,败贼于南江。十五年二月,贼水陆四万馀犯我军,遣吉勒塔布等分路迎击,阵斩伪都督孙可得、伪总兵李节等三百馀员、贼二万馀。

初,傅喇塔之攻温州也,始以俟红衣炮为辞,继云须战船,康亲王疏闻。谕责其前后言互异,负委任,命克期取温。三月,傅喇塔疏言:"臣屡奉康亲王檄促,心思惶惑,以致语言违谬。但臣前驻台州,王以俟台州破,进闽。臣得黄岩,又云候取温州。以是责臣,何辞相抵? 今蒙皇上宽恩,惟勒期速下温州,臣敢不力战自效。但环温皆水,我兵不能猝进。"疏入,命康亲王量留兵围温州,亲统大军由衢州进取福建,仍颁谕曰:"王、贝子皆朕懿亲,受任讨贼,师克在和。近览王、贝子章奏,似不相和睦,嗣后务同心一志,合谋合力,以奏肤功。"是月,傅喇塔亦留兵围温州,偕吉勒塔布剿处州贼,以入闽。

六月,师过三角岭,溯瓯江,将抵得胜山,养性等联数百艘江中,复立两营于对山及得胜山下之古溪,分扼水陆。遂遣吉勒塔布及总兵陈世凯等攻古溪,伏兵林中,邀贼归路;贼败,遇伏截杀,贼船并对江营皆为我汉军炮碎,水陆俱溃。进师温溪渡口,败伪都督马成龙兵,降其都司以下各伪官。寻会康亲王军于衢州。八月,伪都尉连云登据云和县石塘岭,遣副都统穆赫林连破二十八营,杀贼七千馀,复云和。九月,大兵抵福建,耿精忠降。浙江诸寇悉平。十一月,卒于军,年五十有五。丧还,特遣内大臣公颇尔盆至天津迎奠,谥曰惠献。

十七年七月,谕宗人府:“贝子傅喇塔系宗室懿亲,躬履行间,剿御贼寇,抚绥兵民,勋猷懋著。积劳薨逝,深为可悯!理应优恤,以示朕酬庸之意。不拘定例,着封其子富善仍为固山贝子,次子福存为镇国公。”乾隆五年十二月,入祀浙江贤良祠。六年四月,复入祀福建贤良祠。十五年七月,以孙德沛袭封和硕简亲王,赠如其爵。

初次袭富善,惠献贝子傅喇塔第二子。康熙六年正月,封镇国公。十七年七月,袭封固山贝子。十九年十一月,任宗人府右宗正。二十四年九月,转左宗人。二十九年十二月,以病乞解任,谕责富善所行乖乱,有负眷念,交宗人府严行议处,削爵。

二次袭福存,惠献贝子傅喇塔第五子。康熙十七年七月,封镇国公。三十年十月,袭封固山贝子。三十九年九月,卒,年三十有六。乾隆十五年七月,以子德沛袭和硕简亲王,赠如其爵。

三次袭德普,贝子福存第二子。康熙三十九年十二月,降袭镇国公。雍正元年四月,任宗人府右宗人,五月,转左宗人。十月,授正黄旗满洲都统。寻预议政。七年五月,卒,年四十有七。

四次袭恒鲁,镇国公德普第一子。雍正七年八月,降袭辅国公。乾隆七年四月,授散秩大臣。十年二月,授正红旗汉军副都统。五月,授镶蓝旗护军统领。十三年闰七月,授工部右侍郎。十五年五月,授宗人府右宗人,九月,转左宗人。二十四年六月,授绥远城将军。二十五年九月,调吉林将军。三十四年正月,调盛京将军。三十七年正月,授内大臣。六月,卒,年五十有一,谥曰恭悫。

五次袭兴兆,恭悫辅国公恒鲁第二子。乾隆三十年,封二等辅国将军。三十七年十月,袭封奉恩辅国公。寻授正蓝旗护军统领。是月,奉旨兴兆着授为领队大臣,出征金川。旋授宗人府右宗人。三十九年,剿贼于当噶拉、得里、绒布寨、卡卡角、庚额特等处。九月,即军前授荆州将军。四十年,大军进征得楞、基木斯丹当噶、萨克萨谷、甲杂、独古木等处,兴兆并在事有功,得头等功牌六、三等功牌二。四十一年正月,回荆州。是年金川平,命图像紫光阁,御制赞曰:"忆当国初,创业开基。宗室王公,宣力率师。承平袭庆,安享荣华。董军建勋,斯为可嘉!"五十二年十二月,调西安将军。五十三年十月,调绥远城将军。五十七年十月,以旗人药神保等行窃,拟发遣充徒,轻纵,命来京听候部议;寻议革职,退出乾清门行走,罚公俸五年。是年十二月,授散秩大臣。

五十八年八月,复授荆州将军。六十年六月,以苗匪石柳邓等滋事,赴湖南镇篁。七月,谕:"兴兆带兵,沿途并未与贼打仗。

及到镇篁,仅将兵分驻城外。如何商办剿贼,无一字奏及。庸懦无能,交部严加议处。"是月,奏击贼于杨柳坪山梁。八月,得旨,革职留任。九月,与贵州提督花连布等克马脑等寨,会大兵围高多寨,克之。贼吴半生降,进克龙角峒。十月,与内大臣额勒登保等分剿大坡脑、得胜山等处木城、石卡,进克鸭保山。十月,攻鸭保寨,克卧盘寨,擒吴八月。十二月,克高斗山及普定寨。是年,得恩赍荷包等三次。

嘉庆元年正月,大兵攻擒头坡,兴兆扎营高斗山以牵制贼,进克吉吉寨山梁。二月,焚骑马山、火里坪,扑高吉坨,抵巴金湾,尽毁其寨。三月,克高吉坨对面山梁,兵前进两叉溪等处,伏苗来拒,击之,追至平逆坳,夺其卡。寻由纳共山克长吉山石城及茶山、茨岩诸大山。四月,克结石冈,毁牧牛坪等处寨。五月,攻得锋山等处。六月,由黄莲坡复乾州,与额勒登保等分剿附近苗寨匿匪。七月,搜鸦溪等处贼。八月,由强虎哨克复坡新寨、麻里湾诸贼卡。九月,从牛心地、象心地至山家坳,截平陇贼巢正面山口,又援攻其左岩人坡兵。十月,攻平陇,由老石岩一带以炮轰之,并击自贵鱼坡等处来援贼。十一月,由养牛塘进援,攻刚息冲、菜冲兵。十二月,贼聚石隆,与护军统领德楞泰等由大顶坡绕出右山剿之,歼石柳邓,得头等功牌五,加三等功牌三。是年,得恩赍蟒袍、荷包等六次。

二年二月,以湖北教匪姚之富等滋事,命往襄阳。三月,以贼扰河南,兴兆由桐柏剿之。是月,与巡抚景安奏王文雄击贼于裕州之古石滩,贼窜罗曲湾,贼应之。景安由东北进,贼西窜,兴兆由西北进,豫伏兵击之,追剿三十馀里,上奖之。四月,贼由陕西商州窜山阳,往涝峪口杜其北回,上责其行走迟缓。是月,奏涝峪口西山外贼北来,击之,向南窜。嗣又与西安将军恒瑞联衔奏贼西窜,上以前后互异责之。复奏贼杨一喜等在窖沟诸处勾结匪徒,尽擒杀之。八月,与都统伯明亮奏贼屯宜昌罗耳坪,兵分东西路进,贼拒,击之;又于远安、绿豆坳一路搜获匪贼。是月,随明亮与都统子德楞泰会兵剿之,奏贼逼宜城,绕道兜截之。贼将犯襄阳,追至独树塘,会公惠伦、副都统阿哈保等击之。兵至茨河镇,遇贼自西南山出,明亮、兴兆由枫树垭,德楞泰由耗子沟击之,追至茅坪村,击毙及生擒者千数百。贼窜穀城南新店子等处,将往河南,沿江北截之,兵抵花石岭。上屡奖之。

　　九月,奏贼向均州窜,追至馆驿,兴兆自迤北山击之。兵至草甸,贼自黄龙滩分五路折回,我兵分应之。兴兆由左吴家湾进,贼来犯,自山顶压之,合兵逼至九铺湾、杨沟口等处,共击毙及生擒者千数百。十月,奏剿贼后队于铜钱关,并击退扑平利城贼,贼由八卦庙向曾家坝遁,抄击之。兵至镇坪,遇贼前来,兴兆伏峡口对面山林击之。贼窜树河口,兴兆由三溪子一带进,与德楞泰等合兵,杀获数千。十一月,奏杀贼于周家坝山梁,贼由西乡白沔峡窜,与都统惠龄等合击之,共杀获贼千数百。十二月,奏贼窜汉中,由黄官岭向长寨一带偷渡江,与副都统乌尔图那逊等合击之,歼贼千馀;又奏击贼于五郎庙诸处。是年,得恩赉玉搬指、荷包等八次。

　　三年正月,奏兵至元坝子,遇贼张汉潮等,将扑广元,抄击之,杀获千数百。是月,驻汉中。二月,奏添派乡勇防江,上以贼齐王氏等已从石泉渡江,兴兆尚称筹办堵截,责其无耻。时贼李全等分股窜洋县铁治河,兴兆与护理提督柯藩剿之,奏贼屯石板垭,击之,贼败。三月,奏击贼于怀阳,并击退扑蠚屋贼,又击之于西南乡姚村,自尹家卫追至库峪口、凤凰嘴诸处。上责成兴兆与都统德楞泰、副都统衔额勒登保、护理总兵柯藩剿贼高均德、李全。四月,总督宜绵奏贼阮正通等窜汉阴,于双庙子、观音河诸处环城屯,外委沙朝栋带兵劫贼营,兴兆、柯藩兵扑之,贼北窜,赴冷水沟,截之,追至石泉池河,又抄至洋县遏之。寻贼窜城固。上以首逆未获,责其庸懦无能。贼自新街渡江,伏兵乘其半渡击之,蹙其折回者至石泉。上以任贼阮正通复入川,责其疏纵。

是月,以贼张汉潮等复扰湖北,命兴兆与额勒登保,协总督景安剿之。五月,奏贼直趋荆门州,伏山后,伺击之;贼逼南漳,与景安等击退之,向毂城遁,追杀之于章村棚一带。兵前进,西北山伏贼起,兴兆自山后剿之,共杀获数千。六月,奏截贼于房县、大木厂等处,贼由竹溪窜陕西之平利。上责之,谕宜绵、额勒登保、兴兆为一路,专剿现窜平利贼。七月,奏击贼于孟石岭等处,贼向四川太平遁;又奏击贼于袁家庙、顾金坝等处。兴兆与副都统衔明亮两路兵抵长坝剿贼,追至滚岭坡。时贼王光祖从太平平坝与张汉潮合,上屡责之。八月,与明亮奏击贼于通江清池子、山南郑小坝、西乡堰口等处,节次杀获数千。上以首逆窜逸,空言粉饰,屡责之。是月,以贼又掠石泉、梅湖,谕:“明亮等带如许劲兵,任贼纵横,如入无人之境。明亮、兴兆着革去花翎,戴罪自赎。”九月,奏击贼于王黑坝等处,贼窜南江,又击之于白林湾一带,贼由合桃园遁。明亮由丁家嘴追击,白号贼突出,击之。上以首逆未获，任剿败馀匪合伙，责之。是年冬，奏击贼于巴东罗坪、东峡口、大昌火石岭，兵由黄河荆坝进，歼贼后股，又击贼龚建等于石塘坝山，樊人杰等于铁溪河、钱家坪诸处，张汉潮由城固向五郎奔，击之于两河关。兵至王家河，后股贼自沙子岭来，伏击之。贼窜河南鲁山之下汤屯二十馀里，将拔营遁，击之，追杀至伏牛山，由南召、南阳倍道追之，贼从白马寺、栾川旁径遁。上以首逆未擒，任辗转奔逃，屡责其无能无耻。

四年正月，奏自商州龙驹寨至刘家庄，遇贼，击之，贼向五郎遁；又击其分窜者于茅池子沟，共杀获数百。谕："此次剿杀，亦恐皆懦弱良民。若不趁贼穷窜之时，克日擒渠，惟执法严惩，断不稍从宽贷。"二月，与参赞明亮奏贼从凤县草凉驿窜进口关一带山梁，直扑之，歼贼百馀，擒四十二人，贼上雪山遁。兴兆率步队由左山梁抢上，明亮带马队从山腰突出，奋力直前，贼窜。上嘉其陟险仰攻。又奏击贼于秦岭，贼窜凉沁河，兵至，贼已拔营，追杀六十馀里，及其大队贼据山顶，兴兆与明亮等击之，伤毙二百馀，擒三十五人。三月，奏击贼马家坪，越山遁，由山阳、商州绕出贼前，杜其入豫之路；至泉村，贼窜，追杀之至康家河，贼自山下压，兵拥上击之，共杀获二百馀，至石洞子杀获其分窜者二百馀。上以杜入豫，奖之。四月，奏近日大雨泥泞，兵日行七八十里，探贼屯红门寺。兵至，山径险仄，牵马鱼贯行，贼窜山顶，仰攻之，杀获数十。贼遁，沿途追杀五十馀人。谕曰："贼不畏雨水泥泞，而官兵独畏泥泞；贼能亟走，而官兵不能捷追，殊可愧耻！"又奏扼商州入豫路，追至磨石沟，杀获百馀。七月，奏："贼掠金竹沟，分路进，贼奔及山口，杀获百馀。讯获贼，称张汉潮专听冉学圣、高玉春、徐潮亨、李潮等指使。"上以添数贼名氏，为事后馀匪未清地步，责之。

八月，与经略明亮奏击贼于红河寺山梁，官兵杀获百馀，追至柿坪。是月，明亮仍任参赞，与兴兆奏兵抵庙沟，探贼在犁泽坪，豫伏兵离营十里之大山垭，乡勇在山阳，诱敌至，进击之，毙骑马贼百馀。贼窜，由龚家山、君子沟及贼后队，追至枫树坪，杀获百馀。九月，与明亮、恒瑞奏贼自石家关窜成县，复折入石峡子，派兵伏野鸡沟截之。明亮、兴兆由雪水河截之，从山压下，追杀六十馀里。寻贼屯成县黑峪河、达家庄等处，至达家庄，乘贼睡，杀之。贼上天赐山，督兵在祁家坝、庙儿垭等处围三面要隘，连次截杀千馀。恒瑞在黄渚关，按察使广厚在北面截住。上以大兵合围，可不日办竣，嘉之。寻，明亮等奏贼由箐林溜下山坡，过三渡水遁，出甘境，追至红花铺，贼已窜安河，离贼二百馀里；现由宝鸡抄至子午峪，入山剿之。谕工部尚书那彦成、总督松筠曰："明亮等上次合围之语，如奏报属虚，治以欺妄之罪。傥分路兜围，系何人堵御不力，且何以一经逃窜，即离二百里之远？可见并未跟踪追蹑。着将纵贼之人一面奏闻，一面革职拿问。"

先是，六月，兴兆与明亮奏杀贼于商州龙驹寨，抵大商塬，追及后队，共杀贼二百馀，擒八十四人，救被掳百姓二百馀，交随营知府赵洵办理。贼自栾庄越界岭窜，追至牌楼沟口；贼由西沟窜，明亮由茅河，兴兆由燕子河抄击之，毙二百馀，擒七十五人。又奏贼自牧护关折回米汤河，前队兵勇杀贼五十馀，马队杀七十馀；追至汤峪口，官兵与百姓追杀掠张家寨贼百馀，林箐内搜贼六十三人，仍交洵办理，督兵至秦岭，沿途杀五十馀。至是，那彦成及巡抚台布据革署巡抚永保称赵洵与随营知府朱勋书言龙驹寨、栾庄、牧护关打仗杀贼，及救被掳百姓，俱虚；并永保差往探信之外委张起凤言明亮一路，五月至八月，止在红花寺、狮子坪，前队乡勇杀贼二十馀，官兵并未打仗，并近日在甘省奏杀贼千名，据凤县都司禀报杀贼百馀等款，奏参。谕："明亮欺罔罪状，较之纵贼为尤重。兴兆扶同入奏，罪亦难逭。着革职拿问，交松筠严审定拟。"是月，与明亮奏兵抵冷水沟，贼将往洵阳坝，绕道迎击之；又击之于月河对面山梁。兵至张家坪，副都统衔纶布春正与贼敌，恒瑞派千总张起鳌亦带乡勇至，俱拥上，擒李潮、张汉潮中矛毙。十一月，松筠覆奏龙驹寨地方乡勇杀贼，兵至，贼已窜大商塬，所获贼，解到军营。贼自栾庄越界岭，明亮追至牌楼沟口，贼奔，饬豫省镇将并督兵由燕子河分道抄击，贼自牧护关折回。时兵追至汤峪口，贼在张家寨已被百姓同官兵追杀，贼窜走。至沿途兵勇获贼及百姓，获送军营，逐日交营员办理。折内所叙，系凑齐逐日散数而言，其未将乡勇打仗、杀贼，分叙明白，实属冒功；兴兆扶同朦混，应于明亮罪减一等，发新疆效力赎罪；并奏明亮等前在野鸡沟杀贼二十馀，至达家庄，掩毙贼在屋内者，馀匪入天赐山，剿杀及滚崖死者约百馀。明亮、兴兆在山西南防堵，恒瑞在山东面，本非合围，贼逃，由东北一路实无官兵。谕："兴兆糊涂无能，惟知随同明亮朦混。节次所发奏折，或未必与阅看。即打仗处所，未必亲到。非因伊宗室即从末减，着改发乌鲁木齐效力赎罪。"

五年闰四月，赏四等侍卫，赴和阗办事。七年七月，赏二等侍卫，仍留办事。十月，调塔尔巴哈台参赞大臣。九年十月，更换回京。十年二月，以佐领穆特布等鞭毙哈萨克拟罪轻，革职留任。六月，以应拟斩监候侵用官银之署同知文海罪失出，革职。

六次袭成宽，原袭奉恩辅国公兴兆第一子。乾隆四十七年十二月，擢三等侍卫、乾清门行走。四十九年十二月，岁满，封三等辅国将军。嘉庆四年二月，授侍卫班领。十二月，袭封奉恩辅国公。是月，委署散秩大臣。五年九月，授镶白旗汉军副都统，管火器营。十月，管健锐营。六年正月，调正白旗满洲副都统。二月，署正黄旗满洲副都统、右翼前锋统领。四月，署正红旗护军统领。九月，署马兰镇总兵，兼内务府大臣。七年正月，署正白旗护军统领。二月，署左翼前锋统领。四月，署镶蓝旗护军统领。七月，署右翼前锋统领、正黄旗汉军副都统。九月，授右翼前锋统领。十月，署正红旗满洲副都统。八年二月，署镶红旗蒙古都统、正蓝旗汉军副都统。七月，授乌里雅苏台将军。

固山贝子穆尔祜

穆尔祜，太祖高皇帝曾孙，安平贝勒杜度第二子。天聪九年五月，命随贝勒多铎率偏师入宁远、锦州界以牵制明，俾毋援山西，穆尔祜在事有功。崇德元年，封辅国公。六年八月，从上围松山，明兵遁，穆尔祜率骑兵追击。七年十月，以怨望削爵，黜宗室。顺治元年十月，随豫亲王多铎南征，破流贼李自成于潼关，先后拔两营。贼犯我前锋兵，同参领鄂博败之；我军设伏近山，贼自山来袭，击败其众。二年二月，复入宗室，封三等镇国将军。三年正月，叙功，晋一等镇国将军。随豫亲王征苏尼特部腾机思、腾机特等，有功。四年三月，复封辅国公。六年正月，大同总兵姜瓖叛，命同敬谨亲王尼堪等讨之。十月，晋封固山贝子。九年七月，复随敬谨亲王征湖南，赐蟒衣、鞍马、弓矢。师至衡州，敬谨亲王战殁，上命贝勒屯齐代其军，穆尔祜合营。三月，明桂王朱由榔之秦王孙可望自宝庆与伪都督冯双礼军会，我师击败之，获马七十。十一年十月，议随敬谨亲王战殁罪，削爵。

初次袭长源，原封贝子穆尔祜第二子。顺治十六年三月，降袭三等镇国将军品级。康熙三十四年九月，以病削爵。

二次袭察尔岱，原袭三等镇国将军品级长源第四子。康熙三十四年十月，降袭三等辅国将军品级。雍正十一年八月，卒，年四十有五。

三次袭诺尔博，三等辅国将军品级察尔岱第三子。雍正十二年三月，降袭三等奉国将军品级。乾隆二十五年十一月，以病乞休。二十六年十二月，卒，年四十有三。

四次袭凤文，三等奉国将军品级诺尔博第四子。乾隆二十五年十二月，降袭奉恩将军品级。四十年十一月，授三等侍卫。五十年二月，授护军参领。嘉庆六年四月，以病乞休。九年正月，卒，年四十有八。

五次袭荣光，奉恩将军品级凤文第一子。嘉庆六年六月，降袭云骑尉品级。

固山贝子萨弼

萨弼，太祖高皇帝曾孙，安平贝勒杜度第七子。崇德七年十月，以兄杜尔祜、穆尔祜、特尔祜怨望，削爵，黜宗室，萨弼亦从坐。顺治元年四月，随睿亲王多尔衮入山海关，破流贼李自成。

二年二月,复入宗室,封辅国公。三年正月,随顺承郡王勒克德浑征流寇一只虎于荆州,屡败贼众。凯旋,赐金五十两、银千两。初,大同镇总兵姜瓖叛,郡县多应之。六年十月,同亲王满达海剿贼于朔州、宁武,并有功。十月,诏还京,晋封固山贝子。十二年二月,卒,年二十有八,谥曰怀愍。

初次袭固鼐,怀愍贝子萨弼第二子。顺治十二年八月,降袭镇国公。十五年三月,卒,年六岁,谥曰悼愍。

二次袭巴鼐,怀愍贝子萨弼第一子。顺治十八年七月,袭封镇国公。康熙二十三年正月,卒,年三十有三。

三次袭阿布兰,镇国公巴鼐第三子。康熙二十三年四月,降袭辅国公。五十七年四月,授宗人府右宗人。十月,转左宗人。五十八年十二月,任镶蓝旗满洲都统。五十九年四月,命议政。六十一年十一月,迁右宗正。雍正元年三月,奉上谕:"公阿布兰人谦和,自皇考任用以来,所交事务,一心勤慎效力。着晋封为多罗贝勒。"二年五月,以奏事不敬,降辅国公。五年闰三月,坐擅以玉牒底本私示隆科多,削爵。

四次袭法尔善,镇国公巴鼐孙,三等辅国将军阿布兰第一子。雍正五年五月,袭封辅国公。乾隆五年闰六月,卒,年四十有七,谥曰和悫。

五次袭禄庆,和悫辅国公法尔善第二子。乾隆五年十一月,袭封奉恩辅国公。二十三年十一月,坐守护陵寝仪树不勤,降三等镇国将军。二十七年四月,卒,年四十有二。

六次袭伦成,三等镇国将军禄庆第一子。乾隆二十七年十月,袭封三等镇国将军。五十七年十二月,卒,年三十有九。

七次袭定敏，和悫辅国公法尔善嗣孙，闲散宗室明森嗣子。乾隆五十八年五月，袭封三等镇国将军。嘉庆五年三月，卒，年四十。

八次袭硕寿，三等镇国将军定敏第一子。嘉庆五年七月，袭封三等镇国将军。

固山贝子苏布图

苏布图，太祖高皇帝曾孙，追封贤懿贝子尚建第一子。初封辅国公。顺治二年七月，随贝勒勒克德浑驻防江宁。十二月，移师征湖广，三年正月，至武昌，破流贼馀党一只虎等。事详顺承恭惠郡王传。凯旋，颁赉有功将士，苏布图得赐金五十两、银一千两。寻晋封固山贝子。五年九月，随郑亲王济尔哈朗征湖广。十一月，卒于军，年二十有四，谥曰悼愍。爵除。

固山贝子温齐

温齐，显祖宣皇帝玄孙，镇国公品级屯齐第一子。顺治六年十月，封固山贝子。康熙十三年三月，授宗人府右宗人。四月，授镶蓝旗满洲都统。是年，四川叛应逆藩吴三桂，命随定西大将军贝勒洞鄂由陕西进征。时陕西提督王辅臣叛，大军驻汉中，败贼于仙逸关，[一]复关山关及秦州、礼县，追剿至西和，复清水、伏羌。事详信郡王传。十六年二月，上以洞鄂等久屯平凉无功，削洞鄂爵，温齐降辅国公，革都统及右宗人。嗣三桂陷湖南，安远靖寇大将军贝勒尚善规复岳州，九月，命温齐统京兵往，参赞军务。十七年六月，败贼于柳林嘴、君山。八月，尚善卒于军，贝勒察尼代,仍以温齐为参赞。十月,败贼于陆石口,进击岳州,克之。十八年正月,温齐追逸贼吴应麒至二百馀里,以未携爨具,引还,应麒遁;且虚报阵斩伪官兵五千馀级。[二]事闻,上命察尼严取供词。七月,察尼以其词奏,谕曰:"国家军法严明,并无虚伪多报首功之事。温齐乃有罪之人,不思效力自赎,岳州徒步奔逸之寇,不即穷追,且杀贼不过三百馀人,与原疏迥异。削爵,罢参赞。"爵除。

【校勘记】

〔一〕败贼于仙逸关　"仙"原作"先",音近而误。耆献类征卷首一〇叶三五上同。今据仁录卷五四叶一四下改。按本书卷二多铎传附洞鄂传,及卷七佛尼勒传不误。

〔二〕且虚报阵斩伪官兵五千馀级　"级"原误作"数"。耆献类征卷首一〇叶三五下同。今据仁录卷八二叶六上改。

镇国公阿拜

阿拜,太祖高皇帝第三子。天命十年十月,与弟塔拜、巴布泰征东海北路呼尔哈部,俘千五百户。师还,上出城迎劳,寻授骑都尉。天聪八年四月,晋授三等男。崇德三年七月,任吏部承政。四年八月,封三等镇国将军。六年十月,命往锦州南乳峰山驻防。八年八月,以老,罢承政任。顺治四年九月,晋二等镇国将军。五年二月,卒,年六十有四。十年五月,追封镇国公,谥曰勤敏。

初次袭巩安,勤敏镇国公阿拜第六子。顺治三年十一月,封奉恩将军。五年三月,袭封二等镇国将军。六年十月,晋封辅国公。康熙二十年五月,卒,年五十有四。爵除。

镇国公巴布泰

巴布泰,太祖高皇帝第九子。天命十年十月,征东海北路呼尔哈部,有功。十一年八月,命理正黄旗事。天聪四年三月,随大贝勒阿敏驻永平。明兵陷滦州,巴布泰不能御,议罢职。八年四月,授副都统。五月,从大军征明,克保安州。十一年,以巴布泰匿所获,议罢职。崇德六年五月,封三等奉国将军。七年十一月,命驻锦州。顺治元年四月,随睿亲王多尔衮定京师,同都统谭泰击败流贼,逐北至望都。二年正月,叙功,晋一等奉国将军。三年正月,随贝勒勒克德浑征湖广,败贼于安远、南漳、西峰口、关王岭、襄阳府。四年九月,晋三等辅国将军。寻晋封辅国公。六年四月,同贝子务达海讨大同叛镇姜瓖。十月,晋封镇国公。十二年正月,卒,年六十有四,谥曰恪僖。

初次袭祜锡禄,恪僖镇国公巴布泰第三子。顺治十三年九月,降袭三等镇国将军。康熙三十四年十月,以庸劣削爵。

二次袭富良,原袭三等镇国将军祜锡禄第一子。康熙二十六年三月,封三等辅国将军。三十四年十月,改降袭三等辅国将军。三十九年六月,卒,年二十有八。

三次袭尼雅翰,三等辅国将军富良第二子。康熙三十九年七月,降袭三等奉国将军。雍正五年五月,卒,年三十有七。

四次袭佛照,三等奉国将军尼雅翰第四子。雍正六年十月,降袭奉恩将军。九年正月,卒,年十有二。

五次袭多义，三等奉国将军尼雅翰第五子。雍正十年九月，袭封奉恩将军。乾隆十六年九月，授佐领。四十一年十二月，卒，年五十。

六次袭恩额穆，奉恩将军多义第三子。乾隆四十二年四月，授佐领。七月，袭封奉恩将军。五十四年十一月，授正黄旗副护军参领。

镇国公汉岱

汉岱，显祖宣皇帝孙，追封诚毅勇庄贝勒穆尔哈齐第五子。天聪八年十二月，授骑都尉。寻封一等奉国将军。崇德二年四月，预议政。六年八月，从上围松山，败明总兵吴三桂等，汉岱率所部追击，大破之。七年十月，随贝勒阿巴泰攻明蓟州、河间、景州，克兖州。十二月，即军前授兵部承政。八年六月，凯旋，赐银二百、缎六。顺治元年四月，随睿亲王多尔衮定京师，败流贼李自成。叙功，晋三等镇国将军。十月，随豫亲王多铎南征，破流贼于潼关。二年二月，同副都统伊尔德率兵由南阳趋归德，克州一、县四。四月，渡淮，克扬州，获船百馀。十月，赐金二十五两、银千三百两。三年正月，任镶白旗满洲都统。五月，同贝勒博洛趋杭州，追击明鲁王朱以海于台州。是月，晋一等镇国将军。十一月，同博洛进兵福建，破明唐王朱聿键之总兵师福于分水关，入崇安，斩其巡抚，定兴化，克漳州、泉州。叙功，晋辅国公。五年四月，命同贝子屯齐征陕西逆回，会总督孟乔芳已击斩米喇印、丁国栋，汉岱旋赴英亲王阿济格军，戍大同。六年七月，随礼亲王满达海剿贼朔州、宁武，克其城。移师攻辽州，贼迎战，大败之,并降屯留、襄垣、榆社、武乡等县。

七年十二月,任吏部尚书,兼摄正蓝旗满洲都统。八年二月,调刑部尚书。三月,以不陈奏英亲王私藏兵器事,削世职,罚锾。五月,晋镇国公。九年四月,复调吏部尚书。七月,随敬谨亲王尼堪征湖南,赐蟒衣、鞍马、弓矢。十一月,敬谨亲王战殁,命贝勒屯齐代其军,汉岱合营。十年三月,击败明桂王朱由榔之秦王孙可望等兵。十一年十月,追议随敬谨亲王战殁罪,削爵。十二年正月,复任吏部尚书。二月,加太子太保。八月,封镇国将军品级。十三年四月,以河西务钞关员外郎朱世德亏课万馀两,户部援赦免罪,吏部亦弗置议,廷议解汉岱任,得旨:“汉岱于湖南失事,情罪重大,考之成宪,即应正法。朕念系宗室,姑从宽免,且加任用。乃不思感奋报效,图改前愆,反依阿蒙蔽,负朕大恩。本当重处,复念宗室,姑从宽,着革任,削太子太保、镇国将军品级。”〔一〕爵除。

【校勘记】

〔一〕削太子太保镇国将军品级　原脱“品”字。耆献类征卷首一一叶五下同。今据章录卷一〇〇叶二下补。按上文“封镇国将军品级”不脱。

镇国公恭阿

恭阿,显祖宣皇帝曾孙,原封贝勒阿敏第四子。阿敏得罪,恭阿废为庶人。后复入宗室。顺治五年九月,随郑亲王济尔哈朗征湖广。六年正月,大军抵长沙,擒明桂王朱由榔之总督何腾蛟,进剿广西,分兵定道州、黎平府,先后克六十馀城。恭阿俱在事有功。十月,封镇国公。十一月,卒于军,年二十有六。

初次袭法塞,镇国公恭阿第一子。顺治八年闰二月,降袭辅国公。康熙四十九年正月,卒,年六十有四。

二次袭阿裕尔,辅国公法塞第二子。康熙二十年正月,封一等辅国将军。四十九年十月,改降袭三等奉国将军。五十八年八月,卒,年五十有三。

三次袭苏赫讷,三等奉国将军阿裕尔孙,闲散宗室德色勒第一子。康熙五十八年十二月,降袭奉恩将军。雍正二年七月,卒,年十岁。爵除。

镇国公品级屯齐

屯齐,显祖宣皇帝曾孙,追封恪僖贝勒图伦第二子。崇德元年五月,随武英郡王阿济格征明,有功。四年五月,随郑亲王济尔哈朗略明锦州、松山、杏山,力战被创,常赉外加赐银百两。八月,封辅国公。五年六月,随睿亲王多尔衮围明锦州,明兵夜袭我镶蓝旗营,击败之。嗣以不临城及私遣兵回,议削爵,诏从宽罚锾。六年八月,从上征明,败明于锦州、塔山。十一月,复随睿亲王围锦州。顺治元年十月,晋封固山贝子。寻随豫亲王多铎破流寇,平陕西、河南,并有功,二年四月,赐圆补纱衣一袭。五月,随豫亲王下江宁,与贝勒尼堪等追明福王朱由崧至芜湖,擒之。十月,凯旋,赐金百两、银五千两、鞍马一。是年,授镶蓝旗满洲都统。三年正月,随肃亲王豪格西征,五月,破流贼贺珍等,解汉中围;败一只虎、孙守法于汉阴,复兴安。五年四月,陕西逆回犯巩昌诸郡,命为平西大将军,同辅国公汉岱讨之。会总督孟乔芳已击斩米喇印、丁国栋,屯齐旋赴英亲王阿济格军,驻大同。六年十月,晋封多罗贝勒。

流贼张献忠馀党孙可望、李定国等附明桂王朱由榔,扰湖南,九年七月,屯齐随敬谨亲王尼堪征之。十一月,敬谨亲王战殁,诏屯齐为定远大将军。时定国及由榔将马进忠四万馀众在永州,大军至,定国度龙虎关遁,可望率兵来靖州,伪都督冯双礼来武冈州;遂进师宝庆,至周家坡,双礼、进忠等据险抗我师,会暮天雨,列阵相拒。是夜,可望自宝庆以兵来合,众号十万,屯齐分兵纵击,大破之。捷闻,得旨嘉奖。十一年十月,议随敬谨亲王战殁罪,削爵。十二年八月,封镇国公品级。十五年正月,随信郡王多尼征由榔于云南,薄其城,定国挟由榔奔永昌,馀众悉降。师还,康熙二年六月,卒,年五十。

初次袭富尔泰,镇国公品级屯齐第二子。康熙二年八月,降袭辅国公品级。十六年八月,任宗人府右宗人。二十二年三月,降三等镇国将军品级。四十年六月,卒,年五十有八。

二次袭彭龄,镇国公品级屯齐曾孙。初,屯齐第五子原任二等侍卫谟启生德成额,任三等侍卫。彭龄,德成额第四子也。乾隆四十三年三月,诏以镇国公屯齐著有劳绩,赐一等奉国将军爵,世袭罔替,以彭龄袭封。十一月,授三等侍卫。五十七年十月,迁二等侍卫。五十八年三月,授公中佐领。五十九年二月,授侍卫班领。九月,授总族长。十月,授前锋侍卫。

辅国公塔拜

塔拜,太祖高皇帝第六子。天命十年十月,征东海北路呼尔哈部有功。寻授三等轻车都尉。天聪八年四月,晋一等轻车都尉,寻封三等辅国将军。崇德四年九月,卒,年五十有一。顺治十年五月,追封辅国公,谥曰悫厚。康熙五十二年四月,塔拜曾孙正白旗汉军副都统楚宗奏:"塔拜于太祖高皇帝时建立功绩,恳请撰文立碑。"从之。

初次袭额克亲,悫厚辅国公塔拜第二子。崇德元年五月,随武英郡王阿济格征明,进逼北京。明兵自涿州来拒,额克亲陷阵,破之。四年八月,封三等奉国将军。九月,袭封三等辅国将军。五年六月,随睿亲王多尔衮攻明锦州。十一月,随贝勒多铎追击明兵于塔山。六年八月,上征明锦州,败明总督洪承畴兵十三万,移营近松山,掘壕环困之。败军夜突御营,额克亲同内大臣锡翰等严守以拒,敌败却。十二月,叙功,赐银八十两。顺治元年四月,随睿亲王定京师,有功。二年三月,晋二等辅国将军。四年九月,晋一等辅国将军。寻封辅国公。六年十月,晋封镇国公。七年八月,任正白旗满洲都统,晋封固山贝子。八年二月,以御前大臣罗什、博尔惠诣媚诸王造言构衅,伏法,额克亲坐附和,削爵,黜宗室。九年二月,复入宗室,任内大臣。十二年正月,卒,年四十有七。爵除。

辅国公赖慕布

赖慕布,太祖高皇帝第十三子。天聪八年四月,授骑都尉。

崇德四年九月,预议政。七年二月,随武英郡王阿济格征明,败宁远兵。十月,上御笃恭殿宴赉,武英郡王不俟赏先归。赖慕布坐失劝阻,革世职,罢议政。是月,又议随武英郡王驻高桥时,会敏惠恭和元妃丧,武英郡王令镇国公扎喀纳于帐内歌舞。赖慕布坐容隐,应黜宗室,上免之。八年七月,奉特旨,凡戮力行间,勤敏素著者,准令其部下人自行保奏,赖慕布下五十人与焉。顺治二年二月,封奉恩将军。三年五月,卒,年三十有六。十年五月,追封辅国公,谥曰介直。

初次袭来祜,介直辅国公赖慕布第一子。顺治三年六月,袭封奉恩将军。寻晋三等镇国将军。八年闰二月,晋封辅国公。康熙八年五月,以才力不及,削爵。

二次袭扎坤泰,原袭奉恩将军来祜孙,三等侍卫爱珠第三子。雍正十三年九月,今上御极,奉谕旨:"太祖、太宗子孙内,从前或系本支无人,未经封爵,或因别有事故,革退未袭者,着宗人府查奏。"宗人府以赖慕布后裔系闲散宗室,并无官阶,奏闻。乾隆元年五月,奉旨,扎坤泰承袭奉恩将军。二十二年三月,卒,年四十有六。

三次袭永武,奉恩将军扎坤泰第一子。乾隆二十二年七月,袭封奉恩将军。二十八年十月,卒,年三十有四。爵除。

辅国公玛瞻

玛瞻,太祖高皇帝孙,礼烈亲王代善第六子。天聪元年五月,随贝勒多铎从广宁入宁远、锦州界,牵制明兵,俾毋援山西。败明兵于大凌河西,阵斩副将刘应选,追奔及松山城,克一台,玛瞻并在事有功。崇德元年五月,随武英郡王阿济格征明至安州,连克十二城。九月,凯旋,上行郊劳礼,设大宴,玛瞻预赐金卮酒。是年,封辅国公。三年八月,随贝勒岳托征明,由墙子岭毁边城入,败明总督吴阿衡兵,连克台堡,越北京,趋山东。十一月,卒于军,年二十有七。无嗣。四年四月,榇归,上遣贝子及大臣等奠酒,赐银二千两,驼、马各一。爵除。

辅国公巴穆布尔善

巴穆布尔善,太祖高皇帝孙,追封悫厚辅国公塔拜第四子。崇德元年十二月,从上征朝鲜,败其兵于陶山。是年九月,兄三等奉国将军额克亲袭父辅国将军,遂以巴穆布尔善袭兄爵。顺治元年四月,随睿亲王多尔衮定京师,破流贼,有功。二年三月,晋二等奉国将军。四年九月,晋一等奉国将军。六年十月,晋三等镇国将军。八年闰二月,晋封辅国公。康熙四年三月,任领侍卫内大臣。六年二月,擢秘书院大学士。九月,充纂修世祖实录总裁。八年五月,议巴穆布尔善结党行私等罪二十一款,伏诛。子黜宗室,爵除。六月,谕宗人府:“自顺治十八年后,宗室有犯罪革除宗室者,着将原案情节查明具奏。”寻宗人府奏:“革退宗室内巴穆布尔善系与鳌拜结党,情罪重大,其子郭礼、博礼、七十五、观音保革去宗室之处,应毋庸再议。”得旨:“巴穆布尔善之子,本应依议,念系宗室,朕心不忍!俱着为闲散宗室。”

辅国公巴尔堪

巴尔堪,显祖宣皇帝曾孙,郑献亲王济尔哈朗第四子。顺治十一年十二月，封三等辅国将军。康熙十三年四月，命同镇东将军拉哈达镇兖州，巴尔堪署副都统。六月，诏率蒙古兵赴江宁。八月，以逆藩耿精忠贼党由饶州犯徽州，诏江宁将军额楚偕巴尔堪进剿，巴尔堪先驱。九月，至旌德，闻贼据绩溪，疾进，度徽岭，贼千馀迎战，败之。额楚继至，并抵绩溪，贼众环逼，合兵击逐十馀里，斩三千馀级，复徽州。剿贼黟县，至董亭桥，贼五千拒阻，击之，悉遁；别贼千馀越山来援，复败之，阵斩伪游击魏澄、伪千总翁达等。十一月，进师婺源、休宁，贼据奇台岭，击走之；趋黄茅新岭，贼三千馀据木栅拒，令步兵分攻岭左右，骑兵攻中，斩五百馀级，贼尽弃甲仗遁，复县城；蹑之乐平县段家村，叛将陈九杰纠贼八千馀拒，败窜入县，即树梯登城，攻复之；馀贼据鄱阳云吉峰下，搜捕百馀级，复饶州。

十四年四月，进攻万年县之石头街，贼四万馀断渡口，巴尔堪与额楚水陆并进，破贼五十七营，斩五千馀级，擒九杰，获船二百馀；趋安仁县，贼八千馀架船遁，风逆泊岸，巴尔堪追及，贼弃炮焚船窜；又分兵击败齐爪郎诸贼于南顿山。五月，至贵溪，贼奔，复县城；至弋阳，伪总管蒋德軓以木石垒断西冈桥，立木栅城北，贼五万为九营，伪总兵柯升以贼五千自广信趋救，别立六营。巴尔堪同额楚分队夹击，斩溺二万馀，擒伪游击张二奇、都司张明德等。八月，攻永丰贼于金石山，阵斩伪都司李定等，伪总兵何起先以贼六千馀据玉山，伪游击林二瞻以贼五百馀掠铅山，又掠浙江之闽逆馀党八千，自江山、常山犯玉山，巴尔堪先后击斩无算。十六年正月，随简亲王喇布征吉安，与吴逆伪帅韩大任战于螺子山，失利，议削职，戴罪图功。

同额楚进征广东。九月,剿贼韶州莲花山,陷阵中,中创,裹创力战,大破贼。十九年八月,简亲王统师广西,上诏王进征时,宜以巴尔堪总统营伍,俾立功自效。十月,创发,自度不能瘥,语都统额赫纳、副都统幹都海曰:"吾为宗室,不能临阵死。今创发,勿令家人以阵亡冒功。"卒,年四十有四。丧还,上命内大臣宗室辉塞往奠。二十二年四月,上以巴尔堪出征有年,随处奋身前进,伤亡可悯,下部议恤,复辅国将军。雍正元年正月,追封辅国公,赐谥武襄,立碑纪功。乾隆十七年十二月,孙奇通阿袭封和硕简亲王,赠如其爵。

初次袭巴赛,武襄辅国公巴尔堪第一子。康熙二十一年四月,封三等奉国将军。三十四年三月,任镶蓝旗汉军副都统。三十五年二月,从上征噶尔丹,五月,至克噜伦河,同平北大将军马思喀追寇至巴颜乌兰而还。三十六年十月,调正黄旗蒙古副都统,三十八年八月,罢任。五十四年三月,复授正红旗蒙古都统。五月,调镶红旗满洲副都统。十一月,迁正红旗蒙古都统。五十七年七月,署黑龙江将军。世宗宪皇帝御极,实授宁古塔将军。雍正元年五月,奏陈父巴尔堪劳绩,请赐碑文,得旨俞允,追封辅国公,即以巴赛袭。二年二月,召来京。

四年六月,授振武将军,赴阿尔台军营。既至,奏请令前锋统领穆克登率察哈尔兵于特斯驻牧,副将军贝勒博贝率喀尔喀兵于特斯河驻牧,前锋统领定寿率蒙古兵于扎布罕驻牧,均俟降雪后撤回,从之。五年十月,诏遣大臣于来年赴阿尔台更代。十二月,以喀尔喀郡王丹津多尔济奏巴赛办事妥协,管兵整饬,诏仍留驻防。七年三月,命靖边大将军傅尔丹剿御噶尔丹策凌,以巴赛为副将军。八年五月，召傅尔丹来京筹议军务，其大将军印以巴赛暂护。

九年四月，同傅尔丹进驻科布多。六月，噶尔丹策凌纠贼三万来犯，傅尔丹偕巴赛至扎克赛河，获贼二十馀人，讯之，诡言贼不满千，在察罕哈达游牧，尚隔三日程。傅尔丹遂进至库列图岭，贼据险阻我军，傅尔丹令移营和通呼尔哈诺尔。贼兵二万伏山谷伺我军，甫移，突出，蒙古兵俱溃散，收满洲兵四千设方营，护辎重，退渡哈尔哈纳河，登山列阵。贼众复踵至，傅尔丹趋右，仍回科布多，巴赛同副将军查弼纳左越岭至河滨，力战，殁于阵，年六十有九。寻，陷贼之正红旗前锋校萨明阿脱归，得巴赛与查弼纳阵殁状。上谕廷臣曰：“准噶尔贼众侵犯北路，将军等急欲灭此朝食，忿激迎击，仓猝失利。此皆国家养育多年之人，朕遴选任用，冀其大树功勋，重邀爵赏。伊等亦以世受国恩，竭力捐躯，虽误堕狡计，而矢死效忠，情殊可悯！”赐恤如例，谥曰襄愍，入祀昭忠祠。乾隆十七年十二月，子奇通阿袭封和硕简亲王，赠如其爵。

二次袭奇通阿，襄愍辅国公巴赛第十子。雍正四年八月，封三等辅国将军。九年十二月，袭封辅国公。乾隆十七年十二月，袭封和硕简亲王。别详郑献亲王传后。

三次袭经讷亨，简亲王奇通阿第二子。兄丰讷亨袭父爵，别有传。乾隆三十年六月，谕曰：“从前因奇通阿袭封简亲王，销去其原袭公爵。近阅宗室王公表传，奇通阿之王爵系按派应袭，而其公爵系伊祖父积有军功、相继阵亡所遗，不可泯没。且丰讷亨频年出征，颇有劳绩，曾给云骑尉世职，亦因已袭王爵销去。朕追思伊先世功勋,又念<u>丰讷亨</u>近日劳绩,所有从前销去公爵,着宗人府带领<u>丰讷亨</u>近派子弟引见,请旨承袭。"七月,命<u>经讷亨</u>袭封辅国公。四十年十一月,卒,年三十有三。

四次袭<u>积拉堪</u>,辅国公<u>经讷亨</u>第一子。<u>乾隆</u>四十一年五月,袭封辅国公。四十三年十二月,授散秩大臣。<u>嘉庆</u>二年二月,以陪祀七次不到,降二级留任,罚散秩大臣俸二年。五月,授镶白旗<u>蒙古</u>副都统。四年正月,调镶白旗<u>满洲</u>副都统。十月,授镶黄旗护军统领。五年三月,管理<u>圆明园</u>八旗、内务府三旗官兵。是月,授右翼前锋统领。九月,管<u>鄂罗斯</u>佐领,兼管<u>宝坻县</u>等九处。六年二月,调正蓝旗<u>满洲</u>副都统。四月,署正红旗<u>汉军</u>副都统。七年四月,授<u>荆州</u>将军。

辅国公品级扎喀纳

<u>扎喀纳</u>,<u>显祖宣皇帝</u>曾孙,赠贝勒<u>扎萨克图</u>第一子。<u>崇德</u>三年八月,随<u>睿亲王多尔衮</u>征<u>明</u>,分兵八道,<u>扎喀纳</u>趋<u>临清州</u>,渡运河,破<u>济南府</u>,还破<u>天津卫</u>,所向有功。四年四月,师还,赐驼一、马一、银二千两。是年,封镇国公。时内大臣<u>多尔济</u>下有<u>蒙古</u>及<u>汉</u>人,自<u>依噜</u>逃,命<u>扎喀纳</u>等伺诸藩城、屏城间,未获而还。议削爵,诏从宽降辅国公。六年八月,从上征<u>明锦州</u>,<u>明</u>总督<u>洪承畴</u>以兵犯我镶红旗营,击败之。师还,敌袭我后,相距仅百步,<u>扎喀纳</u>转战,敌惊遁。<u>明</u>总兵<u>吴三桂</u>、<u>白广恩</u>、<u>王朴</u>等沿海潜逃,同辅国公<u>芬古</u>追击至<u>塔山</u>。七年七月,驻防<u>锦州</u>。九月,还。十月,以驻<u>高桥</u>时,遇<u>敏惠恭和元妃</u>丧,<u>扎喀纳</u>从<u>武英郡王</u>歌舞为乐,坐大不敬罪,削爵,黜宗室,幽禁。

顺治二年二月，叙从睿亲王多尔衮定京师功，仍入宗室，授辅国公品级。九月，同镇国公傅勒赫驻江南。[一]十一月，随贝勒勒克德浑征湖广。凯旋，赐金五十两、银千两。五年十二月，随郡王瓦克达赴英亲王阿济格军，驻防大同。六年九月，晋封固山贝子。九年七月，随敬谨亲王尼堪征湖南，赐蟒衣、鞍马、弓矢。至衡州，敬谨亲王战殁，上以贝勒屯齐代其任，扎喀纳合军，败贼兵十万于周家坡。十一年十月，议随敬谨亲王战殁罪，削爵。十二年八月，复授辅国公品级。十五年正月，随信郡王多尼征明桂王朱由榔于云南，抵贵阳，沿途败贼，降伪官刘之扶、王宗臣等百馀、马步兵千馀。师进云南省城，由榔遁，攻永昌，克之。十六年闰三月，卒于军，年四十有九。

初次袭玛喀纳，辅国公品级扎喀纳第五子。康熙四年三月，降袭三等镇国将军品级。四十三年二月，因校射不娴，削级。

二次袭玛商阿，原袭三等镇国将军品级玛喀纳孙，闲散宗室玛稷第二子。雍正七年闰七月，授七品笔帖式。十一年九月，降袭三等奉国将军品级。乾隆四年十二月，授护军参领。十四年四月，卒，年四十有三。

三次袭英禄，三等奉国将军品级玛商阿第二子。乾隆十四年十月，降袭奉恩将军品级。四十年闰十月，卒，年四十有一。

四次袭福亨额，奉恩将军品级英禄第一子。乾隆四十一年十月，降袭云骑尉品级。嘉庆七年七月，卒，年五十。爵除。

【校勘记】

〔一〕同镇国公傅勒赫驻江南　“傅”原作“博”，形似而讹。耆献类征卷首一一叶二一下同。今据章录卷二〇叶一八上改。

和硕贝勒莽古尔泰

莽古尔泰,太祖高皇帝第五子。岁壬子九月,从上征乌拉,克城六。莽古尔泰等请渡水击,上止之,曰:"我且削其外城,无仆无以为主? 无民无以为君?"遂毁所得六城,移驻富勒哈河。越日,于乌拉河建木城,留兵千守。天命元年,授和硕贝勒,以齿序,莽古尔泰为"三贝勒"。四年三月,明总兵杜松等率师六万出抚顺关,上亲统师迎击,莽古尔泰从至界藩,设伏萨尔浒谷口,明兵过将半,尾击之。我师据界藩之吉林崖,明兵营萨尔浒山,以二万众来攻吉林。莽古尔泰同大贝勒代善等以兵千卫吉林,复合力攻萨尔浒山,破之;又破明兵于尚间崖。时明总兵刘綎出宽甸略栋鄂,上命同代善等御之,至瓦尔喀什窝集,击败明兵二万,阵斩綎。事详礼烈亲王传。八月,从上征叶赫,围其城,其贝勒布扬古及弟布尔杭古降,叶赫平。五年八月,上征明,由懿路、蒲河进,明兵出沈阳城者各引退,谕莽古尔泰领本部追之。莽古尔泰遂率健锐百人追杀总兵李秉诚、副将赵率教兵,越沈阳城东至浑河始返。六年七月,镇江城降将陈良策叛投明总兵毛文龙,同代善迁金州民于复州。十年正月,明葺城守旅顺口,攻克之,歼其众。十一月,率师援科尔沁,解其围。十一年四月,上征喀尔喀巴林部,命代善、诸贝勒略西拉木伦,诸贝勒以马乏不能进,莽古尔泰独领兵夜渡,击之,俘获无算。

天聪元年五月,攻明右屯卫,又以偏师卫塔山粮运。三年十月,从上征明,贝勒阿巴泰、阿济格先从龙井关入,斩明汉儿庄副将易爱等，莽古尔泰偕贝勒多尔衮、多铎至，其守将遂以城降，并招抚潘家口守备金有光，中军范民良、蒋进乔。翌日，上统师克洪山口，趋遵化，莽古尔泰自汉儿庄合营，败明山海关总兵赵率教兵，擒其副将臧调元。旋奉命赴通州视渡口。是月，大军进薄京城，明诸道兵入援，屯广渠门外，莽古尔泰分遣护军前行，令阿巴泰、阿济格等攻之，追杀至壕，莽古尔泰与贝勒多铎留后，值明溃卒来犯，击歼之。十二月，从上视蓟州，破明山海关援兵。四年二月，克永平、遵化。还，与明兵遇，败之。

五年三月，命诸贝勒直言时政，莽古尔泰奏曰："谳狱据供词以定是非，未敢明知枉断，惟恐事久怠生。臣与诸贝勒大臣倍加策励。"八月，从上围明大凌河城，正蓝旗兵围其南，莽古尔泰军其中为策应。九月，败明监军道张春、总兵吴襄等援兵。事详礼烈亲王传。十月，议莽古尔泰于御前露刃，大不敬，罚银万两，撤五佐领归公。六年五月，从上征察哈尔，林丹汗遁，移师征明归化城，略大同、宣府。七月，师还。十二月，薨，年四十六。上临哭，丙夜始还。翌日，设幄，议祭奠事，是夜乃还宫。九年十二月，以所属冷僧机追首莽古尔泰朋谋不轨事，削贝勒，黜宗室。爵除。

多罗贝勒德格类

德格类，太祖高皇帝第十子。初授台吉。天命六年二月，大军略明奉集堡，将旋，有小卒指明兵所在，德格类同台吉岳托、硕托击败明兵二百，追逼明总兵李秉诚营，其众二千溃遁。三月，同台吉寨桑古阅三岔河桥，〔一〕至海州，城中官民张乐，舆迎德格类等,令军毋扰民,不得夺财物;[二]士皆登城宿,勿入民室。次日,安抚居民而还。八年四月,同台吉阿巴泰征喀尔喀扎噜特部。十一年十月,复随大贝勒代善征扎噜特部。是年,封多罗贝勒。天聪三年九月,同贝勒济尔哈朗等略明锦州,焚其积聚,俘获无算。

五年六月,命诸贝勒直言时政,德格类奏曰:"国家要在慎选正直,任以国事。屏谗邪,远奸佞,则贤不肖皆知取法。臣等与诸贝勒皆以公正自持,效忠竭力。至谳狱,或刑罚不中,请即罢斥,另选良臣任法司,则政简刑清,国家何忧不太平?"七月,初设六部,命理户部事。八月,从上围明大凌河城,正蓝旗兵围其南,德格类军其中为策应。九月,败明监军道张春、总兵吴襄等援兵。事详礼烈亲王传。十月,明总兵祖大寿降,同贝勒阿巴泰夜袭锦州,击斩甚众。事详饶馀敏郡王传。

六年五月,同贝勒济尔哈朗等俘察哈尔部众于归化城及黄河诸路。九月,同贝勒岳托等拓疆,自耀州展至盖州迤南。七年六月,攻旅顺口,克之。八年五月,从大军征明。六月,招抚蒙古来归户众。七月,克独石口,进攻赤城,未拔,入保安州,会大军于应州,师还。九年十月,薨,年四十。上临哭,丙夜乃还,设幄而居,撤馔三日。诸贝勒大臣劝慰再三,始还宫。十二月,莽古尔泰既为冷僧机所告,以大逆削爵除籍,德格类其母弟,曾与谋,追削贝勒,黜宗室。爵除。

【校勘记】

〔一〕同台吉寨桑古阅三岔河桥　原脱"河"字。耆献类征卷首一二叶四上同。今据武录卷二叶一四下，及高录卷七叶二三下补。

〔二〕不得夺财物　原脱"不得"二字。耆献类征卷首一二叶四上同。

今据高录卷七叶二四上补。

多罗贝勒拜音图

拜音图，显祖宣皇帝孙，追封笃义贝勒巴雅喇第三子。天聪八年四月，太宗文皇帝加恩宗室，授拜音图三等子爵，与功臣同。六月，随贝勒阿济格迎察哈尔来降之土巴济农。九年十二月，授镶黄旗都统。崇德元年五月，随武英郡王阿济格征明，略保定府，攻安肃县，克之。九月，师还。十月，同诸王大臣以所获陈献笃恭殿前，部臣差等以闻。上曰："朕闻拜音图不忘君上，俘获之时，即简选收藏，携归进献，具见敬忱，甚为可嘉！"十二月，从征朝鲜，以骑入其城，收其辎重。三年十月，随睿亲王多尔衮征明，同都统图尔格败敌于董家口，毁边墙入，克青山关下城。六年八月，议拜音图弟巩阿岱随大军围锦州时临阵退缩罪，下王大臣会鞫，拜音图拂袖出，坐徇庇，论死，得旨革职，罢都统任，并罚锾。寻，率兵助睿亲王军于锦州，复同贝勒多铎围守松山。七年六月，复都统任。

顺治二年正月，随豫亲王多铎败贼将刘方亮于潼关。是月，封一等镇国将军。三月，赐绣服一袭。四月，南征，克扬州，以舟师破其兵于江南岸。六月，同贝子博洛攻下杭州。十月，叙功，赐金八十两、银四千两、鞍马一。三年五月，授三等公。寻，随豫亲王击败喀尔喀部兵，晋封镇国公。五年十一月，晋固山贝子。随英亲王阿济格戍大同。六年九月，攻叛镇姜瓖馀党于沁州，贼遁,拔其城;复围伪道胡国鼎于潞安,歼之。十月,晋封多罗贝勒。九年三月,以阿附睿亲王,削爵,幽禁,黜宗室。爵除。嘉庆四年四月,奉特旨,拜音图后裔海福等七人,着复入宗室。

多罗贝勒硕托

硕托,太祖高皇帝孙,礼烈亲王代善第二子。初授台吉。天命六年二月,从上征明奉集堡,败明兵二百。十年十一月,同贝勒莽古尔泰等援科尔沁,解其围。十一年四月,随父大贝勒代善征喀尔喀巴林部,十月,征扎噜特部,有功,授贝勒。天聪元年正月,随二贝勒阿敏等征朝鲜,定盟而还。五月,从上征明大凌河,围锦州。四年五月,明兵复围滦州,阿敏杀降者,弃永平归。六月,议硕托不力阻、偕归罪,削爵。五年八月,从上征明锦州,明兵攻贝勒阿济格营,硕托同击败之,伤股,上亲劳,以金卮酌赐。九月,明兵趋大凌河,硕托击败明监军道张春兵,手复被创。七年正月,以力战受伤,奖赐綵缎十、布百。八年七月,随代善征明,自喀喇鄂博攻得胜堡,克之;又击败朔州骑兵。八月,同贝勒萨哈璘略代州,拔崞县,分克原平驿。寻封固山贝子。

崇德元年十二月,从上征朝鲜,败其援兵二万馀于南汉山城。二年四月,同武英郡王阿济格攻明皮岛,克之。三年八月,同郑亲王济尔哈朗征明宁远。四年正月,以僭上越分,降辅国公。二月,同武英郡王征明。五月,论锦州、宁远功,赐驼、马各一。五年六月,随睿亲王多尔衮围锦州。嗣以我军离城远驻,又遣弁私归,谕责之曰:"尔曾获罪,朕屡宽宥,不思竭力效忠,报朕屡次宥罪之恩,反若事不关己。今后再罹于罪,任法司治之,必不尔宥也。"廷议削爵，诏从宽罚锾。寻复封固山贝子。八年八月，以同郡王阿达礼谋立睿亲王，伏诛，黜宗室。爵除。

多罗贝勒延信

延信，太宗文皇帝曾孙，肃武亲王豪格孙。父猛峨，封多罗温郡王，传子佛永辉，无嗣；传弟延绶，坐行止不端，降贝勒。延绶子揆慧降袭辅国公，坐昏庸削爵。延信，猛峨第三子。康熙二十六年正月，封三等奉国将军。三十七年十二月，授二等侍卫。四十年十月，预议政，授正蓝旗满洲都统。四十五年十月，以病解都统任。五十二年四月，复任都统。五十七年十月，随贝子允禵征策妄阿喇布坦，延信称："准噶尔与青海部世婚，我军众寡，青海知之，准噶尔亦知之。今年既未进兵，我军可无出口驻扎。"允禵疏闻，诏大军驻西宁。五十九年正月，授平逆将军，由青海往平西藏。八月，击败策零敦多卜于布克河、齐诺郭勒、绰玛喇，遂定西藏。事闻，得旨嘉奖。六十年六月，谕宗人府："平逆将军延信统领满洲、蒙古、绿旗兵，过自古未到之烟瘴恶水、无人居住之绝域，歼灭丑类，平定藏地，克展勇略，深属可嘉！着封为辅国公。"六十一年十二月，摄抚远大将军事。寻，授西安将军。雍正元年二月，兄子揆慧既削爵，议以延信袭，延信故公爵，遂晋封固山贝子。八月，叙功，晋封多罗贝勒。

五年九月，回京。十二月，上以延信与阿其那、阿灵阿、拉锡、普奇、苏努等结党；在西宁军前，又因结允禵，徇隐年羹尧；后令伊进藏防守，托病迁延；西安将军任内，不实心办理军务，亦未陈奏要事，训练不亲往，滥保官兵；询以应否进藏，辄云路有烟瘴,畏惧出征;进藏时,并侵帑十万两;在御前傲慢无礼:种种罪恶,尽行败露。命革贝勒,交王大臣逐款严审,定拟具奏。寻,经王大臣审讯延信罪凡二十款,奏言党援之罪七:一、延信向与阿其那、阿灵阿、拉锡、普奇等结为党羽,与二阿哥为敌;一、徇隐年羹尧不臣之心;一、在西宁时,阴与允禵交结;一、令伊进藏时,托病迁延,钻营年羹尧,代伊解释;一、延信原系阿其那、阿灵阿、苏努等同党,奉旨交问,伊反将无干之汉人路振扬举出;一、称阿其那朴实,阿灵阿为人杰,与阿尔松阿结为姻亲;一、捏造逆言,告知年羹尧希脱党谋。又大不敬之罪四:一、当御前昂然伸足;一、谕旨切责,坐听不跪聆;一、时届万寿圣节,不俟庆祝,即起程回任;一、在西宁时,不遵谕旨将地方要务陈奏。又欺妄之罪一:假捏病状,扶杖行走,及令署大将军,弃杖前往。负恩之罪一:在将军任内,不亲加训练。要结人心之罪一:妄行保题官兵九十馀人。贪婪之罪一:进藏时,侵帑十万两入己。扰乱政事之罪二:一、混行痛责士卒;一、询以应否进藏,辄云路有烟瘴,希图惑众。失误兵机之罪三:一、因青海用兵,擅调远处兵丁,几致可危;一、闻贼临边,拥兵不发,迨新城子失陷后始发兵;一、将拿到逆贼阿拉布坦温布属下蒙古七人,并不究审,竟行释放。罪凡二十款,供状明白,请按律斩决。得旨,延信从宽免死,着监禁,黜宗室。爵除。

清史列传卷四

大臣画一传档正编一

费英东

费英东,姓瓜尔佳氏,世居苏完。后隶满洲镶黄旗。骁果善射,引强弓十馀石。太祖高皇帝创业之初,随其父苏完部长索尔果首率所部军民五百户来归,太祖嘉之,授一等大臣,尚主。

有兑沁巴颜者,费英东女兄之夫也,谋逆,费英东擒而诛之。初,征瓦尔喀部,取噶嘉路,杀部长阿球,降其众以归。戊戌年正月,同台吉褚英等统兵千人再征瓦尔喀,取安楚拉库路,围屯寨二十馀,所属人户悉招降之。丁未年正月,斐悠城长苦乌拉侵扰,请内附,费英东同贝勒舒尔哈齐等迁之,尽收其环城屯寨,令侍卫扈尔汉护五百户先归。乌拉以兵追击,相持未下,费英东率师继至,大败之。五月,讨东海渥集部,与贝勒巴雅喇等取赫席赫路,[一]鄂摩和苏鲁路、佛讷赫托克索路,俘二千人而还。辛亥年七月,同台吉阿巴泰等取乌尔固辰、穆棱二路。癸丑年正月,从<u>太祖</u>征<u>乌拉</u>,同诸贝勒大臣力战破敌,乘胜夺门,遂拔其城。

寻,命与<u>何和哩</u>、<u>额亦都</u>、<u>扈尔汉</u>、<u>安费扬古</u>为五大臣,佐理国事。天命四年二月,<u>明</u>兵四路来侵,一军据<u>萨尔浒山</u>巅,<u>费英东</u>率本旗兵进击,破之。<u>太祖</u>之征<u>明</u>取<u>抚顺</u>也,<u>明</u>兵来援,炮惊<u>费英东</u>马,旁逸,诸军不前,<u>费英东</u>回马大呼,挥诸军并进,遂破之。<u>太祖</u>拊髀叹曰:“万人敌也!”从攻<u>叶赫</u>城,城上矢石雨下,<u>太祖</u>命之退,对曰:“我兵已薄城下矣!”再命之退,对曰:“势垂克,必不退。”竟拔其城。

<u>费英东</u>自少从<u>太祖</u>征讨诸国,三十馀年,身先兵士,冲突坚阵,当其锋者莫不披靡。性忠直,遇事敢言,毅然不挠。以功授三等子,世袭。五年三月,卒,年五十有七。<u>太祖</u>闻之哀恸,亲临其丧。<u>太宗文皇帝</u>天聪六年,追封<u>直义公</u>,配享太庙。八年,以其子<u>察喀尼</u>袭爵,赐敕免死二次。[二]<u>太宗</u>尝谕群臣曰:“<u>费英东</u>见人不善,必先自斥责而后劲之;[三]见人之善,必先自奖劝而后举之。被劲者无怨言,被举者亦无骄色。朕未闻诸臣以善恶直奏似斯人也!”<u>顺治</u>十六年,<u>世祖章皇帝</u>念佐命勋臣,诏晋<u>费英东</u>世爵为三等公。<u>康熙</u>九年,<u>圣祖仁皇帝</u>御制碑文,勒石纪勋。<u>雍正</u>九年,<u>世宗宪皇帝</u>加封号曰信勇。<u>乾隆</u>四十三年,上追念<u>费英东</u>忠勋,晋世爵为一等公。

【校勘记】

〔一〕与贝勒巴雅喇等取赫席赫路　“巴”原误作“色”。耆献类征卷二六一叶一下,及<u>满洲名臣传</u>(京都菊花书屋巾箱本,以下简称<u>满</u>

传)卷一叶二上均同。今据原国史馆纂修的大臣列传稿本之四二费英东传(北京中国第一历史档案馆藏,凡四十四包,有正本、清本、初稿本、改正本之别。以下简称某某传稿,只言包之号码),及高录卷三叶一二下改。

〔二〕赐敕免死二次 "敕"原误作"勋"。耆献类征卷二六一叶二上同。今据费英东传稿(之四二)改。按满传卷一叶三上不误。

〔三〕必先自斥责而后刻之 "之"原误作"人"。耆献类征卷二六一叶二上,及满传卷一叶三下均同。今据费英东传稿(之四二)改。

额亦都

额亦都,姓钮祜禄氏,世居长白山。后归太祖高皇帝,隶满洲镶黄旗。幼时,父母为人所害,额亦都以邻人匿之,得免。年十三,手刃其仇,避走嘉木瑚地,依于其姑。居数岁,太祖过其地,额亦都识为真主,请事太祖,白于姑,姑止之,不可,遂从行。岁癸未,从太祖讨尼堪外兰于图伦城,先登,攻色克济城,掩敌无备,取之;又别率兵攻舒勒克布占,克其城。额亦都骁果善战,挽弓十石,能以少击众,所向克捷。太祖知其能,日见信任。

丁亥年八月,命督兵取巴尔达城,至浑河,河涨不能涉,以绳联军士,鱼贯而渡。夜薄其城,率骁卒先登,城中兵猝惊起拒,跨堞而战,飞矢贯股,着于堞,挥刀断矢,战益力,被五十馀创,不退,卒拔其城而还。太祖迎于郊,燕劳之,其所俘获,悉以赐,遂赐号"巴图鲁"。萨克察之入寇也,额亦都率数人御敌,大败之,夜入其城,进攻,连克尼玛兰城及章嘉城、索尔瑚寨,功最。师还,上迎劳如初。界藩有科什者以勇闻,盗九马遁。额亦都单骑

追斩之,尽返所盗马。家穆瑚之贝挥巴颜谋叛附哈达,〔一〕命讨
之,诛其父子五人以还。

　　癸巳年九月,叶赫九国之师来侵,太祖陈兵古埒山,命额亦
都以百骑挑战,敌悉众来犯,奋击,殪九人,敌却;大兵继之,斩叶
赫贝勒布斋,〔二〕九国之师皆溃,遂乘胜略诺赛寨及兆嘉村。会
我军有齐法罕者战殁,额亦都直入敌阵,以其尸还。讷殷路者九
国之一也,其长收稳色克什既败归,复聚七寨之众据守佛多和
山。命同理事大臣噶盖等以兵千人围其寨,三月,下之,斩收稳
色克什。上赐所乘马,以旌其劳。丁未年五月,同大臣费英东随
贝勒巴雅喇征东海渥集部,有功。庚戌年十一月,命招抚窝集部
之那木都禄、绥芬、宁古塔、尼玛察四路,降其长康果哩等十九
人。师旋,乘胜击取雅揽路,俘万人而还。辛亥年十二月,同额
驸何和哩等征渥集部之呼尔哈路,克扎库塔城。

　　天命二年,同内大臣安费扬古攻明马哈单、花豹冲、三岔儿
堡,〔三〕并克之。四年,明经略杨镐率六总兵,统兵二十馀万,分
四路来侵。大贝勒代善出御明总兵杜松、王宣、赵梦麟兵于抚
顺,过扎喀关,议驻师僻地,以竢太祖。太宗文皇帝时为“四贝
勒”,谓界藩山有筑城夫役,急往护之,宜耀兵向敌,以壮夫役士
卒之胆,不当驻僻地示弱。众议未决,额亦都曰:“贝勒之言是
也。”遂进师界藩。会太祖大兵亦至,指挥夹击,大破明兵于吉林
崖及萨尔浒山,明三总兵皆殁于阵。还破明总兵马林于尚间崖、
刘綎于阿布达哩冈。额亦都皆在事有功。连岁太祖亲征各部之
不用命者,若哈达、辉发、乌拉、叶赫,以次削平。

　　额亦都在行间,辄为军前锋,用兵垂四十馀年,未尝挫衄。

每克敌受赐，辄分给将士之有功者，不以自私，太祖特优遇之。
当天命建元之初，国人有私诉于额亦都者，额亦都擅自听断。太
祖以大臣不应听受私诉，恐一人独断，必至生乱，因罪额亦都，并
着为禁令；然心知其忠诚，宠顾不少衰。初，妻以宗女，后尚和硕
公主。与费英东等同为五大臣，佐理国政。累官至一等内大臣，
授爵一等子。天命六年，卒于官，年六十。太祖亲临哭之恸，[四]
祭葬如礼。太宗文皇帝天聪元年，追封弘毅公，配享太庙。议
功，以其子遏必隆袭一等子。世祖章皇帝复建碑墓道，用表
勋焉。

【校勘记】

〔一〕家穆瑚之贝挥巴颜谋叛附哈达　"贝"下原衍一"勒"字。耆献类
　　征卷二六一叶一三下同。今据额亦都传稿（之四二）改。按满传
　　卷一叶五下不误。

〔二〕斩叶赫贝勒布斋　"斋"原作"齐"，形似而讹。耆献类征卷二六
　　一叶一三下，及满传卷一叶五下均同。今据额亦都传稿（之四
　　二）改。按武录卷一叶一〇上又作"戒"，与"斋"音近。参卷一代
　　善传校勘记〔二〕。

〔三〕三岔儿堡　原脱"三"字。耆献类征卷二六一叶一四上，及满传
　　卷一叶六下均同。今据额亦都传稿（之四二），及武录卷二叶一
　　一下；高录卷五叶二三上补。

〔四〕太祖亲临哭之恸　原脱"临"字。耆献类征卷二六一叶一五上
　　同。今据额亦都传稿（之四二），及武录卷三叶一五上，高录卷七
　　叶二九下补。按满传卷一叶八上不脱。

扈尔汉

扈尔汉，姓佟佳氏，世居雅尔古寨。后隶满洲正白旗。太祖高皇帝戊子年，从其父扈喇虎率所属来归，恩遇之，赐姓觉罗。寻授一等大臣，居五大臣之列。扈尔汉感上抚育恩，誓以戎行效死，每出战辄为前锋。瓦尔喀部斐悠城长策穆特黑者，苦乌拉贝勒布占泰之虐，请内附，上命扈尔汉随贝勒舒尔哈齐往徙之。扈尔汉以兵三百护五百户先行，乌拉闻之，遣万人邀诸路。扈尔汉结寨山巅，分百人卫降者，身率二百人与乌拉军相持不下。翌日，敌悉众来战，同扬古利击却之。丁未年，从贝勒巴雅喇等征东海渥集部，有功。己酉年，复率兵千人征渥集部所属溥野路，尽降其部落，收二千户而还。太祖嘉之，赏甲胄、驷马，赐号"达尔汉"。辛亥年，同何和哩等征渥集部之虎尔哈路，围扎库塔城三日，攻克之。癸丑年，从征乌拉，乘势夺门，遂克其城。天命元年，同安费扬古统兵二千征东海萨哈连部，至兀尔简河，刳舟二百，水陆并进，收河南北三十六寨、黑龙江北十一寨；又招降使犬、诺洛、石拉忻诸部长。

四年，明兵四道来侵，扈尔汉从击抚顺、开原二路，大败其众。明总兵刘綎复由宽奠口进董鄂，扈尔汉先奉命率大兵千人伏山隘以扼其冲，众贝勒继至，引左右两翼兵夹攻，綎仓卒不及阵，歼其兵五万人，綎战死。先是，扈尔汉率兵往御董鄂路，遇明游击乔一琦，击败之，一琦奔孤拉库崖朝鲜营，自缢死。明年，上复征明，扈尔汉从，又击败明总兵贺世贤等军于沈阳。历加世职至三等总兵官。六年十月，卒，年四十八。太祖亲临哭之，以其子准塔袭。

佟养正　子佟图赖

佟养正,辽东人。其先为满洲,世居佟佳,以地为氏。祖达尔哈齐,以贸易寓居开原,继迁抚顺,遂家焉。天命初,佟养正有从弟佟养性,输诚太祖高皇帝,于是大军征明克抚顺,佟养正遂挈家并族属来归,隶汉军。六年,从征辽阳,以功授三等轻车都尉世职。奉命驻守朝鲜界之镇江城,时城守中军陈良策潜通明将毛文龙,诈令谍者称兵至。各堡皆呼噪,城中大惊,良策乘乱据城叛,佟养正被执,不屈,死之。长子佟丰年并从者六十人俱被害。诏以次子佟图赖袭世职。

佟图赖初名佟盛年,后改今名。天聪五年,太宗文皇帝征明,围大凌河,破监军道张春援兵,佟图赖以从征有功,晋二等轻车都尉。崇德三年,授兵部右参政。五年,随睿亲王多尔衮围锦州,取白官儿屯台。六年,随郑亲王济尔哈朗复围锦州,取金塔口三台。七年,攻松山城,明人突出骑兵夺我红衣炮,佟图赖击败之,又败山口步兵,克塔山、杏山诸台,遂下其城二。论功,晋一等轻车都尉。始分汉军为八旗,佟图赖隶镶黄旗,授正蓝旗都统。是时军士多奉命分略明边地,佟图赖以为不如深入明境,直取燕京。乃与都统李国翰等奏言:"天意归于圣主,大统攸属,明国人心摇动。当因天时,顺人事,攻拔燕京,控扼山海,则万世鸿基由此而定。"上以大兵不取关外四城,何能即克山海,优旨开谕之。八年,随郑亲王收前屯卫、中后所二城,加一云骑尉世职。

顺治元年,调镶白旗都统。同都统巴哈纳、石廷柱招降山东四府、七州、三十二县。七月，下太原，招降九府、二十七州、一百四十一县。师还，赐白金四百两。寻，随豫亲王多铎剿流贼李自成，屡破贼众于黄河岸，毁其栅，获战舰十五，遂平河南。二年五月，军次江南，败明舟师于扬子江，先后攻扬州及嘉兴诸府，皆下之。晋爵二等男，赐蟒服、黄金三十两、白金千五百两。五年，授定南将军，与都统刘之源率左翼汉军驻宝庆。时湖广贼渠马进忠等寇衡、湘、辰、永间，陷宝庆，佟图赖至，击破贼众，进拔其城。六年，郑亲王率师征湖广，佟图赖分兵趋衡州，所向皆捷，阵斩伪总兵陶养用，破伪伯胡一清等七营兵于城南，乘胜疾击，连破贼兵于望公岭、山峪口。一清穷蹙，集溃众万馀距广西全州三十里，立六营以自保，又破之，遂下全州。还师驻衡州，贼犯常宁，遣佐领陈天谟等驰剿之，战于石鼓洞，贼众大败，斩其渠二人。八年，凯旋，赐宴，得优赏。寻授礼部侍郎，复调正蓝旗都统。叠奉恩诏，晋秩至三等子，世袭。

十三年八月，引疾乞休，世祖章皇帝笃念前劳，命加太子太保，以原官致仕。十五年，卒于家，年五十有三。上闻之，辍朝震悼，予祭葬如典礼，赠少保兼太子太保，谥勤襄。康熙十六年，圣祖仁皇帝以孝康皇太后推恩所生，特赠佟图赖一等公爵，令其子佟国纲承袭，并令改隶满洲。雍正元年，追封佟养正一等公，谥曰忠烈，诏祀昭忠祠，与佟图赖并加赠太师。明年，敕建佟图赖专祠，赐额曰"功崇元祀"。

西喇布　子玛喇希

西喇布，世居完颜，以地为氏。太祖高皇帝时，率所部来归。

常翼卫太祖,列理事十大臣。癸巳年,富尔佳齐之役,哈达西忒库以两矢射淑贝勒,西喇布并奋身当之,中创而殁,恤赠二等轻车都尉。后定八旗佐领,俾其子噶禄、玛喇希隶满洲镶红旗。噶禄袭世职。从征沙岭,有功,加二等轻车都尉。卒,无嗣。

天聪九年,太宗文皇帝命免功臣徭役,玛喇希以父功授佐领,并袭其兄二等轻车都尉。崇德二年,随都统叶克舒等征卦勒察,有功。明年七月,任刑部理事官。八月,擢蒙古副都统。又明年,授都统。寻随睿亲王多尔衮等围锦州,坐阿徇王贝勒等私遣官兵归家、离城远驻,论罪,罚赎。复随贝勒阿巴泰等征明,[一]夺黄崖口,入长城,所至克捷。七年,部臣奏大军击明总督洪承畴时,玛喇希承勘护军统领噶布喇败走罪状,任其狡辩,不能确审,应请议罪,上命免之。

顺治元年四月,随睿亲王多尔衮自山海关破流贼李自成,复追击至望都。十二月,与都统阿山征陕西,自蒲州渡河,击斩贼众。叙功,加一等轻车都尉兼云骑尉。寻,奉命移师往会豫亲王多铎南征。二年五月,自归德渡河,率众夺泗北淮河桥,明守泗总兵焚桥遁走,大军遂夜渡,玛喇希与都统宗室拜音图以红衣炮攻克武冈寨;引兵而东,击败明守将黄蜚等步兵数万于常州,下宜兴;进攻昆山,途遇明水军战舰,击破之。值都统恩格图等列炮攻昆山县城,玛喇希率所部兵趋颓堞,先登,遂拔昆山,克常熟。师旋,晋三等男。四年八月,随定远大将军肃亲王豪格西征,军至汉中,叛将贺珍遁走西乡县,玛喇希与都统鳌拜分兵驰击,蹑及于楚湖,斩获甚众。叙功,加二等男。五年,以失勘冒功妄争之参领希尔根罪,论罚赎,得旨宽免。会睿亲王出猎,玛喇希坐与都统噶达浑等私行射猎,镌秩一等。

八年,世祖章皇帝亲政,玛喇希讼削秩冤,诏复职,赠其父西喇布兼一骑都尉。两遇恩诏,晋三等子。九年九月,奉敕偕定南将军护军统领阿尔津平定广东。十月,调镇汉中。十二月,复调征湖广辰、常诸贼。十一年,以病卒,赐祭葬。越明年,上复追念西喇布之效命于太祖也,赐谥顺壮,视一品大臣例,立碑墓道;赐玛喇希谥忠僖,子玛尔汉袭爵。

【校勘记】

〔一〕复随贝勒阿巴泰等征明　“巴”原误作“尔”。耆献类征卷二六一叶七下同。今据文录卷四八叶二八下改。按满传卷二叶二四上不误。

觉罗拜山　　子顾纳岱　孙莫洛浑

觉罗拜山,满洲镶黄旗人,景祖翼皇帝第五弟宝郎阿之曾孙也。天命六年,从太祖高皇帝征明,攻沈阳,斩其骁将号秃尾狼者;明兵自城南悉众来战,复斩一副将,降其众。既克辽东,授三等轻车都尉世职。天聪元年,从攻锦州,不下,环守之;复移师往攻宁远,锦州兵潜出蹑我军后,拜山与佐领巴希争先还击,奋战,殁于阵。太宗文皇帝亲临其丧,酹酒哭之,赐人户、牲畜,赠三等男。

子顾纳岱,袭爵。崇德三年,从征明,击败明兵于山海关,追奔至丰润,又败之。时我军有出取刍束者,为敌所乘,顾纳岱驰往奋击,援众以归。至山东,败明内监冯永盛、总兵侯应禄军,攻博平,克之。晋爵一等男。<u>世祖章皇帝</u>顺治元年四月,<u>顾纳岱</u>以护军统领随<u>睿亲王</u><u>多尔衮</u>入山海关,击流贼<u>李自成</u>兵。十月,复随<u>豫亲王</u><u>多铎</u>追流贼至<u>陕州</u>,贼据山为阵,<u>顾纳岱</u>与护军统领<u>图赖</u>率兵驰击,斩获过半。三年二月,贼将<u>刘方亮</u>以兵千馀,乘夜窥我营中有备,出击败之,于是镶黄、正蓝、正白三旗兵协力进攻,[一]贼骑奔窜,遂克<u>潼关</u>,贼逼<u>西安</u>。叙功,加一云骑尉。

三月,随<u>豫亲王</u>徇<u>河南</u>,乘胜渡淮,四月,至<u>扬州</u>,与护军统领<u>伊尔都齐</u>等军于南城,获船二百馀,明日,合师薄城下,七日拔之。又败<u>明</u>帅<u>黄得功</u>舟师于<u>芜湖</u>,贝勒<u>博洛</u>徇<u>苏州</u>,<u>顾纳岱</u>破敌于<u>江泾</u>,还克<u>昆山</u>,攻<u>江阴</u>,大兵以红衣炮击破其城,<u>顾纳岱</u>先登。移兵趋<u>浙江</u>,败<u>明</u>守将水陆兵于<u>平湖</u>,收其战舰,进攻<u>嘉兴</u>。<u>明</u>兵悉众出战,背城结阵,<u>顾纳岱</u>与都统<u>恩格图</u>、<u>汉岱</u>等合击之,三战三捷。七月,旋师。明年,叙功,晋三等子。

会<u>苏尼特</u>部<u>腾机思</u>等叛奔<u>喀尔喀</u>,<u>顾纳岱</u>随<u>豫亲王</u>率兵往剿,<u>腾机思</u>等遁走;分遣蒙古追击败之于<u>欧特克山</u>。复自<u>土喇河</u>西行,击败<u>喀尔喀</u>兵于<u>查济布喇克</u>。寻以恩诏,晋二等子,世袭。五年,随征南将军<u>谭泰</u>讨叛镇<u>金声桓</u>至<u>九江</u>,大破逆将<u>吴将军</u>,进攻<u>南昌</u>,中炮,殁于阵,恤赠一等子,命其子<u>莫洛浑</u>袭。

<u>莫洛浑</u>历官一等侍卫。顺治十七年,授参领。从安南将军<u>达素</u>讨海寇<u>郑成功</u>,攻<u>厦门</u>,力战,死。康熙二年,<u>圣祖仁皇帝</u>念<u>拜山</u>、<u>顾纳岱</u>皆阵亡,<u>莫洛浑</u>又以战殁,嘉其"世笃忠贞",特赠<u>莫洛浑</u>爵三等伯,立碑墓侧,谥<u>刚勇</u>。无嗣,从弟<u>诺尔逊</u>、<u>席特库</u>分袭世职。

【校勘记】

〔一〕贼将刘方亮以兵千馀乘夜窥我营中有备出击败之于是镶黄正蓝正白三旗兵协力进攻　"方"原误作"元"，又"白"上脱"正"字。耆献类征卷三三一叶一六下，及满传卷四叶二六下至二七上均同。今据章录卷一四叶二上下改补。

武理堪　子武拜

武理堪，姓瓜尔佳氏，世居义屯。父伊兰柱徙居哈达之费德哩。太祖高皇帝未灭哈达时，武理堪来归。岁癸巳，叶赫贝勒布塞纠哈达、乌喇、辉发、科尔沁、席北、卦尔察、朱舍里、讷殷诸路兵来侵。武理堪奉命侦敌，出东道百馀里，将陟岭，群鸦噪集马前，若阻其行，武理堪心异之，自度与敌左，驰归以告。复奉命出扎喀路，薄暮至浑河，敌营河北。方会食，武理堪擒叶赫一卒讯之，言敌众三万将乘夜渡沙济岭而进，遂携以还报。时夜方半，传谕诸将俟达旦出师。我兵有谓敌兵众者，武理堪宣言曰："敌虽众，心不一，谁能御我？"及战，诸路敌兵果溃，布塞为我兵吴谈所杀。

天命四年，明分兵四路来侵，太祖亲统师击之，败其三路兵。明经略杨镐檄总兵李如柏引兵还沈阳，武理堪率二十骑至呼兰山，见敌军行山麓，乃于山巅驻马，大呼弓手，四顾为指麾伏兵状，敌望见惊溃。武理堪遂纵骑疾驰击之，斩四十人，获马五十，敌相蹂躏死者千馀。初定满洲旗制，武理堪隶正白旗，分辖人户为佐领。每有征伐，任前锋统领。既卒，太祖追念曰："武理堪从朕摧锋陷阵，几死者数矣！"以其长子武拜袭管佐领事。

武拜年十六，即随大军略明抚顺所，遇敌辄奋战，矢中颡，不顾。尝从太祖出猎，有熊突围上峻岭，太祖远见一人跃马射熊，贯胸而堕。谕侍臣雅荪曰："是非武拜不能！"遣视之，果然。复谕诸皇子曰："武拜之勇，今共见之矣！"遂授侍卫。天命四年，从征叶赫，负重创，力战不退。师还，赐良马。是时明总兵毛文龙诱我新附之众往归皮岛，武拜循徼三日，擒八十馀人。其来诱者乘骑遁，追及，射殪之。还奏，即以所获赐之管辖。六年，从征明，破敌于南寿山，授骑都尉世职。辽城既下，诸将分隶所俘有差。太祖以武拜能继父志，年少建功，命视一等大臣例，隶千人。十一年，蒙古巴林部贝勒囊努兔背盟劫掠，武拜随大军征之，我谍者为敌困，援之出，歼敌百人。

太宗文皇帝初即位，擢列十六大臣，佐理镶白旗事。命追捕叛逃蒙古，至都尔弼，有十五人拒战，武拜既被创，仍奋击，尽歼之。太宗谕诸大臣曰："是固先帝数嘉许者！"特予优赉。天聪四年，大军取明永平、滦州，武拜随贝勒阿敏守永平。闻明兵围滦州，率护军驰援，乘夜破明步兵营，会阿敏弃永平，武拜随归。逮系论罪，以其曾夜入敌营破敌，命释其缚。寻授前锋参领。五年，从征明，围大凌河城。同参领苏达喇赴锦州侦敌，有斩获。六年，从征察哈尔，率精锐先驱，遇叛逃蒙古五人，斩首以献。察哈尔林丹汗携其丁壮、牲畜渡黄河，西奔土默特部。大军还克归化城，武拜奉命抚辑降户。

八年，征明大同，额驸多尔济将中军，前锋统领图鲁什将左军，武拜将右军，明总兵曹文诏迎战，败之；复同参领席特库、萨海设伏宣府，擒明守备，歼其游骑。寻与承政阿什达尔汉等招察哈尔汗之子额哲及其大臣来归。九年五月,明屯兵大凌河西,武拜与都统阿山、石廷柱、图赖邀截其归路,阵斩副将刘应选,歼步骑五百馀,擒游击曹得功及守备三人,攻克松山城南台堡。师还,复设伏败敌兵。叙功,晋三等轻车都尉世职。是时,上遣诸贝勒征明朔州、代州、忻州,命武拜率兵驻上都城旧阯,侦军事。会军中遣使奏捷,遂与俱归。

　　崇德元年,同前锋统领劳萨等赍书至喜峰口、〔一〕潘家口谕明守边将吏,斩其逻卒二十三人,擒二人,获马十。是年冬,上亲征朝鲜,命同承政马福塔等率兵三百先行,袭其国都,寻败拒战兵;国王李倧潜遁南汉山城,大军进围之,武拜与劳萨歼敌援兵二百馀。二年,授前锋统领,列议政大臣。时参领丹岱、阿尔津等往土默特贸易,将还,遣武拜率将校赴归化城护之,遇明哨卒十六人,斩十五人,获马十九,擒一人,以还。三年四月,略明宁远,逐敌隳壕堑,斩馘甚众。八月,率兵八十人至洪山口,遇明兵,斩其裨将二,击走罗文峪骑兵五百,夺其纛,获马四十;又歼密云步兵百馀。五年,与劳萨率兵过中后所,略海滨,斩级二百,获马骡牲畜。旋受上方略,策应围锦州大军,驻要隘,屡击败敌兵。明年春,以大军攻围锦州弗力,论统师王贝勒及诸将罪,武拜坐罚锾。秋,上亲征松山,明兵败遁,武拜未截击,命拘系,旋释之。七年,随贝勒阿巴泰入明边,败敌于丰润、三河、静海及通州。八年,随郑亲王济尔哈朗取明中后所、前屯卫。是年十一月,改任正白旗副都统。

　　世祖章皇帝顺治元年,随睿亲王多尔衮入山海关,击败流贼李自成,追至望都。逾年,解副都统任,列内大臣。三年,苏尼特

部长腾机思叛,<u>武拜</u>随<u>豫亲王多铎</u>征之,斩获无算。四年,同辅
国公<u>巩阿岱</u>、内大臣<u>何洛会</u>率兵驻防<u>宣府</u>。先是,两叙军功,晋
一等轻车都尉;至是,论征<u>腾机思</u>功,晋爵一等子。屡遇恩诏,晋
二等伯。八年,同内大臣<u>罗什</u>、<u>博尔辉</u>等举发<u>英亲王阿济格</u>谋干
政事,优叙三等侯。未几,<u>罗什</u>、<u>博尔辉</u>以谄媚诸王造言构衅伏
诛,<u>武拜</u>坐附和,削职,籍没。十五年,<u>世祖</u>念<u>武拜</u>战阵功,命复
一等子爵,世袭罔替。<u>康熙</u>四年四月,卒,年七十。赐祭葬如例,
谥曰<u>果壮</u>。子<u>郎坦</u>袭爵,别有传。

【校勘记】

〔一〕同前锋统领劳萨等赍书至喜峰口　 “口”原误作“山”。<u>耆献类征</u>
　　卷二六二叶一一上同。今据<u>文录</u>卷二七叶二八上改。按<u>满传</u>卷
　　六叶四八下不误。

伟齐　　子穆里玛

　　<u>伟齐</u>,满洲镶黄旗人,姓<u>瓜尔佳</u>氏,<u>费英东</u>第九弟也。<u>天命</u>
十年,<u>太祖高皇帝</u>命同侍卫<u>博尔晋</u>等率兵二千往征<u>虎尔哈</u>,收获
五百户。凯旋,上郊劳,赐宴,并念其父<u>索尔和</u>归附功,授骑都尉
世职。会蒙古逃亡十户,<u>伟齐</u>追之,尽俘以归。<u>天聪</u>三年,从<u>太
宗文皇帝</u>征<u>明</u>,略地至<u>遵化</u>,三擒哨卒。<u>明</u>兵犯我师,<u>伟齐</u>遮击,
数逐北。论功,晋三等轻车都尉。上统大军出征,尝令<u>伟齐</u>留守
<u>盛京</u>,任八门提督。九年,命免功臣徭役,<u>伟齐</u>与焉;并增给佐领
人户,使之专辖。寻卒,以第六子<u>穆里玛</u>袭职。<u>世祖章皇帝</u>以<u>伟
齐</u>历事两朝,忠诚素著,赐谥<u>端勤</u>,视一等大臣例,立碑墓道。

擢穆里玛一等侍卫。顺治四年,授参领。屡遇恩诏,晋一等轻车都尉又一云骑尉,予世袭。五年,随征江西叛镇金声桓,师至童子渡,贼将列阵以拒,穆里玛与参领喀尔塔喇等击败之;复率兵渡河冲击,败贼众二千,至饶州,下其城。移师前进,贼集兵骑二万追袭,同参领巴都还击,贼兵却走。我军攻南昌,掘壕围守,声桓与其伪帅王得仁悉众拒战,穆里玛以本旗兵奋勇扑剿,连败贼众。十七年六月,擢工部尚书。八月,授都统。

康熙二年,四川贼李来亨等窜伏湖广郧、襄山中,聚寇劫掠,穆里玛奉圣祖仁皇帝命为靖西将军,与都统图海率禁旅,会楚、蜀之师讨之。时来亨拥众据茅麓山,穆里玛督兵攻围,九战皆捷。贼复夜袭总督李国英、提督郑蛟鳞等营,穆里玛分遣诸将先后援剿,追斩甚众。来亨势蹙,自焚死。招抚伪王侯及伪总督等官。论功,超晋一等男世爵。

内大臣公鳌拜,穆里玛兄也,辅政揽权,穆里玛及大学士班布尔善等私相党附,凡朝政皆就鳌拜家取进止。八年,鳌拜伏诛,穆里玛坐党恶营私,削爵,与班布尔善等并弃市。六十年,上念伟齐功,复以穆里玛之曾孙察克慎袭骑都尉世职。

额尔德尼

额尔德尼,世居都英额,姓纳喇氏。太祖高皇帝时来归,隶满洲正黄旗,赐号"巴克什"。每从上征讨蒙古诸部,能因其土俗、语言、文字,传宣诏令,招纳降附,著有劳绩。天命三年,上亲征明,取抚顺。师还,明总兵张承荫自广宁纠众追蹑,额尔德尼同诸将还击,败其众,斩承荫。叙功,授男爵。

初,己亥年二月,额尔德尼奉命同理事大臣噶盖创立国书,噶盖奏曰:"蒙古字传习已久,难以更制。"上曰:"我国之语必译蒙古为语读之,则未习蒙古语者不能知也。奈何以我国语制字为难,反以习他国语为易耶?"额尔德尼奏曰:"更制之法,臣等未能明,故难。"上曰:"无难也! 以蒙古字合我国语音联缀成句,即可因文见义矣。"会噶盖以事伏法,额尔德尼遵上指授,独任拟制,奏上裁定颁行。国书传布自此始。

额尔德尼既卒,太宗文皇帝复命儒臣达海、库尔禅等述其义益之。天聪七年,谕文馆诸臣曰:"额尔德尼遵太祖指授,创造国书,乃一代杰出之人,今也则亡!"世祖章皇帝顺治十一年,追谥文成。子萨哈连,官至銮仪卫冠军使。改入大学士希福族中,赐姓赫舍里。

达海

达海,满洲正蓝旗人,世居觉尔察,以地为氏。祖博洛,于国初归附;父艾密禅,官至散秩大臣,达海其第三子也。九岁读书,能通满、汉文义。弱冠,太祖高皇帝召直文馆,凡国家与明及蒙古、朝鲜词命,悉出其手。有诏旨应兼汉文音者,亦承命传宣,悉当上意。旋奉命译明会典及素书、三略。

天聪三年十月,太宗文皇帝亲统大兵征明,十二月,破满桂等四总兵军。上不欲究武,遣达海赍书与明议和,明人闭关不启。逾日,复赍议和书二通:一置德胜门外,一置安定门外。旋回军,由遵化略地而归。四年正月,从大兵征明,至沙河驿,以汉语谕降其众;至永平,乘夜攻其城,克之。上命达海执黄旗登城,谕官军百姓剃发来降，城中望见车驾，环跪呼"万岁"。时贝勒阿巴泰等率明投诚副将孟乔芳、杨文魁，游击杨声远自永平入见，达海承旨慰劳之。

　　先是，三屯营、汉儿庄俱已归顺，既而明兵袭三屯营，上虑汉儿庄降人复叛，令达海与启心郎穆成格、副将石廷柱等率兵往侦，仍以汉语谕之，遂抚定汉儿庄。四月，贝勒大臣等将自永平凯旋，上命从容谒见，所行事宜，即令乘便奏闻。达海传谕还奏，悉称旨。是年，翻译书成，授三等轻车都尉。五年七月，赐号"巴克什"。九月，从征大凌河，既破明兵，擒监军道张春等文武三十三人，达海宣上恩德，谕之使降。十月，复偕石廷柱招降明总兵祖大寿，先遣阵获参将姜新入城。既而新偕大凌河游击韩栋至，传大寿意曰："乞使石副将过壕，将布心腹于麾下。"达海曰："未奉上命，不敢令往。"栋因送大寿子为质，乃使廷柱往与大寿语，越日遂降。十一月，上宴归降各官，达海传谕慰劳如初。十二月，议定朝贺礼仪。明年三月，详定国书字体。

　　初，太祖指授文臣额尔德尼及噶盖创立国书，形声规模本体略具；达海继之，增为十二字头。至是，上谕达海曰："国书十二字头向无圈点，上下字雷同无别。幼学习之，遇书中寻常语言，视其文义犹易通晓；若人名、地名，必致错误。尔可酌加圈点以分析之，则音义明晓，于字学更有裨益矣。"达海遵旨寻绎，酌加圈点。又以国书与汉字对音未全者，于十二字头正字之外，增添外字；犹有不能尽协者，则以两字连写切成，其切音较汉字更为精当。由是国书之用益备。是年六月，卒。

　　疾亟时，上召侍臣，垂泪谕曰："朕以达海偶尔疾病，犹冀其全愈。今闻病笃，深轸朕怀！其及身未曾宠任，当优恤其子。尔等以朕言告之。"赐蟒缎，令侍臣赍往，达海闻命，感怆垂泪，已不能言矣。时方译通鉴、六韬、孟子、三国志、大乘经，未竣而卒。七年二月，诏以其长子雅秦降一等袭职，授骑都尉，仍管佐领。文臣例无世职，盖异数也。十年二月，上以达海通汉书，习典故，为国宣力，注念不忘，复召见其子三人赐馔、币；并谕其次子辰德勤习汉书。赐达海谥曰文成。康熙八年五月，圣祖仁皇帝诏赐立碑。

长子雅秦。第三子喇扪，以前锋统领从征逆藩吴三桂，与贼战衡州，殁于阵，赠云骑尉。第四子常额，当雅秦卒后，特授学士。雅秦子禅布，康熙八年，任秘书院学士，为达海请赐立碑，得旨："达海巴克什通满、汉文字，于满书加添圈点，令其分明；又照汉字增造字样，于今赖之！念其效力年久，著有勤劳，着仍追立石碑。"

希福

希福，姓赫舍里氏。曾祖穆瑚禄，祖特赫讷，父瑚什穆巴颜，世居都英额，再迁哈达。太祖高皇帝既灭哈达，希福从其兄硕色率所属来归。以通满、汉、蒙古文字，召直文馆。屡奉使诸蒙古部，赐号"巴克什"，文字之任，一以委之。后隶满洲正黄旗。

天聪二年九月，太宗文皇帝亲征察哈尔，令往征科尔沁兵，还，土谢图额驸奥巴止之曰："寇骑塞路，行将安之？即有罪谴，谁执其咎？"答曰："君命安得辞？死则死耳，事不可误也。"遂行，再宿达大营，复命曰："科尔沁兵不赴调，土谢图额驸奥巴已率兵他往侵掠,掠毕然后来会。”上怒,复遣壮士八人随之往,促其速赴调。行四昼夜,至小屯,遇敌,击杀三十馀人,卒达科尔沁所,以其兵来会。明年,奥巴至,上命希福与馆臣库尔禅等责让之,奥巴服罪,献驼马以谢。叙功,授骑都尉世职。复以从征燕京,败明兵于北门外,大凌河之役,同都统谭泰等争先奋击锦州援兵,师还,敌兵袭我后,又击败之,晋三等轻车都尉。

崇德元年,改文馆为内三院,希福为国史院承政。寻授弘文院大学士,晋二等轻车都尉。五月,[一]请定察治讹言惑众之例。三年,与大学士范文程请更定部院官阶之制。诏并可其奏。希福虽居内院,筦机务,犹间奉使察哈尔、喀尔喀、科尔沁诸部,编户口,设佐领,颁法律于蒙古,平其狱讼;或往来军营,宣示机宜,核功赏,相度形势,谕上德意于诸降人,还奏未尝不称旨也。顺治元年,翻译辽金元三史奏进,世祖章皇帝展阅再四,赏赉有加。

时都统谭泰附睿亲王多尔衮,希福素讥谭泰衰庸,又以所得分拨第宅二区相隔甚远,嘱谭泰更易之,谭泰不允。希福使人谓之曰:“尔为都统,即为我更拨一屋,有何不可而不能? 尔诚衰迈矣!”谭泰衔之。会谭泰弟副都统谭布诣希福,希福曰:“日者大学士范文程以‘堂餐华侈’语我,我对曰:‘吾侪儒臣也,非六部大臣及功勋大臣比,安得盛馔若此?’遂偕往启王,王以予言为然,且自咎曰:‘吾过矣!’”谭布退以告谭泰,谭泰讦之法司。希福坐伪传王言、诋谩大臣,欲构衅乱政,应论死。谳成,启王,王令免死,革职,罢任,寻籍其家。

八年二月,上亲政,雪其冤,复职给产,仍授弘文院大学士。九年正月,充纂修太宗实录总裁官。二月,充会试主考官。遇恩诏,晋三等男。又奉特旨,以希福为太祖、太宗任使,衔命驰驱,能尽心力,嘉其功,晋一等男。又遇恩诏,加一云骑尉。复以定鼎燕京时,希福方罢任,未获加授世职,至是特晋为三等子,世袭。十月,授议政大臣。十一月,病卒,年六十四。赠太保,谥文简。长子奇塔特,袭爵。

【校勘记】

〔一〕五月　"五月"原误作"四年"。耆献类征卷一叶一下,及满传卷三叶一五上均同。今据文录卷二九叶五下至六上改。

康果礼

康果礼,先世居那木都鲁,以地为氏。岁庚戌,太祖高皇帝命巴图鲁额亦都率兵千人征东海渥集部,招降那木都鲁、宁古塔、尼马察诸路屯长昂古、明安图巴颜、乌禄喀、僧格、尼喀哩、泰松阿等。时康果礼为绥芬屯长,与其地喀克都里、哈哈纳、绰和纳、伊勒占、苏尔休率兵壮千馀来归,赐金币,宴劳,授康果礼、喀克都里三等子,哈哈纳三等男,绰和纳三等轻车都尉,伊勒占、苏尔休骑都尉,分辖其众,为世管佐领六,隶满洲正白旗。旋以贝勒穆尔哈齐女妻康果礼,封和硕额驸。

天命三年,大兵征明,取抚顺,克抚安、三岔等十一堡,进鸦鹘关,破清河城。康果礼并在事有功。六年,从大兵征明沈阳,树云梯先登,遂克其城。太宗文皇帝初即位,以康果礼列十六大臣,佐理正白旗事。寻擢护军统领。天聪元年,随大贝勒阿敏征朝鲜,凯旋,分赐所俘获。三年,从上征明,入洪山口,克遵化城,薄燕京，上亲统大军驻德胜门外。明宁远巡抚袁崇焕、锦州总兵祖大寿率兵二万赴援，屯于城东南。上命康果礼随诸贝勒击之，诸贝勒击败敌兵，俱追至城壕。康果礼与参领郎球、汉岱等未至城壕而返，并论罪，削爵，罚锾，夺俘获。五年，卒。

佟养性　孙国瑶

佟养性，辽东人。先世为满洲，居佟佳，以地为氏。因业商，迁抚顺。天命初，见太祖高皇帝功德日盛，倾心输款，为明所觉，置之狱；潜出来归，赐尚宗室女，号曰"西屋里额驸"，授三等男。六年，从克辽阳，晋二等子。天聪五年正月，太宗文皇帝命督造红衣炮。初，军营未备火器，至是炮成，镌曰"天祐助威大将军"。征行则载以从，养性掌焉。

时汉军未分旗，敕养性总理，官民俱受节制，额驸李永芳及明副将石廷柱、鲍承先等先后来降者，与佟氏族人皆为所属。上以汉官渐多，虑养性无以服众志，特谕养性曰："凡汉人事务，付尔总理，各官分别贤否以闻。尔亦当殚厥忠忱，简善绌恶，恤兵抚民，竭力供职。勿私庇亲戚故旧，陵轹疏远仇雠，致负朕委任之意。昔廉颇、蔺相如一将一相，以争班位，几成嫌衅；幸相如重视国事，不念私仇，是以令名垂于千祀，愿尔之效之也！"又谕诸汉官曰："尔众官如能恪遵约束，非敬谨养性，是重国体而钦法令也。"

八月，从上征明，大军围明总兵祖大寿于大凌河，养性遵上方略，率汉军载红衣炮立营锦州通衢，击贼城西隅台，降守台兵；又击贼城南隅，坏楼堞。翌日，击东一台，台圮，守者宵遁，尽歼之。九月,关内兵援锦州,上遣亲军击敌,养性率汉军五百从,敌望风遁。明监军道张春与总兵吴襄等赴援大凌河,乘夜向城,上督骑兵破之。方追奔,明溃卒复阵,养性承旨屯敌营东,举炮攻毁敌营。十月,攻克于子章台,〔一〕炮击台垛,台内兵死者无算。十一月,祖大寿以大凌河城降,上命城中所得枪炮、铅药悉付养性。寻率兵攻克马家湖台,自大凌河至广宁,明所置台墩悉毁之。六年正月,上幸演武场阅兵,养性率所辖汉军试炮,摆甲列阵,上嘉其军容整肃,且以出兵大凌河时能遵方略,有克敌功,赐雕鞍良马一、〔二〕白金百两,设宴劳之。四月,上亲征察哈尔,命随贝勒阿巴泰等留守沈阳。七月,奉敕宣谕大凌河投诚各官。

察哈尔之役,上命参领颜布禄、佐领董山移哈尔占所贮粮于乌兰哈达,颜布禄调遣失人,迟久不至。下廷臣会议,罪当死,有旨覆勘,谕曰:“傥有可矜,则释之。”众皆言法当不宥,佟养性奏曰:“颜布禄等不知留贤员协助,而用不更事之人,误也。罪固应死,或惩责而曲贷之,实惟圣恩。”前锋参领图鲁什亦以惩之而全其生为请,上允二人议,颜布禄等遂从末减。

未几,养性卒于官,诏以其子普汉袭爵。普汉卒,弟六十袭。崇德七年,隶汉军正蓝旗。顺治初,六十屡遇恩诏,晋三等伯,仕至本旗都统。十三年,世祖章皇帝追录旧勋,赐佟养性谥,曰勤惠。六十卒,子国瑶袭。

【校勘记】

〔一〕攻克于子章台　原脱“于”字。耆献类征卷二六二叶三二上,及满传卷六叶一〇上均同。今据文录卷一〇叶二下补。

〔二〕赐雕鞍良马一　"鞍"原误作"翎"。耆献类征卷二六二叶三二上同。今据文录卷一一叶一二下改。按满传卷六叶一〇下不误。

阿什达尔汉

阿什达尔汉,姓纳喇氏,叶赫贝勒金台石同族兄弟之子,太宗文皇帝诸舅也。太祖高皇帝初年灭叶赫,阿什达尔汉率属来归,授佐领,隶满洲正白旗。天命六年二月,从征明,攻奉集堡,围其城。时八旗并进,诸将无出其先者。三月,攻辽阳城,先登,克之。论功,授一等轻车都尉,赐敕免死一次。

太宗嗣位,以阿什达尔汉典外藩蒙古事,尝奉使朝鲜,并赍敕谕归附诸蒙古部落。天聪六年,明遣使议和,上命阿什达尔汉与文臣白格、龙什等往报之,既盟而归。白格以阿什达尔汉与龙什等私取明馈遗事奏闻,诏追夺其所取财物。七年六月,随贝勒济尔哈朗、萨哈璘鞫狱蒙古部,赍敕谕二十道,遗失其九,所司奏劾,论罚如律。十一月,宣布钦定律令于诸蒙古部落。

八年五月,奉命征兵科尔沁,会大兵于宣府、左卫。时上亲征察哈尔,其汗林丹遁走海上,殂于道,所部溃散,其属额尔德尼囊苏等率众来降。上命阿什达尔汉与前锋统领武拜等及额尔德尼囊苏往侦察哈尔汗子额哲。九月,携其台吉塞冷等还,复命奏曰:"察哈尔大臣若祁他特等率千人而来者,踵相接也!"旋奉命至春科尔,大会蒙古诸部,分画牧地,使各守封疆,复与诸贝勒讯狱断罪。十一月,还报称旨,令专辖一佐领事。九年二月,随贝勒多尔衮等率兵万人,往收察哈尔汗子额哲。四月,师抵托里图,贝勒等遵上所授方略,遣阿什达尔汉偕其族孙护军统领南褚先诣额哲母营见之，额哲之母，南褚女兄，阿什达尔汉族孙女也。既见，谕之降，额哲遂从其母举部来降。当我军未至时，有鄂尔多斯济农图巴者来招额哲与盟而去，阿什达尔汉察其有异志，追及图巴，羁留之，遂破其谋，令悉还察哈尔之货贿遗于鄂尔多斯者；又领兵略明宣、大界，至山西，多俘获。凯旋，上亲迎，劳之。

　　崇德元年六月，授都察院承政。上御崇政殿，侍臣巴图鲁詹、额尔克戴青后至，阿什达尔汉与承政多尔济达尔汉面责之曰：“汝扈从臣，何擅离职守而后至乎？”叱出之。十月，偕文臣希福往察哈尔、喀尔喀、科尔沁部，明刑申禁，宣谕而还。十二月，从征朝鲜，其国王李倧遁走南汉山城，豫亲王多铎率师追之，围其城。朝鲜巡抚合兵万八千来援，分树二栅，悉众出战，阿什达尔汉同贝子硕托帅骁锐竞进，大破其军；其副将以兵五千营山麓，遥为声援，别遣兵百人沿河而下，阿什达尔汉驰击歼之，复攻拔其营，馀众皆溃。明年正月，李倧降。七月，论功，晋三等男，世袭。会遣大臣往科尔沁、巴林、扎鲁特、喀喇沁、土默特等部颁赦诏，并会诸外藩清理刑狱，阿什达尔汉为正使。三年五月，部议阿什达尔汉前往科尔沁察审诸事，徇庇失实，且滥收诸藩贝勒财贿，应削职。得旨，宽赉，解部任，追夺财物入官。七月，复任都察院承政。

　　五年，与参政祖可法等疏奏时事，略曰：“皇上欲恢张治道，深思笃行之。今诸国景附，朝廷清明，而诸王以下至都统，彼此观望，顾念身家，莫肯精白一心，为国陈奏，不知果无可言耶？抑有所畏忌而不敢言耶？夫刑法者所以防民之奸也，狃于法则丽于刑，此不可宥也。今刑部断狱，不依本律，或从重论，辄削其职。臣思诸臣经战阵，出死力，恩授一官，一旦有过，岂可不论重轻而遽革之乎？臣等窃思先时简选议事十人，此时皆不称职，宜罢斥。又例，职官阵亡者，子孙袭；兵士阵亡者，妻受赏。今未尽行，惟圣主裁察。"疏入，上嘉纳之。

六年，大兵攻明锦州，明总督洪承畴率师来援，陈师松山，上亲统大军击之，明师宵遁。分布诸将以追，我偏将伊拜等驻兵杏山，阿什达尔汉按其营垒及斩获多寡之数；敌众既溃，上合众围松山，明总兵曹变蛟营于乳峰山，坚壁不敢战，乘夜弃山寨，率步骑直犯中军入御营，时右翼大臣、侍卫等俱未归部伍，军中大惊，将士以死御之，始退。上以阿什达尔汉为故旧大臣，受心膂寄，常随侍左右，是夜反安处帐中，不至御前防护，遂归本旗。七年，论松山失律诸臣罪，罢承政任，降世职为骑都尉。寻以疾卒，年六十三。子三，席达礼，次阿尔毕敦、阿尔宾。席达礼袭世职。

达尔汉

达尔汉，姓郭络罗氏。初隶满洲镶黄旗，后改隶正蓝旗。父扬舒，为沾河寨长，太祖高皇帝时率所部来归，尚长公主为额驸。从征尼堪外兰，攻萨尔浒城，以计擒其长诸米纳而诛之。〔一〕嗣从征，屡有功。及卒，太祖亲临其丧。

达尔汉为长公主所出，初任佐领，尚和硕公主为额驸。从征叶赫，诛其贝勒锦台什。积功，授一等男。太宗文皇帝即位，擢列八大臣，任镶黄旗都统。随大贝勒代善征扎鲁特部，单骑追擒其台吉以归。复征栋揆，俘古穆楚赫尔、杜喀尔、岱青多尔济三塔布囊父子，晋爵三等子。天聪元年，随大军征朝鲜，克义州、定州、安州,斩其府尹李莞等。朝鲜国王李倧请议和,达尔汉与都统纳穆泰等莅盟。师旋,上赐宴劳之。复从上征明,攻锦州,有功。

先是,贝勒阿巴泰因赐宴时不得与大贝勒并列,使达尔汉以耻与子弟列坐意代奏,上谕达尔汉曰:"尔宜劝谕之,奏朕何为者?"至是,察哈尔使臣昂坤等来归,设宴,阿巴泰复使纳穆泰申奏。上以达尔汉有启导贝勒之责,前此不能劝谕,而以其言入奏,命解都统任。寻复之。三年,从攻遵化,率镶黄旗兵攻北面之西,克其城。四年,敖汉、奈曼诸蒙古兵从征明,攻昌黎,不克,诏遣达尔汉与都统喀克笃礼等率兵千人驰赴应援。达尔汉进攻,又不克,会永平、滦州皆下,有诏班师,遂焚其近城庐舍而还。

五年三月,上谕八大臣指陈政事阙失,达尔汉奏曰:"臣以微贱之躯,拔至大臣之列,如国家果有过举,岂敢不言?既无阙失,指谏何从?至于小民怀怨,实有自来,岂有政治和平而致怨者?臣请自今洗心正己,矢公审断,以协群情。凡有所见,尽心直告,以图报称而已。"七月,从攻大凌河城,率本旗兵围北面之东,深沟筑垒,与都统楞额礼等环城固守。八月,明人以步骑五百出战,达尔汉率八十人击败之。越日,敌复出兵诱战,又率本旗兵邀击,明兵堕壕死者百馀人。

六年,从上亲征察哈尔,军次哈纳崖。达尔汉从者蒙古二人于军中盗良马六,潜奔察哈尔,告以大军至。林丹汗举部西奔,驱归化城富户及牲畜尽渡黄河而去。达尔汉坐家人漏泄军情,降爵一等男。七年,明登州参将孔有德以所部及战舰来降,达尔汉与都统篇古驻兵江岸,守其船。八年,复从征察哈尔,遂入明上方堡,毁其边墙进,略朔州,分兵直抵宣府、右卫。是岁,命免功臣徭役,达尔汉与焉,并增给佐领下人户。九年,上遣诸贝勒统师征明山西,命达尔汉同都统阿山等营于要地,制明宁、锦兵使不得西援。途遇敌兵八百,共击败之,斩锦州副将刘应选。凯还,得赏所俘获。

　　崇德元年五月,都统篇古、拜音图、谭泰、叶臣、阿山、石廷柱奏劾都统伊尔登谗谤诸王及大臣,下法司勘讯,达尔汉助伊尔登诉辨,以证辞先后互异,坐罚锾。是月,武英郡王阿济格征明,攻顺义县,达尔汉率本旗兵先登。叙功,晋爵一等子。寻以克顺义府城不谋固守,致敌复攻陷,且纵兵离伍,为敌所杀,坐罚锾,夺所俘获。十二月,随征朝鲜。明年,部议朝鲜王李倧谒上时,达尔汉乱班释甲,又于上前言不饮酒,出辄私饮,并论其失察、徇情诸罪,应罚锾,追夺赏赐。得旨,罚锾以惩。六年,随郑亲王济尔哈朗等征锦州,师还,部议达尔汉于王召议御敌时不即至,及护军统领鳌拜击败明步兵,达尔汉妄谓敌兵为豫亲王多铎所败,且嗾副都统翁阿岱等与诸护军争功,坐革世职,并罢都统任。顺治元年,卒,年五十有五。

【校勘记】

〔一〕以计擒其长诺米纳而诛之　　"诺"原误作"纳"。耆献类征卷二六三叶四四上,及满传卷六叶四下均同。今据武录卷一叶四下至五上,及高录卷一叶一一下改。

伊勒慎

　　伊勒慎,姓费莫氏,世居萨齐库。乌喇攻萨齐库,降其众,伊勒慎遂率所属六部来归，后隶满洲镶黄旗。兄曰古苏。太祖高皇帝戊申年，[一]征乌喇，命古苏招降斐悠城、策穆特诸部，乌喇恶之，尽俘杀古苏妻子。太祖念其家以归诚被害，授伊勒慎骑都尉世职。寻从征明，有功，加三等轻车都尉；又以沙岭战功，加二等轻车都尉。

天聪五年七月，奉命统兵镇海州。时明边将窥伺沈阳，屡纵士卒入辽河采捕，伊勒慎既之镇，密为防御，严侦缉，设游哨，率所部驾轻舟追斩逋逃，先后收获人户及舟舰、器械无算。七年九月，叙功，并以从征旅顺口多斩馘，加一等轻车都尉。崇德元年四月，晋三等男。九月，明将造巨舰百馀，横截辽河为战御计，伊勒慎与各守将烈烈浑、[二]寨萨等沿河分立营寨，别遣兵迁移近边居民，仍率将士设伏河口，执其谍者以献。明兵望风引遁，由此不敢犯。

四年十一月，同刑部承政索海等征瓦尔喀部，阵获噶凌阿及馀党二百馀人。既而伊勒慎监守俘囚疏防，脱逃乌喇，博穆博果尔复纠众来攻，伊勒慎先众败走，索海等击破贼众；伊勒慎又不于汛地邀击，坐视博穆博果尔及馀众遁去，论罪应死，诏革职，鞭百，籍其家。六年十二月，镶红旗大臣哈哈纳劾伊勒慎防守海口时，托言祭天，则多方苛敛兵丁财物，及私造浮图诸劣迹，勘实，复论死，仍奉旨鞭百。八年六月，复镇海州。顺治元年八月，命为牛庄城守官。二年，卒，年七十有九。

子朗图，随征萨哈连乌喇，阵亡，恤赠骑都尉世职。

【校勘记】

〔一〕太祖高皇帝戊申年　"祖"原误作"宗"。满传卷二叶一二下同。

今据武录卷二叶四上，及高录卷三叶一四下改。按耆献类征卷二
六四叶一〇上不误。

〔二〕伊勒慎与各守将烈烈浑　原脱一"烈"字。满传卷二叶一三下
同。今据文录卷三一叶四下改。按耆献类征卷二六四叶一〇下
不误。

图赉

图赉，姓瓜尔佳氏，费英东第七子也。先隶镶黄旗，后与兄
纳盖、弟苏完颜改拨正黄旗。天聪初，随征董夔，追击察哈尔及
攻明宁远，所至有功。三年，从太宗文皇帝伐明，进兵燕京，其大
同总兵满桂以师赴援，图赉直前冲击，斩杀甚众。授骑都尉世
职。四年，随大贝勒阿敏等镇守永平，明监军道张春等围滦州，
图赉与副都统阿山等率护军自永平驰至，乘夜击败之。师还，大
贝勒阿敏弃永平出边，明将率步卒百人以追击，图赉率十六人还
战，尽歼其众。寻授三等轻车都尉。

五年八月，从征大凌河，围其城。太宗指授方略，令与护军
统领南褚立两旗之间，遇逐我樵采者邀击之；及明兵诱战，图赉
先驰入阵，诸军各进战，图赉被创，上以其违命轻进，切责之。九
月，明发兵四万馀来战，图赉统右翼兵跃马冲阵，敌兵溃走，遂擒
张春。旋征大同，拔灵丘县及小石城。叙功，晋二等。六年，大
军破走察哈尔，遂移师征明，次于布里渡，图赉奉命同参领苏喇
达赉敕谕明沙河堡守将，明人遣官赍牛酒、币帛以献。七年，随
贝勒岳托等攻取旅顺口，统兵守旅顺口系汉军游击佟图赖。明
年，从攻朔州，以越界出略，又不至期会地，尽夺所获物入官。九

年,任护军统领。随贝勒多铎入广宁,同都统阿山等率兵四百先趋锦州,明总兵祖大寿遣其将合松山兵三千馀人来御,未及战,明兵惊溃,我兵分路剿击,俘获无算。军还,叙功,得优赏。

崇德二年,授为议政大臣。明年,复随贝勒岳托征明,率师先驱,逾墙子岭,攻克十一台。进兵山东,明将合步骑八千馀来御,正红旗随营蒙古阿蓝泰旁却,图赉方督部驰击,敌以百骑突至,图赉搏战陷坚,大败之。旋与都统谭泰败明阁部刘宇亮等兵于通州河上,攻拔二城;又分兵略地,取二城。累功,晋爵三等男。六年,围锦州,明兵自杏山赴援,击败之。先是,蒙古有降明者曰诺木齐在围中,遣人约献东关以降。至是,明兵觉,围诺木齐家,图赉登城,力战杀敌,出诺木齐以归。复破松山骑兵,指挥汉军拔塔山、杏山二城。晋一等男。部议锦州之役,诸贝勒所属三旗护军,有退怯不战者,贝勒大臣未经察治,图赉坐附和徇隐,论罪罚赎,得旨宽免。八年,攻拔中后所及前屯卫,晋三等子。

顺治元年,大军至山海关,流贼李自成遣兵拒战,图赉率前锋军破贼将唐通于一片石。既入关,破自成兵,复会大军追败之于望都县。超授三等公。是年十月,豫亲王多铎帅师下河南,自成走陕西,图赉至孟津,率精兵先渡河,明守将黄士欣等各遁去,濒河十五寨堡兵民望风归附。睢州总兵许定国等率众来降,进薄潼关。贼遣伪侯刘宗闵沿山列阵以拒,图赉以骑兵百四十人进战,一以当百,设伏掩击,尽殪之。明年,贼将刘方亮整兵千馀来窥我营,图赉与护军统领阿济格尼堪等率正黄、镶白、正红、镶红、镶蓝五旗将领迎击,贼惧而奔,俘获甚众。自成闻败,集兵拒敌,图赉复合镶黄、正蓝、正白三旗兵力战,歼其步卒,馀骑奔窜;

贼纠众又至，连战败之，遂破潼关，贼众大溃遁走。陕西既定，移兵收江南，攻克扬州，获明阁部史可法，斩之。追福王朱由崧于芜湖，据江口，截击靖南伯黄得功兵，败之，得功中流矢死，遂获由崧，馀众悉降。师旋，进爵一等公。

图赉尝谓睿亲王多尔衮曰："图赉自誓于天，效忠主上，不避诸王、贝勒、大臣嫌怨久矣。图赉有过，王若不言，将恐不免于罪戾。我欲改过自新，王幸毋姑息，不我教诫也！"会睿亲王于午门集议谭泰擅隐谕旨罪，三日议未定，图赉面诘之曰："何为迟久不结耶？"声色俱厉，王怒曰："尔曩追流贼至望都，分兵前进，诸将争先，尔于肃、豫诸王前诮让且唾，逞威自恣。今又以言词逼我，我固不能堪此怒色疾声也！"遂去，诸王执图赉将罪之，王曰："虽然，此非退有后言比，且为国效勤矢忠，无他咎也。"解其缚而释之。

三年，任本旗满洲都统。随端重亲王博洛进师浙、闽，军次杭州。时明鲁王朱以海据绍兴，其总兵方国安等营于钱塘江东岸，舣舟以拒。图赉率诸将士从上流浮渡，江广十馀里，人马无溺者，分兵纵击之，国安惊以为神，尽弃战舰，携鲁王遁保台州。图赉奋力追剿，拔金华、衢州各城。会端重亲王令与都统汉岱分兵进师福建，图赉自衢州统所部兵击败明阁部黄鸣骏于仙霞关，攻克浦城；汉岱亦自广信破分水关，入崇安。明唐王朱聿键遁走汀州，诸将乘胜追击，擒斩聿键等五人及其总兵等官，尽降其众。闽海悉平。回次金华，病卒，年四十七。子辉塞，袭爵。

图赉既卒之后二年，贝子吞齐等诬告图赉党徇肃亲王、郑亲王，又与谭泰等私相盟誓，睿亲王追论之，夺辉塞爵，并没其家。

世祖章皇帝亲政,知图赉无辜,且念旧功,追谥昭勋,配享太庙,赐文勒石;复辉塞一等公,还其资产。雍正九年,加号曰雄勇。

阿山

阿山,姓伊尔根觉罗氏,世居穆溪。太祖高皇帝时,阿山与其弟阿达海、济尔垓、噶赖,从父阿尔塔什率七村户口来归,隶满洲正蓝旗。太祖以宗室女妻阿尔塔什为"额驸",而以阿山与阿达海等令大贝勒代善辖之。阿山以大贝勒置之闲散,觖望有异志,与诸弟及其子塞赫等逃之明。太祖命收其孥,遣兵往追,毙其二子。阿山至明界,明台军戮其从人,于是阿山惶惧,与阿达海等复归请罪。上以其悔罪来也,宥之,而还其孥,不令属代善,置诸左右,备使令,责立后效。

天命六年,从征辽阳,有功,授二等轻车都尉世职。太宗文皇帝嗣统,擢居十六大臣之列,佐理正白旗事。扎鲁特之役,阿山奉命与都统楞额礼率六百人入巴林,多俘获。还,晋爵三等男。天聪元年,从征朝鲜,攻克义州城。三年,同额驸扬古利至雅尔古侦军事,遇明故将毛文龙部下采参者,击斩甚众。大兵征明,从攻洪山口,取其城;趋燕京,军于城西南隅。阿山同参领图鲁什周视敌营,请速进攻,上是其言,命即以是夜三鼓列阵。明日,阵获其总兵麻登云等。四年,围永平,乘夜力战,会城上炮裂药发,阿山与副都统叶臣以猛士二十四人冒火登,诸军继进,大破之,遂取永平。太宗嘉其骁勇,晋三等子。五年,从征大凌河,率锐骑侦锦州、松山路,俘获明兵,其守将来援,阿山与前锋统领劳萨以兵三百败其众二千,斩首百馀级,获三纛。上特召至,酌以金卮。寻授都统。

　　六年，上统大军亲征察哈尔，阿山与副都统布尔吉先率兵防边，闻驾临西拉木轮河，以众来会，遂奉命率八旗将领及精兵三百人往助图鲁什前哨军。值察哈尔汗道遁，乃还，复率兵防边，捕斩逋逃蒙古五人以献。明年，与布尔吉往侦鹿岛，俘获甚多。八年三月，与图鲁什等禀受方略，至明锦州略地。贝勒岳托谓图鲁什曰："军中调遣事宜，当就阿山商之，勿违其言。"遂往略地，获牲畜。五月，复从征察哈尔，收集蒙古之溃亡者以归。十二月，诏免功臣徭役，阿山与焉，并给虎尔哈俘百人，编属佐领。九年，明国闻我师征山西，将调山海关兵往援。上命贝勒多铎军广宁，阿山与都统石廷柱领前锋兵四百先趋锦州，会明副将刘应选、刘成功等引兵三千五百人来御，遇于大凌河，未及战，贝勒兵疾驰继至，自山而下，士马腾藉，军容甚盛，敌望尘惊溃。阿山突入掩击，我军分路追剿，阵斩应选，擒游击曹得功等四员，歼其兵五百人，复攻克台堡一。凯旋，上率诸贝勒郊劳，赐良马、铠甲以旌异之。

　　崇德元年，随武英郡王阿济格征明，攻下雕鹗、长安岭二城，又率本旗兵攻克东安县。师还，明兵来追，阿山殿后，击斩略尽。既班师，上率诸贝勒迎劳如初。是役也，以出边先归，不俟后军俱至，论夺所俘获。二年，与叶臣率左翼舟师攻皮岛西北隅，先登，克之，斩守将沈世魁。晋一等子，予世袭。四年，部臣追论阿山于朝鲜王谒上时，乱班释甲及士卒离伍诸罪，坐罚赎。六年二月，随睿亲王多尔衮围广宁，先登，斩敌，袭其城，有俘获。三月，随征锦州，以听从睿亲王离城远驻，私遣兵归家，论死，命改输罚锾。八月，复攻锦州，掘壕环守，败松山骑兵之援锦州者。锦州兵突围出犯我营,松山守将潜谋夺我红衣炮,阿山连击败之。七年三月,部议锦州兵犯镶黄旗营,贝子尼堪不察举我军之未战者,阿山坐徇情附和,应论罚,有诏宽免。

先是,阿山从武英郡王出征时,欲奏其雄县石桥会战功,属稿启王,王曰:"石桥会战,无杀敌俘获功,无可书。"取其奏稿削之。既而,阿山子塞赫与护军洪科忿争,洪科遂讦塞赫随征雄县石桥退缩事,兵部以问武英郡王,王以削阿山奏稿为证。及询阿山,阿山又曰:"石桥未尝交战,亦未尝以疏稿启王。"及察疏稿,王言实,于是部臣议曰:"阿山邀功,则云我曾交战;闻讦其子退缩,则云未尝对敌。诞妄偏袒,应革世爵,罢都统任。"寻又以私取外藩蒙古进献财物事论罪,应夺所俘获,并得旨宽赏,令罚赎。十月,奉命与饶馀贝勒阿巴泰复征明,入墙子岭,取边城,至兖州,屡败敌兵,分遣将领攻拔数城,恩赏银币。

顺治元年,从击流贼李自成于山海关,自成败走,阿山复偕左翼副都统阿哈尼堪、右翼都统玛喇希、济蒲津击破之,遂同诸将镇守平阳。二年,叙功,晋爵三等公。是时西安已定,豫亲王多铎移师安抚河南,进取江南,阿山奉诏与诸将各领所部从。至泗州,与玛喇希等取淮河桥,遂渡淮,攻拔扬州。进取扬子江,明镇海伯郑鸿逵等以水师扼瓜洲及仪征,阿山率舟师浮运河而南,与右翼舟师分列大江东西岸。敌至,则以炮夹击之,遂攻下江宁,追擒明福王朱由崧于芜湖。江南既定,同贝勒博洛及都统拜音图招抚浙江。军次杭州,明潞王朱常淓迎降,嘉兴、湖州、绍兴、宁波、严州皆下。凯旋,赐金银、鞍马。

三年正月,巫者萨海以阿山佐领下雅巴海之妻与人私通事告阿山,阿山信之,徒雅巴海而幽其妻。雅巴海妻奔逸,诉于刑部,部鞫,讯得萨海诬告状。阿山坐妄听巫言,削爵,罢都统任。旋复授一等子。四年五月,卒。子塞赫袭。

叶臣

叶臣,姓完颜氏,世居兆佳。后隶满洲镶黄旗。天命四年,从太祖高皇帝征明,有蒙古兵助明,拒战于铁岭,奋击败之。六年,从征辽阳。积功,授三等轻车都尉世职。太宗文皇帝即位,设十六大臣,叶臣与焉,佐理镶红旗事。

天聪元年,随大贝勒阿敏征朝鲜,过明边境,以兵八十人夜袭斥堠六所,尽俘其军士。既至朝鲜,攻义州城,与佐领艾博先登。叙功,晋二等轻车都尉。寻率兵戍蒙古,追斩逋逃。晋三等男。四年,太宗征明,将攻永平城,召入御帏,授方略,与副都统阿山乘夜率兵薄城下,城上炮矢交集,叶臣伺敌炮裂惊扰,领精兵二十四人立云梯先登,城遂破。太宗嘉之,称为骁将,并谕众曰:“后遇攻城,如彼欲先登,当阻止,爱惜之!”遂晋三等子,列议政八大臣。谕以政有阙失,随时陈奏,叶臣对曰:“臣荷恩隆重,愿罄所知入告,勉矢忠良,但恐识有未逮耳!”五年,任镶红旗都统。从征大凌河,列营城西南。明总兵祖大寿守城,突出袭我营,叶臣与额驸和硕图等督兵夹击之,歼敌过半。

七年六月,诏诸贝勒大臣各陈时务,时有议攻山海关者,叶臣疏言:“今兵力聚集,宜先往大同、宣府侦察哈尔声息,近则往征;若已远遁,即入明内地,进逼北京。伐木造梯牌,昼夜攻围,城即不克,可以震慑敌人。”太宗是其言。是月,随贝勒岳托攻明旅顺口,斩获无算。八年,随大贝勒代善自喀拉鄂博入得胜堡,略大同,西至黄河,击败朔州骑兵二百。崇德元年五月,随武英郡王阿济格征明,既入边,分兵克安州,又合攻宝坻县,拔其城。十二月,太宗亲征朝鲜,叶臣率兵入其国都。二年四月,率步兵助武英郡王征明皮岛,乘舰进攻岛西北隅,斩其总兵沈世魁。师还,晋一等子。四年,偕副都统八人,简诸佐领下兵各三,入明边青山口,由太平寨夺青山关。七年,代贝勒阿巴泰驻防锦州。

顺治元年,世祖章皇帝遣诸王讨流贼李自成,自成败走西安。奉命率兵赴山西,任招抚,由饶阳至怀庆,附近郡邑悉下。贼党犹据太原,会师进攻,克其城。先后平二十七州、一百四十一县,置官属,安辑居民。明总兵李际遇守河南山寨,定西伯唐通、副将董学礼从贼拥众边关,叶臣并招降之。又征荐明翰林朱之俊、主事胡全才等十二人。山西底定,还至定州,值土贼扫地王聚众劫掠,遣兵剿灭之。比至京,坐擅拆禁城墙,停止叙功,赐白金六百两。二年七月,随顺承郡王勒克德浑代豫亲王多铎统兵江南,时大学士洪承畴任招抚,凡不顺命者,咨叶臣讨之,辄奏绩。十一月,以李自成馀党一只虎等出没武昌、襄阳、荆州诸郡,诏叶臣随勒克德浑移师剿除。三年十月,凯旋,赐黄金三十两、白银五百两。五年,病卒,年六十有三。改一等子为二等子,[一]兼一云骑尉,命其子分袭,长子车尔布袭二等子,第五子车赫图袭云骑尉。

【校勘记】

〔一〕改一等子为二等子　上“一”字原误作“二”,又“二”误作“一”。

耆献类征卷二六四叶三九下同。今据章录卷三九叶一五下改。按满传卷二叶五三上不误。

恩格图

恩格图,科尔沁蒙古人,世居哈达。太祖高皇帝时,挈家来归,隶正红旗,授佐领。与参领阿岱驻伊兰布里库,防游牧蒙古。率十人巡徼海滨,遇敌百人,追斩几尽。闻明兵千馀犯海州,率兵三百驰击,败之。天聪三年,从太宗文皇帝征明北京,明总兵满桂等赴援,恩格图首先奋击,斩获,有功。寻攻遵化,破山岭敌营,入大安口,皆先众军力战。叙功,授三等轻车都尉世职。擢兵部承政,考满,晋职二等。寻授本旗蒙古都统。

崇德元年,随武英郡王阿济格征明,同阿岱等分率甲士设伏,明三屯营守备率兵来探,伏发,围之,尽歼焉。又与都统谭泰等征朝鲜,竖云梯登城,朝鲜兵溃走,尽收其牲畜、货贿以归。先是,随武英郡王征明,战松山,正蓝、正白、镶白三旗营汛错乱,恩格图隐匿不举;及还师,又不俟后队齐至,先行出边,猝遇敌兵,战败遁走。至是,论罪罚锾,夺其俘获。明年,又议征朝鲜时,恩格图在军营方食,奉召不即赴,且约束不严,致厮卒妄行,为朝鲜兵所杀,论鞭百,诏免之,罚赎以惩。三年,随贝勒岳托征明密云,距墙子岭五里,恩格图率兵先诸军越高峰入边,破敌。

五年,随郑亲王济尔哈朗等围锦州松山城,松山兵夜袭我营,恩格图率本旗兵败之。六年,从上征明,明总督洪承畴等合军十三万赴援松山,上分遣诸将,并授方略,令恩格图与前锋统领武拜进击之。及诸军并进,恩格图诈言未奉上命,不至期会之地,将战,犹披毡而坐,遇敌不前。既旋师,论罪,应褫职,仍输罚锾,得旨宽免,罚如律。部臣又论攻明锦州时,明兵出犯镶黄旗汛,贝子尼堪失察我兵之未战者,恩格图坐徇情附和,议罚。上以诸王贝勒及大臣等久驻锦州,素著劳绩,凡罪概予宽宥,恩格图亦免议。命更番驻守松山。

顺治元年,随睿亲王多尔衮入山海关,败流贼李自成。二年,叙功,晋一等轻车都尉兼一云骑尉。复随豫亲王多铎破流贼于潼关,贼夜犯正黄旗营,恩格图率兵往援,俘斩其众。师旋,贼分兵蹑我后,恩格图殿,四战皆捷。进征江南,破明将郑鸿逵于瓜洲,随端重亲王博洛下浙江,至钱塘,大破敌众,获舟三十五。旋攻克嘉兴府,与都统玛喇希围昆山县,城内敌兵迎战,恩格图连击败之,遂取其城。三年,晋爵三等男。随征福建,同都统汉岱招降一府、五县;又同副都统鄂罗色臣招降一府、八县;遣兵助大军击败伪帅吴凯兵,攻克贼众万馀于分水关,进剿海贼七千于南靖县,皆有功。四年,晋二等男,寻晋一等。

五年,征叛镇金声桓,卒于军。子鄂尔济图尚幼,以兄子克什图袭爵。遇恩诏,晋三等子。十八年,分授克什图骑都尉职,命鄂尔济图袭一等男。

哈宁阿

哈宁阿,姓富察氏,世居额宜湖。父阿尔图山,率其族攻萨齐库城,杀部长喀穆苏尼堪,招抚三百馀人来归,太祖高皇帝命隶满洲镶白旗,任佐领;复分编人户,俾哈宁阿亦任佐领。

天聪二年,随贝勒岳托等征明锦州,略松山、杏山、高桥诸台堡,奋勇击敌,授护军统领。三年,太宗文皇帝统大军征明燕京,哈宁阿从,与明巡抚袁崇焕及祖大寿战于广渠门外,以败敌授骑都尉世职。四年,奉命率精兵百人,往略明境。五年,从征大凌河。八年,大军征明大同,哈宁阿先驰至小西城,列云梯攻具,我师遂毕登;复以二十人出略,击败敌兵三百。九年,同承政图尔格徇地,入明山西界。师旋,过平鲁卫,明兵蹑我后,还击败之,追至城壕,斩馘无算。叙功,晋二等轻车都尉。

崇德元年,从征皮岛,有功。二年,列议政大臣。三年,随豫亲王多铎往会郑亲王济尔哈朗军征明,道经中后所,祖大寿轻师来袭,参领翁克及土默特部兵先奔,哈宁阿且战且退,士卒被陷。论罪应死,奉诏免死,革世职,籍家产之半。四年,论征明失律之佐领阿兰泰罪,哈宁阿复以徇庇论死,上仍贷之,坐鞭责。六年,从围锦州,再败敌兵。明总督洪承畴以十三万兵赴援,上亲统大军环松山而营,度明兵必宵遁,命哈宁阿同护军统领鳌拜率左翼军列阵右翼地,右翼军以次递列,属于海滨。夜一鼓,明兵果沿海走,哈宁阿率师掩击,敌自蹂躏,死者枕藉。寻进攻松山,屡战俱捷。惠敏恭和元妃之丧也,哈宁阿随武英郡王阿济格方守高桥,辅国公扎喀纳于军中弦歌而舞。事觉,哈宁阿以不举劾逮系,既而释之。八年三月,同护军统领阿尔津征虎尔哈部,获男妇二千五百有奇,牲畜、貂皮无算。七月,凯旋,得优赉。

顺治元年,随睿亲王多尔衮入山海关,击流贼李自成至望都,大破其众;又同都统谭泰率前锋兵追败之真定,贼仓皇焚辎重遁。二年,复授三等轻车都尉。是年,击贼绥德州,贼闻风遁走,追败之延安府,城内兵出犯左翼军,又击却之。时李自成已奔武昌,进师驰击,至安陆府,获贼艘八十。复与谭泰合兵,下江南,遇敌于扬子江,夺其战舰;追至富池口,敌列阵岸上,又击败之。三年二月,随顺承郡王勒克德浑征湖广流寇,败伪伯吴汝义,降其众。四月,晋二等轻车都尉。五月,随肃亲王豪格击败叛镇贺珍于汉中,穷追至秦州,贼党武大定退据三寨山,山势壁立,未可攻,我师围之。伪游击周克德者,遣其子来降,导我师由僻径登,其守将石国玺为内应,哈宁阿同副都统阿格善、署护军统领噶达浑率兵六百,破壁垒入,贼皆自山堕崖下,斩杀略尽。进征川贼张献忠,略夔州、茂州、资州、遵义,相继克捷。五年正月,师旋,叙功,晋一等轻车都尉世职。是年,卒。子率颜袭。

准塔

准塔,满洲正白旗人,姓佟佳氏,扈尔汉第四子也。天聪八年,授骑都尉世职,任参领。同参领鳌拜等率兵略明锦州,复与前锋都统劳萨等率将士百人往迎察哈尔国来归者。崇德二年,随武英郡王阿济格征明皮岛,王以敌兵坚守,不能克,集诸将问进取之策,准塔与鳌拜对曰:"吾二人先登,誓必克之!否则,不复见王。"遂连舟越众渡海,举火为号,以待后师。敌兵据堡列阵,准塔与鳌拜冒矢石奋勇冲击,遂取其岛。叙功,超授三等男,赐"巴图鲁"号。

寻,擢任都统。随贝勒岳托征明,至密云,攻墙子岭,八旗并进,准塔先据岭以导诸军,遂毁边城入,败明内监冯永盛及总兵侯世禄军。三屯营守将以步骑三千截我辎重,同都统武赖击败之。连败敌兵二千于董家口,遂往略地,克取二城。叙功,晋爵二等男。六年三月，随睿亲王多尔衮征明锦州，以听从遣兵回家、离城远驻，论罪，应革职籍没，得旨，改罚锾。九月，命随安平贝勒杜度等围锦州，有功。七年，复同都统叶臣等率将士镇锦州。先是，围锦州时，城内明兵出犯镶黄旗壕堑，三旗护军避敌壕内，王贝勒等徇护不报，准塔坐徇情附和，论罚，诏免之。明年，随征明山东，与都统叶克舒等遣将领攻孟家台，以调度失宜，致伤士卒，且诳称率五人突入敌围，冲出敌阵，论罪，革"巴图鲁"号，降为一等轻车都尉，罚赎。十二月，复镇锦州。

顺治元年，从睿亲王入山海关，击流贼李自成，与都统谭泰等追至真定，大破之，贼焚辎重仓皇遁去。于是燕京迤北、居庸关内外各城及天津、真定皆降。叙功，复授爵为三等男。二年正月，率右翼兵随饶馀郡王阿巴泰征山东，平定郡县，趋江南。时明福王朱由崧遣兵渡河，围徐州、沛县、李家楼，准塔督兵驰击，败之，擒斩其将六人，明兵赴河死者无算。下徐州，奉命屯兵镇守。五月，自徐州进兵南下，击败明副将高雅军于宿迁，师次清河。总兵刘泽清率步兵四万、船千馀，据黄、淮、清三河口，连营十里，准塔遣副都统康喀赖等率兵渡清河，列营相拒，以炮击败敌舰；复遣都司楚进功率步兵六百人，拒黄河北岸，鸣炮相应。随分兵两路：一自清河上游进击，一攻对岸马步敌兵，俱败之。合军追至淮安界，斩其副将二、参将一。有伪新昌王者，潜遁海岛云台山，聚众攻陷兴化。准塔遣兵进剿，破其巢穴，擒斩之。通州、如皋、泰兴等城皆下。遂平定淮安，凤阳、庐州望风纳款。叙功，晋爵三等子，仍赐"巴图鲁"号。

三年，奉命随肃亲王豪格剿流贼张献忠于四川，贼纠众迎战,准塔指挥八旗前锋及两黄、正白三旗骑兵奋勇进击,俘斩甚众。复同贝勒尼堪等分兵攻克遵义、夔州、茂州、荣昌、富顺、内江、资阳诸郡县,川寇悉平。复随肃亲王剿陕西贼党武大定等。四年,凯旋,卒。五年,论准塔前后功,加世职为一等子。无子,以弟阿拉密袭。十二年,追谥曰襄毅,诏立碑墓道。

和托

和托,满洲镶红旗人,姓栋鄂氏。父郎格,太祖高皇帝时,随栋鄂部之屯长对齐巴颜、阿格巴颜等来归,任佐领。天命六年,从征明沈阳,城既下,明总兵陈策等来援,郎格与参将布哈、〔一〕锡尔泰等拒战,殁于阵,予三等轻车都尉世职,以长子栋世禄袭。

和托,其次子也。太宗文皇帝崇德七年正月,授镶红旗满洲副都统。随郑亲王济尔哈朗等围明锦州,降其总兵祖大寿。四月,进攻塔山,克其城。郑亲王遣和托以所俘人口及所获财物籍数驰奏,上命还,谕以所俘获分赐军中阵亡及被伤者,并赍敕招抚明杏山守将。谕曰:“汝以善言招抚,来降则已,否则用炮攻之。炮当击城中间,俟城全颓,方令我兵登进。倘举炮,彼即归顺,亦许其降也。”和托至军,遵旨晓示,城中犹固守,及举炮,遂开门乞降。师还,和托得优赍。七月,部议围锦州时诸将徇隐军士失律罪,和托应罚锾,得旨,以前劳宽免。十月,随贝勒阿巴泰征明,自界岭口毁边墙入,至黄崖口,我军议分两翼夹攻,而辅国公斐洋古令和托督左翼兵,建云梯攻城。和托周视毕,复曰:“城可登,无以梯为也。”乃率护军四十人毁城入,斩守备一,馀悉溃走;遂偕右翼兵进围蓟州,败总兵白腾蛟、白广恩兵,直抵山东,攻克兖、莱、青诸府。明年,凯旋,擢吏部参政,仍兼副都统。

　　世祖章皇帝顺治元年,随大兵入山海关,击流贼李自成,追至望都,连败贼兵。叙功,予骑都尉世职。时明福王朱由崧立于江南,其副总兵杨威踞登州,四出侵扰。招抚山东侍郎王鳌永请发兵进剿,上命和托同副都统李率泰、额孟格率师讨之。有赵应元者,旧为自成裨将,败窜长山,闻鳌永至青州,储偫刍饷,佯受抚。既入城,伏兵戕鳌永以叛。和托至山东,闻变,即率师往援,并牒巡抚陈锦、总兵柯永盛会师速剿。应元复伪以抚请,和托与李率泰议曰:"我兵既集,破城即可灭贼,顾如良民何! 知府张文衡、副将李国威在城中,贼以民望,未即加害。诚与审计,令应元出城议抚,缚而斩之,馀党不足平也。"既定计,遂许应元降。应元随张文衡出谒,和托慰劳遣还,密令我兵随张文衡入城,分布防守,乘夜擒斩应元及其党数十人,遍谕胁从者弗罪。青州贼平。登、莱诸贼亦为陈锦招降,杨威伏诛。诏和托、李率泰移兵河南,会豫亲王多铎军。优赍黄金、紫貂等物,晋世职为三等轻车都尉。

　　二年,随豫亲王下江南,寻随贝勒勒克德浑征浙江。先是,明福王就擒,其大学士马士英窜杭州,总兵方国安守严州。至是,大兵定杭州,士英走依国安,纠众来犯,和托率左翼兵御之富阳,斩伪副将二、伪参将二、伪游击五,大败贼众,复破贼下关直沟,毁其木城。奉诏同副都统朱玛喇率所部满洲、蒙古兵驻防杭州。三年四月,卒。无嗣,以兄之子硕色纳袭职。

【校勘记】

〔一〕郎格与参将布哈　"将"原误作"领"。耆献类征卷二六四叶一四上，及满传卷一八叶五二下均同。今据武录卷三叶一二下，及高录卷七叶一二上改。

焦安民

焦安民，汉军正红旗人。初授吏部启心郎。崇德九年，甄别各部院官，安民列二等，赐人户、牲畜。八年，考满，授佐领。顺治元年，迁山西雁平道。二年四月，擢宁夏巡抚。疏言："雁平村舍凋零，寇盗充斥，守备上官清、都司郑应亨昼夜巡缉，士民得安。请携二人随往宁夏委用。"从之。十一月，上谕督抚等："宣力封疆，躬勤劳苦。兹值严寒，尤深注念！"赐安民羊裘、[一]貂褂各一。十二月，[二]疏言："臣巡历河东诸营堡，惟灵州营水灌沃壤，兵多务农，饷或不足，犹可藉农养赡。其馀营堡兵，皆鹑衣百结，鹄立难支。查灵营西南有民堡八，向招人耕种屯粮，以供兵马需。近因花马、兴武等营岁荒，将此项屯粮通融分给，以资接济。伏思守土在军，足食在农。斯时有荒可垦，苦无牛只。现存耕牛六十一只，堪给兵开垦。又原任总兵南一魁将旧存马价银二百两，制弓矢携去，应追价入库。宁驿久废，稽延公务，请将此银买驴骡，发附郭等驿，稍供走递，庶赍奏无误。"又言："宁兵月饷，现在屯课征收者，支放殆尽；贫民逋欠者，追比难完。三军枵腹待哺，请拨秦饷三万两，以济饥兵。"下部议，如所请。三年三月，副将王元、马德以营兵赵锐等罪责入狱，乘衅统众突入抚署，安民遇害。元、德等寻伏诛。安民赠右都御史，荫一子，赐祭葬如例。

【校勘记】

〔一〕赐安民羊裘　"羊"原误作"绵"。耆献类征卷三三三叶三上，及
　　　满传卷三〇叶二〇下均同。今据章录卷二一叶一二下改。

〔二〕十二月　"二"原误作"一"。耆献类征卷三三三叶三上，及满传
　　　卷三〇叶二〇下均同。今据章录卷二五叶一五上改。

佟养甲

佟养甲，辽东人。先是为满洲，居佟佳，继迁抚顺。父佟拱，
随族人养正等来归，后隶汉军正蓝旗。太宗文皇帝时，养甲入直
内院理事。

顺治元年，从世祖章皇帝定鼎燕京。二年，授总兵官衔。随
贝勒博洛率师南征。越明年，下杭州，平福建。十月，加巡抚广
东衔，署两广总督事，与署总督李成栋率兵定广东。是时，明唐
王朱聿键弟聿鐭据广州，拥兵聚寇，僭号绍武。养甲与成栋定
惠、潮二府，亟趋广州，令前锋军悉用红帕裹首，伪为广州援兵
状，以惠潮道印为文书给守者，夺门入，擒其诸王世子十三人。
复与成栋议，以南雄、韶州两郡连控江、楚，肇庆为粤西咽喉，梧
州为粤西门户；宜先抚南、韶，以通江右之援，定肇庆以扼两粤之
吭，取梧州以固肇庆之藩。乃檄总兵叶承恩及副将李仰臣等兵
进南、韶，成栋兵进肇庆，皆授策剿抚。三郡悉平。

会明阁部丁魁楚拥明桂王朱由榔自肇庆窜梧州，养甲复令
成栋移兵进剿，魁楚等皆遁走，遂下梧州；分遣总兵徐国栋等取
高、雷、廉、琼四府。养甲自驻广州，招降海上四姓贼首郑昌。四
年，加兵部尚书衔，实授总督，兼任广东巡抚。时标管将士调遣

四出，广州驻兵仅存百馀人，海贼马元生、石璧、徐贵相及白旗贼黄信、林芳等窥伺兵力单弱，集众数万，突犯广州，养甲督令官兵守陴，躬冒矢石，扼太平门关外桥梁，鼓励乡勇，力战杀贼，阵斩数百级，生擒百馀人，馀贼遁入海。寻偕成栋率兵徇增城、顺德、东莞、三水、新宁诸邑，皆就剿抚。明总兵李承志、李明忠以平乐、浔州二郡兵来降，即令收定左江、右江诸路。六月，招降明赵王裔朱由棪及其将李士琏。七月，明阁部陈子壮、尚书张家玉率贼万馀寇广州，指挥杨可观将以城为内应，养甲伺其谋，擒斩之，督兵守御，成栋亦以兵赴剿，焚贼舟，贼遁。越六日，复来犯，又败之。

是时广州初定，监司守令未及铨授，养甲疏请广东布政司耿献忠为广东巡抚，复慎简廉吏，请旨酌用；又请移大同兵五千至两广，资防剿。其频年随征士卒，增给资粮，以示优恤。凡新降将卒，才勇者或留营训练，或分驻要隘；馀令归农。会部议征顺治三年额银四分之一以给饷，养甲言粤省连遭寇掠，请缓至顺治四年为始。诸疏并下部议行。先是，雷、廉二郡珠池，每岁例遣官开采。养甲以地险费繁，恐伤民力，请罢其役，得旨俞允。时明桂王朱由榔据桂林，两广人心观望，有潜赴由榔党属孙可望入滇、黔为寇者。养甲策遣将士进攻由榔，疏请造弓矢、火器备战具，分遣禁旅进剿云南、贵州。上以广西未定，而恭顺王孔有德已奉诏进军湖南，防剿孙可望，特谕养甲悉心安辑两广，所请俟有德疏报再议。

养甲之署两广总督也，成栋以总兵署两广提督，率师皆往。既而养甲奏平定粤峤，成栋功多，请实授成栋为广东提督。成栋自负功绩,以养甲奏授官职不兼两广,意殊不平;又素与养甲部将郝尚久争功有隙,迁怒养甲。五年闰四月,成栋据南雄叛,受由榔封爵,与江西叛镇金声桓互为声援。养甲遗书赣州守将策应,书为成栋所获,益恨之,乃以兵四百人劫养甲,拥至肇庆。养甲詈贼不屈,成栋密使其党张祥贼杀之。事闻,赠太子少保,荫一子入监,予祭葬,入祀昭忠祠及广东名宦祠。

罗绣锦　　弟绘锦

罗绣锦,辽阳人。后隶镶蓝旗汉军。太宗文皇帝天聪五年,始设六部,绣锦由诸生授工部启心郎。八年,命礼部试满洲、汉人通文义者为举人,绣锦与选,赐衣一袭,免四丁。寻授国史院学士,纂修太祖高皇帝实录,书成,得优赉。崇德七年,兼授佐领。

世祖章皇帝顺治元年七月,擢河南巡抚,至则流贼李自成之党率众二万馀,寇掠卫辉、怀庆间,而原武、新乡诸邑复有土贼为患。绣锦同总兵官祖可法等协力防剿,并请敕发八旗劲旅。会豫亲王多铎统师征陕西,上命取道河南,相机剿贼。诸贼或降或遁,绣锦疏请以河北荒地凡万馀亩,令守兵屯种,得旨俞允。二年十一月,擢湖广四川总督。时湖南郡邑为明巡抚何腾蛟等所据,自成遗党一只虎、刘二虎等复寇扰湖北。绣锦至荆州,一只虎率众犯城,顺承郡王勒克德浑自江宁移师击走之。及顺承郡王班师,贼复窥犯,绣锦饬兵防剿,屡奏捷。土贼胡公绪踞天门县之八百洲,纠党四出焚掠,杀署盐道周世庆,绣锦遣中军副将唐国臣、署总兵杨文富等分路进剿,阵擒公绪,平毁贼巢。

四年，恭顺王孔有德等征湖广，取长沙、衡州、宝庆、辰州等府。绣锦条奏增设镇协、移兵驻守事宜，并下部议行。先是，襄阳总兵王光恩与郧阳道李之纲互讦赃私，下抚按会核，光恩获罪逮问；其弟光泰遂纠众作乱，踞郧阳，提督孙定辽战殁。上遣侍郎喀喀穆率师自河南进剿，绣锦以兵会之，复郧阳，光泰遁四川。五年，喀喀穆将班师，值江西总兵金声桓叛，湖南骚动，常德、武冈、辰州、沅州复为自成遗党郝摇旗、马进忠所陷。绣锦奏留喀喀穆驻守荆州，而分遣总兵徐勇、马蛟麟等防守要地，屡败贼众。上复命郑亲王济尔哈朗等统师征湖南，诸陷贼郡邑以次恢复。绣锦疏言："湖南叛服不常，大兵凯旋之后，恐馀孽跳梁，煽诱降将如故。凡势穷乞降之众，宜安插腹地，以靖疆圉。"上嘉纳其言。九年七月，卒于官，年六十有三。赐祭葬如例，赠兵部尚书，荫一子入监。

弟绘锦，顺治八年，授通政司理事官。十三年，擢顺天府府尹。十八年，迁贵州巡抚。康熙四年，绘锦以定例荒地招民间垦种，三年后起科，复经户部定议各省荒地，限两年垦遍，逾期遣官履勘，因疏言："黔省虽开辟数年，而连年逆苗倡乱，攻剿频仍，不能不借用民力；又复叠遇水灾，已熟之田辄多荒弃，未垦之地尚事招徕。通计各府卫新垦之地有一万二千九百馀亩，应照例起科；此外请酌宽年限，并暂停遣官履勘。"疏下部议，从之。六年十一月，以年老乞休，后卒于家。

谭泰

谭泰，满洲正黄旗人，姓舒穆禄氏，扬古利从弟也。初授佐领。天聪八年,任护军参领。与都统图尔格分统左右翼兵略锦州,还,从太宗文皇帝征明,由上方堡毁边墙入,败明兵,克保安州。擢为护军统领,令关白诸军事。[一]九年,侍卫宗室济马护欲得扬古利旧居,扬古利不允,济马护嘱谭泰转奏。谭泰庇其兄,不以闻。济马护入奏,并诉状,太宗谕责谭泰曰:"尔为朕耳目,凡事当不徇偏私,入告无隐。尔乃欺罔巧诈,大负委任。且济马护乃朕叔父之子,其言尚壅蔽不达,彼小民有劳苦嗟怨之事,何由得达乎? 尔恃宗族强盛,欺陵愚弱。似此奸恶,朕所深恶!"遂下刑部质讯,罢护军统领任。寻复授本旗都统。

崇德元年五月,随武英郡王阿济格等征明,克延庆州等十二城,进围定兴县,先登,有功。九月,与都统阿山等设伏,败明遵化三屯营守备兵,尽歼其众。凯旋,赐宴劳之。以部议不俟后队齐至,从王贝勒先行出边,论罚锾,夺俘获。十二月,从上征朝鲜,朝鲜王弃城遁,谭泰率兵入城,尽收其辎重以献。复随上渡江追朝鲜王,至南汉城,降之。又以部议失察所部军士先归,委派造船迟误,论罚锾,追夺前所赐物入官。兵部副理事官巴牙尔图者,谭泰故兄纳穆泰子也,攻皮岛阵亡,丧归,纳穆泰妻偕女巫往祭之。巫诡云:"纳穆泰来矣!"谓:"巴牙尔图未死,何祭为?"纳穆泰妻信之,携其襚衣而还。谭泰发其事,纳穆泰妻坐违制用邪巫,伏法。

四年,随睿亲王多尔衮等征明,与都统叶臣从太平寨率将士往,夺青山口关隘,前后十三战,皆捷。五年,与济马护兄辅国将军巩阿岱相诉于禁门,巩阿岱曰:"尔父德克塞之目,是吾所刺也。"谭泰曰:"尔徒知饮食耳,尔有何能!"詈辱几至攘臂。部议以失大臣体,论罚如律。六年,随睿亲王等围锦州,以私遣军士归家及离城远驻论罪,免死,罚赎。复随王贝勒等围锦州,谭泰率兵四百往小凌河,直抵海滨,绝明兵归路,大败总督洪承畴兵,授二等子。明年三月,同辅国公篇古等攻蓟州,败其总兵白腾蛟、白广恩兵,擒斩俘获,为诸军最。八年,奉命统壮士与都统准塔更番驻防锦州。

顺治元年,随睿亲王入关,剿流贼李自成至望都,复统前锋兵蹑击至真定,大破之。叙功,授一等公。时睿亲王摄政,谭泰与护军统领图赖、启心郎索尼并为王所亲信。都统何洛会诬肃亲王豪格怨谭泰等之不附己也,讦之睿亲王,王益以谭泰为忠而任之。大学士希福途遇谭泰曰:"尔何碌碌因人耶?"谭泰衔之。希福欲更易赐第,不从;又使人谓谭泰曰:"尔为都统,为我更拨第宅,易易耳而不能,尔诚衰迈矣!"谭泰怒。会其弟副都统谭布以希福述睿亲王曾自言过误事告谭泰,谭泰讦之法司,坐希福伪传王言,黜为民。

二年八月,英亲王阿济格获罪,诏令谭泰会同都统鳌拜等集众传示,谭泰匿谕旨不以示众,[二]索尼举发其罪,削谭泰公爵,降为子,解都统任。谭泰怨索尼,讦索尼于内库鼓琴、牧马及禁门桥下捕鱼事,罢索尼职。十一月,谭泰复任本旗都统。都统阿山,谭泰妇翁也,谭泰尝乞公主园亭于图赖,图赖恶之。三年正月,谭泰坐与阿山遣巫治病,下廷臣议罪。先是,江南未定,大军分道进师,谭泰自西安剿流寇还,虑己不与平江南功,遣使谓图赖曰:"我军以道路迂险,是以后至。今南京未下,可让我军取之。"图赖作书使护军赛尔特赍送索尼转启睿亲王,佐领希思汉窃观之，[三]恐谭泰得罪也，令赛尔特沉之河，诳云已达索尼。索尼曰："吾发谭泰擅隐谕旨罪，顾匿其书以庇之乎？"王讯赍书者，赛尔特以实告，且曰："谭泰使启心郎觉和托嘱我勿言也。"至是并议之，谭泰论死，下狱。已而睿亲王遣使者视之，并遗其食。谭泰曰："王若拯我，我当杀身报恩！"使者以告，乃出之狱中而优养之。

五年三月，复原官。以逆镇金声桓据江西，敕为征南大将军，统兵进讨。贼领步骑七万来御，谭泰督诸军进战，屡败贼兵；复麾将士以云梯攻城，拔之。声桓中二矢，投水死，擒斩其将王得仁。南昌、九江、南康、瑞州、临江、袁州皆下。移兵击广东逆贼李成栋。成栋据信丰，闻大兵将抵赣，谋夜遁。谭泰遣诸将乘胜袭击之，贼众溃散，成栋溺水死，复信丰。别遣将定抚州、建昌，破伪总兵杨奇盛军二千有奇。江西悉平。凯旋，叙功，加一等子。七年，世祖章皇帝亲政，授谭泰为吏部尚书。八年，复晋一等公。是时图赖早卒，索尼方罪废，谭泰毁图赖茔室以泄忿；值御史张煊劾大学士陈名夏一疏下王大臣会勘，逮名夏就羁禁，谭泰力祖名夏，于廷议时，咆哮起争。及谳词入，旨未下，谭泰挺身前奏曰："煊言皆虚，且就所劾论，亦事在赦前。煊诬忠臣以死罪，应反坐。"遂杀煊。又尝为其妻弟岳尔多冒所袭一等子，优升十级为三等侯，令袭之。至是，又将以其女弟之夫佟图赖驻防杭州，妄称杭州驻防都统员缺，以佟图赖拟补。上命执谭泰付廷臣议罪，谕曰："谭泰昔在部中，尚有为国之意。迩来但知营私，朦胧奏请。或经朕察出，即厉声争论。内则一任己意，外则矫旨而行。明知金砺驻防杭州，妄称缺出，遂越用佟图赖，岂非恣意妄行乎？且于六部之事，无不把持。诸王大臣或惧其威权，群起而附和之。朕虑迁延日久，则干连者必多。故执付，即行勘问以闻。"于是会讯，谭泰俱服。议未上，护军统领鳌拜劾谭泰营私及党附睿亲王各款，质讯皆实，遂伏诛，时年五十有八。子三：唐古哈、孔钮、罗忠钮。

【校勘记】

〔一〕令关白诸军事　"令"原误作"领"，又"白"误作"内"。今据满传卷三叶一下改。

〔二〕谭泰匿谕旨不以示众　原脱"众"字。满传卷三叶四下同。今据章录卷二〇叶一二上补。

〔三〕佐领希思汉窃观之　"思"原作"恩"，形似而讹。今据章录卷二三叶四上改。按满传卷三叶五上不误。

祁充格

祁充格，姓乌苏氏，世居瓦尔喀。国初，随其族吉思哈等来归，初隶满洲正白旗，后改隶镶白旗。太宗文皇帝在藩邸时，以祁充格娴习文史，令掌书记。天聪五年七月，初设六部，命祁充格为礼部启心郎。六年八月，谕曰："朕以尔等为启心郎，当顾名思义，克尽厥职。如诸贝勒及各部院有阙失，即明言以启迪其心，俾知改悔，勿面从而退有后言。"八年十一月，考绩，居上等，授佐领。崇德元年八月，睿亲王多尔衮征明锦州，祁充格奉命随宗室巩阿岱等往助其军。九月，凯旋，由义州驰报大捷。三年九月，睿亲王多尔衮复帅师征明，太宗亲饯于郊。祁充格以不启豫亲王多铎随驾出送,复于是日私往屯庄,逮系论死,命从宽革职,贯耳鞭责,给隶睿亲王府。

顺治二年二月,起为弘文院大学士。五月,同大学士冯铨、洪承畴、范文程、刚林等充明史总裁官。十一月,册封朝鲜国王李倧世子溰,命为正使,赍敕往谕。四年六月,考满称职,加授一佐领。六年,充纂修太宗实录总裁官,复为会试主考。八年闰二月,刑部审讯党附睿亲王诸臣罪状,以祁充格前犯大辟,邀恩宽宥,因睿亲王骤擢为大学士,一意诏附,与刚林等擅改太祖实录,削匿睿亲王罪愆,增载功绩,并预迁驻永平逆谋。谳成,应斩,遂伏法。

刚林

刚林,姓瓜尔佳氏,世居苏完。初隶满洲正蓝旗。为笔帖式,掌翻译汉文。天聪八年,以汉文考试,中式举人,命直文馆。崇德元年,授国史院大学士,与范文程、希福等参议政事。疏请重定部院承政以下官各五等,又请定考取生员举人之例,俱报可。当时太宗文皇帝四征不庭,疆宇日辟,刚林屡奉命往军前,宣布威德,咸当上意,积功授骑都尉世职。八年八月,郡王阿达礼以谋逆诛,刚林系其属下人,因逮系。寻以其曾先事举发,免罪,改拨正黄旗,供职如故。

世祖章皇帝定鼎后,叙功,晋二等轻车都尉。顺治三年、四年,两充会试主考官。会考满,晋一等轻车都尉。五年,以赞理机务忠勤懋著,授三等男,赐"巴克什"号。六年,充纂修太宗文皇帝实录总裁官,再充会试主考官。是年,疏言:"臣工章奏,天语批答,应编辑以垂法戒,备章程,为纂修国史之用。请令六科每月录送史馆,并命翰林院分任编纂。"报可。八年,以纂修明史,阙天启四年至七年实录,又崇祯一朝事迹无考,请敕内外各官悬赏购求,以期必得。其有野史、外传、集记等书,并令访送备采。章下所司知之。

是年,睿亲王多尔衮僭逆事发,下刑部鞫其党,刚林坐阿附,论斩,籍没,遂伏法。

何洛会

何洛会,满洲镶白旗人。父阿吉赖,从太祖高皇帝征战,有功,官佐领,既卒,何洛会仍其任,兼护军参领。太宗文皇帝天聪八年,随都统阿山等略明锦州,获马牛。九年,命免功臣徭役,何洛会与焉。崇德五年,授正黄旗蒙古都统。随睿亲王多尔衮围明锦州。明年三月,以大军离锦州城远驻,私遣兵丁归家,议统兵王大臣罪,何洛会应革职籍没,诏从宽罚锾。十一月,调本旗满洲都统。七年,锦州下,追论围锦州时护军统领鄂罗塞臣先入敌阵,何洛会隐其功,应革职罚锾,上复宥之。何洛会初隶肃亲王豪格下,颇见任使。

世祖章皇帝顺治元年[一],睿亲王摄政,与肃亲王不相能。何洛会因讦肃亲王与两黄旗大臣扬善、俄莫克图、伊成格、罗硕诋诽睿亲王,且将谋乱,下法司鞫实,削肃亲王爵,扬善等四人并弃市;以何洛会举发悖逆,籍俄莫克图、伊成格家产给之,授一等轻车都尉世职。寻随睿亲王入山海关,击败流贼李自成,追至望都。还,赏睿亲王疏迎上,迁都燕京,奉命擢内大臣,总管左右翼,留守盛京。

二年二月,叙击败流贼李自成功,晋一等男。六月,命统兵驻防西安,道经河南,剿灭西平县叛贼刘洪起等。十一月,命为定西大将军,进剿四川。时自成馀党刘体纯等由湖广犯商州,叛将贺珍与其党孙守法、胡向宸等分踞汉中、兴安。三年,贺珍合贼七万馀犯西安,何洛会督兵御击,歼贼无算,追败之濠泗河;复击败刘体纯于山阳及商州,并多斩获。会肃亲王奉敕为靖远大将军征四川,何洛会还京。四年正月,命率兵驻防宣府。六月,仍授正黄旗满洲都统。

五年三月,调镶白旗。寻命同征南大将军谭泰讨江西叛镇金声桓,师至九江,败迎战贼众。七月,进围南昌,凿壕筑垒,困之。六年正月,何洛会督兵树云梯登城,大军并进,声桓中二矢,投水死。其党王得仁等就擒,伏诛,尽复所陷郡邑。进剿广东叛镇李成栋于信丰,成栋亦溺水死。江西平。凯旋,赐所获金银、珠玉等物。遇恩诏,晋爵三等子。

初,肃亲王为何洛会所讦,削爵。旋以山海关败流贼功,复之。及征四川,灭张献忠,还京。贝子屯齐等讦郑亲王济尔哈朗徇隐肃亲王悖妄事,何洛会复证之。郑亲王坐降爵,肃亲王以幽系终。七年冬,睿亲王卒,何洛会语贝子锡翰曰:“两黄旗大臣素与我为仇,今殆将杀我矣!”八年二月,议政大臣苏克萨哈首睿亲王曾欲率两白旗人还永平,谋不轨,与何洛会定议事,下王大臣质讯。时谭泰为吏部尚书,证何洛会辱詈肃亲王诸子,锡翰亦以何洛会虑遭仇害语证其罪,坐悖逆,其弟瑚什并磔死,籍其家。

【校勘记】

〔一〕顺治元年 "元"原误作"九"。满传卷九叶二二下同。今据本书卷二多尔衮传改。

冷僧机

冷僧机,世居叶赫,姓纳喇氏。叶赫既灭,来归,隶满洲正蓝旗,属三贝勒莽古尔泰下。[一]太宗文皇帝天聪元年,敖汉部长索诺木率众内附,尚公主为额驸,冷僧机改属其下。五年十月,莽古尔泰于御前露刃,大贝勒代善等劾其不敬,论罚,降同诸贝勒。六年十二月,以暴疾卒。九年十月,贝勒德格类亦以暴疾卒。冷僧机首于法司,言莽古尔泰、德格类曾与公主及索诺木结党,设誓谋不轨,冷僧机同参领屯布禄、巴克什爱巴礼皆与谋,下法司鞫实,并坐谋逆。冷僧机以自首免罪,所籍屯布禄、爱巴礼家产悉以与之;改隶正黄旗,授三等男,世袭。

崇德二年,兵部参政穆尔泰因都统都类逮系于部,令在系者徙避,有囚出系所,遇冷僧机诉之,冷僧机遂告侍卫转奏。命法司鞫议穆尔泰及部臣,并坐降罚,冷僧机寻授一等侍卫。七年,上幸牧马所,命内大臣侍卫与明降将祖大寿等校射,奖赏有差。冷僧机得赐驼一。

世祖章皇帝即位,睿亲王多尔衮摄政,以冷僧机列内大臣。顺治二年,晋爵一等男兼一云骑尉。会都统谭泰讦内大臣索尼诋诽睿亲王,引冷僧机证之,以未与闻对,坐徇庇;又曾与索尼取内库琴与人,并弗阻索尼于库院牧马,论削爵、籍家产,诏贳之。嗣遇考满,晋爵三等子。七年,睿亲王有疾,冷僧机同贝子锡翰等奏请上驾临视，睿亲王罪以擅请，降一等男。遇恩诏予复。旋晋一等伯。

先是，睿亲王以豫亲王多铎子多尔博为子，及睿亲王薨，上命多尔博袭爵，冷僧机引之入见。多尔博出，冷僧机奏曰："昔日两黄旗大臣誓立肃亲王豪格，睿亲王持议辅上嗣统。今于多尔博虽破格优遇，未足酬功。"又言："侍卫罗什乃睿亲王所优遇者，上宜宠异之。"既而罗什亦为冷僧机要请加恩。八年，罗什以蛊惑诸王，为郑亲王济尔哈朗等劾奏，伏诛。上命议政大臣巴哈、哈什屯等诘冷僧机所指誓立肃亲王事，冷僧机词沮，遂下法司，集诸大臣鞫讯，质其诬陷及阿谀睿亲王诸罪，论斩、籍没，诏从宽免死。九年，命诸王大臣鞫讯内大臣西讷布库，宗室巩阿岱、锡翰罪，复得冷僧机朋比奸恶状，与西讷布库等并伏诛。

【校勘记】

〔一〕属三贝勒莽古尔泰下　"三"原误作"大"。满传卷九叶五上同。今据本书卷一代善传，及卷三莽古尔泰传改。

敦拜

敦拜，满洲正黄旗人，姓富察氏，其先世居沙济。父本科理，〔一〕当太祖高皇帝时来归。有朱舍理部长尤额楞梗化不服，命同鄂佛洛总管达赖往征之，有功，赐号苏赫巴图鲁，管佐领事。寻卒。子三人，敦拜其长也。

初任佐领。天命十一年，从大兵征明宁远，先驱侦敌，击败城中出战兵。师旋，遇敌二十人，与步战，尽歼之；敌复以骑追射我师,敦拜还击,却敌,殿后以归。天聪八年,太宗文皇帝嘉其克副任使,授骑都尉世职。崇德五年,擢护军统领。随郑亲王济尔哈朗围明锦州,敌出城诱战,敦拜突入其队,斩三人,馀众俱遁。敌骑自杏山一再来犯,并战却之。六年,复围锦州,明总督洪承畴自松山遣兵犯我两红旗营,敦拜先后率所部御敌。寻复来犯我外藩蒙古营,敦拜趋援,败敌,斩首二百馀级,获其云梯十四。七年,叙功,加一云骑尉。八年,同护军统领阿济格尼堪率兵驻防锦州。

世祖章皇帝顺治元年,随大军入山海关,击败流贼李自成兵,追至望都。二年,叙功,晋世职二等轻车都尉。先是,自成败遁还西安,明福王朱由崧自立于江南。上敕豫亲王多铎征江南,取道河南,先除自成贼党,敦拜率护军以随。师至陕州,贼将刘方亮领兵千馀来犯,敦拜同护军统领图赖、阿济格尼堪等奋击,败之。贼复夜袭我营,敦拜率兵连败贼众,遂破潼关,进定西安。自成由商州遁,走湖广,敦拜同护军统领阿尔津等追斩三百馀人。豫亲王移师下江南,敦拜复从破扬州,趋江宁。朱由崧闻大军至,遁走芜湖,将登舟渡江,敦拜追及之,与阿尔津、图赖等扼据江口,截其去路。明将黄得功迎战,我兵奋击,尽夺其舟。得功中流矢死,由崧为其总兵田雄等执以献。三年,叙功,晋世职一等。是年,随端重亲王博洛由浙江进征福建,同副都统朱玛喇击败伪总兵黄某等拒战兵。五年,随征南大将军谭泰讨江西叛镇金声桓。贼党踞九江府,敦拜先驱直抵城下,败贼众。声桓与其党王得仁纠步骑七万自南昌迎战,敦拜合兵奋击,败之;复招抚临江一府、四县。

六年,命统兵剿畿南土贼,斩贼渠李玉三、陈金玉、邢少川、吴临瑞、席快等。献县、雄县、任丘、宝坻诸邑土贼悉平。七年五月,叙平定西安、福建、江西功,晋爵三等男。寻随睿亲王多尔衮猎于中后所,以同都统噶达浑等私行射生,降一等轻车都尉。明年,上亲政,复爵如故。九年,遇恩诏,晋二等男。

十一年,伪晋王李定国自广西犯广东,上遣朱玛喇为靖南将军,以敦拜佐之,统兵往征。时定国拥众新会,据山峪立寨,平南王尚可喜先以兵防御,未及战,敦拜同朱玛喇至,遂合兵进剿,破贼巢,斩获甚众;复追至横州江岸,定国远窜,获贼众十六、马二百馀。所陷郡邑悉复。凯旋,叙功,晋爵二等子。得旨,从优再议,晋一等子。

会有疾,乞休,上念其勤劳年久,加太子太保,以原官致仕。十四年,起为盛京总兵。十七年正月,卒,赐祭葬如典礼,谥襄壮。无子,以从孙瑚锡布为嗣,袭爵。

【校勘记】

〔一〕父本科理　"本"原作"木",形似而讹。耆献类征卷二六七叶六上同。今据满传卷九叶一八下改。下同。

沈文奎

沈文奎,浙江会稽人。少时寄养外家,冒姓王氏。年二十,为明诸生,北游遵化。天聪三年,太宗文皇帝征明,下遵化,文奎来归。贝勒豪格携至沈阳,命直文馆。后隶汉军镶白旗。六年,贝勒阿济格等征明,至宣化,明守臣遣使输贡议和。师还,召赐文奎馔，问："此次和议，于尔意云何？"文奎奏曰："汉人以宋辙为鉴，俱讳言和。虽以圣主好生之念，不忍明国生民涂炭，欲安息待时，而汉人反以我为可欺。边塞小臣，区区盟誓，安足信哉？但彼既民穷财竭，盗贼蜂起，且去年大凌河陷没，人人胆丧，当此危急之际，翻然悔祸，则允其和议，实明国之幸也。不然，以圣主之威武，乘中原扰乱之秋，率兵直入，黄河以北，非明有矣！"崇德元年，特旨甄别内院人员，分为四等，文奎名列一等第二，赐人户及牲畜等物，授弘文院学士。七年八月，以饮醉乘马，失避御前仪仗罪，论死，上特宥之，仍谕以"嗣后毋饮酒致有误"。

顺治元年，世祖章皇帝定鼎京师，授保定巡抚，驻真定。明三关总兵郝之润既投诚，愿除寇自效，旋以被劾解任。文奎将抵任，得其手书，且闻其率部卒驰至倒马关暂驻，形迹乖张；虑其外连山右流寇，酿成祸患，特札谕宽慰，晓以祸福。旋令总兵吴胜兆率精锐步骑疾驰赴镇，以备不虞；而密疏奏请收其所部以图后效。之润遂留保定，交文奎策遣。先是，畿南未定，土贼蜂聚，若大名之开州、内黄，真定之井陉、获鹿，保定之束鹿、唐完，所在千百成群，焚掠村堡。文武守吏分剿不遑，间复招抚谕降，给札奖劝，而贼势愈炽，一贼闻剿，群贼援拒。文奎既莅任，训练标兵，饬厉将士，与按臣卫周胤商榷机宜，设策剿抚，贼党赵崇阳等数百人络绎归诚。会宁晋叛寇韩国璧等抗师负固，文奎即遣崇阳星夜擒剿，阵斩国璧，歼其逆党；复遣署总兵王爌等讨灭香炉寨贼渠钱子亮、乔家寨贼渠赵建英；别遣守备刘文选等攻围深州贼渠于小安、晋州贼渠马数全，所至贼巢荡洗。于是冀州贼郭世先、保定贼李库、内黄贼李君相、顺德贼袁三才等数十渠魁，一时并就俘戮,贼党解散。其投诚骁健献械及马,愿自效者收标下,驱策之。畿南始定。十二月,疏荐明修撰兼给事中陈名夏才学兼优,可当倚任,章下所司。

是时保定等府州县征纳赋课,犹沿袭明季旧例,有优免太滥、致亏正额者,亦有取盈摊派、刻薄厉民者,文奎奏定悉照正条,一切陋弊概行禁革。又以宁晋庄地利广租轻,多为各郡邑豪右占据,递年逋欠秄粒、银两,守令代偿垫解,疏请嗣后凡庄地尽召土著小民佃种,立甲征收,豪右绅衿概行禁绝。明年正月,疏言:"畿南兵燹之馀,民力困竭。每岁解京之绵、丝等物,俱购之别省,既难即得,且物贵民贫,运解不易。请俱改为折色。"二月,又疏请各卫所地亩钱粮,令州县征收,屯丁兼属管摄。凡军宅屯庄,概入保甲,且于边戍既裁军装,杂派之需,应行革除。诸疏并见采择。四月,天津土寇李联芳、张成轩等横行南皮、盐山间,聚众千人。文奎遣都司杨澄、守备徐景山等率精锐间道星驰擒剿,复与天津道张鹏举等分路追袭,擒斩联芳等九十三人。特旨嘉奖。旋命调任陕西,未赴任,复诏仍留保定巡抚。

五月,擢淮扬漕运总督。文奎以漕运当明代末年,百务隳废,加以江、淮寇残兵虐,凋瘵之后,今欲规制一新,永垂久远,事非易易,奏请陛见,叩聆圣训。有旨:"淮、扬初定,督漕正急,着星驰受事,殚力经理,以副委任。"文奎至则淮、扬、徐三府方遭寇逆高进忠、魏用通、高陞之乱,文奎檄调官兵剿抚并用,先谕降进忠营将孔道兴等八人,皆率所属兵丁、战舰、军械投诚,进忠等遂潜遁入海。有伪招讨鄷报国、伪兵部司邦基者,假拥立明宗室新昌王为名,讹言惑众,于是魏用通、高陞复突入内河,拒捕,劫杀。

镇臣王天宠率将士奋击,阵斩高陞。文奎遣游击裴应旸与降将孔道兴等追斩魏用通于白驹场,贼众歼灭殆尽。寻鄷报国、司邦基为其将王大功、马西禄擒缚以献。进忠走崇明,纳降。十二月,复擒斩如皋叛渠于锡藩、刘一雄等,散其馀党万馀人。海滨底定。三年二月,奏增设淮北、淮南、淮西各道标营兵、战艘。八月,邳州土寇杨秉孝、王君实等啸聚馀党,掠民肆害,将攻邳城。文奎率淮徐道张兆熊,调兵擒斩之。

十月,疏请禁革漕弊,其略曰:"江南苏、松等府征漕,前代以来,积弊殊甚。有司催征,止及城乡小户,运船到次,先兑民粮。里书仓蠹,串通旗丁,抑勒需索,小民受累,非一官户、儒户之粮,堆贮私家。运官旗丁,沿门赴兑,米色好丑,斗斛完欠,概置不问。此绅衿误漕之害也。府县吏胥,假济农仓耗米为名,乾没侵肥,临兑升合无完。此吏胥误漕之害也。臣请嗣后不论官户、儒户、济农名色,概令有司与民户一体督催,及时上仓,候船领兑。如仓粮验系干洁,运船刁难,不速领兑者,领运官重置以法。如绅衿豪势抗不交仓,以致稽延漕运者,题劾逮问,并治有司以不能革弊之罪。"部议准行,且著为令。四年正月,以擅免荒田税赋,又渎请明朝陵寝祀典,坐革职。五年十二月,起补弘文院学士。六年正月,充纂修太宗实录副总裁官。二月,充会试主考官。八年闰二月,部议文奎于大学士刚林等擅改实录,不行陈奏,应革职。议政王大臣等覆勘,论文奎罪,得旨免议。

四月,复受命往淮扬总督漕运。七月,疏陈"漕政四事:一曰慎选运官。明季世职既裁,势必选用旧弁,其身家殷实者,又多巧为规避,所馀穷员无几,以致白丁、市侩钻营领运,无不逋欠。

今请一体遴选，道府各官毋许徇隐。一曰清核舍馀。前明卫所世职，裁汰既久，所有亲族，谓之舍馀，不入民籍，不当军差。今请旗丁十名，以舍二军八为率，以均劳逸。一曰合选殷丁。一伍之中，殷实有限。今请自臣衙门为始，不论吏书及生员之馀丁，悉令佥选，不许隐庇。一曰清勾黄快屯丁。江南各卫军丁，明季编定各差，如屯军领种屯田，岁照科则输粮，黄快船丁每年止纳丁银三钱，运户则专供拨运。近来运户稍富厚者，皆窜入黄快屯军，借为护符，以致运户日减，仅馀空乏閒丁，佥报抵数。今请严密清勾，以杜隐漏之弊。"下部议行。

十年十月，胶州总兵海时行叛，文奎奉命偕直隶河南山东总督马光辉统官兵进剿。军次永城，两路夹击，俘斩甚众。时行势穷自杀，其党李文进率子弟及所部赴军前降。文奎以功加一级，予荫一子。时江北庐、凤、淮、扬等府州县，水旱相继，被灾甚者，已奉诏蠲免。文奎请将十年漕粮照被灾分数，议折十年现征及九年前宿逋，酌量蠲免。部臣以漕粮为军饷储需，万难议折，而盐通及庐、凤各属覆勘被灾分数，尚未详悉申报，亦难议蠲，往返咨驳，各属候覆改折，至冬尽犹未开征。十一年，通泰海滨叛寇朱周鎮称伪号，纠众惑民，为同谋者所首，文奎遣兵擒获，悉诛其党。又奏垦江北荒屯地九千九百馀顷。是岁九月，以催运稽迟，降三级调用。寻补陕西督粮道，卒于官，入祀名宦祠。

张大猷

张大猷，辽阳人，后隶汉军镶黄旗。太祖高皇帝天命六年，大兵克辽阳，大猷时为明千总，自广宁来降，授佐领。逾年，明边将诱我新附之众往归,遣人为间谍,匿游击郎某所。大猷发其事,太宗文皇帝嘉之,予三等轻车都尉世职。天聪九年,以所管壮丁缺额,[一]论罚锾。崇德三年,任刑部理事官。寻擢右翼汉军副都统。

四年正月,大兵征明锦州,以炮击破城旁一台,台中敌兵尚拒守,既而乘间遁去。大猷坐防范不严,部议革职罢任,得旨从宽罚锾。六月,更定汉军旗制,授镶黄旗副都统。五年,随睿亲王多尔衮围锦州,率本旗兵攻取五里台及晾马山、马家湖诸处,又克金塔口台。六年,随郑亲王济尔哈朗围锦州,会松山骑兵突出,夺我红衣炮,大猷击却之;复同都统刘之源等攻克塔山、杏山及附近诸台。论功,晋二等轻车都尉。七年六月,擢兵部参政。十月,随贝勒阿巴泰征明,师至浑河,筑桥以济。明总督范志完集兵拒战,大猷与副都统祖泽洪击败之。八年,随郑亲王征明宁远,取前屯卫、中后所二城。晋一等轻车都尉。

世祖章皇帝顺治元年,同都统叶臣、刘之源等征山西,追逐流贼李自成之将郭某,擒斩之;合兵攻克太原府城。复同都统李国翰招抚郡邑,贼众踞黄河滨立栅,大猷攻毁之,贼溃遁,获船十有五。二年,随大军定江南,同都统吴守进率兵征浙江。至石门县,明兵自钱塘乘夜来袭我营,大猷奋击却之;进取嘉兴府,同都统恩格图击败城中出战兵,[二]遂克其城。先后取扬州、昆山、常熟、江阴诸郡县,皆督兵以炮克城,有功。三年二月,命同侍郎巴山率兵镇守江宁,总管汉军及绿旗兵。旋授为提督江南总兵官。五月,叙元年以来军功,晋爵三等男。

四年,明故官侯峒曾之子侯元瀞等潜遣人通明鲁王朱以海于海岛,取伪镇<u>黄斌卿</u>书以归,为<u>柏林</u>游击<u>陈可</u>所获。<u>大猷</u>与<u>巴山</u>以其书入奏,得旨嘉奖,谕曰:"尔等严察乱萌,具见公忠尽职。"六年,率兵剿<u>六安州</u>山贼,贼渠<u>张福寰</u>自<u>明</u>季结党倡乱,联踞<u>英山</u>、<u>霍山</u>,倚险立寨,负固有年。至是,<u>江南</u>总督<u>马国柱</u>以兵进剿,<u>大猷</u>与巴山率兵会之,阵斩<u>福寰</u>,诸贼寨俱荡平。<u>国柱</u>奏捷,谓"<u>大猷</u>身先士卒,履险摧锋,功居第一"。屡遇恩诏,晋爵至三等子,世袭罔替。九年正月,卒于官。以其子<u>应庚</u>袭爵。

【校勘记】

〔一〕以所管壮丁缺额　"壮丁"原误作"丁壮"。<u>耆献类征</u>卷二六五叶一六上,及<u>满传</u>卷九叶一二下均同。今据<u>张大猷</u>传稿(之二八)改。

〔二〕同都统<u>恩格图</u>击败城中出战兵　"恩格"原误作"格恩"。<u>耆献类征</u>卷二六五叶一七上,及<u>满传</u>卷九叶一四上均同。今据<u>张大猷</u>传稿(之二八)改。

李思忠　子塞白理

<u>李思忠</u>,先世居<u>铁岭</u>。父<u>如梴</u>,<u>明</u>宁远伯<u>成梁</u>之从侄也。初官<u>太原</u>同知,后罢归,寓居<u>抚顺</u>。我<u>太祖高皇帝</u>天命三年,大兵克<u>抚顺</u>,<u>思忠</u>来归。明年,师克<u>开原</u>、<u>铁岭</u>,<u>如梴</u>家居,与弟<u>如梓</u>及子<u>一忠</u>、<u>存忠</u>俱死焉。六年,<u>太祖</u>定<u>辽阳</u>,敕<u>思忠</u>收集其族人之流亡者。<u>思忠</u>招徕人户,并复故业,上深嘉之,授佐领,予骑都尉世职。寻以擒获间谍功,晋世职至三等轻车都尉。

天聪三年,<u>太宗文皇帝</u>亲统大兵征<u>明</u>,取<u>遵化</u>,命<u>思忠</u>与参

领英固尔岱等留守。既而明将谢尚忠等来攻城,思忠开门出战,敌兵三进三却。时大安口、三屯营等十一城既降复叛,明监军道张春等合步骑犯滦州,贝勒阿敏等怯不赴援。滦州失守,士卒奔溃,阿敏大惊,并檄遵化守将等弃城东归。值遵化军中火器营猝为敌火箭所焚,众心惊惧,思忠戒无轻动,徐结阵出城,招明官之降者四人以行,身自为殿。及出关,无一亡失者。既归,上命议阿敏等弃城罪,以思忠为偏裨非能主其事而贷之。

五年,随都统楞格哩等征明南海岛,未至,遇明兵,战于茨榆坨,擒十一人,获战舰五。敌复率众来夺,思忠迎战,炮伤额,不为动,仍奋击败之。晋世职为一等轻车都尉。九年,考察户口,思忠所辖之沙河堡、郎寨增丁百十有三,晋爵三等男。寻奉命驻守盖州城。崇德二年,疏言:"辽阳各城,今悉为丁夫修筑,而盖州又复颓圮,部议丁夫不足,应调馀丁供役。查盖州城地处边陲,军士防守靡宁,其馀丁仅堪耕种。今若弃农就役,不过用土补苴,而城工不坚,岁功亦废;不若就应修处所,勤加巡视守护。俟各城藏工,再集丁夫造砖修筑,则城垣永固,而人得及时尽力农事。"得旨,如所请行。七年,以汉军分隶八旗,思忠隶正黄旗。

世祖章皇帝顺治元年,随豫亲王多铎征流贼李自成,破潼关。随征江南,克扬州,招抚江北,得十州县。三年二月,奉命为西安驻防副都统。三月,擢陕西提督。七年、八年三遇恩诏,晋爵一等男兼一云骑尉。十一年,以年老致仕。十四年七月,卒,赐祭葬如例。子六人,次子荫祖,别有传。

第三子显祖,袭爵,世祖赐名塞白理,授二等侍卫,任参领。圣祖仁皇帝御极,擢随征江南左路总兵官。康熙六年,迁广东水师提督。八年,改浙江提督,招降海贼郑锦之伪宁远将军林伯馨、都督施轰等。十三年,逆藩耿精忠反,塞白理疏言:"耿逆交通三桂,结连郑寇,沿海所在,贼艨皆可扬帆直入。江南之崇明,孤悬海外,尤为可虞。又黄岩围困日久,请援孔亟,宁海、象山、新昌、馀姚四县贼众蜂起,恐寇拒宁海,断我饷道。请速援台州,护守宁波。"疏入,并奉敕授方略,调兵防御。寻随贝子傅喇塔击走贼将曾养性等于台州。十四年九月,卒于军,年四十有三。赐祭葬如例,祀浙江名宦祠。子李俊,袭爵。

柯永盛　　弟永昇

柯永盛,辽阳人,隶镶红旗汉军,副都统柯汝极从子也。太宗文皇帝崇德六年,任佐领。随大军围锦州,以炮攻克晾马山台及杏山、塔山二城。七年,奉命同副都统马光辉铸神威炮。八年,随郑亲王济尔哈朗征明,取前屯卫、中后所二城。叙功,予骑都尉世职。世祖章皇帝顺治元年,任刑部理事官。

大军初定山东,授胶州总兵。至则剿平昌乐土贼秦尚行、赵慎宽等。流贼李自成裨将赵应元诡就侍郎王鳌永招抚,入青州,害鳌永,踞城猖獗。永盛率兵赴援,同副都统和托、李率泰驻兵城外,轻骑入城,设计诱执应元,斩之;复率兵围高密,擒斩伪元帅张舆。二年,潍县土贼张广既降复叛,纠众数千犯莱州,永盛遣游击杨遇明击败其众。广中镞死,馀贼悉平。

三年,调江宁总兵。总督洪承畴遣永盛领兵会剿山西叛贼,南赣巡抚苗胙土奏言:"江西诸郡叛服靡常,赣州为全省要区,请留永盛镇守。"诏调永盛南赣总兵。四年正月,湖广兴国州土贼柯抱冲、陈珩玉等杀武昌同知张梦白，寇掠江西武宁，永盛遣将分剿，连破贼寨，抱冲、珩玉并就擒斩。时明桂王朱由榔据湖南，江西之石城、宁都、雩都、瑞金、长宁、安远诸邑叛应之，倚山结寨，四出劫掠。永盛遣副将刘伯禄、徐启仁，参将董大用，游击孔国治等，次第剿平之。

八月，擢湖广提督。五年，江西总兵金声桓叛，兴国、孝感、云梦、黄安、麻城、蕲州诸土贼亦皆蠢动。永盛移兵防守要地，分遣参将邬乘鸾、游击张国忠等剿平贼寨。十年，流贼张献忠遗党李定国、孙可望等掠湖南，宁远大将军贝勒屯齐统师由衡州进征，永盛督兵继其后，策应援剿，屡败贼众，擒斩无算。遇恩诏，晋世职三等轻车都尉。

十八年，调山西提督。圣祖仁皇帝康熙三年，考满，加左都督。七年，永盛以年老乞休，上慰留之。寻以宣力年久，加太子少保。八年，致仕。十四年正月，卒，赐祭葬如例。子键，袭世职。

弟永昇，由员外郎出任湖南粮储道。十九年，迁江西按察使。二十二年，迁安徽布政使。二十七年二月，擢湖广巡抚。时裁湖广总督，令督标兵老弱者归农，强壮者候缺食粮。五月，永昇甫之任，裁兵夏逢龙结众作乱，突入巡抚廨署，遇拒阻者辄刃之，伤永昇臂，夺其印，复伤永昇足仆地，悉驱其亲属及家人出走，搜掠财物。永昇乘间自缢死。子鉽，由九江走安庆，以其事诉于巡抚杨素蕴入奏，赐恤如例。世宗宪皇帝时，以永昇入祀昭忠祠。

陈泰

陈泰，满洲镶黄旗人，姓钮祜禄氏，额亦都孙也。父曰车尔格。

陈泰初以护军参领从征，攻明锦州，遇宁远援兵，先众直入，斩执纛者，获其纛焉。天聪三年，从太宗文皇帝征明北京，驻军德胜门外，分兵攻巡抚袁崇焕营，遇伏，奋击，有斩获。五年，大军围大凌河城，明监军道张春率众赴援。陈泰设伏擒其侦卒，复以步战歼敌众。崇德元年，从征朝鲜，与副都统萨穆什喀乘夜袭黄州守将营。三年，随睿亲王多尔衮率师征明，败明兵于丰润县，攻内监冯永盛、总兵侯世禄营，皆拔之；又以护军三十败总兵祖大寿骑卒百馀，俘获，纪功。

五年，随征明锦州，有降明蒙古苏班代来归，陈泰率之进攻杏山，败敌兵，获牲畜。六年，围锦州，败松山兵，我樵采者为敌兵所困，陈泰率兵六人援之出；又败敌兵之来袭我后队者，连战皆捷，遂克其郛。是年，由骑都尉世职晋三等轻车都尉。七年，从围锦州，掘壕困松山，明兵夜犯正黄旗蒙古营，陈泰往援，击败之。八年，随贝勒阿巴泰等征明，败总兵马科于浑河，筑浮梁以济。明总督范志完以兵来拒，复击之。至山东，攻克东阿、汶上、宁阳三城。晋二等轻车都尉。

顺治元年，从入山海关，破走流贼李自成。明年，世祖章皇帝诏叙勋臣，晋一等轻车都尉。四年，授礼部侍郎。从征湖广，败流贼一只虎于荆州。寻奉命为靖南将军，同副都统栋阿赉征福建，至则击贼渠曹大镐，败之；又于建宁败贼张耀星步兵四千，克同安、平和二城。五年,破海逆郑彩兵,彩遁入海,复长乐、连江二县;擒伪总督顾世臣等十一人于兴化,斩之。以次克复郡县,全闽底定。奉旨嘉奖。六年,授护军统领。七年,论功,晋二等男。擢刑部尚书。八年二月,迁吏部尚书。三月,授国史院大学士。七月,以加上皇太后尊号,误增恩诏赦款,奉上询问,以有例对。下廷议,坐巧饰诳奏,罢任,降世职为一等轻车都尉。九年正月,起为礼部尚书。二月,充会试主考官。三月,授镶黄旗都统。先是,两遇恩诏,晋三等子兼一云骑尉;旋以吏部覃恩升袭过滥,命改为一等轻车都尉兼一云骑尉。至是,奉特旨晋二等子。

十年,授宁南靖寇大将军,征湖广。十一年,改吏部尚书,兼都统,仍任大将军。十二年,流贼张献忠馀党孙可望遣贼帅刘文秀与贼将卢明臣、冯双礼等帅众六万、楼橹千馀,分兵犯岳州、武昌,而文秀以精兵攻常德,陈泰遣护军统领苏克萨哈设伏以待,参领呼尼牙罗和先与贼遇,击败其众,复令参领苏拜、希福等并以舟师迎击,八旗继进,三战三捷。贼复列舰拒战,发伏兵击之,焚其船,贼大败,别遣兵破贼众于德山下。师抵龙阳县,贼又集兵二千来犯,我兵奋剿,贼溃奔,明臣赴水死,双礼被创遁,文秀走贵州,降其伪副将等四十馀员、兵三千馀。叙功,晋世袭一等子兼一云骑尉。

未几,以病卒于军。明年正月,世祖召凯旋诸臣,劳之以酒,谕曰:"大将军陈泰南征效力,卒于戎行,朕甚伤悼!"因挥泪不已。复谕学士麻勒吉等曰:"若大将军班师,生入国门,朕将亲酌宴劳。不意中途弃捐,不复相见!尔等以此一觞奠大将军灵次,少抒朕追悼之怀！”诸臣及左右侍从无不感涕。赐祭葬如典礼，谥忠襄。以其子尼满袭爵，旋卒无嗣，以弟喇哈达之子白启为后，袭焉。

阿尔津

阿尔津，伊尔根觉罗氏，世居穆溪。父齐玛塔，太祖高皇帝时来归，隶满洲正蓝旗，任侍卫。

阿尔津初与其从兄阿山屡从征伐，积功授二等轻车都尉世职，任参领。太宗文皇帝天聪四年，都统纳穆泰等驻守滦州，明兵来攻，阿尔津力战，弗能却，敌发巨炮击城，城将隳，纳穆泰等度不能支，率众走永平，阿尔津随行，遇敌，斩杀甚众。及永平复失守，上命尽系诸将，以阿尔津于滦州城内曾力战，既出，复能杀敌，特贳之。九年，大军征察哈尔，阿尔津随贝勒岳托驻归化城，有博硕克图汗之子结阿禄部、喀尔喀部阴与明通，阿尔津及参领吴巴海等擒其往来使者，并获马驼及貂皮等物。晋世职一等轻车都尉。

崇德元年，上亲征朝鲜，国王李倧遁入南汉山城，阿尔津率精锐追蹑，败其援兵于要隘。二年，率每旗亲军五人往铁山，缉明哨卒。寻列议政大臣，管护军统领事。三年，随豫亲王多铎征明，过中后所，明总兵祖大寿以兵袭追，阿尔津殿后，部卒被杀。及王督兵还击，阿尔津战弗力，又不收载亡卒骸骨，革世职，籍家产之半，仍管护军统领事。五年，随大军围锦州，以离城远驻，坐罚锾。六年，明总督洪承畴守松山，阿尔津屡击败其步骑兵，敌走保一台，阿尔津率三旗护军攻克其台，斩敌将三人，尽歼其众；

复破敌营三,并援出前锋之被围者。上嘉其善战,仍授三等轻车都尉世职。七年,从征宁远,败城中出战兵。八年,同护军统领哈宁阿等往征虎尔哈等部,攻克博和哩、诺尔、噶勒都里三屯,其大噶勒达苏、小噶勒达苏、绰康缠、能吉勒四屯皆降,俘获无算。师还,得优赍。

顺治元年,随大军入山海关,击败流贼李自成,率前锋军追及于安肃县,斩杀甚众。二年,晋二等轻车都尉兼一云骑尉。寻随豫亲王讨流寇至潼关,贼将刘方亮来窥我营,阿尔津率五旗将士破其众,贼望风奔溃。我师遂入关,贼渠李自成焚所居室,挈子女奔商州。阿尔津将兵往追,不及,别围贼三百于途,尽杀之,乃还。复从征江南,有功,晋三等男。三年五月,同护军统领鳌拜等击败叛镇贺珍兵于汉中。张献忠自四川率马步兵来战,阿尔津与护军统领鳌拜等连击败之。时正蓝旗兵为贼困,复与鳌拜等往援之出。进攻叙州,所至克捷。五年六月,晋一等男。十月,率兵赴宣化,平赤城叛兵。六年,解护军统领任。七年,复任护军统领。

八年,与都统额克青等举发英亲王阿济格罪状。初,睿亲王多尔衮薨,英亲王以阿尔津旧隶豫亲王麾下,使人召之。阿尔津因睿亲王尝禁诸王属下人与英亲王往来,谓使者曰:"吾弗至王所三年矣,当告之睿亲王属下大臣。"遂询之额克青等,佥曰:"宜往觇其言动。"乃往。英亲王责其不附己,且妄为大言,阿尔津告额克青等。于是共讦英亲王言动悖乱诸罪,鞫实,幽禁。阿尔津得旨嘉奖。旋晋爵二等子。两遇恩诏,晋一等子加一云骑尉。九年,授西安将军,镇守汉中。寻命为定南将军,移剿湖广贼寇。十一年,由护军统领迁都统。十二年,授宁南靖寇大将军,统师之荆州。时归州贼姚黄等出没宜昌、襄阳间,阿尔津率兵往剿,连破走之,招抚兵民万馀,分置枝江、松滋诸邑。

十三年,同都统卓罗等征辰州,贼闻大兵至,弃城走,追破之于泸溪。贼尽窜入山谷,斩获无算,遂复辰州。凡宝庆、永顺诸土司悉籍所辖人户来降。先是,辰州屡下,缘守兵寡,辄复为贼陷。至是,阿尔津议移常德镇兵守之,而别移兵驻常德为应援,否则以所部兵留守辰州。咨商经略大学士洪承畴,承畴以常德兵力难分,禁旅不宜擅留,覆之。阿尔津复移咨曰:"辰州境内之民及各土司相率归顺,若增兵守之,则沅、靖可达。沅、靖一得,可进取滇黔。今弃而不守,贼必复来。我士马疲顿,岂能数逾越险阻?且百姓既归附,一旦弃之去,非惟失向化之心,亦无以示信于后也。"承畴以其言疏闻,上命阿尔津班师,以征守事委承畴速筹。

十五年正月,奉命统本旗兵随信郡王多尼进取云南。五月,病剧,卒于军。赠太子太保,谥端果,立碑如例。子济世,袭爵。

李国翰

李国翰,汉军镶蓝旗人。父继学,初以商人随明经略杨镐军通使我朝。太祖高皇帝天命六年,大兵取辽阳,继学来归,授都司。以副将刘兴祚娄索民财,劾罢之。复屡擒间谍,追杀逃人,叙功,予三等男爵。以年老致仕。

国翰袭父爵,任侍卫,赐号"墨尔根"。太宗文皇帝天聪三年,从征明北京,还攻永平,先众步战,有斩获。五年,围大凌河,城内兵突出,国翰率兵战却之,旋攻克其台;又击败民兵之自锦州赴援者。九年，考察所管人户，以善于拊循，晋二等男。崇德三年七月，任刑部理事官。十月，随贝勒岳托征明，于边外发敌所藏火药数处；比入边，遇敌千馀人据山列阵，国翰率兵奋击败敌，获马四十。进克墙子岭，转战至山东，克济南府城。师还，攻望都、获鹿二城，并以炮击毁其垣。四年，授镶蓝旗汉军副都统。五年，随睿亲王多尔衮围锦州，攻克吕洪山台，击败山口步兵，敌兵自松山遁入高桥迤南山台，国翰偕众攻克之，斩百馀级，生擒副将王希贤、参将崔定国等。七年，明总督洪承畴就擒，总兵祖大寿以锦州降。移师攻克塔山、杏山。国翰并在事有功，晋一等男加一云骑尉。是年，擢镶蓝旗汉军都统。八年，随郑亲王济尔哈朗取明前屯卫、中后所二城。叙功，晋爵三等子。

世祖章皇帝顺治元年五月，大兵既击败流贼李自成，定鼎燕京，国翰同都统刘之源、祖泽润等率兵剿灭饶阳土贼康文斗、郭壮畿等，进征山西。时李自成遁陕西，其党犹分踞太原、平阳等府，国翰同都统叶臣等合兵，攻克太原府城，复分兵剿贼众于汾西县。山西既平，凯旋，赉白金五百两。寻随英亲王阿济格征陕西，屡败贼众，自成遁湖广；移师追剿，攻贼应山县，进征武昌，同都统金砺等夺贼船数百。二年十一月，命同都统巴颜率兵征四川，甫至西安，值叛镇贺珍自汉中纠贼党孙守法等来犯，国翰与驻防西安内大臣何洛会期师两路夹击，斩级无算。三年三月，肃亲王豪格统师至西安，遣国翰同巴颜搜剿延安馀贼，追至张果老崖，掘壕困之，乘夜攻克其寨，歼贼渠，获马二百馀。遂随肃亲王征四川，灭流贼张献忠于西充；复率兵渡涪江，击败伪总兵袁韬。

五年四月,命为定西将军,同平西王吴三桂镇汉中。六年,伪王朱森滏、伪侯赵荣贵纠众万馀,犯阶州,国翰先众趋击,阵斩森滏、荣贵。寻击伪将军王永强,斩级数千,获驼马数百,复宜君、同官、蒲城、宜川、安塞、清涧等县。上深嘉其勇略,并谕以"自后但发纵指示,不必身先士卒"。时叛镇姜瓖踞大同,其党刘登楼、张凤翼、任一贵、谢汝德、万炼等分踞城邑。国翰遣兵会剿,歼贼甚众,招抚河东诸处,攻复府谷县,擒斩伪经略高有才及伪官三百馀人,招降伪总兵郝自德等。

先是,张献忠既灭,其党孙可望、刘文秀、白文选、李定国等窜遁,既而降附明桂王朱由榔,与其所设官属,并据川东、川南。九年,国翰同三桂督兵攻复成都、嘉定,擒斩伪总兵李明廷、林时泰、龙名扬等,文秀、文选皆败走;别遣将分徇重庆、叙州,皆下之。伪将军王复臣等纠㑄㑩列象阵,合众五万犯保宁,薄城下,国翰自绵州急趋援,率兵奋击,斩复臣及贼万馀。捷闻,颁赐紫貂冠服、镂金甲胄、橐鞬等物及鞍马,敕部覆叙。初,国翰以征剿自成、献忠两叙功,复两遇恩诏,荐晋一等伯。至是,晋三等侯。

可望惩保宁之败,与定国并力犯湖广,不复窥四川。国翰奉诏同三桂还镇汉中,而伪侯谭文、谭弘、谭诣与自成遗党刘二虎等联结为寇,寻复陷重庆,使伪都督杜子香据之。十五年三月,国翰同三桂进征,由南郡、西充至合州,杜子香率众迎战,败遁,遂复重庆。以总兵严自明率所部留镇,而自与三桂进兵桐梓,伪总兵王友臣迎降,遂趋遵义。伪将军刘正国据险隘拒战,我师击之溃,由水西遁入云南,遂取遵义及所属州县。五月,进击伪将军杨武、伪总兵梁亦英等于开州,斩级千馀,获其象、马、器械。

开州及附近城邑俱降。水西土司安坤等并归顺。时宁南大将军宗室洛托与经略洪承畴已取贵阳,国翰与三桂奉诏俟信郡王多尼、征南将军卓卜特两路兵并进云南,乃还驻遵义。

七月,疾,卒。丧至京,命内大臣致奠,赠太子太保,赐祭葬如典礼,谥敏壮。长子海尔图,袭爵。世宗宪皇帝时,以国翰入祀贤良祠,其侯爵既袭三次,循例改袭三等伯。今上乾隆十五年,加伯号曰懋烈。

济什哈

济什哈,满洲正黄旗人,姓富察氏,佐领本科里之次子也。初任佐领。太宗文皇帝崇德四年,擢授护军统领。五年,随郑亲王济尔哈朗征明锦州,遇松山兵,邀战,同参领布丹、希尔根、囊古等击却之。寻驻义州,[一]卫我兵屯田。上诫诸将勿与敌迎战,惟固守营垒,俟敌近乃御击。会敌猝犯镶蓝旗营,济什哈越镶红旗营助战,以擅离汛地论罪,籍家财三之一,罢护军统领。旋奉命同副都统席特库率护军并外藩蒙古兵征索伦部,擒部长博穆博果尔,并获其家属、人众及马牛数百。六年正月,凯旋,遣官迎于北驿馆,赐宴劳之。是年,复随郑亲王围锦州,屡击败松山敌兵。七年,授正红旗蒙古副都统。八年,兼任户部参政。

世祖章皇帝顺治元年,大兵入山海关,济什哈同都统恩格图击败流贼李自成,追至望都。叙功,授骑都尉世职。二年,随端重亲王博洛征浙江,既下杭州,以副都统驻守。时明福王朱由崧已灭,其大学士马士英、总兵方国安踞严州,纠众二万馀,屡犯杭州。济什哈督兵御击,五战皆捷。寻还京,仍任工部侍郎。四

年,考满,加一云骑尉。五年三月,命率兵驻防东昌府。寻以海
贼郑彩等寇掠福建,移兵随靖南将军陈泰征剿,贼踞长乐、连江、
同安、平和等县,并合兵攻复之。叙功,晋二等轻车都尉。七年
四月,调刑部侍郎。十二月,迁本部尚书。两遇恩诏,晋爵三等
男。九年,授正红旗蒙古都统,仍兼刑部尚书,列议政大臣。

十年三月,解尚书任。九月,胶州总兵海时行叛,济什哈奉
命与副都统瑚沙率兵往剿。师未至,时行奔宿州,漕运总督沈文
奎与山东总督马光辉合兵剿击,时行穷蹙降,伏诛。诏济什哈移
兵镇守湖南。十一年,召还,复署刑部尚书。寻仍命专管都统
事。十四年四月,调满洲都统。十二月,命率副都统四员、护军
参领八员赴宁南大将军宗室罗托军前,征明桂王朱由榔。十五
年,大兵三路并进,上以征南将军卓布泰自广西进征贵州,所部
兵渐少,命济什哈率将士助之。遂进次都匀,连败伪晋王李定国
等拒战贼众,合湖南、四川两路师,攻克云南省城,〔二〕逐由榔入
缅甸。十六年,颁赉有功诸将,济什哈等赐蟒服、鞍马。十七年,
以勘鞫随征将士功罪不实,降世职为一等轻车都尉,停其叙功。

十八年,山东土贼于七纠党踞栖霞县之岠嵎山,出掠郡邑,
圣祖仁皇帝命济什哈为靖东将军,率兵围其山寨,斩贼无算。于
七窜入海,贼平。康熙元年五月,班师。八月,卒,赐祭葬如例。
子阿禄,袭职。六十年,阿禄任西安副都统,上疏为济什哈请谥,
允之,追谥勇壮。

【校勘记】

〔一〕寻驻义州　"州"原误作"山"。满传卷一○叶一九下同。今据文

录卷五一叶一二上改。

〔二〕攻克云南省城　原脱"省"字。满传卷一〇叶二二下同。今据章录卷一二三叶三上补。

朱玛喇

朱玛喇,姓碧鲁氏,世居叶赫。太祖高皇帝时,率所部虎尔哈人来归,隶满洲镶白旗,任佐领。天聪三年,随大兵入明边,至遵化,击败敌兵。阅三日,太宗文皇帝亲临遵化城,明山海关兵赴援,将入城,朱玛喇率哨卒十人至,击斩甚众。至燕京,遇明总兵满桂、黑云龙、麻登云、孙祖寿等军入大红门,同参领音达户齐、额驸扬古利击却之,旋克永平。复攻昌黎,奋勇先登,身被六创。叙功,授骑都尉世职。寻缘事削去。五年,围大凌河城,明监军道张春赴援,朱玛喇同参领鄂诺连战,破其前后队。六年,从征察哈尔,获布延图台吉于穆鲁哈岱,歼其从者百馀人,俘其妻子以归。

七年,随贝勒德格类、岳托攻旅顺口,率护军十人乘船登岸,击瓮城,步军统领巴奇兰曰:"谁能用命先登者?"朱玛喇与佐领雍舜超跃而上,向敌大呼曰:"我朱玛喇登城矣!"连被三创,不少却,卒拔其城。上为嘉叹,亲酌金卮以赐。复授骑都尉世职。九年,随贝勒多铎征明,夜设云梯攻锦州,被创甚剧。崇德元年,征朝鲜,自山巅力攻,夺其寨门,大兵继之,不战而入,遂取一寨;又率兵征明,败其总兵海某军,取四县。师还,击败开平两营兵。三年七月,授兵部理事官。十月,从围锦州,率甲士四十人攻袭广宁北岢崎山山寨,收降骆驼山兵众;又与都统石廷柱招降大凌河北山四寨。

六年，同参领禧福奉命往张家口董理互市事。及还，法司劾其以私财市货物，向藩部人索马诸罪状，论死，籍没，得旨宽宥，革世职，输所市货物入官。寻随郑亲王济尔哈朗围锦州，败敌骑之来夺我红衣炮者；敌骑复犯我军，朱玛喇注矢射之，应弦而仆，敌众退走。七年，与前锋统领沙尔虎达征松阿里江虎尔哈部落，招降喀尔喀木等十屯，俘丁壮千馀及牲畜、辎重以归。命礼部官迎劳，宴赉之。

世祖章皇帝顺治元年，朱玛喇任参领，率兵从睿亲王多尔衮入山海关，击败流贼李自成。七月，授正蓝旗满洲副都统，寻擢兵部侍郎。明年正月，叙克明燕京、破流贼及克锦州、松山功，复授骑都尉世职。十一月，与副都统和托等驻防杭州，任左翼副都统。时明福王朱由崧之大学士马士英窜严州，与其总兵方国安纠众犯馀杭，朱玛喇率兵击走之；还距杭城三十里，突遇土贼，复大破其众。国安等仍聚众数万于江东诸山及杭州之朱桥、范村，所在肆掠，朱玛喇同总兵田雄、副将张杰等分兵进剿，贼悉平。

三年，从征福建，与护军统领敦拜击败伪总兵黄某等军。四年，考满，加一云骑尉。五年，随征南大将军谭泰剿江西叛镇金声桓，败贼兵七万；又与都统何洛会及沙尔虎达连败贼兵，焚其战舰千三百馀，招抚九江一府、五县。七年三月，遇恩诏，赐敕授三等轻车都尉，世袭罔替；又以平江西功，晋世职为二等。八年，擢正白旗蒙古都统，迁吏部尚书。两遇恩诏，晋三等男。十年冬，吏部拟铨废员房之麒为山东驿道。之麒尝任山东按察使，罢职，占籍青州，为山东巡按冯右京列荐起用。至是，改归直隶东明籍。有旨诘问,吏部以直隶缙绅保结可凭覆奏。会给事中许作梅劾之麒于青州置田宅,朦胧就铨,复奉旨严饬察核,乃议之麒应革职。上以部臣于铨授时不行详勘,及诘问仍支饰,命王大臣察奏。朱玛喇坐罚锾,罢尚书任,专管都统事。

十一年,流贼张献忠馀党孙可望、李定国自云贵寇广西,分兵犯广东,连陷郡邑。朱玛喇奉命为靖南将军,同敦拜往征之。赐敕谕曰:"贼犯广东,故特遣尔等。尔等至,唯以安民为首务,严饬兵将恪遵纪律。贼若窜入广西,可与平南、靖南两王及总督李率泰相机酌议剿抚;若入云贵,则择善地休兵,奏闻候旨。至遇贼对垒时,尔二人居中调度,毋以轻谋致败,用全我师。"是时定国寇新会,平南王尚可喜、靖南王耿继茂等先率兵往援,至三水县,分布沿江隘口,以待大军。比朱玛喇至,遂合兵进剿,败贼于珊洲,斩其副将一,擒贼将十馀人,获首级百五十馀。既抵新会,定国纠步骑四万分据山峪,列炮象拒战。朱玛喇遵上方略,指挥将士,奋勇冲击,贼兵溃奔。定国复出兵四千自山巅驰下,迎截我师,又击败之,夺其山。定国遁走。十二年正月,奏捷,得旨嘉奖。

二月,定国窜高州,朱玛喇与敦拜授策副都统毕力克图、鄂拜等分兵追蹑,败定国于兴业,再败之于横州,定国渡江,焚桥惊走,我师蹑之,三战皆捷。定国率残兵走宾州,入南宁,窜安隆。朱玛喇与尚可喜等遂复高、雷、廉三府,三州,八县及粤西二州、四县,获象十六及马二百馀,器械无算。下部议叙。复赐敕谕曰:"顷者逆贼李定国栖据南方,频侵两粤。二王及诸臣宣厥忠勇,谋操必胜,于新会等处杀贼既多,复追至横州江岸,降其军将,获其器械,克定高、雷、廉等府州县。先后屡捷,功绩懋著,朕甚嘉之! 特赐敕谕以示奖励。尔等其益励忠勤,垂名永久!"

九月,班师,上召见于南苑,谕大学士冯铨等曰:"朱玛喇以元戎统领大兵,出征广东,捷归。今五旬矣,如此年齿,建立大功,殆福人也!"赐茶奖劳。明年,部臣叙功,拟晋世职一等男兼一云骑尉,上以朱玛喇功多,不应循常格议叙,特谕吏、兵二部曰:"都统朱玛喇等率兵击贼李定国,雪衡州、桂林之忿,快慰众心,朕甚嘉悦! 其军功再加议叙。"寻议晋爵三等子。十五年十一月,以年老致仕。康熙元年,卒,年五十有八,赐祭葬,谥襄敏。次子博通鄂,袭爵。

爱星阿　子富善

爱星阿,满洲正黄旗人,姓舒穆禄氏,额驸扬古利孙也。顺治四年,袭父塔瞻一等公。八年,世祖章皇帝追念扬古利功,加给爱星阿三等轻车都尉俸。寻授领侍卫内大臣。

十六年,大军征云南,明桂王朱由榔与其黔国公沐天波等奔缅甸,伪晋王李定国奔孟艮,伪巩昌王白文选奔木邦。世祖命吴三桂移平西藩属镇云南。十七年,三桂疏请发兵入缅灭由榔,以除边患。爱星阿奉敕为定西将军,与都统卓罗、果尔钦、逊塔,护军统领毕力克图、费雅思哈,前锋统领白尔赫图等率禁旅,会同三桂进征。十八年九月,督兵次大理秣马,逾月,出腾越州,取道南甸、陇川、猛卯。十一月,至木邦,擒白文选所遣之伪副将冯国恩,讯知李定国走景线,文选与定国不睦,屯兵锡箔江滨。爱星阿令白尔赫图、费雅思哈、果尔钦、逊塔、毕力克图等先简精

锐,疾驰三百馀里至江滨,<u>文选</u>已毁桥遁走<u>茶山</u>,大军继至,结筏
以济;别遣总兵<u>马宁</u>、<u>沈应时</u>追剿<u>文选</u>。

　　<u>爱星阿</u>同<u>三桂</u>领兵趋缅。先是,<u>三桂</u>屡檄谕缅人令擒献<u>由</u>
<u>榔</u>,缅酋莽猛白尽杀<u>由榔</u>从官<u>沐天波</u>、<u>王维恭</u>、<u>马吉翔</u>、<u>魏豹</u>等数
十人,密使人守<u>由榔</u>,谋生擒以献。十二月,大军次<u>旧挽坡</u>,^{〔一〕}
离<u>缅城</u>六十里。缅使人诣军门请遣兵百人薄城,<u>爱星阿</u>遣<u>白尔</u>
<u>赫图</u>率前锋百人进次<u>兰鸠江</u>滨,复令<u>毕力克图</u>等率护军二百居
后策应。缅人闻大兵将薄城,以船载<u>由榔</u>与其亲属及故从官妻
女献之军前。时<u>文选</u>为<u>马宁</u>等追及于<u>猛养</u>,度不能脱,率众数千
降。<u>定国</u>窜死<u>猛猎</u>。康熙元年,奏捷,<u>圣祖仁皇帝</u>优旨嘉奖,谕
以所俘获委<u>三桂</u>区处,<u>爱星阿</u>振旅还京,仍为内大臣,加少保,兼
太子太保,增纪军功,予世袭一等公敕书。三年二月,卒,恩恤其
家白银三千两,赐祭葬如典礼,谥敬康。

　　子<u>富善</u>,袭一等公爵。十九年,授领侍卫内大臣。三十五年
二月,<u>圣祖</u>以<u>噶尔丹</u>背约肆逞,分路进讨,命抚远大将军<u>费扬古</u>
出西路,亲统大军出中路,<u>富善</u>领镶红旗兵随御营。驾驻<u>沙河</u>,
谕<u>富善</u>曰:“<u>古北口</u>一路兵众,以尔统率。所过城池、村舍,遵朕
法令,毋丝毫扰累;其有以捕兽驰骋竭马力者,并饬禁之。”四月,
驾驻<u>西巴尔台</u>,离<u>噶尔丹</u>所居之<u>克鲁伦河</u>,计程五日。议者谓宜
俟西路兵会剿,<u>富善</u>奏言:“西路兵至尚迟时日,恐贼闻风逃窜。
即以中路兵剿贼,未为不足。宜乘其不备,速遣精兵击之。”奏
入,称旨。命仍进征<u>克鲁伦河</u>。会<u>噶尔丹</u>知上亲征,尽弃其庐
帐、器械溃窜,上已密谕<u>费扬古</u>等绝其归路,先整兵<u>特勒尔济口</u>
以待,阵斩二千馀级,<u>噶尔丹</u>仅以身免。<u>厄鲁特</u>部众千馀来降。

上仍命班师，每行营阅选驼马，征输刍粟，富善承旨以行，咸当上意。叙功，加太子太保。尝扈跸至会岐口，有疾，上亲临视，赐医药。四十七年，卒，赉白金二千两，遣官经纪其丧，予祭葬如典礼。以其子海金袭一等公。雍正八年，敕建贤良祠，爱星阿、富善并入祀。乾隆元年，追谥富善曰恭懿。

【校勘记】

〔一〕大军次旧挽坡 "旧"原误作"奋"。今据满传卷七叶二五下改。

卓罗

卓罗，满洲正白旗人，姓佟佳氏，三等男巴笃理第三子也。天聪八年，袭父爵，兼任佐领。崇德三年，随贝勒岳托征明燕京，明太监冯永盛率兵拒战，卓罗以三百人击败之。进征山东，屡败敌众。四年，略锦州，入其郛，擒守备一人。六年，大军围锦州，明总督洪承畴率众赴援，驻松山，卓罗随武英郡王阿济格击败之。七年，复破松山兵于山北。八年，授刑部参政。顺治元年，从入山海关，击败流贼李自成。二年，叙功，晋一等男，任正白旗副都统。三年，随顺承郡王勒克德浑征湖广，败自成馀党一只虎于荆州。凯旋，赉黄金十两、白金三百两。

先是，明桂王朱由榔据武冈，以总兵王进才等分据长沙、衡州、宝庆，上命恭顺王孔有德统师征之。至是，遣卓罗同副都统蓝拜赴有德军，协谋进剿。四年，自岳州趋长沙，进才闻大兵至，遁走，卓罗同蓝拜追击败之；遂与智顺王尚可喜击败伪总兵徐松节军，统舟师还长沙，遣参领张国柱、扎苏蓝等败伪总兵杨国栋于天心湖。卓罗会合孔有德军趋祁阳，由熊罴岭入城，斩伪总兵、副将各一；进攻武冈州，击败伪安国公刘承胤于夕阳桥，承胤降。由榔遁桂林，遂取武冈。五年，师还，复赉黄金十两、白金三百两。六年，考满，加一云骑尉。旋擢礼部尚书，列议政大臣。七年，调都察院左都御史。八年二月，兼镶白旗满洲都统。闰二月，上甄别部院大臣，以卓罗缄默旷官，罢左都御史，专任都统。九月，擢吏部尚书。三遇恩诏，晋爵至一等子兼一云骑尉。九年十一月，授靖南将军，率兵征广东。旋以广东渐平，召还。十一年，复任吏部尚书。

　十二年八月，命同都统阿尔津率兵驻防荆州。初，朱由榔僭号于粤，孙可望、李定国、白文选等皆以张献忠馀党附由榔，窃王号。至是，踞辰州。十三年八月，卓罗同阿尔津自澧州、常德进征辰州，可望焚舟夜遁。卓罗与副都统泰什哈、护军统领费雅思喀等率兵渡江攻之，发其伏，追击至泸溪，屡战破之。伪参将段文科及守备四员来降。复辰州。十四年，可望率所部赴长沙，归顺。定国、文选等随由榔窜入云南。十五年，宁南大将军宗室罗托自湖南定贵州，军贵阳。上命平西王吴三桂由四川进，征南将军卓布泰由广西进，而卓罗随信郡王多尼以师会之，规取云南。十六年正月，合攻云南省城，下之，屡败文选、定国兵，遂克永昌、腾越，追剿至南甸，乃还。诏留卓罗及都统伊尔德分八旗兵驻守云南，赉蟒服、鞍马。

　时由榔奔缅甸，定国窜踞孟艮，复谋入犯，约降将高应凤为内应；以由榔印札诱元江土司那嵩倡叛。十月，卓罗同前锋统领白尔赫图、参将穆克尔等击败贼众于磨陇口，贼将马秉忠、孙应斗、马忠君皆败却；进师凿壕困之，以云梯克其城，斩应凤于军，那嵩自焚死，歼其党无算。十八年，定西将军爱星阿同吴三桂征由榔于缅甸，诏卓罗驻守云南。是年十二月，缅人执由榔以献。云南平。康熙元年四月，奉诏率兵驻守云南，八旗兵还京。叙功，晋爵二等伯，世袭。七年，卒，予祭葬如典礼，谥忠襄。以其孙赫特赫袭。

清史列传卷五

大臣画一传档正编二

范文程

范文程，沈阳人。曾祖鏓，明嘉靖时官兵部尚书。祖沉，沈阳卫指挥同知。父楠，未仕。

文程少好读书，颖敏沉毅，与兄文寀并为生员。天命三年，大兵克抚顺，文程年二十有一。太祖高皇帝见而器之，召与语，知其熟于当世之务，使随行。及取辽阳，度三岔，攻西平，下广宁，皆参谋帷幄。天聪三年，以文馆官从太宗文皇帝伐明，入蓟门，克遵化，招服潘家口、马兰峪等五城。会我师在大安为敌所围，文程以火器进攻，围解。太宗自将临永平，令守遵化。敌兵掩至，文程率先力战，敌败走。论功，授三等轻车都尉世职。五年，师围大凌河城，文程招降西山一台，命即统其众。六年，太宗询廷臣伐明之策，文程与宁完我等言："我军如欲深入，当乘其无备,直抵北京,讯其和否,毁山海关水门而归,以壮军威。计所从入,惟雁门关为便。并谕沿路人民,[一]俟版图归我,酌免赋税,示爱养意。"太宗嘉纳之。

崇德元年,授秘书院大学士。初,八旗置都统,众议首推文程。太宗曰:"此职一军耳,朕方资为心膂,其别议之!"时文程所领皆枢密事,每入对,必漏下数十刻始出;或未及食息,复奉召入。凡宣谕各国敕书,率撰拟以进。至是,改文馆为内三院,[二]遂有是命。八年,世祖章皇帝嗣位,命以其族属隶镶黄旗。

顺治元年,睿亲王多尔衮将统兵伐明,文程上议曰:"乃者明之流寇煽乱,其君若臣不能相保。虽天数使然,良由我先皇帝忧勤肇造,诸王大臣夹辅冲主,忠格苍穹,上帝潜为启佑也。窃惟承丕业以垂休万祀者,此时;失机会而贻悔将来者,亦此时。何以言之?中原荼苦已极,黔首无依,思归令主,以图乐业。明之受病,已不可治。其土地人民,不患不得,患得而不为我有耳。曩者弃遵化,屠永平,一再深入而返。彼以我为无大志,纵来归附,未必抚恤,因怀携贰。今日有已服者,有未服宜抚者,是当申严纪律,秋毫勿犯;复宣谕以昔日不守内地之由,及今进取中原之意。官仍其职,民复其业,录贤能,恤无告,大河以北,可传檄而定也。此行或直趋北京,或相机攻取,必于山海长城以西,择一坚城顿兵而守,以为门户。惟诸王察之!"大军遂发,文程从。师渡辽河,明山海关总兵吴三桂以闯贼陷北京来乞师,文程曰:"自闯寇猖狂,中原涂炭,近且倾覆京师,戕厥君后,此必讨之贼也。我国家上下同心,兵甲选练,诚声罪以临之,恤其士夫,拯厥黎庶,兵以义动,何功不成乎?"复言:"好生者天之德也,兵者圣人不得已而用之。自古未有嗜杀而得天下者。国家欲统一区夏，非乂安百姓不可。"于是申严纪律，妄杀者有罪。既败流贼二十万于山海关，我兵长驱而西，民多逃匿。文程草檄宣谕曰："义兵之来，为尔等复君父仇，所诛者惟闯贼。师律素严，必不汝害。"民心遂安。

师入北京，建议备礼葬明崇祯帝。时宫阙灰烬，百度废弛，文程收集诸曹册籍，布文告，给军需，事无巨细，咸与议焉。明季赋额屡增，而籍皆毁于寇，惟万历时故籍存，或欲于直省求新册。文程不可，曰："即此为额，犹恐病民，岂可更求哉?"自是天下田赋悉照万历年间则例征收，除天启、崇祯时诸加派，民获苏息。二年正月，叙功，晋三等男。十月，江南既平，上疏言："治天下在得民心，士为秀民，士心得则民心得矣，宜广其途以蒐之。请于丙戌会试后，八月再行乡试，丁亥二月再行会试。"从之。三年、四年两充会试主考官。五年，晋一等男，赐"巴克什"号。六年正月，充纂修太宗实录总裁官。二月，复为会试主考官。七年，遇恩诏，加一云骑尉世职。

八年正月，晋二等子，闰二月，大学士刚林以党附睿亲王多尔衮获罪，其删改太祖实录，辞连文程，并议罪。先是，三年二月，睿亲王诫大学士等宜时具条奏，文程以凡有闻见即面启，无庸具本对。王曰："尔素有疾，毋过劳，自后可早出休沐。"逾数月，甘肃巡抚黄图安请终养，部议借端规避，应革职。文程白郑亲王济尔哈朗曰："终养乃人子至情，不宜如部议。"睿亲王怒其不先白己也，下法司论罪，既而释之。后文程因不合睿亲王意，时称疾家居。至是，世祖以文程在盛京时不附贝勒硕托，后亦不附睿亲王,众所共知,免其罪,革职留任。未几,复原职。

九年,遇恩诏,晋一等子。十月,任议政大臣。疏曰:"臣见直省土地荒芜,赋亏饷绌,国家大害在此;然军屯可兴,国家大利亦在此。昔明太祖尝言:'养兵百万,不费民间一粒。'亦当元季乱后,地旷行屯故耳。今湖广、江西、河南、山东、陕西五省寇乱日久,人民稀少,请设兴屯道综理之,同知分理之。地之无主者,即为官屯;其有主而抛弃者,多方招徕,过期不至,乃为官屯。凡土著、流户愿来耕者,均给以地,量助牛、种,官分子粒三之一,三年后为永业。编行保甲,使守望相助。其无本者,官给雇值,则远近饥民,闻风踵至,亦救荒之术也。初屯之时,所收粮草,皆道厅留贮,出陈易新,为次年加垦计;其难久存者,就近拨供兵马,雇舟车起运,勿佥点屯民,动用屯牛,则屯事得永久矣。又兴屯之处,府县有司听屯道提调,理屯同知惟屯道管辖。如开垦日增,抚按特荐,仿边俸例三年升二级,以酬其劳,其不职者严纠之,所当信赏必罚也。"疏上,命诸王大臣会议举行。

十一月,以科道官当睿亲王摄政时劾大学士冯铨降革者,汇原疏进呈御览,世祖曰:"诸臣所劾诚当,何为以此罢耶?"文程曰:"诸臣疏劾大臣,无非为君为国,皇上当思所以爱惜之!"世祖遂谕吏部俱以原官起用。十年,请令部院三品以上大臣各举所知,不论满汉,不拘资格,不计亲疏,取正直才守之人,堪任何官,列疏奏闻。一官可举数官,数官可举一官,将姓名汇置御前,不时召对;察其议论,核其行事,遇缺请旨简用。若用后称职,保举官加以优典,否则量罪连坐。诏允所议。十一年八月,加少保兼太子太保。时遣官赴各省恤刑,因疏言:"前此遣满汉大臣巡方,虑有扰民,是以停止。今四方水旱灾伤,纷纷见告,亦应请停止。其现禁重囚,敕各巡抚详勘,以可矜可疑者奏闻,裁定。"从之。

九月,以疾乞休,奉谕曰:"大学士<u>范文程</u>任事多年,忠诚练达,朕所倚赖。乃近以积劳成病,未得旦夕奏效,深系朕怀!暂令解任调摄,俟病痊召用。"特晋太傅兼太子太师,频赐药饵存问。十四年,诏晋秩一级,图其像藏之内府。<u>圣祖仁皇帝</u>嗣位,奉命祭告<u>太宗</u>山陵。<u>康熙</u>五年,卒,年七十。赐祭,立碑,谥<u>文肃</u>。五十二年,御书"元辅高风"以额其祠。

<u>文程</u>经事四朝,宠锡优异。在<u>盛京</u>时,列圣皆呼其官而不名。以其形貌颀伟,所赐衣冠皆特制。居恒言:"治天下惟在得贤,庶官有才者,不以一眚掩。澌除拔擢,时为奏请焉。"谢政后,居别墅中,以诗书、骑射教子弟。性廉慎,乐施与,器量渊深,人莫窥其喜怒。子六人,<u>承斌</u>袭一等子爵,<u>承谟</u>、<u>承勋</u>别有传。

【校勘记】

〔一〕并谕沿路人民 "人"原误作"军"。今据<u>范文程传稿</u>(之四二)及<u>文录</u>卷一二叶四上下改。

〔二〕改文馆为内三院 原脱"三"字。今据<u>范文程传稿</u>(之四二),及<u>文录</u>卷二八叶二上补。

额色赫

<u>额色赫</u>,<u>满洲</u>镶白旗人,姓<u>富察氏</u>,世居<u>讷殷</u>。祖<u>莽吉图</u>,当<u>太祖高皇帝</u>时,随其兄<u>孟古慎</u>、<u>郭和</u>来归。

额色赫初事太宗文皇帝,由护军校屡从征,授兵部理事官。天聪九年,随副都统巴奇兰征黑龙江,先还,奏捷。崇德三年,擢秘书院学士。五年,赍敕赴锦州谕睿亲王多尔衮进兵机宜,会都统图尔格败明兵于木轮河,额色赫以捷还奏。六年三月,同内大臣图尔格,大学士范文程、刚林等往讯围锦州大军离城远驻、遣兵归家等状,王、贝勒、大臣皆服罪,降罚有差。八月,明总督洪承畴率众十三万援锦州至松山,额色赫受上方略往谕统军王、贝勒等。寻还奏敌势甚众,宜益兵。上遂统师亲征,击败之。七月,郑亲王济尔哈朗克锦州,祖大寿降,额色赫至军营宣谕,慰抚降众。八年,随贝勒阿巴泰征明,至山东,下兖州,同参领穆成格等奏捷。

世祖章皇帝顺治元年,随大军入关,定鼎燕京。〔一〕二年,叙功,授骑都尉世职。四年,考满,加一云骑尉。五年,迁刑部启心郎。八年,擢国史院大学士。九年,充纂修太宗文皇帝实录总裁官、会试正考官,列议政大臣,复充武会试正考官。屡遇恩诏,晋世职至一等轻车都尉。十二年,加少保兼太子太保,再充会试正考官。时方纂辑太祖、太宗圣训,又奉谕取经史中忠臣、孝子、贤人、廉吏之事迹语言,分类采辑成书,名曰资政要览,额色赫充总裁官。十三年,敕使朝鲜鞫狱。是年,考满,晋少傅兼太子太傅,荫一子入监。十五年,改保和殿大学士。十六年,诏奖奉职勤劳诸臣,晋少师兼太子太师。十八年十月,卒。

【校勘记】

〔一〕定鼎燕京　原脱“鼎”字。耆献类征卷一叶二〇下同。今据文录卷八二叶七下补。按本卷宁完我传不误。

宁完我

宁完我,辽阳人。天命年间来归,事贝勒萨哈廉,隶汉军正红旗。太宗文皇帝召直文馆,寻授参将。天聪四年,大军破永平,命同馆臣达海等执黄旗登城,谕士民安业。寻随贝勒阿巴泰等守永平,又从征大凌河及察哈尔,并招抚有功,授骑都尉世职。

五年十二月,上疏言:"臣蒙皇上出之奴隶,登之将列,不揣庸愚,妄自期许。初被召对,辄荐五人。复公疏请立六部,设言官。今六部已立,不设言官者,意以为国人皆得进言耶?又或谓南朝多设言官,竟致败坏耶?臣请明辨之。我国未立六部之前,臣不具论。自六部既立之后,曾见疏劾人罪者否?今日秉政之人,岂尽循良方正?在属下者既不敢非其官长,旁人又谁敢轻议权贵。古云:'兼听则聪,偏听则蔽。'若设言官,人必自敛,君身尚许诤谏,他人宁知忌讳?此古帝王明目达聪之大用也。南朝之言官坏事,由伊主之鉴别不明,非洪武定制之不善。臣自揣无经纬之才,惟忠耿之心至死不易。今再行奏闻,以明始终无欺,不胜悚慄之至!"六年六月,与范文程、马国柱疏陈伐明之策。九年二月,言:"顷奉圣谕,各举荐贤能,以供任事。孰意无知之辈,反假此为幸进之阶。臣思之,古荐贤之条,功罪连坐,所以杜弊端而防冒滥。伏愿再颁明诏,自后所举之人,或效能,叙功;或偾事,获罪:皆令举者同之。若其人砥行于厥初,改节于末路,许举者随时检举,乃免连坐。如此,庶人知畏法,而所得皆真才矣。"太宗并嘉纳之。

十年二月，罢职。先是，完我留守永平，以好博为礼部参政李伯龙等所讦，奉谕谆诫，宥其罪。至是，复与大凌河归附参领刘士英博，为士英家人举发，论罪，革世职，凡恩赐庄田、奴仆悉入官，遂闲居数年。世祖章皇帝定鼎后，起用为学士。顺治二年五月，授弘文院大学士，充明史总裁官。二年至六年，三充会试主考官，又充纂修太宗实录总裁官，并翻译三国志、洪武宝训诸书，告成，赐赉优渥，授二等轻车都尉世职。八年，迁国史院大学士。十年四月，内院以完我与洪承畴等班位、禄秩应否照汉官例奏请，完我独承旨照满洲大学士例。寻授议政大臣。十一年三月，疏劾大学士陈名夏曰：“古来奸臣贼子，党不成则计不得行。欲成奸党，附己者虽恶必护，异己者虽善必仇。行之久，而入党者多矣。始也借人以引己，继也纳贿而引人。〔一〕若非确访其乡评舆论，实察其居心行事，则党固而莫可破。臣自念壮年疏庸贪博，辜负先帝，一废十年。皇上定鼎燕京，复得随入禁地，矩趋公署，凛守臣职者，又复十年于此。愚直性生，遇事勃发，虽不敢行埋轮补牍之事，若附党营私，以图目前富贵，宁死不为。痛思人臣贪酷犯科，国家癣疥之疾，不足为虑。惟怀奸结党，祸关宗社，患莫大焉。陈名夏奸乱日甚，党局日成。臣不惮舍残躯以报答圣主，并列其罪状，请敕大臣鞫讯。”事详陈名夏传。八月，加太子太保。十三年，考满，加少傅兼太子太傅。

十五年九月，以老乞休，奉谕：“大学士宁完我效力多年，勤劳素著。今因年迈有疾，令原衔致仕，以遂颐养。”康熙元年，圣祖仁皇帝念其赞理机务年久，命以一子补用学士。四年四月，卒，赐祭，立碑，谥文毅。

【校勘记】

〔一〕继也纳贿而引人　"而"原误作"以"。耆献类征卷一叶一八下
　　同。今据文录卷八二叶七下改。

　　觉罗巴哈纳

　　觉罗巴哈纳,满洲镶白旗人,景祖翼皇帝第三兄之四世孙
也。年十七,即效力戎行,屡从太宗文皇帝征伐,著有功绩。天
聪八年,授骑都尉世职。九年,命免功臣徭役,并分设佐领,巴哈
纳与焉。崇德三年,授刑部理事官。明年,擢本部参政。寻兼正
蓝旗满洲副都统。七年,以刑部失勘违禁出边之布山罪,又拒战
锦州之护军阿桑喜自陈战功于法司,巴哈纳审断不公,革世职,
留副都统任。八年七月,论登州略地诸将罪,巴哈纳以倡议令军
士皆归,坐夺所俘获,论罚如律。

　　顺治元年四月,擢正蓝旗蒙古都统,寻调满洲都统。六月,
与都统石廷柱徇霸州、沧州、德州、临清,皆下之。七月,诏平山
西,遂移师会都统叶臣军,遣使招降明总督李化熙等。十一月,
同石廷柱师自汾州趋平阳,大败贼兵于西山寨,俘斩甚众,降伪
副将三员,至黑龙关,降明守备三员,综计得降卒六千馀人。以
功,赉白金,授三等轻车都尉世职。三年九月,随肃亲王豪格剿
流寇张献忠于四川,分兵讨平遵义、夔州、茂州诸路,斩伪官数百
员,降甲士数千,获马骡、辎重无算,馀寇悉平。五年二月,以前
讨张献忠时护军统领哈宁被围,护军统领阿尔津、苏拜援出之,
参领希尔根迟留不救。及师旋,希尔根冒功妄争,巴哈纳勘察失
实;又肃亲王欲以有罪扬善之弟机赛为护军统领,巴哈纳与议政

大臣索浑不为阻止，扶同进奏。廷议革职解任，得旨改降世职为骑都尉。寻，擢户部尚书。

八年正月，世祖章皇帝既亲政，巴哈纳入奏事毕，上询民间疾苦及国家无益之费，巴哈纳以遣官采办临清砖，分派漕船载运通州，由五闸拨运供用对，遂奉谕永行停止。二月，兼正白旗满洲都统。四月，驻防佐领硕尔对讦告户部给饷不均，下法司鞫问，部议巴哈纳阿附睿亲王，私厚白旗兵丁，给饷不绝；刻待黄旗兵丁，屡请不发：应论死籍没。上命免死，革世职，罢任，籍没家产三分之二。明年十月，起授刑部尚书。十一年二月，同诸大臣命分赈畿辅，赐敕印以行，八月，上嘉其素效忠勤，始终不渝，特晋太子太保。明年三月，加少保兼太子太保。五月，晋少傅兼太子太傅，授弘文院大学士。十五年，改中和殿大学士。十八年，复设内三院，仍授秘书院大学士。康熙元年，兼镶白旗满洲都统。五年十二月，卒。

康熙八年五月，巴哈纳子巴什诉言巴哈纳自十七岁效力行阵，历四十三年，因与鳌拜、遏必隆不和，不给谥号，不与立碑。部议给予祭葬，得旨，巴哈纳准予谥。寻赠少师兼太子太师，赐祭葬如典礼，谥敏壮。

车克

车克，满洲镶白旗人，姓瓜尔佳氏，世居苏完。祖克尔素，太祖高皇帝时来归。父席尔那，任佐领，既卒，车克仍其任，兼前锋侍卫。天聪八年，从上征明，由大同趋怀远，薄左卫城，与前锋统领图鲁什等设伏，败明总兵曹文诏骑兵，略地越代州百馀里，至五台山。还，遇明总兵祖大弼兵二百馀，击败之，并多斩获。崇德三年，授户部副理事官。会户部承政韩大勋私取库金，事觉，以前此贮库时车克失记册档，论罪应死。上命免死，罚锾，仍留部用。寻兼任参领。五年，郑亲王济尔哈朗率兵围锦州，令车克同前锋统领劳萨等领兵三百设伏高桥北，以纵敌弗击，议罪，籍家财半。六年，复赴郑亲王军攻围锦州，破明总督洪承畴步兵三营。

　　世祖章皇帝顺治元年，从大兵入关，击败流贼李自成。二年，叙功，授骑都尉。四年，考绩，以车克在户部能任事，加一云骑尉。五年，擢本部侍郎。随英亲王阿济格征大同叛镇姜瓖，车克分兵往援太原，与巡抚祝世昌合谋，遣兵剿除馀党刘迁、万炼等，瓖寻伏诛。七年，兼任正白旗副都统。两遇恩诏，晋世职至二等轻车都尉。八年三月，解侍郎任，改都察院参政。四月，驻防河间佐领硕尔对讦户部诸臣给饷不均，下法司鞫实，由尚书巴哈纳主议，车克前任侍郎坐附和，降世职为云骑尉。九月，擢户部尚书。明年，列议政大臣。遇恩诏，晋骑都尉。十年，上以车克前此降世职处分过重，仍复二等轻车都尉。

　　十一年八月，上嘉其素效忠勤，任部务著有劳绩，特加太子太保。十二年，擢秘书院大学士，晋少保。奉命辑太祖、太宗圣训，充总裁官。十三年三月，自陈学识疏浅，未谙秘书院事，请罢大学士任。上弗允，谕吏部曰："户部尚书职司国计，倚赖非轻，必得精敏练达之才，方能胜任。大学士车克向任司农，廉勤夙著，着晋少傅兼太子太傅，仍管户部尚书事。"十四年，考满，加少师兼太子太师。十六年，奉命赴江南督造战舰。十七年，同安南将军罗托统兵剿海贼郑成功。

十八年，圣祖仁皇帝即位，车克奉诏还京，调吏部尚书。先是，旗人阿那库与其兄金布争产，奉有谕旨均分。阿那库旋以金布隐匿婢女三人诉户部，车克以婢旧为金布所有，于分产无涉，置弗理。阿那库复与本旗佐领吉詹争论，吉詹以阿那库违旨妄争牒户部。车克移牒刑部，遂坐阿那库违旨罪论绞，致阿那库妻击登闻鼓讼冤。诏所司勘议阿那库违旨之罪，得释。车克应革任罚锾，诏削加衔，免革任。康熙元年，复授秘书院大学士。六年，以疾乞休，诏以原官致仕。十年六月，卒，予祭葬如典礼，赐谥文端。子渥尔敏，袭职。

明安达礼

明安达礼，蒙古正白旗人，姓西鲁特，世居科尔沁。父博博图，太祖高皇帝时，率七十馀户来归，即授为佐领，俾辖所属。太宗文皇帝天聪元年，随征明锦州，殁于阵，予三等轻车都尉世职。

明安达礼袭，兼管佐领。崇德三年，任护军参领，随贝勒岳托征明，由密云东北毁边墙进，同都统伊拜击败明太监冯永盛兵，攻克南和县。六年，随大军围锦州，敌据山巅列阵，明安达礼率所部护军冲击，敌溃遁；松山敌骑来犯，复击败之。我师凿壕驻守，敌兵出锦州城夺桥，明安达礼击却，毋使入城。〔一〕上亲督师败明总督洪承畴三营步兵，明安达礼奋勇力战，又击败敌骑。叙功，晋二等轻车都尉。七年冬，随贝勒阿巴泰征明蓟州，薄燕京，破明总督赵光抃军；又同前锋统领阿山击走三河县步兵，进略山东。八年春，师还，明总兵白广恩、张登科、和应荐等巡哨螺山,明安达礼率所部击之溃,又同护军统领鳌拜破明总督范志完军。凯旋,赍白金。是年,擢礼部参政,兼正白旗蒙古副都统。

世祖章皇帝顺治元年,随大军入山海关,击败流贼李自成。二年,随英亲王阿济格征自成于延安府,七战皆捷。招抚凤翔等府降者,三十馀城。三年,改兵部侍郎。值苏尼特部腾机思与弟腾机特叛,明安达礼随豫亲王多铎率师往征,扼据险要。腾机思等闻风遁走,明安达礼乘夜追逐至鄂特克山,大破贼众,斩其台吉茂海。复同镇国将军瓦克达等追剿,手斩十一人,获其辎重;并击败土谢图汗及硕雷汗兵。五年,擢正白旗蒙古都统。七年,兼任兵部尚书。先是,叙入关征流贼及征腾机思功,晋爵至二等男,世袭罔替。嗣以考满,并遇恩诏,晋一等男加一云骑尉。八年,以议叙福建、湖广、大同军功迟延,削云骑尉,罚锾。九年,列议政大臣。复遇恩诏,晋二等子。十年,以徇隐兴安总兵任珍擅杀事觉,罢尚书任,降世职为一等轻车都尉兼一云骑尉。

十一年,统兵征鄂罗斯,败敌于黑龙江。十三年,上以明安达礼在部日久,练达庶务,授理藩院尚书。十五年十二月,命为安南将军,率师驻防荆州。十六年,海贼郑成功犯江宁,明安达礼率师赴援。贼船千馀艘泊三山峡,明安达礼督兵击败伪都督杨文英等,擒斩伪副将一,获船舰、器械甚多。贼退窜入海,明安达礼旋奉诏移师浙江,驻防舟山。十七年,还京,仍授兵部尚书。圣祖仁皇帝康熙三年,考满,加太子太保。六年,调吏部尚书。旋因疾致仕。八年二月,卒,赐祭葬如典礼,谥敏果。

子都克袭。

【校勘记】

〔一〕毋使入城　原脱"毋使"二字。满传卷一三叶五九下，及耆献类
征卷四三叶一下均同。今据文录卷五七叶二七下至二八上改。

蓝拜

蓝拜，世居佟佳，以地为氏。父噶哈，太祖高皇帝时来归，任佐领，隶满洲镶蓝旗。太宗文皇帝天聪八年，蓝拜任护军参领，奉命随都统阿山略明锦州，获牲畜；复随前锋统领劳萨率兵迎察哈尔部众之来归者。寻擢副都统。崇德四年五月，以不称职，解任。十一月，命承政萨穆什喀、索海分统左右翼征索伦部，仍以蓝拜管副都统事，取道虎尔哈部，攻克雅克萨城，获丁壮甚多。索伦部长博穆博果尔迎战，蓝拜同索海设伏，击败其众。叙功，授骑都尉世职，分赐貂皮及所获人户。

六年三月，以随睿亲王多尔衮围明锦州，离城远驻，议革世职，籍家财半，命从宽罚锾，仍随郑亲王济尔哈朗围锦州城。明兵自松山来夺我红衣炮，蓝拜率兵击却之。五月，擢兵部参政。八月，明总督洪承畴集众援锦州，据松山列营，蓝拜同诸将进击，破其三营。寻，敌骑乘阴雨来侵我右翼营，蓝拜同参领逊塔等拒战，大捷。十一月，调礼部参政。明年七月，部议围锦州时徇隐军士失律诸将罪，蓝拜应罚锾，得旨宽免。

世祖章皇帝顺治元年，随大军入山海关，击败流贼李自成。叙功，晋世职三等轻车都尉。三年，上遣恭顺王孔有德统师征湖南，授蓝拜为镶蓝旗满洲副都统，率兵偕征。是时明桂王朱由榔据武冈，自成馀党郝摇旗、王进才等降附之，与明总督何腾

蛟,[一]总兵黄朝宣、张先璧等抗拒我师。有德至长沙,击走王进才,蓝拜同副都统卓罗追击其众千馀,歼殪过半。下湘潭,黄朝宣拥众屯燕子窝,蓝拜同副都统佟岱乘舰至泸口,督兵破其营。寻随智顺王尚可喜援桂阳,贼闻风窜遁;遂移师征道州,击走郝摇旗。旋会有德军征沅州,张先璧遣其众自黔阳出扼要隘,列五营。有德令分兵击之,蓝拜率先攻贼,斩级七千馀,遂合兵薄沅州,张先璧集众三万拒战,悉败溃,取其城。捷闻,赐白金,擢本旗都统。五年九月,还,仍任副都统。叙功,赐黄金、白金,晋二等轻车都尉。六年九月,兼任礼部侍郎。八年,擢都统,兼工部尚书。九年四月,调刑部。十月,解尚书任,专管都统事。十一月,奉命同靖南将军卓罗征广东未定州县。寻以广东渐定,撤还。屡遇恩诏,晋爵至二等男。

十年十二月,命率兵镇守湖南。时流贼张献忠馀党孙可望、刘文秀、冯双礼等亦降附朱由榔,由蜀江窥武昌、岳州、常德诸郡,蓝拜督兵防御,贼不能犯。十三年正月,偕护军统领苏克萨哈等还京,召见,上亲劳以酒,谕曰:"尔等为朕宣力年久矣,今见尔等形貌癯瘠,朕心恻然!"蓝拜奏曰:"宣力效劳,人臣之谊。臣等有何功绩,致廑圣怀? 今得觐天颜,臣心足矣!"四月,以老病乞解都统任,诏允所请,加太子太保。康熙四年七月,卒,予祭葬如典礼。子都幹海,袭爵。

【校勘记】

〔一〕与明总督何腾蛟 "总督"原误作"巡抚"。满传卷九叶四〇上,及耆献类征卷二六八叶一五下均同。今据本卷刘之源传,及卷三勒克德浑传改。

宁古哩

宁古哩,满洲正蓝旗人,姓托和洛氏。崇德三年,任吏部主事。六年,大军围明锦州,宁古哩随郑亲王济尔哈朗营以击败敌兵,驰赍捷奏。七年,锦州降,复以降人及所获簿籍驰奏。

顺治二年四月,迁吏部启心郎。四年五月,山东巡抚张如秀以罢归侍郎孙之獬因土贼谢迁陷城遇害,为请恤,部臣陈名夏、金之俊谓应复其原衔,予恤;宁古哩与侍郎马光辉谓孙之獬既革职为民,例不予恤。以两议上,得旨申饬,议恤非例。是年,考满,予云骑尉世职。嗣两遇恩诏,晋世职骑都尉兼一云骑尉。八年闰二月,以前此吏部铨选有越格滥用者,革启心郎任。会御史张煊劾奏尚书陈名夏在吏部专权徇私诸款,并言其以尚书而卸罪于启心郎,致宁古哩革任,已得脱;然时尚书谭泰同陈名夏与己同掌吏部,坐张煊诬陷罪。未几,谭泰以把持部务,恣意妄行获罪,上命宁古哩仍为启心郎。十年五月,擢吏部右侍郎。十三年四月,因河西务钞关员外郎朱世德亏课万馀两,户部援赦免罪,吏部亦弗置议,并坐瞻徇,宁古哩革任,降世职为云骑尉。十四年四月,上以宁古哩前在吏部谙习事务,命遇侍郎缺出,即与推补。十六年正月,授礼部右侍郎。

十八年闰七月,擢左都御史。十二月,疏言:"定例,驻牧察哈尔蒙古向京城置买盔甲、弓箭,由八旗都统造册送部,出口时察验放行,其他蒙古不得私买。恐日久禁弛,有借名置买及私相转卖之弊,请旨严饬关隘官员察诘,并令蒙古都统以下,参领、佐领以上申禁。又设兵原为剿贼之备,近见各省匪徒或数千人啸聚,总督、提督不亲率标兵堵御,辄请京兵;京兵一出,不惟费饷,抑且扰民。请嗣后有窃发者,总督、提、镇先率标兵剿捕,不得辄请京兵,则饷运可省而民生得安。又各省罪犯,应解部审者,向来各部差官提解,仍须州县官递送。今驿递繁苦,宜概令在外督抚、提镇解送,停止差官,以省供应之费。"下部议,从之。

康熙元年七月,迁户部尚书。二年二月,卒。部臣以任尚书未满一年奏,谕曰:"宁古哩虽为尚书未久,念初设六部之时,即在部任事,可予尚书恤典。"赐祭葬,谥勤敏。子色楞,袭云骑尉世职。

噶达浑

噶达浑,姓纳喇氏,世居哈达。太祖高皇帝时,有约兰者,率其子懋巴里等来归,遂隶满洲正红旗,噶达浑其裔孙也。初任护军参领。天聪二年,从太宗文皇帝征多罗特部,有功。八年,从征明山西,克应州城,赐人户、牲畜。崇德五年,随大兵略中后所,同护军统领敦拜击斩敌众。睿亲王多尔衮等率师围锦州,令噶达浑领纛先进,败杏山骑。旋往设伏松山,敌至,斩十馀人,敌据岭列营,击败之;复同前锋统领劳萨等合兵,追袭抵北冈,仍还。七年,随豫亲王多铎征宁远,敌兵出蹑我后,噶达浑先众还击,敌溃走。师旋,有护军达哈塔者,中创仆,掖之以归。

顺治元年,擢护军统领。从大兵入山海关,破流贼李自成,以功授骑都尉世职。二年,随英亲王阿济格击流贼至九宫山,凡三败敌。三年,随肃亲王豪格征四川,师至西安,分兵剿邠州。

贼渠胡敬德结营三水县，噶达浑与副都统和托攻坚直入，拔其营；复与护军统领苏拜、哈宁阿，副都统阿拉善击败高汝砺、武大定二贼兵于三寨山，用步卒搜剿山谷。贼据山巅以拒，遣其众左右驰下迎战，噶达浑与护军统领阿尔津奋勇斩杀，连败贼众。贼兵复犯正蓝旗营，哈宁阿被围，噶达浑与阿尔津、苏拜疾驰往援，击却之，又破贼兵于增盖。寻擢户部侍郎。五年三月，调吏部侍郎。六月，叙功，晋三等轻车都尉。十二月，与阿拉善承命率八旗兵赴英亲王军，协讨大同叛镇姜瓖，至则七战皆捷。贼党自代州北关遁，追斩无算，遂平代州，复浑源州。六年，擢本旗蒙古都统，仍任户部侍郎。七年，以从睿亲王行围，私出射猎，罢都统任，降职为骑都尉又一云骑尉。

　　世祖章皇帝亲政，擢户部尚书。明年二月，噶达浑讼镌职冤，诏复职，晋二等轻车都尉。三月，改都察院左都御史。四月，以驻防河间佐领硕尔对讦户部给饷不均事，下部鞫讯，坐隐匿不奏，论削世职；得旨，改罚锾。五月，复调户部尚书。九月，奉命率师往征鄂尔多斯部。九年，擒斩叛逆蒙古多尔济，并歼其众于贺兰山。两遇恩诏，晋三等男，世袭。调满洲都统。十年三月，调兵部尚书。[一] 十一月，奏言："京城广阔，向设炮煤山以为信，今停止，无凭集众。请用盛京时鸣鼓聚众之法。"疏入，诏曰："塔山及九门仍各设炮。"十一年三月，[二] 叙功，晋二等男。八月，以滥引赦例，请贷行贿之云骑尉吕忠罪，饬令回奏，奏复稽迟，下王大臣议，坐削爵；得旨，改降一等轻车都尉。

　　会海贼郑成功潜据海岛，攻陷福州内地，命同定远大将军世子济度等统师征讨，并赐世子敕曰："凡尔调遣官兵，勿令噶达浑离左右也。"既至,与督臣<u>李率泰</u>等会兵剿抚,克复<u>海澄</u>,分遣将领,水陆并进,击败贼众,克<u>福州</u>,下<u>泉州</u>;攻<u>惠安</u>之海港卫套及<u>闽安镇</u>,阵斩数千级,获战舰、军械,荡洗贼巢。<u>成功</u>遁入海。

十四年三月,班师。四月,卒,赐祭葬,赠太子太保,谥<u>敏壮</u>。子<u>噶尔汉</u>,袭职。

【校勘记】

〔一〕十年三月调兵部尚书　"十"原误作"十二","三"误作"二",又"调"上衍一"寻"字。<u>满传</u>卷四叶一八下,及<u>耆献类征</u>卷四二叶五上均同。今据<u>章录</u>卷七三叶七下删改。

〔二〕十一年三月　原脱"一"字。<u>满传</u>卷四叶一九上,及<u>耆献类征</u>卷四二叶五下均同。今据<u>章录</u>卷八二叶一六上补。

<u>伊拜</u>　弟库尔阐

<u>伊拜</u>,姓<u>赫舍里氏</u>,世居<u>斋谷</u>。父拜思哈,当<u>太祖高皇帝</u>时来归,授佐领,隶<u>满洲</u>正蓝旗,既卒,<u>伊拜</u>与其兄<u>宜巴里</u>、弟<u>库尔阐</u>分辖人户,任佐领。<u>太宗文皇帝</u>即位,<u>察哈尔</u>部贝勒<u>图尔济</u>率人户来归,命<u>伊拜</u>迎犒之。<u>天聪</u>八年,上统师征<u>明</u>,<u>伊拜</u>赍敕往<u>科尔沁</u>部调兵随征。是年五月,以克副任使,予云骑尉世职。九年,擢任正白旗蒙古都统。

<u>崇德</u>元年,随<u>武英郡王阿济格</u>征<u>明</u>,入<u>长城</u>,攻克<u>昌平</u>等州县,俘获甚众。师还,出边,敌袭我后队,纵劫掠,因论<u>伊拜</u>不殿后及徇隐军士失律诸罪,坐罚锾。三年九月,随<u>睿亲王多尔衮</u>征<u>明</u>,由<u>青山口</u>入边,越<u>燕京</u>,略<u>山东</u>。四年三月,凯旋,以过<u>三屯</u>

营时佐领喇巴希为敌所困,伊拜未助战,罚马一;又其仆与军士争草斗殴,伊拜袒其仆,以鸣镝射军士,复罚镪。五年,大军围明锦州,伊拜遇杏山敌骑,率本旗兵击败之;复连败松山骑兵、步兵。后敌骑复自杏山来犯,伊拜邀击,多斩获;又同左翼军击却锦州城中出战敌兵。六年,攻锦州,破其山岭步兵,复击败其拒战骑兵。叙功,晋世职为骑都尉。

时明总兵洪承畴集兵十三万驻松山,援锦州;上亲征,陈师于松山、杏山间,授诸将方略,分布要隘,俟敌溃遁截击。伊拜奉命同副都统谭拜等率兵倚杏山驻营,明兵自松山窜走,伊拜追逐至塔山,敌挫衄及溺水死者无算。七年,大军擒承畴于松山,明总兵祖大寿以锦州降。伊拜奉命驻守杏山。是年七月,部议围锦州时,敌犯镶黄旗壕堑,军士有未战者,伊拜徇隐,应罚镪,上贳之。八年十月,奉命与辅国公篇古率将士驻守锦州。

世祖章皇帝顺治元年,调正蓝旗蒙古都统。随大军入山海关,击败流贼李自成。寻同都统叶臣等剿贼山西,围太原府城,贼出城抗拒,伊拜同都统巴哈纳等督兵败贼,克其城,招降附近郡邑。师还,赐白金三百两。二年,随英亲王阿济格征陕西,败贼延安。自成走湖广,追剿至武昌,连破贼营。三年,叙功,晋三等轻车都尉。

五年,随郑亲王济尔哈朗征湖南,时衡州、宝庆诸郡为明桂王朱由榔之将所踞。六年春,大军克湘潭,伊拜同都统佟图赖等分兵趋衡州,距城三十里,贼千馀据桥立寨,伊拜督兵击之溃,进薄城下,连破贼寨,斩伪总兵陶养用,遂定衡州。大军别徇宝庆、辰州、武冈、沅州、靖州,贼俱败遁。七年四月,凯旋,复赐白金三百两。八年，以年老解都统任。九年，命为议政大臣。叠遇恩诏，晋爵至三等男。十五年，卒，年六十有五。赠太子太保，谥勤直，赐祭葬如典礼，立碑墓道。以其第三子费扬武袭爵。

伊拜弟库尔阐，初任佐领。天聪九年，随副都统巴奇兰征黑龙江，有功，予云骑尉世职。崇德三年，授都察院理事官，兼任参领。五年，随工部承政萨穆什喀征索伦部，与其部长博穆博果尔力战，却之。师还，以俘卒遁去，论监守不严，应鞭责；上念其曾与博穆博果尔力战，停其叙功，免罪，仍予赏赉。寻随睿亲王围明锦州，击败杏山敌骑及松山步兵，又同左翼军击败锦州城中出犯兵。六年，擢都察院参政。复随郑亲王围锦州，敌骑自松山来夺我红衣炮，库尔阐击却之。旋率兵据守山寨，敌来犯，势甚众。时萨穆什喀别守汛地，欲遣兵助战，库尔阐以敌易御辞之；遂独率所部奋击败敌，斩四十一人，获云梯、枪炮、甲楯、旗帜。叙功，晋世职为骑都尉。八年，擢正蓝旗蒙古副都统。

顺治元年，随大军入山海关，击败流贼李自成，并追至望都。叙功，加一云骑尉。二年正月，复随豫亲王多铎击流贼于潼关，连破其两营。叙功，晋三等轻车都尉。寻以考满称职，晋二等。四年六月，奉命率兵驻防济南，会土贼谢迁等陷淄川县城，库尔阐遣所部兵并调绿旗兵往援。部议其不亲赴剿罪，应罚锾，解副都统任，革世职；得旨，倍其罚，馀宽免。明年，擢都察院承政。寻仍改为参政。六年，同都统谭泰征江西叛镇金声桓，卒于军。遇恩诏，晋世职为一等轻车都尉。以其子舒赫袭。

金砺

金砺,辽东人。明武进士,任镇武堡都司。本朝太祖高皇帝天命七年,大兵征明,克广宁城,砺率属来降,授参领,予三等男爵。太宗文皇帝天聪五年,始设六部,以砺为兵部承政。六年,上幸演武场阅兵,砺与参领石国柱、金玉和、高鸿中等并以训练有方,赐鞍马。寻调户部承政。八年,考绩,晋爵二等男。崇德二年,随武英郡王阿济格征明皮岛,参领巴雅尔图等统兵先入敌阵。砺与副将高鸿中所部水师停泊观望,致前队失利,下法司议罪,应褫职,论死,籍没。上以砺与鸿中并有归顺功,命免死。

四年,分汉军四旗,以砺属镶红旗汉军,复任参领。五年,授吏部参政。六年,擢都统。七年,大兵克松山,与都统巴颜等奉敕收藏所获枪炮、火药以备用。旋克塔山,随郑亲王济尔哈朗等驻守其地。八年,随郑亲王攻前屯卫、中后所二城,指挥士卒,发红衣炮攻克之。论功,予三等轻车都尉世职。

世祖章皇帝顺治元年五月,偕副都统李率泰安抚天津乱民。六月,同都统叶臣招抚山西。时流贼李自成遁入陕西,贼党陈永福窃踞太原。砺与叶臣潜往审视攻围处所,城内步兵突出,砺击败之;复督本旗兵以红衣炮攻克其城。凯旋,赐银四百两,晋世职一等轻车都尉。二年,随顺承郡王勒克德浑征湖广,伪总兵马进忠降而复叛,砺同都统刘之源击败之武昌,夺其战舰六十馀。寻奉诏与副都统佟岱分率左右翼兵,同恭顺王孔有德等征湖南。时伪伯黄朝宣等附明桂王朱由榔,聚众十馀万屯湖南。四年,砺与有德等水陆并进,击破贼兵,追斩朝宣于衡州。复与怀顺王耿仲明、副都统卓洛等进兵长沙，伪总兵杨国栋聚马步贼众七千迎战。砺率兵奋击，贼败窜，斩国栋于牛皮滩。五年十月，旋凯，赐金二十两、银四百两。六年正月，叙功，晋世职一等轻车都尉。

七月，授平南将军，镇守浙江。七年，遇恩诏，加一云骑尉。八年，明鲁王朱以海及其臣阮进、张名振踞舟山，砺与副都统吴汝玠等率兵由宁波出定海，会总督陈锦兵剿进于横水洋，生擒之，遂抵舟山，掘陷其城。名振拥以海遁。九年，海贼郑森犯漳州，砺奉命统兵赴福建议剿。师至泉州，贼闻风退屯江东桥，砺由长泰进，营漳州城北，分兵万松关以牵制贼营。贼纠众来攻，我兵迎击，七战皆捷，斩获无算。漳州围解，海澄、南靖、漳浦诸县悉平。叙功，并两遇恩诏，晋爵至一等男，加一云骑尉。

十一年，授陕西四川总督。十二年，奏请以遵义、永宁二镇兵分屯顺庆府、潼川州；川北龙安之兵，亦令各择旷土屯种，即有寇警，不劳运粮而兵食自足。又以陕西神道岭地当险要，宜于潼关各营拨兵五百，分驻附近诸处，以资援剿。俱下部议行。十三年三月，引年乞休，上念其宣力多年，勤谨夙著，命加太子太保，以原官致仕。康熙元年七月，卒，赐祭葬如例。以其弟俊袭爵。

刘之源

刘之源，汉军镶黄旗人。太宗文皇帝天聪十年三月，授参领。崇德五年五月，从上征明锦州，距城东五里，以红衣炮攻克其台，复列炮城北，攻克晾马台，击毙六人，降其卒十三人。是年，镶黄旗汉军都统马光远因疾解任，以之源代之。六年八月，随睿亲王多尔衮围松山，以炮攻克近城四台，斩守备二、都司一，擒副将王希贤、参将崔定国、都司杨重镇等。明兵寻自松山遁高桥迤南三台，之源率前队兵攻克之，多斩馘。七年四月，随郑亲王济尔哈朗围塔山，列炮城西，击毁城垣二十馀丈，歼其守城兵众，进克杏山城北一台；复击毁杏山城，城中人惊惧，悉降。叙功，予二等轻车都尉世职。时分设八旗汉军都统，授之源镶黄旗汉军都统。八年十月，随郑亲王攻明中后所，拔其城，斩游击吴良弼、都司王国安等；进征前屯卫，复以炮攻克其城。叙功，晋一等轻车都尉世职。

世祖章皇帝顺治元年，大兵定燕京，命之源同都统李国翰剿平畿南馀贼。时流贼李自成遁陕西，伪伯陈永福等窃据太原，之源同都统叶臣等攻克其城；又同都统巴哈纳自汾州剿贼至平阳，斩贼四千馀。山西州县悉就招抚。师还，得优赉。二年，随顺承郡王勒克德浑征流贼至湖广，同李国翰歼贼应山县。时伪总兵马进忠降而复叛，之源同都统金砺击败之武昌，夺贼艘六十馀；复追败馀党于湖泊。明年，叙功，加一等云骑尉。五年，命为定南将军，率左翼汉军随郑亲王征湖广。六年，进攻湘潭，明总督何腾蛟分兵三队出城拒敌，我军分击大败之，克其城，生擒腾蛟；乘夜率兵追剿马进忠，平明薄其营，奋力冲击，遂克宝庆，并破南山坡九营，阵斩总兵马有志、胡进玉等。进忠仅以身免。又破贼渠袁宗第营于洪江。驻师沅州，伪总兵王永强来犯，之源败之于便水驿，斩伪副将三人、贼众七百馀级。累遇恩诏，晋世职至一等男又一云骑尉。

八年，同都统金砺驻防杭州。时伪大学士张肯堂、伪荡湖侯阮进、伪定西侯张名振等拥明鲁王朱以海踞舟山，之源与总督陈锦、总兵田雄会师进剿,由宁波之定关出海,阮进集战舰以拒我师,败之于横水洋,生擒进;复分兵击剿,三战皆捷。遂至舟山之螺头门,肯堂集城中兵六千坚守十馀日,我兵用云梯破城,肯堂及伪尚书李向中、吴钟峦,伪侍郎朱永佑等纵火自焚死。名振拥鲁王遁三盘岛。之源遣总兵马进宝等率兵追克之,焚其积聚,复败之于沙埕,收各鼍户口八千五百馀,悉令归农。因与陈锦、金砺奏设陆兵一千为中营,水兵二千为左右营,驻守舟山,增设弁备,统以副将。叙功,晋三等子,世袭罔替。

十六年八月,授镇海大将军,驻防镇江,疏言:“京口要地,百川汇流,所以通江南半壁之财赋,挽运北输。近因海贼郑成功狡逞,纠逆党,联艨入江来犯,几至横截运道。臣思贼之所长在水,宜先练习水师,以资防御。夫防海之策有三:出海会哨,勿使入江,上策也;循塘拒敌,勿使登陆,中策也;列阵备兵,勿使近城,斯下矣。顾水师必先攒造船只,今炮火器具、水手舵工,百无一备,何以御贼? 乞敕总督郎廷佐速为制备。”下兵部速议行之。

十七年七月,疏陈三事:“一、沿海民向有双桅沙船,一名捕鱼,亦名立功。自明时因引倭人入寇,久经饬禁,至今未尽革除,奸民多夤缘汛官,买口私出。因臣申严海禁,始开报船户花名,投营效力。此等船只,造作坚固,其人皆熟于洋面水道,若徒许令投营,不为安插得所,日久必仍贩载禁货出洋,或且为海贼耳目。今令京口水师造船二百,招募水手、舵工八千馀名,一时正难精当,莫若悉将两项船只查验堪用者,量给价值,各船户照例给以粮饷,既可省鸠庀制造之费,亦可杜私通海逆之弊。一、汛防向设战船,分散各营,船式低小,猝遇海贼大艘,势难向抵。臣思京口水师既造船只，旌旗舳舻，焕然改色，江南亦有沙号各船备用，则此等小船除狼山、福山、吴淞各口酌留数号，以备传递哨探之用，其馀不必概行修补，以省无益之费。一、边海汛地紧要，凡炮台、烽墩、桥路，宜修葺高广，预备不虞。臣已屡饬沿海州县，至今玩误不行，请敕督抚严行申饬。"疏下兵部，并从其言。诏江南督抚、提镇实心奉行，无得因循怠玩。

是年，缉获海贼郑成功所遣伪兵部黄徽明得交结苏松提督马逢知及逢知受贿关通状。奏入，特命刑部侍郎尼满赴江南会同之源审拟，事俱实，逢知伏诛。圣祖仁皇帝康熙元年十二月，招降伪肇敏将军陈文达、伪总兵罗永德等。三年四月，以疾乞休，召还京，仍任都统。四年七月，复乞休，得旨："刘之源自太宗时委任，勤劳年久，着以原衔加太子太保致仕。"旋以其子副都统刘光代为都统。

八年，内大臣鳌拜获罪拘禁，之源与光并坐党附，革职任，拟立斩籍没，上命从宽，俱免死。之源寻卒。二十年，妻胡氏叩阍，诉之源功可抵罪，诏复原衔，并予三等子爵，以光袭。

伊尔德

伊尔德，满洲正黄旗人，姓舒穆禄氏，扬古利族侄也。天聪三年，太宗文皇帝命扬古利率师略明锦州、宁远诸边境，伊尔德从军，有功。复从大军征明北京，奋勇攻击，斩杀甚众；又败山海关援兵于滦州。师还出边，先至木城，擒斩明兵之守隘者。五年，上帅诸贝勒大臣攻围大凌河，城中兵突出，伊尔德冲锋入阵，杀敌二人；都统和硕图等合师来击，追奔至壕，还。又击明监军道张春兵,遇敌骑挟弓矢将犯御营,伊尔德驰斩之。是秋,往略前屯卫,率十五人侦缉明哨卒。值我军将领噶思哈为敌兵所困,伊尔德奋击,援出之。积功,授骑都尉世职。寻擢护军统领。

崇德二年,随贝勒阿巴泰往筑都尔弼城,率护军四百人防护筑城工役。五年五月,大兵围锦州,敌兵出战,伊尔德领纛追击,至壕,败之。七月,随王贝勒等至锦州、松山屯田,明人纵牧于野,伊尔德设伏于乌欣河,驱其牲畜以归。敌兵潜袭我后,伊尔德率后队还击,斩获无算。特晋爵三等男。十一月,以擅离营汛,私往贝子尼堪家;又向王贝勒及护军校索马,擅遣其子额尔毕黑随参领希尔根往锦州:部议应降职。明年,奉命往睿亲王军营,传谕通察各旗将领事,不即奏报,部议削爵,籍家财之半。均得旨罚赎。七年,复从围锦州,败松山兵之来夺我炮者。叙功,晋一等男。顺治元年驻防锦州。二年,加一云骑尉。

世祖章皇帝命伊尔德随豫亲王多铎南征,同尚书宗室汉岱等统蒙古兵由南阳趋归德,招抚甚众;至扬州城北,获战舰百馀;渡江先八旗都统进,破南京;福王遁走芜湖,复同都统阿哈尼堪等追击之,败明靖南伯黄得功军。三年,叙功,晋二等子。六年,与都统谭泰征江西叛镇金声桓,平之;进剿广东叛镇李成栋于信丰,拔其城,成栋夜遁,马蹶,溺水死。随分兵定抚州、建昌,破伪总兵杨奇盛兵二千馀。江西悉平。师旋,复奉命统领将士往剿保定土寇。叙功,晋一等子。

八年八月,护军统领鳌拜讦伊尔德罪状,以上幸南苑时,伊尔德擅令内直员役更番,及私减守门护军额数,又嫉忌鳌拜等为上效力。鞫实,论死,籍其家;上贷之,命削世职,降一级留任,罚赎。十一月,擢本旗都统。明年,三遇恩诏,晋一等伯,兼一云骑尉。随敬谨亲王尼堪征湖南,败绩。十一年,师旋,论罪,革职,籍没。

是时明鲁王朱以海为郑成功所杀,其馀党窃据浙江舟山为寇。十二年,上命伊尔德为宁海大将军,统兵往剿,至则伪总兵王长树、毛光祚、沈尔序等纠贼登岸,肆掠大岚山。伊尔德遣副都统硕禄古、总兵张承恩引兵趋夏关抵斗门,连击败之,斩长树等三人,歼贼兵无算;而自率师攻宁波,乘舟趋定海,分三路进发,贼将陈六御、阮思等于海岛望江口山下列战船以待。伊尔德挥众进击,败之,追至横水洋,斩六御等,遂取舟山。十四年,凯旋,命贝勒杜兰等郊劳,复世爵。叙功,晋一等侯,兼一云骑尉。

十五年,随信郡王多尼征明桂王朱由榔,自贵阳至盘江,斩其将领,进克云南省城。十八年,卒于军,年五十六。予祭葬如典礼,谥襄敏。子陀和齐早卒,孙巴珲岱袭。

根特

根特,姓瓜尔佳氏,世居尼马察。父尼努,太祖高皇帝时,与其兄尼唐阿率众来归,均任佐领,隶满洲镶蓝旗。太宗文皇帝嘉尼努能事,授骑都尉世职。天聪八年,随副都统巴奇兰征黑龙江虎尔哈部,有功,加一云骑尉。旋军时,有蒙古兵弗戒于火,尼努被兵焚死。

根特袭职,寻任刑部理事官。世祖章皇帝顺治元年,睿亲王多尔衮统师入山海关讨流贼李自成,根特署前锋参领,败贼将唐通于一片石,追剿自成至望都。复同前锋参领阿尔布尼剿抚马睽口土贼。叙功，晋世职三等轻车都尉。四年，授协领，驻防西安。时叛贼王光泰据郧阳，诏侍郎喀喀穆率禁旅自河南进征，并调西安驻防兵会剿。根特率兵破贼党甄以钟等于房县，旋师，复败贼方国成于谷口。

六年，叛镇姜瓖踞大同，其党虞允、白璋、张万全等陷平阳、蒲州及临晋、猗氏、河津诸邑。根特随总督孟乔芳、侍郎额色统军渡河剿贼，复蒲州、临晋、河津。进征平阳，白璋纠步骑六千至荣河迎战，根特同副将赵光瑞等奋击，大破之，斩二千馀级。复逐贼至黄河，贼未及济，我师薄之，溺水死者无算，遂斩白璋，馀贼窜入孙吉镇，悉歼焉。移师趋猗氏，伪监军卫登芳依山结寨，与张万全为犄角以抗。根特分兵击斩万全，歼其众，移兵转战，生擒登芳，阵斩伪将王国兴等三十员；复剿闻喜贼伪都督郭中杰兵于侯马驿，追奔三十里，斩获无算，仍还驻西安。九年，还京，授参领。三遇恩诏，晋世职一等轻车都尉兼一云骑尉。

十年，伪秦王孙可望与其党冯双礼、白文选、马进忠等踞武冈、宝庆，根特随贝勒屯齐征之，自永州趋宝庆。贼众十馀万扼险隘抗拒，根特鼓励将士，分路截击，以骁骑冲阵，贼众遂乱。时正黄、正红二旗兵方与贼战，根特复跃马往，夹击之，贼大败。进征武冈，有牧马贼千馀来犯，又败之。十一年九月，从宁海大将军伊尔德往浙江剿舟山贼，以右翼兵击伪伯阮思及贼将陈六御兵，获其战舰及红衣炮，复舟山。十二年，叙功，晋爵三等男。署镶蓝旗满洲副都统。十四年，叙复舟山功，晋一等男。十五年，授镶蓝旗蒙古副都统。康熙十六年三月，擢本旗满洲都统，列议政大臣。二十三年四月，以老病乞休。三十二年，卒，赐祭葬如典礼,谥襄壮。子格图肯,袭爵。

郎廷佐

郎廷佐,汉军镶黄旗人,先世居广宁。父熙载,为明生员。太祖高皇帝天命七年,征明广宁,熙载率辽河西四堡兵民来归,授备御,分辖降众,守其地,尝擒获逃卒五十人。论功,予三等轻车都尉世职。崇德元年,卒,长子廷辅袭世职。

廷佐,其次子也。由官学生授内院笔帖式。世祖章皇帝顺治二年,擢国史院侍读。三年,随肃亲王豪格征四川流贼张献忠。六年,随英亲王阿济格征大同叛镇姜瓖。是年,迁秘书院学士。十一年,授江西巡抚。江西自明末荐遭兵乱,水旱频仍,逋赋甚多。廷佐再疏请蠲缓,以苏民困,得旨俞允。时土贼洪国柱、缪我章等剽掠饶州、广信间,廷佐遣将往剿,降之。十二年,擢江南江西总督。十四年,疏言:“江南逋赋多至四百馀万两,宜分别官侵、吏蚀、民欠,各为一册,专责右布政使按籍督催;其新征岁赋,以左布政使稽其收纳,则新旧牵混之弊悉可除。至征收之各州、县、卫各官,旧例未完者,辄予降调。官屡更易,吏民益轻玩催科,反无实效,宜令戴罪留任催完。又江南襟控九省,商贾所聚,前者大军经行,以船载兵,估舶因观望不至,宜如江西例,官为造船备用,以苏商困。”上嘉其言深切时弊,下所司议行。十六年,以巡按卫贞元劾按察使卢慎言婪赃不职,廷佐不先劾奏,及奉旨诘问,复巧言支饰。部议黜罢,得旨革职留任。

是年二月,廷佐因巡阅江海,密陈海防机宜,言:“海贼郑成功拥众屯聚海岛,将侵犯江南,而江省各汛兵数无多,且水师舟楫未备,请调发邻省劲兵防御。"疏下部议,以邻省亦需兵防守,寝其事。五月,海贼陷镇江,袭据瓜洲,遂犯江宁。时城中守御单弱,会副都统噶楚哈等从贵州凯旋,率兵沿江而下,廷佐与驻防总管喀喀穆邀入城,共议击贼,挫其前锋,获舟二十馀、伪印二。贼首郑成功旋率贼众逼城,联营八十有三,贼艘蔽江,分截要路,廷佐与喀喀穆等昼夜坚守,檄调各路步骑及水师俱至,同诸将定计,以满洲兵御击贼营,而令绿旗兵从仪凤、钟阜二门出战,擒伪总统余新及伪总兵二。次日,廷佐居守,议以提督管效忠、总兵梁化凤等分水陆进击,大败贼众,擒伪提督甘辉,伪总兵张禄、郭良玉,焚毁贼艘五百馀。贼之在镇江、瓜洲者皆遁入海。捷闻,得旨嘉奖,下部议叙。寻兵部请议前此失陷所属城邑罪,上以廷佐于失陷后,能固守江宁,击败逆贼,命免议,祗停叙功。嗣复以失纠巡按王秉衡劣迹,部议降调,得旨宽免。

十八年,圣祖仁皇帝即位,分江南江西总督为二,以廷佐任江南总督。康熙四年,复旧制,廷佐仍兼督江西。七年十一月,以疾解任。先是,致仕大学士金之俊家居,得匿名书于门,诋其在朝居显秩,曾降流贼李自成。之俊以诉廷佐,令有司穷治之。旋以书有悖逆语,疏闻。上以廷佐穷治匿名书帖,将株连无辜,并谕责之俊违例妄诉,俱下部察议。八年正月,命削之俊加衔,廷佐于病痊起用日,镌二级。

十三年,逆藩耿精忠反,福建总督范承谟遇害,上授廷佐为福建总督。廷佐受命,即奏言:"臣孙虽为精忠胞弟之婿,然臣誓不与逆贼俱生,愿力疾前驱,歼除叛寇。"上嘉之,赐鞍马、甲胄以宠其行。时福建俱陷贼,廷佐至浙江,随康亲王杰书驻金华。十五年六月,卒,赐祭葬如典礼。祀江南、江西名宦。

蒋国柱

蒋国柱,汉军镶白旗人。父筌,官佐领。国柱初充官学生。世祖章皇帝顺治四年,授都察院启心郎。十一年二月,迁佥都御史。十月,擢工部右侍郎。十三年六月,调户部左侍郎。十月,命提督操江,兼安徽巡抚。十五年八月,部议国柱任工部时,监造乾清宫工程不固,应革职,得旨,追夺赏赍,从宽留任。九月,以漕额全完,又捐赈宁国、太平水灾贫民,加兵部尚书。

十六年二月,疏言:“海贼郑成功谋犯内地,臣膺操江重任,未敢刻忘戒备。如下江南岸圌山营、北岸三江营逼近海洋,洲港错杂;上江瓜洲、〔一〕京口人烟辐辏。漕粮数百万,由兹北上,海逆眈眈思逞,匪朝伊夕。臣数次巡视,凡烟墩、炮台、木楼,悉修整以资侦守,抽调操、抚两标官兵,随带战马、船只,设防于瓜洲等处隘口,分班巡徼圌山、三江之界;谭家洲以北,则列巨缆横江,洲以南则置木簰截流。谨以布置机宜及长江险要形势,绘图陈奏。”得旨,图留览,下部知之。

三月,调江宁巡抚。先是正月,国柱疏劾按察使卢慎言贪虐,在巡抚卫贞元纠参之后,奉旨回奏,以司道未揭、百姓未控申辨。下部察议,始既徇隐,后复巧言支饰,应革职,得旨留任。六月,国柱自江宁之苏州,抵镇江,海贼已陷瓜洲;国柱与提督管效忠率兵沿江堵御,贼众登岸,官军迎战失利,退回江宁,副将高谦等以镇江城降贼。国柱退驻常州,檄调崇明总兵梁化凤率兵四千赴援。七月,国柱进军丹阳,梁化凤趋江宁,会满、汉兵击贼,溃遁;<u>国柱</u>即率标兵驰至<u>镇江</u>,遇贼,击败之。城中贼纵火,乘船遁,遂复<u>镇江</u>。<u>郑成功</u>引贼船二十馀,将袭<u>崇明</u>,<u>国柱</u>遣游击<u>刘国玉</u>等趋<u>崇明</u>守御,檄<u>梁化凤</u>还镇。八月,疏言:"自<u>江宁</u>大捷之后,料贼必犯<u>崇明</u>,急令镇臣旋师,未渡而贼艅大至。臣亲至<u>七丫海口</u>相度形势,海面辽阔,距<u>崇邑</u>二十馀里。遥见<u>施翘河</u>等处贼艅密布,即发各营兵船出口,拒贼于<u>白茆</u>。翌日,<u>郑成功</u>亲统大艅二十馀齐至<u>崇明</u>,上抵<u>平洋沙</u>,下至<u>排沙</u>,衔尾停泊,别遣兵数万登陆,竖木寨、云梯,用炮攻城。游击<u>刘国玉</u>等奋勇堵御,连败贼众,大军出<u>七丫口</u>,贼乃南遁,获大炮、器械、船只、木寨无算。得旨,下部察叙。

　　十七年三月,论失陷<u>镇江</u>罪,应斩,诏从宽革职、籍没。十八年四月,<u>国柱</u>以<u>镇江</u>失守后,即檄<u>梁化凤</u>军援<u>江宁</u>及<u>崇明</u>败贼事,列疏自陈。<u>圣祖仁皇帝</u>谕曰:"<u>蒋国柱</u>失陷地方在先,其后有效力立功之处,酌量官职补用。"九月,补右通政。十月,迁秘书院学士。

　　寻授<u>山东</u>巡抚。<u>康熙</u>元年,疏言:"<u>登</u>、<u>文</u>两营,岁需兵饷十五万有奇,坐派<u>登州府</u>属,就近支领。自遭<u>于七</u>变乱以来,征输难继,请动藩库银五万两,解运支应。俟催征补还。"下部议行。二年三月,疏报:"丈量清出<u>乐安</u>、<u>寿光</u>等各州县欺隐迷失及混入民地之灶地,共一千四百十一顷有奇,有自前<u>明</u>以来编入民粮者,有因人户俱绝报作迷失者,应撤出归灶;其民地缺额粮银,请于荒芜民地内,劝谕开垦,补足完课。"从之。五月,丁忧,回旗。六月,议叙<u>国柱</u>在<u>山东</u>察解逃人九百馀名,加工部尚书,进阶正一品。

　　三年六月，授浙江巡抚。四年三月，疏言："杭州地狭民稠，无尺土不输将国课。驻防满兵樵采，未免病民。请于额饷之外，加给柴价银两。"部议各省满兵，饷有定额，无支给柴薪之例；其兵丁樵采，恐损民间桑树，令将军禁止。五年三月，疏言："浙江宁、台、温三府，频经海寇。自顺治十八年间，迁沿海居民于内地，树桩为界，以杜通海之奸，而患始息。其界外丁田钱粮，已于康熙元年题准蠲除；界内荒田，招垦九万馀亩，尚有水冲沙压一十六万二千一百馀亩，旧课未除，莫敢承佃，此界内田土之无征也。界外虽经蠲除，尚有匠班、渔户等课，不入丁田，失于开报。今海禁既严，片板不许下海，匠户、渔户逃亡，税课叠欠，此界外田土之失报也。[一]今勘丈属实，合界内、界外请蠲银一万五千八百馀两、米二千二百馀石，以苏民困；仍将界内田地设法招垦，俟三年成熟起科。"又请捐仙居、临海二县续报荒田无征银五千四百馀两。又奏："台、温等六卫所及归并县征之金乡、海门等四卫屯粮蠲除，军兴时加增银数照旧额征输，内有积欠金乡改入平阳，界外屯田无征银三百二十馀两，并请捐免。"俱下部议，从之。

　　四月，疏言："处州一郡，僻处万山之中，叠石为田，水旱易困。前明即遭寇虐，至顺治十五、六年，始尽灭除。丁户凋零，岁赋缺额。统计丽水等九县荒田三十九万五千三百馀亩，荒地五千八百馀亩，每岁无征银三万二千馀两，无征米二千四百馀石，积下未完正项钱粮十馀万两。自顺治十六年以来，县官因钱粮被参降革，与忧郁身亡、愤激自经者，计三十馀员。催科计拙，官民交困。请全行蠲免逋欠荒额，责令道府县招垦，照例起科。"得旨："丽水等九县田土荒芜，钱粮叠欠，经征县官被参降革、亡故至三十馀员，巡抚以下官平日所司何事，明白回奏。”于是前任巡抚朱昌祚、总督赵廷臣皆奏言：“向以处州田荒赋欠，屡檄清查实荒田亩确数。实因处属田段零星，崖谷溪涧，按弓积步，未易科算；且数年间印官缘逋赋降革、死亡者多，册报不齐，未经题请。今丈量确实，应如国柱奏捐免。”并下部议行。

六年九月，自陈求罢，下部议“国柱莅任以来，于地方事务颇著勤劳”，诏照旧供职。七年正月，疏言：“部议裁守、巡各道一百八员，以为节省裕饷之计。浙省九道，尽在裁汰之中，所留四十员内，有福建、广东巡海道各一，江南淮海道一，山东登莱道一。盖因封疆重务，惟防海为急。浙省宁、台、温三府，尤为海洋冲要之区，有招抚投诚、安插流移诸务，请设宁台温巡海一道，驻扎台州。”下部议，从之。八月，浙东被水，国柱由台、温至处州、绍兴履勘，请分别捐免各县银五千七百馀两，并临海、天台二县冲没田亩全除额赋，下部议，如所请。十二月，卒于官，赐祭葬如例。

【校勘记】

〔一〕上江瓜洲　“江”字原误作“之”字，不成辞。满传卷二七叶一二上，及耆献类征卷一五二叶二五上均同。今据上文有“下江”字眼，知此应为“上江”。

〔二〕此界外田土之失报也　“田土”原误作“土田”。今据耆献类征卷一五二叶二七下改正。按满传卷二七叶一五下作“上田”，尤误。

喀喀穆

喀喀穆，满洲镶黄旗人，姓萨哈尔察氏，先世居乌喇部。父塘阿礼,当太祖高皇帝时,率百人来归,授佐领,使辖之。从征辽东有功,予三等轻车都尉世职。后从征瓦尔喀,为熊伤而卒。

喀喀穆袭职。太宗文皇帝崇德三年,授吏部理事官。五年,随承政索海征虎尔哈部,敌据栅拒战,喀喀穆率众攻破其栅,击斩二百人,生擒索伦兵一百三十人以归。七年,随征明松山,以本旗将领失律未察举,降世职为骑都尉。八年二月,擢吏部参政。世祖章皇帝顺治元年,署副都统。随大军入山海关,督后队兵击败流贼李自成。叙功,加一云骑尉。时改参政曰侍郎,喀喀穆仍任吏部。四年,考满,复三等轻车都尉世职。

寻奉命率兵征郧阳。先是,大兵定湖广,明郧阳总兵王光恩迎降,即予原官,留镇。至是,以罪逮系,其弟王光泰遂叛,纠众踞郧阳,自称明镇武伯,联结叛贼贺珍、武大定等为应援,提督孙定辽战殁,贼势猖獗。喀喀穆自河南进征,将薄郧阳,光泰乃遁;喀喀穆偕副将王平率兵渡河追剿,至房县,斩级千馀。光泰及伪总兵李世英等窜四川。喀喀穆还驻郧阳。五年春,总督罗绣锦以叛镇金声桓自江西窥湖广,请留喀喀穆驻防荆州。六年,还京。七年,兼任镶黄旗副都统。三遇恩诏,晋爵三等男。

初,鄂尔多斯部札穆素、多尔济屯牧神木边外,害我使臣,逃叛。既而札穆素悔罪来归,多尔济窜匿贺兰山,屡犯边界,肆劫掠。八年九月,喀喀穆奉命同都统噶达浑等率兵讨之。九年五月,自宁夏出水驿口,至贺兰山,后分兵搜剿,斩多尔济及其弟二人,并部众悉歼之,俘幼弱及妇女以归,获马驼各数百、牛千馀、羊万馀。

是年五月,授镇守江宁总管。十年,命为靖南将军,剿广东贼寇。时流贼张献忠馀党李定国自广西掠广东，潮州总兵郝尚久应之，踞城以叛。喀喀穆至广州，同靖南王耿继茂进征潮州，攻围逾月，以云梯兵克城，尚久投井死。潮州及附近州县悉平。仍还驻江宁。

十六年六月，海贼郑成功陷镇江，袭踞瓜洲，遂犯江宁。喀喀穆与总督郎廷佐、提督管效忠协谋御击，檄调苏松总兵梁化凤等赴援，会贵州凯旋之副都统噶褚哈、玛尔赛率兵由长江而东，亦使人邀之驻守。喀喀穆与密议曰："贼势盛，宜乘其未集先击之。"简兵逆击贼众之先至者，贼败却，获舟二十馀。七月，成功悉众薄城，连营八十有三，贼艘蔽江。喀喀穆与文武官昼夜防守俟援兵，既，集议以绿旗兵先击贼营于仪凤、钟阜门外。梁化凤出仪凤，管效忠出钟阜，夹攻截击，歼贼甚众，阵擒伪总统余新及伪总兵二，贼气夺。次日，喀喀穆同噶褚哈、玛尔赛率兵出神策门，见贼踞山列阵，乃先分兵左右仰攻，而自率精锐捣其中坚，阵擒伪提督甘辉及伪总兵数人，斩馘无算。成功收溃众，乘船遁，我水师复截击之，淹毙过半，焚其船五百馀；又分水路追剿，贼之在镇江、瓜洲者皆遁。捷闻，下部优叙。寻兵部请议前此失陷镇江、瓜洲罪，上念其固守江宁，功可抵罪，予免议。

圣祖仁皇帝康熙元年，改江宁总管为将军，仍以喀喀穆任之。七年八月，卒。以其子喇扬阿袭一等轻车都尉兼一云骑尉。

梁化凤

梁化凤，陕西长安人。顺治三年武进士。四年，授山西高山卫守备。五年，大同总兵姜瓖叛，化凤从英亲王阿济格攻克阳和城,贼将郭二用就擒。叙功,升大同掌印都司。时大同、左卫、浑源、太原、汾、泽诸郡邑,贼众蜂起。六年,化凤破大同北窑沟,生擒贼将李义、张豹。二月,攻浑源州,克三堡;破贾庄城,擒贼帅王平;进攻左卫,下之。论功,加都督佥事,以副将推用。五月,攻太原,贼悉众殊死战,化凤身被重创,督攻益力,执其伪巡抚姜建勋。六月,攻汾州,进薄孝义县,穴地置火药,药发,城圮,拔其北关;贼帅沈海袭大营,化凤破走之,遂下曹家、记古、善信诸寨堡。介休、平遥、祁县望风悉降。十月,攻太原、延安,皆下;进逼沈海于九仙台,〔一〕火其寨,海降;遂乘胜进定泽州。七年,复歼馀寇于牛鼻寨。晋地悉平。

八年,授江南芜永营参将。剿石皿、鹭鹚二湖盗。十二年,升浙江宁波副将。海寇张名振犯崇明之平洋沙,总督马国柱委化凤署苏松总兵事,至则遣都司谈忠出战。名振复围高桥,化凤亲驰援剿,击败其众。十三年三月,实授苏松总兵。化凤以平洋沙悬隔海中,为贼占聚,因沿海筑坝,长十馀里,引平洋沙入内地,且灌田千顷,俾斥卤尽为膏腴。

时海寇郑成功率众号百万,先犯崇明,化凤擒间谍,督兵逆战,获贼渠,馀众溃遁。十六年七月,成功以大舰陷镇江、瓜洲,直犯江宁,南北中梗。化凤率所部兵三千人,疾抵江宁,登高审视,见贼精锐尽屯江干;遂偕驻防都统喀喀穆、副都统噶褚哈分仪凤、钟阜二门,身先搏战,拔贼巨纛,毁其木寨,命勇士踞高发巨炮,飞火镞,乘势奋击,擒伪总统余新等,贼众奔溃。是夜,伪帅连营屯白土山冈,化凤由陆路进兵,贼列阵迎师,化凤督诸军自下仰攻,生擒伪提督甘辉等。贼大败奔北,化凤追斩甚众。别遣部将烧贼船五百馀艘,贼众自相蹂躏,溺死者无算。江南遂通。成功败遁入海,化凤遣将防崇明,贼果薄城下,适化凤兵自江宁回,声势相应,括民舟出白茆港,绝流迅击,贼复大败,成功仅以身免。十六年八月,授轻车都尉世职,赐金甲、貂裘。

十七年,擢苏松提督,加太子太保、左都督。化凤疏言:"苏、松滨海要地,延袤八百馀里,原设标兵仅二千馀名,请酌调省兵三千八百名,立为中、左、右、前、后、城守六营,以资捍御。"下部议行。十八年七月,上特诏曰:"海寇入犯江宁时,梁化凤击败其众;继援崇明,保全孤城,功亦不小。应再叙捷功,加授世职,以示鼓励。"遂晋爵三等男,准袭八次。八月,以病乞休,温旨慰留之。九月,裁江安庐凤提督缺,以化凤为江南全省提督。时议者以海寇初平,游氛未靖,欲立界迁沿海居民于内地。化凤曰:"沿海设兵,以所弃地亩赋之,则国既足兵,民无废业。迁界何为?"奏上,诏从其言。康熙元年,丁父忧,令在任终制。

十年十一月,卒于官。赐祭葬如典礼,赠少保,谥敏壮。以其孙作长袭爵。四十二年,圣祖仁皇帝巡幸西安府,遣官奠其墓。

【校勘记】

〔一〕进逼沈海于九仙台　原脱"仙"字。汉传卷四叶五一下,及耆献类征卷二六九叶三〇下均同。今据章录卷四六叶一八下补。按清史稿(一九七七年中华书局出版)册三二页九五九五梁化凤传不误。

达素

达素,满洲镶黄旗人,姓章佳氏,世居费雅郎阿。由护军授护军校。天聪五年,从太宗文皇帝征明,围大凌河城,明监军道张春率兵四万由小凌河赴援,达素同护军校鳌拜击却之。旋往略明地,奋击,斩敌骑一人,还。寻擢护军参领。

崇德五年,大军围锦州,达素率护军败明杏山兵。六年,复围锦州,明兵数十人据塔山,列火器拒守,达素出不意率六骑驰上,尽斩之;复率兵邀击松山遁走敌众,追至海岸,溺死者无算。七年,随豫亲王多铎征明宁远,击败敌骑。八年,同护军统领阿尔津等征虎尔哈部,攻克博和理城,又招降能吉尔屯及大噶尔达苏屯。

世祖章皇帝顺治元年,从大军入山海关,击败流贼李自成。寻同都统巴哈纳等征山西,败贼兵于太原,攻克绛州;追贼至黄河,贼得舟遁,达素督兵射之,贼多堕水死。二年,随英亲王阿济格剿自成于湖广,攻克安陆、武昌;追至富池口,贼列营对岸,达素先诸将冲击,俘获无算。二年,随肃亲王豪格征流贼张献忠,过汉中,击走叛镇贺珍;进师四川,屡战皆捷。先是,叙入关功,予世职骑都尉;及献忠灭,加一云骑尉。六年,随英亲王讨大同叛镇姜瓖,败贼于右卫。已而贼大至,达素奋前搏击,飞矢及其喉,两手足并中伤,遂堕马。军校欲负以退,达素叱曰:“死则死耳,何避贼为!”复裹创,督众力战,贼败却。三遇恩诏,并叙平姜瓖功,晋世职至一等轻车都尉。

九年,献忠馀党孙可望、李定国等寇掠湖南、广西,陷沅州、武冈、宝庆及全州、桂林,达素随敬谨亲王尼堪征之,败贼衡州。贝勒屯齐令率逻卒往宝庆侦贼踪迹,还遇贼众邀战,击败之。寻率兵剿贼全州,破贼五寨,斩伪副将、伪守道等九人及贼众四千馀;遣兵复兴安、灌阳,斩贼将倪兆龙。是年十一月,敬谨亲王击贼衡州,殁于阵,将佐俱获罪;达素以调遣他往,嗣复击贼有功,得免议。十一年,擢护军统领。十三年,擢内大臣。

十六年,海贼郑成功陷镇江,犯江宁。上命达素为安南将军,同都统索浑、护军统领赖塔等率师往剿,至则贼已败遁入海;达素奏请进剿成功于厦门,得旨俞允,遂领所部兵由江、浙赴福建。十八年,圣祖仁皇帝即位,命达素率兵还京,仍任内大臣。康熙八年,领侍卫内大臣鳌拜获罪,达素旧为鳌拜引用,坐黜罢。寻仍复世职,及卒,以其子达禧袭。

赵廷臣

赵廷臣,汉军镶黄旗人。世祖章皇帝顺治二年,由贡生授江南山阳县知县,迁江宁府江防同知。因催征逾限,罢职。十年,大学士洪承畴赴湖广经略军务,奏荐廷臣清干素著,请饬随往军营委用,得旨俞允。十一年,授湖广分巡下湖南道。十三年,调本省督粮道。

十五年,随大兵定贵州,遂授贵州巡抚。明年,擢云贵总督。先是,土贼冯天裕等窜伏山寨,勾结亡命,陷湄潭,犯瓮安。至是,廷臣调思南、平越、遵义、偏桥诸路兵,击破贼营,斩天裕及伪总兵冉宗孝等。疏言:“贵州古称鬼方,自城市而外,四顾皆苗;虽种类不同,要皆专事斗杀,故驭之为难。臣以为教化无不可施之地,风俗无不可移之乡。请今后应袭土官年十三以上者,令入学习礼,由儒学起送承袭;其族属子弟愿入学读书者,亦许其仕进。则儒教日兴,而悍俗渐变。又每遇岁终,土官各上其世次之籍于布政司,布政司上其籍于部,遇承袭时有争论者,按籍立辨,斯衅端预杜矣。"又奏改马乃、曹滴诸土司为流官。复言:"黔省曩为寇踞,改卫为府,改所为县,纷更法令,民苦重役。今底定之后,应复旧制。滇省田土荒芜,当急招民开垦,其冲路各州县,请以顺治十七年本省秋粮,贷为春种之资。"会吴三桂以五象进献,上命停止送京。廷臣因疏请概停边贡,以省解送之劳。疏俱下部议行。寻以剿平土酋龙吉兆功,加兵部尚书。

圣祖仁皇帝御极,调廷臣浙江总督。汇叙督垦云南荒田功,加太子少保。康熙二年,廷臣疏言:"浙江逋赋不清,由征解繁杂,请以一条鞭征收之法,即用为一条鞭起解之法,令各州县随征随解,布政司察明注册,至为简便。"又请移海岛投诚官兵分插内地,杜贼人煽诱;定水师提镇各营设兵之制,以备水战。杭、嘉、湖三府毗连太湖、泖湖,易于藏奸,请增造快号船,拨兵巡哨。部议俱从其请。

时海贼郑成功死,廷臣招其党伪将军阮美、伪都督郑殷、伪侍郎蔡昌登等,皆相继降,独伪兵部张煌言率众远遁。廷臣驰赴定海,与提督哈尔库、张杰定议,檄水师由宁、台、温三府出洋搜剿,斩贼六百馀,降其伪副将陈栋,知煌言披缁窜伏海岛。廷臣选骁将徐元、张公午饰为僧人服,率健丁潜伏普陀山、朱家尖、芦花澳三路以伺;得贼船,急击之,擒贼林生、陈满等,诱使言煌言窜处;即驾所获贼船,乘夜至悬山范嚣,自山后潜入贼帐,擒煌言,获其伪敕印。奏入,得旨嘉奖。煌言伏诛。

四年,疏请崇节俭以维风俗,又言:"用人宜宽小眚,请敕部分别罣误降革人员,量才录用,以收得人之效。"又言:"驻防满洲收买民人,宜令地方官给与印契,并晓谕居邻,俾知某人卖身旗下,后或逃归,有容留者,乃可坐其窝逃之罪。"事并下部议行。会部檄各省流寓人责令回籍,廷臣疏言:"革职解任之员,应即令回籍,其身故而子孙愿留,及流寓士民有丁口、田土已附版图者,听其自便。"得旨:"汉军速催回旗,馀如所请。"五年,招降海贼郑锦之伪都督李顺等。六年闰四月,以病求罢,上慰留之。八年二月,卒于官,赐祭葬如典礼,谥清献。荫一子入监。

李率泰

李率泰,汉军正蓝旗人,李永芳次子也。初名延龄,年十二,即入侍禁廷,太祖高皇帝赐今名。年十六,以宗室女妻之。太宗文皇帝亲征察哈尔、朝鲜及明锦州,率泰俱从。崇德八年,随贝勒阿巴泰征明至山东,有劳绩,荐擢副都统。世祖章皇帝顺治元年正月,授刑部参政,兼副都统,率兵驻防锦州。

四月,随睿亲王多尔衮入山海关,破流贼李自成。寻同都统金砺招抚天津,又率宁远驻防兵平定山东、河南,擒斩满家洞贼将赵应元,降其众万人。二年,随豫亲王多铎破流贼于潼关,移师南征,克扬州,下江宁,分领精兵三百徇苏州、松江,所过城邑悉抚定,惟江阴闭城抗拒,督兵攻破之。三年,随端重亲王博洛下杭州,定福建。叙功,授世职为二等轻车都尉;复以考满,兼一云骑尉。

　　五年,海贼犯福州、漳、泉诸郡,诏率泰与靖南将军陈泰同心协谋,前往诛剿,至则擒斩贼渠曾庆等及馀党数万。贼郑彩连艐数千,盘踞长乐、连江城邑,率泰会陈泰分兵夹击,尽驱出海,恢复二县。又统师直入兴化,生擒伪总督顾世臣等十一人,斩之,兴化平。先是,福州为贼困十四月,城中民相食,江西贼郭天才伪称援兵,自杉关长驱抵福州,驻兵洪塘,载米麦江上,诱郡民出就食。会率泰提师抵建宁闻之,间道飞檄巡抚,使侦备贼;乃夜焚洪山桥,掠就食者千人以遁。率泰至,命有司收贼遗粟,以苏馀民。巡按御史周世科大治桩杵钉铰之刑,考掠士民,恣取财贿巨万。率泰白之巡抚会劾之,世科伏诛。六年,从征大同叛镇姜瓖,下保德州,擒斩贼党牛化麟等。叙功,加一云骑尉。

　　先是,顺治元年,更定官制,名参政曰侍郎。率泰仍以刑部侍郎兼任副都统事。八年闰二月,调吏部侍郎。三月,授弘文院大学士。六月,条奏三事:一、惩贪酷官吏,一、给满洲兵丁马匹草料,一、酌量营造工程次第。上从之。七月,率泰与大学士陈泰误增恩诏赦款,复巧饰诳奏,罢任,降世职为骑都尉。寻遇恩诏,加一云骑尉。九年正月,以吏部奉恩诏予袭太滥,命削云骑尉。十二月,奉特旨,晋三等男。

　　十年六月,以大学士洪承畴荐,授两广总督,谕曰:“李率泰当永不叙用,经略辅臣既保为总督,特允所举,着改过自新,以图报称。”时明桂王朱由榔居安隆,其帅李定国拥兵粤西。十一年,土贼廖笃增等结连定国为寇,率泰遣兵分道进剿,阵斩笃增于玉版巢。十二年,定国犯粤东,率泰领兵御之,败其将高文贵。会靖南将军朱玛喇率禁旅至,合兵夹击,破之于新会城下,乘胜追逐,克复高州、雷州诸郡。所至轸恤,民赖以安。方新会被围时,城中粮尽,且食人,兵众掠妇女千馀口。率泰言于诸将,尽释之。

十三年,诏加太子太保,调浙闽总督。谕以“浙、闽重地,军务方殷,敕到即兼程赴任”。时逆贼郑成功招集亡命,啸聚海滨,为江南、浙江、福建寇害。率泰既莅任,相度形势,以贼扬帆鼓楫,来往无常;倘不急整舟师,虑难擒剿。特疏增设水军三千,复与抚臣刘汉祚动帑遴员,刻期伐木,增造号、哨各船百馀,为战御计。十四年,招降海寇陈德容,并疏言:“捕剿郑逆,宜离其党与,散其羽翼,以抚佐剿。”又言:“郑成功之父芝龙,不宜流徙宁古塔。恐其地近海,由此而遁,为患更大。”上悉是其言,并饬所司严守芝龙。是年,叙前破李定国功,晋一等男。考满,加少保。

十五年正月,招降贼党伪都督唐邦杰,伪副将林翀、叶禄等。三月,奏允调直隶、山东、河南、山西、江西步兵万人,赴浙防守海汛。会郑成功犯温郡,平阳、瑞安俱陷,浙东告警。率泰调江宁满洲兵助剿贼,贼退走。七月,诏分浙闽总督为二,以都统赵国祚为浙江总督,驻温州;而以率泰总督福建,驻福州。九月,贼踞南安岭,窥福州,贼党陈斌既降复叛,率千馀人据罗星塔,率泰驰檄会师,焚其巨舰千馀,贼遁,因以舟师围之,斌降。率泰奏斌屡叛状,诛斌于福州南。十六年,以会审罗源县败逃事,不详究供词,部议瞻徇,应革职;得旨,革去世职,留总督任。兵部又追论率泰当总督浙、闽时,不能保固封疆,应革任;复得旨,宽免,罚俸一年,仍戴罪图功自赎。

康熙元年正月,率泰以漳州为全闽门户,奏增设水师二千及副将、游击等官。时定海小埕贼众盘踞,率泰密会靖南王耿继茂遣兵击走之。又万安所先经迁毁,伪总兵杨宣等复于其地筑新垒,率泰会提臣马得功调兵夹剿,贼不能支,扬帆远遁。六月,招降伪总兵林俊奇等六十一员、兵千馀人。二年九月,降伪忠靖伯陈辉等一百三十馀员、兵一千六百及家属八百馀。十一月,招降贼将何义、魏明等。复统建宁、延平、邵武将弁,三路进剿山贼,获逆渠王铁佛,斩之。未几,海贼五百馀人由梁山突犯内地,率泰遣总兵王进加、参将折光秋夹击,大败之,俘斩甚众。复与耿继茂统率大兵航海,攻克厦门,乘胜取浯屿、金门二岛。逆贼郑锦、周全斌等势穷,宵遁。三年二月,擒斩宁化山贼钱禾。四月,招降伪总兵林国梁。五月,大兵至八尺门,伪威远将军翁求多率兵民六万馀人纳款,率泰夜半渡海,进拔铜山,焚毁贼巢,斩首三千三百馀级。伪永安侯黄廷等率家属、兵民等三万馀人出降,获船舰、军械无算。郑锦仅以数十艘遁去台湾。圣祖仁皇帝优旨嘉奖,下部议叙,加秩正一品。

六月,率泰以病求罢,谕曰:"览奏,知病是实,当即允所请。但闽省投诚官员、兵民最为繁众,着亲行安插,务使得所。事竣日,然后来京。"闰六月,遣总兵李长荣等出洋剿贼,擒伪总兵张贤。时闽海厦门各岛悉已荡平,惟南山、镇海、佛潭桥犹为馀孽盘踞。九月,率泰饬总兵官刘进忠等进剿,阵斩贼党七千有奇,招抚男妇万馀人。十月,别遣兵会剿茶仔畲山寇,生擒贼首余角,俘斩馀党无算。四年三月,再以病求罢,上慰留之。六月,以漳、汀二府地甚辽阔,奏定守漳道仍驻漳州,巡建道仍兼辖延平,守建道自建宁改驻汀州,兼辖邵武。

五年正月,卒于官。遗疏言:"闽海馀氛,远窜台湾。奉旨撤兵,与民休息,洵为至计。惟是将众兵繁,若撤之太骤,则易致惊疑;太迟,又恐贻患。目下当安反侧之心,日久务防难制之势。红毛夹板船虽已回国,然往来频仍,异时恐生衅端。闽省兵马钱粮,专望协饷,倘若外解不周,则有意外之虞。至数年以来,令滨海居民迁移内地,咸苦失其故业,宜略宽界限,俾获耕渔,稍苏残喘。"疏上,得旨:"李率泰原以才能蒙世祖章皇帝特简浙闽总督。自任总督以来,克副简任之意,殚力报效,剿抚贼寇,多建功绩;且忠清素著,正资调度。今以久任岩疆,积劳病殒,深可悯恻!下所司议恤。"加兵部尚书,予祭葬如典礼,谥忠襄。明年,叙功,追赠一等男。子正宗袭。

马国柱

马国柱,辽阳人,隶正白旗汉军。太宗文皇帝天聪八年,命礼部考取举人,国柱与选,赐衣一袭,免四丁,入直内院。崇德三年,授都察院理事官。

世祖章皇帝顺治元年,大兵击走流贼李自成于大同,代州归顺,授国柱山西巡抚。自昌平出居庸关,至代州任事。值都统叶臣、巴哈纳、石廷柱等平忻州、太原,国柱进驻太原,策应大军。汾州、平阳、潞安、泽州等府以次底定。贼党李过、高一功遁据绥德,国柱疏请分兵东西夹击,使贼首尾不能相应,则一鼓可以成擒。上是其言。二年二月,疏举明废官巡抚张鹏云、苗胙土,太仆寺卿王邦柱,巡按陈昌言等,并下部录用。六月,阳曲土贼阎汝龙等纠众劫掠,国柱遣游击杨捷率兵往剿,擒斩汝龙等;复剿岚县土贼高九英,招抚四十馀寨。交城贼梁自雨、河曲贼李俊等与九英互为犄角,国柱亦遣将剿平之。十月,擢宣大总督。

四年七月,调江南江西河南总督。五年正月,安庆土贼冯洪图陷巢县,掠无为州,国柱饬按察使土国宝随侍郎鄂屯率兵剿击,擒洪图及其党蒋懋修、钟武等。是月,江西总兵金声桓踞南昌叛,贼将潘永禧突犯徽州,国柱遣满洲驻防官兵进击、贼众奔溃,复祁门、黟县。上命征南大将军谭泰率师讨声桓,九江、南康、饶州以次恢复。时伪尚书余应桂踞都昌,出没鄱阳湖,国柱遣副将杨捷等随大将军以云梯攻克都昌城,擒应桂,斩之;复击败贼党邓应龙等于武宁。十月,广东叛镇李成栋由南雄犯赣州,国柱遣兵与巡抚刘武元等会剿,大败其众。

六年,湖广流贼王定安陷罗田,结连江南英山土贼陈元等,谋犯霍山县。国柱遣中军副将朱运亨等击却之三尖山,檄总兵卜从善剿白云、梅家、英棐诸寨。伪石城王朱统锜纠贼五千馀,由金紫寨赴援,倚山列阵,我兵奋力冲击,斩获无算。连破贼寨,擒伪总兵孔文灿、伪副将方学达等。国柱复自率兵会提督巴山、张大猷剿六安州山贼,先围贼党侯应龙于将军寨,迎击贼渠张福寰,贼俱败溃,阵斩福寰、应龙,招降伪总兵王俊、伪副将霍维伦等,诸贼寨俱毁灭。

先是,明鲁王朱以海窜舟山,伪侯吴凯踞大兰山助之。国柱奉诏酌筹剿抚机宜,知宁波贡生方圣时与伪金都严我公为旧相识,令赴贼巢陈说利害。我公遂投诚,并献招抚策,国柱护送京师。上遣之赍敕招抚,国柱复寓书与凯。至是,凯偕伪伯顾奇勋、伪将军姜君献、伪总兵陈德芝等,缴伪敕印,来降。是年秋,江南、河南所属州县，有雨雹伤稼者，国柱请敕抚、按确勘，分别蠲恤，得旨："嗣后州县遇有灾伤，督、抚、按即察明顷亩分数奏恤，勿泛奏候旨，迟于察勘，著为令。"国柱又疏言："江南既改为省，南京国子监宜改为江宁府学，即其旧址新之，仍支学田租银，以供祀事。"疏下部议，从之。七年，遇恩诏，加太子少保。

九年七月，福建贼渠张自盛窜入江西大觉岩，国柱檄提督刘光弼会闽兵合剿，阵斩伪总兵李全等，自盛就擒。十年五月，苏松巡抚秦世桢疏言："各省州县赋课，径解布政司，以杜勒索、侵挪诸弊。"国柱疏言："州县钱粮，由府解司，所以察核完欠，重郡守之责成。请于解府之时，府但编号记簿，无庸拆封换批，则勒索、挪移之弊可绝。"诏如国柱所请行。十一年正月，海贼张名振屡犯崇明及刘河、吴淞等地，国柱增造战舰，募水师，遣总兵王璟、副将张恩达等分兵夹击，败贼于靖江，又败之于泰兴，毁贼船，贼众远窜。二月，湖广"红头贼"赖龙等踞桂东，犯江西，国柱与湖广总督祖泽远会师协剿，直捣贼巢，擒获赖龙等。是年，遇察典，加太子太保。九月，以年老致仕。康熙三年二月，卒，赐祭葬如例。入祀江南、山西名宦祠。

林起龙

林起龙，顺天大兴人。顺治三年进士，授吏科给事中。疏请严禁白莲、大成、混元、无为等邪教，务绝根株，俾闾阎勿惑听闻。又以守令得人，则教养行而下向化，请以招流亡、垦荒芜、巡阡陌、劝树艺、稽户口、均赋税、轻徭役、除盗贼、抑豪强、惩衙蠹、赈灾患、济孤寡、修浚沟池、平治桥梁、兴举学校十五事，考其殿最，而大吏以时访察,俱如所奏行。

四年正月,劾山东巡抚丁文盛庸劣无能,致盗寇充斥,因荐大理寺卿王永吉可代文盛,下部议,以起龙徇情荐举,降二级外用。寻坐诬劾登州道杨云鹤赃款,拟革职。世祖章皇帝亲政,览前奏,以起龙因弹劾不实,罢废,尚非品行玷缺者比,诏来京候旨。十年十二月,复原官。时军旅数出,需饷孔繁,未暇讲求积贮;而八旗禁兵所得月饷,仅堪糊口。起龙请敕司计诸臣悉心筹画,先实京仓以及近辅各省仓储,务使水旱有备,调发裕如。又言:"昔年兵在盛京,无饷而富;今在京师,有饷而贫。揆之时地迥异,法制尚宜更定。凡驻守征行,所需马匹、草束、军装、戎器,悉动官帑,估值分给,俾筹备有资,无致拮据。"疏入,上谕吏部曰:"满洲兵建功最多,资生无策。十年以来,章奏未有言及此者。林起龙所奏,思虑周详,条画有绪,实心为国,忠诚可嘉!嗣后有关政治民生利害兴革者,言官俱宜直陈无隐。如果有裨政事,朕不靳懋赏。"谕部议叙,以五品京堂用。起龙恳留任,得旨,加衔,仍原职。

十一年,转刑科,加大理寺寺丞衔。疏陈州县官媚事上司、耗费不赀状,乞严饬禁革;并请遣廉能大臣巡行各省,体察情形,延访利弊:疏皆称旨,饬部议行。复疏劾总河杨方兴用贿署官侵克工料,不塞决口,致河北尽遭淹没;工部尚书刘昌不行纠劾,乃议令督抚详勘九河故道,稽延日时,冀为方兴掩罪。事下王大臣讯鞫,起龙与方兴、昌面质,无实,坐杖流,上特宥之,改降三级调用。旋补光禄寺署正。明年,谕吏部列科道,因言降革者以奏,起龙得授大理寺寺丞。十三年,荐擢右通政、大理寺卿、工部侍郎。十五年,调户部左侍郎,总督仓场。明年三月,加太子太保。七月,考满,荫子入监。八月,请更定绿旗兵制:"使兵马器械无虚额,训练行伍非具文。留有用之兵,裁无实之费。取材技于武科,责爱养于总帅。"章下所司议行。

十七年,加太子太保、兵部尚书衔,巡抚凤阳。先是,立惩贪例,官吏犯赃,照轻重科罪,不许纳赎。至是,起龙请仍旧章收赎充饷。上命九卿科道会议,从所请。谕曰:"立法止贪,今因济饷而贷法,如民生何? 所奏俱不合,仍前例行。"

圣祖仁皇帝嗣统,授起龙漕运总督。康熙元年,疏请豁免东海迁居民所遗地粮,报可;又疏浚泾河闸淮城迤南运河七十馀里,直达射阳湖,近海田庐免患,下部知之。五年,上言:"漕运倚于河防,济宁暨临清一带势虽建瓴,泉湖蓄泄,堤闸鳞次,请饬有司修筑,俾无废缺浅阻。"又疏禁运丁毋得病民,运弁毋得病丁,条议以上,请旨颁行。时江南浙江省苏、松、常、嘉、湖等府谷贱,白粮折征,旧额浮于市价,请改征本色。上并纳其言。初,起龙奏禁运丁多携货物,迟滞漕运,令沿途监司节次稽察,仪征、瓜洲责之总漕及漕储道,淮安责之淮安道,济宁责之总河及济宁道,天津责之仓场及催漕分司,以专责成。会裁漕储道,粮艘至仪征、瓜洲,起龙不复委员稽察,至济宁,运丁有额外携货者。事觉,总河卢崇峻具疏举报部臣令起龙咨送盘验不实诸职名,起龙以道员既裁申覆。六年四月,御史张志尹纠其不自引罪,巧言支饰,上命起龙回奏,起龙谢溺职,乞赐罢斥。下部议,坐失察,命降三级休致。以疾卒于家。

耿继茂

耿继茂，汉军正黄旗人，耿仲明长子。顺治初，授子爵。六年，随仲明征广东，仲明死，继茂代领部众。随平南王尚可喜进征，攻克南雄、韶州、广州，分兵平肇庆、罗定、高州、雷州。八年四月，世祖章皇帝命继茂袭父靖南王爵。九年，流贼张献忠遗党孙可望、李定国自贵州、云南寇广西，连陷郡邑。继茂同可喜遣兵赴援，恢复梧州、南宁、平乐、浔州、横州。十年，潮州总兵郝尚久据城叛，继茂同靖南将军喀喀穆、丰顺总兵吴六奇进剿，围城逾月，招降贼将王立功使为内应，遂树云梯登城，歼贼无算。尚久投井死。潮州及饶平、揭阳、澄海、普宁诸邑悉平。十一年，李定国寇扰高、雷、廉三府，进围新会，继茂同可喜及靖南将军朱玛喇击走之。定国遁踞南宁，复犯横州，继茂统兵由梧州至横州，击走贼众；进剿南宁，定国远窜。十三年，赐敕纪功，岁增藩俸千两。

初，继茂与可喜攻下广州，怒其民久相抗，凡丁壮辄诛戮，即城中驻兵牧马，营造靖南、平南两藩府，东西相望。继茂尤汰侈，广征材木，采巨石于高要县之七星岩，工役无限制。复创设市井私税，民咸苦之。会布政使胡章自山东调广东，行至江西，闻官廨为兵马所占，具疏劾继茂、可喜纵兵不戢状。继茂奏辩，曰："前者我兵围广州九月，被贼炮击，锋伤不知凡几。城下之日，即食肉寝皮，未足泄忿，俘絷实多。至部众初虽杂处，旋即移驻北城，未尝久占官廨。"可喜辩亦同。胡章坐诬罢任。逾年，高要知县杨雍建内擢给事中，疏陈广东采买、滥役、私税诸大害，谓："一省不堪两藩,请移一藩于他省。"疏下所司察议。时贵州、云南底定,经略大学士洪承畴请分驻重兵于要地,于是诏继茂镇四川,寻改镇广西,皆未及移。

十七年七月,命移镇福建。时海贼郑成功据金门岛,寇掠闽、浙。继茂既移镇,与总督李率泰协谋征剿,屡奏捷。圣祖仁皇帝康熙元年,继茂侦成功以狂疾死,其子锦自袭伪延平王,贼党嫌隙渐生,遵旨相机剿抚。寻招降成功族兄伪总管郑泰,泰遣伪中军杨来嘉、吴荫赴漳州献其伪敕印;成功弟郑世袭,伪都督郑赓、杨富、陈宗率伪官数百、兵众数千降。二年十月,继茂同率泰督兵渡海,攻克厦门,贼众惊溃。水师提督施琅以所募荷兰国夹板船邀击之,斩级千馀;乘胜取浯屿、金门二岛。锦与伪侯周全斌等遁走铜山,复纠贼众突犯云霄、陆鳌诸卫,总兵王进功率兵与战,斩杀过半,破贼巢于下蔡,逸贼悉堕水死。伪将张杰、吴盛率兵民来归。三年三月,继茂复与率泰及海澄公黄梧统兵至八尺门,[一]由海道拔铜山贼巢。郑锦集战舰数十遁台湾,馀贼或斩或降,获战舰、军器无算。捷闻,得旨嘉奖,并加岁俸千两。十年正月,疏陈疾剧,请以长子精忠代理藩务,得旨俞允。五月,卒,赐祭葬如例,谥曰忠敏。以精忠袭爵,精忠别有传。

【校勘记】

〔一〕继茂复与率泰及海澄公黄梧统兵至八尺门　"率泰"下原衍"进攻"二字。满传卷七叶五九上同。今据仁录卷一二叶二上删。

尚之孝

尚之孝,汉军镶蓝旗人,尚可喜次子。幼随父于镇所。康熙十三年,任藩下都统。值逆藩吴三桂、耿精忠反,潮州总兵刘进忠应之,踞城叛,可喜令之孝率兵讨进忠。先是,可喜欲以长子之信袭其平南王爵,至是恶之信酗酒嗜杀,因疏陈之孝律己端慎,驭下宽厚,堪嗣职。圣祖仁皇帝命之孝袭封平南王。之孝畏之信,启巡抚刘秉衡为之奏辞,部议令可喜如旧理事,俟贼平,以之孝袭。时普宁为进忠党刘斌所踞,知县段藻佯附贼,潜遣人请兵,约为内应。之孝诱斌出城迎战,藻闭门绝贼,我兵奋击,败贼,斌宵走。之孝复普宁,进征潮州,进忠纠众抗拒,我兵三战皆捷,阵斩伪副将陈琏及贼兵千馀;又攻克东津、笔架山、洗马桥贼营。十四年,诏授之孝平南大将军。之孝围潮州岁馀,进忠求援于海贼郑锦。锦遣伪总统刘国轩引贼万馀助进忠,我兵战失利,之孝退驻惠州。

十五年,可喜以疾剧入奏,上命之孝还广州视疾,代理藩务。之孝未闻命,之信已降三桂,胁之孝撤兵弃惠州,之孝弗与抗,解兵柄,侍可喜疾。及可喜卒,仍闲居广州。十六年,之信归顺,袭父爵。之孝还京,命列内大臣。之孝疏言:“臣诣阙待罪,分当诛戮,乃蒙恩宽宥,愿募兵三千,备军械,剿贼自效。”廷议如所请,俟募兵数足,分为三营,设将校,给以俸禄,赴简亲王喇布军供调遣。于是诏授之孝宣义将军。

十七年,之孝率兵至江西。时三桂馀党犹分踞吉安、赣州山寨,之孝与总兵许盛会师进剿,多斩获。十八年,招降伪总兵林兴隆、伪副将王国赞等二十馀员、兵六千馀。伪将军杨一豹、江机由广信寇掠建宁、邵武,之孝奉诏赴福建会剿。师至汀州,一豹等降于康亲王杰书军,之孝还江西。十九年,江西平,命之孝还京,以所募兵留充江西绿旗营伍。

是年九月,之信以悖逆赐死广州,法司议之孝应连坐,诏免之,仍随内大臣班入直。二十年五月,请迎其父骸骨于广州,归葬海城,得旨俞允。二十二年,议政大臣等追论之孝当之信叛时不能讨贼,迩者藉词葬父,久留海城;又奏请欲守陵寝,计图宴逸:应革职衔,与其子弟并籍入内务府,诏从宽止削其职。三十五年正月,卒,年五十有七。

子崇坦,官至镶红旗汉军副都统。

金光祖

金光祖,汉军正白旗人。顺治十六年,任吏部郎中,兼佐领。寻,迁参领。十八年,授福建右布政使。圣祖仁皇帝康熙元年,调广西左布政使。三年,迁广西巡抚。九年,擢两广总督。十三年二月,广西将军孙延龄叛应逆藩吴三桂,踞桂林,陷平乐、梧州,光祖奉诏同平南王尚可喜酌筹剿抚。七月,丁父忧,命在任守制。时总督驻肇庆,光祖遣兵赴广西援剿,复梧州,击败贼众于怀集县及钦州。十四年六月,光祖自率兵赴梧州御击来犯贼众,屡奏捷。旋奉诏同镇南将军舒恕剿叛镇祖泽清于高州,舒恕自江西进广东,即与光祖会师,征高州。

吴三桂遣贼将诱光祖降,谓缴出总督印,即易与新印,俾总管兵柄。光祖遂阻舒恕剿贼,趣之还江西,自引兵五千还肇庆。先是,上授孙延龄为抚蛮将军,赍印至肇庆,延龄已叛,光祖贮存之。至是,谲言总督印失去,尚可喜为之代奏,暂用抚蛮将军印。会可喜疾剧,其子之信潜附吴三桂,诱藩属及在省文武官从逆,光祖趣驻守肇庆之副都统莽依图率满兵还江西，遂自通款贼将董重民、李廷栋等，降于吴三桂，时十五年二月也。既而吴三桂以董重民为两广伪总督，诱光祖往湖南；董重民逐光祖出官廨，光祖乘间往依尚之信。

　　十六年五月，尚之信闻莽依图率江西大兵将入粤，与光祖合谋反正。光祖乃疏言："前者与将军舒恕会兵高州，逆书叠至，伪谕交投。臣窥察众情猜忌，敬藏总督印，托言失去。平南王尚可喜令臣暂用抚蛮将军印，仍旧管事。各逆因臣不缴总督印，遂报吴逆解臣兵柄，调往衡州。臣乘间赴广州与尚之信密谋，令督标兵弁借乏饷鼓噪，擒伪督董重民，遂率广、肇所属军民，于大军至南韶之日，反正归诚。臣乃以先藏两广总督印开用，绥辑人心。惟臣清夜自思，荷蒙皇上厚恩，畀以两粤疆土，既不能预筹保固，一旦被逆贼沦陷，又不能一死自决，至辱身降节，乞敕严加处分。"疏入，得旨："金光祖身膺两广总督重任，不能保守封疆，致逆贼沦陷。前奏印已失去，今又称收藏，如果收藏，前具题失印之时，何以不将此情密奏？明属巧饰，本应从重治罪，念其与平南王尚之信密谋反正，复定粤东，着革职，仍留原任，戴罪图功。"

　　是年，吴三桂遣其从孙吴世琮诱杀孙延龄，踞平乐、南宁等府，诏光祖率兵恢复。光祖疏请增调满洲兵，上谕责之曰："进征广西，合计将军莽依图、平南王尚之信、巡抚傅弘烈，并金光祖所辖之兵，为数已多。金光祖正宜乘此机会，效力先驱，以赎前罪。况傅弘烈前此未任封疆，尚能募兵击贼，直入粤西，恢复梧、浔诸府，鼓励将弁，为国宣力。金光祖本膺总督重寄，曾疏请同总兵官祖泽清取南宁、柳州，不应迁延时日，复请增兵。其遵前旨速行进取！"十七年，将军莽依图进征平乐，请留光祖驻梧州，任转输防守之务。金光祖以叛贼马雄死雒容，柳州贼势渐溃，仍率兵进征。师至浔州，与贼战失利，诏责光祖希功轻进，令回驻梧州。光祖寻疏言："贺县、开建为粤东西门户，最为要地。守此二处，则兵饷可由封川挽运。"上敕莽依图固守贺县、开建，光祖督运粮饷，以给大军，是年十二月，复原职。十八年，南宁贼平，诏光祖同尚之信、莽依图等剿抚庆远、太平、思恩等府馀贼。十九年六月，光祖随尚之信驻武宣，会广东巡抚金俊劾奏尚之信狂悖诸款，奉诏与光祖合兵擒之。事详尚之信传。

八月，敕光祖率兵随大将军进征云南。二十年十二月，副都御史余国柱疏劾之曰："金光祖本阘茸无才之人，负贪邪苟且之性，历任布政、巡抚时，政绩无闻，秽声已著。复总督两粤，自当竭智掳忠，鞠躬尽瘁。即使时值艰难，势处迫促，捐生而外，夫复何求？乃从逆投诚之情事，言者发指，闻者喷饭。姑就其一二大端言之，光祖同将军舒恕出师高、雷，彼时尚之信反形未彰，肇、广诸郡尚尔安堵。光祖忽称印信失去，堂堂制府，三军司命，朝廷印信，随身出入，岂其有翼而飞、有胫而走乎？明系自己暗藏，希图缴印吴逆，假盗失以文其奸。及尚之信叛起广城，光祖拥兵五千，与副都统莽依图同居肇庆，矢志同仇，义无反顾。纵独力难支，亦当随莽依图领兵外出，以观内变；乃计不出此，安居肇郡，恬受伪职，有腼面目，改换衣冠。且闻其犹然建牙秉钺，鸣驺开道，后经吴逆解其总督，许加三级另用，亦复扬扬得意，坐待伪命。迨后禁旅压境，傅弘烈每从间道密报逆情，志图内应，绝不见光祖一羽之驰。至逆党势迫投诚，光祖始同众反正，戴罪图功;犹贪心不已,乞怜于尚之信代题还职。夫既为之信肺腑之交,岂不知其犹怀二心? 巡抚金俊挺然直纠,光祖全无发觉,其为隐庇奸党,叵测不悛,不问可知。我皇上德侔天地,待之不死,仍以总督任之,恩则大矣! 试问光祖悬印肘后,拥旄车前,回首昔时,追寻往事,良心安在耶? 虽令出师滇南,无论逗遛观望,尺寸罔效,即使有盖世之功,而大节既亏,百身莫赎矣。请严赐处分,以为不忠者戒。"疏下王大臣,议革职归旗。越数年乃死。

石廷柱

石廷柱,辽东人,隶汉军正白旗。先世居苏完,姓瓜尔佳氏。曾祖布哈,明成化中任建州左卫指挥佥事,祖阿尔松阿袭职。父石翰,始家于辽东,遂以"石"为氏。有子三:长国柱,次天柱,次即廷柱也。

初为明广宁守御。天命七年,太祖高皇帝亲征明,攻广宁城,天柱时为明千总,出迎,赐金印、鞍马,令其抚慰城中士庶。廷柱遂以城降,授三等轻车都尉世职,俾辖降众。十一月,蒙古巴林部贝勒囊努克背盟劫掠,廷柱从上讨之,克取屯砦,收其畜产。论功,晋三等男爵。天聪三年,太宗文皇帝命率兵搜剿明故将毛文龙所属诸岛,会石城岛兵来犯,击斩二百人,俘十九人以归。寻从上征明北京,明年正月,班师,至沙河驿,廷柱与文臣达海颁谕城中军民,降之。先是,三屯营、汉儿庄、喜峰口、潘家口、洪山口并已归顺,至是复叛。廷柱奉命同达海等率兵千人往侦,收复汉儿庄,率其城中将士来谒。五年,明总兵祖大寿筑城大凌河,上亲统军围之,廷柱擒斩出战敌骑。寻,大寿粮尽穷蹙,上颁敕谕降。大寿从子泽润以书系矢射出城，一与廷柱，一奏上，乞令廷柱往与大寿定议。廷柱同达海等至城南台下，先遣阵获千总姜桂入城，大寿令游击韩栋偕姜桂来迎廷柱，并以其义子可法为质。廷柱乃逾壕与语，大寿言决意归顺，惟乞大兵速取锦州，俾得妻子相见。廷柱还奏，上复遣廷柱谕之，大寿遂出降。六年，从征察哈尔，多斩获。七年，随贝勒岳托等征明旅顺口，凯旋，上亲酌金卮以劳，晋爵三等子。八年，从征明应州城，东南隅有石家村堡，廷柱用炮攻克之。九年，贝勒多铎统师征明，次广宁，令廷柱同都统阿山率兵四百先趋锦州。至大凌河西，遇明兵，相对列阵，遣骑驰告贝勒；贝勒移师赴之，明兵见我军踵至，遂大惊溃。廷柱与阿山等率所部掩击，阵斩明副将刘应选及其兵五百，擒游击曹得功并守备三人。翌日，复攻克一台。师还，分赐所俘获。

崇德元年二月，上幸演武场，以廷柱军容整肃，奖赉之。十二月，命廷柱整饬器械，储粮糗，统所部汉军同恭顺王孔有德、怀顺王耿仲明、智顺王尚可喜等护红衣炮及诸军器，随大军征朝鲜。二年，大军既克朝鲜，其国王李倧降，遂征明皮岛，廷柱与户部承政马福塔从北隅督战，有功。寻追论朝鲜王谒上时，石廷柱乱班释甲，及纵士卒违法妄行罪，解任，罚赎，夺赏赉。是年七月，始分汉军为左、右翼，以廷柱为左翼都统。三年，上与诸臣论兵事，以吕尚训勉诸臣。廷柱奏言："吕尚能专制阃外生杀，故所向有功。今臣等若有过，下部逮讯，虽佐领以下亦当与之比肩对簿，其何以堪？"诸大臣以其言戆，请下刑部议罪，论死，上特宥之。是年十月，从征明锦州，攻克诸屯堡，获人户及马骡牲畜甚多。会我军破锦州城旁一台,台上所馀敌兵,都统马光远部兵守之,敌兵潜从间道遁去。部议廷柱弗追击,应镌爵罚锾,得旨宽免。

四年二月,上统军驻松山,命廷柱攻城南楼台,毁其堞,台兵不能御,降其守将王昌功等四十馀人。上登松山南冈,相度城垣形势,命廷柱随尚可喜用炮攻城南门之左。廷柱与光远先取城西南隅一台,诸将继进,合攻城,尽毁其堞,会以日暮罢。明日,复进攻,敌守御甚固,我云梯兵不能入,遇害者二十馀人。廷柱兄子达尔汉亦中创。上召询诸将,皆谓必能攻克,但铅药不继,宜遣人速取。翌日,复集议,有德、仲明、可喜、光远欲凿地道攻城,廷柱独持不可,谕责廷柱曰:"尔为主将,恇怯无斗志,而与攻城人异议,后何以战?尔因兄子被创,故惊惧不欲战耳。"廷柱惶恐,对曰:"臣向曾出哨于此,知地中有水石,必不可穿,且亦不能越壕而过,故冒陈愚悃。今众皆谓可攻,臣焉敢独异?"乃与有德等鸠役于城南凿地道。会祖大寿自锦州遣蒙古兵三百乘夜入城,觉之,多为备,地道不能达,于是罢攻城议。师旋,追论廷柱在松山时诡称铅药已罄,不尽力攻城诸罪,罢任罚锾,寻命赦罪。分汉军两翼为四旗,以廷柱为镶白旗都统。

初,祖大寿之降也,请归锦州为内应,后竟背约,屡抗我师。六年七月,廷柱条上困锦州策,谓:"锦州为辽左首镇,今我遣兵凿壕筑垒,誓期翦灭,以图进取,诚至计也。第明国以祖大寿为保障,我兵围之急,彼必益发援兵,并力一战。宜乘此时简精锐,分布各旗屯田处,遇警即并进。如敌已立营,用红衣炮四面环攻,伺其军动,我军突入,转战过锦州,至松山、杏山间,敌必败遁,锦州可破矣。锦州既破,关外八城,闻风震动。是即当年沈阳失而辽阳随下、沙岭失而广宁随顺之明效也。近闻喀尔喀扎萨克图声言取归化城,恐阴欲取鄂尔多斯。臣拟令鄂尔多斯移过黄河,与归化城相近,彼此策应。仍简才勇将士携取火器,并鸟枪手百人,往彼驻守;而令王贝勒率兵从宣、大诸处进略应州、雁门。归化城有警,轻骑倍道赴援,彼明国援辽士马所恃,不过宣大、陕西榆林、甘肃宁夏诸路。西省有变,自顾不暇,岂能复援辽哉?此一举两得之策也。明援兵从宁远至松山,所赍行粮不过六七日,若少挫其锋,势必速退;或逗遛数日,亦托言粮尽而返。宜设伏于高桥险狭处,掘壕截击,仍发劲兵尾其后,使之进退无路,则彼之援兵尽折而降于我矣。我兵遇敌步军,每奋勇直入,第彼步营火器稠密,恐致伤挫。应侦敌人远离城郭,或凭据高阜,水泉易竭,粮饷不充,然后四面攻围。夜则凿壕守之,昼则大炮击之,不一二日,势必自生变乱,其毙可坐而待也。洪承畴书生辈耳,所统援辽镇兵,亦皆乌合亡命,虽张声势,心实恇怯。如祖大寿一失,则承畴与诸将纵得遁去,亦东市伏诛而已。彼见我皇上恩养降将,最为优渥,或慕义归诚,亦未可料。今明国灾异迭见,流寇不宁,圣主乘时应运,定鼎中原,机不可失!"疏入,上嘉纳之。九月,大军围松山城,敌乘夜犯廷柱营,廷柱率兵御击,斩首十馀级,获刀甲、枪炮无算。晋爵二等子。七年,分汉军为八旗,以廷柱为镶红旗都统。

世祖章皇帝顺治元年四月,随大军入山海关,击败流贼李自成。五月,同都统巴颜等剿灭昌平土贼。六月,同都统巴哈纳率师剿抚山东郡邑。七月,移师会都统叶臣攻克太原府城。平山西、河南贼寇。师还,赐白金五百两,晋爵一等子。六年,从征大同叛镇姜瓖,恢复浑源、太谷、朔州、汾州等城。十二年五月,授镇海将军,驻防京口。十四年二月,以老乞休,上念其宣力年久,勤劳素著,命加少保兼太子太保致仕。先是,叙平姜瓖功,复三遇恩诏,廷柱晋爵一等伯,兼一云骑尉。寻改为三等伯,予世袭。十八年二月,卒,年六十有三。赐祭葬,赠少傅兼太子太傅,谥忠勇,立碑纪功。以第三子华善之子文炳袭爵。

蒋赫德

蒋赫德,本名元恒,世居遵化。天聪三年,太宗文皇帝统师征明,克遵化,选儒生俊秀者送盛京,入文馆读书,元恒与焉,赐名赫德。崇德元年,授秘书院副理事官,赐人四户及牛驴。七年,分编汉军八旗,赫德隶镶白旗。世祖章皇帝顺治二年四月,擢国史院学士。五月,充明史副总裁。三年四月,教习庶吉士。四年三月,充殿试读卷官。六年正月,充纂修太宗文皇帝实录副总裁。五月,复命教习庶吉士。七年四月,以翻译三国志成,赐鞍马。九年三月,充殿试读卷官。五月,因朝鲜国王李淏陈奏国内外奸徒阴谋诅咒,图为不轨,俱已伏辜事,赫德同侍郎伊勒都赍敕往朝鲜慰问。十一年三月,擢国史院大学士。

十二年正月,奉诏直陈时务,疏言:“察吏而后可以安民,除害而后可以兴利。方今百姓大害,莫甚于贪官蠹吏。惩治之法,惟恃督抚纠劾,以其确知属员之贤不肖也。每见各督抚弹章,指事列款,赃迹累累;及奉旨提问,招拟覆奏,计赃科罪不及十之二三。不曰‘事属子虚’,则曰‘衙役作弊’,即坐衙役者,又多引杂犯律例,听其赎免,何所惩惮而不肆行其志乎? 其始也官胥朋比,虐取瓜分;事败之后,官则嫁名于吏以觊燃灰,吏则假赀于官以成展脱。究之官吏优游,两获无恙;纠劾虽行,竟成故事。此因循之积弊也。请天语严饬,嗣后各督抚纠劾贪官,审结覆奏之时,必全述原参疏语、款数如前,注明开报官及承问官职名。某款不实,或系开报官捏造,或系承问官故纵,务穷源质讯,使是非不容并立。果系衙役诈骗者,亦按律坐以应得之罪,不准折赎,则贪蠹清而民生苏息矣。"得旨,下所司严饬行。二月,谕奖密勿抒诚、赞襄竭力诸臣,加赫德太子太保。十四年正月,修辑太祖高皇帝、太宗文皇帝圣训,以赫德为总裁。十五年七月,改内三院为殿阁衔,授文华殿大学士,兼礼部尚书。十月,充武殿试读卷官。十六年三月,谕奖勤劳素著诸臣,加赫德少保兼太子太保。九月,同侍读硕博辉赍敕往封朝鲜国王世子李棩为朝鲜国王。十七年二月,引疾求罢,得旨:"卿清慎素著,佐理有年。念时有疾病,准解任调理。"

圣祖仁皇帝康熙元年六月,复设内三院,诏起为弘文院大学士。二年三月,调国史院大学士。九年九月,卒,年五十有六。赐祭葬如例,谥文端。

傅 以 渐

傅以渐,山东聊城人。顺治三年一甲一名进士,授弘文院修撰。四年,充会试同考官。五年,充明史纂修官。八年闰二月,迁国史院侍讲。九年正月,充太宗文皇帝实录纂修官。六月,迁左庶子。十年正月,迁秘书院侍讲学士。五月,迁少詹事。闰六月,擢国史院学士。七月,教习庶吉士。十一年八月,授秘书院大学士。十二年正月,诏陈时务,因条上安民三事;又命作资政要览后序。二月,谕奖密勿抒诚诸大臣,加以渐太子太保。寻改国史院大学士,充文、武殿试读卷官。时编辑太祖高皇帝、太宗文皇帝圣训暨通鉴全书,以渐并充总裁;又承旨撰内则衍义,会户部进新修赋役全书,亦命覆核。十三年八月,京察,自陈乞罢,得旨:"卿辅弼重臣,醇诚朴慎,勤劳密勿,倚任方殷,岂可引例求退?着益抒猷念,佐成化理。"

十四年二月,以渐同庶子曹本荣奉谕曰:"朕览易经一书,义精而用溥,范围天地万物之理。自魏王弼、唐孔颖达有注释、正义,宋程颐有传,迨朱熹本义出,而后之学者宗之。明永乐间,命儒臣合元代以前诸儒之说,汇为大全,于易理多所发明。但其中同异互存,不无繁而可删,华而寡要。且迄今几三百年,儒生学士发挥经义者,亦不乏人,当并加采择,辑成一编,昭示来兹。尔等殚心研究,融会贯通,务期约而能该,详而不复,俾羲经奥旨,炳若日星,以称朕阐明四圣作述至意。"十二月,修易经通注以进。

十五年二月,偕学士李霨充会试主考官。入闱,旧俱携书籍;至是,言官奏定禁例。以渐疏请:"凡出题应用书籍,敕部照例给发,庶免漏误。"下部议,令内监试察验,仍准携入。以渐因闱中咯血,疏言:"入闱七日,幸朱卷尚未誊进,乞赐另遣一员,同李霨任事。"得旨:"知卿偶恙,着力疾料理闱事。"四月,考满,加少保。九月,改内院为内阁,授以渐武英殿大学士,兼兵部尚书。十月,以疾乞假回籍。十六年十一月,以病逾一载,乞罢黜。命加意调理,稍痊,即来京入直办事,不必引请处分。十七年三月,京察,自陈乞罢,得旨:"卿清慎素著,佐理有年。着加意调摄,痊日即来京供职,不必求罢。"十八年正月,圣祖仁皇帝御极,以渐复疏乞罢,下部议,准解任,在籍调理,病痊起用。康熙四年四月,卒,年五十有七。

吕宫

吕宫,江苏武进人。顺治四年一甲一名进士,授秘书院修撰。九年,遇恩诏,加衔右中允。十年二月,上幸内院,宫与侍讲法若真,编修程芳朝、黄机并召对,命撰柳下惠不以三公易其介论,赐茶食。五月,谕吏部曰:"翰林官升转,旧例论资俸,兼论才品。朕思果有才品特出者,何必拘于旧例? 右中允仍管秘书院修撰事吕宫,文章简明,气度闲雅,着遇学士员缺,即行推补。"寻授秘书院学士。闰六月,擢吏部右侍郎。十二月,授弘文院大学士。时言官请禁江、浙金点富户运白粮及织造报充机户诸弊,部臣以已有例禁议覆,宫请严饬督抚察究,从之。

十一年三月,给事中王士禛、御史王秉乾交章劾宫素倚罪相陈名夏声势,揽事招摇,备员政府,无寸长表见,命宫回奏。宫引咎乞罪,得旨:"吕宫既为大臣,与陈名夏结党是真,人所共知,本当治罪,姑从宽宥。从今以后,着洗涤肺肠,痛加省改,实心尽力,慎办职务,以副朕超擢宥用之意。"五月,以巡按四川御史郝浴为吴三桂讦罢,宫曾与大学士冯铨、成克巩等合疏荐浴可大用,坐滥举,降二级留任。九月,疏言:"臣乞假调理,已经三月。惟冀早痊入直,奈禀体怯弱,人道俱绝,精神日减,仅能僵卧兀坐。伏乞垂怜笃疾,容臣宽期调治。"得旨,着用心调理,稍痊即入直办事。

十月,御史姜图南劾宫养病疏语亵嫚,将来虽愈,其所建立亦无足观,不当容其饕恋。上以宫在病,置弗问。宫疏言:"臣旷职已将半载,蒙皇上数遣大臣询状。臣不敢讳隐疾,粗率具述,致道臣姜图南以亵嫚责臣,蒙恩宽宥,臣不敢赘。至图南谓臣虽病愈,所建立亦无足观。则臣自揣疏庸,应不出图南所料。况政府殷繁,岂容臣优游养病旷职?臣既无表见,无启沃,重以锢疾,为人所羞称,宜急隐避。乞赐罢斥。"上慰留之。十二月,命同大学士额色赫、金之俊充资政要览总裁。是月,疏言:"臣卧病经时,早宜引去,而受恩深重,谊不忍言。闻人言以猛省,始敢乞休。仰荷温纶,谕以用心调治,不必求罢。今又逾两月,中怀焦迫,再乞恩怜,容臣回籍调理。"上复慰留之。十二年正月,御史杨义疏言:"宫屡挂弹章,久负旷职之愆,愿皇上早允归田,养其廉耻。"疏入,旨未下,宫再疏请回籍,诏加太子太保,驰驿回籍调理,病痊日召用,赐貂裘、蟒缎、鞍马。十三年六月,赐敕存问曰:"朕惟国家简辅弼之臣,资其劻勷,宜加恩礼;即或抱疴归里,眷念才能,每怀癗瘝,亦岂忍漠然置之?尔大学士吕宫学术雅醇,性资通明,既魁多士,旋登禁林,受朕深知,早参大政,而能不阿不激,小心匡赞,一载纶扉,多所裨益。不意二竖偶婴,药饵未效,因准暂还,用便调摄。今间阔年馀,弥深轸念,特遣官赍敕存问,赐羊酒。卿其慎起居,亲良饵,为国爱身,伫须召用。钦哉!"

十七年,诏大学士、尚书等自陈,时大学士金之俊、傅以渐俱告假回籍,相继具疏自陈,并谕趣来京供职。宫于十三年十月疏谢赐敕存问恩，自后不复具疏。左都御史魏裔介因劾宫乍病时上疏入告，而曰"人道俱绝，遗笑天下。一病六载，闻问杳然，忘主负恩"。上以宫因病请告回籍，无自陈之例，谕裔介不必苛求。十八年，圣祖仁皇帝御极，宫来京，仍因病回籍。康熙三年四月，卒，年六十有四，赐祭葬如例。

魏裔介

魏裔介，直隶柏乡人。顺治三年进士，由庶吉士授工部给事中。五年二月，疏请举行经筵日讲，以隆治本，得旨报闻。是年，充山西乡试正考官。六年，转吏科给事中。丁母忧归。九年，补原官。疏请时御正殿，晋接群臣，令部院科道等官面奏政事。又言："各州县间遇灾荒，既经报部，其例得蠲缓钱粮，即予停征，以杜吏胥欺隐。并就各州县所有积谷及存贮之银，先行赈贷。"疏并下所司议行。先是，江南既定，明兵部尚书张缙彦赴招抚大学士洪承畴军前投诚。至是，河南巡抚吴景道援恩诏荐举，部议予录用。裔介疏言："缙彦在明朝，身任中枢，值流贼李自成逼北京，匿不以报，有卢杞、贾似道之奸，而庸劣过之。若复列朝班，恐贻羞士类。乞敕部摈弃，以协舆论。"疏下部察议，以事在赦前，予外用。十一年，裔介迁兵科都给事中，疏劾"剿抚湖南将军续顺公沈永忠当流贼孙可望犯辰州时，拥兵坐视不救，致总兵官徐勇、辰常道刘升祚等守城力竭战死，乞赐罢斥，以惩庸懦"。疏下所司察议，永忠罢任，削爵。十二年，疏劾福建提督杨名高御剿怠玩，致漳州郡邑为海贼郑成功沦陷，名高坐罢任。是年，迁太常寺少卿，寻擢左副都御史。

十三年,疏劾大学士陈之遴心术不端,营私植党。之遴旋奉诏解任,发辽阳闲住。时孙可望盘踞贵州,郑成功鸱张海岛,裔介疏言:"孙贼借峒蛮为助,而峒蛮之甘为所用,弗归顺我朝者,因欲收其旧有之敕印也。宜命在事诸臣加意招徕,给以新敕印,其旧者听其存留。俟向化有年,再筹收缴,则归顺者多,助贼者少。至郑贼自明天启之季,作乱海上,已三十年。我之水师无多,若扬帆大海以捣其巢,非所素练,惟于沿海要地,增兵筑堡,使贼船不得泊岸抢掠。俟其疲于远涉,坐而受困,然后招其携贰,散其党与,海患可以渐平。"又请定教官每年考察之例,令学政刊布明儒薛瑄、王守仁等讲学诸书,以培真才。并下部议行。十四年二月,擢左都御史。四月,因钦天监推算次月日月交食,裔介上疏请广言路,停缓工量,宽州县催科考成,速清恩赦应释滞狱,减调移之兵,节供应之费。上嘉其奏,下部详议行。七月,同左副都御史能图等疏请更定世职袭例,上以所奏似有受嘱徇私情事,召集诘问,下部论罪,能图倡议变乱成例,革世职;裔介坐附和,应革职。诏从宽留任,寻遇恩诏复职。十六年,谕奖勤劳奉职诸臣,加裔介太子太保。

十七年二月,裔介以京察自陈,得旨:"御史巡方,屡以贪黩败检。魏裔介为台臣长,曾未据实纠参,殊负委任。削去太子太保,并所加一级,仍旧供职。"会陕西巡抚张自德为给事中金汉鼎疏劾赃款解任,给事中孙光祀因劾裔介曾以洮岷道刘澍致托自德,故稔知自德贪婪,不敢纠劾,诏裔介回奏。裔介言不劾自德,由闻见不广,刘澍赴任时,曾与自德书,言当教诲之,勉作循吏。上以裔介既吐真情,予免议。五月,疏劾大学士刘正宗、成克巩欺罔附和诸罪，诏<u>正宗</u>、<u>克巩</u>回奏，未得实，下法司勘鞫，并革<u>裔介</u>职，与质讯。<u>正宗</u>获罪，籍没入旗；<u>克巩</u>革职，留任；<u>裔介</u>复原官。时因<u>云南</u>、<u>福建</u>用兵，<u>裔介</u>疏请敕部综计军需，足用即停止加派直省州县钱粮。得旨，除已派外，其未派者并行停止。

<u>圣祖仁皇帝</u>康熙元年，云南平，<u>裔介</u>疏言："云南既有<u>吴三桂</u>藩兵数万及督、提两标绿旗兵，则满洲兵可撤。但滇、黔、<u>川</u>、楚之辽阔，不以<u>满洲</u>兵镇守要地，倘戎寇生心，恐鞭长不及。荆、襄乃天下腹心，宜择一大将，领<u>满洲</u>兵数千，常驻其地，无事则控扼形势，可以销奸宄之萌；有事而提兵应援，可以据水陆之胜。"疏下部议，部臣援顺治十二年奏设<u>武昌</u>驻防有扰驿累民不准行之谕旨，寝其事。<u>裔介</u>复谓移旧驻<u>武昌</u>之<u>湖广</u>总督于<u>荆州</u>，部议从之。二年，迁吏部尚书。三年，擢保和殿大学士。六年，充纂修<u>世祖章皇帝</u>实录总裁官。遇恩诏，加一级。

九年，充会试正考官。是年四月，内院承旨会同吏、礼二部选新进士六十人，试以文字，分拟上、下、中三等入奏，上亲定二十七人为庶吉士。御史<u>李之芳</u>疏劾<u>裔介</u>先以阅拟上卷之二十四名，私令家人通信，招摇纳贿；并劾<u>裔介</u>于其兄<u>魏裔鲁</u>任运使敕书擅自更改，令统辖知府；前此遇恩诏予荫时，<u>裔介</u>候缺未补，乃以其子<u>魏嘉朦</u>混得荫；又劾<u>裔介</u>与<u>班布尔善</u>比匪相倚，引用私人为实录馆纂修、提调，越格优叙。<u>班布尔善</u>者，以党<u>鳌拜</u>伏诛之大学士也。诏<u>裔介</u>回奏，<u>裔介</u>言："阅卷非臣一人，通信纳贿，有何证据？臣兄<u>魏裔鲁</u>任运使敕书，未经阅看；荫子由吏部题明恩准，皆有案可稽。至谓臣与<u>班布尔善</u>比匪，则前此同在内院，遇事辄相争论。以<u>鳌拜</u>之势焰，臣足迹不登其门，况<u>班布尔善</u>与臣

同官,岂肯比匪? 之芳所指越格优叙私人,构诬皆属无据。由臣服官以来,弹劾无所避忌,如刘正宗党类切齿于臣者,十年于兹。之芳系正宗同乡,售其报复之谋,难逃圣明洞鉴。因请赐罢斥归田。"疏入,下吏部会质,裔介一一辩释,之芳争执不已,言:"刘正宗居安丘,我居武定,非亲非故,彼获罪身死已久,谓我为之报复。尔是大学士,能令朝中直隶人为尔报复耶? 伏读世祖章皇帝谕旨,严戒被论之人反唇雠讦,尔何敢悖旨!"于是裔介自引咎,部议魏嘉荫生,虽非朦混,但候补官无得荫之例,应革去;之芳所劾事属有因,系言官应免议。裔介于奉旨回奏原款外,牵引已结案之刘正宗等,殊属不合,应削加级,罚俸一年。得旨:"魏裔介削级罚俸,俱宽免,益勤慎供职,副朕宥过之意。"

明年正月,以老疾乞休,得旨:"卿才品优长,简任机务,正资赞理。览奏,患病,情词恳切,准解任回籍调理,病痊起用。"十一年,实录告成,加太子太傅。二十五年四月,卒,赐祭葬如例。雍正十年,入祀贤良祠。所著有兼济堂集及希贤录诸书。乾隆元年,上念裔介与尚书汤斌等未邀易名之典,诏予追谥,谥曰文毅。

孙廷铨

孙廷铨,山东益都人,初名廷铉。明崇祯进士,任永平推官。世祖章皇帝顺治元年,投诚,授天津推官。二年,以巡抚雷兴荐,擢吏部主事。三年,充陕西正考官,再迁至考功司郎中。七年,擢太常寺少卿。明年,迁左通政。十年,授户部侍郎。以大学士洪承畴荐,召同太仆寺卿卫周祚等三人入对。旋以会议总兵任珍罪,附和吏部尚书陈名夏等,部议革职,得旨,从宽罚俸。十一年,乞假省亲。明年,假满,补兵部侍郎,擢尚书。十三年,调户部尚书。御史侯于唐劾廷铨庸陋,不胜司农任,上责于唐妄奏。十四年,廷铨疏言:"山东、河南除赋荒田,未尽报垦,请招民垦辟。其已熟者,清厘赋额,无使隐漏。"上嘉其言有关国计,如所请行。

十五年六月,调吏部尚书,加太子太保。十六年三月,谕奖勤劳奉职诸大臣,加廷铨少保。十月,疏言:"学道一官,自顺治元年定制,内而部郎,外而府道,皆序俸荐升,补至四年,始专以部属考选。每一学道缺出,礼部二人,户、兵、刑、工各一人,内阁与吏、礼部会考。行之既久,不无滞碍。人才文望,随地而有,未必在咨送数员中。学道职在衡文,不公之弊,大于不明。今于其始授,仅虑其不明而考之,是遗其大而务其细也。臣以为凡考试各官,出于宸断者,神明睿照,望其外而并得其内,观其文而遂得尽其人,取舍皆由圣鉴,故考试足重。今学道既奉特旨,罢其御试,即内阁诸臣亦不与其事矣,独吏、礼二部会考。臣等寻行数墨,所见不出尺幅之外,其他何足以知之?不如停其考试,仍如初年旧例,于进士出身之部郎、府道,按俸举荐,随时升补,可以绝揣摩而抑奔竞。"疏入,得旨:"学臣关系人才,所奏停考试,按俸荐升补,事属可行。"下所司集议,如廷铨请。

时吏部铨除,一事数例,胥蠹因缘为奸。给事中杨雍建、胡尔恺、黏本盛、孙际昌、王启祚,御史许劭昕,先后疏纠其弊,且劾廷铨因循委靡,为官吏朦蔽事,下宗人府、都察院会议,部臣均坐降罚,廷铨削加衔,罚俸。又以会推调漕督沈文奎为巡抚,上以巡抚不宜降调官,下议政王等察议,廷铨降三级留任。十七年四月,疏言:"旧例新辟边疆员缺,督抚委用者,即予实授,同部选之官一体迁转。有莅事未久,辄移内地者,请嗣后试署两年,果能安民靖盗,乃予实授。"又言:"司道不宜轻易,非大计处分及贪酷被纠而降革者,宜仍留任。"疏并得旨俞允。

六月,因旱陈言二事:一曰宽考成,二曰举屯政。上命兵部议兴屯事宜,而摘考成疏中"积资累荐,弃以一眚"等语,谕令回奏所指。廷铨言:"积疲州县,久累人材,稍请宽减以励后效,非为处分人员求免。"十一月,大学士刘正宗为左都御史魏裔介、御史季振宜劾奏罢职,吏部尚书伊图等谓科道未劾正宗者应议处;廷铨言正宗罪状,原因言官举发,不应转议言官,因偕侍郎郝惟讷、冯溥别为一议。上以满、汉两议,传旨申饬。寻谕宽免科道各官议处。

圣祖仁皇帝康熙二年二月,都察院劾廷铨当会议之所,与尚书杜立德喧争,失大臣体,应并议罚,诏宽免之。四月,御史李秀疏劾廷铨为刘正宗亲党,巧舞奸弊,遇会议会推,则闭目俯首如木偶,素与侍郎冯溥同乡相结,其弟孙廷铎考取推官,徇私有据。上责秀以言官纠劾本应缘事指陈,不得恣词诟詈,命廷铨、溥回奏,皆辨释。五月,擢廷铨秘书院大学士。三年十一月,以疾乞假归里。十三年,卒于家,年六十有二。予祭葬如典礼,谥文定。

黄机

黄机,浙江钱塘人。顺治四年进士,改庶吉士。六年,授弘文院编修。八年,充江南正考官。十年二月,世祖章皇帝幸内院,询机籍贯、品职,命同侍讲法若真、修撰吕宫、编修程芳朝各撰柳下惠不以三公易其介论，[一]阅毕，赐茶。五月，授机左春坊左中允。七月，迁弘文院侍讲。十一年七月，转侍读。

明年二月，机奏言："自古圣仁之君，必祖述前谟，以昭一代文明之治。今纂修太祖、太宗实录告成，乞上特命诸臣校订所载嘉言善政，仿贞观政要、洪武宝训诸书，辑成治典，钦定鸿名，颁行天下；尤望万几之暇，朝夕省览。法开创之维艰，知守成之不易，何以用人而收群力之效，何以纳谏而宏虚受之风，何以理财而裕酌盈剂虚之方，何以详刑而无失出失入之患，力行身体，则动有成模，绍美无极。"得旨："此奏有理。"下所司议，辑太祖、太宗圣训，以机充纂修官。十三年，迁左春坊左庶子。明年，迁国史院侍读学士。十七年，充武会试正考官，擢礼部右侍郎。

圣祖仁皇帝康熙三年，以会试场前清册不定，又失察欠粮举人入场，部议各降一级，得旨，仍留原任。五年，转本部左侍郎。六年三月，擢礼部尚书。五月，疏言："今天下民穷之由有四：一、杂差私派，或掊克以奉上官，或巧取以充囊橐；一、棍徒结党成群，假借逃人名目，吓诈平民，动辄举首，及审无干而家已破；一、设官原以抚民，其中岂无匪类，惟畏督抚纠劾，不敢肆害，今一岁之中，劾者无几，贪风愈炽，民何以堪？一、设兵原以卫民，近闻各省兵丁私放营债，霸佔行市，欺压小民。此四者皆民穷之源，而责任全在督抚。今大计将行，文武各官纷纷请托，非徇私害公，即市恩养患，吏治何由肃清？请敕部院严察各省督抚，如有举劾未当，即以此定督抚之贤否，庶贪风息而民命苏。至各省藩王、将军、提镇，如有不法害民之事，督抚得以纠劾。乞严饬诸臣共破情面，不得因循畏缩，贻误地方，则民生幸甚。"疏入，下部议行。

七年，转户部尚书。八年四月，转吏部尚书。六月，疏言："臣前在户部，窃见各省荒弃田地，尚未开除，虽册籍载有虚名，而钱粮究无归结；且恐不肖有司，因带征受罚，强派熟田代赔。现在有业良民，必致逃亡避役。即如浙江总督赵廷臣以温、处等府无征荒遍入奏，奉旨清查。臣思荒田遍赋，不独浙省有之，请令各省督抚核实报部，准予豁免。"疏下户部议行。十二月，疏言："世祖时旧制，降补官员，皆对品遇缺补用。自康熙六年允御史钱延宅条议，将降官预掣一项注册候补，如运同、运副等官不过数缺，而掣定守候者甚多。每遇选期，有人者无缺可补，有缺者又无人可补。请仍遵旧例，令降官对品补用，庶铨法不致壅滞。"下部议，从之。

九年二月，季振宜疏劾："机从降级留任之侍郎，越次超升尚书，不思秉公协和，勤敏部务。前奏疏通铨法，令降官对品补用。不知设官之法，尊卑高下，有不尽从品级次第者，即如知府为正四品，而参议则从四品，佥事则正五品，皆知府之上司也。若如机议，知府应降一级，反可升参议；降二级，反可升佥事。品虽降而官则尊，徒开奔竞之门，仍于铨法无益。"上命机明白回奏，机奏言："降补官员，自有应得之缺。知府降从四品补运同，降正五品补同知，系世祖时久行定例。今部议允臣所请，复遵旧例，本无府降道衔之例。"疏并下都察院，寻议机奏复旧例，未申明知府不应降补参议、佥事；及回奏，又不剖晰降级侍郎开列尚书情由：均属朦混，应解任，以降级侍郎致仕。上谕令洗心涤虑，改易前非，免解任。

十年二月，充经筵讲官。四月，给事中王曰温疏言："已故庶吉士王彦实系机子黄彦博，抱病卧邸，即迁庶常。机为大臣，并未检举请罪，应黜罢，以为徇私者戒。"机以其子黄彦博与庶吉士王彦姓名既不相同，且彦博病故已久，何敢以姓名不符之人，妄认己子而请罪乎？具疏辨释。十一年二月，以迁葬，乞假归。十二月，御史宁尔讲劾："机自知清议不容，乞假归里。今假满在即，势必腼颜赴补。请将科臣王曰温所劾黄彦博事，穷诘实情，明正其罪。"疏下吏部，以事已结案，寝议。

十八年，上闻机居乡谨饬安静，特旨召用。时已擢左都御史魏象枢为刑部尚书，象枢疏辞，乃命象枢以升衔留任，机以吏部尚书衔管刑部尚书事。十九年五月，诏九卿等陈时政得失，机奏言："九门捕获窃匪，给赏太重，恐因邀赏，致滋波累；又审案反覆妄供，每诬扳良民：并请申严禁令。"得旨，如所请行。十一月，御史张志栋疏言："黄机素称老成忠厚，然衰迈实甚，刑部事件皆人命攸关，苟有贻误，受害非浅。在机或以新蒙上恩起用，不敢遽自引年求退，应请特旨罢归田里，弗致贻误部务。"上曰："张志栋所言过当。从来才德难以兼全，国家用人，正需老成。黄机可照旧供职。"是月，调任吏部尚书。

二十一年二月，充会试正考官。九月，疏言："臣前此请假归田，卧病八载，复应起用。伏思诸臣请假者多，而臣独蒙恩召，且不由荐引，断自宸衷。自当勉图报效，然齿实向衰，乞赐归里。"疏入，得旨慰留。十月，授文华殿大学士，兼吏部尚书。时重修太祖实录、三朝圣训、平定三逆方略，并充总裁官。二十二年二月，复乞休，得旨："卿简任机务，端恪谦慎，倚毗方殷。览奏，情辞恳切,准以原官致仕,驰驿回籍,遣官护送,以示眷怀。"二十五年二月,卒于家,年七十有五。赐祭葬如典礼,谥文僖。

【校勘记】

〔一〕命同侍讲法若真修撰吕宫编修程芳朝各撰柳下惠不以三公易其介论　原脱"各"字。汉传卷四叶一七上,及耆献类征卷三叶三九上均同。今据章录卷七二叶九上补。

　　苏拜　　子和托

　　苏拜,满洲正白旗人,姓瓜尔佳氏,前锋统领武理堪之次子也。苏拜年十五,从太祖高皇帝征蒙古,有功,授侍卫,兼管佐领事。太宗文皇帝天聪九年,随大军征察哈尔,收降林丹汗子额哲,遂入明边境,攻代州。明兵三百自崞县赴援,苏拜争先迎战,敌溃遁。崇德元年,从征朝鲜,破敌桃山村。三年,任护军参领。随贝勒岳托征明,自墙子岭入边,越燕京,击败明太监冯永盛军。五年,大军围明锦州,苏拜屡击却松山、杏山敌兵。又同都统图尔格等设伏乌忻河口,多所俘获。敌兵千馀袭追,战却之,获辎重以归。六年,复围锦州,败松山骑兵,又败明总督洪承畴三营步兵。叙功,予世职骑都尉,加一云骑尉。七年,随贝勒阿巴泰征明,至山东,屡败敌马步兵,攻克乐安、昌邑二县。八年,凯旋,晋世职三等轻车都尉。

　　世祖章皇帝顺治元年,随睿亲王多尔衮入山海关,击败流贼李自成。是年冬,随大军西剿自成,取道土默特、鄂尔多斯入边,凿黄河冰济师,擒斩贼众。明年春,至榆林,贼乘夜袭我蒙古营,苏拜与护军统领彻尔布往援，击败群贼，旋军遇伏，复战却之。进征延安，七战皆捷。自成走湖广，蹑迫之至安陆，屡破贼营，斩获无算。三年，署护军统领。随肃亲王豪格征流贼张献忠，败贼将高汝砺于三寨山；进击献忠于西充，连败贼众。我正蓝旗军为贼所困，苏拜同护军统领阿尔津率兵趋援，大败贼。五年，还京，授护军统领。先是，叙入关及剿灭自成功，荐晋一等轻车都尉，加一云骑尉；及献忠灭，叙功，并三遇恩诏，晋爵二等子。

八年正月，同其兄武拜及内大臣洛什、博尔辉等举发英亲王阿济格谋干政罪状。议叙，晋一等子，加一云骑尉。二月，洛什、博尔辉以谄媚诸王，造言构衅，伏诛。苏拜与武拜并坐附和，罢任，削爵，籍没。又以睿亲王葬时，私置御用服饰，苏拜徇隐不举；又王欲移驻永平，苏拜曾与密谋：论死，得旨，宽免。九年，起为正白旗副都统。十三年，擢内大臣。十五年，上念其战阵有功，复爵一等男，世袭。寻授领侍卫内大臣。康熙三年十二月，卒，赐祭奠如典礼，谥曰勤僖。子昂安巴，袭爵。

第三子和托，初任侍卫。康熙十五年，以参领从征陕西叛镇王辅臣，至平凉城北，击败贼众。十六年，从征逆藩吴三桂至湖广，于攸县河岸击败贼将王国佐等，又败贼将胡国柱等于永兴。十九年，由广西征逆孽吴世璠，败贼将何继祖等，夺石门坎、黄草坝，进薄云南省城，[一] 败贼将胡国柄、刘起龙。叙功，予世职骑都尉，加一云骑尉。寻任护军参领。五十二年，卒。子巴尔泰袭职。

【校勘记】

〔一〕进薄云南省城 原脱"省"字。满传卷一一一叶二六下,及耆献类
　　征卷二六二叶一四上均同。今据章录卷一二三叶三上补。按本
　　卷伊尔德传不脱。

　　鄂罗塞臣

　　鄂罗塞臣,满洲正蓝旗人,姓郭络罗氏,额驸达尔汉长子也。
天聪元年,从其父征明锦州,有斩获。寻任护军参领。三年,从
征明燕京,同护军统领哈宁阿破明巡抚袁崇焕营,太宗文皇帝嘉
其善战,授骑都尉世职。四年,署都统事。随贝勒阿巴泰等镇守
永平,因取粮,遇明兵自开平卫迎战,击败之。五年,从征明,围
大凌河城,连败城中出战兵。八年,随贝勒萨哈廉略明山西边
境,与崞县兵遇,鄂罗塞臣从第三队先众击敌,斩四人,获其马。
累功,晋二等轻车都尉。

　　崇德元年,从征朝鲜,与副都统萨穆什喀等败其援兵。二
年,列议政大臣。三年十月,随豫亲王多铎征明宁远、锦州,有擒
斩谍卒功。十一月,豫亲王至中后所,将往会郑亲王济尔哈朗
军,为明总兵祖大寿所袭,参领翁克等及随征土默特部兵先奔。
鄂罗塞臣同护军统领哈宁阿等且战且退,士卒有死伤者。论罪,
罚赎,革世职。六年三月,随征明,围锦州,以听从睿亲王多尔衮
等私遣兵丁归家,及离城远驻,坐罚锾。六月,复随郑亲王围锦
州,歼其樵采者九人,连败明总督洪承畴松山援兵。是时,祖大
寿据锦州,突纠步兵出城来犯我镶黄旗营,我左翼三旗骑兵多避
敌,鄂罗塞臣同参领阿桑喜率护军直前奋击,敌挫衄乃遁。肃亲

王豪格欲祖庇三旗之未战者,睿亲王附和之,皆使人谓鄂罗塞臣曰:"尔所败明兵,勿言皆尔护军力,亦勿言战时未见骑兵也。"于是功罪概勿论。明年,事闻,上命罚睿亲王白金五百,肃亲王白金千两,予鄂罗塞臣以旌之。复授二等轻车都尉世职,擢任副都统。八年,同参政巴都礼等征黑龙江,克之,抚定其地。顺治元年,凯旋,世祖章皇帝遣侍郎明安达礼往迎,宴劳,以所获户口分隶八旗。

二年,随大军击流贼李自成。师抵潼关,贼婴城固守,鄂罗塞臣奋勇先登,杀贼无算。五年正月,命统兵驻守沧州。十二月,复率兵从英亲王阿济格军前,协剿叛镇姜瓖。六年,以录叙世效劳绩旧臣,晋一等轻车都尉。诏以鄂罗塞臣为和硕公主子,特恩晋爵三等男,世袭罔替。是岁七月,擢正蓝旗蒙古都统。寻兼任刑部侍郎。两遇恩诏,晋二等子。七年,坐谳狱徇情,罢侍郎任。明年,授都察院左都御史。寻解任,专管都统事。十三年,以疾乞休,不允。十六年,同安南将军明安达礼率兵驻防荆州。会海贼郑成功犯江宁,鄂罗塞臣同明安达礼等赴援,战于扬子江中,海贼败窜。十七年,还京,仍任都统。康熙三年,卒。赠太子太保,赐祭葬,谥果敏。子鄂忒浑袭。

哈什屯

哈什屯,满洲镶黄旗人,姓富察氏,先世居沙济。[一]祖旺吉努,当太祖高皇帝时,率族属来归,授佐领。卒,长子万济哈,袭管佐领。

哈什屯为万济哈长子。初任前锋校,隶正蓝旗。太宗文皇帝天聪时,改隶镶黄旗,授侍卫。寻袭管佐领,擢礼部参政。崇德二年,同佐领喀恺等率兵分道征瓦尔喀,俘获甚众。三年,太宗亲统师征喀尔喀部,留守盛京。礼亲王代善闻明总兵沈志祥欲率石城岛兵众归附,遣哈什屯招之,志祥遂来归。是年,重定官制,改礼部副理事官。

六年,大军围明锦州。明总督洪承畴率兵十三万赴援,据松山镇守。总兵曹变蛟乘夜率众犯御营,哈什屯先众捍御,手腕中枪,仍裹创力战却敌,得优赉白金及蒙古二户。世祖章皇帝顺治元年,擢内大臣。二年,以劳绩久著,予骑都尉世职。嗣以考满,并遇恩诏,晋世职至一等轻车都尉,加一云骑尉。七年五月,列议政大臣。七月,睿亲王多尔衮有疾,哈什屯同议政贝子锡翰等往视,睿亲王曰:"予有疾,上宜临视。"又曰:"尔等毋以予言奏请。"既而驾幸视之,睿亲王罪大臣等违令擅请,降世职为骑都尉。

八年,世祖亲政,鉴哈什屯无罪降职,命复之。两遇恩诏,晋爵一等男。初,冷僧机与哈什屯同为内大臣,冷僧机谄附睿亲王。及睿亲王卒,冷僧机揄扬其功绩,因诬奏昔日两黄旗大臣谋立肃亲王豪格事,诏下法司鞫讯,集哈什屯及议政大臣巴哈等质之,尽得其阿谀诬陷罪状。肃亲王之为睿亲王所害也,尚书巩阿岱与都统何洛会等议杀肃亲王子富绶,哈什屯言王无灭嗣之罪,同巴哈力持不可,事乃已。至是,世祖封富绶为显亲王,何洛会以党附睿亲王为议政大臣苏克萨哈所劾,磔死;巩阿岱与冷僧机朋比奸恶,事觉,诏逮勘,哈什屯亦质之,巩阿岱与冷僧机并伏诛。

　　时郑芝龙隶正黄旗,授子爵,其子郑成功踞海岛,寇掠福建。哈什屯奉命同内大臣遏必隆、鳌拜,大学士范文程宣谕芝龙,导其招降成功。芝龙因改隶镶黄旗,遣人往福建取其妻妾及幼子至京。十年,诏以哈什屯宣力年久,加一云骑尉。十二年,诏奖奉职恪勤诸大臣,加哈什屯太子太保。十三年,奉敕使朝鲜鞫狱,还奏称旨。寻以年老致仕。康熙二年,卒,年六十有六。赐祭葬如典礼,谥恪僖。子米思翰,袭爵,别有传。乾隆元年,孙大学士马齐疏陈哈什屯劳绩,得旨,入祀贤良祠。十三年,册谥孝贤皇后,推恩先世,追封哈什屯一等公。十四年,曾孙大学士忠勇公傅恒经略金川,功成凯旋,诏视勋臣额亦都、佟国维之例,赐建宗祠,春秋致祭,以奖忠勋。祀自哈什屯始。

【校勘记】

〔一〕先世居沙济　"济"原误作"漠"。今据八旗满氏洲氏族通谱辑要(钟翰自藏旧钞本,以下简称通谱辑要)卷上叶五下改。按满传卷一二叶四八上"济"作□,脱文。

褚库

　　褚库,满洲镶黄旗人,姓萨尔图氏,先世居扎鲁特。祖柏德,迁居叶赫。太宗文皇帝天聪五年,大兵围明大凌河,褚库年十七,从征,有蒙古骁将彻济格突阵,褚库迎击之,生擒以归。寻征明大同,攻万全左卫,褚库首先登城,颈被创,犹力战,破其城。论功,予骑都尉世职,赐号"巴图鲁"。授佐领,兼参领。崇德三年,任吏部理事官。

　　世祖章皇帝顺治元年,随英亲王阿济格追剿流贼李自成,由广西至湖广,贼将吴伯益以贼众三千拒战,褚库率兵击败之。三年,随肃亲王豪格征流贼张献忠,同尚书星讷败贼将高汝励等于陕西。进师四川,复屡败贼兵。六年,随大军征叛镇姜瓖,围大同,伪总兵杨振威纠贼犯正红旗汛地,并扰土默特营,褚库连击却之。贼又犯镶蓝旗汛地,同护军参领瑚叶赴援,以步战败贼众。贼平,还京。寻以值宿失印钥,解理事官任,仍管佐领,兼参领。九年,随都统噶达珲征鄂尔多斯部叛酋多尔济于贺兰山,俘获甚众。屡遇恩诏,晋世职至二等轻车都尉。

　　十三年,海贼郑成功犯福州。时郑亲王世子济度统师至漳州,遣副都统阿克善偕褚库率兵赴援。贼以战舰二百自乌龙江来犯,褚库率本翼兵登舟奋击,败之,追至大江口,获船十二。贼又以千馀众于江岸迎战,褚库督兵奋击,斩级二百馀。圣祖仁皇帝康熙二年,擢正红旗蒙古副都统。三年,叙累次随征功,晋一等轻车都尉。七年,以年老解副都统任。十四年,卒,赐祭葬如典礼,谥襄壮。

　　子海存,袭世职。

清史列传卷六

大臣画一传档正编三

郎球

郎球,姓觉罗氏,满洲正蓝旗人,景祖翼皇帝第三兄索长阿之曾孙也。初任理事官,兼护军参领。天聪三年,从太宗文皇帝征明燕京,以中途逗遛,罚锾,夺所俘获。九年,大军征明广宁,郎球同参领图赖等率兵四百先趋锦州,有斩获功,擢刑部承政,兼护军统领。进列议政大臣。

崇德三年,睿亲王多尔衮征明,上亲帅诸王送之,豫亲王多铎不至,诏禁王不得出府门。是时郎球为豫亲王属下,上因怒曰:"朕屡谕郎球,王若有过,尔当谏诤。乃竟谄媚逢迎,见王怠玩如此,不行规正,可速执之。"既而上命豫亲王同大军赴山海关,牵制明宁远、锦州援兵。谕诸王贝勒大臣曰:"多铎等前罪,姑俟班师后议。"郎球出,任职如初。会豫亲王军行失律,上欲申饬其罪,命郎球召王。郎球违命不往,诏解任,下廷议,并论前罪。明年五月,王大臣等以郎球瞻徇隐默,复藐视上命,罪应死、籍没奏闻。得旨,从宽革世职,罢任。六年,随征锦州,与副都统星讷击败松山援兵,登山克敌;又与参领鳌拜败敌步兵。论功,抵前罪,复任参领。命率护军助内大臣锡翰等设伏高桥,击败杏山逻兵,追至塔山,斩获甚众。七年,授礼部参政,旋擢承政。

顺治元年,世祖章皇帝定鼎燕京,郎球任礼部尚书,赞定郊庙大典。二年,授骑都尉世职。三年,随顺承郡王勒克德浑征湖广流贼,师至石首县,侦知贼欲渡江攻荆州。大军进击,郎球先率兵趋江滨,断贼后路,取贼船千馀。贼自荆州败还,不得渡,悉为大军斩获。四年六月,考满,晋三等轻车都尉。六年,授本旗都统,兼礼部尚书。七年四月,调刑部尚书。先是,五年九月,郑亲王济尔哈朗统兵之长沙,郎球署副都统以随。至是,凯还,得优赉。

八年正月,英亲王阿济格有罪,郎球坐徇隐,罢任,削世职,籍家产之半。明年三月,复授礼部尚书。十月,列议政大臣。十一年,加太子太保。寻加少保,兼太子太保。调户部尚书。十三年五月,以员外郎朱世德亏缺榷税,户部援恩诏请豁,部臣均坐徇庇,郎球削少保,解任。康熙五年二月,卒,年七十有三,赐祭葬如例。

斐雅思哈

斐雅思哈,满洲正黄旗人,姓富察氏,佐领本科里之第三子也。[一]初任护军校。天聪六年,太宗文皇帝亲征察哈尔,分兵略明大同,至朔州,城中兵出战,斐雅思哈与参领道喇等奋击败之。崇德三年,署护军参领。随贝勒岳托征明,入墙子岭,败密云步兵。五年,大军围锦州,明兵至松山、杏山赴援,斐雅思哈御战,皆捷。六年,复围锦州,同参领哈宁阿击敌城下,射殪二人。明总督洪承畴以步队自松山来犯,斐雅思哈力战却敌。

世祖章皇帝顺治元年,随睿亲王多尔衮入山海关,败流贼李自成,又追败之于望都。是年冬,授护军参领。随英亲王阿济格剿自成,明年春,次榆林,贼乘夜袭我营,斐雅思哈同护军统领车尔布等击走之。穷追自成至武昌,连破贼营,复率舟师败贼于富池口,获贼船三十。三年,随肃亲王豪格征流贼张献忠,过西安,分兵剿贼邠州。贼渠胡敬德率众千馀踞三水县西北山冈,斐雅思哈同护军统领噶达浑破贼寨;复同都统巴哈纳击败叛镇贺珍于鸡头关。进师四川,屡与献忠贼党战,斩获无算。正蓝旗官军为贼所困,同噶达浑趋援,贼败遁。先是,叙入关功,予世职骑都尉;及献忠灭,加一云骑尉。

六年,随英亲王讨大同叛镇姜瓖,掘壕围城,伪总兵杨振威率步骑万馀来犯,斐雅思哈先众迎战,却贼入城。时贼党分踞左卫,复陷汾州,窥太原,斐雅思哈先后率护军剿贼,所至克捷。寻复会大军围大同,贼势蹙,振威斩瓖首出降,乃班师。三遇恩诏,晋世职一等轻车都尉。

十三年,擢护军统领,列议政大臣。寻率兵赴湖南驻防,时献忠馀党孙可望踞辰州,斐雅思哈同都统卓罗、副都统泰什哈等由澧州、常德进征,贼弃城遁,纵火焚其船,以阻我军。斐雅思哈取其未及焚者以济师,攻发贼伏,蹑击至泸溪,歼贼甚众。十八年,随定西将军<u>爱星阿</u>剿<u>明桂王朱由榔</u>于<u>缅甸</u>,缅人执<u>由榔</u>以献。<u>圣祖仁皇帝康熙</u>元年,凯旋,叙功,晋爵三等男。十一年五月,卒,赐祭葬如典礼,谥<u>僖恪</u>。子<u>苏丹</u>,袭爵。

【校勘记】

〔一〕佐领本科里之第三子也　"本"原作"木",形似而讹。今据<u>满</u>传卷九叶一八下<u>敦拜</u>传改。按<u>斐雅思哈</u>与<u>敦拜</u>、<u>济什哈</u>同为<u>本科里</u>之子。参卷四<u>敦拜</u>传校勘记〔一〕。

巴山　　子舒恕

　　<u>巴山</u>,满洲镶黄旗人,姓瓜尔佳氏,世居哈达。祖<u>巴岱</u>,国初时率众来归,授佐领。再传至<u>巴山</u>,仍其任。天聪五年,从<u>太宗文皇帝</u>征<u>明</u>,围<u>大凌河</u>城,明兵出城诱战,副都统<u>屯布禄</u>战殁,<u>巴山</u>冲入敌阵,得其尸以出;复击退敌兵,取佐领<u>郎格</u>等二人尸归。明年,大兵征<u>察哈尔</u>,其部众有窜入<u>明大同</u>边境者,往索取之。师旋,<u>明</u>兵追袭,<u>巴山</u>与承政<u>图尔格</u>殿后,设伏邀击,斩馘甚众。八年,以克副任使,授骑都尉世职,寻任参领。<u>崇德</u>元年,从上征<u>朝鲜</u>,同参领<u>屯泰</u>等先众破敌阵。三年七月,兼任工部理事官。八月,随贝勒<u>岳托</u>征<u>明</u>,自墙子岭入边,薄<u>燕京</u>,击败明太监<u>冯永盛</u>兵,进攻<u>巨鹿</u>县,率所部树云梯先登,克其城。叙功,加一云骑尉。五年,同承政<u>萨穆什喀</u>、<u>索海</u>等征<u>虎尔哈</u>部,攻<u>挂喇尔屯</u>,有斩获。七年,奉命随奉国将军<u>巴布泰</u>率师驻防<u>锦州</u>。

　　<u>世祖章皇帝顺治</u>元年,<u>睿</u>亲王<u>多尔衮</u>统大兵入<u>山海关</u>,<u>巴山</u>率所部步战,击败流贼<u>李自成</u>。寻擢工部侍郎。叙功,晋三等轻

车都尉。二年十一月,授镇守江宁副都统。三年,命总管江宁驻防满洲兵。时江北山寨贼寇未靖,江宁城中奸徒谋为内应,巴山侦得之,捕斩逆党三十人。未几,伪潞安王朱谊石纠众二万馀,分三路来犯,巴山与副都统康喀赖等破走之。贼复屯聚城北之摄山,我军进剿,斩其渠数人,馀党悉溃窜。四年,明故官侯峒曾之子侯元瀞遣其党谢尧文潜通明鲁王朱以海于海岛,取伪敕及伪镇黄斌卿致招抚大学士洪承畴书以归,为柘林游击陈可所获,有"内伏承畴,杀巴、张二将"语,盖指巴山与提督张大猷也。事闻,上以逆书所云,乃反间计,特宣谕慰承畴,而谕奖巴山、张大猷曰:"尔等严察乱萌,具见公忠尽职。"六年,江南总督马国柱剿六安州山贼,巴山以兵会之,阵斩贼渠张福寰,诸贼寨俱荡平。两遇恩诏,晋爵三等男。九年,还京。十一年,以久镇江宁、平贼寇功,晋二等男。康熙十二年,卒,赐祭葬如例。

以其子舒恕袭爵。十五年,舒恕随大学士图海征叛镇王辅臣,师至平凉城北虎山墩,〔一〕辅臣以众万馀拒敌,败之。是年,复随都统穆占征逆藩吴三桂,破贼众三千于湖北松滋县。二十年,进围云南省城,〔二〕击败贼将胡国柄、刘玘龙、黄明等,又蹙贼将马宝、巴养元等于乌木山。二十五年,叙功,晋一等男。后以年老乞休。寻卒。子长清改袭一等轻车都尉。

【校勘记】

〔一〕师至平凉城北虎山墩　"城北"原颠倒作"北城"。耆献类征卷二
　　六九叶五〇上同。今据仁录卷六一叶八上改正,又"虎"作"护",
　　同名异字耳。按满传卷九叶三五上"城北"作"北境",异。

〔二〕进围云南省城　原脱"省"字。满传卷九叶三五上,及耆献类征
　　卷二六九叶五〇下均同。今据章录卷一二三叶三上补。参卷四
　　济什哈传校勘记〔二〕。

星讷

星讷,满洲正白旗人,姓觉尔察氏。初为二等侍卫,兼佐领。
从太祖高皇帝征明,遇蒙古兵四百于塔山之北,射其渠魁,殪之,
遂败其众。天聪七年,太宗文皇帝命与参领苏尔东阿等率兵三
百驻守辽河。先是,我师征察哈尔,星讷以二十人往张家口侦
敌,猝遇敌兵,御守四日夜,俟贝勒阿济格至,请兵二百攻克之。
察哈尔部多尔济塔苏尔海倚山立寨,列火器拒守。星讷率护军
先登,敌众奔溃。八年,上统大军征察哈尔,星讷随额驸布颜代
率蒙古兵进哈麻尔岭,遇其部俄尔塞图等率所属户口来归,纳
之,以闻。时察哈尔林丹汗西奔土默特,其下相率归顺。上乃移
师征明,星讷同前锋参领席特库等略大同,明将自龙门率兵三千
逆战,星讷击之败北,斩获甚众。论功,予云骑尉世职。寻授刑
部参政。

崇德三年,同承政叶克舒征黑龙江,奏捷。叙功,并以其兄
辛泰、弟西尔图阵亡应得世职,令并袭之,晋三等轻车都尉。参
政吉思哈有女为雅什塔子妇,〔一〕新寡,吉思哈疾,女归省,星讷
之子阿思哈见而谋娶之。雅什塔讼于所司,论罪,星讷应革世
职,罚锾,降理事官。上命降罚如议,免革世职。四年,授护军参
领,兼议政大臣。寻迁副都统。六年二月,授工部参政。三月,
随郑亲王济尔哈朗围锦州,明总督洪承畴亲以兵六万赴援,屯松

山北冈,星讷先登,破其壁垒。明援兵继至,星讷屡击败之。七年,败明总兵吴三桂、白广恩等兵于高桥。八年,擢工部承政。

世祖章皇帝顺治元年,随睿亲王多尔衮入山海关,击流贼李自成,以步兵破贼阵。是年,改六部承政曰尚书,星讷仍任工部。二年,叙功,授一等轻车都尉。三年,随肃亲王豪格师抵西安,分剿贼于邠州,贼溃遁。进趋秦州,贼将高汝砺率步骑迎拒,大败之,与肃亲王会师川中,屡败贼渠张献忠兵。凯旋,晋太子少师,加一云骑尉。六年,逆镇姜瓖据大同叛,星讷随大兵讨之,围其城。贼填堑毁垣,简骁勇蒙盾突犯,星讷率将士持短兵力战,却贼;贼背城为阵,复以火器来攻,星讷亲督精锐驰压其营,大兵乘之,贼兵不能支,歼其劲兵略尽。七年,遇恩诏,晋爵二等男。八年,都统额克青等举发英亲王阿济格令其子劳亲以兵众迎睿亲王丧,谋干政。法司鞫议星讷隶王属下,虽未与谋,第不即奏劾,且为王趣召劳亲,应罢尚书任;又议其在工部擅撤昭陵工役五百人,及不补植陵树罪:革世职,籍家产半。九月,复任工部尚书,列议政大臣。十年,上以星讷宣力有年,衰老可念,命以原官加一级致仕。十四年,自陈战功,请复世职,部议星讷前任工部获罪,应削恩诏所加之爵,仍留战功所得世职。奉旨,复一等轻车都尉,兼一云骑尉,予世袭。

康熙十三年,卒,赐祭葬。孙巴尔达袭。

【校勘记】

〔一〕参政吉思哈有女为雅什塔子妇　“思”原作“恩”,形似而讹。满传卷六叶四二下,及耆献类征卷四一叶七下均同。今据文录卷四四叶七下改;而"吉"作"季",同音异译耳。下同。

苏克萨哈

苏克萨哈,满洲正白旗人,姓纳喇氏,额驸苏纳长子也。初委署佐领。崇德六年,随郑亲王济尔哈朗等围锦州,明人出步骑接战,败之。太宗文皇帝闻明总督洪承畴以师十三万赴援,亲帅大军环松山列营,敌兵遁走。苏克萨哈同护军统领汉岱追败其众于塔山,翼日,复追击明兵于海岸。随豫亲王多铎等设伏袭击,与汉岱追斩杏山兵之潜遁者。顺治二年,[一]叙功,授骑都尉世职。寻晋三等轻车都尉。

七年,世祖章皇帝念苏克萨哈父苏纳在太祖、太宗时屡著功绩,继因隐匿丁壮,削世职三等轻车都尉。至是,特旨复苏纳世职,以苏克萨哈并袭为三等男。八年,任议政大臣。九年,两遇覃恩,晋爵一等男,加一云骑尉。初,苏克萨哈隶睿亲王多尔衮属下。既,睿亲王薨于猎所,苏克萨哈与王府护卫詹岱等举首其殡殓服色违制,及谋迁永平诸逆状,命诸王大臣质讯,皆实,遂论睿亲王如谋逆律。是岁,擢镶白旗护军统领。

十年,流贼张献忠馀党孙可望聚寇湖广,苏克萨哈奉敕同都统陈泰等率禁旅出镇湖南,与经略洪承畴会师进剿。十二年,贼帅刘文秀遣伪将卢明臣、冯双礼等分兵犯岳州、武昌,苏克萨哈伏兵邀击,大败贼众。明臣等复遣贼纵舰拒战,又击败之。文秀引兵寇常德,战舰千馀蔽江而下,苏克萨哈指挥军士,奋勇截击,明臣等悉众抗御,我军协力扑剿,六战皆捷,纵火焚其船,斩获无算。明臣赴水死,双礼被创遁,降其伪副将等四十馀人,文秀走贵州。明年,叙功,晋爵二等子。任领侍卫内大臣,加太子太保。

十八年正月,与索尼及遏必隆、鳌拜等受顾命为辅政大臣,奉圣祖仁皇帝嗣统。是时,索尼为四朝旧臣,遏必隆、鳌拜皆以公爵先苏克萨哈为内大臣,鳌拜尤功多,意气凌轹,人多惮之。苏克萨哈以额驸子入侍禁廷,承恩眷,奉遗诏辅政,名亚索尼,与鳌拜称姻娅,而论事多与鳌拜迕,积以成雠。索尼亦恶苏克萨哈。会鳌拜欲令镶黄旗与正白旗互易屯庄,索尼赞成之,遏必隆弗能止,遂行圈换之令,旗、民皆弗便。康熙五年,大学士兼管户部尚书苏纳海坐拨地迟误,总督朱昌祚等坐纷更阻挠,罪皆论死。上览部议,召询辅臣,咸曰"宜如议"。独苏克萨哈不对,上因不允所请。鳌拜卒矫诏,并予弃市。未几,索尼死,鳌拜益骄恣,苏克萨哈虑其逼己也,居常快快。

六年,上亲政,谕部议加恩辅臣,以示酬庸之典。越日,苏克萨哈奏言:"臣才庸识浅,蒙先皇帝眷遇,拔授内大臣,早夜悚惧,恐负大恩。当先皇帝上宾之时,惟愿身殉,以尽愚悃;不意恭承遗诏,臣名列于辅臣之中,分不获死,以蒙昧馀生,勉竭心力,冀图报称。不幸一二年来,身婴重疾,不能始终效力于皇上之前,此臣不可逭之罪也。兹遇皇上躬亲大政,伏祈睿鉴,令臣往守先帝陵寝,如线馀息,得以生全。则臣仰报皇上豢育之微忱,亦可以稍尽矣。"疏上,有旨谕议政王贝勒大臣曰:"苏克萨哈奏请守陵,如线馀息,得以生全。不识有何逼迫之处?在此何以不得生,守陵何以得生?其会议具奏。"王贝勒等以大臣怨望奏请逮治,鳌拜与其党大学士班布尔善等谓苏克萨哈不欲归政,文致之,构罪二十四款,坐奸诈欺饰,存蓄异心,论如大逆,应与其长子内大臣查克旦皆磔死,馀子侍卫穗黑、塞黑里,郎中那赛、塞克精额、达器、德器,孙佟克札,兄弟之子图尔泰、海兰,皆斩决,籍没;族人前锋统领白尔赫图,侍卫额尔德、乌尔巴,亦皆斩决。狱具,入奏,上知鳌拜素与苏克萨哈有隙,是以构成罪款,必欲置之重典,谕以核议未当,不许所请。鳌拜攘臂上前,强奏累日,卒坐苏克萨哈处绞,馀悉如议。

八年五月,鳌拜既败,特谕吏、兵二部曰:"苏克萨哈虽有罪,不致诛灭子孙。此皆鳌拜挟仇,灭其后嗣,深为可悯! 白尔赫图等无罪诛戮,殊为冤枉。其苏克萨哈及白尔赫图等官,俱应给还。"七月,复苏克萨哈原官及世爵三等子,命其幼子苏常寿承袭。

【校勘记】

〔一〕顺治二年　原脱"顺治"二字。满传卷五叶二〇上,及耆献类征卷二六四叶三四下均同。今据章录卷一五叶九下补。

苏纳海

苏纳海,满洲正白旗人,姓他塔喇氏,岱图库哈里之曾孙也。初为睿亲王多尔衮护卫。世祖章皇帝顺治三年正月,授弘文院学士。命随肃亲王豪格讨流贼张献忠。十一月,献忠灭,王令苏纳海先还奏捷。六年,随英亲王阿济格讨大同叛镇姜瓖,伪总兵杨振威等斩瓖首以献;王亦令苏纳海驰奏,上即命往军中宣恩谕,仍随英亲王还京。七年,以翻译三国志告成,赉鞍马、银币。两遇恩诏,授世职骑都尉,兼一云骑尉。寻以甄别各官滥邀世职,削云骑尉。九年正月,诏重修太宗文皇帝实录,充副总裁官。十一月,盛京总管叶克舒奏获朝鲜国越界采参人,[一]命苏纳海同副都统瑚沙携其人往朝鲜,敕国王李淏会鞫。明年三月,还京,以淏陪臣至,赍表谢罪,附贡方物。是年,擢吏部侍郎。

十一年,同尚书巴哈纳、侍郎额尔德等分赈畿辅。十二年,兼任镶红旗满洲副都统。十三年,户部援恩诏赦免员外郎朱世德亏缺河西务额税,世德官如故,吏部亦弗置议。得旨诘问,乃以世德应褫职逮讯覆奏,部臣坐瞻徇,降革有差,苏纳海罢任,革世职。逾月,上以苏纳海旧在内院练习院务,起授国史院学士。寻充经筵讲官,迁礼部侍郎。十六年,加太子少保。十七年,擢工部尚书,旋调兵部。是时,海贼郑成功踞台湾,四出劫掠。有言濒海居民宜移之内地者,苏纳海同侍郎宜理布奉命赴江南、浙江、福建会勘定议。圣祖仁皇帝即位,擢国史院大学士。康熙二年,兼管户部尚书事。

五年,辅政大臣鳌拜、苏克萨哈有隙,鳌拜因己隶镶黄旗,苏克萨哈隶正白旗,欲以正白旗屯庄改拨镶黄旗,而别圈民地给正白旗,使旗人诉请,以牒户部。苏纳海持不可,谓旗人安业已久,民地曾奉谕不许再圈,宜罢议。鳌拜衔之,矫旨遣贝子温齐等履勘。旋以镶黄旗地不堪耕种疏闻,遂遣苏纳海会同直隶总督朱昌祚、巡抚王登联经理其事。昌祚、登联交章言两旗人较量肥瘠,相持不决,而旗地待换,民地待圈,所在荒废不耕,农人环诉失业,请停止圈换之令。苏纳海亦以屯地难于丈量,候明诏进止。鳌拜遂擅坐苏纳海藐视上命,迟误拨地,械付刑部议罪,部议律无正条,应鞭百,籍没家产。上览疏,知鳌拜以苏纳海始终不阿,欲置之死地,召四辅臣询问,鳌拜极言情罪重大,索尼、遏必隆附和之,独苏克萨哈不对。上仍以部议不按律文,弗允。鳌拜出,矫旨即予处绞。

八年,上亲政,以鳌拜罪恶众著,命逮治,于是议政王大臣等列状入奏,因及诬陷苏纳海事。鳌拜既伏罪,上谕部臣曰:"朕阅处分苏纳海原案,由鳌拜等以拨地迟延,遽行逮问,多端文致诬陷,不按律文,任意处死,冤枉可悯! 宜予恩恤。"于是赐祭葬如例,谥曰襄愍。以其子瓦尔达为三等侍卫。

【校勘记】

〔一〕盛京总管叶克舒奏获朝鲜国越界采参人　"奏"原误作"泰"。今据章录卷七〇叶三下改。按满传卷八叶三七下,及耆献类征卷九叶二六上均不误。

朱昌祚

朱昌祚,汉军镶白旗人。世祖章皇帝时,任宗人府启心郎。顺治十八年四月,授浙江巡抚。既抵任,会浙东西皆旱灾,昌祚捐金为倡,煮粥以活饥民;复具疏请旨赈恤。时海寇未靖,有旨令濒海居民迁移内地,昌祚疏请酌拨荒田,给令开垦为生,俟三年成熟后,照例起科;其旧居所弃之田亩丁粮,请予蠲免:俱下部议行。先是,陕西巡抚贾申忠条奏军民宜一体听徭,敕下督抚议,昌祚奏:"浙省各卫所均有运粮之责,其闲丁每年亦各赋丁银,以为贴造粮艘之费,与秦省卫所无粮运者不同,难以复兼民役。"事遂寝。圣祖仁皇帝康熙三年六月,擢福建总督,以丁忧未之任。

四年,特起直隶山东河南三省总督。请终制,不允。五年,抵总督任,疏言:"直隶总督经制额兵,旧驻河间;提标额兵,旧驻大名。今总督驻扎大名,提督改驻河间。若令两标兵彼此调移,恐携带家口,致累民间。请免调兵丁,但更换统辖之员为便。"得旨俞允。时辅政大臣鳌拜以镶黄旗地亩瘠薄,传旨圈换正白旗地亩及开垦成熟民地,令朱昌祚同户部尚书苏纳海、巡抚王登联经理其事。昌祚疏言:"直省州县田地之瘠薄膏腴,赋税之上、中、下则,原自异同,岂能尽美?今令两旗更正地土,原欲其彼此均安。但臣见现在行圈地亩,皆哓哓有词,大概以瘠易腴者,固缄默不言;而以腴易瘠与以瘠易瘠者,不免观望嗟吁,皆不乐有此举。虽勉强拨给,难必其异日不出而申诉,重烦睿虑。臣思安土重迁,人之至愿。两旗分得旧处庄地,二十年来,相安已久,靡不有父母坟墓在焉。一旦更易,不能互相移徙;且值此隆冬,各旗率领所属,沿村栖守,守候日久,穷苦者囊粮已尽,冻馁可悯。又附近百姓,闻朝廷此举,所在惊惶。且据士民环门哀吁,有谓州县熟地皆已圈去无馀,今之夹空地土,皆系所遗洼中,经垦辟成熟,当差办税者;有谓地在关厢,大路镇店所居民皆承应运送皇陵物料,并垫道修桥及一切公差徭役者;有谓被圈地之家,即令他往,无从投奔者;有谓时值冬令,扶老携幼,远徙他乡,恐地方疑为逃人,不容栖止者;有谓祖宗骸骨,父母丘垄,不忍抛弃者。臣职任安民,而民隐如此,何敢壅蔽不以实闻?臣又遍察蓟州及遵化等应换州县,一闻圈丈,自本年秋收之后,周遭四五百里,尽抛弃不耕。今冬二麦,全未播种,明年夏尽,安得有秋?且时已仲冬,计丈量事竣,难以定期;明春东作,必又失时,而秋收亦将无望。京东各州县,合计旗与民失业者,不下数十万人,田荒粮竭,无以资生,岂无铤而走险者?地方滋事,尤臣责任所关。不敢畏忌越分,不以实闻。伏乞断自宸衷,毅然停止。"疏入,与苏纳海、王登联请停圈各疏,并忤鳌拜意,革职逮问。刑部议律无正条,拟鞭责,籍没家产。鳌拜入奏,应置重典,上未允。鳌拜出,矫旨并予立绞。

八年,鳌拜获罪逮系,上特谕吏部曰:"原任总督朱昌祚、巡抚王登联于拨换地亩时,见旗、民交困,有地方之责,具疏奏闻。鳌拜辄谓非其职掌,妄行干预,不按律文,诬陷至死,深为可悯!其予昭雪,以示仁恩。"昌祚复原官,赐祭葬如典礼,谥勤愍。祀直隶、浙江名宦祠。子绂,以荫入监读书,授督捕理事官。寻迁大理寺卿。

王登联

王登联,汉军镶红旗人。世祖章皇帝顺治六年,由贡生授河南郑州知州。八年,巡抚吴景道奉诏考核府、州、县官,疏荐登联有德有才,遂擢山东济南道。十三年,内升通政司参议。十五年,迁顺天府丞。十七年二月,迁大理寺卿。九月,授保定巡抚。十二月,疏言:"近日盗案多而缉获者少,不严立法,恐有讳盗不报之弊。其降革戴罪督缉者,又恐有真盗未获、朦胧开复之事。嗣后失事不报之州县,当立行拿问,治以纵盗之罪,道、府、捕、厅治以徇庇之罪,使知申报者虽降革可望开复;匿报者不能脱罪,且累及上官,则无敢讳隐矣。其获盗也,或系自拿,或系协拿,务必真盗净尽,方可销结。如以他案从犯充数,借杀死搪塞者,日后真盗犯事,前局败露,虽经迁升,仍行追究,使知开复之不可徼幸,则必拿真盗自赎矣。欲弭盗必严究窝主,窝主虑及败露,每不令在本地行劫,故所在官司,明知其为巢穴而不问。嗣后问拟强盗,务究窝家,其州、县、卫、所,与讳盗者一体处分。若邻里出首,番捕访获,以所起赃私,一半给赏。如窝主能悛改前恶,擒大盗出首者,免罪;文武职官实力访缉者,分别纪录:庶崔苻靖而境域宁也。"疏上,得旨"所奏于弭盗有裨"。下部详议,俱议行。

十八年六月,圣祖仁皇帝御极,裁顺天巡抚,以登联兼理其事,加工部尚书衔。康熙四年,河间、大名所属州县歉收,登联先后奏请发粟赈济,并从之。五年十月,辅政大臣鳌拜以镶黄旗地亩瘠薄,传旨圈换正白旗地亩,及开垦成熟民地,令户部尚书苏纳海会同总督朱昌祚与登联经理其事。登联分勘京东诸路,因疏言:"圈换田地,正值大小二麦垦种之时,臣同部臣东往丰润、滦州诸处,荒凉极目,民地之待圈者,寸壤未耕;旗地之待换者,[一]半犁未下。恐明岁春夏,青黄不接,无从得食。此旗人与百姓并困之情形也。臣同各旗副都统至玉田县相度,甫施一圈,而旗下官丁咸谓此非山冈石磧,即沙淤盐卤,不肯承受;又有旧圈内房屋多而今圈内房屋少者;有此地内房屋可居而彼地内房屋破坏者。一经移换,则舍旧谋新,薪粮必多耗费,器具亦有损伤。此旗下官丁相持不决之情形也。至百姓情形,更有难于见闻者,自圈地之令一传,知旧业难守,有米粮者已枭卖矣,无积蓄者将转徙矣,妇子老幼,环泣马前,云:'普天之下,莫非王土。圈丈固所宜然,但拨补不知何处。目前霜雪载途,惧填沟壑,将往奔他境,而逃人令严,谁容栖止?仍傸集本土,而人稠地窄,难以赁居。'又有谓:'丁地相依,地去而丁不除,赋免而徭尚在,糊口无资,必亏课额'者。臣往来玉田、丰润,递呈士民,不下千百。"又谓:"自顺治三、四年两次大圈,地土虽拨,城关集镇,奉旨悉留。今若概行圈换,百姓必致散亡。若皇差陵工,运石载料,谁为填筑、搭桥、修路、挽拽之夫?朝贡使臣,谁任奔走供应之事?所关似亦非小。夫循制易地,非臣所敢臆测,但目击情形,不敢壅于上闻。乞敕部臣从长酌议,俾两旗各安旧业,畿东亿万姓俱免播迁,幸甚!"疏入,与苏纳海、朱昌祚请停圈各疏,并忤鳌拜意,下部议,革职逮问。鳌拜矫旨,并予立绞。

八年,鳌拜获罪逮系,诏雪其诬。互详苏纳海、朱昌祚传。王登联复原官,赐祭葬如典礼,谥悫愍,祀直隶名宦祠。子盛唐,以荫入监读书,授督捕理事官。

【校勘记】

〔一〕旗地之待换者　"换"原误作"圈"。满传卷二一叶三上,及耆献类征卷一五三叶四〇上均同。今据仁录卷二〇叶一一上改。按本卷鳌拜传不误。

　　鳌拜

　　鳌拜,满洲镶黄旗人,姓瓜尔佳氏,伟齐第三子也。初为护军校,从征,屡立战功。天聪八年,授骑都尉世职,任参领。从太宗文皇帝征察哈尔,收其散亡部众。旋奉命与护军统领谭泰等由上方堡入明边,设伏,以违界出略,又不至期会地,诏夺其所俘获。崇德二年，随征明皮岛，武英郡王阿济格集诸将问进取之策，鳌拜与参领准塔愿为前驱，与王约曰："不得此岛，勿复见王！"遂与准塔连舟渡海，敌严阵拒堡上，我兵莫能登。鳌拜大呼超跃而上，冒矢石直前搏战，准塔继之，明军披靡，遂克其岛。太宗以此岛可比大城，命优叙，晋三等男，赐"巴图鲁"号。

四年，率护军略地锦州，有斩获。六年，随郑亲王济尔哈朗围锦州，以步战败明步军营，功最，得优赉，晋爵一等男。方大兵之围锦州也，明援兵踵至，城内兵复乘间冲突，夹击我军。鳌拜往来接战，每不待军令，辄当先陷阵，五战皆捷。时明总督洪承畴等率兵十三万赴援，太宗亲统大军环松山而营，敌兵出犯，屡击却之。还营，度明师必宵遁，命鳌拜移驻右翼汛地，协力追剿。夜一鼓，明兵果遁，鳌拜与护军统领阿济格尼堪等相继蹑击，擒斩过半。七年，擢护军统领。八年，随贝勒阿巴泰等征明，攻边城，指挥本旗兵先登，克之，长驱入边，败明守将；进薄燕京，略地至山东，三败明兵，斩杀甚众。攻兖州府及临清、汶上诸邑，并麾军前进，有功。别遣将士略取四城。凯还，师次密云，击走敌兵三千；复破明总兵吴三桂、总督范志完诸军。是岁十月，叙功，晋三等子，赉金帛甚厚。

顺治元年，随大兵定燕京。二年，世祖章皇帝命考核群臣功绩，鳌拜以忠勤戮力，晋一等子。随英亲王阿济格征湖广，至安陆，破流贼李自成兵。睿亲王多尔衮以英亲王有罪，令鳌拜与都统谭泰于军中集众暴其状，鳌拜、谭泰匿之不以示众，论罪，罚锾。明年，随肃亲王豪格征四川，败叛将贺珍兵于楚、湖。师抵西充，贼渠张献忠列营拒战，鳌拜奋击，大破之，斩献忠于阵。贼众收合馀烬，复犯我师，鳌拜遣军士连击，败之。旋偕侍卫李国翰等分剿贼党，俘斩无算，下遵义、夔州、茂州诸郡邑。五年二月，部臣论随征参领希尔根冒功争赏罪，鳌拜坐军中详勘不实，论革世职；又以贝子屯齐等讦告鳌拜于崇德八年与护军统领图赖等六人谋立肃亲王，私结盟誓，廷议应死：并得旨罚赎。四月，侍卫科普索讦告鳌拜擅拨护军为侍卫遏必隆守门，仍论死，上复宥之。

十一月，统兵驻防大同。时总兵姜瓖叛，鳌拜率七骑败贼兵三百馀。明年，端重亲王博洛率师至，与鳌拜合攻大同。鳌拜遣部将败贼兵之夺我炮者；贼将杨振威率兵万馀犯正蓝旗营，鳌拜以右翼三旗兵大破其众。贼兵五千馀由大同北山至，立两营逼我军，鳌拜率精兵进剿，破其一营，乘胜逐北。瓖闻北山援兵至，亦尽发城中兵出拒我师，鳌拜纵击，斩获殆尽。贼将复以兵截战，败之于忻口，再败之于晋祠镇，攻汾州关，克孝义县，皆以捷闻。

七年，睿亲王有疾，贝子锡翰等请驾临幸，王以锡翰违令渎请，鳌拜目击其非，不即执讯，降爵为一等男，并罚赎。复遇世祖亲政，[一]晋三等侯。八年，任议政大臣。叙功，晋一等侯，兼一云骑尉。九年，自陈劳绩，且以忤睿亲王意，致屈抑战功，讼于上前，诏部议，晋二等公，赐敕予世袭，免死二次。寻授领侍卫内大臣。十三年，奏请三年一次举行大阅，以讲武事。传令大臣侍卫等御前较射，著为令。是年十一月，创发，卧疾，上亲临视。明年，以恩诏加少保，兼太子太保。寻加少傅，兼太子太傅，教习武进士。

十八年,受顾命,奉圣祖仁皇帝嗣统,与内大臣索尼、苏克萨哈、遏必隆为辅政大臣。既受事,与内大臣飞扬古有隙,又飞扬古子侍卫倭赫及侍卫西住、折克图,觉罗塞尔弼同直御前,不加礼辅臣。鳌拜恶之,遂论倭赫等擅乘御马及取御用弓矢射鹿罪,并弃市,坐飞扬古怨望,亦弃市,并杀其子尼侃、萨哈连,籍其家,以与弟都统穆里玛。先是,镶黄旗屯庄,画给保定、河间、涿州之地,已二十年。苏克萨哈,鳌拜姻娅也,论事多龃龉,积而成雠。鳌拜因苏克萨哈籍隶正白旗,欲以蓟州、遵化、迁安诸庄改拨镶黄旗,而别圈民地给正白旗。康熙五年,使旗人诉请以牒部,大学士苏纳海管户部,议阻之。贝子温齐等以履勘镶黄旗地不堪耕种疏闻,遣苏纳海与直隶总督朱昌祚、巡抚王登联丈量酌易时,则两旗人较量肥瘠,相持久不决;而旗地待换,民地待圈,所在荒废不耕,百姓环诉失业,昌祚等交疏请停止圈换之令。鳌拜怒,坐苏纳海拨地迟误,昌祚等纷更妄奏,悉逮治,弃市;且以苏纳海族人已故额驸英俄尔岱为睿亲王私党,令部臣尽削世职,以泄其忿。明年,议苏克萨哈罪,虑大学士巴泰逆己意,不使与闻,坐苏克萨哈以大臣觖望,蓄异志,论应磔死。上鉴其枉,鳌拜攘臂强争,卒予绞,并诛其族属。

鳌拜之受顾命也,名列遏必隆后。至是,索尼死矣,班行章奏,鳌拜皆前列。日与弟穆里玛,侄侍卫塞本特、讷莫,大学士公班布尔善,尚书阿思哈、噶褚哈、马尔赛,都统济世,侍郎泰壁图,学士吴格塞等,党比营私。是时侍读熊赐履遵旨条奏时政,有曰"内臣者外臣之表也",又曰"急功喜事,但知趋目前尺寸之利,以便其私图"。鳌拜闻而恶之,曰:"是劾我也!"入对时,辄请申禁言官,不得上书陈奏。圣祖既躬亲大政,冀其感恩悔罪,克保功名,特命鳌拜于二等公外加赐一等公,以其子那摩佛袭二等公爵。七年,世祖配天覃恩,加鳌拜太师,加那摩佛太子少师。时有窃其马者,鳌拜捕斩之,并杀御马群牧长。怒蒙古都统俄讷、喇哈达、宜理布于议政时不附己,即令蒙古都统不与会议。马尔赛故,部臣请谥,上不允,鳌拜令仍给与谥。

八年五月,上以鳌拜结党专擅,弗思悛改,命议政王大臣等逮治鳌拜罪,谕曰:"前工部尚书员缺,鳌拜以朕素不知之济世,妄称才能推补,通同结党,以欺朕躬。又奏称户部尚书应授二员,将马尔赛徇情补用。又鳌拜于朕前办事,不求当理,稍有拂意,即将部臣叱喝。引见时,在朕前施威震众,科道官条奏,鳌拜屡请禁止,恐身干物议,闭塞言路。凡用人行政,欺朕专权,恣意妄为。文武各官欲尽出伊门下,与穆里玛等结成同党。凡事在家定议,然后施行;且倚仗凶恶,弃毁国典,与伊相合者荐拔之,不合者陷害之。朕念鳌拜旧臣,望其改恶悔过;今乃贪聚贿赂,奸党日甚,上违君父重托,下则残害生民,种种恶迹,难以枚举。其严拿勘审!"于是康亲王杰书等列其揽权欺罔诸罪状,请革职、立斩、籍没,那摩佛亦论死。上亲加鞫问,情罪俱实,谕曰:"鳌拜以勋旧大臣,受恩皇考,遗诏辅佐政务,理宜精白乃心,尽忠图报。不意结党专权,紊乱国政,纷更成宪,罔上行私。朕久已悉知,尚望其改行从善,克保功名,以全终始。乃近观其罪恶日多,命诸王大臣公同究审,俱已得实。以所犯重大,拟以正法,本当依拟处分;但念鳌拜在累朝效力年久,且皇考曾经倚任,朕不忍加诛。姑从宽革职、籍没,仍行拘禁。那摩佛亦免死,革职拘禁。"

鳌拜死,乃出那摩佛于狱而释之,卒于家。五十二年,上复念鳌拜战阵功多,特追赐一等男,以其弟巴哈之孙苏赫袭。苏赫卒,仍以鳌拜孙达福袭。世宗宪皇帝时,赐鳌拜祭葬,复一等公,世袭罔替,加封号曰超武。

【校勘记】

〔一〕复遇世祖亲政　"遇"原误作"随",又"政"误作"征"。满传卷五叶三〇下同。今据章录卷五二叶一〇下改。

巴哈

巴哈,满洲镶黄旗人,姓瓜尔佳氏,伟齐第四子也。初任一等侍卫。太宗文皇帝崇德二年,设议政大臣二十有四,巴哈与焉。征明锦州,凯旋,上幸牧马所,命内大臣侍卫与新降之明总兵祖大寿等校射,奖赏有差,巴哈得赐驼一。世祖章皇帝顺治元年,随大军入山海关,定燕京。二年,以巴哈在太宗朝扈从著劳,授骑都尉世职。

时睿亲王多尔衮摄政,都统谭泰讦内大臣索尼诋诽睿亲王及捕鱼、牧马、鼓琴、演戏诸款,法司鞫讯,以巴哈曾与索尼同观偶戏,议革世职罢任,诏贳之。三年,随肃亲王豪格征陕西、四川,寻以考满,并叙随征功,晋世职至一等轻车都尉。六年,睿亲王帅师讨大同叛镇姜瓖,巴哈请从征自效,王弗许:复再三请,王使人谕以或随明甲队,或随暗甲队,惟所自便。巴哈知王终弗用也,拂衣起,遽归。翼日,议罪应斩,改罚赎。七年,睿亲王有疾,贝子锡翰等奏请上驾临视，睿亲王罪以擅请，并责巴哈弗执问，复罚锾。

八年，上亲政，命为议政大臣。三遇恩诏，晋爵至一等男。初，肃亲王为睿亲王构陷，卒于狱，子富绶尚幼，尚书宗室巩阿岱议杀之，巴哈同内大臣哈什屯持不可，乃止。巩阿岱因与其弟锡翰及侍卫冷僧机劝睿亲王疏远巴哈及其兄鳌拜。既而锡翰复以巴哈入直御前太数，[一]集内大臣西讷布库等议其罪，复闻有旨嘉巴哈勤劳，议乃寝。至是，上以巩阿岱、锡翰、冷僧机、西讷布库等朋比妄行，命诸王大臣鞫讯，巴哈证其状，咸伏诛。十二年，以巴哈恪供职业，加少保兼太子太保。十四年，晋少傅兼太子太傅。十五年，授领侍卫内大臣。圣祖仁皇帝康熙六年，以其子讷尔都尚公主，封和硕额驸。八年，上以察哈尔阿布奈久缺朝请，无藩臣礼，命巴哈往察其状；及还，会鳌拜以结党擅权获罪，同父兄弟并褫革，论斩籍没。上念巴哈宣力年久，贷其罪，并免籍没。后以疾卒。

【校勘记】

〔一〕既而锡翰复以巴哈入直御前太数　"太"原误作"因"。满传卷九叶一一上，及耆献类征卷二六三叶五下均同。今据巴哈传稿（之二八）改。

玛尔赛

玛尔赛，满洲正白旗人，姓他塔喇氏。世祖章皇帝顺治七年，袭父谭拜二等男爵。寻两遇恩诏，晋一等男兼一云骑尉。十五年,署副都统。随宁南大将军宗室罗托自湖南征贵州,既定贵阳,同护军统领科尔昆率兵五千,击走伪巩昌王白文选,取黄平州。十六年八月,旋师,次荆州,闻海贼郑成功陷镇江,犯江宁,偕副都统噶褚哈率兵由大江趋援,与驻防将军喀喀穆、总督郎廷佐等击败贼兵,并力守城。贼众数万屡薄城窥犯,玛尔赛率两翼兵奋击,歼贼甚众;追剿至镇江,贼窜入海。叙功,晋爵一等子。圣祖仁皇帝康熙元年,授正白旗满洲副都统。二年,随将军穆里玛、图海征湖广流贼李来亨、高必正等于茅麓山,战辄捷,连破贼寨。来亨自缢死,必正率众降。六年,擢工部尚书,寻调户部。七年,兼正白旗蒙古都统。

时淮、徐河堤屡决,总河杨茂勋请于天妃闸外筑坝逼黄,引淮出口,俾黄、淮相抵以归海。给事中李宗孔请塞盱眙决口以防淮流,上命玛尔赛同刑部尚书明珠往江南会勘定议。寻疏言:"兴化县白驹场旧设四闸泄水,由牛湾河入海。近年闸俱填塞,水无所泄。宜即疏浚,仍置版以时启闭。清口为黄、淮交汇,漕运要津,黄水强则越淮,淮水弱则沙土得入壅运道。宜于黄河北岸多浚引河以分其势,使沙逐水流,运道无阻。又董口沙淤难行,每岁修筑,徒费无益。其右有骆马湖可通,宜添筑堤岸,以为纤道。盱眙县翟家坝之北古沟镇诸决口,即宜堵塞,使全淮尽由清口会黄入海。"诏如所议行。

初,玛尔赛与内大臣班布尔善皆谄事辅政大臣鳌拜,鳌拜遂引班布尔善为大学士,而欲以玛尔赛为户部尚书。时已有旨擢任兵部侍郎,玛希纳鳌拜疏援顺治年间曾设满洲尚书二员故事以荐。玛尔赛既任户部,与尚书王弘祚论事龃龉,不得自专,适户部有失察书役假印盗库金事,吏部议玛尔赛、王弘祚处分,并援恩诏宽免,班尔布善独票拟弘祚革任,为玛尔赛泄忿。八年正月,玛尔赛病殁,得旨予祭奠如例,鳌拜擅予谥曰忠敏。未几,鳌拜及班布尔善皆获罪逮讯,得玛尔赛党附状,论追革官爵、戮尸、籍没,诏免戮尸,以所袭二等男爵予谭拜从孙佛保袭。

索尼

索尼,满洲正黄旗人,姓赫舍里氏。父硕色,大学士希福兄也。太祖高皇帝时,硕色自哈达部挈家来归,太祖以其兄弟父子并通国书及蒙古、汉人文字,咸擢置文馆理事,赐硕色、希福"巴克什"号。

授索尼一等侍卫,使出入扈从,随军征讨。时哈达兵犯界藩城,索尼身先士卒,击败之。复随征栋揆,蒙古援兵云集,立二寨互为犄角,索尼与诸将合兵攻剿,拔其一寨,馀众悉降。天聪元年,从太宗文皇帝攻锦州,遇明兵千馀徙大凌河户口,索尼以二十骑袭击之,多斩获。旋侦敌宁远,城内兵突出,索尼奋勇力战,追击敌兵,至壕而返。

二年,上亲征喀尔喀,征兵外藩科尔沁,不至。既,遣希福率健士八人往趣之,复诏索尼与侍卫阿珠祜赍谕饬责土谢图额驸奥巴。[一]初,奥巴为台吉,入朝,太祖以贝勒舒尔哈齐孙女妻焉。既而奥巴屡违令约,私与明通。时复征兵不至,索尼于是禀受方略以行。既入科尔沁,其部人馈以牲,索尼麾之去,曰:"尔汗有异心,尔物安可食耶?"部人以告奥巴。奥巴病足,居别室,索尼与阿珠祜诣见公主,以谕旨告奥巴,奥巴闻之,扶掖至,佯问曰:

"此为谁?"索尼曰:"吾侪,天使也! 尔有罪,义当绝。今特以公主故,使来馈问耳。"奥巴语左右具馔,索尼、阿珠祜不顾而出。奥巴恐,使台吉塞冷等请其事,索尼出玺书示之,即令从者先行。奥巴得书,大惊,令所属大臣环跽,请曰:"汗获重罪,甚惶惧! 今寇骑塞路,恐使者即归,遭侵掠,益滋汗咎,请少留。"索尼曰:"衔君命而来,死何足辞?"与阿珠祜拂衣起,整辔欲行。众皆泣,且曰:"汗欲引罪自谢!"扣马首,力挽之,乃止。翼日,奥巴辞以足疾,欲令其台吉拜思噶尔及桑噶尔寨偕索尼等入谢,索尼曰:"汝欲解己罪而使二人行,吾岂为取拜思噶尔等而来耶?"奥巴乃使人请曰:"上恕我,我固应肉袒谢,惧不我容而逐我耳。"索尼曰:"皇上覆载如天地,汝果引愆入朝,虽有罪必蒙矜恤。"奥巴叩首,决计入朝。索尼见其悔罪输诚,与阿珠祜偕其大臣党阿赖先归奏状,俱称旨。

三年,从征明至燕京,明宁远巡抚袁崇焕等赴援,列营于城东南。索尼奉谕,传令左翼迎击。贝勒豪格先驰入阵,敌兵蹙之,矢石如雨。索尼跃马突入,东西冲击,斩杀甚众,遂拔贝勒于重围。明年正月,大军至榛子镇,城内无官守。索尼同文臣达海颁汉字诏谕,降其民,复招抚沙河驿。越日,拔永平,与达海等奉命执黄旗于城上,以汉语遍喻军民,皆归顺。二月,班师,随贝勒阿巴泰等率将士守永平。五年正月,朝鲜使臣朴兰英来朝,赐其王参,兰英以赏薄辞,索尼与参领英俄尔岱等斥责之,兰英惧,拜命。七月,擢吏部启心郎。从征明,围大凌河城,明兵自锦州赴援,索尼持短兵步战,败之。九月,奉命往沈阳,宣布捷音。逾月,偕参将祝世昌率汉军千六百人及朝鲜使臣至军营。十二月,与达海等奏定元旦朝贺仪制。明年,从征察哈尔,由大同入明边,取阜台寨。会六部官署工竣,上召索尼及诸启心郎,谕以"启迪诸贝勒,俾勤事改过,毋旷厥官"。八年,以索尼任职吏部事无阙失,授骑都尉世职,仍与学士罗什等日直内院。凡宣示谕旨及察审功罪,咸当上意。值有旨以郡王礼祭贝勒岳托,吏部尚书阿拜误以岳托子袭封郡王,传语都统叶臣。事闻,下廷臣议误传诏旨罪,以索尼任吏部郎官,应连坐,论罚锾。上曰:"索尼未经奉旨,岂肯妄言?"特命免议。崇德八年,考绩,超授三等男。

世祖章皇帝顺治元年,都统何洛会等讦告肃亲王豪格言词悖妄,王坐废为庶人。诏王大臣集众宣示,以索尼忠贞戮力,不附肃王,与都统谭泰、护军统领图赖并赐鞍马。二年,晋二等子。是时,睿亲王多尔衮摄政,以索尼既列子爵,不宜复列郎官,令解启心郎任,仍理部事。先是,索尼叔父希福以不附睿亲王,为谭泰构罪,劾罢。未几,索尼发谭泰隐匿谕旨事,谭泰亦坐削公爵。有求古琴于索尼者,索尼于库内取漆琴与之。索尼又尝令仆从于禁门桥下捕鱼,见库院草长使牧者秣马院中。谭泰遂胪状劾索尼,下法司勘讯,论死。睿亲王奏从轻典,削世爵,永不叙用,遂罢废。三年正月,图赖劾谭泰,事涉索尼,逮问。图赖曰:"谭泰有罪,吾于途次作书致索尼,使启睿亲王。"索尼以不启闻。及讯赍书者塞尔特,曰:"书达索尼。索尼嘱我勿言也。"诸大臣论索尼罪当斩,王亲鞫之,索尼曰:"吾发谭泰擅隐谕旨罪,顾匿图赖书以庇之乎?"复讯塞尔特,因得佐领希思汉虑谭泰得罪,投书于河状,索尼遂昭雪。寻复授二等子。索尼终不附睿亲王,于政事多以理争,王由是恶之。五年,以贝子屯齐等讦告索尼于崇德八年秋与图赖等谋立肃亲王,私结盟誓,议罪应死,有旨免死,褫职,输赎锾,遣守昭陵,追夺赏赐。

八年,上既躬亲大政,以前议索尼罪不实,特召还朝,复其爵。遇恩诏,晋三等伯,予世袭。九年,复命诸王议功,晋一等伯,赐敕免死二次。擢内大臣,兼议政大臣,总管内务府事。十七年,应诏上言十一事:"一曰小民冤抑,有司不为详审者,宜别为严察,使无壅于上闻;二曰凡犯罪发觉,问官以奉有严旨,往往不察其情,辄加重罪,不无枉滥,乞敕法司量情详慎;三曰前议福建将士罪,在大将军者止削一不世袭之骑都尉,而所属将领,其子爵、男爵乃尽议革,轻重不均,有乖惩劝,请敕更正;四曰凡开国之臣,自骑都尉以上,皆有功行间,及赞成大业者,所授之职,宜予世袭,其后非有战功,恩诏所加,不宜给世袭敕书;五曰在外诸藩,风俗不齐,若必严以内定之例,恐反滋扰,宜格外宽容;六曰近闻大臣势豪,夺据行市,奸宄之徒,投托指引,以攘货财,请旨严禁;七曰今四方商贾,担负捆载来京者,多为旗下大臣家人,短价强买,人将畏而不前,请察禁;八曰诸王贝勒以及各官私引玉泉山之水为灌溉,致竭泉流,当禁;九曰边外木植,皆商人雇民采伐,水运解部,故额税之外,令自售卖,使利及商人,今闻大臣于采木之地,私行强佔,以致商不聊生,请禁止;十曰大臣不殚力公事,惟饰宅第,请惩禁;十一曰五城审事诸官,遇世族富家与穷民构讼,必罪穷民,曲意徇私,不思执法,请严饬,无得枉情纳贿,恣意妄行。"疏入,上以所奏皆实事,宜申禁,饬部议行。

十八年正月,世祖升遐,遗诏以索尼与大臣苏克萨哈、遏必隆、鳌拜四人辅政,于是索尼及诸臣盟誓受事。寻苏克萨哈与鳌拜争事成隙,索尼恶之,年已老矣,且有疾。康熙六年正月,与辅臣等奏请圣祖仁皇帝亲政。四月,上谕吏部曰:"辅政大臣伯索尼,太祖高皇帝时黾勉效力,太宗文皇帝任以内外大事,悉能果断,殚厥忠诚。世祖章皇帝时亦任以内外大事,竭忠纯笃。以其勋旧忠贞,堪受重托,遗诏俾令辅政,恪遵顾命,夙夜靖共,厥绩茂焉!今既染疴,且复年迈,宜特加恩宠,以示酬庸之典。"下王大臣会议,晋一等公,与前所授一等伯,并世袭。索尼以宠荣逾分,悚仄难安,陈情辞一等公爵。得旨嘉奖,仍令祗遵成命,不必逊辞。

是年七月,卒,赐祭葬有加礼,谥文忠。以第五子心裕袭一等伯,第六子法保袭一等公,长子噶布喇任至领侍卫内大臣。十三年十二月,圣祖因孝诚仁皇后推恩所生,授为一等公。第三子索额图别有传。

【校勘记】

〔一〕复诏索尼与侍卫阿珠祜赍谕饬责土谢图额驸奥巴 "祜"原作"祐",形似而讹。满传卷四叶四二上,及耆献类征卷四一叶一二下均同。今据文录卷四叶二七下作"阿朱户","户"、"祜"音同改。下同。

遏必隆

遏必隆,满洲镶黄旗人,姓钮祜禄氏,额亦都第十六子也。母和硕公主。天聪八年,太宗文皇帝赐敕命遏必隆袭其父一等子爵,任侍卫。九年,诏免功臣徭役,遏必隆与焉,并给人户,使管佐领事。贝勒尼堪福晋,遏必隆兄都统图尔格之女也,无子,谋取仆妇女作为己生。尼堪入奏,命刑部承政索海等会鞫之,遏必隆告于郑亲王济尔哈朗曰:"索海与尼堪为姻戚,恐左祖,宜勿与讯。"及会勘福晋谋作事实,遏必隆坐徇庇欺诳,削爵。

崇德六年,从上征明,移营松山,浚濠环守。明总兵曹变蛟率乳峰山步骑,欲弃寨突围出,屡犯两黄旗营,遏必隆连击败之。夜三鼓,变蛟集败兵突犯御营,遏必隆与侍卫坤巴图鲁、巴什塔及大臣锡翰等坚守后营门垒,力战,殪十馀人。变蛟负创,以其众遁走。诏守卫不严诸臣输罚锾,分赉御敌将士,遏必隆得优赏。七年,随饶馀贝勒阿巴泰等征明,入长城,克蓟州;进兵山东,抵兖州,攻夏津,先登,克其城,授骑都尉世职。

顺治二年,流贼李自成遗孽李锦与贼党郝摇旗等窜聚湖广为乱,荆、襄、武、汉道路多梗,遏必隆随顺承郡王勒克德浑往讨之。师次武昌,贼据守要隘,遏必隆先众攻击,大军继进,斩杀无算,遂拔铁门关。叙功,晋二等轻车都尉。

五年,兄子侍卫科普索讦其与白旗诸王有隙,设兵护门事,论死,籍没。得旨,免死,革世职及佐领,籍家产之半。八年,世祖章皇帝既亲政,遏必隆讼削职冤,诏复职。明年,科普索获罪,以所袭图尔格之二等公爵,令遏必隆并袭为一等公。有护军摆思哈喇者,当太宗上宾时,托疾不守门。至是,已授骑都尉又一云骑尉,遏必隆举劾其前罪,下部鞫实,置之法,籍其家以与遏必隆。旋任议政大臣。三月,掌銮仪卫事。十月,擢领侍卫内大臣。十四年,加少保兼太子太保,寻加少傅兼太子太傅。

十八年,受遗诏,与索尼、苏克萨哈、鳌拜同为辅政大臣。康熙六年三月，御史张惟赤疏请圣祖仁皇帝亲政，于是索尼等以归政请，遏必隆亦恳请再三。是岁七月，上躬亲大政，谕部加恩辅臣，以示酬庸之典。诏从部议，加赐遏必隆一等公爵，复以其长子法喀袭原授之一等公。遏必隆奏辞，不允，赐戴双眼孔雀翎。明年，加太师。寻乞罢辅政，温谕慰留。又明年，再请，乃许。先是辅政时，索尼老病，鳌拜多专政，与苏克萨哈不相能，遏必隆不能自异。及鳌拜倡圈易旗地之令，中外大臣皆谓为不便，遏必隆欲停止，窥鳌拜意在必行，遂弗与争。既而鳌拜矫旨诛大学士苏纳海等，复族诛苏克萨哈，遏必隆皆不为阻，亦不入奏。八年，鳌拜获罪，上以遏必隆同列辅政，明知其恶而缄口不语，诏法司并逮问，论死。上复念其结党无实，宥之，削太师衔及后赐之一等公。九年，谕兵部曰："前以辅政大臣遏必隆知鳌拜树党乱政，不豫行纠劾，故坐之罪。今念其为皇考顾命大臣，且勋臣子，其咎止于因循瞻顾，未尝躬负重愆，特为宽宥，仍以公爵宿卫内廷。"遏必隆遂以一等公品级入朝侍直。

十二年十二月，疾笃，上临视慰问。及卒，赐祭葬，谥恪僖，勒石墓道。碑文称其"赋性敬慎，制行端方，悫诚报国，著有勤劳"云。寻以册立孝昭仁皇后，推恩所生，特旨令立家庙，赐御制碑文，复御书"策名金石"四字，以额其祠。五十一年，上念遏必隆曾袭其父世爵，缘事削除，未袭，特命以其第四子殷德袭一等子世爵。

杨雍建

杨雍建，浙江海宁人。顺治十二年进士，除广东高要县知县。十五年，<u>两广</u>总督<u>王国光</u>疏荐贤能，谓其"恤困穷若痌身，厘奸弊如浣己"。于是行取入<u>京</u>考选，授兵科给事中。

时<u>平南王尚可喜</u>、<u>靖南王耿继茂</u>并镇<u>广东</u>。十六年正月，<u>雍建</u>疏言："臣前官<u>粤</u>东，目击<u>粤</u>民困苦，由两藩并镇。每印官缺员，市井无赖辄重贿钻营委署，取偿民间。凡往来馈运，土木工作，役民无限制；增立盐埠，分设私税，纵悍兵开山伐木，夺商贾利；复于正赋外，以藩令采买，名曰'王谷王席'；皆责民供应，民困已极。请移一藩于他省，俾<u>粤</u>民苏息。"疏下部议，以藩王应约束弁兵，勿干预印官委署，累商害民，请旨饬禁。寻诏移<u>耿继茂</u>镇<u>四川</u>，旋改镇<u>福建</u>。先是，上欲幸<u>南苑</u>，<u>雍建</u>具疏谏止。上既宣谕以阅兵习武之义，复命<u>雍建</u>同科道官随往。翼日，<u>雍建</u>疏："昨奉上谕，阅武<u>南苑</u>，令诸臣侍从，臣因得睹军容之盛、武备之备。知皇上安不忘危，原非无事而出。始深悔前疏之愚昧无知，皆由沽名钓誉习气未除。仰请敕部处分。"疏入，得旨宽免。四月，疏劾铨政舛错，下宗人府、都察院会议，吏部诸臣削级罚俸有差。五月，海贼<u>郑成功</u>陷<u>镇江</u>，犯<u>江宁</u>，<u>雍建</u>劾兵部尚书<u>梁清标</u>等不经画于几先，又不图维于事后，请严旨申饬，俾痛改积习。疏下吏部察议，兵部诸臣削级、罚俸有差。

<u>雍建</u>累转礼科、吏科，至刑科给事中、〔一〕掌印给事中。疏言："<u>明</u>季仕途分门立户，意见横生，国事遂不可问，由社盟标榜、排挤、报复所致。请严饬学臣禁止士子立社结盟，以杜朋党之渐。"又奏定乡、会两试绝营竞、防弊窦之例。疏俱下部议行。<u>康熙</u>三年十二月，因彗星见，上疏："请修省，广求直言，详询利病，有可惠民者，立赐举行。"疏入，得旨："<u>杨雍建</u>直言可嘉。星象

示异,皆敷政失宜所致。今惟力图修省,务期允当,以答天心。"寻诏内外臣工各抒所见,勿因循瞻顾。雍建又言:"治化之未淳,由于臣职之未尽。比者部臣于应议之事,或请移他部,或请下督抚,不肯直辞决断,一案之处分,经年未结;一事之行止,重复咨询。民间利病所关,惮于厘正,辄援往例请议。是惟以推诿为卸责,而无任事之实心也。督抚知百姓之苦于私派浮征,而不为建长策以除积困;见有司之贪暴掊克,间有特纠者,反为摘小罪以引轻条。是惟以蒙蔽为养奸,而无澄清之实政也。请严饬内外臣工力图称职,如仍蹈旧辙,立予罢斥。"上是其言。

　　四年,户部议令江、浙二省停运白粮,折银解部,以充兵饷。雍建言:"比年江、浙之米,每石值七八钱而止。今每石改折二两,加以耗羡,备办夫船之费,非本色三石不足以完折色之一石。臣以为有本色则有耗羡,有夫船既经改折,不应并耗羡夫船而又征之。必不得已而议折,则当权衡谷价之高下,以便于民;然亦可以权宜,不可以久远。乞敕巡抚量时价减征,并敕户部自今勿轻议改折。"疏并下所司知之。是年,得旨内升。十一年,命以四品顶带食俸,仍任给事中。寻迁兵部督捕理事官、右通政、太仆寺卿。十八年正月,擢左副都御史。疏劾江西巡抚佟国桢庸碌无能,下部察议,国桢降二级调用。二月,充会试副考官。

　　旋命巡抚贵州。时逆贼吴世璠尚据云南,雍建既至贵阳,请设抚标三营,兵部以例止二营议驳,奉旨:"贵州新经恢复,地方紧要,应如所请设立三营,后不为例。"又疏言:"贵阳残破,尚馀未毁室庐,宜招复流散人民,量减差役,使安其业,禁止借端私派。"上命雍建"速行招集流民还业,务令得所。除供应大兵诸正役外,有以私派扰民者,即指名劾奏"。二十年三月,以军兴旁午,奏停贵州本年乡试,俟来年补行。十月,疏言:"贵阳等七府土司钱粮,若归并附近知县,恐呼应不灵,宜仍令土司管理,责令知府督催。"下部议如所请。二十一年十二月,以考试武举策问,语涉讥讽,部议革职,得旨:"杨雍建为封疆大臣,如管兵官员不职,应即具疏纠劾。考试关系大典,乃于策题内暗含讥讽,殊属不合。本当如议革职,姑宽削去所有加级纪录,仍降五级留任。"

二十三年八月,授兵部左侍郎。二十五年十一月,以母老病,归养。既终制,以部议保举失当,应降二级,未赴补。三十八年,上巡幸浙江,赐御书"松乔堂"匾额。三十九年,诏旧任巡抚、学政诸臣分修河工,雍建修高家堰堤工。工竣,议叙,复所降级。四十三年五月,卒于家,赐祭葬如例。

【校勘记】

〔一〕至刑科给事中　原脱"中"字。汉传卷三叶五四上同。今据下文"十一年命以四品顶带食俸仍任给事中"补。按耆献类征卷五〇叶一七下不脱。

米思翰　　子李荣保

米思翰,满洲镶黄旗人,姓富察氏,哈什屯长子也。康熙三年,由侍卫袭父一等男兼一云骑尉,管佐领事。六年,任内务府总管。时辅政大臣有欲假用尚方器具者,米思翰俱严拒之,不以予。圣祖仁皇帝既亲政,知其守正不阿,授礼部侍郎。八年,擢户部尚书,旋列议政大臣。先是,各省岁赋听布政使存留司库,每有挪移亏缺之弊。米思翰疏请通饬各省,自俸饷诸经费,所馀悉解部。由是勾稽出纳,了如指掌。

　　是时天下一统,边境戡宁,而尚可喜镇广东,耿精忠镇福建,藩属将弁,咸惰游骄纵。吴三桂镇云南,尤自恣,要请无已,俸饷多浮糜,输挽滋劳费。十二年,可喜请撤藩移辽东,三桂、精忠亦以是请,疏下户、兵二部议。米思翰与兵部尚书明珠等议令俱撤藩,移山海关外。时廷臣有言三桂不可撤者,以两议入奏,米思翰坚持宜撤,得旨允行。既而三桂叛,圣祖命王、贝勒、大臣率八旗兵征讨。议者以军需浩繁,谓宜就近调兵御守。米思翰言:“贼势猖獗,非绿旗兵所能制,宜以八旗劲旅会剿之。至军需,内外协济,足支十年,可无他虑。”于是请以内府所储分年发给,复综核各省库金仓粟,以时拨运,奏悉称旨。十三年六月,偕户部诸臣疏言:“大兵剿贼,屡奉明诏以正赋给军需。恐有司尚多借端私派,请敕各督抚严察所属,凡供应粮饷薪刍,一切动用官帑,毋许苛派。其购自民间者,务视时价支给,勿纤毫累民。”奉谕如议速行。是年十二月,卒,年四十有三。圣祖轸恤备至,予祭葬如典礼,谥敏果。

　　方吴三桂、耿精忠相继叛,滇、黔、楚、蜀、闽、粤悉为贼踞。人谓撤藩实速之生变,为持议者危之。圣祖尝谕廷臣曰:“朕自少时,以三藩势焰日炽,不可不撤。岂因其叛,诿过于人耶?”及逆贼殄平,圣祖追忆持议诸臣,犹谕称米思翰弗置。

　　子四,第四子李荣保袭一等男兼一云骑尉。初任侍卫,兼佐领。迁护军参领、前锋参领,至察哈尔总管。乾隆元年,马齐疏陈米思翰劳绩,得旨,入祀贤良祠。二年,以册立皇后彝典,追封李荣保一等公，予其第四子富文一等侯爵。十三年，册谥孝贤皇后，推恩先世，追封米思翰一等公，以富文袭。十四年，李荣保第十子大学士忠勇公傅恒经略金川，功成凯旋，赐建宗祠，春秋致祭，自哈什屯始，米思翰、李荣保并入祀。追谥李荣保曰庄悫。

巴泰

巴泰，汉军镶蓝旗人，姓金氏。天聪五年，任二等侍卫。从太宗文皇帝征明，围大凌河城。明兵自锦州趋援，我师与迎战，侍卫尼雅汉中伤坠马，巴泰驰入敌阵，援之以出。六年，从征明大同，敌驰射我参领席特库，巴泰突前冲击，敌遁走。崇德元年，随睿亲王多尔衮征明，至沙河，生擒哨骑一，斩九人，获马八。我侦敌者至杨村，为敌所困，巴泰驰击，斩其一人，敌溃走。旋师，出边，率十人侦敌三屯营，敌有夺我马驰者，巴泰追斩之，取马以归。六年，随郑亲王济尔哈朗征明锦州，败其总督洪承畴兵。比还，巴泰殿后，敌追者猝及，面中流矢，仍跃马挥刃，斩一人，敌乃却。上嘉其善战，并录前劳，授云骑尉世职。寻擢一等侍卫。

世祖章皇帝顺治二年，以劳绩久著，晋世职为骑都尉。寻遇恩诏，加一云骑尉。时睿亲王摄政，内大臣索尼、侍卫巴哈、护军统领鳌拜并以弗附睿亲王坐罪，罢任、降罚有差。巴泰亦弗附睿亲王，王间以“鳌拜、索尼相善否”，巴泰对“弗知”；又问“尔与索尼善否”，对曰：“我二人同直，相善。”于是罪以伪称“弗知”，削云骑尉世职，并罚锾。世祖既亲政，复世职。屡遇恩诏，晋至二等轻车都尉。十五年，命列散秩大臣。旋擢内大臣。

圣祖仁皇帝康熙三年，擢国史院大学士，赐敕嘉其曩日不附睿亲王,克抒忠悃,晋爵三等男。六年,充纂修世祖实录总裁官。时鳌拜辅政,恶巴泰不附己,会以辅政大臣苏克萨哈论事龃龉,[一]构陷其罪,集众定谳,虑巴泰有异议,弗使与闻。七年二月,巴泰以疾解任。八年五月,鳌拜获罪逮系,上召巴泰授秘书院大学士,仍充实录总裁官。九年十一月,改内院为殿阁,以巴泰为中和殿大学士,兼吏部尚书,又赐敕嘉其忠荩勤劳,晋爵一等子。十一年,以实录告成,赐银币、鞍马,加太子太傅。

十三年,以疾乞休,诏解任调理。十四年,命仍入阁办事。十六年七月,引年乞休,奉旨:"卿以年迈请休,情词恳切,准原品休致。念卿宣力有年,清端勤慎,以朕所御冠服特赐与卿,用旌老臣,昭朕始终眷念。"十九年,复起为正黄旗汉军都统。二十三年,乞解任,得旨俞允,仍命以内大臣衔与朝请。二十九年,卒,予祭葬如典礼,谥文恪。子苏赫,袭爵。

【校勘记】

〔一〕会以辅政大臣苏克萨哈论事龃龉 "会"原误作"曾"。耆献类征卷一叶三三下同。今据满传卷一〇叶四〇上改。

佟国印

佟国印,汉军正蓝旗人。父佟恒年,以骁骑校随其从父佟养正守朝鲜界之镇江城。太祖高皇帝天命六年,守城中军陈良策叛,执养正投明总兵毛文龙,恒年亦被执,不屈死,赠骑都尉世职。以弟成年袭,寻卒,佟国印袭职。太宗文皇帝崇德三年,授工部副理事官。六年,随睿亲王多尔衮征明,围锦州,与都统石廷柱击败李洪步兵。上寻亲统大军进征,围明总兵洪承畴于松山,敌兵有逸入高桥南三台者,国印与都统刘之源以炮攻克之,尽歼其众。七年四月,郑亲王济尔哈朗等围杏山、塔山,国印俱以炮击其城,下之。叙功,加一云骑尉。寻迁工部理事官。奉命同副都统马光辉等赴锦州督铸神威炮。十月,随饶馀贝勒阿巴泰征明,由黄崖口入边。时明将于沿边设台,分兵防守甚密,而国印同都统李国翰屡击败敌众,克边台七,又击败墙子岭守兵。八年,郑亲王征明宁远,既克中后所,进取前屯卫,国印以红衣炮击其城;风回,炮火伤额下,创甚,攻城益力,卒克之。世祖章皇帝顺治元年,叙功,晋二等轻车都尉。三年,擢工部右侍郎。七年、九年,三遇恩诏,晋爵三等男。十二年,以疾解任。康熙十一年四月,卒,赐祭葬如例。

子佟世德,初因国印乞休,袭爵。寻授参领。康熙十三年,擢正蓝旗汉军副都统。十四年八月,随贝勒洞鄂征叛镇王辅臣于平凉,贼众迎拒,世德同都统海尔图率兵击却之。贼复倚山据险列阵,世德率兵直前冲击,破贼阵,追斩甚众。十五年,同前锋统领穆占设伏于平凉之南山,擒贼侦卒,击败贼骑百馀。贼将屡纠众来犯,世德率兵五战皆捷,复以红衣炮击毁贼垒,歼贼无算。寻招降王辅臣及其叛党陈彭等,并在事有功。十七年五月,命随抚远大将军图海规复汉中、兴安。十九年五月,卒于军,赐祭葬如例。子铨,袭爵。

杜笃祜

杜笃祜,山西蒲州人。明崇祯举人。世祖章皇帝顺治二年,授延安府推官。五年，行取，授户科给事中。七年，疏言："各省钱粮，总归户部。我朝定鼎七年，以数千万金钱任部臣之出入，从无一疏奏销，年复一年，互相隐卸。臣职司部垣，屡催通州坐粮厅收发漕粮清册，久不造报。一事如此，其馀可知。请敕循旧例，年终逐一奏销，以杜蒙混。又司官出差期满，必经堂官考核，题准回部管事，方许另差。乃有扬州钞关主事张彦珩甫届报满，户部不行考核，辄题管大迊桥粮务，专擅违例，并请旨严饬。"疏下内院及吏部察议。寻议钱粮虽有册档可据，不依例奏销，实为怠玩；司官差满，未经考核，不应题差：户部诸臣降罚有差。

八年四月，命赴山西赍颁恩诏，还奏："沿途目击达赖喇嘛等自直隶赴山西，遇大雨泥泞，车辆迟滞，夫马苦遭鞭挞，以致驿夫毙命者六人，倒毙马骡共十九匹。应请旨敕理藩院严饬。嗣后满、汉奉差官员，如有额外需索，苦累驿递，各抚按指名劾奏治罪。"下部议，如所请。八月，充山东正考官。九年七月，迁吏科左给事中。十二月，疏劾左都御史房可壮自任总宪，不能秉公纠驳，惟以无益条陈，苟且塞责。大计在即，举劾尤宜公正，难容尸位素餐。请赐处分。上命可壮回奏，奏上，笃祜复劾其疏词支饰，可壮乞休归。事详房可壮传。

十年三月，笃祜疏言："前明诏天下户口编造黄册，所以定赋役，核隐漏，清逃亡，为法甚善。今赋役岂无溷冒，户口岂无凋零，奸民豪户岂无飞派，贪官污吏岂无挪移；况穷民之失业者，累及里图，绅衿之优免者，加诸贫弱。请查照前明旧例，斟酌行之。其过割之影射作何清剔，审编之隐瞒作何厘正，户口之倒绝作何开除，流移之就居作何安顿，务将丁粮户口编辑全书，以重民命。"上以奏有可采,下部议行。十一年三月,迁户科都给事中。四月,疏陈清厘关弊四事:"一、关员例以一年报满,而吏员积年不换,把持既久,索端愈工,宜令役满者通行裁革;一、商税止听各关报销,无凭稽核,请别立税票,分给商船,径投所在官司,按票造册,送部磨对,以杜侵欺;一、各关主事宜回避本籍,豫绝弊端;一、差满缴批,毋得逾限,逗遛滋事。"下部议,从之。是月,又言:"通政使准过状词,请敕部速结,以伸冤抑。"又因<u>直隶</u><u>滦城</u>等州县奉诏蠲免钱粮,仍私自征收,请敕各督抚清查被灾户口,提验各户由单,会送部科磨对,使贪官藏奸无所。并从之。五月,疏言:"<u>直隶</u>报销国课,本以防奸,讵里书指名摊派,牧令复借称上官经承使费,上下分肥,至赃败被参,累民已甚。"上曰:"销算钱粮,摊派使费,急宜痛革。其酌定画一之规,以除民害。"寻允部议州县逐年分晰款项,备造清册,由司达部,不得派费滋弊,苦累小民,并谕各督抚严饬行。八月,升太仆寺少卿。十三年四月,迁左通政。六月,迁宗人府府丞。十月,擢户部侍郎。明年,丁母忧,归。十五年,服阕,补原官。十六年三月,谕奖勤劳奉职诸臣,加笃祜太子少保。

　　<u>圣祖仁皇帝康熙</u>四年,调工部侍郎,七年,转吏部。九年三月,擢都察院左都御史。五月,因御史<u>季振宜</u>劾吏部尚书<u>黄机</u>以降级侍郎蒙混开列,升授尚书,下都察院及吏部议。以<u>笃祜</u>前任吏部侍郎时,与尚书<u>玛希纳</u>等徇庇不举,应降级,得旨宽免。十一月,疏言:"降级革任人员,不论有无冤抑,甫经离任,即具呈辨,复不足以清铨法。"疏下部议禁止。十一月,以京察届期,上言:"八法处分,应详注劣迹,无得混称,不孚众论;又六科向无堂

官,止令本科掌印开送,恐有瞻徇,应移送吏部、都察院堂官考察。"皆下部议行。明年二月,乞休,命以原官致仕。寻,卒于家。

对喀纳

对喀纳,满洲正蓝旗人,姓钮祜禄氏。世祖章皇帝顺治二年,由内院笔帖式迁工部主事。九年,迁郎中。十一年,迁刑部启心郎。十五年,裁缺。十七年,补都察院左副都御史。十八年二月,迁刑部侍郎。康熙五年,擢本部尚书。

六年五月,圣祖仁皇帝诏臣工指陈民生利病,对喀纳同尚书郝惟讷、侍郎麻勒吉等疏言:"卖身旗下之人,每与民间构讼,或本主为之代告,称妻子寄居其家,田宅财物坐落某处,某某借银若干,类多捏词索诈,株连无辜。窃思有银有产之人,岂肯卖身?亦无存留妻子而独卖己身之理?请嗣后通饬八旗及直隶各省,遇此等捏词,概不准理,庶狡徒稍戢,民生得安。"疏入,从之。七年九月,授国史院大学士,充世祖章皇帝实录总裁官。八年七月,谕曰:"刑部事务殷繁,人命所系,必得才猷练达之人,方克胜任。大学士对喀纳谙练刑部事务,着加太子太保,以国史院大学士管刑部尚书事。"九年,以内三院为内阁,对喀纳改文华殿大学士。

会吏部尚书马希纳解任,调对喀纳管吏部尚书事。十一年七月,副都御史李之芳疏言:"部院官失察胥役犯赃,应如州县例革职。"吏部以部院官员例不关防胥役,寝其议。[一]上以京官虽与外官有间,不应迥异,下九卿科道会议。寻议外官改罚俸一年,京官应罚俸六月。得旨申饬,令再议,谕责对喀纳曰:"胥役作弊,小民受害无穷。所司官理应从重处分,以清积蠹。今尔等俱已富贵,不念小民困苦,惟恐重处属员,致有干涉。初议京官不应处分,继议外官亦从末减,明系瞻徇。朕擢尔吏部尚书,自应殚心为国,矢公报效,乃全无主见,殊负委任之意。"于是定议外官处分仍旧,部院司官失察吏役犯赃,不及十两者,罚俸一年;过十两者,降一级留任。十二年六月,疏言:"旧例各省司、道、府、州、县召募经制书办、典吏、攒典等役,恐积久弊生,一岁一次转拨,约有数万人,甚为繁扰;且致文册生疏,每多舛讹遗漏。请照督、抚、盐院衙门之例,五年役满,停其转拨。"得旨允行。

十三年二月,以病乞休,温旨慰留。十四年九月,卒于官,年五十有七。赐祭葬如典礼,谥曰文端。

【校勘记】

〔一〕寝其议 "议"原误作"事"。耆献类征卷二叶三下同。今据满传卷二四叶五二下改。

傅达礼

傅达礼,满洲正黄旗人,姓吴雅氏。由主事荐升员外郎、郎中。康熙六年,授内秘书院侍读学士。十年正月,改翰林院侍读学士。二月,充经筵讲官,寻又充日讲起居注官。十二月,擢掌院学士,兼礼部侍郎。谕曰:"翰林院起居注,职任重大,关系机密。朕以尔才品优卓,实可信任,故行简用。尔其黾勉,以副朕意!"十一年正月,教习庶吉士。

先是,上命儒臣翻译大学衍义。是年七月,告成。傅达礼奏请刊颁，得旨允行。十二年四月，谕曰："满、汉文义，照字翻译，可通用者甚多。后生子弟，渐致差谬。尔任翰林院掌院，[一]可将满语照汉文字汇，发明某字应如何用，某字当某处用，集成一书，使有益于后学。此书不必太急，宜详慎为之，务期永远可传，方为善也。"后书成，赐名清文鉴。五月，教习庶吉士。七月，重修太宗文皇帝实录，充副总裁。

八月，命同礼部侍郎哲尔肯往云南经理吴三桂撤藩起行事宜，谕曰："因尔等远往云南，料理迁移事务，特赐朕所佩刀各一口、良马各一匹。"十一月，三桂反，被留。十三年，大兵由湖广进剿，三桂释傅达礼等还。上嘉其不屈于贼，仍以原官用。十四年，以经筵讲章不称旨，罢。寻卒。

【校勘记】

〔一〕尔任翰林院掌院　原脱"掌院"二字。满传卷三五叶三三上，及耆献类征卷一一六叶三三上均同。今据仁录卷四二叶三上补。

朱国治

朱国治，汉军正黄旗人。世祖章皇帝顺治四年，由贡生授固安知县，荐擢顺德知府、霸昌道。十五年，内升大理寺少卿。十六年四月，迁大理寺卿。十一月，擢江宁巡抚。明年春，劾布政使陈培正庸劣累民，罢之。

时海贼郑成功盘踞外洋，出没江南滨海州县。国治疏言："郑逆未靖，欲破狡穴，先度形势：贼众负险，我师远涉风涛，其劳逸不同；贼众熟识海道，我师弓马便捷，其素习不同；水师舟楫，较之贼船，大小悬殊，其攻取器用不同。臣谓以守寓战，凡海边江口，多设墩台，待贼势困援绝，乘间攻之，自能擒渠献馘。"下所司议行。十八年，疏言："海防紧要，请移苏州海防同知于常熟，移松江海防同知于上海，各令其督修沿海桥梁、马路、墩堡，与各营汛将弁相机策应，使任专而事无歧误。"从之。又疏言："苏、松、常、镇四府钱粮，抗欠者多。因分别造册，绅士一万三千五百馀，衙役二百四十人，敕部察议。"部议现任官降二级调用，衿士褫革，衙役照赃治罪有差。时妖言惑众，吴县有潘应祥等，溧阳县有端应用等，国治先后捕诛之。康熙元年，丁父忧，不候代，归。部议擅离职守，革职。圣祖仁皇帝既亲政，诏起用。

十年，补云南巡抚。时吴三桂以平西王留守滇南，收蓄亡命，潜谋不轨。十二年七月，诡请移藩锦州，上念三桂久握重兵，恐滋蔓生变，特允所请，遣侍郎哲尔肯、学士傅达礼至云南经理其事。三桂期以十一月二十四日启行，国治方疏请增设驿堡，协拨夫马，以待迁移；而三桂与逆党胡国柱、夏国相、马宝等密谋叛逆，举兵扼守关隘。先期三日，邀国治及按察使李兴元、云南知府高显辰、同知刘昆胁之叛，皆不屈，国治骂贼尤烈，遂遇害。二十年，云南平，上命驿送国治椟及家属回京。二十一年，谕曰："朱国治当逆贼吴三桂反叛之初，抗不从逆，遂被杀害。捐躯殉难，深为可悯！其从优议恤。"乃加赠户部右侍郎，赐祭葬如典礼，荫一子入监。世宗宪皇帝时，入祀昭忠祠。

　　甘文焜　子国城　和善等

甘文焜，其先江西丰城人，后迁沈阳。父应魁，从世祖章皇帝入关,隶正蓝旗汉军,官至石匣副将。

文煜由兵部笔帖式,累迁礼部启心郎。圣祖仁皇帝御极,改大理寺少卿。康熙二年,迁顺天府尹。六年正月,授直隶巡抚。先是,左都御史郝惟讷以督抚亲莅属邑,官吏因缘派累民间,奏罢巡历例。七年六月,文煜疏言:"巡抚不巡视属邑,则吏治民隐无由悉知。如巡抚不贤,图润私家,虽坐守一城,而苛属扰民之事正多。若果贤,必自爱名节,减省从役,丝毫不以累人;而年岁丰歉,民间利病,有司贪廉,悉无遁情。请仍敕令巡视,但申严苛扰禁例,则不肖之人知儆,而实心任事者得尽职守。"疏下部详议,部臣执郝惟讷前奏,寝其事。上曰:"各省遇有水旱等灾,督抚减省仪从,速行履勘,庶不至颠倒重轻,〔一〕且可察访贪官蠹役,重加惩治,于苦累兵民之事,验时即行更改,其允文煜请,著为令。"九月,文煜疏报履勘涿、霸、安、祁等州,大兴、高阳、文安、武清、束鹿、清苑等县田地数万顷,秋雨为灾,请全蠲岁赋,已征夏税留抵来年,〔二〕部议按例减免有差。得旨:"朕闻保定、真定二府及霸昌道所属州县,被灾特甚,勘报十分、九分者,其尽行蠲免;内有已征者,留抵来年。"文煜复劾昌平、顺义、怀柔、密云、交河各州县官迟报水灾,得旨,下部处分如例。会总督白秉真以赈费浩繁,请听官绅等输纳银米,文煜输银三千助赈,议叙加衔工部侍郎。

旋擢云贵总督。八年五月,受事,奏禁各驿站于额设夫役外派民协助。时吴三桂镇云南,云贵总督驻贵阳。三桂欲藉边衅以固兵权,诡报土番康东入寇,又阴趣凯里诸苗煽乱,羽檄交驰,以觇文煜措置。文煜料康东无能为患,凯里近在肘腋,不制恐滋蔓难图,先督兵进剿,擒斩无算;连破贼巢,遣副将冶秉忠搜剿阿鲁山,阵斩贼酋阿戎,馀党悉平。乃以进剿康东师期移檄云南,而三桂果以康东远遁来告。文焜寻以滇疆辽阔,疏请巡视,因遍历各府州。十年三月,疏言:"滇、黔山路崎岖,且多瘴疠,官员卒于任者,请给勘合,由驿归榇。"疏下部议行。七月,以病求罢,上温旨慰留。九月,丁母忧,命在任守制。十一月,臻剖逆苗阿福倡乱,文焜遣兵捣其寨,阵斩千馀人,擒阿福诛之。文焜再疏乞归葬,许给假治丧。十二年十月,还贵阳任事。

时方允三桂撤藩之请,三桂期以十一月二十四日起行,阴结党羽谋反。先期三日,戕云南巡抚朱国治,分遣逆党逼贵阳。文焜闻变,即缮疏遣族弟文炯赍驰入告;复致书川湖总督蔡毓荣,趣其集兵沅州,联络楚、黔声援。先是,文焜回京治丧,三桂请以总督印付云南巡抚署理,假训练为名,尽调督标弁兵赴滇厚结之。至是,煽诱溃散,莫听文焜调遣。文焜既牒提督李本深领兵扼盘江上流以拒贼,适本深以书来觇文焜意,中多遁辞。文焜复为手书答之,略曰:"黔省安危,责在提督。逆贼受国厚恩,罔思图报,乃弄兵一隅,自取灭亡。我辈忠孝自矢,建树正在今日。尚其同心协力,手足相依。万一不济,惟有效张巡、南霁云以身殉国,断不稍存携贰也。"本深得书弗顾,竟踞安顺府从逆。贵州巡抚曹申吉亦降贼。文焜见城中将吏无一可与谋者,度贵阳不能守,惟镇远地势险阻,外可号召荆、楚之兵,内可抗扼滇、黔之隘,堵遏凶锋,力图剿灭,犹事之可为者。因令妾盛氏率妇女等七人自经死,即轻骑驰赴镇远,至则守将江义亦已从逆。文焜至吉祥寺,江义以兵环之。文焜叹曰:"封疆之臣,当死封疆。事至此无能为矣!"整衣冠,望阙再拜,遂自刎死,年四十有二。

第四子国城及笔帖式和善、雅图从死焉。

后数年,吴逆既平,贵州巡抚杨雍建疏陈文焜滇、黔政绩及遇贼死节事,得旨:"甘文焜总督云、贵,供职勤劳。吴逆反叛,捐躯殉难,忠节深为可悯!下所司优恤。"并允直隶巡抚于成龙请,遣其长子宣化府同知国均迎榇还京。至之日,遣大臣迎奠于卢沟桥,赠兵部尚书,赐祭葬如典礼,谥忠果,荫子国璧入监。二十五年,贵州巡抚阎兴邦以士民请建专祠于贵阳入奏,御书"劲节"二字额其祠。世宗宪皇帝时,以文焜入祀昭忠祠。

【校勘记】

〔一〕督抚减省仪从速行履勘庶不至颠倒重轻　"仪从"原误作"从役",又"重轻"颠倒作"轻重"。满传卷一七叶四上,及耆献类征卷三三八叶一一下均同。今据仁录卷二六叶一七下改正。

〔二〕已征夏税留抵来年　"留"原作"流",音近而误。满传卷一七叶四下,及耆献类征卷三三八叶一一下均同。今据仁录卷二七叶一五上改。下同。

范承谟

范承谟,汉军镶黄旗人,大学士范文程第二子也。初任侍卫。顺治八年,更定八旗汉军考试之例,承谟中式举人。明年,成进士,选庶吉士,授弘文院编修。十二年,迁秘书院侍读学士。十八年,圣祖仁皇帝御极,擢国史院学士。康熙三年,以疾乞假。寻补秘书院学士,教习庶吉士,充纂修世祖章皇帝实录副总裁官。

七年,授浙江巡抚。九年,杭州、嘉兴、湖州、绍兴诸府被水,承谟奏贷藩库银八万两,籴米湖广以平粜;应征漕米请每石折银一两,于明年麦熟后征解;其白粮分三年带征;被灾重者如例蠲免:并得旨允行。先是,宁波、金华、衢、台、温、处诸府属荒田,以前任总督赵廷臣请除额赋,有旨令承谟履勘。至是,承谟遍历其地,奏豁免荒田地二十九万四千六百馀亩、水冲缺额田地二万一千九百馀亩。十年,以疾请解任,命乘驿回京调理。浙江总督刘兆麒、提督塞白理各疏言:"浙省年来当荒敝时,而生民不致重困者,皆抚臣承谟之力。今以病请告,百姓投词攀留,积一百五十馀纸,不敢壅于上闻。"给事中姜希辙、柯耸,御史何元英等亦言:"承谟受事三载,爱民如子,馈遗请谒不通。劾奏贪墨,廉治巨猾,剔除加耗、陋规、私派积弊。单骑勘荒,悉心赈恤,浙人爱戴,深于饥渴。今虽积劳致疾,恳特敕勉留。"上谕吏部曰:"前因浙江巡抚范承谟以患病具奏,准其回京调理。今据提督等奏,称百姓爱戴,号泣请留,情词恳切。特顺民情,仍留原任。"十一年八月,承谟疏言:"浙省征输白粮,其加耗多寡不一,湖州每石加五斗五升,嘉兴每石加八斗,为运丁春办诸费。请嗣后令粮户以春白米输纳,概限加耗四斗五升。"又请豁台、温二卫康熙九年以前荒逋银两,及石门、平阳未完轻赍月粮等项。皆下户部议行。

十月,擢福建总督。承谟以海疆重任难副辞,上弗允,因疏请陛见。十二年七月,至京,召对,承谟旧疾未痊,上遣御医诊视,赐药饵。逾月,疾稍愈,命驰赴新任,赐冠服、鞍马,遣侍卫乌丹传谕曰:"尔向有贤声,与他人不同。且福建边疆重地,海氛未靖,尔其益加勉励,副朕委任。"初,福建总督驻漳州。至是,将撤靖南藩属还京,特命移驻福州。承谟奏携其家属,赐蒙古壮勇八十馀人以行。甫抵任,闻逆藩吴三桂反。承谟察耿精忠有异志,综计督标兵少,又与精忠所部习不足恃,乃疏言:"闽省经制兵,自康熙八年依部议裁汰,已及三千馀名,尚应裁二千五百馀名。现在兵单汛广,请暂停裁汰,遇缺以投诚人充补。"又请巡行海滨,酌宽边界,令民开垦,分遣镇兵屯粮隙地,以裕军饷。

疏上,未及行,精忠已叛,先佯言海寇至,邀承谟议事。巡抚刘秉政阴附精忠,促承谟行。承谟知有变,左右请擐甲以从,承谟曰:"众寡不敌,备无益也。"乃坦然按辔,至则逆众蜂屯露刃,承谟挺身前,抗辞骂贼。精忠困以桎梏,闭之隘室,昼夜防伺甚密,使毋死。承谟骂不绝口。一日,精忠遣秉政说之降,承谟奋足蹴秉政仆地,叱左右掖出,曰:"贼诛戮将不远,兹先褫其魄矣!"为贼困逾二年,冠赐冠,衣辞母时衣,每朔望,奉时宪书一册悬之北面跪拜。间为诗文,以柽炭画壁上。当承谟甫为贼困时,部曲有张福建者,手双刀,奋呼夺门,连毙贼人,力竭被执死。又蒙古人嘛尼为伪散骑郎,精忠遣之守承谟,感承谟忠义,谋使出走。事泄,精忠将磔之,嘛尼大言曰:"吾宁与忠臣俱死,不愿与尔逆贼同生!"

及大兵破仙霞关,精忠将降,饰辞冀免死,忌承谟暴其罪恶,夜遣逆党逼承谟就缢。幕宾无锡嵇永仁、会稽王龙光、华亭沈天成、从弟承谱及亲属家丁、隶卒五十三人,并遇害。贼移尸,焚诸野。泰宁骑兵许鼎乘夜负承谟烬骸藏之。明年,榇还京,上遣内大臣、侍卫奠酒。

福建巡抚杨熙疏列精忠叛后死事诸臣，为承谟请优恤。总督郎廷相复专疏言：“承谟于康熙十三年三月精忠邀以会商公事，胁之从逆。承谟愤怒不屈，遂遭羁絷。至十五年九月十六夜半，精忠遣人缢之。承谟犹言‘主恩未报’，整衣冠叩首，然后就缢。亲属幕宾及随从诸人尽被贼缢死。闽人追思其任总督时，多爱民惠政，闻遭惨变，每酸心掩泣言之。其纯忠劲节，久而愈坚。富贵荣利，不能动其心；妻子昆弟，不足萦其虑。视仓卒遇变、激烈捐躯者，更未易多得。乞敕部优加赠谥恤荫，并于闽省立祠褒示，以慰人心。”诏所司优议，赠兵部尚书，加太子少保，荫一子入监，赐祭葬如典礼，谥忠贞。御书碑文赐其家。三十四年，福建巡抚卞永誉以士民吁建专祠于福州入奏，御书“忠贞炳日”，以额其祠。

四十七年，承谟子时崇，官广东巡抚，复疏述前此福建督抚为嵇永仁等请赠部臣，以生员无赠衔例寝议，乞特敕追赠入祠，于是赠嵇永仁、王龙光、沈天成、范承谱国子监助教、学正有差，并从祀承谟祠。世宗宪皇帝时，以承谟与嵇永仁等入祀昭忠祠。承谟所著有吾庐稿、浙闽奏议、百苦吟、画壁集。

圣祖仁皇帝又尝允时崇请，御制承谟画壁集序曰：“朕惟帝王教化，首重名节，所以维系人心，扶树纲纪也。古人臣以身事主，守土膺疆，或遇蛮贼潜生、豺狼勃起则捐躯，矢志取义成仁，而其激烈慷慨之气，间发为文辞，虽质直无华，后世论录，终有不可泯灭者，以其出于忠义之诚，本乎性情之正也。福建总督范承谟名臣之子，授节闽海，方值逆竖盗兵，偏隅煽焰，筹略未展，横罹幽絷，阅三寒暑，贞操弥坚。故其矗然不淬之志，萦纡郁屈，无所摅露，乃以墙壁为书笺，以桴薪为笔墨，题分甲乙，字辨衡从，日月既深，篇章渐积，名曰画壁，记实也。卒能终始不挠，归于正命。若承谟者，可谓冒白刃而不疑，守丹心而自信者矣。夫以茹荼含蘖之馀，每念不忘君父，故诗文不必尽合于古之作者，而浩然之气流行充溢。当其胸填声咽，发植风生，土块灰丸，同于利剑，秃毫断梗，等比霜矛，写忠孝之性灵，夺奸凶之残魄，是又岂刻雕藻绘、涂饰虚浮者之所能及乎？自三逆既灭，寰宇谧宁，恤典频加，恩纶屡降，固已延赏后昆，光贲泉壤矣！兹特允其子时崇所请，复为序其存稿。盖善善从长，春秋之义。弁章特锡，数出非常，庶几追妥忠魂，亦以风厉臣节焉。”

马雄镇

马雄镇，汉军镶红旗人，总督鸣佩子也。顺治十三年，由荫生授工部副理事官。累迁宗人府启心郎、都察院左金都御史、国史院学士。康熙八年，授山西巡抚，未之任，改广西巡抚。时左江奸民杨其清等妖言煽众，谋不轨。右江妖僧假明宗室为乱，群盗莫扶化等结僮蛮掠梧州、平乐二府。雄镇悉讨平之，疏请定边俸升迁之例，除兵粮运费之征，皆得旨允行。

十二年，逆藩吴三桂反。明年二月，广西驻防将军孙延龄叛应之，杀都统王永年等，劫巡抚廨署。时巡抚无标兵，雄镇督家人拒战，移檄梧州趣提督马雄率兵赴援。雄迁延不至，而延龄胁降甚急。雄镇自经，为家人救免，即以蜡丸驰疏请兵。延龄侦知，絷雄镇及家属四十馀人于别室，绝食数日，不死。吴三桂遣使招之，雄镇麾其使，誓不屈。先是，庆阳知府傅弘烈以豫发吴三桂逆谋，坐诬，谪戍苍梧。至是，劝延龄反正。延龄踌躇未决，雄镇遣其子世济、世永，孙国桢，先后由间道归京师，复疏言："广西人心不甘从逆，若大军速至，可图恢复。广西既复，则三桂腹背受敌矣。"

十六年十月，三桂遣从孙世琮杀延龄，拥雄镇至贼垒，诱降。雄镇大呼曰："吾奉命巡抚广西，义守封疆，恨不能斩汝首以报国。今讨贼不遂，死吾分也！"贼戕其幼子世洪、世泰以惧之。雄镇骂益厉，遂遇害。从者马云皋、唐进宝等九人咸引颈受刃。时雄镇年四十有四。妻李氏，妾顾氏、刘氏，女二，及世济妻董氏、妾苗氏，同日自缢死。幕客孙成、陈文焕乘间脱走，由平乐达苍梧，以雄镇所著击笏楼遗稿及汇草辨疑归之世济。明年，傅弘烈为广西巡抚，疏述其事，圣祖仁皇帝嘉雄镇忠烈，下所司议恤。

方雄镇之遣世济行也，全州人易友亮实导之出。及世永、国桢之行，年俱幼，贼伺之甚密。友亮复以州人唐守道、唐正发谋穴垣出之。雄镇既遇害，友亮收其骸骨，稿葬焉。至是，世济恩授大理寺少卿，易友亮、唐守道、唐正发授游击、守备，孙成、陈文焕授同知、知县有差。十八年，世济请赴广西收父骸骨，得旨："马雄镇当逆贼叛乱之时，克笃忠贞，捐躯殉难。其骸骨令马世济驰驿往取。"明年，雄镇丧至京师，赠太子少保、兵部尚书，赐祭葬如典礼，谥文毅，荫一子入监。李氏、董氏各以夫品级予诰赠。又允广西巡抚郝浴请，建双忠祠于桂林，祀雄镇及后为逆孽吴世璠所害之巡抚傅弘烈。

二十一年正月，宴群臣于乾清宫，以世济为殉难抚臣子，特命至御座前赐酒。时世济官光禄寺卿。旋擢副都御史，累迁吏部侍郎、贵州巡抚、漕运总督。世宗宪皇帝时，以雄镇入祀昭忠祠。乾隆十六年，上念雄镇为国效忠，前此未有，世职特予恩骑尉，世袭罔替。以其四世孙马陞基袭。

高天爵　　吴万福等

高天爵，汉军镶白旗人，后改隶镶黄旗，先世居铁岭。父尚义，以随征松山、杏山及太原功，予二等轻车都尉世职。任杭州驻防协领。

天爵初由荫生，于顺治四年任山东高苑知县。考满，迁河南信阳知州。十一年，以经略洪承畴荐，擢湖广长沙知府。大兵进剿明桂王朱由榔，天爵理饷济军。十三年，因父病，假归。十六年，补江西建昌知府。先是，广昌县山贼王昂、傅胜、幸连升、周由义、陈太宇、萧来信、夏登选等聚党数千，时出劫掠，踞羊石、滴水二砦为老巢，形势险峻，官军仰攻，辄为贼滚木礌石所损伤，因罢攻，招之降。王昂、傅胜佯就抚，仍伺隙煽乱，官军擒之，毙于狱。馀贼益负固抗拒。十八年五月，天爵与巡道张永祺、参将王之任议，乘风雨交作，漂流树木，冲断桥梁，贼俱归巢。后分布官军，绝贼出路，直捣滴水砦，进攻羊石砦，斩贼千馀，尽毁贼巢，贼伤毙及堕岩死者无算。生擒幸连升、周由义、陈太宇、萧来信、夏登选及王昂之父王尚智，并斩于军。贼所掠丁口，悉遣还其家。巡抚张朝璘疏报："十年砦贼，一旦扫除。由道府区画周详，捐赀悬赏，鼓励士卒，冒险奏功。"诏下部察叙，天爵得军功加级。

康熙十三年，逆藩耿精忠据福建叛，纵党入江西，犯建昌。时天爵已迁两淮盐运使，或劝之速行，天爵曰："吾守此土十六年,虽受代,岂可遽离?"遂率家丁数十人,御贼万年桥,城守副将赵印已降贼,乘天爵力战,从后缚之以献。贼载送入闽,再四诱降,终不屈,贼拘系之。越岁馀,天爵与副将王进,武举胡守谦,把总杨起鹏、姜山等同谋,遣千总徐得功出仙霞岭请大兵入关,阴结死士为内应。贼将王廷彦讦之耿精忠,遂以十五年九月四日遇害。

十九年,福建巡抚杨熙疏列同日殉节诸人,部议恤荫有差。天爵得旨赠太仆寺卿,荫一子。三十五年,福建巡抚卞永誉请以天爵与原任福宁总兵吴万福、福州知府王之仪、邵武知府张瑞午、建宁同知喻三畏、邵武同知高举、侯官知县刘嘉猷、尤溪知县李埙、福州城守千总廖有功等,合建一祠于省城西门外,春秋致祭,得旨允行。四十四年,子其佩官工部员外郎,为父请扁,御书"荩忱义烈"以额其家祠。四十六年其佩官浙江温处道,复为父请谥,赐谥忠烈。

雍正四年,长子其位官大学士,其佩官都统,同奏请谕祭,得旨:"高天爵捐躯尽忠,大节可嘉。高其位、高其佩乃现任大学士、都统。大臣为父请恤,甚是。着加礼部尚书衔,追赐恤典。"七年,入祀昭忠祠。

希尔根　　子喀西泰

希尔根,满洲正黄旗人,姓觉尔察氏,世居长白山。太宗文皇帝在藩邸时,希尔根任护卫。太祖高皇帝天命十一年春,蒙古巴林部贝勒囊努克背盟,劫掠,大军进征,攻其塞。囊努克挟数骑遁,希尔根将追及,马蹶,易马突前,击溃敌骑,太宗遂射殪囊努克。自是屡从征讨,有功,授骑都尉世职。

崇德元年,大军征明,分克昌平、宝坻、顺义、密云、东安、文安、定兴、安肃、容城、安州、雄县等邑。希尔根任护军参领,击败明太监高起潜兵,擒其总兵巢丕昌;又助都统谭泰设伏,败三屯营骑兵。师还,敌蹑我后,诸将护辎重先行,希尔根独以军殿。叙功,超授一等轻车都尉世职。二年四月,随大军攻克明皮岛。

九月,上将行围,选从行者,希尔根之父雅赖以佐领与选。希尔根因已亦从行,启睿亲王多尔衮乞免其父,不许;乃使人告都统谭泰,谓雅赖已免,令珠尔堪代之。及猎,上以珠尔堪不宜与选,诘问。侍卫索尼奏曰:"与选者雅赖,希尔根绐言已见行,故代以珠尔堪。"遂下法司鞫勘,希尔根坐欺罔,应革世职,罢参领任。得旨,从宽罚锾。五年,随睿亲王围明锦州,我师据山冈列营,明兵来攻,击走之;复败松山援兵。寻以围锦州时擅离军伍及言事不实,论罚锾,停止叙功。七年,大兵入黄崖口,进围蓟州,明总兵白腾蛟率兵驰救,希尔根逆击破敌,斩馘无算。

世祖章皇帝顺治二年,叙勋旧劳绩,加一云骑尉。是年,随英亲王阿济格讨流贼李自成,由绥德州进围延安府,贼攻镶蓝旗营,希尔根击却其众。贼将一只虎者恃其勇,屡犯我营,希尔根三战皆捷,遂至西安,同前锋统领席特库往蹑贼踪,歼贼二队。自成奔湖广,追剿至安陆府,贼踞城拒,希尔根与护军统领鳌拜攻克之,获战舰八十。移师武昌,击走贼兵之截我辎重者。贼于江滨集舰五百馀,将东下,都统谭泰督众往取,希尔根先至,获之。凯旋,叙功,晋爵三等男,世袭。

三年,随肃亲王豪格征流贼张献忠,与护军统领哈宁阿、阿尔津、苏拜等击败贼党高汝砺、武大定等拒战兵，进击献忠于西充，别趋涪州，剿贼袁韬，俘斩无算。师还，部议击献忠时哈宁阿被贼围，希尔根弗援，妄与阿尔津、苏拜争功，应论死。得旨，从宽罚赎，降世职为三等轻车都尉。

六年，随巽亲王满达海征大同叛镇姜瓖，希尔根围太谷，以炮破其城，伪知县李成沛、伪都司吴汝器遁，追斩之；进克大同及长子县、浑源州、朔州，复招降永宁州、岚县、潞安府等城。同都统汉岱攻复辽州。山西平，晋秩二等。寻诉前镌秩冤，得旨，授一等轻车都尉兼一云骑尉。三遇恩诏，晋爵一等男。九年，擢护军统领。十年，与内大臣额尔克戴青等会奏佐领敦达礼、岱敏互讦事，下法司鞫议，削敦达礼世职，并罚锾；敦达礼讼冤，命覆勘，得释，因论法司误勘及会奏诸臣偏徇罪，希尔根降爵三等男。寻，予复如故。擢列内大臣，更追叙战功，晋爵一等男，世袭。康熙十二年，圣祖仁皇帝念其宣力有年，诏加太子太保。

十三年三月，授定南将军，讨逆藩耿精忠。师次南昌，贼已陷广信、建昌、抚州。九月，希尔根督兵围抚州，贼出城抗拒，连败之；复击走伪都督易明援兵，贼待援不至，弃城遁。伪将军陈昇连结土贼郭应定等犯赣州，希尔根令副都统甘度海、参将塞勒等御战，阵斩伪总兵柯隆、李梁，追剿至龙泉县，破贼三营，又攻取曹林十馀寨。十四年，击败伪将军邵连登，恢复建昌府城。移师饶州，剿灭馀干、浮梁、乐平诸邑贼众。

先是，上命安亲王岳乐为定远平寇大将军，统师南昌；简亲王喇布为扬威大将军，统师江宁。至是，谕趣安亲王进征湖南，安亲王请俟希尔根歼灭饶州、广信贼寇，乃规取长沙。上以贼渠吴三桂早灭,则江西、福建之贼不剿自平,趣安亲王速进,诏简亲王率江宁兵二千赴南昌,以希尔根为副将军,协同镇守。十五年,三桂纠贼陷吉安,踞之,希尔根随简亲王督师攻围。十六年,贼遁,城下。诏简亲王镇吉安,希尔根仍驻南昌。以年老,召还京。

十八年五月,卒,赐祭葬。以其孙尚世特袭爵。

希尔根之子喀西泰任护军参领。当吴三桂初反时,随前锋统领穆占进征四川,遇贼将王屏藩等于蟠龙山,战方合,贼别由水道登岸来犯,喀西泰力战,殁于阵。

根特

根特,满洲正黄旗人,姓纳喇氏。父达雅里,国初来归,以军功授骑都尉,递加一等轻车都尉。卒,以其孙达汉泰袭。

根特初以闲散随贝勒阿巴泰征明,至山东,攻泗水县,先登。还,攻定州,先登。叙功,授骑都尉兼一云骑尉世职,并赐"巴图鲁"号。寻晋三等轻车都尉。顺治元年,授刑部理事官。五年三月,随征南大将军谭泰征叛镇金声桓于江西,七月,大兵薄南昌,围之未下,根特由城南继蒙古兵登城,拔之。声桓中二矢死,生擒其党王得仁。江西平。师还,擢副都统,兼管佐领。七年九月,两遇恩诏,晋世职为一等轻车都尉。

康熙十二年十一月,逆藩吴三桂叛。十三年正月,命都统尼雅翰为镇南将军,与兖州副都统玛哈达同赴安庆,根特代驻兖州。二月,上以江西界福建、广东、湖南,为三省要地,命根特偕副都统席布率兵速赴南昌。三月,江西巡抚董卫国疏报湖南长沙失守，江西袁州、吉安二府与接壤，请拨兵驻防。得旨，着根特率现驻南昌兵往，相机剿御。寻命内大臣希尔根为定南将军，帅师赴江西，根特参赞军务。四月，平南王尚可喜疏言："吴逆遣贼二万屯黄沙河，叛镇孙延龄欲与合，请就近拨兵会剿孙逆，以分贼势。"谕曰："根特候希尔根等兵至江西，即率所部官兵速赴广东。"是月，授平寇将军。

会逆藩耿精忠叛于福建，诏根特由广东仍返江西。六月，卫国疏报叛弁柯升勾闽贼窃据广信诸处，诏根特先定广信，再偕前锋统领舒恕由袁州进取长沙。七月，两广总督金光祖疏报广信、梧州失守，谕曰："根特等率兵由袁州取长沙，进广西以袭贼后，则取道广东，必致迟久，其与平南王尚可喜、总督金光祖、提督马雄会同酌议添拨官兵，规取横州；否则固守梧江诸处，相机剿御。"八月，卒于军。二十二年、赐祭葬如例。

子智宏，袭世职。

瓦尔喀

瓦尔喀，满洲镶红旗人，姓完颜。太宗文皇帝天聪时，任前锋校。每临阵，奋勇争先，中创不退，屡得优赏。崇德三年，随贝勒岳托征明，由墙子岭入边，越燕京，趋山东，攻海丰，[一]克其城。七年，随饶馀贝勒阿巴泰征明，由黄崖口入边，转战至山东，攻范县，众皆俟云梯登城，瓦尔喀以长枪凿破城垣为磴，先登，克之。世祖章皇帝顺治三年，随肃亲王豪格征四川，屡击败流贼张献忠兵，斩级二十馀，生擒贼哨骑十人。有护军阿纳海者，为群贼所困，攒刃将及，瓦尔喀驰骑突前，格杀二人，援以出。五年，随副都统乌拉禅驻防大名,攻剿土贼于祁州及临潼关,并多斩获。是年,叙征四川功,予云骑尉世职。三遇恩诏,荐晋三等轻车都尉。九年,授工部理事官。十三年,以董修乾清宫成,晋二等轻车都尉。[二]十五年,奉先殿成,晋一等轻车都尉。十六年,署前锋参领。随都统卓洛、前锋统领白尔赫图等驻防云南。元江土司那嵩既降复叛,卓洛率兵进剿,瓦尔喀督云梯兵攻克元江城。圣祖仁皇帝康熙元年,还京,授参领,兼督捕理事官。五年,迁驻防西安副都统。七年,擢西安将军。

十二年冬,吴三桂反,上命瓦尔喀偕副都统佛尼埒率西安官兵驰赴四川,防守险隘。十三年正月,上闻四川巡抚罗森,提督郑蛟麟,总兵谭弘、吴之茂等并叛附三桂,因谕瓦尔喀暨佛尼埒曰:“尔等久历戎行,素称谙练,朕可无西顾之忧。大兵入蜀后,吴逆伪属官兵有来降附者,应密为防闲,严设巡哨,整饬营垒。至绿旗已叛官兵,尔等相机招抚,便宜行之。”三月,瓦尔喀至汉中,闻叛贼谭弘等已距阳平关四十馀里,于野狐岭上下及诸险隘,并遣贼党迎拒。瓦尔喀部署诸将,分兵三路,奋击溃野狐岭贼队,并发其伏,歼之;乘胜疾趋,克复阳平关。四月,攻复七盘关。五月,攻复朝天关。先后夺壕毁寨,擒斩贼众万馀,获旗帜、器械无算。上嘉其调度有方,命事平日议叙。时贼众坚据保宁,我军距城十里,凿壕堑与相持,久未下。八月,瓦尔喀疾,卒。赐祭葬如典礼,谥襄敏,立碑墓道。

十六年三月,议政大臣等追论瓦尔喀进征保宁,不乘贼未设备时疾进;既至,复不简精兵分守要地,致贼劫掠,戕我兵众;又不以实奏报:应追夺原官及世职,削谥,毁碑,籍其家。诏免籍没,馀如议行。

【校勘记】

〔一〕攻海丰　"丰"原误作"澄"。满传卷一二叶五三下,及耆献类征卷二七〇叶二一上均同。今据文录卷四五叶二六上改。

〔二〕晋二等轻车都尉　"二"原误作"三"。满传卷一二叶五四上,及耆献类征卷二七〇叶二一下均同。按上文既云"荐晋三等轻车都尉",下文又云"晋一等轻车都尉",知此应为"二等轻车都尉"无疑。

图喇

图喇,满洲正黄旗人,姓舒穆禄氏,世居珲春。初任兵部笔帖式。太宗文皇帝崇德七年,随饶馀贝勒阿巴泰征明山东,攻泗水县,流矢中目,战愈力;攻新泰等城,奋勇争先。世祖章皇帝顺治元年,随豫亲王多铎征陕西。二年,复随征江南。七年,擢兵部主事。两遇恩诏,予骑都尉世职。十二年,擢兵部郎中。十三年,随都统伊勒德征舟山,伪伯阮思率巨舰百馀拒战,图喇与副都统根特击败之。阮思复纠其党陈六御、张洪德等合兵三万馀犯我舟师,图喇与副都统柯永蓁连破其军。图喇中炮,伤手足。舟山既平,叙功,加一云骑尉。

十八年,山东土贼于七倡乱,圣祖仁皇帝命图喇同郎中察奇至栖霞逮鞫贼党。时于七踞栖霞之岠嵎山,其党段忠续、林万鹏、庞应魁、高起英各拥众数千,分踞鳌山,潜结栖霞城中奸党为内应。图喇逻获贼谍二人,诘之,尽得贼情。适靖东将军济什哈率师抵莱阳，图喇遣使约济什哈调绿旗兵七百疾驰至栖霞，获城中从贼者三百馀人，遂趋鳌山，忠续、万鹏等闻风遁，擒贼党六十馀，获牲畜以数百计。寻偕察奇还京，擢大理寺少卿。

康熙二年五月，授驻防杭州副都统。十月，同总督赵廷臣至定海，招降海贼郑锦之伪静波将军阮美及伪官一百二十馀员、兵二千九百馀名。七年，擢杭州将军。十三年三月，逆藩耿精忠叛，图喇奉诏与总督李之芳、提督塞白理率满、汉官兵相机防剿。寻以都统赉塔为平南将军，赴衢州御贼；命图喇驻守杭州，兼防海疆。六月，疏言：“杭州兵少，请增兵协守。”诏移江南绿旗兵五千驻杭州。又疏请杭州增设防御每旗各一员，下部议如所请。寻以病还京。十月，卒，赐祭葬如例。

子明德，袭职。

莽依图

莽依图，满洲镶白旗人，姓兆佳氏。父武达禅，太宗文皇帝崇德三年，随睿亲王多尔衮征明，攻直隶任丘，山东济阳，并先登，赐号“巴图鲁”，予骑都尉加一云骑尉世职，任太原城守尉。世祖章皇帝顺治七年，武达禅卒。

莽依图袭职。两遇恩诏，晋世职至三等轻车都尉。十五年，随征南将军卓卜特征明桂王朱由榔，至贵州。明年，自都匀进师盘江，伪晋王李定国据双河口，悉众为三十营，列象阵拒战；莽依图率步兵冲击破之，随大军定云南。圣祖仁皇帝康熙二年，随靖西将军穆哩玛征湖广流贼李来亨等。贼据茅麓山，列寨拒守，莽依图冒矢石进攻，毁寨二，贼大败，来亨自经死。凯旋，授江宁协领。

十三年,逆藩吴三桂陷湖南,莽依图随征南将军尼雅翰率师进剿岳州,用红衣炮击沉贼舟,败贼七里桥,多斩馘。十四年,三桂遣贼将董重民结广西叛镇马雄犯广东,平南王尚可喜上疏请兵。诏尼雅翰率师至广东,莽依图以署副都统驻守肇庆。十五年,可喜子之信叛降三桂,受伪爵,倡兵作乱。三桂贼将范齐韩等逼肇庆,总督金光祖降贼,事详光祖传。莽依图率所部兵突围出,且战且走,还驻江西。伪将军黄士标、伪总兵王割耳纠众犯信丰,莽依图率兵往援,与城内兵奋勇夹剿,所获甚多。贼遁走入山后,追败之,围遂解。

十六年三月,实授江宁副都统。时广东尚为贼将董重民等所踞,上命莽依图为镇南将军,率师恢复,以副都统额赫讷、署副都统穆成额参赞军务。四月,自南康至南安,伪将军严自明以城降;遂偕额赫讷、穆成额率师进征南雄,伪将军宋思政、伪总兵郭茂威等迎降;尚之信亦擒董重民,率藩属归顺。莽依图进韶州。五月,疏言:“南安、南雄、韶州所属文武官弁,昔虽迫于贼势,致污伪职。今既望风款附,若悉事更张,恐生反侧。请令暂留原任,绥抚残黎。”上特允所请,且谕奖其进兵迅速。六月,命翰林院侍读学士顾八代赴军前传谕,饬剿逆贼,择便而行。

时贼将胡国柱、马宝纠贼万馀犯韶州,莽依图击却之。九月,贼复据河西,断我水运饷道,列营莲花山,以瞰城中。会将军额楚率江宁兵至,与城内军夹攻,破其四营,斩获甚众。贼败窜帽峰山,我军乘夜追击,大败之,河西贼亦遁,水运遂通。十月,追击至乐昌,贼据风门澳拒守。我军三路仰攻,别令瑶兵由间道奋击,擒斩贼二千馀,乃抚定仁化,仍回驻韶州。疏言:"将军傅弘烈以五千兵独当西路,恐力不支,已遣副都统额赫讷赴梧州协剿。"得旨:"贼犯韶州,将军莽依图同额楚夹剿,既大败贼众,复行追剿仁化诸县,〔一〕指顾悉定,可谓智勇兼擅! 凡为将者统兵灭贼,底定疆圉,不必一一拱俟中旨,惟应机适变,尽乃心力,斯克副委任。莽依图当逆贼甫遁,即遣副都统额赫纳等往援粤西,深可嘉尚!"

十七年正月,三桂遣其孙吴世琮陷桂林,马宝亦由宜章陷平乐,上命莽依图赴广西,与傅弘烈会师剿贼。二月,疏言:"臣抵平乐,围其城,贼水陆拒阻。弘烈所率绿旗兵与战不胜,臣派军难以久留,因退驻中山镇。"弘烈亦以莽依图所率满洲兵不相应援入奏,上念击贼失利,因江水泛涨,并免罪,谕令和衷协剿逆贼。莽依图寻以贼逼贺县,回梧州,乞罢将军任。上切责之,仍留任,图功赎罪。明年二月,吴世琮犯梧州,莽依图同傅弘烈率师拒战,大败,弃营遁。

先是,伪将军马承荫以南宁降。至是,贼由梧州败窜,纠众犯南宁。六月,城中食尽,旦夕且陷。莽依图方卧病,闻之,督师倍道援剿,贼悉锐聚新村,列鹿角西山拒战,额楚、额赫纳引前锋兵击之,贼稍却。莽依图与将军舒恕麾大军进,而预遣左翼兵潜出山后,截贼归路,尽殪之。吴世琮负重伤,以数十骑越山遁。南宁围解。上以广西底定,命进取云、贵。九月,莽依图以马承荫虽降,心怀叵测,恐为肘腋患。上言:"湖南大兵在武冈御贼,臣等一军先向云南,恐诸路兵不相应援。且广西新定,若无兵驻守,恐有他虞。请暂驻南宁,相机进剿。"上命简亲王喇布镇桂林,莽依图俟都统希福兵至,取路恢复疆土。十九年四月,授护军统领。五月,马承荫叛于柳州,莽依图率师进剿,次来宾。承荫驱象阵迎战,我军以劲弩射象,回奔,贼阵乱;乘胜力战,贼大败,弃甲走。莽依图自率轻骑追击,获象三,斩贼甚众。会简亲王与总督金光祖分路剿贼并捷,承荫复降。柳州平。八月,莽依图卒于军,年四十有七。

二十二年三月,议政王大臣等追论莽依图征广西时,自平乐退梧州,应坐失机,籍家产半,革去恩诏所得骑都尉。上曰:"莽依图在行间颇有劳绩,且属下兵民俱称其善。凡所过地方,亦不扰害百姓,可免籍没,削去恩诏所加世职。其原袭之骑都尉又一云骑尉,以其子博和哩袭。"五十九年,入祀广西名宦。世宗宪皇帝雍正十年,入祀贤良祠。乾隆元年,追谥襄壮。

【校勘记】

〔一〕复行追剿仁化诸县　原脱"行"字。满传卷一九叶一三下,及耆献类征卷二七二叶一九上均同。今据仁录卷六九叶二六下补。

毕力克图

毕力克图,姓博尔济吉特氏,世居科尔沁。太宗文皇帝时来归,隶蒙古正蓝旗,任豫亲王多铎护卫。随征朝鲜及明锦州,屡有斩获。世祖章皇帝顺治元年,随豫亲王追剿流贼李自成于潼关。明年,定西安,移师由河南进拔扬州,下江宁。毕力克图署护军参领,所至克敌有功。四年,授骑都尉世职。六年,擢正蓝旗蒙古副都统。时大同总兵姜瓖叛,毕力克图奉命率兵驻防平阳,偕巴图鲁罗多浑剿太平县贼,遇贼党郭中杰引贼众寇绛州,击败之;又败贼骑千馀于张湖村。七年,同西安协领根特等率师围太平城。贼负固抗拒,逾二旬不下,乃因城壕掘地道,燃火药以隳其城。师入,叛贼李建泰及贼党俱伏诛。八年正月,兼任礼部左侍郎。屡遇恩诏,晋世职至一等轻车都尉。十年四月,调户部左侍郎。

十一年六月,随靖南将军朱玛喇征广东。时流贼张献忠馀党李定国附明桂王朱由榔,由广西犯广东,踞新会县左之山峪。毕力克图同护军统领敦拜击溃其众,复与副都统鄂拜、护军统领赖塔攻剿贼巢,贼败窜,溺水死者无算;乘胜追至兴业县,遇伪都督吴三省,伪总兵杨成、王三才等率步贼千拒战,杀过半,进抵横州,定国渡江远窜。凯旋,叙功,晋爵三等男。十三年,以员外郎朱世德司榷河西务亏缺税银,户部误援恩诏赦免,部臣俱坐降革,毕力克图罢侍郎任,降世职为二等轻车都尉。

十七年,云南既平,朱由榔窜缅甸,李定国与其党白文选等分踞孟艮、木邦。上命内大臣公爱星阿为定西将军,毕力克图署护军统领,率师赴云南,同平西王吴三桂相机征剿。十八年十一月,会师木邦,定国先奔景线,文选遁据锡箔江滨,闻我兵至,毁桥遁。毕力克图与前锋统领白尔赫图等先至江岸,获其谍者,大军结筏渡江。越十日,次旧挽坡,距缅城六十里,缅人谋擒献由榔,请大将军留驻,以百人进兰鸠江滨为捍卫。于是白尔赫图率前锋遄往,毕力克图率护军二百随其后。缅人以由榔献,乃旋军。时白文选为总兵马宁等追及于猛养,率众降,毕力克图抚其众,移入边境。圣祖仁皇帝康熙三年,叙功,晋世职为一等轻车都尉,兼一云骑尉。八年,擢正蓝旗蒙古都统,列议政大臣。十二年五月,诏以毕力克图屡从征伐,著有劳绩,加太子少师。

十四年三月,授平逆将军。时叛镇王辅臣附逆藩吴三桂作乱,踞平凉,肆掠陕西郡邑。上命毕力克图帅师驻大同。寻延安、绥德皆陷贼,谕进驻榆林。毕力克图既帅师移驻,侦知贼众三千馀屯杨家店渡口,乃分兵三队,乘夜疾进,黎明,鸣角渡河。贼不虞我师之至也,悉惊骇溃窜,遂复吴堡县城,进师虎尔崖口,遇贼众,复击败之。伪游击黄文英、伪总兵朱龙俱遁,绥德平。进征延安,贼将李士英等弃城遁。毕力克图令副都统觉和托率兵追击至宜川,俘斩无算。自驻延安城,招抚附近城邑,保安、安塞、宜川、延长、安定诸县皆复。奉命移师会扬威将军阿密达征平凉,将至,王辅臣驱贼万馀迎战,毕力克图督兵合击,阵斩伪总兵郝天祥及贼众无算,距城数里驻营。十五年,上遣大学士图海为抚远大将军,征平凉,命毕力克图率所部前锋赴宁夏,统辖满洲、蒙古兵防剿。图海至平凉,王辅臣降,毕力克图还驻平凉。十七年,移兵守陇州、宝鸡诸路,贼倚仰天池高山为巢,毕力克图进兵剿除,招降灵台、华亭、崇信等县及伪参将李天秀等三十一员、兵三千馀。贼复据宝鸡县之蟠龙山,分三队来犯,又伪副将胡长腿踞显义三关山坡,列阵拒战,毕力克图以兵两路合击,大败贼众。

十八年,上以毕力克图出师日久,年已衰迈,召还京。先是,图海议分兵四路取汉中、兴安,令毕力克图同提督孙思克恢复略阳。至是,已进征,图海以奏。上命俟汉中、兴安恢复,撤回。毕力克图先取成县,招降伪副将王光生等十九员、兵三百六十馀名。会提督赵良栋已复略阳,与将军王进宝并定汉中,图海亦定兴安,遂班师。十九年,还朝,仍任都统。二十年六月,卒,年七十有三。予祭葬,谥恪僖,孙常远袭职。二十五年,追叙陕西军功,晋二等男,世袭。

额楚

额楚,满洲镶黄旗人,先世居萨哈勒察,姓乌扎拉氏。世祖章皇帝顺治二年,内大臣何洛会统师驻防西安,道经河南。明总兵刘洪起既降复叛,据西平县城。何洛会督兵树云梯攻剿,护军昂海先登,额楚继之,遂克其城。叙功,予云骑尉世职。寻授佐领。屡遇恩诏,晋世职至三等轻车都尉。十五年,从大军取贵州。明年,凯旋,随副都统噶楚哈、玛尔赛至荆门州,闻海贼郑成功犯江宁,由大江趋援。噶楚哈令额楚为镶黄旗营总,统江宁驻防兵,击败贼众。叙功,晋世职二等轻车都尉。寻授驻防江宁协领,擢副都统。圣祖仁皇帝康熙七年,授江宁将军。

十三年,逆藩耿精忠叛应吴三桂,遣贼将由福建陷江西广信、建昌、饶州等府,徽州及婺源、绩溪等县俱从逆。额楚奉诏同署副都统宗室巴尔堪率兵往剿,逆贼万馀于绩溪县西北迎战。额楚督兵奋击,阵斩伪副将一及贼众三千馀,擒从逆把总刘成功斩之,复绩溪,遂复徽州府城。贼将踞休宁县之新岭,倚险立寨,额楚分步兵左右击,骑兵由中路进,攻破鹿角,毁木栅,斩贼五百馀;乘胜进剿至婺源,贼皆溃遁。婺源亦复。额楚奉诏征饶州,击贼于乐平县之段家村,斩二千馀级;进薄乐平东门,前锋参领巴特玛树云梯登城,贼兵五百馀由西南二门出遁;额楚遣兵追袭,擒斩过半。进次鄱阳县大矶庄，贼由云梯髻峰下来犯，额楚遣巴特玛等列阵奋战，贼败溃。从逆饶州参将陈九杰时为伪都督，弃城遁入鄱阳湖，额楚抚定城中人民，贼旋由湖中驾船三百来犯。额楚督兵射殪三百馀贼，以炮击毁贼十馀船，馀贼俱窜遁。

　　十四年四月，额楚率兵剿贼万年县至石头街渡口，远望隔岸分布贼营十数处，贼船二百馀，横踞渡口。额楚令步兵直趋渡口，集战舰，发枪炮，密令骑兵乘夜由上流潜渡，绕出贼营后，水陆夹击，殪贼数十，尽获贼船。陈九杰就擒，伏诛。馀贼弃城遁。贼之在安仁者，皆乘船遁，我兵追及之，贼以风逆，泊船拒战，旋自焚其船，弃赀械奔窜。万年、安仁二县悉平。五月，剿贼弋阳，贼将蒋德弘等率贼五万于城北树木栅十有五，[一]又以五千馀贼分踞西岗桥。额楚分兵为二，攻毁木栅，夺取西岗桥，贼却入城，我兵登城，克之，擒斩伪游击张三奇，伪都司张明德、胡中申等，先后击斩及溺水死者二万馀贼。

　　十五年，简亲王喇布自江宁移师南昌，额楚奉诏参赞军务。吴三桂贼将高大杰等突陷吉安，踞之。额楚同将军哈勒哈齐率兵攻克外城，与贼相持。贼将马宝、韩大任引贼数万来援，额楚迎战于螺子山等处，屡失利。会安亲王岳乐自袁州进征湖南，围长沙，马宝闻，急趋救。吉安贼众食尽，乘夜出南门奔逸。上遣侍郎班第察奏螺子山战败罪，以额楚不能举发首先败走之人，又贼遁不行追击，罪无可逭，应罢任，革世职。

　　命以世职仍领江宁兵，立功赎罪，率兵赴广东。十六年九月，贼将胡国柱、马宝率贼万馀犯韶州。额楚师次莲花山，贼逼营，额楚督兵御击。会将军莽依图自城中出兵夹击，大败贼，贼由帽峰山通,追击至乐昌、仁化。诏莽依图进驻梧州,额楚驻韶州。十二月,谕曰:"韶州地属紧要,一切军务,额楚若启简亲王转奏,恐多迟误。其令额楚以江宁将军印统辖兵马,事许专奏。"十七年,诏同都统勒贝率兵进驻梧州,参赞莽依图军务。

时广东总兵祖泽清复叛,自高州勾结山海诸贼犯电白。额楚奉诏会剿,击却贼众,进驻藤县,遇大疫,士马多病毙。额楚以闻,命别择要地移驻。额楚旋疏言:"吴逆踞郁林、容县、〔二〕浔州,声言三路来犯,藤县军营未可动移。但士马缺乏,应请增遣,以备剿御。"上命其仍驻藤县,谕将军舒恕于南雄、韶州兵内择有马者,发额楚军。未至,贼犯藤县,额楚同巡抚傅弘烈率兵御击,失利,退保梧州;贼陷藤县。十八年二月,贼将吴世琮犯梧州,额楚同莽依图、傅弘烈击却之;贼并力犯南宁,城中食尽,时降镇马承荫守南宁,遣人告急。额楚与莽依图、舒恕、勒贝分兵四路趋援,击贼于新村西山之巅,斩殪无算,世琮负创奔逸。南宁围解。额楚驻守永淳。

十九年六月,额楚奉诏还江宁。二十年十月,卒于任。以兄子格克里之次子富努保袭二等轻车都尉世职。富努保寻卒,以格克里长子法保袭。初,格克里于康熙十四年以六品从大军征广东,剿叛镇马雄、伪将军董重民等于电白县,战殁于阵。二十五年,议恤,予云骑尉世职,以法保并袭,合已袭之职为一等轻车都尉。

【校勘记】

〔一〕贼将蒋德弘等率贼五万于城北树木栅十有五　"德弘"原作"得

輮"。满传卷一五叶四八上，及耆献类征卷二七二叶二九上均同。
今据仁录卷五五叶二八上改。

〔二〕吴逆踞郁林容县 "容"原作"融"，音近而误。满传卷一五叶五
○上，及耆献类征卷二七二叶三○上均同。今据仁录卷七八叶一
二下改。按容、融同为广西二县：前者在梧州府，后者在柳州府，
而与郁林、浔州相近者为容县。

莫洛

莫洛，姓伊尔根觉罗氏，世居呼纳赫鲁。祖温察，太祖高皇
帝时来归，后隶满洲正红旗。世祖章皇帝顺治七年，莫洛任刑部
理事官。寻改工部主事，累迁郎中。圣祖仁皇帝康熙六年，擢副
都御史。

七年，出为山西陕西总督。时陕西灾旱频仍，平凉、临洮、巩
昌、西安、延安、凤翔、汉中七府及兴安一州荒地逃丁，额赋无征
者，有司率令现存之户均输，民甚苦之。莫洛既至，疏请豁免，上
从所请。八年，辅政大臣鳌拜结党专权获罪，法司以莫洛素附鳌
拜，请逮问，谕曰："莫洛为鳌拜党羽，应逮问。念其任事封疆，厘
剔加派、火耗等弊，姑从宽免罪，仍留原任。"九年，遇计典，吏部遵
例甄别各督抚功过，以莫洛向曾植党营私奏闻，得旨革职。西安
士庶闻之，相率哀吁恳留。甘肃巡抚刘斗同，提督张勇、柏永馥，
总兵孙思克等奏言："莫洛莅任以来，清以持己，正以率下，如革耗
羡，整驿递，息词讼，练士卒，清荒熟，教树畜，兴水利，善政难以枚
举。乞留任，以慰民望。"上曰："简用督抚，原欲绥辑地方，爱养百
姓。莫洛既为民爱戴，特顺舆情，免其处分。"供职如故。

未几，擢刑部尚书。十三年二月，上既分命王、贝勒、大臣等讨逆藩吴三桂，并谕部臣曰："吴逆煽乱，滇、黔、四川从逆。陕西为边陲要地，西控番、回，南通巴蜀，幅员辽阔，素号岩疆。非特遣重臣，假以便宜，未易绥靖。莫洛前任总督，深得民心，兹特授为经略，驻扎西安，军事悉听调遣。"复加衔武英殿大学士，仍以刑部尚书管兵部尚书事，赐以敕印。莫洛至西安，策遣诸军进征。五月，诏谕莫洛曰："朕闻叛镇郑蛟麟乞降，又闻克复朝天关，喜慰殊深。顷贼蜂聚岳州，值雨甚，大兵难行，稍俟晴霁，即水陆并进。吴三桂果在澧州，宜乘虚径袭其后。如克复四川，可取道交水，以定贵州，或径趋云南。其馀诸将集议。"寻奏："逆贼坚据保宁，川地未能猝复，容俟奏捷，即行相机进取。"并奏防御关隘，挽运军食机宜，谕曰："朝天关诸隘，关系要害，可于满洲、汉军或绿旗官兵内酌拨防守，[一]相为犄角。护送粮艘，不为无助。至汉中虽已驻兵，犹恐力单，且朝天关之外，尚有别路可通汉中。倘我兵深入后，奸宄窃发，据守鸡头关诸隘，亦属可虞。一切机宜，其酌行之。又保宁未能即复，则我师益致劳顿。挽运粮饷，实为要务。其源源接济，毋令匮乏。"六月，疏报伪副将姚孟龙等缴札投诚。时贼众负固，窃踞广元所属百丈关。莫洛既遣都统马一宝、将军席卜臣赴汉中，副都统科尔宽赴广元；又虑广元兵寡，不敌贼众，令副都统吴国正俟马一宝至，即移师助之。

七月，上命贝勒洞鄂偕贝子温齐、辅国公绰克托率贝子准塔所部骁骑校赴四川。莫洛疏陈："大兵久驻保宁，与贼相持，秦民运饷劳苦。臣今亲赴汉中，酌量分路进剿。贝勒洞鄂若率众尽行，虑致迟滞，请敕简精锐先发，速至西安。"上念贝勒所部无多，仍令贝子、公等亦各率所部进发。会西安将军瓦尔喀奏川镇王怀忠标兵因粮匮逃散，请发饷增兵救援，谕莫洛曰："大兵或仍围守保宁，或因粮运艰难，暂还广元，其与将军等酌之。"并命宽王怀忠标兵罪，速行抚纳。八月，莫洛复疏述陕省兵单，请增兵以资战守。上以增兵必须增饷，或不烦增兵，或必议增兵，或不必亲行赴川，令详悉覆奏。莫洛言："增兵则秦兵得以保固，迨四川底定，则粮饷有资，而秦民亦得休息。臣仍宜亲统官兵进剿四川。"上从之。

九月，莫洛将由秦赴蜀，请敕总督周有德、巡抚张德地暨科尔宽等固守朝天关，广元诸路转运糗粮，并请敕将军等驻守保宁，以待兵至。谕曰："军机缓急，莫洛自有确见，可与将军席卜臣前往广元，进取昭化。总督周有德等于经略未到之先，督趣粮米，运送军前。又广元兵少，或令席卜臣先赴广元，秣马以待；或与经略同发，俱令莫洛酌行。"十月，伪将军何德成等纠合溃众，分路自四川来犯宁羌，先立营于文庙山，官兵夜袭贼营，贼众大败，遁回南山。上谕莫洛曰："宁羌为大兵后路，尔其速援，庶几有济。"莫洛因贼已遁败，令提督王辅臣遣兵驻守宁羌。十一月，贝勒、贝子等大兵未至，伪总兵彭时亨等复屯踞七盘、朝天诸关，劫夺略阳粮艘。广元兵缺饷者两月，贼众旋复窥伺阳平。上虑莫洛所统皆绿旗兵，巴蜀山路险恶，满洲大兵若不相继，难于策应，因敕贝勒洞鄂等兼程而进，会同经略进川。

是月，莫洛遂帅兵由汉中赴蜀，令提督王辅臣随征。先是，莫洛甫至陕，有诏调陕西兵征湖南，辅臣自请率兵赴荆州。上以调征湖南兵，已有贝勒尚善〔二〕、贝子准塔等统领，因命辅臣仍驻平凉,听莫洛调遣。辅臣心怏怏。至是,莫洛调之随征,辅臣遂怀叛志,佯言部兵少,请增拨。莫洛给以骑兵二千,辅臣少之;又以所给马疲瘠不任用为词,摇惑众心,遂谋作乱。十二月,莫洛行次宁羌州驻营。王辅臣标兵猝乱,袭劫经略营,莫洛率兵击却之。甫定,王辅臣忽率叛卒来犯,炮矢齐发,莫洛被重创,殁于军。二十二年十月,赐祭葬如典礼,谥忠愍,予世职骑都尉兼一云骑尉,以其子常安袭。

【校勘记】

〔一〕可于满洲汉军或绿旗官兵内酌拨防守　原脱“或”字。满传卷一三叶四三上,及耆献类征卷六叶六上均同。今据仁录卷四八叶一一上补。

〔二〕已有贝勒尚善　“善”原误作“书”。满传卷一三叶四六上,及耆献类征卷六叶八上均同。今据仁录卷五一叶九下改。

　　陈福

　　陈福,陕西榆林人。先是居江宁。父德明为明榆林副将,与流贼李自成战,殁于阵,福葬之榆林,遂家焉。世祖章皇帝顺治二年,大兵定陕西,福应募隶宁夏总兵刘芳名标下,为把总。随征叛贼贺珍、武大定、王元、马德等,有功,擢守备。寻调随都统李国翰,剿灭赵荣贵、王永强、牛化麟、高友才诸贼,进征四川,授遵义游击,率兵攻克忠州贼寨,擒斩伪总兵陈贵荣、高鹤鸣等。叙功,加参将衔。

　　圣祖仁皇帝康熙二年,随四川总督李国英剿灭自成遗党刘二虎、郝摇旗、李来亨、袁宗第等于茅麓山，加右都督衔。寻擢成都副将，署重庆总兵。十二年，召入觐，赐鞍马，授宁夏总兵。时逆藩吴三桂反，遣其党王屏藩等犯四川。四川提督郑蛟麟、总兵吴之茂皆叛应之。福妻子在夔州，为贼所阻。十三年，蛟麟等以书诱福，福执贼使，遣其弟生员陈寿驰奏。上嘉福忠贞，予骑都尉世职，授陈寿为刑部主事。未几，陕西提督王辅臣叛于宁羌，据平凉。固原道陈彭、定边副将朱龙皆以城叛。福分饬所属防剿，疏陈其略，谕奖以殚心筹画。十四年三月，上谕部臣曰："宁夏总兵官陈福效力岩疆，劳绩素著，屡举首逆札，克笃忠贞。且其妻子家属现在川中，逆贼挟诱，福全无顾恋，矢志不移，深足嘉尚。着升补陕西提督，仍暂驻宁夏，管辖镇兵。其弟守备陈奇妻子亦陷贼中，殊为可悯。着从优以参将升用。"旋复以补举首王屏藩逆札，下部优叙，晋爵三等男。

　　是时王辅臣、陈彭、朱龙受吴三桂总管、巡抚、总兵等伪职，纠党四出，胁诱花马池及惠安、安定诸堡，并为所陷，遂掠兴武营。福遣兵击却贼众，连复惠安、安定诸堡，自率兵围花马池，擒斩伪都司王一龙等，招降胁从之众。闻陈彭犯灵州，遣游击熊飞击之，遁，擒斩伪参将马腾蛟等。福率兵复砖坪、安边两堡，进围定边城，掘壕筑台以困之。先是，朱龙不虞我军至，以伪副将倪光德守城，而自出掠绥德。至是，知围急，引还。福设伏沙家涧，歼贼无算，生擒朱龙。城中人惊惧，逐倪光德，出降。福斩龙及光德以徇，移檄招抚下马关，伪参将李训缚伪总兵陈江诣军门归顺。陈江者，初以海贼投诚，授陕西督标副将，经略莫洛携以随征。王辅臣既害莫洛，江从逆，分踞下马关。福招之，不应。及是就缚,乃数其罪而诛之。旋偕副将泰必图剿贼平远所,斩伪参将陈起元等,复其城。上嘉福劳绩茂著,优擢其弟寿为鸿胪寺少卿。福既复平远所,偕泰必图乘胜剿贼,直薄固原城,围之逾月,王辅臣遣贼将自平凉来犯,城中贼闻有外援,亦突出抗拒,副将贾从哲、游击张元经却走,泰必图战殁于阵,福收兵还灵州,请旨斩从哲、元经于军。旋奉诏以固原贼众恃平凉之贼应援,或先助贝勒洞鄂,攻取平凉,缓图固原,宜相机以行。福奏:"固原有贼万馀,若我兵径趋平凉,恐贼断我饷道。请先取固原,以遏贼势。"上允其请。十二月,福率宁夏兵征固原。

时王辅臣、陈彭为缓兵计,潜分布奸党,虚张贼势,以摇惑我军。值岁暮冰雪,宁夏兵不乐远涉,且以前此围固原失利为戒。军次惠安堡,夜半,众呼噪,欲劫福退师。福出帐,以大义晓谕,猝遇害,随征诸将各收所部还本营。事闻,上命天津总兵赵良栋为宁夏提督,察其事,廉知平罗营把总刘德倡议退师,参将熊虎与其谋,而营兵阎国贤、陈进忠实戕害福,四人并伏诛。谕嘉福为国捐躯,忠诚显著,擢其弟涿州参将陈奇为天津总兵;优赠福为三等公,赐祭葬如典礼,谥忠愍。以三等子爵,予袭九次。

子世琳、世勋久陷贼中,复为贼自夔州掠至遵义,部议以陈寿之子世怡暂袭。十九年,陈寿自请随大军入蜀,访其家,得之遵义,携至京,命世琳袭爵,入籍宁夏。寻授直隶三屯营副将,迁古北镇总兵。复迁銮仪卫銮仪使。雍正八年,以福入祀昭忠祠。世琳卒,子益袭,官至云南楚姚镇总兵。乾隆三十二年,上念福致命疆场,克绍义烈,命予子爵,袭次满时,再予恩骑尉,世袭罔替。益卒,子大用袭,任江南提督。

傅弘烈

傅弘烈，江西进贤人。明末，流寓广西。世祖章皇帝顺治十四年，两广总督王国光疏荐，授广东韶州府同知。圣祖仁皇帝康熙二年，迁甘肃庆阳府知府。七年，以讦告平西王吴三桂阴谋不轨，革职逮系，论斩。九年，诏减辟，徙梧州。

十二年冬，吴三桂反，广西将军孙延龄、提督马雄叛应之。弘烈招集骁健，阳附三桂，受伪职为信胜将军，而密约平南王尚可喜共图恢复。十六年正月，遣人至赣州致书镇南将军觉罗舒恕，言定南王女孔四贞不忘国恩，孙延龄可招抚状；又致书督捕理事官麻勒吉，言大兵若速进南安，弘烈从韶州策应，则两粤可定。舒恕、麻勒吉先后陈奏，上嘉弘烈忠诚懋著，[一]授广西巡抚。弘烈闻命，疏言：“逆贼吴三桂阴险小人，蓄谋不轨。臣自康熙六年知之，七年发觉其概。审事诸臣惟恐激变，凡涉三桂口供，一字不录。臣愤激愿死，自认其罪，蒙皇上特恩免死，出狱安置。嗣闻三桂反，臣罪废梧州，计无可展。广西布政使李迎春、梧州知府杨彦溶等降贼，苦劝臣从。臣愤不欲生，自投江水，愿为厉鬼杀贼，漂流十里，遇救不死，仍赴梧州伫待一年。因思不入虎穴，焉得虎子，乃投身贼地，从中反间；又假他事赴南宁，遂入思州、泗城、广南、富川诸土司及交阯界，联络义勇，助平南王尚可喜军。可喜病笃，犹执手相勖，速复肇庆。遂与其子之信合谋讨贼，击败伪将军杨镇邦，伪总兵古元隆、金朝相、袁茂明等，乃得由龙南达赣州，归命朝廷，以展夙志。吴三桂昨闻规复肇庆，即百计欲杀臣而终不得遂计者，随臣义勇五千人，实赖其力，请留为援剿营,进征广西;并请敕尚之信遣兵合剿。"上悉允所请,加授抚蛮灭寇大将军。

时弘烈已率兵击败贼众于韶州,擒斩伪总兵王云龙、伪游击何嘉会等,遂进征广西,击走伪将军赵天元,复梧州;分遣总兵曾大职,参将周光裕、李士文等攻复昭平、〔二〕贺县,又招降郁林州、博白、北流、陆川、兴业等县。贼众复犯梧州,弘烈遣总兵杨国泰等水陆夹击,阵斩伪总兵张元,乘胜复浔州府。遣平乐知府刘晓赍疏缕陈进剿机宜。上谕吏、兵二部曰:"将军傅弘烈谋略优长,忠贞夙笃。自简任以来,实心为国,宣力边疆,亲统官兵进取粤西,恢复梧、浔等处,屡奏捷功,劳绩茂著。今览所奏进剿机宜,筹画详密,矢志灭贼,摅忠效谋,深可嘉尚!着加太子太保。所属官员,同心报国,效力行间,深为劳苦,各加职衔一级。其代奏知府刘晓立有军功,谙悉形势,敷奏详明,亦属可嘉,着加参议道职衔。"方马雄之甫叛也,弘烈家属百馀人,尽陷贼中,为叛贼李迎春执送吴三桂,与总兵杨国泰及诸将士家属并遇害。至是,弘烈以闻,谕奖其为国忘家,遇害家属,敕所司优恤。

时叛镇马雄踞柳州,吴三桂诸贼分踞平乐、南宁、横州,势猖甚。弘烈欲借尚之信兵力共取平乐,乘孙延龄已谋归顺,赴桂林驻守,屡请旨趣之信遣兵继进。之信以防守广东为说,弘烈向借大炮及营马,皆弗应。吴三桂知孙延龄不附己,遣其从孙吴世琮与贼将马宝、李廷栋、陶志贵、赵天元拥贼数万掠桂林,绐孙延龄出城,杀之,遂陷平乐;伺弘烈赴南宁招抚土司,袭梧州。弘烈移师击斩,贼乃遁。十七年二月,与将军莽依图进围平乐,贼水陆拒阻,我兵失利,退保中山镇。莽依图奏弘烈所率兵先却,江水泛涨,孤军难以久留。弘烈奏莽依图所率兵不相应援,仍自请议罪。谕曰:"江水泛涨,大军不能相援。贼众我寡,以致失利,免议罪。莽依图与傅弘烈宜同心和协,谋济国事。"谕王大臣曰:"傅弘烈所领官兵,从未支领俸饷,奋勇收复诸路。嗣以规定滇、黔,请发大军并进,因令莽依图协力进取。不意莽依图既抵平乐,借口绿旗兵失陷,退至贺县;又言粮乏,退保梧州。以傅弘烈恢复如许城池,尽弃与贼,宜严饬痛改前非,勉图后效。"寻弘烈复奏守战机宜,奉谕曰:"览所奏,安人心,固内地,剿贼之策悉备,仝看扫荡逆氛,以副倚任。"四月,偕都统、贝勒等率兵自北流、陆川、博白进剿,斩贼将梁子玉等。六月,贼兵数万渡左江,我兵与战,失利,退守藤县。十月,贼并力来犯,藤县失守,遂逼梧州。

十八年正月,弘烈自梧州分布水陆官兵,乘贼来犯木城时,奋力夹击,枪炮矢石齐发,歼贼二千馀;遂遣总兵谭升等收复藤县,进定平乐、桂林。五月,疏言:"臣甫至桂林旧县,孙延龄部下甲兵请粮请饷,呼告盈门。其野性未化,养之无益,而又未可猝然解散,宜仍立藩旗各色,照额支饷,以满洲将军带甲兵一千驻省,署理藩旗。俟贼平后,然后撤回京师。至新自贼中来降诸将,各带兵马,若不用之,则其心生异,且无以鼓励将来;若用之,则名器太滥,不成体制。宜各照伪衔给札,令伪将军赴部补用总兵、副、参、游及文职等官,或愿赴部,或愿在外,将军、督、抚军前补用,悉听自便,务令得所,则各伪官解散矣。臣暂留本标官兵,以资弹压。俟投诚官兵安插妥当,地方平定,臣解组养母,即以臣标官兵交付满洲将军统辖,酌量汰留。总之,天下久安长治之策,要紧城池,宜照江南、陕西例,设满洲贤能将军驻守,以制反侧。文臣事权不宜太轻,藩镇兵权不宜太重。趁此大兵在外、军威大振之日,急应善为布置,密为解散,亿万年太平之基地也。"又言:"尚之信归正后,怙恶不悛,前此臣与之交好,隐忍调停,欲导其为朝廷出力,未即陈奏。其在广东,卖官虐民,抄家充饷,遍地起税,恣行无忌。时而疏请出兵湖南,时而疏请平定广西;及至旨下,则一兵不发,闭门不出,目中竟不知有君命。臣因逆贼分犯梧州,求其借用大炮,不发;求其援兵,不发;又因孙延龄请兵紧急,求其借马兵数百相助,不发;求其借空马三百匹相助,不来:以致孙延龄全家受害,广西恢复迟误至今。臣不解其是何心也? 今年正月奉命,特加大将军进剿广西,值湖南大捷,乘机可为,自应奋武前驱,乃安驻封川,不肯进兵,日事狂饮。臣不解其是何心也? 桂林官兵归正,值逆贼四面屯聚,城中绝食,势甚危急,幸得征南将军穆占自永州发兵接应,赖以保全。今之信行文伪将军刘彦明等,责其不应缴伪敕印札于征南将军。臣不解其是何心也? 臣久知尚之信狂野性成,反覆莫测,故厚集兵力,整饬水师,以为东西未雨之防。今吴三桂已死,馀孽荡平在即,尚之信必无能为。但善后之策,宜于肇庆设满洲将军,或换满洲总督,带领甲兵,驻守弹压。削之信藩封,散所属多兵,设水师提督以分其权,则两广得以久安。臣冒昧密陈,乞留中采择。"上并是其言,以密疏示议政王大臣等酌行。

先是,马雄叛踞柳州,病死,其子承荫仍附吴三桂为伪怀宁公、广西大将军。至是,诡言投顺,弘烈以其随降兵众骄悍成习,奏请仍以承荫统辖。诏授承荫伯爵,给昭义将军印。时贼将范齐韩等尚居粤西，弘烈遣游击邓林才合承荫兵剿击，复柳城、融县。十一月，疏言："进兵云、贵，多属山险之路，非可专恃马骑，必用绿旗前驱；而进兵之路，广西为要，湖南次之。今两广绿旗肯为朝廷舍命杀贼者，惟臣标官兵愿进剿云、贵；朝闻命而夕行者，亦惟臣标官兵。逆贼未灭，臣不安坐。现乘此时天寒水涸，遣臣标中军参将温绍贤等挑选精兵三千五百，从小路往驻古泥，相机进取贵州黎平府、湖南靖州，断贼枫木岭粮道；又调马承荫兵四千往庆远，以分贼势。臣专候俞旨，即亲带官兵，或从庆远、泗城进发，或从黎平、靖州进发，先夺枫木岭，会合湖南大兵，努力前驱，矢图报称。"诏如所请行。

十九年二月，弘烈至柳州，疏言："柳州兵数不下三万，逆贼百端诱惑，人心不一。近以乏饷鼓噪，臣欲擒诛首恶，恐激众生变，又费兵力，只得暂为姑容。大抵此股兵马，积成骄悍，必俟杀尽边界逆贼后，设法陆续解散安置。现在马承荫两协五营，乞敕尽给粮饷，先收七千人心，鼓励前征，庶不为内地变患。"疏上未及报闻，而弘烈已为承荫所绐，登舟赴柳城会议，潜伏贼党劫之，溃其营，遂挟弘烈往。九月，至贵阳，逆孽吴世璠诱以伪职，弘烈骂贼不屈，遂遇害。十一月，征南将军穆占攻复贵阳，收骸骨以闻。上曰："傅弘烈宣力粤西，劳绩茂著。陷贼不屈，捐躯殉难，忠节可悯！下所司优恤。"令由驿归椟，赠太子太师，荫子入监，赐祭葬如典礼，谥忠毅；并允广西巡抚郝浴请建双忠祠于桂林，与前为吴世琮所害之巡抚马雄镇并祀。世宗宪皇帝时，入祀昭忠祠。子明垣，由荫生官知州。

【校勘记】

〔一〕上嘉弘烈忠诚懋著　原脱"懋著"二字。汉传卷四叶二五上，及
　　耆献类征卷三四四叶二九下均同。今据仁录卷六七叶三下补。

〔二〕李士文等攻复昭平　"文"原误作"龙"。汉传卷四叶二六下，及
　　耆献类征卷三四四叶三〇上均同。今据仁录卷六九叶一八上改。

图海

图海，满洲正黄旗人，姓马佳氏。父名穆哈达，世居绥芬。
图海初由笔帖式加员外郎衔。顺治二年，改国史院侍读。八年，
迁秘书院学士。九年，恩诏予骑都尉世职。越岁，授弘文院大学
士，列议政大臣。十二年，加太子太保，命摄刑部尚书事。明年，
考满，加少保。十五年，命同大学士巴哈纳等校订律例。旋以承
审江南考试作弊事迟延，削加衔。明年，侍卫阿拉那与公额尔克
戴青家奴殴于市，刑部审理失实，上诘问，图海不以实对。下廷
臣察议，以其负恩溺职，论死；奉旨宽免，削职。十八年正月，世
祖龙驭上宾，遗命起用。圣祖仁皇帝御极，即于是年授正黄旗满
洲都统。

康熙二年七月，蜀流贼郝摇旗、刘体纯、李来亨等啸聚湖广
郧、襄山中，命为定西将军，副靖西将军都统穆里玛率禁旅会楚、
蜀之师讨之。至则与总督李国英，提督郑蛟麟，总兵俞奋起、于
大海，署护军统领根特等连营困之。贼以兵三千犯奋起营，图海
率兵邀击，败之。贼又连犯诸营，各分兵夹击，咸溃败。未几，郝
摇旗为副都统杜敏擒斩于黄草坪，刘体纯相继破灭，惟李来亨拥
众据茅麓山，恃险负固，图海等率兵围之，绝其声援；外则搜剿馀

寇略尽，贼势穷蹙，来亨阖门自经死。伪公、伪将军以下伪官五百八十馀人、兵八千八百馀名降，执斩伪新乐王及伪官七人、兵六千馀名，俘其家口三千馀众而还。

六年，晋弘文院大学士，加世职为一等轻车都尉。会纂修世祖章皇帝实录，充总裁官。七年，命测仪象，八年，命录刑部重囚，并称旨。九年，奏乞解机务，专力戎行，上慰留之。十一年，命清理刑狱。十二年冬，吴三桂叛。十三年，耿精忠亦叛。圣祖以筹饷需才，命摄户部尚书。十四年三月，疏请敕禁外省军需不得私派，夫役不得先期拘集，钱粮不得额外科敛，词讼重者速审速结，小者不得滥准滋累，衙蠹土豪不得鱼肉善良。奉旨允行。

是月，察哈尔布尔尼劫其父阿布奈以叛，[一]图海奉命为副将军，同抚远大将军信郡王鄂扎率师往讨。四月，师次达禄，布尔尼设伏山谷，贼以兵三千人来拒我师。我师进攻，伏发，挠我土默特兵。图海分兵迎击，贼以四百骑继至，力战歼之。布尔尼乃悉众出，用火器拒战，图海令严阵以待，贼败复聚，连击大破之，招抚人户一千三百馀。布尔尼仅以三十骑遁去。时科尔沁额驸沙津以兵会剿，遇布尔尼于扎鲁特境，追及，斩之。察哈尔平。班师，圣祖御南苑大红门迎劳之。叙功，晋一等男。

十五年二月，圣祖以贝勒洞鄂攻叛将王辅臣于平凉，未克，命图海为抚远大将军，率护军每佐领各二名赴陕，总辖全省，贝勒洞鄂以下咸听节制。三月，至平凉，明赏罚，申约束，军威大振，贼众闻之惧。诸将请乘势攻城，图海曰："仁义之师，先招怀而后攻伐。吾奉天威，讨兹凶竖，无虑不克。顾念城中数十万生灵，无非朝廷赤子，遭贼劫掠至此，覆巢之下，杀戮必多。俟其向化归诚,以体圣主好生之德,不更美乎?"城中军民闻者莫不感泣,咸思自拔以出,贼势由是日蹙。五月,夺虎山墩。虎山墩者,在平凉城北,高数十仞,贼首以精兵通西北饷道。图海曰:"此平凉之咽喉也。得此,则饷道绝,城不攻而下矣。"即率兵仰攻,贼万馀列火器以死拒战。图海令兵番休迭进,自巳至午,战益奋,斩伪总兵二人,贼被杀及坠崖死者无算;遂夺其墩据之,俯视城中,如在掌握,因发大炮击其城中营。城中汹惧,辅臣乃乞降。随以其情上闻,诏赦辅臣罪,抚慰之。

六月,图海札授七品官周昌为参议道,赍诏入城。翌日,辅臣遣伪布政使龚荣遇等率士民献军民册,〔二〕又遣其子继贞等缴所受吴逆伪敕印札,然犹疑惧观望。图海复令周昌同其兄子前锋侍卫保定往谕,辅臣乃率众剃发降。图海令副都统吴丹入城抚定,秋毫无所犯。平凉被围日久,城中食尽,加以锋镝之馀,死亡过半,因令地方官赈穷乏,掩骸骼;其老弱之转徙不能归者,遣将士分送安插,远近帖然。初,周昌往招辅臣时,言昌母孙氏殉节死,愿以身报国,为母请旌,因请往。至是奏旌其母,又奏蠲秦省被兵及转饷各州县赋,皆从之。

是月,遣振武将军佛尼勒败贼将吴之茂于牡丹园,又败之于西和县北山;将军穆占进攻乐门,败贼于红崖,复礼县。于是固原伪巡抚陈彭、〔三〕庆阳伪总兵周养民、嘉峪关伪总兵王好问、关山伪副将孔荫雄共率伪官九百馀员、兵四万八千馀名,相继降。关陇悉平。八月,奉上谕:"图海器识老成,才猷练达,赞襄机务,宣力累朝,以文武之长才,兼忠爱之至性,劳绩茂著,克副倚任,朕心深为嘉悦! 于军功议叙外,应从优加恩,以示朕眷注忠勤、酬答勋庸至意。"遂晋封三等公,世袭罔替。

时汉中、兴安贼犹据守平凉,庆阳初定,人心未宁,奏请分兵防守诸隘,缓攻汉、兴,别遣一旅赴湖广会剿吴逆。奉旨令图海亲率精锐以行。图海以陕西反侧未安,虑有变,九月,疏陈其状。圣祖因授穆占为都统,佩征南将军印,率师赴楚,留图海镇守陕西。十二月,议取汉中、兴安,奏调绿旗兵,檄提督孙思克赴秦州,赵良栋赴凤翔,以将军侯张勇、将军王进宝各引兵助之,期以明年正月二十日如所约至。下张勇等会议以闻,勇等谓宜视夏秋收获丰歉,再图进取。图海以汉、兴山路险峻,夏秋多霪潦,贼守益坚,请如前奏。十六年正月,议上,上虑克复汉、兴后,宜设重兵,转饷不易;若俟夏秋,[四]则顿师糜饷,亦属非计。谕令守诸要隘,分兵赴荆州会剿吴逆。议遂寝。三月,招抚韩城等县伪总兵乔斌以下官百有馀员。四月,遣兵进逼礼县、益门,先后败贼于五盘山、乔家山、塘坊庙、芭蕉园、沙窝诸处,复塔什堡。是年九月,赐服物,并御制诗二章。十七年二月,奏请分兵两路,进取汉中、兴安,旋奉密谕止之。闰三月,将军佛尼勒等败贼于牛头山、香泉,四川总督周有德等败贼于秦岭,复潼关堡五寨。四月,庆阳贼袁本秀受吴逆伪札,作乱。图海发庆阳、宜君、延安三营兵,会王进宝兵讨之,斩本秀于卫远沟,馀众溃散。十二月,疏请轻骑赴京面奏事宜,许之。十八年二月,还陕。

五月,贼犯栈道益门镇各口,奏请提督赵良栋进临武寨,相机而行;俟击破贼垒,分道征进。时湖广、广西平,圣祖谕亟歼宝鸡之贼,恢复汉、兴,以平蜀地。七月,破益门镇,贼毁偏桥,兵不能进,疏其状以闻。圣祖以其怯懦易退,严督之。九月,进取汉中、兴安，分兵四路，图海亲率将军佛尼勒等由兴安进，总兵官程福亮为后援，驻守旧县关；诸路将军毕力克图、提督孙思克等由略阳进，总兵官朱衣客为后援，驻守西河；诸路将军王进宝、总兵官费雅达等由栈道进，总兵官高孟为后援，驻守宝鸡；提督赵良栋由徽县进：克日并发。

　　十月，图海师次镇安县，分兵为二队，进攻伪总兵王遇隆于火神崖，败之，渡乾玉河，夺梁河关，伪将军韩晋卿遁入四川。是月，王进宝复汉中，赵良栋复徽县、略阳，毕力克图复成县，又复阶州：降伪副将王光生以下官十九员、兵三百二十名。十一月，复兴安，降伪将军谢四、伪总兵王永世以下官三百八十二员、兵万四千三百馀名。平利、紫阳、石泉、汉阴、洵阳、白河及湖广竹山、竹溪、上津等县皆下之。是月，毕力克图遣参将康调元复文县，伪洮岷道王文衡降。先是，王进宝、赵良栋捷音先至，圣祖以图海、毕力克图等迟缓，切责之。至是捷闻，得旨嘉奖，下部议其功。寻命率大军之半驻守凤翔。十九年正月，命赴汉中转饷，以济蜀师。九月，陕西总督哈占由保宁直上，击贼谭弘，命发兵为声援，以分贼势。

　　是月，获奸民杨起隆。初，起隆于康熙十二年诈称为朱三太子，谋作乱于京师。正黄旗周公直家奴陈益聚众十人于家，将起应之。公直首其事，图海即率兵围之，陈益等悉就缚。至是，并获起隆送京师。

　　二十年正月，贼犯四川叙州诸处，调副都统翁爱率所部兵往援，复奏请亲行，谕仍驻汉中，防守秦、蜀。七月，以疾还京，寻具疏乞休，圣祖慰留之。十二月，卒。累官至太子太傅、中和殿大学士,兼吏部尚书、正黄旗都统,封三等公,世袭。谥文襄,赐祭葬如典礼。明年,太宗文皇帝实录告成,以图海曾充监修总裁官,追赠少保,仍兼太子太傅。二十二年,御制碑文,立石墓道。雍正二年,加赠一等忠达公,配享太庙。寻命建专祠,复御制文刻石以旌之。崇祀陕西名宦祠。子诺敏袭爵。

【校勘记】

〔一〕察哈尔布尔尼劫其父阿布奈以叛　“阿”下原衍一“安”字。今据仁录卷五三叶二一下删。按满传卷一叶二四上,及耆献类征卷二叶六上均不衍。

〔二〕辅臣遣伪布政使龚荣遇等率士民献军民册　“龚”原误作“龙”。耆献类征卷二叶七上同。今据仁录卷六一叶一七上改。按满传卷一叶二六上不误。

〔三〕于是固原伪巡抚陈彭　原脱“固原”二字。耆献类征卷二叶七下同。今据仁录卷六一叶一七下补。按满传卷一叶二六下不脱。

〔四〕若俟夏秋　“俟”原误作“视”。耆献类征卷二叶八下同。今据仁录卷六五叶四下改。按满传卷一叶二八上不误。

李之芳

李之芳,山东武定人。顺治四年进士,授金华府推官。十一年,以卓异内升刑部主事,迁本部员外郎、郎中。

十五年九月,授广西道御史。十一月,疏言:“各省钱粮,定例官收官解。乃各州县私金大户承值,民间畏惧,如赴汤蹈火,百计营脱。官吏黩货,免此金彼。乡愚不谙,倩人顶充。因有棍徒包揽,将在官银米,任意花销,仍累原金里户赔偿。小民膏血有限,不堪一剥再削,虽加笞箠,终无所得。故各省侵欠钱粮,为数甚多,追补还官者,十常不得一二。总缘陋规相仍,名色不一,有司视为故常耳。苟且欺蒙,将何底止?乞敕各抚按力行整顿,察革陋规。凡州县征收银米,概令佐贰官汇解,遇有借端科索者,许佐贰官揭报州县,州县转报抚按提问治罪。揭报之佐贰官,酌加奖励。如抚按厘剔无效,州县奉行不力,并严议处分。”疏入,得旨:“私金民解,病民殊甚。”下部议,如所请行。又言:“州县路当孔道,迎送往来,自朝至暮,有旷官守。请严饬禁止。”从之。

十六年六月,疏劾两广总督李栖凤以失守城池革职道员郭光祖委署左江道,以徇私纵罪革职推官季奕声复原任,应察议。上命栖凤回奏,自以不能详察引咎,下部议处如例。十七年,巡按山西。十八年,圣祖仁皇帝御极,裁巡按,回原任。康熙元年,请假归。二年八月,补湖广道御史。三年十二月,疏言:“迩来叩阍事情,干涉民间冤抑者,固自不乏;然而健讼刁告之辈,砌款行私;降级革职之官,饰词巧辩:滋烦扰而长欺妄,莫此为甚。嗣后审问情虚,宜各依律究拟,勿止以责赎从轻发落。其审虚复行叩阍仍审虚者,加等治罪,庶刁诳息而体统肃。”疏下部议行。五年,巡视浙江盐政。七年,掌京畿道事。寻掌河南道事。

八年五月,内大臣鳌拜获罪,拘禁;大学士班布尔善以结党行私,伏诛。之芳疏言:“近者班布尔善任意票拟,已置大法。自此政本肃然一清矣。臣惟票拟为政本所系,昔时大学士等俱内直,诸司章奏即日票拟,世祖章皇帝面赐裁决,立法至善。自顺治十八年以后，惟辅政大臣内直，大学士等在外，疏奏俱至次日看详。及进呈候旨，止有学士而大学士不预，非所以昭严密，请仍复旧例，内直看详，即日票拟，公同候旨，永杜任意更改之弊。"疏下部，从之。

又疏言："世祖章皇帝时，赏罚出于至公，其时之督抚不敢恣睢无忌，率有司以虐穷民；然犹不时甄别处分，以防其坏法害政之渐，轻则降革，重则提拿，斧钺懔然，未尝少贷。故当时吏治肃清，民生不困。岂一时之督抚皆贤，彼诚有所畏也。自顺治十八年以后，督抚率多夤缘而得，有所恃以无恐。勒索属员，扰害百姓，以下僚为奴隶，任传宣为爪牙，横取财物，贿赂权奸，根深蒂固，惟其意所欲为。夫直省亿万之众，皆世祖章皇帝留遗之群黎，皆我皇上爱养之赤子，其能堪此辈朘削为也！自与受同罪之法严，无敢纠督抚之贪婪者，与者不认，则言者涉虚；即确然有据，亦不能执其人而问之矣。岂但不能纠督抚，且不敢纠司道、守令。纠之则干碍督抚，安有督抚承问而不力为脱卸，谓尽属子虚者？数年以来，未尝因贪纵而重处一人，反得粉饰功次，冒滥加衔。有贪之利，无贪之害，彼又何惮而不怙恶以自恣耶？近者皇上亲政，屡颁谕严饬，亦不纠一二有司以谢责。[一]夫表不正则影不直，安足除贪盗风而苏民生乎？乞睿鉴亲裁，罢黜溺职督抚，庶吏治渐有起色。"疏下部知之。

寻，甄别各省督抚，罢黜、降用、休致数人。九年五月，疏劾大学士魏裔介前以候补左都御史妄援恩诏，荫其子魏嘉，及入内院市恩徇私诸款，诏裔介回奏，仍下部察议，以各款俱辩释，惟候补官无得荫之例，革魏嘉荫生。事详魏裔介传。八月，得旨内升,以四品顶带食俸,仍任御史。

十一年二月,擢左副都御史。六月,疏言:"外官失察衙役犯赃,例坐革职;在内部院司官所管胥役犯赃,向未有失察处分,故纵容奸蠹,置若罔闻。请敕部严议,俾知惩警。"又疏言:"今日吏治之弊,在于文法太密;而尤密者,在于方面有司等官,常有在任三两年而罚俸至二三十年者。夫俸薄尚恐不足以养廉,况积年无俸,又安能责其洁己爱民?乞敕部酌核外官罚俸事由,原无情弊,近来处分过当者,请旨仍遵世祖章皇帝时定例,除去繁苛,以课吏治之实效。"又疏言:"两淮、两浙、长芦、河东等处盐课,专遣御史经理,为商人培一时之元气,即为朝廷培恒足之泉源。缉枭贩以疏官引,严秤掣以速行销,翦恶棍以安良善,察职要以便小民,皆巡盐御史职掌。在顺治十八年以前,原以此为殿最之法,不仅以完课为能事。乞敕嗣后各巡盐期满,仍行昔日考核之例,户部据钱粮之完欠为高下,都察院据政绩之优劣为劝惩,庶各争自濯磨,克尽职掌矣。"疏并下所司议行。是月,浙江巡盐御史杭奇、常锡胤以私派诈赃,为商人赴通政司控告,命之芳赴浙察审,得实,杭奇、常锡胤并论绞。十月,迁吏部右侍郎。

十二年六月,授浙江总督。明年三月,疏言:"逆藩吴三桂陷湖南,恐煽诱滋扰。浙江提督标兵应复前未裁减时原额,令各营使用枪炮,为攻坚击远计。"疏甫入,逆藩耿精忠执福建总督范承谟,据福州反。之芳闻变,疏言:"贼兵已至蒲城,衢属仙霞关与贼接境,而常山一县又为西南孔道。臣已分调官兵,星驰守御。请急救江南省调兵赴援,江西省调兵谨守玉山、铅山要路,以固封疆。"疏入,命都统赖塔率江宁副都统玛哈达、瑚图等及驻防兵赴浙江,谕令与之芳商决军务。五月,奉诏进驻衢州,请复降调总兵李荣原官,俾统领绿营,副将王廷梅、牟大寅、陈世凯、鲍虎等分道御贼。贼由常山陷开化、寿昌、淳安,由处州犯义乌、浦江、东阳、汤溪、龙游,沿河阻绝饷道,联结叛弁司定猷、叛镇祖弘勋,陷平阳,踞温州;又陷黄岩,犯台州及绍兴,集悍卒数万,窥衢州。

七月,之芳与赖塔阅兵于水亭门,率总兵李荣及副都统瑚图等兵直薄贼垒,军于阮西。贼悉众来犯,我兵冲冒炮矢奋击,却贼。贼越壕,踞木城,我兵追击至壕,守备梁安殁于阵。贼乘夜移踞杜泽大洲,陈世凯与副都统沃申进剿,斩戮甚众;乘胜复义乌、汤溪,牟大寅破贼常山,游击王世望破贼龙游,〔二〕鲍虎复寿昌,王廷梅败贼于金华之石梁大沟源,李荣复东阳。寻大败贼兵于金华之寿溪,斩伪总兵张元兆等,毁寨十八;参将洪起元败贼于绍兴,复嵊县。先后得旨嘉之芳调度有方,将士奋勇,令事平日议叙。

时大将军康亲王杰书自京统师至金华,分遣贝子傅拉塔与都统巴雅尔等剿贼温、台。贼之在处州者逼衢州东南,在江山者逼衢州西南。之芳分饬营伍,严守御,勿遽迎击。十月,疏言:"臣自驻衢以来,率励将士搜剿,虽所至克捷,终因兵少,战守不能兼应。原调集之兵及新设援剿镇兵,共只数千。金华堵御温、处两路,严州接连徽、饶二郡,并属咽喉之地,而衢州又当冲扼要,为全浙门户。各处贼兵,皆报称数万,每处官兵不及三千,派防属县,驻守府城,闻警策应,常恐不敷。臣标现设三营,应增足每营一千之数,并增设前后二营,合成五千兵。目前便于策应,有恢复之地,即可分拨驻守。俟事平之日,调作温、处各营原额。自是增兵不逾经制之外,而援剿机宜克协矣。"疏下户、兵二部议行。

会康亲王奏进征温、处,应设温州、黄岩、平阳三镇标营,其将弁听之芳拣补。陈世凯、王廷梅、鲍虎并擢总兵官。十一月,贼众五万由常山逼衢州城西沟溪,倚山结十数寨,掘壕堑,觊联南路贼巢。之芳与赖塔议出贼不意,遣王廷梅同参领禅布等夜趋沟溪,分队进攻,自辰至酉,合力扑剿,斩贼万馀。贼将弃寨溃窜,追逐二十里,获巨炮、器械甚多。十四年二月,疏言:"臣统师衢郡,日夕对垒,凡筹画战守,接济刍粮,策应调遣,时刻勿遑。军机紧要之事,万不能辍。更无暇晷,鞫理盗案。且臬司驻扎省会,解审既虑疏虞,驳核又恐迟滞。乞敕归抚臣就近覆审,径行题结。"又疏言:"凡城乡盗案,专汛兼辖武职,有住俸、罚俸、降级之例,所以责其督缉逸盗也。今用兵之际,或本汛防剿,或调遣随征,业已披坚执锐,展绩封疆,不能分身缉盗,俸银停支,情属堪悯。宜破格开复,以示恩养将士之心。"又疏言:"金、衢、台、严、绍等处贼寇,屡经征剿,附从乌合之徒,渐已解散,仍复故业。臣饬所在官吏安集抚绥,俾投诚众多。惟贼寇蹂躏之地,一望萧条,啼号载路。即如衢州近城,难民现有九千七百馀口;其散处各乡者,尚不可计数。臣与府县官虽捐赀量给,不过涓滴之微。请于布政司所收捐助军需内,动支散给。"皆疏下部议,并从之。

时贼帅马九玉、朱怀德等盘踞江山、常山、开化三县,于溪口、清湖、大溪滩、茅村东南列贼营四,又列营前岭,以联络东南各贼巢,且散布处州、金华山谷,四出窥犯。李荣、陈世凯、王廷梅等分路搜剿,所至大捷。五月,之芳与赖塔议,乘连旬大雨,河水泛涨,由南塘捣贼前岭,阵斩七百馀级,坠崖落水死者无算。十五年三月,遣将由遂安截贼后路,连破贼寨,复开化县。疏言:"衢州控贼要害,满、汉官兵擐甲枕戈,已逾二年,因浙省处处用兵,分布各路,以致兵力不敷。前此专望一处扫平,便可并力攻取,直捣仙霞。不意各路寇氛,虽屡经剿创,尚未扑灭。江西、广东各逆,又出没常山、开化,欲与马九玉贼营联合。在衢满、汉官兵,仅能堵御,若欲急图灭贼,非厚集兵力不可。目下贼势断不能窥犯江南,宜酌调松江、崇明提标兵五六千赴浙,听大将军康亲王调度,并力进剿。"疏入,上命康亲王于浙省分驻兵酌调统率,谕之芳议定由何路进剿。之芳疏言:"自耿精忠叛变,分遣贼众,一由衢州,一由温州,一由处州,三路入犯;兼以海洋贼舟,往来牵制,而且广布伪札,煽惑人心,不逞之徒,所在蜂起。官兵各路堵御,屡奏捷功,而负固抗逆者,尚有温州之曾养性、祖弘勋,处州之连登云、徐尚朝,沿海出没之熊进学等。因衢州向为八闽大路,劲卒毕集。今必先由衢进击,歼其精锐,则诸路之贼自然瓦解。逆贼马九玉、朱怀德等现在深沟高垒,死守河西,然其南则江山,西则常山,皆可以间道截其粮运,断其归路。我兵一进,使贼首尾受敌,势难仍保巢穴,从此八闽可奏荡平矣。"疏入,从之。

八月,康亲王抵衢州,与之芳及赖塔议先断贼饷道,以夺河西贼势,遂进兵大溪滩,复江山县,马九玉弃营遁。之芳遣副将马化龙,参将阎进、赵得寿率兵随赖塔进剿,降伪参将金应虎等,克仙霞关。康亲王进定建宁、延平,将至福州,耿精忠率众降贼之在温州、处州者悉解散,伪总兵马鹏、汪文生、陈山,伪将军程凤等犹分踞江西之玉山、铅山、弋阳、德兴等县。之芳奏请会剿,得旨俞允,而江西兵方以御吴三桂逆党于吉安、袁州,不遑东顾;之芳遣兵一由常山进剿玉山,一由开化进剿德兴。十月,攻克玉山城,汪文生潜遁。十一月,破贼木城六,自白沙关趋德兴,连克贼寨十有三,擒马鹏,械至衢州,斩以徇。游击郭守金等复铅山、兴安、弋阳、贵溪等城。上嘉之芳遣兵剿贼邻省,恢复城邑,调度有方,下部议叙,加兵部尚书衔。

十六年四月,遣参将蒋懋勋等剿贼于玉山之椒岩洞,伪总兵陈山率众出降。先是,马鹏就擒,汪文生、程凤俱乞降。俄,程凤病死,其妻王玉贞以伪扬烈将军印,籍所属六万七千馀人就抚,而伪总兵林尔瞻拥众数万,以铅山、上饶与福建光泽县错壤之石垅地为巢穴,恃山险崎岖,招之弗出。之芳令蒋懋勋等由铅山进剿,分扼要隘,率数骑入寨慰抚,乃挈伪官百馀、兵二万馀出降。别有伪都督李日生、伪提督洪成龙分距玉山之八仙洞、老鼠洞,出掠子午口。十七年三月,蒋懋勋等击贼子午口,斩级数百;之芳复遣参将阎进会剿,克八仙洞,复克老鼠洞,各斩贼千馀,毁平贼寨。

时海贼郑锦尚踞闽境,设五镇,其伪总统刘国轩、朱天贵等纠集贼众,乘船窥伺濒海郡邑。之芳檄各营汛严密守御,象山副将汪国祥等败贼于庙岭湖边。贼复犯温州,各汛地皆有备,击毁贼船,溺死者甚众。伪副将詹天枢杀贼将麦仁,赴总兵陈世凯军前归顺。

十八年十二月,令定海总兵牟大寅率兵巡海,见岛屿而木城草屋者,悉焚毁搜斩;又令游击卫圣畴等更番出哨,遇贼孝顺洋,斩伪参将童耀等及贼兵三千馀,毁沉十九船,获十五船,并器械、伪印札以还。二十年七月,疏言:"浙省上游险要,莫重于衢州,而衢之恃为咽喉门户者,莫重于仙霞一关。自康熙九年拨旧驻江山之枫岭营归闽省总兵官,于浙不相统辖。迨闽中变乱,致仙霞天险,反为贼踞。声息不通,寇兵遂得深入。仰赖天威,扫荡恢复,以浙省官兵驻守。近见福建总督姚启圣请设枫岭营隶闽省。伏思守关之法,应从内以控扼于外,未有反借外以遥制乎内者。宜设左右两营,左军守备以下,闽省支饷;右军守备以下,浙省支饷。其枫岭营游击,兼听两省节制,仍于浙省支饷。"疏下部议,从之。

二十一年八月,奉诏还驻杭州。十一月,召入京,为兵部尚书。二十三年八月,调吏部。十一月,谕大学士等曰:"部院大臣年高者,借以料理政事,不以筋力为礼。兵部尚书李之芳赍捧木匣,以衣裘厚重,偶致失足。倘或至损伤,朕心深为不忍!以后木匣,令尚书、侍郎内年少壮者捧进。"二十四年八月,以疾乞休,得旨慰留。十二月,户部议删钱粮丝忽以下细数,重刊简明赋役全书。给事中杨周宪疏陈细数不应尽删,全书不应重刊。下九卿科道再议,未决,召询之芳,奏言:"户部初议丝归于毫,今拟丝以上之数仍存,忽以下之数删去,则便于稽核,吏胥不得作弊,实有益于民。"上是之,议遂定。二十五年二月,汇叙任总督时军功,予云骑尉世职,准袭一次。二十六年九月,授文华殿大学士。

二十七年二月,御史郭琇疏劾大学士明珠、余国柱结党营私事,谓内阁票拟,俱由明珠指麾,轻重任意;余国柱承其风旨,即有舛错,同官莫敢驳正。上既罢明珠、余国柱,大学士勒德洪,并命之芳休致回籍。明年,上南巡,之芳迎驾于德州,赐赉优渥。三十三年十一月,卒于家,年七十有三。谕曰:"李之芳前为浙江总督时,随大军进剿,历有劳绩。简任机务,勤慎素著。忽闻在籍溘逝,朕心深切轸恻!下部议恤。"赐祭葬如例,谥曰文襄。子钟麟,袭云骑尉世职。

四十九年八月,谕大学士等曰:"凡人能效命者,即为勇士。耿逆叛时,李之芳任浙江总督,虽不谙骑射,执刀立于船首,率众突前,大破敌人,以立功绩。彼时同出征者回京,俱称李之芳之勇。今承平日久,善于马步射,能管辖兵丁者,尚不乏人。若屡经行阵之人,甚难得也!"世宗宪皇帝雍正十年,入祀贤良祠。乾隆三十二年,上追念国初以来宣力效忠之臣,命部臣稽核前此曾授世职袭次已满者,疏列具奏。之芳裔,得旨予恩骑尉,世袭罔替。

【校勘记】

〔一〕亦不纠一二有司以谢责　"不"下原衍一"过"字。耆献类征卷五叶三上同。今据汉传卷七叶七下删。

〔二〕游击王世望破贼龙游　"望"原误作"万"。汉传卷七叶一一上,及耆献类征卷五叶五上均同。今据仁录卷四九叶五下改。

清史列传卷七

大臣画一传档正编四

董卫国

董卫国,汉军正白旗人。初任佐领。历官国史院学士。顺治十八年,擢江西巡抚。康熙四年,加工部尚书衔。九年,以病乞休,诏慰留之。十三年正月,改兵部尚书衔。

时逆藩吴三桂犯湖南,长沙失守。卫国疏请发兵备御袁州、吉安,命副都统根特巴图鲁自兖州移师赴援。会逆藩耿精忠复犯宁都、广昌、南丰等处,广信副将柯升叛应之。卫国密疏告急,命定南将军希尔根会同卫国相机剿御。卫国复疏言袁州逼贼氛,应设总兵统兵三千镇守,并请以副将赵应奎升授,诏从之。南瑞总兵杨富谋不轨,卫国廉得实,擒置之法,并歼其党。上嘉其功。七月,设江西总督,即授卫国。旧制,南昌水师营兵五百,以守备领之,卫国奏省会重地,应改设游击,增兵五百;又江西营制为马一步九,用兵之际多一马兵,可当步兵十,奏改马二步八。均如所请行。

十一月,耿逆贼党分犯新昌、上高,卫国调游击佟国栋、参将赵登举、守备张射光往援,大捷,斩伪都督左宗榜。十四年七月,与希尔根等招抚泰和、龙泉、永新、庐陵伪官二百七十馀、贼众六万五千有奇。上高、新昌、金溪、馀干诸寇遏广信粮道。十二月,卫国奏督兵亲剿,值简亲王喇布驻师南昌,以省城投诚人杂处堪虞,督臣不宜他出,奏止之。十五年正月,遣中军吴友明击贼于瑞州,复上高、新昌二县。二月,贼围吉安,[一]调吴友明击之,贼溃。十二月,遣副将许盛、游击杨以松等先后败贼于泰和、定南,复其城。十六年三月,疏言贼首杨玉泰窃据宜黄、乐安、崇仁山谷中,请统官兵扫荡,允之。未几,招降崇仁伪总兵蔡仕伯、宜黄伪总兵沈凤祥等。五月,大破贼众于大岭,阵斩伪官百馀、兵五千馀,复乐安,玉泰穷蹙降。

时湖南平江及铜鼓营贼起,卫国留提督赵赖守乐安,调本省兵援楚。会简亲王檄卫国标下兵尽赴乐安,卫国以江西为楚、粤控要,省城驻满兵不过二百,恐守御失利,上疏乞赐罢斥。严旨责轻王不合,[二]并申谕嗣后调遣与卫国会商行之。八月,遣兵徇建昌,招抚伪总兵张发等官一千馀、众六万馀。九月,击走贼首朱统锠于贵溪,[三]擒其党金洪、尹文郁。十二月,遣兵徇南昌,招抚伪总兵袁菊茂等官一千三百馀、众五万馀,复铜鼓营。卫国以伏莽未靖,疏请赴吉安随简亲王协力扑剿,留副都统多诺守南昌。得旨,绿营官兵听便宜调遣。十七年三月,贼首韩大任赴闽降,其党郭应辅等分据万安、泰和诸县。卫国剿其众四万馀,招抚伪总兵以下官三百馀、众四万六千馀,分别安置。

六月,吴逆犯永兴,薄吉安。上命卫国酌拨绿旗兵守吉安,速募精锐五千备援先往,卫国奉旨守铜鼓营。三桂既死,馀党据岳州、长沙,大兵围之,不下。十二月,卫国奏铜鼓营宁谧无事,请赴楚援剿,上嘉许,并授方略。未几,岳州、长沙继定。十八年正月,诏赴大将军安亲王岳乐军,协同进取。于是卫国随大将军由衡州、宝庆大败贼于紫阳河、双井铺,复武冈城。嗣给事中李宗孔劾卫国居总督任,不治事,失民心,廷议革职,谕戴罪图功。十九年三月,率兵破鸭婆、黄茅等岭,进剿靖州贼,与都统穆占会,追败伪将军吴应麟等,复沅州。十月,至镇远,夺石港口,抵大岩门,伪将军张足法悉众拒,卫国亲奋击,大破之。足法夜遁;追至油闸关而还,复镇远城。大兵既定贵州,大将军贝子彰泰进征云南,留卫国守贵阳。二十年,云南平,回任。

二十一年,调湖广总督。二十二年,廷议前绥远将军、湖广总督蔡毓荣劾卫国不听调度,贻误军机,而卫国有平镇远功,请免议。谕曰:“董卫国遵朕指授,剿定贼寇,恢复镇远,实为可嘉!蔡毓荣劳绩远出其下,且二人敌体,大臣无听调度例;以妒功故陷人重罚,着将蔡毓荣降五级调用。”先是,御史蒋伊劾卫国纵兵俘掠。至是,江西总督于成龙疏辩。十一月,卫国入觐,濒行,谕曰:“尔在外二十馀年,地方事宜知之已悉。前此用兵之际,未免骚扰闾阎,今天下承平,当思休养民力。至于兴革利弊,尤在严饬所属实力奉行。尔前有劳绩,朕罔不知,毋畏人言,勉图后效。”十二月,卫国遘疾,卒于任,赐祭葬如例。

【校勘记】

〔一〕贼围吉安　"吉"原误作"静"。耆献类征卷一五七叶二八下同。今据仁录卷五九叶三〇上改。按满传卷三二叶三四下作"靖"，亦误。

〔二〕严旨责轻王不合　原脱"轻"字。满传卷三二叶三五下，及耆献类征卷一五七叶二九上均同。今据仁录卷六七叶一四上补。

〔三〕击走贼首朱统锠于贵溪　"贵"原误作"泸"。满传卷三二叶三五下，及耆献类征卷一五七叶二九上均同。今据仁录卷六四叶二〇上改。

　　瑚图

　　瑚图，满洲镶白旗人，姓洪鄂氏。顺治十二年，以护军校随宁南靖寇大将军陈泰出师湖广，败明桂王将卢明臣、冯双礼于岳州、武昌。十七年，随安南将军洛托赴福建，败海贼郑成功于厦门。康熙二年，授驻防江宁协领。八年，擢江宁副都统。

　　十三年，逆藩耿精忠叛，上命瑚图同副都统玛哈达率所部赴杭州，与将军图喇计兵事。寻以赖塔为平南将军，瑚图参其军务。八月，伪将军马九玉遣其将胡锦等犯衢州，至石梁，瑚图与副将王廷梅、李承恩分路迎击，贼溃奔崖山，进围之，擒锦。时贼党小林别驻大沟源，乘胜进击，大败之。十月，伪将马四等率贼众，一由江山至钱塘，一由处州至林山，谋犯衢州。瑚图分兵东西夹攻，阵斩伪将范安国、王大顶等。已而伪将周列、桑明率众三万屯焦园、红桥等处，分路击之，连破贼众，斩万馀级。

　　十四年三月，九玉拥众屯衢州西南，夜渡水犯我营，赖塔令瑚图、廷梅往击之，败诸杭埠，斩杀甚众，馀贼多溺死。八月，九玉遣其将李廷桂率贼七千，营于衢州北元口村，设木城，绝官军粮道，并据东、西山为声援。瑚图分兵击败两山贼，夜冲贼营，焚其木城，贼败遁。十五年八月，官军破贼于大溪滩，复江山县。九玉走常山，瑚图追之，贼拒战，又败之；进围常山，贼夜开西门遁，追至江西玉山界，贼大溃，斩获无算，复常山县；进克仙霞关，[一]拔蒲城。精忠穷蹙，诣康亲王杰书军门降。瑚图随军驻福州。

十一月，海逆郑锦将徐耀率众三万至乌龙江南，营于小营、[二]直凤诸山，谋犯福州。康亲王杰书遣瑚图同总兵董大来夹击，破贼营十四，贼遁，追四十馀里。寻以瑚图防守泉州。十六年三月，泉州城内外土贼四起，瑚图遣将领水陆分剿，尽殪之。十月，南安县贼陈式、陈角等树旗，扬言欲犯泉州。瑚图令营长张廷辅、副将朱起龙分击，败之，斩陈角。先是，漳、泉多寇，南安贼首李复贵、同安贼首朱寅各据高山，勾海逆乘机剽掠。康亲王杰书令提督段应举同瑚图分路进剿，擒复贵及寅之伪军师林日向等。至是，寅复犯杨坑、小黄山，瑚图与三等台吉查浑、副都统邬尔根追击之，三战皆捷，杀贼千馀，斩伪将谢良、杨德。瑚图寻驻漳州。十七年二月，海逆陷石码，逼海澄，瑚图同海澄公黄芳世、副都统孟安应援，败贼于湾腰树，夺金门山，进至观音山。贼陈福、陈仁来拒，击败之，贼奔下浒，追之，斩伪将洪结。贼收馀党于石码，筑垒拒官军。三月，贼船二百馀乘潮至，垒中贼复出列相表里，瑚图与芳世安营，令海澄总兵官黄蓝潜师夹攻，阵斩伪将朱成、高荣等十一人，沉贼船九，贼仍遁入垒。海澄围解。

时官兵俱屯海澄、石码,漳州兵少,瑚图同总督郎廷相昼夜防守,忽海逆连综数百乘虚突犯,入东关,击以炮;贼败退,复益船拥众至,且勾山贼蔡寅由天宝山断我粮道。瑚图亲督战,焚其船,贼仍不退。闰三月,芳世自海澄以兵来援,大破贼众,寅始遁去。

时海逆刘国轩、吴淑等复破海澄,陷长泰,粮道复阻。赖塔令瑚图带甲八百防守要路。九月,淑率贼万馀逼漳城,国轩营对河为犄角。城内兵少,适副都统沃申率兵千馀来援。瑚图随赖塔分路剿至蔗林,遇伏,我兵小却,斩退者三人;我兵奋进,遂破贼阵,连拔其营十六,杀贼过半。贼退据长泰,谋犯南靖,我兵分二队进城,列营蜈蚣山。瑚图、沃申力战,自辰至未,贼大败,弃营走,斩贼将郑英、何观及贼众四千馀,复长泰城。贼退据江东桥,桥为漳、泉往来要道。十月,赖塔营桥西,令瑚图同沃申、提督石调声取桥东岸,乃由长泰绕道越朝天岭,过龙江口,深入贼巢。贼以炮迎敌,瑚图等奋勇冲击,贼弃寨奔船,据桥口,急击之,贼奔出江,遂通漳、泉路。十八年二月,贼设伏四山,来诱我战。瑚图同副都统雅达里分兵突至山下,伏尽起,瑚图等力战不退,贼大败,奔据玉洲、观音山各寨。十月,贼屯鳌头山,窥江东桥,欲断我路。我兵四路迎剿,瑚图与副都统玛思文为一路,击败之。十九年三月,我兵分路剿贼,瑚图攻克玉洲各寨。贼战败,窜厦门,遂复海澄。四月,贼江钦等纠党连综窜踞广东达濠岛,瑚图随赖塔至潮州,沿海督剿,水陆并进,贼退;乘胜取磊石门,贼来争,复击败之;又遇我水师夹攻,贼大溃,遁出外大洋。寻,闽、粤平定,瑚图回江宁任。

二十三年十一月,上南巡,驻跸江宁,赐瑚图蟒袍一。十二月,擢杭州将军。二十六年三月,卒于官。得旨:"瑚图才品优长,殚心尽职,效力行间,劳绩茂著。及授杭州将军,复能和辑兵民,不干预地方事务,行止清慎,克尽厥职。着从优议恤。"寻议祭葬如例,特旨加祭一次,谥敏恪。

【校勘记】

〔一〕进克仙霞关　"关"原误作"界"。满传卷三一叶五三下,及耆献类征卷二七四叶四下均同。今据仁录卷六三叶一下改。

〔二〕营于小营　下"营"原误作"门"。满传卷三一叶五三下,及耆献类征卷二七四叶四下均同。今据仁录卷七〇叶九上改。

蔡毓荣

蔡毓荣,汉军正白旗人,漕运总督蔡士英次子也。初任佐领,兼刑部郎中。寻授京畿道御史,兼参领。迁秘书院学士。圣祖仁皇帝康熙五年,授刑部侍郎。七年,迁吏部侍郎。九年,授四川湖广总督,驻荆州。十年,疏言:"蜀省民少田荒,宜广招开垦,凡候选及现任人员招民三百户者,议叙即用、即升,垦熟田亩宽限五年起科。"又言:"蜀省冲要营员请照沿边例题补。"十一年,疏言:"移驻弁兵,其子弟有读书者,应准入籍考试。"十二年,请裁遵义总兵官,改镇松潘。事并下部议行。

是年十二月,逆藩吴三桂反,毓荣疏言:"云贵总督甘文焜手书遗臣,言吴三桂反。臣随调沅州总兵官崔世禄疾赴贵州御之,令彝陵总兵徐治都、永州总兵李芝兰各率兵继进。"上谕以宜令提督桑额疾驰沅州固守,敕遣王、贝勒、大臣领八旗兵至荆州,复命侍卫纳尔泰传谕毓荣筹备军需。十三年二月,分设四川总督,改毓荣专督湖广。以前招民垦荒叙功,加兵部尚书衔。

先是,贼兵陷沅州,崔世禄降贼。至是,常德、澧州、长沙、岳州相继失守,部议毓荣当贼未陷常德时,不即令桑额往,调度无能,应革职;命从宽留任,戴罪图功。寻丁父忧,命在任守制,仍率绿旗兵偕八旗兵进剿。毓荣遣中军副将胡士英等分防江口,值叛镇杨来嘉等踞南漳县之天门寨、马良坪诸处,出掠城邑。毓荣遣襄阳总兵刘成龙率兵御剿,屡奏捷。时广西提督马雄叛应吴三桂,以逆书与两广总督金光祖,诡言毓荣欲携绿营兵数千赴岳州降贼。金光祖为毓荣姻戚,密遣人告之。蔡毓荣疏陈狡谋诬陷,请解任回旗;上命以殚心供职,勿因逆书引嫌。

十四年九月,大将军顺承郡王勒尔锦奏增设绿旗兵援剿二营,领以两副将,诏毓荣统辖之。毓荣寻疏言:“吴逆久据湖南,而湖南之长沙与江西之吉安、袁州接壤;郴州、桂阳又与吉安之龙泉接壤。若楚省大兵由荆、岳诸路进,而江省大兵亦由袁州诸路会期进攻,使贼三面受敌,首尾不能相顾,则我兵之势合而贼兵之势分,一举而肤功立奏也。”又言:“前此屡奉恩谕,陷贼官民来归,悉赦已往之罪,且不惜数百万之帑金。用兵剿贼,无非为救民水火计。惟是烽燧之区,或不暇辨是民是贼,恐俘戮者众。乞敕统兵王、贝勒遴选满洲贤员赍奉抚民敕谕,随师前进,每收复城邑,即稽察户口,悉予安辑。贼党以外,戒无妄杀,则胁从之众无不闻风投顺矣。”疏并下所司议行。

十七年,毓荣奉诏率兵五千随贝勒尚善剿贼岳州,因同讨逆将军鄂讷等率舟师进剿柳林嘴及君山,用炮击沉贼舟,歼贼无算。贼复犯我粮艘,夹击败之,斩级千馀。是年,吴三桂死,大兵以次恢复岳州、长沙、衡州等府。十八年三月,毓荣疏言:"洞庭湖中之君山,有龙神庙,久著灵显。唐封为利涉侯,宋加封顺济王。我朝顺治四年,王师过湖,祈风有应,委官葺新。昨岁七月,大军攻取湘阴,风浪叠坏船舰。臣同讨逆将军鄂讷登山虔祷,即风靖浪平,克复岳城,湖南诸郡底定。固皆皇上威福所致,亦赖湖神护助。请敕赐封祀,以旌神功。"疏下部议,视岳镇海渎等封为洞庭湖之神,遣礼部祭告。十月,毓荣疏言:"湖南惟辰州一府尚为贼踞,而枫木岭、神龙冈两路皆极险隘。我军士马疲困,宜暂休息。俟粮草克继,会期进剿。"上命给事中摩啰、郎中伊尔格图传谕曰:"逆贼败遁负险,未可专俟马兵,宜用绿旗步兵前进。闻蔡毓荣所属官兵,甚为强壮。以此兵力,何难剿除将灭之寇?从古险隘地方若不攻取,岂有自定之理? 其如何恢复辰、沅,速定云、贵,详议以闻。"毓荣疏言:"辰、沅水路直达武陵,贼既扼险于陆,又复据泊上游,若我师由陆路进攻,恐贼以轻舟顺流,反袭我后。宜造八桨小船二百,水陆并进;并请专责一人,总统诸路绿旗兵。"上允其议,即授毓荣为绥远将军,赐敕总统绿旗兵。总督董卫国、提督赵赖等并受节制。"

　　十九年三月,分路破贼枫木岭、辰龙关,并击坏贼船,复辰州、沅州及贵溪、溆浦、麻阳等县。八月,毓荣请颁敕招抚吴世璠,上谕大学士等曰:"吴世璠为贼渠魁,恃其险阻,抗拒官兵,残害生民,罪恶重大。蔡毓荣不图早灭逆寇,乃欲降敕招抚,率意妄奏,着严饬之。"闰八月,定边大将军贝子彰泰与毓荣由沅州进征贵州,奏言:"绿旗兵与满洲兵已会合一处,若各自调遣,恐未能并力奏功。"上命毓荣一切军机关白大将军,商酌以行。十月,毓荣同董卫国督兵复镇远府,随彰泰定贵阳。二十年正月,彰泰奏贼众万馀欲据盘江,已遣兵固守铁索桥以御之。上谕之曰:"大兵秣马贵阳,已经月馀。今逆贼欲据盘江,祇遣兵前往,殊昧机宜。彰泰、蔡毓荣当即亲统大兵,扑灭贼众,平定滇中,勿失机会。"三月,毓荣随彰泰抵云南省城,营于归化寺,伪将军胡国柄等纠众万馀列象阵拒战,我师分队进击,大败贼众,阵斩国柄及贼众无算。是月,逆孽吴世璠自杀,其党以城降。云南平。毓荣还任湖广总督,复原职。

二十一年六月,调云贵总督。疏言:"云、贵两省,险要边疆;又当新复之初,督标兵旧设四千,未足资弹压。请增兵一千,分为五营。"又因议裁吴逆所设十镇,请改为六镇,在迤西者:曰鹤丽、曰永顺、曰楚姚蒙景;在迤东者:曰开化、曰临元澄江、曰曲寻武沾。又言:"中甸在金沙江外,旧辖丽江土府,为吴逆割界蒙、番,通商互市。今互市已停,而蒙、番所设喇嘛、营官未撤,宜令土知府木尧仍归其地。"十月,又奏筹滇善后事宜,分别十疏:"一曰蠲荒赋。逆贼踞滇八载,按亩加粮,驱之锋镝,地旷丁稀。今各府、州、卫所报无征地丁额赋,应亟予蠲除,招徕开垦。二曰制土夷。前此土目世职,不过宣慰,吴逆滥加伪职,或至将军、总兵。投诚之时,权照伪衔给札。今当悉行追缴,换给土职。其应袭者,年十三以上,令赴儒学习礼,起送承袭。族人子弟,准就试州县。旧被吴逆夺职者,察明宗派予袭,以示绥柔。三曰靖逋逃。有逆属旧人鸟骇鼠窜者,有征兵奉裁、乘间兔脱者,有八旗仆从不随师凯旋、潜匿滇境者,宜定首报赏格,重惩窝隐。所获之人，按律量从末减。自必闻风投归，不致以畏死之故窜入<u>生番</u>矣。四曰理财源。<u>滇</u>省赋税无多，兵食仰给他省。惟产五金，可令民自开矿硐，而官总其税。省会及<u>禄丰</u>、<u>蒙自</u>、<u>大理</u>增设炉座以广鼓铸。故<u>明沐氏</u>庄田及入官叛产，均令变价，以裕钱本。〔一〕其田仍一例纳赋，又兵弁皆有馀丁，宜令酌垦各营荒地，起科后编入里甲。赋有馀而饷可节，实为边备至计。五曰酌安插。逆属家人曾随贼伍者，应遣发极边；若仅受伪衔，并未从行助逆，宜免其迁徙，以示矜全。六曰收军仗。私造军器者，应坐谋叛论罪。其土司收藏刀枪，及民人以铅硝、硫黄贸易者，并当严禁。七曰劝捐输。<u>滇</u>省民鲜盖藏，偶有祲灾，无从告籴。请暂开捐监事例，以备积贮。八曰弭野盗。<u>鲁魁</u>在万山中，初为<u>新嶍</u>、<u>阿蒙</u>土人所据，啸聚为盗。内通<u>新平</u>、<u>开化</u>、<u>元江</u>、<u>易门</u>，外接<u>车里</u>、<u>孟艮</u>、<u>镇元</u>、<u>猛缅</u>。向者<u>吴</u>逆养寇自重，授以伪职。今虽震詟天威，受土司衔，仍宜厚集土练各兵，坐镇隘口，以防后患。九曰敦实政。兵燹之后，宜整理抚绥，其要在垦荒芜，广树蓄，裕积贮，兴教化，严保甲，通商贾，崇节俭，蠲杂派，恤无告，止滥差。所在州县，即以十事考殿最、立劝惩，庶边疆日有起色。十曰举废坠。学宫之设，以育人材。<u>吴</u>逆煽乱，悉皆颓坏。今武功既成，宜倡文教。有倡率捐修者，录叙以励之。其逆党所踞官寮、廨宇，宜仍给为公署，听其自葺。至通省税粮，既有成额，宜均本色折色之数，酌存留起运之经。<u>黔</u>、<u>滇</u>驿站，一例酌增工食，则民间永无派累矣。"疏入，上以所奏各款有合时务，下九卿、詹事、科道议行。寻谕曰："土司等赖刀枪捕猎以为生计，勿概禁止。"

先是，<u>毓荣</u>自<u>贵州</u>进征<u>云南</u>时，疏劾提督<u>赵赖</u>驻守<u>贵州</u>，抗违檄调进征官兵,议政王大臣等以赵赖已奏明防守紧要,难于遣发,寝议。毓荣复劾总督董卫国不听调度,违误军机,上命事平时再议。二十二年,部议董卫国未曾违误,且有复镇远功,请免议。上以毓荣妒功诬奏,下部议,削五级。二十五年闰四月,改总督仓场侍郎。十月,改兵部侍郎。十二月,领侍卫内大臣佟国维等奏侍卫纳尔泰自首前次奉使云南回京后,毓荣令其子琳馈以银九百两;又内务府新自云南归旗之革职知州文定国,以毓荣隐匿应官妇女及徇纵逆党状入奏。诏法司勘鞫,得实,拟斩立决,籍没;命免死,与其子琳并遣发黑龙江。后赦还。三十八年,卒。

【校勘记】

〔一〕以裕钱本　"钱"原误作"铸"。今据满传卷二〇叶三三上,及耆献类征卷一六〇叶八上改。

鄂善

鄂善,满洲镶黄旗人,姓纳喇氏。顺治十五年,任三等侍卫。圣祖仁皇帝康熙三年,迁二等侍卫。七年九月,授秘书院学士。八年九月,迁副都御史。九年闰二月,疏言:"近例官员罚俸,事在升任前者,罚已升之俸;事在降调前者,罚未降之俸。追银均此处分,而先后轻重互异。请敕议画一,俾永远遵循。"疏下吏部议,仍复世祖章皇帝旧制,无论升降并罚现任俸;其裁缺给假丁忧者,俟补官扣抵,免行追。四月,授陕西巡抚。十一年四月,擢山西陕西总督。寻以山西归巡抚统辖,改鄂善为陕西总督。

十二年九月，改旧驻贵阳之云贵总督专辖贵州，增设云南总督，调鄂善任之。十二月，至湖广，值逆藩吴三桂反，云、贵已陷贼，诏鄂善暂留湖广，与总督蔡毓荣共筹剿御。十三年正月，上闻贼逼沅州，鄂善与蔡毓荣及提督桑额皆在荆州，谕趣桑额赴援，改鄂善云贵总督，随大军进征。二月，桑额率兵渡江，贼已至沅州，进陷常德、澧州，桑额仍退守荆州。寻部议蔡毓荣失守所属城邑，应革职；鄂善不能遵旨筹画机宜，应降五级调用：均得旨从宽留任，戴罪图功。

四月，鄂善疏言："标下需兵，惟自陕携至健丁一百五十名，堪以入伍。现在召募罕应，请于附近湖广各省抽调步兵一千四百名，陕西省抽调马兵四百五十名，合成标兵二千，长驱进剿。并请以陕西安远营参将张梦椒为臣标中军副将，陕西提标守备李国梁为臣标左营游击，陕西督标千总马德昌为臣标中营守备，俾收得人之效。"疏下部议，附近湖广各省步兵俱当防守汛地，陕西马兵本省需用，皆未便抽调，仍令鄂善在湖北酌募；其标下中军副将等官，已由部选授，张梦椒等应留陕西原任。六月，鄂善复疏言："欲募有邻里保结之兵，漫无一应，由楚人止就本省之募，不就滇、黔之募也。其自愿投充者，虑系逃人，或为奸宄，无益有害，万不敢招。转盼入秋，大军进剿，湖南招徕降兵，即可拨补营伍。请敕领兵王、将军等于恢复之日，陆续验发充额。"疏下部议，从之。

十二月，陕西提督王辅臣叛于宁羌州，秦州、平凉俱陷。诏鄂善同副都统穆舒浑等率现驻襄阳之满洲、蒙古兵移守兴安、汉中。十四年正月，鄂善至西安，[一]总督哈占以省会兵少，奏留鄂善与穆舒浑率所携之兵协守。寻诏移守榆林、延安,哈占两奏止之。六月,遣营总鄂尔博什、迈图等援郃阳,^{〔二〕}击败叛将李师膺于凤凰山,获伪札、旗、炮。八月,上谕责哈占曰:"前以延安为诸路要区,曾命鄂善驻守,哈占奏留之西安,致延安陷没。迨将军毕力克图恢复延安,又命鄂善前往安抚残黎,保固疆土。乃至今未行,皆由哈占但知有西安,置他处于度外也。"是月,鄂善移驻延安。寻奏招还复业人民六万二千馀,得旨嘉奖。十六年六月,率兵分守栈道以东郿县各山口。七月,贼由洪河口至塘坊庙,列众二千来犯,鄂善令右翼兵击贼山涧,左翼兵击贼河岸,而自领中营兵踊跃直前,仰攻山梁,斩馘百馀。贼自相践踏,越山而遁。是月,授甘肃巡抚。

十七年七月,以失察布政使伊图侵蚀采买价值,部议革职,诏从宽留任。先是,正月,清水县民捏告知县佟国佐苛敛各款,鄂善令按察使舒淑布勘鞫,舒淑布檄秦州知州王之鲸就近质讯,延搁数月。至是,清水县民赴京叩阍,上遣吏部郎中丹岱等往巩昌察审,得实。十八年正月,还奏佟国佐革职,计赃论绞,舒淑布、王之鲸悬案逾限,拟降调,鄂善于所属贪赃不先究察,及告发,仍不审劾,已经革职,拟革任。得旨从宽,与舒淑布并任事如故。五月,因计典察议才力不及,无级可降,罢任。还京,寻卒。

【校勘记】

〔一〕鄂善至西安　"西安"原颠倒作"安西"。今据仁录卷五三叶三上改正。按满传卷二三叶五○下,及耆献类征卷一五七叶二下均不误。

〔二〕迈图等援郙阳 "郙"原作"邵",形似而讹。满传卷二三叶五〇
下同。今据仁录卷五五叶五下改。按耆献类征卷一五七叶二下
不误。

周有德

周有德,汉军镶红旗人。世祖章皇帝顺治二年,由贡生授弘
文院编修。五年十一月,大同总兵姜瓖叛,有德随英亲王阿济格
往征。贼平,还京,授侍读。圣祖仁皇帝康熙元年,迁国史院侍
读学士,寻擢弘文院学士。二年,授山东巡抚。疏言:"历城县有
明季废藩地亩,应如齐河等县例,照民田科赋,不宜仍明时租额
征收。"事下部议行。三年六月,以获解逃人,加工部侍郎衔。明
年,疏请复孤贫口粮旧额,请宽青、莱、登诸处居民海禁,仍听其
捕鱼资生。又言德州驻防兵丁,应如陕西、浙江例,准支月粮,旧
所给民地五百馀顷,仍还之民。又言各省州县官有因钱粮未完
被劾者,若于离任之先如数输纳,请仍留旧任。又以兖州、济南、
东昌、青州四府旱灾,请加赈恤;登、莱二府岁亦歉收,请免本年
额赋。疏皆下部议行。

六年,擢两广总督。七年,上遣都统特锦等会勘广东沿海边
界,设兵防汛,俾民复业。有德疏言:"比外界迁入内地之民,颇
苦失业。今闻沿边设兵,许迁户仍归旧地,莫不踊跃欢呼。第海
滨辽阔,若使勘界既明,始议安插,尚需时日,穷民迫不能待。请
于勘度设兵之时,即令州县官按迁户版籍给还故业,俾裕生计。"
疏入,得旨允行。是年十一月,丁父忧,平南王尚可喜以沿海兵
民赖有德经营安辑,疏请留之,命在任守制。先是,从化、增城、

清远、三水、河源、新宁等县因蜑户周玉、李荣叛乱,总督卢崇峻奏拨藩下及督提标兵分驻防守。贼平后,居民以客兵杂处为苦。八年三月,有德疏请撤回分驻各兵,原归各标。事下部议,如所请。

九年正月,请回籍治丧,诏允之。十年四月,编修陈志纪疏言:"近因亢旱,皇上朝夕求祷,忧勤惕励,甘霖虽应,民情未畅。大小臣工,稍有良知,亦当兢兢戒惧,用节俭以守官,用廉耻以持身。乃有曾为总督、巡抚者,犹然缮治峻宇高堂,连街极巷,至取地方子女以为娼优,昼夜宴饮,其不节俭、无廉耻亦已甚矣! 近在辇毂之下,悍然不守法度,无所忌惮如此,又何以责远方之为督抚大吏者,而求其廉节不逾也?"疏入,命志纪明指其人,志纪覆奏:"曾为总督之郎廷佐、张长庚、苗澄、祖泽溥、周有德、张朝璘,曾为巡抚之许世昌,莫不用民间卖儿贴妇之钱,筑愁筑怨,而有德、朝璘则方在缮治,许世昌取部下妇女教习歌舞,且当皇上斋戒祷雨之日,演戏如故。"事下部严察,郎廷佐、张长庚、苗澄、祖泽溥、张朝璘皆辩释;许世昌未取所管地方妇女,曾于斋戒日演戏,罚俸一年;有德居丧营造,又于陈志纪覆奏之先,浼人嘱志纪勿指其名,革原职,追夺诰命。

十三年二月,起授四川总督。时逆藩吴三桂反,四川叛应之。上命尚书莫洛为经略,驻西安,策遣诸军进征。伪将军吴之茂与伪总兵彭时亨等纠众来犯广元。有德偕副都统科尔宽分道击败贼众,阵斩伪游击徐应昌等。会莫洛将移师征四川,敕有德同巡抚张德地固守朝天、广元诸路,经理粮饷。伪将军何德成等自昭化赴二郎关,谋夺我粮,有德遣兵击败之。德成等还踞昭化,复犯广元,〔一〕有德偕科尔宽等督兵击败之,逐三十馀里。寻以彭时亨复屯踞七盘、朝天诸关,劫夺略阳粮艘。广元缺饷,贼众窥伺阳平。镇西将军锡卜臣驻营蟠龙山,为贼所劫,复阻截饷运。上命有德檄保宁兵回广元,调广元兵回汉中,固守阳平诸处。

值陕西提督王辅臣叛于宁羌,贼党分踞栈道,陷秦州、平凉。十四年三月,定西大将军贝勒洞鄂率兵征辅臣,奏以有德参赞军务。寻奉诏同副都统海尔图运炮往秦州,时贼众踞关山,有德奏请檄回栈道,诸军协力剿击,上允所请,并令统领诸军前进。六月,贝勒洞鄂复秦州,关山贼亦遁。七月,有德疏请给还诰命,吏部以非例不准,上特允其请。十五年,随大将军图海征平凉,王辅臣降。图海奏令有德还守西安。十七年,吴之茂等贼将尚踞秦岭,有德同副都统觉和托往剿,击败贼众,伪游击王世祜等降。是年,部议前此运饷广元迟误罪,革有德参赞任。

十八年二月,调随湖广大军进征,授云贵总督。十月,陕西大军恢复汉中,上谕户部曰:〔二〕"前者大兵进剿四川,已破朝天等关,直至保宁,恢复在迩。因张德地、周有德、锡卜臣驻广元,不将粮饷极力转送军前,陕西总督、巡抚亦不将粮饷极力转送,以致大军难于久驻,遂尔退回。此数年以来,使逆贼逋诛,封疆未复,兵民苦累,休养无期,皆周有德、张德地、锡卜臣及陕西总督、巡抚怠玩迟延之故。今大兵前抵蜀疆,如督抚诸臣有误饷运,俱以军法从事,决不姑恕!"十二月,议政王大臣以湖广大军进征云、贵,其各省调拨及湖广全省绿旗兵宜令一人统辖,以湖广总督蔡毓荣及有德列奏,敕蔡毓荣为绥远将军,有德与江西总督董卫国俱听节制。有德寻疾作,留驻常德。十九年正月,卒。

【校勘记】

〔一〕复犯广元 原脱"犯"字。满传卷一九叶八上同。今据仁录卷四
　　　九叶一七下补。按耆献类征卷一五一叶三二上不脱。

〔二〕上谕户部曰 原脱"户"字。满传卷一九叶九下,及耆献类征卷
　　　一五一叶三二下均同。今据仁录卷八六叶六下补。

　　觉罗舒恕

　　觉罗舒恕,满洲正白旗人,武功郡王礼敦之三世孙也。顺治
十二年,任侍卫,由三等荐陟一等。圣祖仁皇帝康熙八年六月,
授兵部督捕侍郎。十年三月,迁吏部侍郎。

　　十三年三月,逆藩吴三桂陷湖南,命内大臣希尔根为定西将
军,帅师之江西,以舒恕参赞军务。寻署前锋统领。六月,谕希
尔根于每佐领下拨骁骑三名,付舒恕剿贼。时闽逆耿精忠遣贼
犯江西,陷抚州。九月,舒恕随希尔根进剿,击败逼城立营之贼。
贼自城中出拒,又自建昌路率众来犯,连击败之。贼寻弃抚州奔
窜,舒恕督兵追杀数十里。十二月,击败屯踞东乡县界贼众。十
四年三月,贼复犯抚州,舒恕督参领迈兰、协领绰勒扣等迎剿,败
之于七里冈,追杀三十馀里。时建昌已恢复,馀贼尚据新城县。
五月,舒恕偕都统觉罗霍特督兵克复县城,擒伪游击许定国,又
偕总兵许贞败贼于宜黄,复宜黄、崇仁、乐安三县。未几,广东告
急,上命舒恕率兵赴援。十月,授镇南将军。时叛镇马雄偕吴逆
伪将王弘勋纠众犯高州,势猖甚,舒恕击之失利,退驻肇庆。

十五年二月，平南王尚可喜病笃，其子之信通贼，倡兵作乱。舒恕退回赣州，简亲王喇布以闻，诏舒恕坚守南安梅岭，以保固江西。十六年三月，谕曰："今大兵分路进征，逆贼不暇窥赣。其改授副都统莽依图为镇南将军，[一]率兵赴粤。侍郎舒恕量留甲兵，同巡抚佟国桢守赣州。"舒恕寻遣知县郭毓秀招降伪官刘定邦，即令持札招抚伪总兵关世荣、伪副将周先德等，别遣游击陈廷玉招抚伪总兵张辉、伪副将邓瑞等，复遣都司廖正英招抚伪总兵王受之，合计降兵数万，先后疏闻。六月，授安南将军。[二]七月，简亲王以吴逆聚寇宜章将窥南韶入奏，诏莽依图迅赴韶州，舒恕率兵守南安、南雄，为之声援。舒恕寻遣副都统赫勒布率兵赴韶州。

十七年二月，将军额楚疏报总督金光祖浔州失利，谕舒恕迅赴南雄镇守，兼顾韶州。四月，将军穆占疏言："郴州、桂阳新复，幅员辽阔，贼来无兵可御。请敕舒恕移驻防守。"时尚之信已反正，亦以宜章地方紧要，请令舒恕驻守。诏舒恕具南雄、韶州情状以闻。舒恕疏言："南韶为湖南、江西、广东三省接壤要地，不可轻离。"十二月，莽依图疏报梧州危急，诏曰："南雄、韶州已为内地，舒恕其率所属兵迅赴梧州。"十八年四月，即军前授都察院左都御史。六月，逆贼吴世琮纠众犯南宁，城中食尽，旦夕且陷。额楚等引前锋兵击败西山贼众，舒恕同莽依图督众兵进，预遣左翼兵潜出山后，截贼归路，尽歼之。世琮负重伤，以数十骑遁。南宁围解。

十月，舒恕以病剧，乞回肇庆调理，诏回京。既召对，谕大学士等曰："朕以舒恕病剧必实，故召还京师。昨见之，神色如故，绝无病状。舒恕前在高州败回肇庆,复自广州退奔,不据韶州、南雄诸要地,竟还赣州,致江西全省震动。又以巡抚金俊之言,尽泄于尚之信,又不欲将军傅弘烈进兵,恐吓阻挠。舒恕身为将军,负如许重罪,不思戮力自赎,诈称病剧,肆行欺罔,着羁候宗人府。俟旋师之日,严察议奏。"十九年七月,裕亲王福全等覆讯,以舒恕身为将军,诈称患病,不行奏明,私以印信、敕书交将军莽依图,罪一;又前进取高州,至电白为贼所败,罪二;又自广州败出,不据韶州、南雄诸要处,以遏贼势,乃退还赣州,致江西全省震动,罪三;又因巡抚金俊之言,已知尚之信逆谋,乃不行密奏,反疑金俊之言为吴逆离间计,遣人潜告尚之信,云以安其心,办理错谬,罪四;又阻挠傅弘烈进兵,罪五:应革职任,籍没家产。得旨,革职,免籍没。

　　三十四年二月,授镶黄旗满洲副都统。六月,出任山西右卫左翼护军统领。七月,授宁夏将军。时上以噶尔丹欲掠墨尔根济农,谕安北将军费扬古加意防备。费扬古自请率兵驻防阿尔察图、苏穆哈达地,以舒恕率兵一千五百往驻归化城北额勒苏台地。十一月,授费扬古抚远大将军,以舒恕同都统伊勒慎等参赞。三十五年正月,上亲征噶尔丹,由独石口出中路,授舒恕扬威将军,率右卫兵随费扬古出西路。五月,费扬古击败噶尔丹于昭莫多,舒恕率右卫兵还驻纳喇特。[三]六月奉诏回归化城筹办凯旋军粮。八月,疏请仍赴喀喇穆伦费扬古军前。十一月,上驻跸栋斯拉,召费扬古议军务,以舒恕暂署大将军事。三十六年闰三月,诏费扬古移师郭多里巴勒噶逊,舒恕仍以扬威将军留驻喀喇穆伦。屡收纳降人,遣送入京,并侦奏噶尔丹困窘状。五月,费扬古疏报噶尔丹窜死,诏叙功,予舒恕云骑尉世职,召还京。三十七年三月,擢正蓝旗满洲都统。四十年十二月,以病乞休,致仕。四十二年五月,卒,年六十有五,赐祭葬如例。子延寿,袭云骑尉,由侍卫荐擢归化城副都统、右卫将军。

【校勘记】

〔一〕其改授副都统莽依图为镇南将军　"镇"原误作"定"。满传卷二四叶一七上,及耆献类征卷二七八叶一二下均同。今据仁录卷六六叶三下至四上改。参本卷穆成额传。

〔二〕授安南将军　"安南"原颠倒作"南安"。满传卷二四叶一七下,及耆献类征卷二七八叶一三上均同。今据仁录卷六七叶一二上改正。

〔三〕舒恕率右卫兵还驻纳喇特　"特"原误作"时"。满传卷二四叶二〇下,及耆献类征卷二七八叶一四下均同。今据仁录卷一七四叶七上改。

穆成额

穆成额,满洲镶红旗人,姓那穆都鲁氏,西安将军富喀禅之子也。袭父三等子世爵。

康熙十三年二月,耿精忠叛应吴三桂,江西宁都、广信各属骚动。圣祖仁皇帝命康亲王杰书为大将军,往征福建,复命定南将军希尔根、副将军哈勒哈齐平定江西。六月,令穆成额署副都统事,与副都统倭赫率大兵赴希尔根军前。未至,而精忠陷石城,犯宁都,穆成额奉谕兼程速赴江西。希尔根等方统兵援抚州,穆成额遂分兵守南昌。九月,吴三桂自长沙遣贼将犯袁州,诏穆成额率所部往,与总兵赵应奎并力固守,以俟大军会剿,遣将军尼雅翰率驻防江宁兵及副都统硕塔等援之。十月,伪总兵黄乃忠等合贼众数万,自萍乡来犯袁州,穆成额与副都统幹都海、倭赫等败贼于西村,斩杀万馀;复登山奋击,贼大挫衄,追斩五千馀级。复与赵应奎分兵二路疾趋万载县,环城攻击,贼出拒敌,奋击败之,阵斩贼渠邱以祥,擒伪官童圣功,收获俘殪无算,复其城。十一月,伪总兵张泰窃据安福县,穆成额偕参领色埒等分路进剿,杀贼五千馀,复安福县。

时耿逆未平,叛贼刘进忠等阴连郑锦寇濒海郡邑,平南王尚可喜与总兵黄芳泰连疏请发大兵至潮州。上命尼雅翰与镇南将军侍郎舒恕率兵赴广东,穆成额参赞军务。十四年,大兵恢复南雄,始兴守备李光明通贼陷城,穆成额与总兵张星耀统众攻剿,阵斩贼将郭梓,擒光明及所署伪官等,复始兴县城。明年五月,尚之信叛韶州,南雄应之。穆成额随舒恕等退保南安、赣州。十月,与江西巡抚佟国桢合兵剿灭赣州附近诸贼,〔一〕复万安县;复与副都统额赫讷等屡败逆贼于南康县之固镇堡。十六年三月,诏舒恕等镇守赣州,而以副都统莽依图为镇南将军征广东,仍敕穆成额与额赫讷参赞军务,驻兵韶州。莽依图闻贼党刘进忠寇潮州,乃留穆成额守韶州,而自率兵赴广东。七月,三桂遣贼犯韶州,穆成额与副都统赫勒布督兵急击,却之。

及广、韶悉定,仍与莽依图进兵广西。十七年三月,吴逆伪将分犯浔、梧、桂林、平乐等郡,有旨谕莽依图镇梧州,令穆成额与将军额楚、都统勒贝、巡抚傅弘烈统兵协剿。七月,兵至郁林,战失利,退保藤县。十二月,藤县失守,上复遣平南王尚之信及将军舒恕率师赴援,贼乃遁走。二十二年,议政王大臣等以穆成额藤县失机,不能御贼,且不收阵亡士卒骸骨,应褫职,籍没,编入内务府佐领,得旨,免其编隶。寻以其弟新柱袭世爵。

【校勘记】

〔一〕与江西巡抚佟国桢合兵剿灭赣州附近诸贼　"桢"原作"祯",形似而讹。满传卷一五叶六上,及耆献类征卷二六八叶三四下均同。今据仁录卷六四叶一三上改。

桑格

桑格,满洲正白旗人,姓喜塔腊氏,户部侍郎库礼之子。库礼以军功得骑都尉世职,又以考满及遇恩诏,晋一等轻车都尉加一云骑尉。长子尧泰袭,旋卒,停袭。顺治十七年,更定袭例,库礼之一等轻车都尉加一云骑尉,应世袭,桑格由三等侍卫袭父职。圣祖仁皇帝康熙六年,以桑格善射,擢一等侍卫。十二年五月,〔一〕授护军统领。

十三年三月,逆藩耿精忠叛应吴三桂,上命定南将军希尔根帅师赴江西,以桑格参赞军务。八月,奉谕曰:"江右为粤东咽喉,江、浙唇齿,所关綦重。〔二〕今兵民之心,尚持两端。若不先灭地方小丑,大兵难以前进。尔当协同将军,领重兵进剿,毋使兵力单弱,致有疏失。"时耿精忠之伪都督易明陷抚州,桑格同副都统席布率兵规复,贼众四万馀迎战,击败之。进薄抚州城,贼众自建昌至,倚城结垒,合城内贼抗拒。桑格同席布督兵奋击,克贼垒,连败贼众,贼弃城宵遁;追剿百馀里,复抚州,入城驻守。十月,易明纠贼五万,复自建昌来犯,桑格甫渡河击之,贼堕水死者无算,斩贼将杨三、李茂等于阵。十一月,希尔根移师抚州,桑格率兵趋剿,距城九十里之碣石隘口,斩贼甚众。十四年正月,剿贼上高县,斩伪总兵朱一典、谢以泰等,遂乘势破贼将阮国栋等于新昌县北山,复二县城;进围东乡,克之;复击败贼众于长兴乡,连破贼营,斩贼将邵连登等,易明引贼宵遁,遂复建昌。

六月,镇南将军尼雅翰以广州兵少,请敕桑格率兵赴广东,总统军士守御。诏以江西贼寇未平,令前锋统领觉罗舒恕移兵前往,桑格仍留援剿。十五年二月,安亲王岳乐统师由袁州剿吴三桂贼帅夏国相等于萍乡,桑格合诸军并进,破贼十二寨于来龙山,夏国相等宵走长沙。十八年二月,随安亲王复长沙,上赐桑格诗,有"百战威名早已扬"之句。八月,进征武冈,贼帅吴国贵、马宝、张祖法等踞隘口拒战,桑格偕副都统伊巴汉等督兵攻剿,越三昼夜,以炮击毙吴国贵,贼众悉溃,追剿至枫木岭之木瓜桥。十一月,安亲王奏令率每佐领下护军三名还京。二十年五月,诏以桑格前次出征,尚能奋勉,回京后委顿不堪,解护军统领任,以世职随旗行走。

三十五年二月,上亲征噶尔丹,桑格署护军统领,分管镶白旗大营。五月,师至克鲁伦河,同内大臣阿密达请追剿逃寇,得旨俞允,分隶左翼军,随平北将军马思喀追剿至巴颜乌兰。西路军已击败噶尔丹于昭莫多,会师收集降众,护送至张家口。寻还京,命复护军统领原品。三十八年二月,卒。

子阿住,袭世职。

【校勘记】

〔一〕十二年五月　"二"原误作"五"。满传卷二六叶三七下同。今据耆献类征卷二七七叶一上改。

〔二〕所关綦重　"所"原误作"相"。满传卷二六叶三七下,及耆献类征卷二七七叶一下均同。今据仁录卷四九叶一一上改。

塔勒岱

塔勒岱,满洲镶白旗人,姓博和哩氏,先世居黑龙江。祖额徵古,太宗文皇帝天聪时来归。塔勒岱初任前锋校。圣祖仁皇帝康熙元年,随定西将军爱星阿由云南入缅甸,追擒明桂王朱由榔,在事有功。十年,授前锋侍卫。十三年,逆藩吴三桂之党谭弘、吴之茂、王屏藩等踞四川,塔勒岱随前锋统领穆占剿贼于野狐岭,贼以千馀众伏林箐,出步骑百馀诱战,塔勒岱先众迎击,败贼,尽发其伏,分队扑剿,贼俱窜走。复击败伪总兵叶某于阳平关,进征保宁,伪总兵郑歪嘴、吴应龙、韩天福等先后率众水陆来犯,咸击却之。自蟠龙山还至鄝岭及龙潭驿,两遇贼众,并邀击之,溃遁。叙功,予云骑尉世职。

值陕西提督王辅臣叛,踞秦州、平凉,塔勒岱随穆占征剿,败伪总兵高鼎于陇州,进围秦州,击贼兵之自平凉、保宁来援者。秦州既下,遂趋平凉,屡击败迎战贼众。十五年,王辅臣降,吴三桂尚踞湖南,穆占奉诏为征南将军,移师湖南,塔勒岱率兵随。十七年,驻师攸县,贼将王国佐屡率众犯城,塔勒岱战却之,复败伪总兵黄士彪、裴万宝于酃县、桂阳州诸处。十八年,败贼将吴国贵、吴应麒等于永州、沅州。凯旋,授护军参领。二十年,调前锋参领。二十三年,擢前锋统领。二十四年,擢镶白旗蒙古都统。汇叙陕西、湖南军功,晋世职为骑都尉兼一云骑尉。二十五年七月,卒,赐祭葬如典礼,谥勇壮。

子奇兰布,袭职。

赖塔

赖塔,满洲正白旗人,姓那穆都鲁氏,和硕额驸康古礼第四子也。年十四,授三等侍卫。太宗文皇帝天聪九年,因其叔父喀克都哩欲逃瓦尔喀,事觉,坐黜罢。崇德六年,随大军围明锦州,击松山、杏山敌兵,屡有斩获。明年冬,随贝勒阿巴泰征明,越燕京,趋山东,攻新城、高阳、霸州、寿光、博兴等城,皆先登,身中五创,赐人户、牲畜、银币,授前锋侍卫。

世祖章皇帝顺治元年五月,随大军讨流贼李自成,败贼将唐通于一片石,追击自成至安肃、望都。十一月,授护军参领。随豫亲王多铎由河南征陕西,连败自成贼众于潼关。明年,随豫亲王征江南,攻克扬州,取江宁,追败明福王朱由崧于芜湖。叙功,予云骑尉世职。三年,随端重亲王博洛征福建,明唐王朱聿键遁汀州,赖塔率兵破其城,晋世职骑都尉。五年,明桂王朱由榔据湖南,赖塔随郑亲王济尔哈朗往征。六年四月,师至衡州,败伪总兵陶养用于青草桥,又败伪伯胡一清万五千众于府南山,进克祁阳。伪总兵周进唐于大忠桥拒敌,击败之,复斩其伪副将等于王公岭。一清旋与伪总兵王进才各率马步数千人拒河岸,亦败溃。赖塔进击伪总督谭弘于道州,又击一清及伪伯焦琏等于全州,皆闻风窜遁。七年八月,两遇恩诏,荐晋二等轻车都尉。初,喀克都哩获罪，康古礼之世管佐领亦坐革。太宗谕以后有报效，仍准给还。至是，赖塔请于部，得旨复之，即予赖塔承管。

十一年，流贼张献忠馀党李定国犯广东，赖塔随都统朱玛喇等往征，屡败贼兵，解新会围。定国遁走，追败之兴业及横州。叙功，晋爵三等男。十三年，擢护军统领。十六年，海贼郑成功犯江宁，命安南将军达素同赖塔率师往征，至则贼已败遁，遂移师福建。明年，赖塔同都统索浑剿贼厦门，官军不习水战，失利。圣祖仁皇帝康熙元年，论罪，罢任，革世职及佐领。二年，署前锋统领，随靖西将军穆哩玛征流贼李来亨等于茅麓山，屡战皆捷。贼平，凯旋，复授护军统领，兼佐领。八年，擢正白旗蒙古都统。

十三年，逆藩耿精忠叛，命赖塔为平南将军，统兵赴浙江剿御。精忠贼党犯金华，赖塔遣副都统玛哈达、雅塔哩、拉哈等击走之，复义乌及诸暨二县。赖塔进驻衢州。伪都督周列率贼二万由常山来犯，赖塔遣副都统瑚图等邀击于焦园、[一]擒斩过半。伪总兵桑明旋以五万众犯衢州，赖塔同总督李之芳遣兵迎击，复斩级万馀。十四年，督兵击败伪将军马九玉等于黄潭口、大铁村、王屋山、杭埠、南塘诸处。伪副将李廷魁屯衢州城北元口山，赖塔督兵乘夜攻围，破走之，焚其木城。九玉同贼将林福等退据大溪滩。时康亲王杰书为大将军，驻金华，赖塔奉诏参赞军务，并分驻衢州，仍佩平南将军印，屡击却来犯贼众。十五年八月，康亲王进衢州，赖塔循例归将军印，以都统任参赞，先率兵驰击大溪滩，断贼粮道，复常山。[二]马九玉潜遁。九月，赖塔同玛哈达等率兵破仙霞关，伪参将金应虎降，进援浦城；又同副都统吉勒塔布等败贼于建阳，克其城，进复建宁府。十月，随康亲王抵延平,精忠穷蹙,迎降。

时漳、泉、兴化俱为海贼郑锦所踞。十六年正月,赖塔同宁海将军拉哈达剿贼兴化,连破二十六营,阵斩伪总督赵得胜等,复兴化,伪总兵郭维藩以仙游降。三月,同拉哈达讨叛镇刘进忠于潮州,进忠迎降。康亲王奏复授赖塔平南将军印,守潮州。十七年四月,郑锦之伪总统刘国轩陷平和,犯海澄,上命赖塔移师赴援。贼断江东桥及长泰、同安诸小径,我师弗克进。六月,贼陷海澄、漳平、同安、惠安,犯泉州。九月,赖塔与总督姚启圣合兵进讨,大败贼于蜈蚣山,破其七营,斩四千馀级,复长泰。十月,复败贼于漳州万松关。十八年,伪将军吴淑、何佑等犯长泰,赖塔同提督杨捷等分道进击,斩二千馀级,生擒伪总兵、副将三人。刘国轩复犯江东桥,赖塔迎击,败之,贼走太平寨,追斩千馀级。十九年二月,同姚启圣、杨捷等剿贼海澄,招降伪总兵苏堪,复其城。闻水师提督万正色已取海坛,赖塔由松屿进征,伪将军陈昌率众迎降。郑锦遁台湾,厦门、金门相继定。四月,调本旗满洲都统,仍为平南将军,守潮州。

寻奉命移驻广州。会尚之信获罪逮系,其藩下长史李天植等怨都统王国栋,发难诱杀之,藩兵咸畏罪思乱。赖塔密承诏旨,以罪不株连,慰抚藩兵,自率兵围之信第,收捕天植及同谋者,系狱候旨,馀释勿问。时逆孽吴世璠尚据云南,定远大将军贝子彰泰自湖南进征贵州,上以赖塔在福建、广东劳绩素著,授为征南大将军赴广西,[三]调遣满、汉兵,由南宁直进云南。赖塔遂率兵由田州、泗城进西隆州,伪总兵周应龙迎降,伪将军何继祖等拥贼数万于石门坎,筑垒拒敌。石门坎者距安笼所三十里,

地峻隘,称天险。赖塔令都统勒贝、〔四〕希福、玛奇,护军统领额
赫讷等率师直前,自与副都统洪世禄、赫呼布,总督金光祖,分兵
为二,由间道蹑其后。二十年正旦,度贼无备,饬前军进攻,贼仓
卒出御;后军履险上,前后夹击,大败贼众,夺其隘口,进复安笼
所城,〔五〕降伪总兵陈义魁,何继祖复纠伪将军詹养、王有功等率
二万人据黄草坝,列众拒战。二月二日,赖塔督兵奋击,自卯至
未,夺贼营二十三,生擒詹养、王有功及贼众千馀,获其象、马。
上以赖塔自广西深入云南,独先诸路,大败逆贼,温旨嘉奖。

　　师抵曲靖,降伪总兵尹士元、伪道员刘世忠等;随遣兵取沾
益州,断贼中路,伪将军缐緎等皆遁归,分遣希福、玛奇等复云龙
州、易龙所及杨林城。营总硕塔等克嵩明州。其他贼营闻风解
散。遂会合彰泰军驻营归化寺。伪将军胡国柄、刘起龙等离城
拒战,赖塔与彰泰分兵进击,自卯至酉,贼大溃,斩国柄、起龙及
伪总兵九,生擒贼六百馀。逆孽吴世璠婴城守,阴调贼将马宝、
胡国柱、夏国相等还救;大军并力环攻,贼内乱,欲擒世璠出献。
世璠自杀,缐緎等开城降,遂磔伪大学士方光琛等于军前,戮世
璠尸,传首京师。夏国相窜广南,赖塔与彰泰檄土官依朋、总兵
李国梁率师追剿,擒之西板桥;又遣希福等追剿胡国柱于云龙
州,国柱缢,其党王叙、李匡自焚,馀众悉降。云南平。

　　二十一年十月,大军凯旋,上亲率诸王大臣郊劳,于卢沟桥
西二十里外御黄幄,诏彰泰、赖塔行抱见礼。还京,仍任都统。
二十二年,以隐匿尚之信藩下应入官妇女,事觉,应勘问,上曰:
"赖塔自福建、广东、云南宣力勤劳,树立大功。勿因细微事,遂
以非礼加之,致失朕眷顾功臣之意。"下所司集质,得实,请革职

治罪,诏从宽削级、罚俸。明年十二月,卒。予祭葬如典礼,加祭二次,谥襄毅。二十四年六月,上谕王大臣等曰:"平定云南,赖塔之功最大。纵有他过,为人评告,朕究不加罪。"诸臣曰:"皇上俯念赖塔有功,曲赐保全。不特效力行间者,皆欢忻鼓舞,即臣等亦莫不感戴。"

二十五年,追叙其功,予一等男爵,子费叶楞袭。雍正五年八月,世宗宪皇帝谕曰:"原任都统赖塔当三逆变乱时,统兵征剿,克复云南,功绩懋著。朕恭阅圣祖仁皇帝实录,备悉其详。因伊身有过犯,功过相抵,是以未封公爵,止授一等男。在当日之不优封赖塔者,欲使立功之人,咸知儆惕收敛,不可恃功骄肆妄为。今事历多年,后人已知鉴戒奉法。着追封赖塔一等公,令伊孙博尔屯承袭,以示朕眷念旧臣之意。"八年,始建贤良祠,诏以赖塔与大学士图海等并入祀。九年,加公号曰褒绩。

【校勘记】

〔一〕赖塔遣副都统瑚图等邀击于焦园　"园"原误作"国"。满传卷一五叶二一下,及耆献类征卷二六二叶二六下均同。今据仁录卷五〇叶九下改。

〔二〕复常山　"常"原误作"江"。满传卷一五叶二二上,及耆献类征卷二六二叶二六下均同。今据仁录卷六三叶一下改。

〔三〕授为征南大将军赴广西　"征"原误作"平"。满传卷一五叶二四上,及耆献类征卷二六二叶二七下均同。今据仁录卷九四叶二〇上改。

〔四〕赖塔令都统勒贝　"勒贝"原颠倒作"贝勒"。满传卷一五叶二四下,及耆献类征卷二六二叶二七下均同。今据仁录卷九四叶二〇下改正。参本卷勒贝传。

〔五〕进复安笼所城　原脱"所"字。耆献类征卷二六二叶二七下同。今据仁录卷九四叶二〇下补。按满传卷一五叶二四下不脱。

赵良栋

赵良栋,甘肃宁夏人。世祖章皇帝顺治二年,大兵定陕西,良栋应募,隶总督孟乔芳标下,署潼关守备。随征秦州、巩昌,击走叛将贺珍、武大定,授宁夏屯田水利都司。五年,随征河西叛回,擒其渠丁国栋。叙功,擢高台游击。十三年,以经略洪承畴荐,随征贵州、云南,任督标中军副将。圣祖仁皇帝康熙元年,擢云南广罗总兵。先后剿平马乃、陇纳、水西诸苗、㑩,有功。四年,调贵州平远总兵。寻以忧去任。八年,起为大同总兵。十一年,调天津。

十五年,甘肃提督张勇荐"良栋才略过人,堪镇宁夏",诏授良栋为宁夏提督。先是,逆藩吴三桂反,叛镇吴之茂、王辅臣等应之,分踞固原、庆阳、平凉诸郡。陕西提督陈福领宁夏兵征固原,中途兵变,遇害。上命总督哈占等察其事,未得实。至是,良栋入觐,请留家口居京师,自简精兵百人疾驰赴镇。又谓宁夏乱兵,宜诛首恶,宥胁从。上可其奏。良栋既之镇,宣恩谕抚慰,旋察知害陈福者平罗营兵阎国贤、陈进忠,倡乱者把总刘德,而参将熊虎与其谋。乃先以调遣散其党羽,旋逮熊虎、刘德、阎国贤、陈进忠,声其罪,请旨斩之。

是时大将军图海督师围平凉,王辅臣降,庆阳、固原俱下。

上命图海饬将士守陕西，剿抚馀贼，分兵助征湖南，暂停进取四川。良栋与将军王进宝并听图海檄调，屡移兵防剿秦州、西和、礼县诸处。十八年四月，良栋疏言："宁夏兵旧习骄纵，臣三年训练，渐遵纪律；并严禁侵克额饷，众志和协，咸思奋勉敌忾。臣年渐老，弗乘时努力，有虚简任。今湖南底定，宜取汉中、兴安，以图四川。臣愿精选所属步骑五千，独当一路。"上嘉许之，下图海议行。图海请俟栈道益门镇诸处贼垒削平，分四路进取。既而凉州提督孙思克言："绿旗兵皆不强壮，未可用，请俟来春多调守边满洲兵并进。"奉旨切责。乃以十月定师期，图海与将军佛尼勒征兴安，孙思克与将军毕力克图征略阳，王进宝与总兵朱雅达征凤阳，良栋独率宁夏兵征徽县。于是良栋进师密树关，先袭黄渚关，以分贼势，遂大破贼，复徽县。时孙思克甫至阶州，良栋遂趋略阳，击走吴之茂，复略阳城，遣兵取阳平关，徇沔县。王进宝亦复凤县，定汉中府，良栋会之于宁羌，各奏捷。诏授良栋勇略将军，仍管宁夏提督事。

　　十九年正月，良栋与王进宝分道进师，连挫贼众于白水坝、石峡沟、青箐山，招降龙安府，渡明月江，过绵竹县，贼惊溃，伪将军汪文元、伪巡抚张文德等降，遂复成都。得旨嘉奖，擢云贵总督，加兵部尚书衔，仍管将军事。良栋闻命，谓宁夏提督有代者，则镇兵不能随征，因疏辞云贵总督，上弗许。会部议宁夏宜如旧制设总兵，诏即以良栋子荫生弘灿任之，率镇兵随征。

　　时王进宝亦复保宁，与建威将军吴丹等规复顺庆、重庆及遵义。良栋分遣游击冶国用等西徇雅州，复象岭、建昌诸卫；东徇叙州，复纳溪、永宁等县。疏请谕趣湖广兵速取贵州，广西兵速取云南，并敕陕西、四川重臣合筹运饷济军，克期进剿：一自保宁出永宁，达云南沾益州；一自成都出建昌，达云南武定府。旨是其言，以疏示在事大臣，令协谋定议而行。寻议湖广、广西、四川诸路兵约期并进，吴丹出永宁，良栋出建昌。会逆贼吴世璠遣其党胡国柱、夏国相等陷永宁，犯泸州、叙州，复聚寇建昌。良栋檄总兵朱衣客率兵八千援建昌，朱衣客既至，与贼战弗胜，退驻雅州。我兵之在建昌城者食尽，亦弃城还。良栋疏劾吴丹拥兵不进，致永宁陷贼；复劾朱衣客退遁罪状。诏吴丹解将军任，以佛尼勒代之，朱衣客革职逮讯。

二十年，良栋遣弘灿与总兵李芳述、偏图等破贼于凤凰村、观音崖，贼之在叙州、泸州、永宁者皆遁。良栋遂会师夹江，由雅州进征，复建昌，渡金沙江，达武定。时大将军贝子彰泰统湖广、广西诸路兵围云南省城，于城东归化寺列营西亘碧鸡关，[一]贼负固抗拒，数月不下。良栋至，夺桥薄城。彰泰令诸军分进，良栋攻南坝，连破贼垒，夺土桥、新桥，至得胜桥，先薄城，诸军继之，贼不能抗，吴世璠自杀，贼众降。云南平。二十一年，良栋奉诏还京。

初，朱衣客之逮讯也，具疏自辩，谓良栋与兵少，后应又不至，是以退还。时王进宝亦上疏谓建昌之陷，咎在良栋。良栋因复劾朱衣客欺饰狡辩，且谓其辩疏由进宝所为。上以军旅方殷，命俟事平时察议。至是，谕曰：“当逆贼窃据汉中，领兵诸将咸以恢复为难，独赵良栋首先倡议进剿，与王进宝同取汉中。嗣因意见不同，嫌隙渐生，遂分路进兵，直取成都，而王进宝亦取保宁。若成都不下，保宁未易即拔；保宁弗定，成都难以保守。二人功

绩,俱著封疆。使能公尔忘私,和衷共济,则乘胜长驱,滇、黔贼
众可即殄灭,何复迁延岁月耶?是时贼众入川抗拒,中路空虚,
故大兵得乘机进取沅州、镇远、贵阳等处,而川中贼势复张,已恢
之疆土几至再陷。此皆由不能和衷之所致也。二人赋性卤莽,
不谙大体,各怀私忿,互相攻讦。朕洞悉情事,念其功绩并茂,惟
欲保全,所有互讦奏章,俱行发还,概不究问。其迟于救援,有关
军机,仍察议如例。"于是部议失陷永宁、建昌罪,朱衣客论斩,吴
丹论革职、籍没,良栋论革职,并得旨从宽,朱衣客给本主为奴,
吴丹免籍没,改授良栋銮仪卫銮仪使。

　　二十二年四月,良栋疏述云南、四川战功,请敕部察议。事
下王大臣等核议,谓良栋失机建昌,应以功抵罪,止录叙随征将
士时弘灿任川北总兵与李芳述、偏图并加左都督衔。十月,良栋
以病乞归宁夏,允之。二十五年四月,上念良栋于云南凯旋时,
能恪守法纪,廉洁自持,优诏嘉奖,复将军、总督原衔。二十七
年,入朝,自诉战功,并随征将士多屈抑,奉谕归里后牒部具奏。
明年,奏入,得旨:"赵良栋首倡进取四川,又直抵云南省城,奋勇
克取得胜桥等要地,逼近城郭立营,劳绩茂著。所属官员亦俱同
心效力,其并与议叙。"于是授良栋骑都尉世职。

　　三十年,噶尔丹侵扰边境,诏西安将军尼雅翰等赴宁夏防
御,凡军事与良栋酌议以行。三十二年三月,以宁夏总兵冯德昌
赴甘州军营,命良栋暂管宁夏镇兵。十月,良栋疏劾德昌克减军
粮,营马多毙,德昌坐罢任,调登州总兵王化行代镇宁夏。三十
三年六月,命良栋率宁夏火器营兵二百,赴土喇防御噶尔丹。旋
因土喇无警,召良栋入朝。三十四年三月,良栋复自诉其功绩甚

多,为大将军图海、彰泰所隐蔽,且追咎大学士明珠弗为奏请优叙。上责其器量褊隘,还其疏,仍敕部优叙,部议授爵三等子,诏晋为一等。良栋愿留京,乞赐田宅,御史龚翔麟劾其骄纵矜功,越例乞请,当议罪。上鉴其年老家贫,宣谕原宥,赉白金二千两,令归里。

三十六年正月,奉诏曰:"顷尚书马齐自宁夏回,奏卿卧病不能动履,深轸朕怀。特赐人参、鹿尾,驰示存问,尚其善加调摄,俾夙疾顿痊,副朕眷注。"三月,良栋卒,年七十有七。时上亲征噶尔丹,次榆林,谕迎驾诸臣曰:"赵良栋伟男子也! 行间著有劳绩,但性躁心窄,每与人不合。有时奏事朕前,亦言语粗率,朕保全功臣,终优容之。彼所奏无不准行。尝赐药饵,望其疾愈。今闻奄逝,殊为恻然! 宜为其妻子区处,使之安生。"驾至宁夏,命皇长子临其丧,赐祭葬如例,谥襄忠。次子弘燮袭爵。世宗宪皇帝时,良栋入祀贤良祠。乾隆三十二年,上念良栋征剿吴逆时,茂建勋绩,其一等子爵,特予世袭罔替。

【校勘记】

〔一〕时大将军贝子彰泰统湖广广西诸路兵围云南省城于城东归化寺列营西亘碧鸡关　原脱"省"字,"寺"误作"城"字,又脱"碧"字。汉传卷一叶三一下同。今据仁录卷九五叶七下,及卷九七叶一六下补改。按耆献类征卷二七六叶三五下脱"省"、误"城"而不脱"碧"字。

王进宝　　子用予

王进宝,甘肃靖远人。初随陕西总督孟乔芳平河西叛回,授守备,隶甘肃总兵张勇标下。顺治十一年,张勇调经略右标总兵,进宝随往湖南。十五年,进征贵州,师次十万溪,悬崖千仞,伪安西王李定国使伪都督罗大顺扼据险要;进宝率众攀崖直上,捣其巢,贼众溃。以功迁经略右标中营游击。康熙二年,张勇任甘肃提督,奏授提标左营游击。寻随张勇讨平西羌,授本营参将。时羌人乞驻牧大草滩,张勇用进宝议,持不可。于是即单于城故址建永固城,以进宝为副将,驻之。十二年,擢西宁总兵。

明年冬,陕西总督王辅臣叛应逆藩吴三桂,陷兰州,断浮桥以拒河西兵,进宝率师进讨。十四年二月,师次黄河,进宝以革囊结筏,自蔡湾夜渡,抵皋兰龙尾山,大破贼众,擒伪游击李廷玉等;乘胜东拔金县,安定复。西攻临洮,会大雪,侦贼无备,遂袭破之。辅臣遣使持吴逆伪札来招,进宝以奏,得旨嘉奖,加衔左都督。四月,进攻兰州,贼兵千五百人出东门迎战,进宝率众奋击,自辰至午,擒斩过半;别遣兵分路剿杀,贼退保,不敢出,我兵环围之,断贼粮运。六月,贼造筏百馀,谋潜遁,进宝分兵沿河伺击;贼势穷蹙,进宝乃遣人招谕,伪总兵赵士升等率众降,遂复兰州。十五年正月,诏嘉进宝素著劳绩,克殚忠诚,授陕西提督,兼西宁总兵,暂驻秦州。

时伪将军王屏藩、吴之茂互为声援,窥伺秦州。二月,吴之茂率贼众进踞北山,绝我饷道。进宝会将军佛尼勒进剿,大败之,生擒伪总兵徐大仁;复遣兵驰击,败贼众于罗家堡,又败之盐关。贼复集溃众万馀,筑垒排桩,据铁叶硖、红山堡,潜出贼兵接运刍粮。进宝遣兵扑剿,大败贼众于牡丹园,擒斩伪官,获粮械无算。五月,抚远大将军图海统兵进攻平凉,辅臣势穷蹙,引四川叛镇谭弘为援，连兵犯通渭。进宝指挥将士急击，破之，降其伪官，复静宁州城。辅臣寻诣图海军前降。六月，进宝率兵次乐门，甫驻营，吴之茂遣贼众来犯，进宝统兵环击，擒其伪总兵、游击等斩之，复与将军佛尼勒合兵攻剿，屡战克捷。吴之茂仅以十馀骑逾北山遁走。平凉、固原悉定。[一]大将军图海奏："陕西提督原驻平凉，固原与平凉密迩。据秦省形胜，宜令进宝驻镇。"诏进宝移驻固原，兼摄固原总兵事。八月，叙功，议授二等男。谕曰："王进宝宿将重臣，矢心报国，兼以训练士卒，忠义素孚。故能身先行阵，所向克捷，朕甚嘉之！于军功议叙之外，从优加一等男，授奋武将军，仍兼提督平凉诸路军务"。

十七年四月，进宝复庆阳，斩伪总兵袁本秀及贼众二百馀人。十八年十月，进宝与提督赵良栋等分兵四路规复汉中，进宝偕总兵费雅达由栈道进。先是，进宝奏请令子用予率兵往剿，俾练习战阵，上允其奏，遂授用予副将。进宝复疏言："臣父子均在秦中，例应回避。"诏曰："王进宝父子统率官兵，诛剿贼寇，保守封疆，著有劳绩。王用予仍留与伊父王进宝，同守秦中要地。"至是，从征宝鸡，进宝遣用予击贼红花铺，大败之，复凤县、两当县，进军武关；令用予率偏师绕出关后，而自以大军当其前，贼腹背受敌，皆溃走，擒伪总兵罗朝兴等，夺鸡头关，直抵汉中。王屏藩率贼众自青石关走广元，进宝复遣兵蹑击，贼众奔窜，降其伪将军杨永祚、伪总兵孙启耀，遂尽复汉中地，得旨褒奖。时赵良栋亦恢复略阳。命进宝与赵良栋进定四川，并敕将军吴丹、鄂克济哈率满洲大兵分继其后。[二]进宝自青石关至神宣驿，闻贼踞朝天关，督兵跃马直前，贼惊窜走，疾驰至广元，斩贼无算，遂复其城。

十九年正月,分兵三路趋保宁,距城二十里当孔道而军。贼众二万来犯,进宝率兵奋击,大破之。追至锦屏山,连拔贼垒,夺浮桥,薄保宁城,用予斩门突入,进宝麾兵继进。王屏藩计穷,与伪将军陈君极皆自缢,吴之茂及伪将军张起龙、伪总兵郭天春等十七员并就擒,保宁平。别遣兵克复昭化、剑州、苍溪、蓬州、广安、合州、西充、岳池等州县。时赵良栋已复成都,授云贵总督,诏进宝驻守四川、擢用予松潘总兵。进宝寻以疾再疏乞休,命回固原就医,以用予驻保宁,暂代管标下兵。寻改用予为固原总兵。赵良栋以进征滇、黔,奏调川、陕各营兵随征,固原兵亦多檄调。进宝以本标兵宜留镇守,奏停拨遣,诏允之。未几,贼将胡国柱、夏国相等由黔入川,谭弘、彭时亨复叛,永宁、建昌相继失守。良栋劾进宝拥兵不救,进宝以卧疾固原疏辩,且言建昌之陷,咎在良栋。诏进宝驰赴保宁,于是进宝复统固原兵驻保宁。是年冬,叙功,进宝晋三等子,用予加左都督,授云骑尉世职。〔三〕明年,贼将马宝犯叙州,用予击败贼众,恢复纳溪、江安、仁怀、合江等城,降其伪将军何德成等,马宝窜云南。用予驻叙州,寻奉诏率所部兵驰赴永宁驻守。

二十一年,滇、黔既平,上诏进宝及赵良栋至京,命王大臣发还前此互讦奏章,宣谕:“二臣功绩并茂,欲矜全保护之。其不谙大体,私忿攻讦,概不究问。”事详赵良栋传。赐服物,仍还镇。二十三年五月,疾甚,再请休。时用予已调太原总兵,命驰驿偕太医视疾,且调用予甘肃总兵。二十四年八月,卒,年六十。得旨:“王进宝性笃忠贞,威望素重,率先征剿贼寇,勇略兼优。边防戎务,筹画周详,勋猷茂著。忽闻溘逝,深为轸恻！下所司优恤。"寻赠太子太保,赐祭葬如典礼,谥忠勇。世宗宪皇帝雍正十年,入祀贤良祠。初次袭爵者即用予,合其军功议叙,并云骑尉为二等子,后再袭仍为三等子。今上乾隆三十三年,诏予世袭罔替。

【校勘记】

〔一〕平凉固原悉定　"凉"原误作"原"。汉传卷三叶四七下同。今据仁录卷六二叶一六下改。按耆献类征卷二七三叶三七上不误。

〔二〕并敕将军吴丹鄂克济哈率满洲大兵分继其后　"满洲"原误作"海州"。耆献类征卷二七三叶三八上同。今据汉传卷三叶四九上改。

〔三〕授云骑尉世职　原脱"世"字。汉传卷三叶五〇上同。今据仁录卷九三叶一七下至一八上补。按耆献类征卷二七三叶三九上不脱。

佛尼勒

佛尼勒,满洲镶红旗人,姓科奇理氏。父索尔和诺,从征明,攻河间,战殁。

佛尼勒袭骑都尉世职。顺治五年,授西安驻防佐领。从剿李自成馀党于陕西,委署营总。寻擢协领,晋世职至二等轻车都尉。

康熙八年,擢西安副都统。十三年,同西安将军瓦尔喀由四川进讨吴三桂。行至栈道,叛镇谭弘据阳平关,佛尼勒等自野狐岭进征,斩贼三千馀,贼弃关遁;继败贼将石存礼于朝天关,追至沙河驿,伪总兵彭时亨以舟师逆战,击之溃,夺战舰四;遂进征保宁,叛镇吴之茂抗拒,我军凿壕堑与相持。寻以粮艘为贼所劫,饷不继,还驻汉中,贼邀战于中途,击走之;又败贼于槐树驿、小郎岭。

十四年,擢西安将军,加振武将军衔。随贝勒洞鄂进征王辅臣,贼将高鼎立寨于关山河岸,佛尼勒同穆占等斩获甚众,遂破贼寨,乘胜追至渭河桥,进薄秦州。贼伺我师壁垒未定,出城冲突,佛尼勒率军遮击,贼不能犯。旋攻克东西二关。贼夜犯正黄旗营,击之尽歼。贼众数千掠仙逸关,佛尼勒虑断饷道,分兵赴援,贼逾山遁,追蹑之,搜翦略尽;因令参领嵩祝留守仙逸关,而自率兵趋陇州。贼纵火山泽间,佛尼勒曰:"贼谋欲烧绝我军进路耳!若不增兵策应,则军食难以挽运。"因驻兵陇州,防贼党窥伺。

时大兵攻秦州,数月不下。贼之自四川及平凉者,挟其众万馀来援,城中贼与应者亦八千馀。佛尼勒之师还自陇州,与大兵合击,擒斩伪总兵李国栋等,殪贼三千馀,遂复秦州及礼县、西和、清水、伏羌诸邑。上命佛尼勒领兵开栈道,援将军席卜臣于汉中,贼于长宁驿、滴水崖及尖插屏岭,屡抗我师,击之皆溃窜,招抚陷贼村寨居民三千馀。十五年二月,吴之茂纠贼万馀犯秦州,佛尼勒同提督王进宝督兵御战,斩级二千馀,生擒伪总兵徐大仁,获器械、辎重无算。三月,侦贼由成县、礼县运粮,因遣兵邀击于盐关及罗家堡、牡丹园,擒斩护粮贼众,获马骡,焚其粮。寻击败伪总兵李国良等于清水县,复静宁州。六月,复击败吴之茂于牡丹园,追剿至西和北山,^{〔一〕}之茂仅以十馀骑窜遁。十六年四月,追论前此自保宁退归汉中诸将罪,降佛尼勒世职为骑都尉,削振武将军衔,仍署西安将军事。

十七年闰三月,同副都统吴丹等连败贼于牛头山、香泉等处。七月,引兵驻守宝鸡,防栈道诸险要。贼窥栈道之益门镇,击却之。十八年,随抚远大将军图海进征兴安,侦贼在梁河关,佛尼勒领队先驱至火神崖,击走伪总兵王遇隆,遂渡乾玉河,拔梁河关,复兴安城。寻会王进宝军于保宁。十九年正月,同总兵王朝海招降潼川府城及盐亭、中江、射洪诸县,又败贼于豹子山诸处。贼渡江遁,遂复泸州。冬,逆贼吴世璠使其党胡国柱等纠贼踞叙州,陷永宁。诏授佛尼勒建威将军,调遣永宁一路兵剿贼。二十年春,贼众二万馀犯窦坝、大溪口诸处,佛尼勒率兵进击,败之,乘胜恢复马湖府。贼将宋国辅、陆道清等诣军门献永宁城降,胡国柱亦弃叙州遁。佛尼勒奉命驻守叙州。八月,命统西安驻防满洲兵之征四川者,还镇汉中。二十一年,卒于官。雍正十年,入祀贤良祠。乾隆元年,追谥恭靖。

第三子托留,袭世职,官至黑龙江将军。

【校勘记】

〔一〕追剿至西和北山　"和"原作"河",音近而误。满传卷九叶五三下,及耆献类征卷二七三叶五下均同。今据仁录卷六二叶九上改。

希福

希福,满洲正红旗人,姓他塔喇氏,世居安楚拉库路。祖罗屯,国初率八百户来归,列五大臣,编佐领。父哈宁阿,由护军参领随征锦州、松山,大军入山海关,击败流贼李自成,追至望都县。总叙前功,授骑都尉世职。卒,子汉初罕袭。从征苏尼特部腾机思等,阵亡,赐三等轻车都尉。弟班初罕袭。遇恩诏,晋二等轻车都尉。

希福,班初罕兄,初任二等侍卫。顺治七年,袭世职。两遇恩诏,晋一等轻车都尉又一云骑尉。授护军参领。康熙七年,擢正黄旗蒙古副都统。

十二年,〔一〕逆藩吴三桂叛,希福随大将军顺承郡王勒尔锦往湖广剿御。十三年,陕西提督王辅臣叛于宁羌,据平凉、秦州。命希福同云贵总督鄂善等率现驻襄阳蒙古兵移守兴安、汉中。十四年三月,贝勒洞鄂征陇州,复关山,进兵秦州,希福攻克东西二关。十五年,〔二〕调守陇州。十六年,迁前锋统领。十七年闰三月,诏赴湖南,驻守茶陵。十一月,随简亲王喇布由衡州之安仁县进征。十八年正月,希福率兵攻衡州府,夜半薄城下,统署前锋参领戴屯等夺门入,贼帅吴国贵、夏国相等惊遁,复其城。得旨嘉奖,下部议叙。六月,迁正红旗满洲都统。

时伪将军马承荫以南宁降,上命希福率所部兵赴广西,同镇南将军莽依图自南宁进定云南。十九年五月,马承荫复叛,纠二万众迎战于陶登,希福偕副都统马世泰进击之,贼大败遁,追殪甚众。闰八月,奏南宁兵缺马,大军深入,途险远,恐误军机。上谕以柳州、南宁、桂林驻兵之马通融给发,并趣都统玛奇送马赴南宁。时莽依图卒于军,以都统赉塔为征南大将军。十二月,希福随赉塔至西隆州,伪将军何继祖等踞石门坎,筑城以拒。二十年正月，希福偕玛奇等率前队履险进攻，后军继进，夹攻，大败之，尽夺隘口。翌日，乘胜驰安笼所，复其城，降伪总兵陈义魁。继祖遁新城所，〔三〕复纠伪将詹养等踞黄草坝，列象拒战。希福领前锋进剿，自卯至未，破贼营二十二，获象、马、器械无算。二月，抵曲靖，复马龙州等城，并遣营总硕塔等驰剿嵩明州，斩关入，贼遁，歼其众，遂会大军围云南省城。吴世璠偕伪将胡国柄、刘起龙等犯我军，希福率前锋奋击，阵斩国柄、起龙及伪总兵九人。贼马宝、胡国柱等闻云南围急，由四川还救。六月，希福同提督桑格迎剿马宝于乌木山，败其众，马宝遁姚安，降于军前。九月，蹑国柱等于鹤庆、丽江，复蹙之于云龙州，国柱势穷，自缢。王绪、李匡等自焚死，馀贼悉降。

二十一年十一月，擢西安将军。谕曰："陕西地方紧要，因尔练习军务，特简此任，须加意操演，毋骚扰百姓。至汉中必选精兵戍守，不得以疲弱者发往。"先是，希福随征长沙失利，部议革将军、世职，上念希福劳绩甚多，褫本身加级，从宽留将军任及伊父二等都尉世职。时川、陕平定，部议将西安拨守汉中之满洲将军兵各一千名撤半，仍留一千名轮戍。二十五年，希福以栈道递送劳苦，疏请并撤，部议不准。上曰："荡平以来，汉中驻防无益。朕不忍使兵民交困，其轮班戍守及永远驻防，俱着停止。"二十七年，复调正红旗蒙古都统。

二十九年，噶尔丹扰塞外诸蒙古，上命裕亲王福全征之，希福参赞军事，破贼于乌兰布通。三十年，以老乞休，上慰留之。三十一年四月，调正红旗满洲都统，并授建威将军，统师驻右卫。三十三年，噶尔丹师内向，将侵根敦戴青，命希福率右卫兵同将军费扬古等赴图拉御贼。寻疏请大同总兵康调元率绿旗兵三千同行,并请派发察哈尔兵。上以绿旗兵多则马更少,且满洲兵有八千,所向无敌,希福遇事疑阻,令仍驻防右卫。三十四年,兵部疏劾不收八旗拨送马,致糜钱粮,革职。三十八年,卒。

【校勘记】

〔一〕十二年　"二"原误作"三"。满传卷三○叶一二上同。今据耆献类征卷二七七叶五上改。

〔二〕十五年　"五"原误作"二"。满传卷三○叶一三上同。今据耆献类征卷二七七叶五下改。

〔三〕继祖逓新城所　原脱"所"字。满传卷三○叶一四下,及耆献类征卷二七七叶六上均同。今据仁录卷九五叶四下补。

穆占

穆占,满洲正黄旗人,姓纳喇氏,先世为叶赫部长。天命四年,太祖高皇帝征叶赫,招降其贝勒锦台什之子德勒格尔,授佐领,予三等男爵。及卒,子南楚袭,任护军统领。以罪削爵,弟索勒和袭。

穆占为南楚之子,初任侍卫,兼佐领。顺治十六年,署前锋参领。随都统卓洛、前锋统领伯勒赫图驻防云南。时元江土司那嵩作乱,大军剿灭之。穆占预有功,予三等轻车都尉世职,擢正黄旗满洲副都统。康熙十二年冬,逆藩吴三桂反,圣祖仁皇帝命安西将军赫业,副将军瑚哩布由陕西、四川进讨,以穆占署前锋统领,参赞军务。十三年二月,至陕西,闻四川郡邑皆附贼,叛镇谭弘据阳平关，穆占同西安将军瓦尔喀率兵先驱，击溃贼众于野狐岭，攻克阳平关及七盘关，又败伪总兵石存礼于朝天关，阵擒伪游击王道成，斩获无算。六月，进征保宁，叛镇吴之茂率贼数万迎拒，我军凿壕列营，与贼相持。贼数来犯，穆占辄击败之。十月，贼劫我粮艘于略阳，又阻截运道于槐树驿及郿岭，穆占率兵通道，屡击败贼众，以饷不继，同诸将还驻汉中。

值陕西提督王辅臣叛于宁羌，据秦州、平凉，与吴之茂、谭弘等联结为寇。穆占随大将军贝勒洞鄂还西安。十四年二月，诏洞鄂征秦州、平凉，以穆占代赫业为安西将军，率兵并进。伪总兵高鼎聚贼四千于陇州河岸，立寨拒守。穆占整阵搏战，歼贼甚众，连破贼寨；遂趋秦州，薄城攻围，贼屡出城抗拒，皆督兵战败之，复击却平凉赴援贼众。城中困惫，伪总兵陈万策以城降。穆占率兵往助提督张勇围巩昌，遣陈万策入城晓谕，伪总兵陈科亦率众迎降，乃还会大军征平凉。十五年正月，上以洞鄂统师围平凉日久未下，遣抚远大将军图海代之。六月，王辅臣降。穆占分剿馀贼于西河、清水、成县、礼县，收复城邑，伪总兵周养民、王好问等以庆阳府降。

九月，召入觐，授都统品级，佩征南将军印，率兵征湖南。十六年正月，至荆州。时顺承郡王勒克德浑守荆州，贝勒尚善围岳州，安亲王岳乐围长沙，简亲王喇布守吉安。穆占奉诏由岳州助攻长沙，疏请移江南沙船百馀为水陆夹攻之用，诏如所请。七月，诏移兵会简亲王规取衡州、永州。值吴三桂分遣贼将掠江西，穆占移兵袁州秣马，逾月，击却贼众之由永新犯吉安者，遂进征茶陵，逐贼至攸县，阵斩四千馀级，生擒百馀人。茶陵、攸县、安仁、酃县、永宁俱复。十七年闰三月，攻克郴州、桂阳，招降桂东、兴宁、宜章、临武、蓝山、嘉禾、永兴。

穆占自驻郴州，以都统宜里布守永兴。四月，贼犯永兴，穆占遣护军统领哈克三、前锋统领硕岱等援之。时简亲王尚驻吉安，穆占请旨趣其进征。简亲王奏言："穆占撤茶陵、攸县、安仁之兵还郴州，恐贼由永兴占踞要路，江西可虞。请敕穆占先灭永兴之贼。"穆占疏辨："茶陵等处之兵未撤，永兴已遣兵赴援，郴州实为要地。请敕简亲王遣将来守，臣乃可击贼永兴。"上命穆占仍守郴州，谕趣简亲王进征。简亲王乃移驻茶陵。穆占疏请调江西提督赵赖随简亲王部下将军华善等率兵分守攸县、安仁等处。得旨："自穆占至荆州后，所奏调遣守御事宜，无不允行。今破贼收疆，穆占是赖。其俱如所请。"

六月，贼将马宝、胡国柱并力犯永兴，我兵战失利，宜理布、哈克三皆殁于阵。贼遂连劫我营，硕岱退入城，副都统托岱等引兵还郴州。上以穆占分兵防守闲地，致永兴兵单，谕责厚集兵力，立功赎罪。时简亲王遣前锋统领萨喀察由安仁援永兴，既入城，以贼势猖獗，牒请益兵。穆占辞以永兴军事简亲王主之，萨喀察遣人驰告，简亲王遂以入奏。上谕责穆占曰："凡因茶陵、永兴诸处军事所降谕旨，皆署穆占名于简亲王之前。今穆占牒称永兴为简亲王之地，谬戾实甚。自今以往，毋分彼此，合力剿灭逆贼。"八月，贼将马宝等闻吴三桂死，焚永兴贼垒，引贼众还衡州。穆占自郴州遣兵败贼于耒阳。十八年二月，率兵击败贼将郭应甫于常宁，招降伪总兵李魁等，追击贼将吴国贵于永州，俘斩甚众，复永州、道州、常宁、新田、永明、江华、东安；进定广西，复全州、灌阳、兴安、恭城。时桂林、平乐、南宁等府已为将军莽依图、傅弘烈等收复,穆占奉诏还定湖南。八月,攻复新宁。

十一月,上命贝子彰泰为定远平寇大将军,以穆占参赞军务。十九年二月,督兵击败贼将吴应麒等,复沅州,进征贵州。十月,至镇远,贼将张足法、杨应选宵遁,复府城,进剿逆贼,复偏桥、兴隆二卫;进定平越、贵阳,并遣兵收复安顺、石阡、都匀等府。二十年正月,贼将高起隆、夏国相、王会、王永清、张足法、杨应选等拥众二万馀,于平远西南倚山立寨。穆占同提督赵赖率兵冲击,高起隆等败窜,王会率所部降,遂复平远;分遣副都统莽奕禄、游击王成功等追剿逸贼,擒斩伪巡抚张维坚,复大定府,杨应选率众降。穆占随彰泰进征云南。上以贵州苗、蛮杂处,疆土新复,命穆占旋师镇守。寻因彰泰请,仍命随征云南,十月,合广西、四川两路兵攻云南省城,三桂孙世璠自杀,伪将军线緎等出降。彰泰令穆占同都统马齐入城,籍贼党属,擒伪大学士方光琛等,磔于军门。云南平,凯旋。授正黄旗蒙古都统,列议政大臣。

二十二年三月,议政王大臣等追论穆占征保宁时奏军事不实,征平凉时不临阵指挥,后在郴州推诿不救永兴,应处绞、籍没;奏入,得旨,穆占虽有罪,其劳绩亦多,罢任,革世职,馀罪宽免。是年,疾,卒,年五十有六。

勒贝

勒贝,满洲正蓝旗人,姓郭尔罗氏。父鄂罗塞臣,官左都御史,谥果敏,有传。勒贝初授侍卫,兼佐领。顺治十八年,由一等侍卫授正蓝旗蒙古都统。康熙八年,调正蓝旗满洲都统。

十六年三月,吴逆未平,上以简亲王喇布出师江西久无功,其参赞大臣均不胜任,命勒贝及护军统领哈克三、副都统舒库往代之。十月,镇南将军莽依图由广东进定广西,命勒贝偕江宁将军额楚守韶州。十二月,诏曰:"韶州地属紧要,一切军务若令简亲王转奏,恐有迟误。其令额楚统辖兵马,勒贝参赞军务。凡事许得专奏。"

十七年二月,上以梧州为两广接壤要地,谕勒贝及额楚往。时逆贼祖泽清据高州叛,陷郁林州及北流、兴业、陆川、博白四县。四月,勒贝偕将军傅弘烈等击败伪总兵梁子玉于白米岭,斩之,伪总统饶一龙等各弃城遁,一州四县尽复。十八年,吴逆伪将吴世琮围南宁,总督金光祖遣总兵谭升等与战于新村西山之巅,勒贝偕额楚及副都统额赫讷分路扑剿,杀贼甚众。世琮重创遁。南宁围解。十九年五月,复偕额赫讷等剿叛贼马承荫于柳州,大败之于陶登,乘胜克象州,承荫降。均得旨嘉奖,下部议叙。八月,莽依图卒于军,上以勒贝代为镇南将军。

寻命随征南大将军都统赉塔进定云南,即令参赞军务。十二月,大军抵西隆州,侦伪将军何继祖、王弘勋等纠众万馀,扼安笼所之石门坎。勒贝与都统希福等先驱,二十年正月,抵其地,攻克第一峰、第二峰、第三峰,夺隘口,复安笼所城。继祖等走,复纠伪将军詹养、王有功等九人,众二万馀,守黄草坝,列众拒战。二月,勒贝率官兵随大将军赉塔进剿,生擒詹养、王有功及贼千馀,直抵云南省城,逆孽吴世璠自杀。云南平,班师。勒贝以疾道卒,柩至京,命内大臣往奠。二十三年,赐祭葬如例。

哲尔肯

哲尔肯,汉军镶红旗人。由佐领授刑部员外郎。康熙十一年,迁中城御史。

时吴逆倡乱,十三年六月,随大军出征江西。十四年,授都督佥事,任南赣总兵。十五年八月,叙举首伪将军高得捷等逆书功,加都督同知。十一月,败贼于九渡水等处,擒斩伪总兵、副将等,又败之南康县,复潭铺,斩首千馀。十二月,广东从逆提督严自明、总兵张星耀等逼南康县,哲尔肯与将军舒恕等斩贼万馀,破其营十七,贼遁南安。均得旨奖叙。十六年四月,上以大军攻围长沙,吴逆穷蹙,欲往衡州;虑其侵犯赣州、吉安等处,分我兵势,命哲尔肯与总督董卫国等分布防御,侦贼情形,不时奏闻。十七年正月,与舒恕遣官于江、广交界九乡地方,招抚伪总兵赖荣等十七员、兵万馀。又遣游击杨以松等败贼于鸬鹚寨等处,擒获伪副将等十馀,斩馘六千有奇。叙功,加左都督。

十八年二月,两广总督金光祖疏请复设广西提督,上命哲尔肯任之。八月,疏言:"臣驻浔州三合嘴,弹压两江,接应大兵;但庆远、太平、思恩三府逼交趾,接云南,为粤西藩篱。今逆贼苗蛮,啸聚负固。臣请统兵先往南宁,会同将军莽依图相机剿抚。"上可其奏,并谕令原驻之三合嘴倘属紧要,可发兵驻汛防守。十月,疏报泗城土知府岑继禄向化归诚,下部知之。十一月,疏言:"提标设兵,旧制马一步九,今广西馀孽未靖,需战马甚多,请改为步八马二。"从之。十九年,因与逆藩尚之信结婚,部议革职,得旨,从宽留任,戴罪图功。二十一年,疏言:"怀集营兵业经奉旨裁汰,但僻处深山,必得官兵弹压。今酌拨浔协守备一、兵三百布防,归浔州副将兼辖。"下部议行。二十二年,卒于官。赐祭葬如例,题请入祀江西名宦祠。

郝浴

郝浴,直隶定州人。顺治六年进士,授刑部主事。八年,迁湖广道御史。

奉命巡按四川。时流贼张献忠馀党孙可望、李定国、刘文秀等降附明桂王朱由榔,踞川南寇掠。九年,平西王吴三桂与都统李国翰分兵复成都、嘉定、叙州、重庆,驻师绵州。浴在保宁监临乡试,可望、文秀等合众数万薄城,浴遣使赴绵州告急。逾月,吴三桂乃移兵赴援,危城得全。浴因陈善后之宜,略言:"大兵剿贼,借陕西运饷,道远费繁,宜移陕西驻防屯田成都,并招流民开垦,借给土司牛种屯耕,一年可抵输运三年之利。"又言:"滇、黔贼寇,善于腾山越岭。蜀中土官土兵,习尚相近。宜简精锐为前茅,以满洲骁骑继其后,疾雷迅霆之下,贼寇咸鸟兽散矣。"上嘉其所奏可采,下部议。部臣以战守机宜,应听三桂酌筹,寝其事。浴又言:"土贼投诚,给札授官,恣行劫掠,甚为民害。请嗣后愿归伍者归伍,其愿为民者,即令有司造册编丁,以资生聚。"又请免牛租,除杂派,惟就熟地开征,俾民有一定之额。疏皆下部议行。又劾奏永宁总兵柏永馥临阵畏缩,广元副将胡一鹏骄悍不法,并命革职逮讯。方保宁之奏捷也,诏颁赏将士,三桂因以冠服与浴。浴不受,疏言:"翦平贼寇,平西王责耳。臣司风宪,不预军事,而以臣预赏,非党臣则忌臣也。"因并疏三桂拥兵观望状,上命三桂以赏物别赏有功将士。大学士冯铨、成克巩、吕宫等疏奏:"浴固守保宁,出入营垒,奋不顾身,收兵措饷,转败为功,堪膺擢用。"三桂因摘浴保宁奏捷疏中有"亲冒矢石"语,劾其欺罔冒功,部议浴应革职逮讯。寻论死,命免死,流徙奉天。圣祖仁皇帝康熙十年,驾幸奉天,浴迎谒道左,上亲垂问焉。

十二年,三桂反。明年,尚书王熙、给事中刘沛先交章荐浴,为部议所格。十四年,侍郎魏象枢又荐浴才、学、识兼优,不宜终弃。得旨,召还录用,复原官。时陕西提督王辅臣叛应逆藩吴三桂,浴疏言:"大兵进剿平凉,宜于西安、潼关用重兵屯驻,以待策应;用郧阳之兵攻兴安,调河南之兵入武关,直取汉中,则逆贼计日可擒。"疏下部议,令在事大臣相机而行。又言:"民间纳粮,多额外征求,致正额反缺。又招买军需,名为市易,实系摊派里民。比及发价,官役互相侵扣,又于解饷时多索收饷之费,任意迟延。请敕督抚严察。"又言:"京、通各仓,积贮已多,请留山东、河南额征耗米折银,以济军需。"疏并下部议行。十六年,巡视两淮盐课。明年,擢左佥都御史。寻迁左副都御史。十九年五月,更定新例,凡死罪减等及军流人犯,俱发遣黑龙江、奉天诸处。浴以天旱民饥,恐遣犯道毙者多,疏陈新例未便。下九卿等会议,惟犯赃官役依新例,馀仍如旧律。七月,疏言:"官员非正途出身者,虽经保举,仍照常升用,不准考选科道。"又言:"各部院大臣宜于岁终视司官贤否,各举劾一人以昭惩劝。"亦下部议行。

十二月,擢广西巡抚。二十一年,疏言:"粤西地丁钱粮,以米折银,乃一时权宜之计。今军饷既停,请仍照旧征收。"又请御书“清”、“慎”、“勤”等字,颁发各省督抚悬之堂上,俾阖省士民均得瞻仰,以垂亿载。得旨俞允。又言:“粤西外控土司,内制瑶、僮。今已底定,大兵尽撤,守兵议裁,惟抚标官兵不宜再议裁减。”疏下部议,准留其半。又以广西巡抚马雄镇、傅弘烈先后为逆孽吴世琮、世璠所害,请建双忠祠于桂林;浔州府知府刘浩为孙延龄所执,不屈死,请赐恤典。又请复赈济贫生学租银米。俱得旨允行。二十二年七月,卒。上谕曰:“郝浴简任巡抚以来,实心任事,边疆重地,正资料理。忽闻溘逝,深为悯恻! 下部议恤。”初,巡抚傅弘烈以军需移取库金七万馀两、米七千馀石,浴莅任,欲以库项扣抵。及卒,署广西巡抚、布政使崔维雅劾浴报销诸册皆虚抵虚销,私用库金及采买馀银十四万二千馀两。上命郎中苏赫、陈光祖前往察审,以浴采买米豆,浮开价值,借支给兵船夫价为名,实侵银九万馀两覆奏,部议革职追补。二十四年五月,上谕曰:“郝浴前任两淮巡盐,洁己奉公,恤商裕课。后简任广西巡抚,清廉爱民,克称厥职。其所动钱粮,非系入己,从宽免追,以昭朕优恤廉吏至意。”二十五年六月,子林为父诉冤,请复原官,部议不准,特旨准予追复。九月,林复请恤,赐祭葬如例,二十六年,入祀贤良祠。

林,康熙二十一年进士,累官礼部左侍郎。雍正四年,加尚书衔,致仕。

觉罗伊图

觉罗伊图,满洲镶红旗人,兴祖直皇帝第一子德世库之曾孙也。顺治元年,增设内三院学士各一员,授伊图秘书院学士。二年,充明史副总裁。三年,因翻译明洪武宝训告成,赏马匹、银两。四年,授云骑尉,赐宴太和殿。三遇恩诏,加至三等轻车都尉。九年正月,纂修太宗文皇帝实录,伊图充副总裁。三月,充殿试读卷官。寻授宗人府启心郎,仍带二品衔。十一年,署刑部尚书。十四年,擢兵部尚书。

十六年六月,海寇郑成功陷镇江,给事中杨雍建劾奏枢臣不能尽心经画,决策几先;又不返躬引咎,收效事后:请旨严饬。诏兵部明白回奏。伊图以筹画无能引罪,部议降三级、罚锾,诏贳之。十七年二月,自陈乞罢,上不许。五月,调吏部尚书。十一月,命偕礼部尚书沃赫等校定律令。先是,诏求直言,左都御史魏裔介、御史季振宜并劾大学士刘正宗徇私纳贿诸款。上以裔介等明知正宗过端,不先举发,并革职。御史陆光旭请并治言官不举罪,章下吏部。十二月,伊图议应如光旭请言官分别议处;尚书孙廷铨以正宗本系言官,纠参其各言官,无人人具奏之例,应免议。两议上,得旨如伊图议,并饬会议不许满、汉互异。十八年,授弘文院大学士。康熙六年正月,解大学士任,命以原官掌管王府事。十六年六月,卒。赐祭葬如例,谥文僖。

子伊纳布早卒,以弟伊尔阐之孙悟尔祜为后,袭职。悟尔祜子安寿销除轻车都尉,袭云骑尉。雍正六年,以隐匿入官财物,革职,流徙宁古塔。

李霨

李霨,直隶高阳人。父国𣚲,明天启时官大学士,谥文敏,明史有传。霨七岁而孤。本朝顺治二年举人,三年进士,改庶吉士,授检讨。寻遇太祖高皇帝配天覃恩,晋编修。十年二月,世祖章皇帝亲试习清书翰林,霨与侍讲胡兆龙、检讨庄囧生并列上等,擢中允。五月,迁侍讲。会直隶、江南诸省学政需代,例用翰林。霨同囧生等以清书尚未精通,恐致荒废,乞免开列。大学士图海、范文程为之代奏,得旨俞允。寻擢侍讲学士。十二年,迁秘书院学士,同学士禅岱、麻勒吉、胡兆龙教习庶吉士。时始设日讲官,霨同麻勒吉、胡兆龙及侍读学士哲库纳,洗马王熙,中允方悬成、曹本荣充之。十四年,充经筵讲官。十五年二月,充会试副考官。三月,考满,加一级,荫一子入监。五月,授秘书院大学士。九月,改东阁大学士,寻与大学士巴哈纳等疏言:"内三院既改为内阁,别设翰林院,宜分职掌,以专责成。"上允所请。十六年三月,谕奖勤劳奉职诸大臣,加霨太子太保。

先是,十二年,上亲选武进士二十三人,以领侍卫内大臣教习骑射,特诏肇行大典,宜加优异:一甲一名视副将,二名视参将,三名视游击;二甲十九人视守备:皆按品食俸。至是,兵部以十五年所选武进士刘炎等援例请旨。疏下内阁票拟,既拟进,谕曰:"内阁之设,原因章奏殷繁,一时遽难周览,故令其看详票拟,候旨裁定,此旧例也。膺斯任者,宜虚公谨慎,悉心办理,方为尽职。今兵部请武进士刘炎等品级俸禄一疏,或令部议,或即准给及不准给,自应三拟;乃止一拟,部议一拟不给,特因刘炎等系武职,声气不通,不拟给与。如此偏怀私见,任意妄裁,负朕倚任;不重加惩治,以后自专之端,必至渐长。"下九卿、科道同吏部察议,诸大学士及学士并降罚留任,以票拟由霨核定,降四级调用。九月,命宽免诸大学士、学士降罚,霨复原官,任事如旧。

十七年四月，〔一〕同大学士巴哈纳等校定律例。十八年，圣祖仁皇帝御极，复设内三院，霨改弘文院大学士。康熙三年，〔二〕充会试正考官。六年，充纂修世祖实录总裁官。九年，仍以内三院为内阁，霨改保和殿大学士。十一年，世祖实录告成，赐银币、鞍马，加太子太傅。十三年，诏举素有清操堪膺繁剧者，霨荐休致布政使王舜年、降调参议道俞之炎、副贡生杨始亨。十五年，充会试正考官。十七年，诏举博学鸿儒，霨与大学士杜立德、冯溥合荐副使曹溶，布政使法若真，参议道施闰章，中书曹禾、陈玉璪，知县米汉雯，进士沈珩、叶舒崇。二十一年，充三朝圣训、平定三逆方略、重修太祖高皇帝实录总裁官，又充明史监修总裁官。先是，重修太宗文皇帝实录，霨为总裁官。至是告成，赐赉如例，晋太子太师。寻充大清会典总裁官。会台湾初定，提督施琅请设官镇守，廷议未决，有谓宜迁其人、弃其地者，上召询诸大学士，霨奏言："弃其地，恐为外国所据；迁其人，虑有奸宄生事。应如施琅请，设官镇守。"上是其言。二十三年六月，以疾卒，年六十。遗疏入，得旨："李霨简任机务，慎勤敏练，宣力有年，劳绩素著。忽闻溘逝，朕心深为悯恻！下部议恤。"命大学士明珠同学士一员奠茶酒，赐祭葬如典礼，谥文勤。

四十九年三月，谕大学士等曰："李霨任大学士时，始终恪慎，茂著勤劳。伊孙工部主事李敏启着越格升补太常寺少卿，以示崇奖旧臣、优录后嗣至意。"十月，霨第三子其旋以教习期满，部选知县引见，得旨："原任大学士李霨宣力年久，其子李其旋着以主事用，遇缺即补。"寻擢敏启大理寺卿，其旋兵部员外郎。

【校勘记】

〔一〕十七年四月　"七"原误作"九"。汉传卷二叶四二上同。今据耆
　　献类征卷三叶四上改。

〔二〕康熙三年　原脱"康熙"二字。汉传卷二叶四二上，及耆献类征
　　卷三叶四上均同。今据上文既云"圣祖仁皇帝御极"补。

　　宋德宜　子骏业

　　宋德宜，江南长洲人。顺治十二年进士，改庶吉士。十五
年，授编修。康熙三年，迁国子监司业。六年，擢秘书院侍读。
八年二月，迁国子监祭酒。五月，迁侍读学士。十年三月，充日
讲起居注官、经筵讲官。十一月，擢内阁学士，充纂修太祖、太宗
圣训副总裁。十二年，擢户部右侍郎。疏劾龙江关大使李九官
解铜赴京，欲给门票，以银四十两黉夜馈德宜私宅。圣祖仁皇帝
谕嘉德宜举首馈遗，不负简任，下部议李九官罪，褫其职。十四
年，调吏部右侍郎。十五年二月，充会试副考官。八月，转吏部
左侍郎。

　　十六年四月，擢左都御史。六月，疏言："国家用兵，持久决
胜，必料狡贼所恃，以夺其负固之资，而后不战自屈；必察奸民所
利，以绝其潜通之患，而后所向无前。自丑类蠢动以来，我皇上
威德罩敷，剿抚并用。迩者秦、闽底定，两粤渐平，逆贼吴三桂势
穷计蹙，已如釜底游魂，而尚敢逆我师行者，非有弓马精坚之技，
非有舟车演易之长，所恃不过枪炮而已。夫枪炮专藉硝黄，而硝
黄产自河南、山西，必奸民图利私贩贼营。前经御史朱尚义条
奏，部议失察处分。乃两年以来，并未拿获通逆贩卖一人，因循

玩惕,纵奸乘间夹带,致内地硝黄价值日复涌贵。乞天语严饬督、抚、提、镇,于附近贼境之隘口间道,遴选将弁巡缉奸贩,庶狡谋日绌,穷寇可速殄矣。"疏入,得旨:"通贩硝黄与贼,屡经饬禁,并无拿获,皆由督、抚、提、镇稽察不严,下兵、刑二部详议,严加处分。"

德宜又疏言:"频年发帑行师,度支不继,皇上俯允廷臣之请,开例捐输,实以酌便济时,天下万世共知为不得已也。计开例三载,所入二百万有馀。捐纳最多者,莫如知县,至五百馀人。始因缺多易得,踊跃争趋。今见非数年不得选授,亦徘徊观望。宜敕部限期停止,俾输纳惟恐弗及,既有济于军需,亦足征慎重名器之意。"又疏言:"自古沿海居民,借渔樵以资生计,故得佐给赋税,贮备灾荒,而利用通商,又设立市舶之制。本朝以海氛未靖,立禁甚严,特虑内地奸民勾引岛寇,贻误边疆耳。近者天威遐布,四方日就荡平,宜及此时招携怀远,抚恤流移,令沿海居民愿以捕鱼为业者,许其自造鱼船;商人愿通贩海岛者,许其自造舶船,官给印票,酌仿旧例输税。其人口货物,往来出入,咸稽核之,则弛禁仍可防奸,裕民生兼资军计矣。"事并下所司议行。

十七年正月,疏言:"吴逆煽乱以来,各处领兵大将军、王、贝勒及将军、大臣等,剿抚立功,恢复地方者,固不乏人;亦有玩寇殃民,营私自便,或嘱托把持,督抚各官或越省购买妇女;其尤甚者,抢夺民间财物,稍不如意,即指为叛逆。今大兵会剿、克期灭贼之时,犹恐借端需索,乞天语严敕诸臣洗心涤虑,痛改前非,务期奋力灭贼。"疏下议政王、贝勒、大臣,申饬严禁。二月,疏言:"遐方未靖,宵旰忧勤,天颜视昔清减。神理之间,蕴结未舒,尤宜爱惜保护。昔唐太宗锐意勤学,其臣刘洎谏以多记损心。宋儒程颐亦曰:'帝王之学,与儒生异。'伏愿皇上于紬绎群书时,略方名象数之繁,祛月露风云之艳,择其有关政治、裨益身心者,讲习讨论,稍节耳目之劳,用葆中和之德。"上嘉纳之。

时山东文登城守兵以给饷迟延,群集县廨,鼓噪刃伤知县吴闻启。德宜因疏劾山东提督柯永蓁不恤士卒,克减军粮,致纵成骄悍;事出骇闻,又隐匿不报,何异养痈待溃。疏下部察议,革永蓁、罢任。七月,擢德宜刑部尚书。十二月,调兵部尚书。十八年,充会试正考官。先是,诏举博学鸿儒,德宜荐主事汪琬、生员陈维崧。至是,廷试并列一等,授琬编修、维崧检讨。

十九年三月,左都御史魏象枢、副都御史科尔坤偕给事中余国柱、御史蒋伊等合疏劾德宜及御史唐朝彝曰:"要职官员奉上谕,令九卿詹事科道会推,关系用人致治,最重最要。今会推江西按察使,众议以左通政张可前等所举之福建兴泉道张仲举拟正,御史唐朝彝言:'我是福建人,深知张仲举做官不好,我不画题。'尚书宋德宜初举湖北江防道杨大鲲、山东济宁道叶方恒,及闻唐朝彝不画题,忽改称不举:俱属不合。请敕部察议,庶以后会推,无所怀私。"上命德宜回奏,德宜奏:"臣随满、汉诸臣集吏部,会推江西按察使,诸臣迟久不举。臣因向诸臣云:'应推签内有道员叶方恒、杨大鲲二人,知其操守廉洁,才干敏练。'随有御史成其范等议推叶方恒,侍郎项景襄等议推杨大鲲,后右通政张可全等议推福建兴泉道张仲举。诸臣酌定张仲举拟正,叶方恒拟陪。御史唐朝彝言张仲举不堪推列。副都御史科尔坤谓推者是,则阻者不合;阻者是,则推者不合。于是满、汉诸臣议论纷纭，自辰逾午，争持不决。臣云：'众议未定，何如请旨。论俸论荐，无拘现在之举不举，即叶方恒亦不必举。'此臣与诸臣商推之语，[一]并非因唐朝彝不画题而改称不举。夫盈廷集议，原不禁反覆推敲，非如奉旨察议事件前后口供不符有处分之例。惟是臣平日孤忠愚戆，出语招尤，以致无端来此指摘。臣亦惟深自刻责，不敢置辨。且宪臣挟二十馀人众多之口，臣独伸己说，即仰赖圣明洞鉴，而宪臣等之忌臣弥甚。乞严饬处分，俾得投闲置散，以安愚分。"事下部察议，唐朝彝应革职，德宜应降五级调用。上特简湖南粮储道柯永升为江西按察使，谕曰："会推原令各出所见，公同参酌。宋德宜、唐朝彝俱免其处分。"

十一月，工部侍郎赵璟、金鼐奏陕西官民运饷四川苦累，德宜因言："大军于云、贵需饷孔亟，陕西、四川互相推委，皆由总督分设。若川、陕并一总督，是则痛痒相关，随地调发，可以酌剂均平。"上命改陕西总督哈占为川陕总督。二十一年，靖逆将军张勇以甘肃边防紧要，请缓裁前此添设官兵，部臣均议如所请。德宜别为一议，言："当日因河东逆贼变乱，添设马步战兵，原议事平裁汰者，应即裁汰。其将军标下前以步兵二千名改为马兵，宜仍复原定经制马六步四。惟因防边添设之兵，可无议裁。"上遣尚书哲尔肯往会将军、督、抚、提督阅核，留河州、宁夏添设防守之兵不裁，馀仍复原定经制，如德宜所议。是年十月，调吏部尚书。二十三年，授文华殿大学士，充政治典训、一统志总裁官。先是，重修太祖高皇帝实录，德宜亦为总裁官。二十五年，告成，加太子太傅。二十六年六月，卒，年六十有二。遗疏上，得旨："宋德宜简任机务，宣力有年，清慎素著。忽闻溘逝，深为悯恻！

下所司议恤。"赐祭葬如典礼，谥曰文恪。诏遣官护送，由驿归衬。

　　子骏业，康熙二十四年，由副榜贡生授翰林院待诏、御书处行走。寻迁兵部主事、员外郎、工部郎中、礼科给事中。三十七年，转兵科掌印给事中。四十一年，疏劾湖广总督郭琇、提督林本植、巡抚金玺、总兵雷如等曰："苗、瑶性本犷悍，使之畏怀，庶不致扰害良民。此封疆大臣专责。近闻镇筸士民叩阍一疏言红苗抢夺恣肆，盖由督、抚、提、镇平时不能严饬属员，加意抚辑。及事发，又不即奏请剿抚。种种玩愒，已尽在圣明洞鉴中，即特遣大臣到彼相度机宜，彼处官吏各怀瞻顾上司之意，必多方容隐真情，岂能尽得？况郭琇向骛虚声，近益衰废，加以林本植之昏瞀，金玺、雷如之庸懦，持禄养痈，视民命为儿戏，置封疆于度外，以致酿成刁悍。祈立赐罢斥，另选贤能代任，庶不致回护而剿抚得协机宜。"上命侍郎傅继祖、甘国枢，浙江巡抚赵申乔会审，得实，郭琇、林本植、金玺、雷如等并坐徇隐，降革有差。四十三年，骏业荐迁鸿胪寺卿、右通政、左佥都御史。四十六年，迁宗人府丞、左副都御史。四十八年，擢兵部右侍郎。五十二年四月，卒，赐祭葬如例。

【校勘记】

〔一〕此臣与诸臣商推之语　"推"原作"摧"，形似而讹。耆献类征卷六叶一五上同。今据仁录卷八九叶一二上改。按汉传卷五叶四五上不误。

杜立德

杜立德，直隶宝坻人。明崇祯十六年进士。世祖章皇帝顺治元年，以顺天巡抚宋权荐，授中书科中书。二年七月，考选户科给事中。疏言："治平之道有三：一曰敬天。人君为天之子，当修省以迓天休。今秦、晋、燕畿，水旱风雹，天心示警。凡开诚布公，懋德敦行，皆敬天事也。一曰法古。古者事之鉴也，是非定于一时，法则昭于百代。故合经而后能权，遵法而后能创。凡建学明伦，立纲陈纪，皆法古事也。一曰爱人。自大臣以至百姓，宜一视同仁。且无论新旧，悉存弃短取长之心。凡亲贤纳谏，尚德缓刑，皆爱人事也。"疏入，上嘉其所奏有裨治理，采纳之。

寻，疏言："牧民之官，任不数月，即行迁转，则欲兴利除害，而前后手之易其局，往来间之疲其神，将悠忽之念起，推诿之路开，宜久任以验成功。于三年大计时，分别纠劾，俾锐者就绳，懦者知奋。"又言："荒地以踏勘为凭，亡丁以审编为据。请自今赈蠲之数，分列款项，豫行颁示，使小民咸喻，则胥吏不能为奸。"又言："条编之法，简易便民。近因军兴旁午，草豆未有定额，往往取办临时，徒饱奸吏之橐。请敕部酌定价值，使民先事为备。"疏并下部议行。三年，转兵科右给事中。四年，转吏科左给事中，又转户科都给事中。六年，疏言："漕运为国家重务，数年来奸弊丛生，不可穷诘。徒以未经发觉，指实无从。今漕臣库礼搜获运官使费册三十本送部，其中所费，皆东南数百万生民膏脂，供贪墨之人鱼肉。请敕部将原册移送内院，按款研究，则转移无术，而奸弊悉厘矣。"得旨，如所请行。七年，转吏科都给事中。八年正月,疏言:"自古帝王致治,必由经术。宜及时举行经筵,择廷臣经明行修者,授为讲官,庶几裨益圣治。"上亦嘉纳其言。

初,睿亲王多尔衮摄政时,给事中许作梅,御史吴达、李森先、桑芸等交章劾大学士冯铨奸贪状。立德疏言:"冯铨所行弗类,诸臣具实以告,非私论也。将逾旬日,未蒙鉴裁,恐无以鼓直言之气。宜令满、汉大臣集议朝堂,以伸公论。又如逋逃之马士英、阮大铖、宋企郊等,或纳贿招权,或煽恶流毒,宜急捕诛,以彰法纪。"疏下刑部,以事在赦前,寝议。至是,上既躬亲大政,甄别大臣,黜罢冯铨。立德因疏言:"前此纠劾冯铨诸言官,如吴达、李森先、桑芸、许作梅等,并为铨所切齿;又佥都御史赵开心素为铨忌。铨皆假票拟于数言轻重之中,弄机权于旁引曲借之内,相继构陷斥罢。兹逢圣政方新,仰乞皇上矜察。"疏下吏部,开心等寻得旨起用。九年,立德迁太常寺少卿。十年三月,擢工部右侍郎。六月,调兵部左侍郎。十一年二月,上以畿辅八府上年遇水,发帑赈济,简才能清正大臣十六员,督率府、州、县、卫官散给。立德同通政使喀恺分赈大名府所属一州、十县、一卫,还奏称旨。四月,调吏部右侍郎。七月,丁父忧,归。十一月,以前在兵部鞫讯窝隐逃人事,不详悉察究,降一级调用。服阕,补太仆寺卿。

寻迁大理寺卿。十四年四月,疏言:"热审之制,因天气炎热,省释系狱。凡笞罪释免,徒流以下减等发落,重囚可矜疑者奏请定夺,乃钦恤至意也。但每岁小满后,刑部具题,始通行各省。在路近者,可如期举行;而路远者,恐灾暑已过,视为故事。请嗣后各按远近,豫为通饬举行,俾实被皇仁。"疏下刑部,议如所请。六月，擢刑部右侍郎。八月，转左侍郎。十一月，疏劾内院学士胡兆龙主使宝坻绅衿，藉自缢命案，传帖请托诬告，立德引吏部侍郎王崇简、内院侍读张永祺为证。疏下部质讯，弗实，议立德捏词妄奏，应革职，援恩赦宽免。十六年三月，谕奖勤劳奉职诸大臣，加立德太子少保衔。有领侍卫内大臣额尔克岱青家奴陈保纠聚众棍，殴缚侍卫阿拉那于本旗佐领处，诬告阿拉那酒醉持刀斫人，刑部议处旗牒率拟阿拉那罪。事闻，下内大臣索尼等察得实，陈保等伏法，刑部诸臣降革有差。立德应革加衔，降一级调用，得旨削加衔，仍留原任。九月，迁刑部尚书。

十八年，圣祖仁皇帝御极，调立德户部尚书。康熙二年二月，都察院劾立德与吏部尚书孙廷铨于会议时喧争，失大臣礼，应并议罚，诏宽免之。五月，考满，加太子少保。三年，充会试正考官。调吏部尚书。八年四月，授国史院大学士，充世祖实录总裁官。九年三月，充玉牒副总裁官。十月，改内三院为内阁，授立德保和殿大学士，兼礼部尚书。十一年，世祖实录告成，赐银币、鞍马，晋太子太傅。十二年，充会试正考官，又充重修太宗文皇帝实录总裁官。十三年，诏举素有清操堪任繁剧者，立德荐副使道曹溶可为藩臬，县丞杨大鲲、降调知县欧阳勤生可为府佐、州牧，并下吏部录用。十五年六月，内阁票拟陕西总督哈占奏盗犯已获开复疏防官员一疏，误书三法司核拟，既检举，得旨宽免处分。立德告之大学士索额图，谓："前此票拟草签，今已改写。"及索额图欲阅草签，立德又以被人窃去告。于是合疏请敕吏部严察情弊诸臣，集问阁臣，大学士熊赐履自咎草签曾经改写，旋因嚼毁，部议赐履票拟错误，改写草签，复私取嚼毁，希图委咎<u>立德</u>,失大臣体,应革职,赐履遂罢归。<u>立德</u>寻引年乞休,不许。十七年,诏举博学鸿儒,<u>立德</u>与大学士<u>李霨</u>、<u>冯溥</u>合荐原任副使道<u>曹溶</u>、布政使<u>法若真</u>、参议道<u>施闰章</u>等。

二十一年正月,上元节,赐廷臣宴,<u>立德</u>有疾未预。上遣中使赍酒馔赐之,谕曰:"卿弼亮老臣,久任机密。兹海宇荡平,时当令序,内殿赐宴群臣。念卿卧病,不克同此欢宴。特遣中使慰问,赐以醴馔,卿其加餐珍摄,以副朕惓惓至意!"五月,以疾乞休,允解任调理,命乘驿回籍,遣行人司员护送。寻谕讲官<u>牛钮</u>、<u>陈廷敬</u>曰:"大学士<u>杜立德</u>赞襄机密,积有岁年,敬慎公忠,实多劳绩。今请老还乡,朕念老臣远去,亲制诗章,挥洒翰墨为一卷轴,又书<u>唐</u>诗二轴及'怡情洛社'篆章一方、墨刻二册。汝等赍赐,以昭优礼眷顾之意。"十一月,重修<u>太宗实录</u>告成,赐银币、鞍马,晋太子太师。三十年六月,卒于家,年八十一。上谕大学士曰:"<u>杜立德</u>在<u>世祖</u>时,居官早著贤声。禀性厚重,行事正大,非若他人之徒负虚名。朕任用多年,老成恪慎,遇事得其情理,从不肯苟随同列,必直言敷奏。从前在任时,陈奏之处颇多,可谓贤臣矣!"赐祭葬如典礼,谥<u>文端</u>。

冯溥

<u>冯溥</u>,<u>山东</u><u>益都</u>人。<u>顺治</u>三年进士。四年,补殿试,改庶吉士。六年,授编修。十年五月,迁司经局洗马。七月,迁国史院侍读。十一年,授国子监祭酒。十三年正月,迁弘文院侍讲学士。十二月,转秘书院侍读学士,充经筵讲官。十六年九月,擢吏部右侍郎。十一月,给事中<u>张维赤</u>疏言:"向例,各部郎中等咨

送学道,听候吏部掣签,遇别项应升缺出,理合扣留。今郎中吴六一等待掣学道,竟行别补,显系朦混徇私。"上命吏部回奏,时尚书孙廷铨、侍郎石申并暂假,溥奏言:"学道员缺,以各部送到郎中、员外、主事考补,乃旧例也。此次已奉特旨停考,止论俸深部员及知府应升者补用。吴六一等虽经保送,不复候考,学道遇别项缺出,应即升补,实非朦混。臣初任吏部,此事同礼部公议,非臣一人所得行私。"奏入,事得释。

圣祖仁皇帝康熙元年,转左侍郎。时左都御史阿思哈已奏停各省巡按,因议遣大臣二人巡察督抚,设衙署于城东西,听其召募书役。溥疏言:"国家设立督抚,皆系重臣。今弗信之,又遣两大臣稽察,权既太重,势复相轧,保无下属仰承、胥役恣横之弊。况创设衙署,劳费顿民,事多不便。"疏入,遂寝前议。二年四月,御史李秀疏劾:"溥与尚书孙廷铨同郡同官,腹心相结。廷铨目疾,百事瞆瞆,凡遇会推会议,溥任意徇私,毫无顾忌。廷铨弟举人廷铎于会试后,赴部考取推官,廷铨借名回避,实假手于溥,无异自定优考。大臣蔑法,何以振肃百僚?"上谕责李秀恣词诋謷,仍命廷铨与溥回奏。溥奏言:"下第举人赴部考选推官、知县,本无不许大臣子弟拣选之例。考试时糊名,公阅取定高下。孙廷铎试卷现贮部库,请敕满、汉诸臣公同磨勘,则公私自见。"疏入,报闻。七月,溥乞假迁葬。

五年七月,命以左侍郎管右侍郎。六年,充会试副考官。明年,擢左都御史。时有红本已发科钞,辅政大臣鳌拜取回改批。溥奏言:"本章既经批红发钞,不便更改。"鳌拜欲罪溥,上特旨嘉奖"溥所言是",谕辅政大臣此后当益加详慎批发。八年三月,溥因江南有捕役诬良、非刑毙命事,请旨严定失察官员处分例,又疏言:"皇上轸念民生穷困,令臣等各陈所见。臣以为欲民安居乐业,一在省刑,省刑者非谓犯罪而姑宽之也。古者罪人不孥。今一事牵连证佐,或数人,或数十人。往往本犯尚未审明,而被累致死者已多。又或迟至七八年,仍不结案;虽有部限,屡请宽期,遂至力穑供税之人,抛家失业,甚可悯恻。乞敕部严饬,以后除叛逆外,不得提究多人,牵累无益证佐;若督抚屡请宽限者,治以才力不及之罪。一在薄税,薄税者非谓应纳而姑免之也。古人云:'二月卖新丝,五月粜新谷。'言征收之急也。百姓之财,不过取之田亩。今则正月已开征矣,旧岁之逋甫偿,新岁之田未种,钱粮从何办纳? 有司不能设法劝谕,或用重刑以惩,真有目不忍睹、耳不忍闻者! 请敕部酌议,自后征赋缓待夏秋,仍无亏于国课,有益于民生。"疏下户、刑二部议:刑部议,凡强盗人命重情,依限一年速结,不得牵累无辜,督抚及承审问官如有隐漏及延迟者,并议处;户部议,春季兵饷不能待至夏秋,宜仍旧例。得旨:"钱粮夏秋征收,本当允行,但国用尚在不敷,俟充足时,户部奏请更定。"

八月,户部书役陈一魁用部印行文冒领直隶清苑等县地丁钱粮,事发,溥疏言:"钱粮者百姓之脂膏也。其已输在官,则朝廷之帑藏也。若任胥役侵盗,职掌谓何? 请严定所司处分,惩前毖后。"又言:"藩王、将军、督、抚、提、镇购买马匹,以资战守,事属相同。今平南王尚可喜、靖南王耿继茂、续顺公沈永忠独牒户部,请免其所买马匹之税。臣思若许沾恩免税,似应一例遵行;若国课所关,可喜等不应独邀异数。且恐有匪人借买马之名,漏税作弊。请照顺治十六年定例,概行收税,以昭画一。"皆下部议行。九年,擢刑部尚书。

十年二月,授文华殿大学士。十一年五月,疏言:"直隶、山东、河南、山西、陕西二麦皆登,秋禾并茂。民间谷价,每斗不过值银三四分。当此丰稔之时,宜广为积贮,以备荒年。至陕西近边处所,更宜多积以实军储。又见连年河决未塞,所需夫役及柳枝甚众。请及此丰登,将沿河州县宽免租税,责令种柳,庶人无弃力,而不时之需亦豫。"部议下各督抚议行之。是年,荐起原任光禄寺丞魏象枢、兵部给事中成性,俱得旨以科道起用。十二年,充会试正考官,又充重修太宗文皇帝实录总裁官。十七年,诏举博学鸿儒,溥同大学士李霨、杜立德合荐原任布政使法若真,副使道曹溶,参议道施闰章,进士沈珩、叶舒崇,中书曹禾、陈玉璂,知县米汉雯,并得旨召试。施闰章授侍讲,沈珩、曹禾、米汉雯俱授编修。是年,疏言:"向者逆贼狂逞,圣主宵旰不暇,臣何敢为自便之计。今四方渐次平定,盛德大业与日俱新。臣已衰朽,乞赐罢归。"上慰留之。十八年,充会试正考官。二十一年六月,复乞休,得旨:"卿辅弼重臣,端敏练达。简任机务,宣力有年。勤劳素著,倚毗方殷。览奏,以年迈请休,情词恳切,准以原官致仕。乘驿回籍,遣官护送,以示眷怀。"

八月,溥将归,疏言:"臣远辞阙下,敬抒愚悃。伏见皇上扫除遗孽,廓清四海,无念不思安全百姓,日未出而求衣。臣下章奏,无不披览,劳百倍于臣下。尚望皇上静以宜民,宽以敷政。凡事非万不得已者,勿为劳费。如旗人远出,筹备糗粮,半由借贷,祈皇上曲加体恤。外省讦告事,非督抚所能审者,则遣官,其馀勿遣,以省骚扰。台湾小丑,不数年必自戕灭,勿轻遽进剿。盐课关税,借诸商,实出诸民。近者山海关、潼关蒙皇上停罢部差,人情莫不感悦。其凤阳及湖口亦祈特涣德音,并删去盐、关二差溢额议叙之例,休养闾阎,扶植元气。"上嘉纳之。寻谕讲官牛钮、陈廷敬曰:"大学士冯溥请老归里,特赐诗一章,'适志东山'篆章一方、墨刻一册,尔等传谕朕意。朕闻山东之仕于朝者,大小固结,彼此援引。凡有涉于己私之事,不顾国家,往往造为议论,彼倡此和,务使有济于私而后已。又闻其居乡,多扰害地方,朕皆稔知其弊。冯溥久在禁密之地,归里后可教训子孙,务为安静,副朕优礼之意。"是年冬,太宗文皇帝实录告成,加太子太傅,赐银币、鞍马。三十年十二月,卒于家,年八十有三。遗疏上,赐祭葬如典礼,谥文毅。

　　姚文然

　　姚文然,江南桐城人。明崇祯十六年进士,改庶吉士。本朝顺治三年,以安庆巡抚李犹龙荐,授国史院庶吉士。五年三月,改礼科给事中。七月,充山东乡试正考官。六年,疏请严敕抚、按遵恩诏清理刑狱,勿任有司稽玩。或条赦之外,有可矜疑原宥者,许专疏上陈。又请重定选用会试下第举人之例,以广任使。又言:"直隶与山东、河北接壤,两省各有疆限。每遇盗贼窃发,东西窜匿,难于越境追捕。请改真保巡抚为总督,[一]统辖直隶、山东及河南怀庆、卫辉、彰德三府,庶盗可弭息。"又请严敕各省督抚勿滥委私人署州县官。疏皆下部议行。寻转工科给事中。八年二月,请令都察院大臣甄别各省巡按,疏下部院会议,分六等考核升调有差。是年秋，江南、浙江被水，文然言灾地漕米，宜令改折，以灾之重轻，定改折多寡。又言："折漕规则新立，小民不能周知。官吏因缘为奸，或改折外重征耗银，或先已征米又收折价，或私折重价而以轻价运解，弊端不一。请敕漕臣密察严劾。"上并采纳之。十年，疏言："大臣负罪，宜免锁禁城门，以存国体。"得旨："嗣后满、汉诸臣有事发部候问，不必锁拿送问。俟审有实据，依律拟罪。"是年，迁兵科都给事中。寻以终养乞归。

　　后于康熙五年补户科给事中。六年，疏言："四川、湖广诸省官吏，借采木为名，或搜取民间屋材墓树，宜申饬禁止。"又言："采买官物，其由官发价者，驳减之银，应如旧扣贮司库；若价出自民，馀银宜仍还之民间。"又言："一部可径结之事，〔二〕即应一部径结；一疏可通结之事，即应一疏通结。若各省钱粮考成已报完者，部臣宜于议覆时，即予开复，以省奏牍。"均如所请。九年八月，得旨，内升，以正四品顶带食俸，仍任给事中。十年四月，两江总督麻勒吉以京口将军李显贵、镇江知府刘元辅侵帑事觉，逮系至京。文然疏："麻勒吉情罪轻重，尚待质问，宜释锁系。"上是其言，令自后官员赴质，概免锁系。五月，擢文然副都御史。十一月，迁刑部侍郎。十二年二月，调兵部督捕侍郎。充会试副考官。寻以京口将军柯永蓁为副都统，张所养奏劾徇私纵恣等事，奉命往鞫，得实，永蓁罢任。

　　十一月，文然迁左都御史。十三年四月，疏言："耿精忠与孙延龄俱受吴三桂指麾，背恩反叛，中间阻隔者，赖有广东。耿逆将士旧驻其地，熟悉山川地利，倘与孙逆合谋，互相犄角，则广东势危。江西毗连闽、粤，若逆贼侵踞赣州、南安，饷道中断，递京邮函有梗，亦属可虑。宜进驻重兵，以通声援。"上嘉纳之。十二月，陕西提督王辅臣叛，时河南巡抚佟凤彩乞休，已得旨解任，文然疏言："河南密迩陕西，恐流言易滋煽惑。凤彩任巡抚数载，民所悦服，宜令力疾视事。"上命凤彩仍留任。

十五年，擢文然刑部尚书。十七年六月，卒，赐祭葬如例，谥端恪。雍正八年，入祀贤良祠。

【校勘记】

〔一〕请改真保巡抚为总督　"真保"原误作"保定"。汉传卷二叶二二上，及耆献类征卷四六叶一〇上均同。今据章录卷四五叶一〇下改。

〔二〕一部可径结之事　原脱"径"字。汉传卷二叶二三下，及耆献类征卷四六叶一一上均同。今据下文有"即应一部径结"补。

上官铉

上官铉，山西翼城人。明崇祯十六年进士。本朝顺治二年，授中书，充陕西乡试副考官。五年十月，迁山东道监察御史。十二月，巡按湖南。八年三月，巡按江宁。十二月，疏言："高淳县素称泽国，有水衡浮粮八万馀，明时征折色。天启间改本色，民困难堪。请仍准折。"部议从之。

九年三月，疏言："芜湖钞关向有保家百二十馀户，为关蠹，每正课一两，多索或至五两；商听自纳，则表里为奸，所费必倍。又巡兵原为侦查而设，近则每兵带帮役数名，近关支河仅十二处,委员多至七十五。请裁保家及委员,听客船照款目投税,毋许多索;巡兵亦照经制名数印给号衣、腰牌,以杜假冒。"五月,疏言:"江宁满、汉官兵,岁需马草,交州县采买。距省远者水脚既多,及抵省歇家,串通各役包纳,致日久草腐,复行买补。请岁差各郡粮官采办,不必再发州县。运省时或用官船,或增水脚,随到随收,价则随时增减。"十月,疏言:"江右诸驿为江、浙、闽、广通衢,乃江西、浙江两省站银,数年不解,皆官吏欺隐,恃隔省参罚不及。请敕该省抚、按补解,以苏驿困。嗣后统于江、浙藩司汇解,江南驿传道给驿。"十二月,疏言:"凤阳府属多荒地,前经勘明,无主者免其起科。如一户尚存二人,即报为有主,间有一人包赔阖户,一户包赔阖甲者。连年水旱流移,请仍按熟起科,豁其包赔,并令有司及时劝垦。"又言:"江宁所属英武、秣陵、广武三卫屯粮积欠二万八千有奇,实由山阻运艰。请改征本色,以省运费。"十年正月,疏言:"江南亳州城西有地五百七十三顷有奇,原系民田。明成化间,地民投献河南徽、福二王府,遂充王厂。其地虽邻鹿邑,实隶亳州。今王厂既废,请仍改隶亳州。"诸疏并下部议行。

　　是年,丁母忧回籍。寻丁父忧。服阕,补湖广道监察御史,掌河南道。十四年,疏言:"苏松提督马进宝陛见,其地边海,请令速回任。并请嗣后督抚诸臣不必概请入觐,轻离重地;如有机务面陈,再为请旨。"疏入,报闻。十五年二月,疏言:"巡方首重举劾,先贪酷而后罢软,先方面而后守令。差满荐举,前经题定五六人,诚宁严毋滥之意。仓、漕、盐、茶只以运司、粮道、苑马、河道、盐道为其专管,不许概及提学道,轻举市恩。至官有多寡,请差满日将现任知府至知县，每十员择举一二员，以示激劝。再提荐两次者，准为一正荐。凡各差报满，行取、升任、丁忧等官，一概不许提荐。"部议如所请。

先是，丁酉科江南乡试考官方犹、钱开宗滥中少詹事方拱乾子章钺等七人，致诸生哄辱同考官，奉旨革职提问。至是，铉复疏参中式举人程度渊啧有烦言，请覆试江南新科举人，以核真伪，从之。寻以文理不通，革中式方域等举人，刑部会鞫方犹、钱开宗等作弊属实，依律斩决，同考官叶楚槐等绞决，方章钺等及脱逃就获之程度渊，均发遣如律。三月，疏言："臣近闻河南邪教蔓延，地方官毫无觉察，怀庆、卫辉诸郡尤甚。请敕抚、按稽察州县，严惩失察者，纠参治罪。"得旨，严饬行。四月，疏陈四事："一定台规。都察院旧有会典及题定新例，但有古典当因而今未修者，有新例增行而昔未备者，请悉心参订，刊印成书。一慎刑名。御史为执法之官，刑名乃其专责。臣伏读顺治十二年上谕：'三法司题覆稽迟，皆由文移往来虚费日月，且事不同审，稿不面议，岂能得平？'仰见我皇上好生之德，请令该部先期钞招送院，分各道限期详阅，再行面审，务求允协。一速考选。台臣职司耳目，岂可久悬？请每届年终，将俸满应考各官，行取考选，现缺御史七员，作速考补。一考取巡方。近例考取，皆部院开列正陪。请嗣后正陪各官，务详开行过事实；其不堪正陪者，亦详列其故。每缺出，一差送新，一差送旧，勿拘新人新缺、旧人旧缺例。"部议考选预取多员，恐壅滞不便；巡方一款，事属难行，应照旧例；馀均如所请。谕曰："巡方得人，自能称职。遇缺取用，与预行选择备差无异。内外各差，应用御史几员，除现在御史外，应预增设几员,详议具奏。"寻议增新旧各十五员,特旨增三十员,选用据才品,无拘新旧。八月,疏劾<u>苏松</u>巡按<u>王秉衡</u>于各属欺隐钱粮,不加厘剔,且纵役扰民,革职治罪如律。

九月,疏言:"计典三年一举,恐各省督抚徇庇属员,反藉口待科道纠拾,循良不免遗弃,而漏网者多。至<u>浙江</u>、<u>湖南</u>、<u>苏松</u>俱无御史,计典应责何官管理,臣谨列四款:一严升任。凡升任官间有不肖辈在任,[一]巧于弥缝,去后犹有势焰。臣谓果有贪秽实迹,不得以既去概从宽典。一核参罚。各省俸册中有一官而数事牵扯,有参罚而数年不开者,请将俸册与计册参阅。如参罚过五件,即系才力不及,降调;过十件者,革职。一注事实。凡造报贤否实迹,不得虚词铺张,宜确核职掌,直注于册。一察委署。凡委署官原与部选不同,率钻营得之。当计吏时,复脱然议外,无怪贪风日甚。请将三年内委署,并随征军前暂署道府,另造一册。"疏下部议,以府、州、县钱粮繁多,参罚不一,难总计处分;惟钱粮号件未完十件,迟至半年者,随计册参处;馀并如所请行。十六年五月,疏言:"吏部四司,司官额设十三员。今现止五人,悬缺过多,恐致丛脞。请敕部作速考授。"从之。十八年,迁<u>顺天府</u>府丞。<u>康熙</u>三年,迁大理寺少卿。六年,授太常寺卿。十年二月,迁宗人府府丞。十一月,迁左副都御史。

十一年,疏言:"臣前掌道时,管理军政。各省提、镇计七十员,数十年来,几至百员。臣以为披坚执锐、宣力疆场者,多在参、游以下。盖因登进有阶,不惮冲锋破敌,以博荣名。至总镇以上,体统已尊,禄位已极,无可升加,辄不肯实心效力,徒糜百万金钱。请敕部臣悉心筹画,养一将务得一将之功,勿令坐拥虚名。"疏下部议,提、镇止七十二员,俱要缺难裁。谕曰:"上官铉疏称'宣力疆场者,多在参、游以下;总兵官以上各员,无可升加,不行效力'等语,果有不勤于效力者为谁,应指名纠参;乃概以'不行效力'具奏,殊为不合,着吏部察议。"寻议照条陈不实、隐含讥刺例,降二级调用。寻补太常寺少卿。十二年,以冬至大祀供器不整洁,部议降三级调用。请假回籍。二十二年,卒。

【校勘记】

〔一〕一凡升任官间有不肖辈在任　原脱"凡升任官"四字。耆献类征卷四三叶二九下同。今据汉传卷一五叶二〇下补。

　　锡卜臣

　　锡卜臣,满洲镶白旗人,姓瓜尔佳氏,费英东弟郎格之孙也。太宗文皇帝天聪五年,授前锋侍卫。崇德元年,从上征朝鲜。三年,随睿亲王多尔衮征明,由青山口毁边墙入,至通州。明太监高起潜率兵来战,锡卜臣同前锋参领素尔德击败之。五年七月,大军围明锦州,敌骑自杏山来援,锡卜臣同前锋统领武拜击败其众;锦州马步兵出城刈草,又屡败之。六年,复围锦州,击败明总督洪承畴三营步兵,敌千骑自宁远来窥,锡卜臣与前锋统领努山追击至连山,斩获无算。

　　世祖章皇帝顺治元年,随大军击流贼李自成,败贼将唐通于一片石,追败自成于安肃、望都。后进征山西,败贼于太原。二年,随英亲王阿济格征陕西,锡卜臣同兵部理事官鄂摩克图击败贼众,自成走湖广;又同前锋参领锡特库追至安陆,击败贼船。

是年,擢前锋参领。叙功,予云骑尉世职。三年,随肃亲王豪格征流贼张献忠,师至陕西,击败叛镇贺珍于汉中,遂进四川,屡战皆捷。献忠既灭,还京,改护军参领。五年冬,大同总兵姜瓖叛,锡卜臣同护军统领素拜往讨,屡败贼。复随端重亲王博洛击败贼党刘迁,解代州围。屡遇恩诏,并叙四川、大同战功,晋世职至二等轻车都尉。十一年,擢护军统领。

十二年,命同都统卓洛等率兵驻防荆州。时张献忠遗党孙可望掠湖南,据辰州。十三年,锡卜臣同卓洛由澧州、常德进征,贼闻大兵至,弃城遁;追破之于泸溪,贼窜入山谷,遂复辰州。十六年,海贼郑成功犯江宁,锡卜臣同安南将军明安达礼自荆州赴援,破伪都督杨文英等于扬子江,斩获无算。圣祖仁皇帝康熙九年,擢镶白旗蒙古都统。十二年,谕奖久著劳绩诸大臣,加锡卜臣太子少傅。

十三年正月,[一]巡抚罗森,提督郑蛟麟,总兵谭弘、吴之茂等叛应逆藩吴三桂,上命锡卜臣为镇西将军,率兵镇守陕西。是年冬,锡卜臣同都统赫业等征四川。贼踞保宁,我兵营于蟠龙山,为贼所劫,复阻截饷运,锡卜臣还汉中。值陕西提督王辅臣叛于宁羌,贼党分踞栈道,锡卜臣驻汉中,饷运久阻,食不继。十四年八月,还西安,疏言:“自本年二月兵粮匮竭,取食贼麦,以至七月,食已罄尽。计欲保全大军,乃自汉中出,沿途击贼,马匹器械俱尽。”上命陕西督抚给帑买马,人各一匹,并整顿器械,镇守西安。十九年,还京,仍任都统。二十二年四月,议政王大臣追论蟠龙山战败罪,应罢任,革世职、籍没。得旨,锡卜臣尚著劳绩,免其籍没。寻,卒于家。

【校勘记】

〔一〕十三年正月　原脱“十”字，又“正”误作“四”。满传卷一五叶八
　　上，及耆献类征卷二七三叶二七上均同。今据仁录卷四五叶一四
　　下改。

张长庚

张长庚，汉军镶黄旗人。由秘书院编修，顺治八年，迁弘文
院侍读。十年，迁秘书院侍读学士，兼佐领。十一年，迁国史院
学士。十二年，充殿试读卷官。十三年，擢湖广巡抚。十四年，
疏报垦田八千三百七十五顷，下部议叙。十五年十二月，以荆
州、安陆、襄阳、岳州等府水灾，请蠲赈。十六年春，复久雨成灾，
荆、安、襄、岳等府灾民流至武昌、汉阳，长庚同巡按李廷松、总督
李荫祖倡议捐赈。长庚捐米千二百五十石、钱三百二十五千，下
部议叙，加太子少保、兵部尚书衔。

十七年四月，授湖广总督。康熙元年八月，疏请裁驻岳州之
上江防道，从之。湖广旧设巡抚二员，又因川、陕、河南三省疆隅
相接，设抚治一员。科臣姚启圣请援江南、陕西之例，分湖北、湖
南两巡抚，敕长庚详确定议。长庚议以湖北之武昌、汉阳、黄州、
安陆、德安、荆州、襄阳、郧阳八府属湖北巡抚辖；以湖南之长沙、
衡州、永州、宝庆、辰州、常德、岳州七府，郴、靖二州属偏沅巡抚
辖。刑名钱谷，各归管理。部议如所请，并裁郧阳抚治缺，上允
之。二年，长庚同靖西将军穆里玛、定西将军图海等擒斩明桂王
将郝摇旗、刘汝魁，其党李来亨审伏茅麓山，官兵昼夜环攻，来亨
穷迫，举家焚、缢。长庚招服馀党，并以书降桂王之荆国公王光

兴等。楚寇悉平，下部察叙。

先是，湖广设左、右布政使二，按察使一，驻武昌。三年三月，移右布政司驻长沙，上以湖广刑名事繁，应增设按察使一，其驻地令督抚议奏。长庚疏言："增设臬司，应照藩司例驻长沙，专理湖南长沙等七府及郴、靖二州刑名。"十一月，又言："房县、保康、竹山、竹鸡与兴山、巴东、归州一带皆楚省边险地，前逆寇盘据，今已荡平。新辟州县，宜设兵资保障。请酌拨荆、夷、郧、襄四镇额兵，驻防要地。"俱奉旨俞允。四年五月，疏给归州、巴东、长阳、兴山、房县、保康、竹溪、竹山等八州县流民开垦牛种，下部议行。十月，疏报垦田六千顷有奇，部议加一级。六年四月，上谕查各省大小船按兵定数，长庚疏言湖广各营战马、炮船共四百七十五，内除夷陵、荆州城守、襄阳、均、房、辰、沅、常、岳等镇协营战马、炮船二百三十三应全留外，其提督与武昌城守、宜都、洞庭等标协营战马、炮船二百四十二内应裁六十二，又内有督、提二标船三十三，酌归荆州、武昌城守及汉阳守备就近管理，如所请行。八年九月，甄别各省督抚，奉旨，张长庚以原品随旗行走。十二年二月，户部以长庚前捏报垦荒奏参，削太子少保衔。

十九年二月，大兵进剿云、贵，上以长庚于军中著有能声，命署副都统，领兵前往。会川东贼谭弘复叛，命吏部郎中范承勋追趣，长庚兼程赴夷陵击贼。十一月，弘犯夔州掠取粮船，上以夔州乃运粮要地，令长庚同护军统领佟佳速取夔州，会弘死，馀党就戮，川东平。将军赵良栋请酌撤满兵，而以其半进取云、贵，长庚在军无功，亦撤回。未几卒。

卞三元　　子永誉

卞三元,汉军镶红旗人,先世居盖平县。父卞为凤,太宗文皇帝时,任秘书院副理事官。三元以崇德六年举人,亦为秘书院副理事官。世祖章皇帝顺治元年,授山东登州府知府,二年,调江南扬州府。三年,迁东昌兵备道。时夏津、恩县、莘县土贼李小亨等劫掠城邑,三元督兵剿捕,有斩获。寻以贼陷清平县,坐疏防,降一级,补淮海参议道。六年,海州陷贼,知州张茂勋、州同李士麟遇害,大军剿贼,三元在事有功。十年,调湖广上荆南道。十二年,调驿盐道。十三年,迁陕西苑马寺卿。十四年,授山西按察使。

十六年,擢贵州巡抚。十七年二月,疏言:"贵州自遭兵燹,斗米钱数千。贵阳、平越、黄平、定番各府、州旧岁大旱无收,今春饥毙甚多。臣思救民急如救火,若必待请命而后济之,则京路往返一万七千馀里,必越四五月,方奉谕旨,灾黎岂能忍饥久待?臣仰体皇仁,借发镇远府所贮楚运兵米三千石,即于拜疏之日开仓给赈,俟秋收后拨补兵米。"疏入,报闻。三元又以贵州多峻岭危坡,转饷不通水道,阅视诸葛洞诸处巨石横亘,壅断河流,乃檄新镇道徐弘业等浚凿自偏桥至镇远,开水道二百三十馀里。又奏浚湖广辰溪通铜仁支河,以便输饷,复于省溪、提溪二司建造仓廒,以备储蓄。时明桂王朱由榔窜缅甸,其旧将吕洪炀、权时泰、贺鼎等窜伏山谷,三元发兵擒斩之。

圣祖仁皇帝御极,擢三元为云南总督。康熙四年,裁贵州总督,即以三元总督两省,仍驻云南。先是,吴三桂奉敕总管云、贵两省,凡督、抚、提、镇并受节制。每征剿苗酋土司,辄奏三元功最。三元初加衔兵部侍郎,旋晋兵部尚书,与云南提督张国柱、贵州提督李本深并倾附三桂。三桂因前赐敕"总管有年,后仍令各官管理"语。六年五月,以目疾辞总管,疏下部议,准辞,以云、贵两省官兵归总督、提督管理。三元乃与国柱、本深并疏请仍命三桂总管,三元疏辞尤迫切,言:"平西王拮据两省事务,殚心竭力,剿逆开疆,著有成效。今辞总管之任,以自休息。我皇上宠眷旧臣,悯恤劳瘁,遂允其辞。臣伏念滇、黔为伪逆李定国等占踞,几二十载,仰仗世祖章皇帝天威远播,遣王公诸臣同平西王三路进剿,劳数年兵力,费金钱无算,始成一统之隆。世祖委任平西王总管云南,继蒙我皇上复委总管贵州,数年以来,不廑庙堂西顾之虑矣。然滇、黔在万山之中,民少苗多,虽水西与迤东等处已加惩创,改土设流,而各种土蛮,鹰眼未化,异志未消,眈眈负嵎,仅缓目前之狂逞,北胜边外,蒙、番屯兵近塞,情形叵测。今奉谕旨,允王辞卸总管之任,恐内而狡儌生心,外而蒙、番窥伺。臣承乏两省重任,倘将来有一方跃冶,必责臣不早言。请我皇上深为目前边疆叵测之虑,收回成命,谕王仍复总管,使得便于随时防剿,固守边疆。俟数年后,再允所请,亦不晚也。"疏入,得旨:"平西王吴三桂以精力日减奏辞,因允所请。今地方已平,若令复理事务,恐其过劳,愈致精力大损。于边疆遇有军机,王自应经理。"七年十一月,三元疏言:"臣继母在京,寄信与臣,谓'汝若不归,我死不瞑目'。臣因之忧惶成疾。当此两省边地,任大责重,岂忧病昏矇之人,能深筹远驭?一有贻误,臣罪何逃!臣母以思子增衰,臣又以思母致疾,天性至情,无由自解。恳恩回旗养母。"上允其请,擢直隶巡抚,甘文焜代之。吴三桂以文焜不附己,奏移之驻贵阳,而潜结张国柱、李本深谋逆。十二年十一月,吴三桂反,文焜殉节死,国柱、本深从逆。及大兵定贵州,乃降,皆伏诛。三元乞养归旗,后阅三十六年,卒,年八十有二。赐祭葬如例,谥曰恪敏。

子永誉,由荫生任通政使、知事,荐迁福建兴化府知府,浙江按察使、布政使。康熙二十九年,擢福建巡抚。三十六年,丁父忧。三十九年,补刑部侍郎。五十年七月,山东民班汉杰赴京控告山西太原流匪陈四聚众抢掠事,下刑部察审。寻议档案、证佐俱在,湖广、河南请以陈四与班汉杰发交各督抚会同审拟,其馀党六十馀人又援恩旨释放狱囚之例,发回山西原籍,取保安插。上以部臣草率议覆,溺职负恩,且谕刑部事件废弛,皆尚书齐世武及卜永誉所致。传旨申饬,交部再议,陈四论斩,馀党发黑龙江为奴。十月,永誉以衰疾乞休,解任。五十一年九月,卒,年六十有八。

今上乾隆四十六年二月,奉谕旨:"朕恭阅皇祖实录,内载云贵总督卜三元与张国柱、李本深等合词奏留吴三桂总管云贵事务一节,因检阅卜三元列传,载其与张国柱等俱倾附吴逆,即当日共疏乞留,三元疏词尤为迫切。可见三元实为吴逆用人。当日皇祖洞烛机先,未允所请,而吴逆事权遂以解退。三元后见吴逆反迹渐露,遂托言母病乞休。迨削平吴逆,张国柱、李本深俱以从逆伏诛;而三元竟脱然事外,且自乞养归旗,阅三十年。及伊殁后,又复邀恩得赐祭葬,并予谥以恪敏。夫三元本一进退无据、首鼠两端之人,在皇考当日,或念三元际开国之初,由牧郡荐历封疆,曾有带兵转饷微劳,且当<u>三桂</u>倡乱之时,伊先已告休在家,因为曲予包容,保全终始。今事阅百年,详加论定,不得不明白宣示,以昭彰瘅。朕于臣工功罪,论断一秉至公,即如前代诸臣之怀二心以事君者,犹且另为立传,〔一〕不稍宽假。况<u>卞三元</u>逮事两朝,宠承恩遇,乃始则攀援党逆,力疏保留;继则抽身远引,以图避害:其居心行事,殊不可问。幸而老死牖下,未被显戮,已邀国家宽大之恩,若复以饰终令典,永荷殊荣,何以肃纲纪而示惩劝乎? 所有<u>卞三元</u>身前官秩及死后谥法,并所得诰敕,俱着追夺,其祭葬碑文,〔二〕并令该旗查明,一并仆毁。"

【校勘记】

〔一〕犹且另为立传 "另"、"立"二字原均误作"别"字。<u>满传</u>卷二一叶四四上同。今据<u>纯录</u>卷一一二四叶六上改。

〔二〕俱着追夺其祭葬碑文 原脱"着"字,又"葬"误作"文"。<u>满传</u>卷二一叶四四下同。今据<u>纯录</u>卷一一二四叶六下补改。

熊 赐 履

<u>熊赐履</u>,<u>湖北</u><u>孝感</u>人。<u>顺治</u>十五年进士,由庶吉士授检讨。十七年,充<u>顺天</u>乡试副考官。<u>康熙</u>二年,迁国子监司业。四年,迁弘文院侍读。

六年,<u>圣祖仁皇帝</u>屡诏臣工直陈政事得失,时内大臣<u>鳌拜</u>辅政自专,<u>赐履</u>疏言:"内臣者外臣之表也。今国家章程法度,不闻略加整顿,而急功喜事之人,又从而意为之;但知趋目前尺寸之利以便其私,而不知无穷之弊已潜滋暗伏于其中。部院臣工大

率缄默依阿,托老成慎重之名,以济尸位素餐之计。树义者谓之疏狂,任事者目为躁竞,廉静者斥为矫情,端方者病为迂腐。间有读书穷理之士,则群指为道学,百计诋排,欲禁锢其终身而后快。乞皇上申饬满、汉诸臣虚衷酌理,实心任事,化情面为肝胆,转推诿为担当。汉官勿阿附满官,堂官勿偏任司官。宰执尽心论思,毋以唯诺为休容。台谏极力纠绳,毋以钳结为将顺。则职业修举,官箴日肃矣。"疏入,报闻。七年,迁秘书院侍读学士。疏言:"朝政积习未除,国计隐忧可虑。皇上聪明天亶,天下之人靡不翘踵拭目,仰观德化之成;而设施措置,犹未足厌服斯人之望。年来灾异频仍,饥荒叠见,正宵旰忧勤、彻悬减膳之日。乞时御便殿,接见儒臣,讲论政治,行之以诚,持之以敬,庶几转咎征为休征。"疏入,内大臣鳌拜传旨诘问"积习隐忧"及"未厌人望"实事,赐履言即"制治未乱,保邦未危"之意,欲至尊忧勤惕励也。鳌拜复传旨严饬赐履不能实在指陈,妄行冒奏,以沽虚名,下部议处,应降二级调用,上宽免之。未几,命康亲王杰书等勘鞫鳌拜结党专权罪状,谳辞有"鳌拜衔赐履劾己意图倾害"一款。互详鳌拜传。

　　赐履尝以上即位后,未举行经筵旧典,谓宜慎选儒臣以资启沃,并请备记言记动之职,设起居注官;又以上欲巡幸边外,疏请停止。皆得旨俞允,谕廷臣曰:"朕顷以农隙讲武之时,欲一往边外阅视,有疏称灾变甚多,不宜出边,增兵民困苦者,深嘉其抒陈忠悃,直言进谏,已如所请停止。此后有未当之事,其各直陈所见,朕不惮改焉。"九年四月,擢国史院学士。十月,改内三院为内阁,设翰林院,以赐履为掌院学士。会复设起居注日讲官,命赐履充之，又充经筵讲官。十年六月，乞省母疾，命勿开缺。十一年，命教习庶吉士。十二年，充会试副考官。十四年三月，奉旨："翰林院掌院学士熊赐履素有才能，居官清慎，着升内阁学士。"于是授武英殿大学士。时恭辑太祖高皇帝、太宗文皇帝圣训、御撰孝经衍义，重修太宗实录，赐履并充总裁官。

　　十五年六月，陕西总督哈占有盗犯已获、开复疏防官员一疏，内阁误票三法司核拟，既检举，得旨宽免处分。大学士杜立德告之大学士索额图，[一]谓"前此票拟草签，今已改写，不无情弊"。既而索额图欲阅草签，杜立德又以被窃去告。于是索额图、大学士巴泰同奏请敕吏部集问诸大学士、学士及中书等，严察改写窃取情弊，吏部尚书明珠、郝惟讷等议赐履票拟错误，欲诿咎杜立德改写草签，复私取嚼毁，失大臣体，革职。遂罢归，家江宁。二十三年，上南巡，赐履迎驾，召对良久，遣侍卫赍御书及食物赐之，寻御题"经义斋"匾额以赐。二十七年六月，授礼部尚书。十二月，丁母忧，归。二十九年十一月，仍授礼部尚书。三十年，充经筵讲官及武会试正考官。三十一年二月，命往江南察审运河同知陈良谟讦告河道总督王新命勒取库银事，鞫新命及良谟并挪移库银，论罪如律。十月，调吏部尚书。

　　会河道总督靳辅奏所属州县开河筑堤、建坝栽柳之民间田地，应令督抚察勘豁免额赋。上曰："此事若令地方官履勘丈量，恐借端扰民，特遣赐履前往，会同督抚察勘。"寻还奏高邮、山阳等州县应豁免额赋田地三千七百二十八顷有奇。三十三年，九卿会推两江总督，以吏部侍郎布彦图等十二人列奏，上诘问保举布彦图者何人，大学士等以赐履覆奏。上以尚书库塝纳与布彦图同旗同部,素所稔知,谕责之,置赐履弗问。三十五年七月,御史龚翔麟劾奏:"吏部拟补拟选先后互异,单月府、州、县缺,压归双月;河工咨留人员,或准或否,高下其手。尚书熊赐履窃道学虚名,负恩溺职,应与久任吏部之侍郎赵士麟严加处分。"得旨,吏部回奏,复下都察院察议,以回奏含糊矛盾,赐履与尚书库埒纳,侍郎赵士麟、彭孙遹并应降三级调用,上命从宽留任。

三十八年,授东阁大学士。时纂修平定朔漠方略及明史,赐履充总裁官。先是,三十三年、三十六年会试,至是三十九年会试,并为正考官。四十二年二月,复充会试正考官。三月,以年届七十乞休,得旨:"卿才学敏赡,讲幄久劳。简任纶扉,勤慎益著。老成在列,倚毗方殷。览奏,引年求罢,情词恳切。准以原官解任,仍食俸留住京师,用备顾问,以示优眷。"四十三年,赐御书"寿耇"匾额。四十五年十月,疏辞食俸,乞归江宁,命乘驿官为护送。四十六年,上阅河驾幸江宁,召见慰问,赐御用冠服。四十八年十月,卒于家,年七十有五。命礼部遣满、汉司官各一员往视其丧,予恤银一千两,赠太子太保,赐祭葬如典礼,谥文端。

所著有经义斋集、学统、学辨、学规、学馀诸书。当赐履遗疏至京时,其同姓编修熊本窜入荐己语,上览疏,谕廷臣曰:"熊赐履学问既优,人品亦端。此遗疏内荐举其侄熊本,必系虚伪,命总督噶礼确察。"噶礼取其疏草以进,果无是语。下法司鞫问,论熊本罪如律。

五十一年,谕吏部曰:"原任大学士熊赐履夙学老成,历任多年。朕初立讲官,熊赐履早夜惟勤,未尝不以内圣外王之道、正心修身之本，直言讲论，务得至理而后已。且品行清正，学问优长，身殁以后，朕屡加赐恤，至今犹轸于怀。原任大学士张英、张玉书，朕因眷念旧劳，擢用其子。熊赐履之子，自应一例推恩，着调取来京酌量录用，以示不忘耆旧之意。"六十年，吏部以其二子引见，命俟年壮录用。谕大学士等曰："原任大学士熊赐履居官清正，学问优赡。朕每念旧劳，不忘于心。屡谕织造李煦、曹頫赒恤其家。今其二子来京，观其气质，尚可读书。熊赐履屡为试官，所取门生不下千人，身后竟无一顾恤其家者。朕于故旧大臣身故之后，不忍忘怀。当熊赐履居官时，政事言论有不当者，朕未尝不加训饬，即凡大臣皆然。及已去位身故，则但念其好处，如李霨、王熙之孙，励杜讷之子，俱现为京职。现任大学士王顼龄之子王图炳，亦在内廷行走。沈荃之子沈宗敬，为人参劾，朕念伊父存日勤劳，姑留其职。杜立德、张玉书之家，时时问其子孙何如。至于读书学问之事，必思及李光地，其子侄亦现官于朝。此皆尔等所知也。今熊赐履二子家甚清寒，尔等亦应共相扶助，令其读书，俾有成就。"今上乾隆四年，吏部以熊赐履之子志契年已及壮具奏，奉旨以京职用，寻授翰林院孔目。

【校勘记】

〔一〕大学士杜立德告之大学士索额图　"额"原误作"尔"。汉传卷三叶六一上同。今据仁录卷四九叶一五上改。下同。按耆献类征卷七叶二〇下不误。

清史列传卷八

大臣画一传档正编五

王熙

王熙，顺天宛平人。父崇简，明崇祯进士，户部观政。世祖章皇帝顺治三年，以顺天学政曹溶荐，补选庶吉士，授检讨。荐迁侍读、祭酒、侍读学士、少詹事、学士、吏部侍郎、礼部尚书，加太子太保。尝疏请赐恤明季殉难诸臣范景文、蔡懋德等二十八人；又议定帝王谥典，罢宋臣潘美、张浚从祀；议北岳恒山旧立庙曲阳，非是，当移祀浑源州：皆从之。十八年，以疾解任。康熙十七年，卒，谥文贞。

熙由顺治四年进士，改庶吉士，授检讨。十年二月，上亲试曾习国书翰林，熙列次等，谕令勉力学习。寻迁司业、中允、洗马、谕德。会初设日讲官，以熙同学士麻勒吉、胡兆龙等充之，命每日直讲。十三年，转庶子，迁侍讲学士。十四年七月，擢弘文院学士。上曰："父子同官，古今所少。以尔诚恪，特加此恩。"
九月，充经筵讲官。十五年，教习庶吉士，充武会试正考官，擢礼
部右侍郎，兼翰林院掌院学士。十七年六月，上命造直房景运门
内，熙与诸翰林分班直宿。十一月，考满，加礼部尚书。十八年，
圣祖仁皇帝御极，复内三院旧制，熙改兼弘文院学士。寻转礼部
左侍郎。康熙三年，以失察欠粮举人入场，削尚书衔，降一级
留任。

五年十一月，[一]擢左都御史。十二月，疏言："藩、臬两司，
总理钱谷、刑名；守、巡各道，分莅各府、州、县，职任綦重。其贪
秽暴酷者，固为民害；即阘冗、衰庸、病废者，亦足贻误地方。乃
近来督抚因其地近情亲，弥缝便巧，互相容隐，纠劾无闻。请敕
部严定徇庇处分。"寻得旨，如所请行。六年，疏言："六部满洲
员外郎、主事，与郎中一体办事。乃汉官则以一司之事，专委之
郎中，其员外与主事，不过积俸待迁。自后应照满官例各勤职
业，其不办事者即行劾罢。""今各省关仓、抽分、造船等事，已归
有司管理，停遣部员。其户部汉主事二十八员，工部汉主事二十
员，当酌议省减。在京六卫管征钱粮二千馀两，设守备、千总等
官三十六员，实为闲冗，亦宜裁并。"疏下部议，员外郎、主事令与
郎中同办事，裁户、工二部主事十七员、千总六员。又疏言："近
例，招民百家送至盛京，优授知县。恐有不肖奸民，借资为市，贻
害地方。宜改授散秩，以绝侥幸。又现任官员捐助银米，博取议
叙，每云设法捐输。夫设法之中何可究诘，名出私橐，实则取自
民间。请一切停罢。"并从之。又疏言："八旗官学教习，向以
恩、拔、岁、副、贡、监生考取。[二]近因人少，参用纳粟监生，不皆

文理优长。请改令举人预考,礼部会同监臣严加考选,并分派博士、助教等官,时至官学稽查教习勤惰及诸生学业课程。"得旨:"国子监作养人才,教习宜严加考试,选用文理优长之人,复派员赴官学稽查勤惰。"下所司详议行。

是时,平西王吴三桂驻云南,平南王尚可喜驻广东,靖南王耿精忠驻福建,拥兵逾制,三桂骄纵尤甚。熙疏言:"直省钱粮,大半耗于云、贵、闽、广之兵饷。就云、贵言,藩下官兵岁需俸饷三百馀万,本省赋役不足供什一,势难经久。臣愚以为滇、黔已平,绿旗额兵亟宜汰减,即藩下馀丁,亦宜散遣屯种,则势分而饷亦裕。"下部议,令平西王与督、抚、提、镇酌筹裁汰。熙又疏言:"闽、广、江西、湖广等省官员,自置货物,售之所属兵民。或指称藩下,挟势横行,放债取利。省会要区,遍置官商,占踞盘剥,致小民以贸易为生者,颠连失业。请敕部详议王、公、将军、督、抚、提、镇大小官员,如有持己赀与民争利,及奸商借藩下势横行者,严加治罪。"旨下部申严禁例。

七年五月,疏言:"近因天气亢旱,金星昼见,诏臣工指陈阙失。伏念世祖章皇帝精勤图治,诸曹政务,皆经详定。数年来,有因言官条奏改易者,有因各部院题请更张者,有会议兴革者,则例繁多,官吏奉行得以任意轻重。乞敕所司详察现行事例因变法而滋弊者,具题改遵旧典。其近年新例实有便于今日者,亦条晰不得不然之故。统候睿裁,定夺画一永遵。"上命各部院如所请条议,于是乡会试仍用八股文,又前此都统、内大臣、阁部以下官仪卫逾制,修筑黄河工程不立限期,刑部狱囚霜降后未经依律朝审,至是改遵旧制,其繁例就删者复数十事。八月,疏言:

"逃人诳称寄顿财物,禀部行提,致累无辜。请敕部察明原案,有无财物,不得遽准勾取。至窝逃之人物故,其妻子请免流徙。"下部议行。九月,迁工部尚书。十二年五月,调兵部尚书。

十三年三月,疏言:"逆贼吴三桂负恩反叛,肆虐滇、黔,毒流蜀、楚,散布伪札,煽惑人心。今大兵已抵荆南,元恶旦夕授首。逆子吴应熊素凭势位,擅利散财,蓄养亡命。种种流言,讹传不止。大寇在外,大慝在内,不早为果断,贻患匪轻。且大逆不道,不限籍之同异,律皆处斩。讨平三桂之后,胁从者或邀恩宥,而首恶必无可宽。应熊之当诛戮,无待再计决者,宜速正典刑,传首湖南、四川。老贼闻之,必且魂迷意乱,气沮神昏;群贼闻之,内失所援,自然解体;即兵士百姓闻之,公义所激,勇气自倍。至应熊亲随人等,已发禁刑部,人众则难防,时久则易玩。宜即敕法司讯别情罪,重者立决,次者分给各旗。消除内变之根源,扫荡逆贼之隐祸,务莫急于此。"上命王、贝勒、大臣核议。事详三桂传。

十四年,诏部院堂官各举堪胜司道者,熙疏荐原任御史郝浴,候补司道郑端、周体观。寻诏举博学鸿儒,疏荐原任推官尤侗、中书汪懋麟,皆次第录用。十七年十二月,丁父忧。二十一年五月,授保和殿大学士,兼礼部尚书。二十五年,重修太祖高皇帝实录告成,加太子太傅。时编纂三朝圣训、政治典训暨平定三逆方略、大清会典、一统志、明史,并充总裁官。二十七年二月,给事中高层云疏言:"顷见王大臣会议典礼于永康左门,大学士王熙、余国柱、李之芳向康亲王杰书等跪语移时。伏思天潢贵裔,王大臣礼宜致敬,独公同议事,天威式临,非大臣跪诸王之

地,亦非诸王受跪之时。请敕部申饬。"谕曰:"朕召大臣议事,
如时久,每赐垫坐语。大臣与诸王会议公事,不必向诸王行跪。
杰书、王熙等俱从宽免议。"是月,充会试正考官。

三十一年,以足疾请解任,奉旨:"卿自世祖章皇帝时简侍禁
廷,恪恭尽职。朕屡加擢用,渐进纶扉,夙夜殚心,勤劳自励。今
旧臣凋谢,惟卿独在班列,虽精力就衰,而老成练达,常侍左右,
殊有裨益。其勉自调摄,照旧供职,不必求罢。"嗣屡疏乞休,四
十年八月,允致仕,晋少傅。明年四月,特遣侍卫五格赍赐"耆老
旧德"匾额及对幅,传谕曰:"卿历官最久,自去岁告病在家,无
日不念老臣也! 近日九卿皆求匾额字对,想卿身虽在告,心未尝
一时不在朝中,故特书以赐。卿其勉强餐食,辅以医药,慰朕不
忘旧臣之至意。"四十二年正月,卒于家,年七十有六。命直郡王
允禔,大学士马齐,侍卫海青、冯武奠茶酒。时上南巡,传谕直郡
王曰:"前此大臣病逝,间有命皇子临其丧者,从未施拜奠之礼。
大学士王熙因系世祖章皇帝旧臣,特令王行礼,举哀致奠。"赐祭
葬如典礼,谥文靖。五十年四月,上追念数十年中诸大臣,谕及
王熙"服官最久,尽力矢忠,保全名节"云。世宗宪皇帝雍正八
年,入祀贤良祠。

【校勘记】

〔一〕五年十一月　"五"下原衍一"十"字。汉传卷五叶三二上,及耆
献类征卷四叶一下均同。今据仁录卷二〇叶九下删。

〔二〕向以恩拔岁副贡监生考取　原脱"监"字。耆献类征卷四叶二下
同。今据汉传卷五叶三三下补。

魏象枢

魏象枢，山西蔚州人。明崇祯举人。本朝顺治三年进士，选庶吉士。明年，改授刑科给事中。以明季大弊未禁革者，督、抚、按听用之官舍太杂，道、府、州、县之胥隶太滥，疏请清理，报可。五年，转工科右给事中。寻转刑科左给事中。劾安徽巡抚王懩徇庇受贿，罢之。八年，世祖章皇帝初亲政，诏免天下额赋，罢城工，除加派。其时有司有以私征侵帑坐罪者，因上疏极陈其弊，请饬州县各依易知单造格眼册，注明人户姓名、粮银款目及蠲赈各清数，呈大吏核验，印发开征。又请定藩司会计之法，以杜欺隐；立内外各官治事之限，以清稽滞。皆报可。九年，转吏科都给事中。[一]十年，会大计，连上四疏，皆言计典，其一言纠拾之旧制宜复，言官不宜反坐，下所司议，著为令。因奏白顺治四年纠拾被谴吏科左给事中刘楗冤，得旨复职。

是年，以九卿科道会议总兵官任珍落职怨望罪，大学士陈名夏等汉官二十八人为一议，议科臣坐徇党负恩罪，应流，有旨释免，各予降罚留原任，象枢供职如故。明年，大学士宁完我疏列陈名夏罪状，词连象枢。初，象枢误劾司官钱受祺擅委中军，下部议降级，名夏票改罚俸。至是，谓象枢与名夏子妇家山西牛射斗为姻亲，名夏用是党护。及逮问，象枢素不识射斗，遂免议。旋以名夏父子济恶，言官不先事举发，六科之长皆镌秩一级，象枢降补詹事府主簿。累迁光禄寺丞。十六年，以母老请终养。

康熙十一年，母忧服除，用大学士冯溥荐，授贵州道监察御史。岁满，晋四品卿衔，仍掌御史事。屡有陈奏，大要谓："先教化则宜崇臣僚之家教，亟治河则宜蓄任使之人才，正人心则宜戒淫巧，励天下则宜辑礼书。"圣祖皆是其言。是年冬，擢都察院左金都御史。明年二月，迁顺天府尹。四月，转大理寺卿。七月，擢户部右侍郎，十二月，转左侍郎。会西南用兵，上筹饷三疏，其略曰："确估价值以清浮冒，严核关税以防侵渔，慎用藩司以清钱粮。"从之。寻命同侍郎班迪清理部库。十七年，授都察院左都御史。首疏申明宪纲十事，圣祖嘉其切中时弊。时嘉定县知县陆陇其有清名，以盗案开报职名迟延革职，象枢疏举之。镇江府知府刘鼎溺职已极，而报升粮道；绛州知州曹廷俞劣迹显著，而不被纠察：象枢疏劾之。又以磨勘顺天乡试卷，陈科场八弊，请设内帘监试御史以重关防；陈学政十弊，请据为三年考核之实：廷议并著为令。明年，迁刑部尚书。疏请留御史台为朝廷整肃纲纪，上可其奏，以刑部尚书衔留任。

遵谕举廉吏，疏荐原任侍郎高珩、达哈塔、雷虎、班迪，大理寺卿瑚密色，侍读萧维豫，郎中宋文运，〔二〕布政使毕振姬，知县陆陇其、张沐十人，皆得旨录用。十九年，任刑部尚书。寻命同吏部侍郎科尔坤巡察畿辅，称旨。二十三年，以病乞休，许之，赐御书"寒松堂"额宠其归。著有寒松堂集。二十六年，卒于家，年七十有一。赐祭葬如典礼，谥敏果。雍正八年，入祀贤良祠。

【校勘记】

〔一〕转吏科都给事中　原脱"都"字。汉传卷一叶二上，及耆献类征卷四四叶一下均同。按上文"五年，转工科右给事中，寻转刑科左给事中"，则此九年当转吏科都给事中。清史稿册三三页九九〇六魏象枢传已校补。

〔二〕郎中宋文运　原脱“宋”字。汉传卷一叶四上同。今据仁录卷八
　　五叶一一上补。按耆献类征卷四四叶二下不脱。

汤斌

汤斌,河南睢州人。母赵氏,明末流贼陷州城,殉节死。父
祖契,携斌避兵,流寓浙江衢州。世祖章皇帝顺治二年,大兵定
江南、江西,斌随其父还里。九年,举进士,由庶吉士授国史院
检讨。

十二年二月,应诏陈言,请广搜野乘遗书以修明史,且言:
“宋史修于元至正,特传文天祥之忠;元史修于明洪武,亦著巴
颜布哈之义。我朝顺治元、二年间,前明诸臣亦有抗节不屈、临
危致命者,与叛逆不同。宜令纂修诸臣勿事瞻顾,昭示纲常于万
世。”下所司,大学士冯铨、金之俊等谓斌夸奖抗逆之人,拟旨严
饬,世祖特诏斌至南苑,温谕移时。九月,谕吏部曰:“翰林官员
读书中秘,习知法度,自能以学问为经济,助登上理。兹朕亲行
裁定十八员,皆品行清端,才猷赡裕,各照外转应得职衔,升一级
用。”于是斌为陕西潼关兵备道。十六年,调江西岭北道。甫至
任,流贼郑成功犯江宁,阴遣贼党至赣州,流言煽诱伪通海侯李
玉廷踞雩都山寨,诈约降,实伺南安无备,谋陷城。斌廉得成功
奸细,白巡抚苏弘祖斩之。又请移兵守南安,玉廷果来犯,见有
备,却走;游击洪起元追逐,数月乃就擒。斌以父老乞休归里。
寻丁忧,既服阕,闻容城孙奇逢讲学夏峰,往受其业。

圣祖仁皇帝康熙十七年,诏举博学鸿儒,尚书魏象枢荐斌学

有渊源,躬行实践;副都御史金鋐荐斌文词淹雅,品行端醇。召试一等,授翰林院侍讲,同编修彭孙遹等纂修明史。二十年,充日讲起居注官、浙江乡试正考官,转侍读。明年,为明史总裁官,并纂修太宗文皇帝、世祖章皇帝圣训,迁左春坊左庶子。二十三年二月,擢内阁学士,充大清会典副总裁官。

时江宁巡抚余国柱内迁左都御史,调湖广巡抚,王新命代之。新命旋迁两江总督。六月,九卿等会推学士孙在丰、浙江布政使石琳堪任江宁巡抚,上谕大学士曰:"所贵道学者,在身体力行,见诸实事,非徒托之空言。今有道学名者甚多,考其究竟,言行皆悖。朕闻学士汤斌曾与孙奇逢讲明道学,颇有定行。前典试浙江,操守甚善。可补援江宁巡抚。"斌濒行,上谕曰:"以尔久侍讲筵,老成端谨,江苏为东南重地,故特简用。居官以正风俗为先。江苏风俗奢侈浮华,尔其加意化导。移风易俗,非旦夕事,从容渐摩,使之改心易虑,当有成效。钱粮历年不清,督抚所奏钱谷刑名大事,多有舛错。尔能洁己率属,自然改观。"赐御书三、鞍马一、表里十、银五百两。

十月,上南巡至苏州,谕斌曰:"向闻吴阊繁盛,今观其风土,大略尚虚华,安佚乐。逐末者多,力田者寡,遂至家鲜盖藏,人情浇薄。尔当使之去奢返朴,事事务本,庶几家给人足,可挽颓风。朕欲周知地方风俗、小民生计,有事巡行。凡日用所需,皆自内府储备,秋毫不取之民间,恐不肖官吏借端妄派,以致扰民,尔其严察劾奏。"驾至江宁,谕斌回署治事,赐御书及狐腋蟒服。初,余国柱任巡抚,奏言淮、扬二府属水淹,涸出者令次年征输额赋。至是,斌以遣员履勘,仍然水淹,即涸出者,亦未耕种奏入,部议令再勘，斌仍以实奏，事乃寝。

二十四年四月，疏言："苏、松等府赋额繁重，康熙十八年以来积逋，若同时并征，民力不能兼完。知县催科，几敲扑不辍。请于二十四年起，分年带征，俾官无挪新补旧之弊，民无废弃农桑之苦。"疏下部议行。是年秋，淮、扬、徐三府复水，斌条列蠲赈事宜以闻，请发帑五万两籴米湖广，先借所属知县仓谷散给。又言："灾地百姓，糊口无资，恐入冬饥寒兼迫，流亡者多。臣与漕臣徐旭龄、河臣靳辅定议，二臣就近分董淮安赈务，臣即至清河、桃源、宿迁、邳、丰诸州县察赈。"上命户部侍郎素赫往助督赈，俾灾民咸就抚辑。斌先后奏劾苏州知府赵禄星、扬州知府张万寿、句容知县陈协瀋、宜兴知县蔡司沾、如皋知县卢綖、睢宁知县葛之英、江都知县刘涛、金坛知县刘茂位等贪酷劣迹，并褫革勘治。常州知府祖进朝以失察属吏降调，斌奏留之，部议不准，得旨："祖进朝既经巡抚汤斌保奏清廉，可从所请，仍留原任，以劝廉吏。"

时吏部行取知县为御史，斌疏言："行取定例，必钱粮胥完，而苏州、松江二府赋重役繁，甲于天下，铨选得此，辄谓迁擢难期，颓然自放，或竟罔顾官箴。臣受任巡抚，首以察吏安民为念，遍告属员，圣上知人之明，出自天授，苟能洁己爱民，决不至久沉下位。故一时守令争自濯磨，操守廉洁，政绩表著者，实不乏人。然钱粮则万万不能十分全完，盖势处其难，智勇才力俱困。今若拘成例，势必以僻壤小邑易于藏拙者塞责，未足以光巨典。惟吴县知县刘滋、吴江知县郭琇廉能最著，乞俯准行取，以励循良，俾繁剧与两邑相符者，亦知有登进阶，相率奋勉。"疏下部议，以二员俱有钱粮未完案格于例,得旨:"刘滋、郭琇、汤斌既称为廉能最著,准其行取。"

二十五年三月,斌疏言:"吴中风俗,尚气节,重文章,而佻巧者每作淫词艳曲,坏人心术。蚩愚之民,敛财聚会,迎神赛社,一旛之值至数百金。妇女有游冶之习,靓妆艳服,连袂寺院,无赖少年习学拳勇,轻生好斗,名为打降。臣严加训饬,委曲告诫。一年以来,寺院无妇女之游,迎神罢会,艳曲绝编,打降敛迹。惟妖邪巫觋,习为怪诞之说,愚民为其所惑,牢不可破。苏州府城西上方山有五通淫祠,几数百年。远近之人,奔走如骛,牲牢酒醴之飨,歌舞笙簧之声,无时间歇。谚谓其山曰'肉山',其下石湖曰'酒海'。凡少年妇女,有寒热症者,巫觋辄曰五通将娶为妇。病者神魂失据,往往羸瘵而死。每岁常至数十家,视河伯娶妇为更甚。臣多方禁之,其风稍息。比因臣勘灾至淮,乘隙益肆猖獗。臣遂收妖像,木偶付之烈炬,土偶投之深渊。檄行有司,类此者尽撤毁之,其材备修学宫、葺城垣之用。民始而骇,以为从前曾有官长锐意革除,旋即遇祟而死,皆为臣危之。数月之后,见无他异,始大悟往日之非。然吴中巫觋最黠且悍,恐臣去任后,又造怪诞之说,箕敛赀财,更议兴复。请赐特旨严禁,勒石山巅,庶可永绝根株。"疏上,得旨:"淫词惑众诬民,[一]有关风化。如所请,勒石严禁。直隶及各省有似此者,一体饬遵。"

先是,廷臣有言辅导皇太子之任,非斌不可者,于是上谕吏部曰:"自古帝王谕教太子,必简和平谨恪之臣,统领宫僚,专资赞导。江宁巡抚汤斌在讲筵时,素行勤慎,朕所稔知。及简任巡抚以来,洁己率属,实心任事,允宜拔擢大用,风示有位。特授为礼部尚书,管詹事府事。"闰四月,斌至,谕曰:"天下官有才者不少,操守清廉者不多见。尔前陛辞时,言平日不敢自欺。今在江苏,克践前言,朕用嘉悦。故行超擢,尔其勉之!"初,河臣靳辅与按察使于成龙论河工事,久未决,命尚书萨穆哈、穆成额往会斌勘议。斌谓宜浚高邮、宝应诸州县下河,俾积水渐归于海,开一尺有一尺之益,开一丈有一丈之益。萨穆哈等因靳辅欲于下河筑堤束水入海,还奏开浚无益。至是,上询斌,斌以前议对。上诘问萨穆哈、穆成额,各语塞,遂褫其职。特遣侍郎孙在丰督浚下河,如斌议。寻充经筵讲官,时始设太子讲官,以斌与詹事尹泰、郭棻,少詹事舒淑,中允阎世绳,赞善黄与坚充之。斌疏荐候补道耿介赋质刚方,践履笃实,潜心经传,学有渊源,虽年逾六旬,精力尚健,乞征取引见,以备录用。上遂授介为少詹事,命斌与介辅导太子。

二十六年五月,因不雨,诏臣工直言得失,灵台郎董汉臣以谕教元良、慎简宰执奏,御史陶式玉劾汉臣摭拾浮泛之事,夸大其词,欺世盗名,请逮系严鞫。疏下内阁,集九卿议,有欲重罪汉臣者,寻奉特旨免议;而余国柱时为大学士,以斌当九卿会议时,有"惭对董汉臣"之语,传旨诘问。斌奏:"董汉臣以谕教为言,而臣忝长宫僚,动违典礼,负疚实多"。上以词多含糊,令再回奏,斌言:"臣资性愚昧,前奉纶音,一时惶怖,罔知所措。本欲自陈愆过,致语多牵混,罪何可辞? 臣自念供奉以来,并无正经善言,足以仰助万一,而臣动违典礼,循省自惭。年来衰病侵寻,愆过丛积。乞赐严加处分,以警溺职。"上因其遮饰具奏,仍不明晰,降旨严饬之。左都御史璸丹、王鸿绪,副都御史徐元珙、郑重等劾斌奉谕申饬,不痛自引咎,并追论其于苏州去任时,巧饰文告,沽名干誉。会耿介以疾乞休,詹事尹泰,少詹事舒淑、开音布、翁淑元劾介侥幸求去,实无痼疾,并劾斌妄荐如尸之人,吏部尚书达哈塔疏言:"臣奉命辅导东宫,数日之内,负罪实多。以汤斌、耿介不能当其任,况庸陋如臣。乞准解退。"疏并下部察议,斌、介、达哈塔俱应革职,上命斌与达哈塔仍留任。九月,改工部尚书。

未几,疾作,遣太医诊视。十月,卒,年六十有一。遗疏入,遣大臣奠茶酒,谕曰:"汤斌任巡抚时,廉以自守,特加擢用。忽闻溘逝,深轸朕怀。命由驿还槥。"下部议恤,部臣以斌曾降七级回奏,奉特旨仍如尚书例予祭葬。后祀陕西、江西、江南名宦。世宗宪皇帝雍正十年,诏入贤良祠。今上乾隆元年,赐谥文正。所著有洛学编、潜庵语录、诗文诸集。

【校勘记】

〔一〕淫词惑众诬民　"词"原误作"祠"。耆献类征卷四八叶五上同。今据汉传卷三叶四上改。

陆陇其

陆陇其,浙江平湖人。康熙九年进士。十四年,授江南嘉定知县。十五年十二月,巡抚慕天颜请行州县烦简更调之法,因言:"嘉定及昆山、丹阳、金坛等县政务甚烦,赋多逋欠,如陇其之操守称绝一尘,才干实非肆应,若调补稍简之县,必励其素守,惠爱百姓。"疏下部议,谓烦简更调非例,既无肆应之才,应照才力不及例，降三级调用。会县民有被盗杀而其亲属以仇杀诉，陇其详报是仇是盗，候缉获后拟。既而获盗，鞫实，论如律。总督阿席熙入奏，部议陇其初报不直指为盗，应照讳盗例革职，陇其遂罢归。

十七年，诏举博学鸿儒，工部主事吴源起荐陇其理学纯深，文行无愧，得旨召试，陇其赴京，未及试，丁父忧归。十八年，左都御史魏象枢应诏举清廉官，疏言："陇其任嘉定知县，清操饮冰，爱民如子。去官之日，万民遮道攀辕。既去之后，家家尸祝，比于父母。"部议俟服满日，仍补知县。上曰："陆陇其系保举廉能之官，如直隶清苑、江南无锡等县最称烦难之区，用之庶可展其才。"

二十二年，补直隶灵寿知县。二十三年六月，直隶巡抚格尔古德疏言："陇其洁己奉公，实心任事，革除火耗陋规，务农重谷，匪类敛迹。履任未久，而教化已洽舆情。循例荐扬，以备擢用。"疏下部议，予纪录。时九卿奉旨公举清廉官，格尔古德以兖州知府张鹏翮与陇其并举焉。二十九年，吏部以科道需人，奉命九卿举学问优长、品行可用者，九卿以陇其与清苑知县邵嗣尧、三河知县彭鹏并举，得旨行取，授陇其四川道监察御史。十月，疏言："畿辅沿山州县，土瘠民贫，荒多熟少，自昔而然。数年以来，皇上加意抚绥，禁止私派，不惜蠲赈，鸠鹄之民，得苟延残喘。然以言乎家给人足，则未也。上年荒旱，虽间有未被灾之处，不过差胜于被灾者。初奉谕概予蠲免二十八年全租及二十九年半租，后因部议分别被灾轻重，抚臣奏灾轻田亩，秋后带征。今虽秋收稍稔，所入无几，私债之迫索者，衣服之典当者，已去其大半，仰事俯育,仍忧不足,又可责其兼完新旧之粮乎? 若非皇上曲加垂恤,恐有司惟考成是急,不顾民力难胜也。"疏下部议,寻敕部遵前旨尽行蠲免。十二月,湖广总督丁思孔以偏沅巡抚于养志在任守制题请,陇其疏言:"天下当承平之时,湖南非用兵之地,无藉于养志在任守制。若因督臣之题请而留,将来督抚丁忧,皆将援此为例,其不夺情者鲜矣。名教自此而弛,纲常自此而坏,关系世道人心非浅也。"上览疏,即以顺天府尹王梁代于养志为偏沅巡抚。

三十年正月,户部以大兵征噶尔丹,军用浩烦,奏行运输粮草准作贡监及纪录、加级、复级、封赠与捐免保举例,御史陈菁奏请删捐免保举条,而增捐应升先用,部议不准。陇其疏言:"捐纳一事,原非皇上所欲行,不过因一时军需孔亟,不得已而暂开。若许捐免保举,则与正途无异。且督抚保举之人,必曰清廉方可合例。保举可捐纳,是清廉可捐纳而得也。至于捐纳先用,大抵皆奔竞躁进之徒,多一先用之人,即多一害民之人。此皆不待辨而知其不可者也。臣更有请者,窃见近日督抚于捐纳之员,有迟之数年,既不保举又不纠劾者。不知果清廉乎? 非清廉乎? 抑在清浊之间乎? 夫既以捐纳出身,又不能发愤自励,则其志趣卑陋,甘于污下可知。使之久居民上,其荼毒小民,不知当何如。乞敕部通稽捐纳之员,到任三年而无保举者,即行开缺休致,庶吏治可清,选途可疏,而民生可遂矣。"疏入,下九卿议。九卿言先用未准捐,止捐免保举,实无碍正途,若定限到任三年而无保举者,即行休致,则营求保举,奔竞益甚,应俱无庸议。议上,得旨:"保举一条,着会同陈菁、陆陇其再行详议。"及议,陈菁与九卿等并言事例已行,次年三月即停止,可不必更张。

陇其遂独为一议曰:"捐纳一途,实系贤愚错杂,惟恃保举以防其弊。虽不敢谓督抚之保举尽公,然犹愈于竟不保举也。今若并此去之,何以服天下之心? 即贪污之辈,自有督抚纠劾,而其侥幸获免者,遂与正途一体升转,虽有次年三月停止之期,而此辈无不先期捐纳,即无不一体升转,未可云无碍也。至于到任三年无保举者令休致,谓恐近于刻。不知此辈由白丁捐纳得官,其心惟思偿其本钱,何知有皇上之百姓? 踞于民上者,三年亦已甚矣,又可久乎? 况休致在家,仍得俨然列于搢绅,为荣多矣。若谓将届三年辄营求保举,此在督抚不贤,则诚有之;若督抚贤,何处营求? 且即使督抚不贤,亦必不能尽捐纳之员而保举之。此休致之议,亦从吏治民生起见。未有吏治不清,而民生可安者;未有仕途庞杂,而吏治能清者,俱难无庸议者也。"

于是陈菁与九卿等各为一议曰:"捐纳官员倘有劣迹,可随时纠劾,捐纳保举之后,仍按俸升转。督抚既未保举,必无徇庇之情,而官之贤否自有分别,何虞庞杂? 至到任三年之内,虽无奇政动上官之保举,亦无劣迹来下民之告发,即为安养无事之官,何可勒令休致,以从前急公之人附八法之末乎? 且天下何地无才,何途无品。赀郎始自汉文,而文章如司马相如,政事如张释之,皆以赀郎显。故国家用人,不必分其门而阻其途。实政惠民,不必格成议而徇迂见。迩者军需孔亟,计各项之捐纳人少,而保举之捐纳人多,是以增列此项。陇其不计缓急轻重,浮词粉饰,寸步难行,致捐纳之人犹豫观望,紧要军需因此迟误。务虚名而偾实事,莫此为甚。应请革职,发往奉天安插。"议上,上曰:

"陆陇其居官未久,懵愦不知事情,妄昧陈奏。理应依议处分,念系言官,着宽免。"

六月,命巡视北城。八月,以试俸期满甄别,应外调,遂乞假归。三十一年十二月,卒于家,年六十有三。所著有困勉录、松阳讲义、三鱼堂文集诸书。

三十三年正月,江南学政许汝霖任满,上谕大学士等曰:"学政关系人才,甚属紧要。朕观原任御史陆陇其学问优良,操守甚善,若以补授,必能秉公考校,破除积弊,有裨士习。"大学士王熙以陇其已故奏,上乃以前此与陇其同举清廉之直隶守道邵嗣尧为江南学政。陇其寻祀直隶、江南名宦,浙江乡贤。世宗宪皇帝雍正二年,临雍释奠,谕九卿议增文庙从祀贤儒,因议曰:"陇其自幼以斯道为己任,精研程朱之学,两任邑令,务以德化民。平生孝友端方,言笑不苟。其所著述,实能发前人所未发,弗诡于正,允称纯儒。宜配飨俎豆。"得旨俞允。今上乾隆元年,诏九卿核议应予追谥诸臣,因议曰:"宋儒胡瑗、吕祖谦诸儒皆未居显职而有谥,陇其虽官止五品,已从祀文庙,应予追谥。"上特赐谥曰清献。寻礼部以会典未载五品官予谥立碑给价之例,请上裁定,得旨:"陆陇其着加赠内阁学士兼礼部侍郎,照例给予碑价。"

索额图

索额图,满洲正黄旗人,姓赫舍里氏,内大臣一等公索尼第三子。初任侍卫,由三等荐迁至一等。圣祖仁皇帝康熙七年,授吏部右侍郎。八年五月,索额图奏请解吏部任,效力左右,仍为一等侍卫。是月,内大臣鳌拜获罪拘禁,大学士班布尔善坐党伏诛。索额图旋授国史院大学士,兼任佐领。九年,改内三院为内阁,索额图为保和殿大学士。十一年,世祖章皇帝实录告成,索额图时为总裁官,加太子太傅。十五年,同大学士巴泰、杜立德等劾奏内阁票本错误,改写草签,请敕部严察情弊,于是大学士熊赐履以改写草签,复行私毁,罢归。事详熊赐履传。十八年三月,京察,翰林院以侍讲学士顾八代随征称职,以"政勤才长"注考,索额图改注"浮躁",坐降调。事详顾八代传。

七月,地震,左都御史魏象枢奉召对,奏请重谴索额图,上谕以"修省当自朕躬始"。翌日,召索额图及众大臣谕曰:"兹者异常地震,朕反躬修省,方图挽回天意。尔等亦宜洗涤肺肠,公忠自矢。且自任用以来,家计颇已饶裕,乃全无为国报效之心,朋比徇私。朕闻之已久,犹望悛改,未令议罪。今见所行,愈加贪黩,习以为常。若事情发觉,国法具在,决不贷宥!"十九年八月,索额图以疾请解大学士任,得旨:"卿辅弼重臣,勤敏练达。自用兵以来,翼赞筹画,克合机宜。览奏,情词恳切,着于内大臣处上朝,加意调摄,以副眷怀。"寻授议政大臣。初,逆藩吴三桂反,索额图谓因撤藩激变,请诛建议之人,上弗许。二十年,云南平,谕大学士明珠等曰:"吴逆倡乱,有谓撤藩所致,请诛建议之人者,朕若从之,则皆含冤泉壤矣!"

先是,索额图之兄噶布拉任领侍卫内大臣,以册谥孝诚仁皇后推恩所生,封一等公。弟心裕、法保分袭索尼世爵,心裕袭一等伯,任銮仪使兼佐领;法保袭一等公,任内大臣。二十二年三月,上谕议政王大臣曰:"心裕素行懒惰,屡次空班。朕交索额图议处,乃止议罚俸一年。又法保因懒惰革退内大臣,随旗行走,不思效力赎罪,在外校射为乐,索额图亦弗教训,且自恃巨富,日益骄纵,朕时加训饬,并不悛改,着严加议处。"于是议心裕革銮仪使、佐领、一等伯,法保革一等公,索额图革议政大臣、太子太傅、内大臣、佐领。上命心裕留一等伯,索额图留佐领。

二十五年八月,授索额图领侍卫内大臣。时俄罗斯屡犯黑龙江边境,侵踞雅克萨地,我兵攻围之,其众乞降,徙去。未几,又来踞,上复发兵攻围。其察罕汗乃遣人谢罪,请释围。诏许退兵,令别遣使来议地界。寻遣使费耀多啰等至尼布楚请议。值噶尔丹侵掠喀尔喀部,上命传谕费耀多啰等,缓期定议。二十八年四月,命索额图同都统佟国纲等往议。索额图奏言:"尼布楚、雅克萨应仍归界内。"上曰:"以尼布楚为界,则俄罗斯遣使贸易,无栖托之所。彼若乞与尼布楚,可即以额尔固讷河为界。"索额图至尼布楚,费耀多啰等欲以尼布楚、雅克萨归彼界,固执争辩。索额图详述旧属我朝原委,斥其侵踞之非,宜感戴皇上好生德意。于是定议以额尔固讷河及格尔必齐河为界,立碑垂示久远。

二十九年七月,命统盛京、吉林、科尔沁兵往会大将军裕亲王福全于巴林,进征噶尔丹,击败之于乌兰布通。十一月,师还,以噶尔丹败遁,不率兵追剿,议革职;命降四级留任。三十五年三月,上亲征噶尔丹,由中路进,命索额图领八旗前锋、察哈尔四旗及汉军、绿旗兵前行,并经理火器营事。五月,上驻跸什巴尔台,以大将军费扬古西路兵甫至图拉,谕询王大臣进征迟速机宜,索额图言宜缓行以待西路兵。上密谕费扬古截噶尔丹归路,亲统师驻克鲁伦河,噶尔丹望见御营,大惊奔窜,费扬古截击之于昭莫多,大败其众,上乃班师。三十六年三月,驾临宁夏,索额图从之。回銮至船站,命管理水路设站事务。是年,噶尔丹窜死。叙前随征功,复原级。四十年九月,以老乞休,允之,心裕代为领侍卫内大臣。

四十一年,上阅河至德州回銮,特召索额图侍皇太子允礽养病德州,后一月乃偕还京。是年,心裕以酷毙家人革任,索额图前此亦为家人讦告罪款,上留中未宣。四十二年五月,命侍卫海青等传谕曰:“尔家人告尔之事,留内三年,朕有宽尔之意。尔无愧悔之心,背后仍怨尤,议论国事,结党妄行。举国俱系受朕深恩之人,若受恩者半,不受恩者半,即俱从尔矣。去年皇太子在德州时,尔乘马至皇太子中门方下,即此是尔应死处。尔自视为何等人耶?尔任大学士时,因贪恶革退,后复起用,并不思念朕恩。夫养犬尚知主恩,若尔者虽格外加恩,亦属无益。朕欲遣人来尔家搜看,恐连累者多,所以中止。若将尔行事指出一端,即可正法。尚念尔原系大臣,朕心不忍,但令尔闲住,又恐结党生事,背后怨尤议论。着交宗人府拘禁。”索额图寻死于禁所。后数年,皇太子允礽以狂疾废黜,上谕廷臣曰:“昔允礽立为皇太子时,索额图怀私倡议,凡服御诸物俱用黄色,所定一切仪制,几与朕相似。骄纵之渐,实由于此。索额图诚本朝第一罪人也!”

明珠

明珠,满洲正黄旗人,姓纳喇氏,叶赫贝勒锦台什之孙也。父尼雅哈,当太祖高皇帝灭叶赫时,随其兄德勒格尔来降,授佐领。屡从征有功。世祖章皇帝定鼎燕京,予骑都尉世职。顺治三年,卒,长子振库袭。

明珠其次子也,由侍卫授銮仪卫治仪正,迁内务府郎中。圣祖仁皇帝康熙三年,擢内务府总管。五年,授弘文院学士。六年,充纂修世祖章皇帝实录副总裁。七年,奉命与工部尚书玛尔赛阅淮、扬河工,定议修复兴化县之白驹场旧闸,增凿黄河北岸引河,以备蓄泄。是年,刑部尚书对哈纳迁大学士,明珠授刑部尚书。八年,以对哈纳兼刑部尚书,改明珠都察院左都御史。十年二月,充经筵讲官。八月,奏停巡盐御史遍历州县之例。十一月,迁兵部尚书。十二年正月,上幸南苑,阅八旗甲兵于晾鹰台,明珠先期布条教,俾众演习,及期,军容整肃。上谕之曰:"今日陈列甚善,可著为令。"

是年,平南王尚可喜请撤藩移辽东,吴三桂、耿精忠亦以是请,下议政王、大臣、九卿等会议。时有谓三桂当久镇云南不可撤者,明珠与户部尚书米思翰、刑部尚书莫洛等坚持宜撤,遂以两议上,诏从明珠等议。十四年,调吏部尚书。十六年,授武英殿大学士。先是,吴三桂反,大学士索额图谓因撤藩激变,宜罪议撤诸臣,上弗许。及耿精忠降,尚之信赐死,吴逆殄灭。上宣谕廷臣,以前议撤藩惟明珠与米思翰、莫洛等为能称旨云。

二十一年,议政王大臣等勘论耿精忠及其党曾养性等二十馀人罪状,拟如律,上诏询廷臣,欲量予宽减。明珠奏:"耿精忠罪浮于尚之信,尚之信纵酒行凶,口出妄言;耿精忠负恩谋反,悖逆尤甚。法在不赦。"上又谕以逆党多人,尚宜矜释,明珠奏此中惟陈梦雷、金镜、田起蛟、李学诗可宽;上仍命王大臣集议,俱如明珠言。于是陈梦雷等四人免死,入旗为奴。耿精忠、曾养性等咸伏诛。时诏重修太祖、太宗实录及编纂三朝圣训、政治典训、平定三逆方略、大清会典、一统志、明史，皆以明珠为总裁官。两遇实录告成，加太子太傅，晋太子太师。

二十七年二月，御史郭琇疏劾明珠与大学士余国柱背公营私诸款："一、凡阁中票拟，俱由明珠指麾，轻重任意；余国柱承其风旨，即有舛错，同官莫敢驳正。圣明时有诘责，漫无省改。即如陈紫芝参劾张汧疏内并请议处保举之员，上面谕九卿应一体严处，票拟竟不之及。一、明珠凡奉谕旨，或称其贤，则向彼云：'由我力荐。'或称其不善，则向彼云：'上意不喜，吾当从容挽救。'且任意增添，以市恩立威，因而要结群心，挟取货贿。至每日奏毕，出中左门，满、汉部院诸臣及其腹心拱立以待，皆密语移时，上意无不宣露。部院衙门稍有关系之事，必请命而行。一、明珠连结党羽，满洲则佛伦、格斯特及其族侄富拉塔、锡珠等；汉人之总揽者则余国柱，结为死党，寄以腹心。凡会议会推，皆佛伦、格斯特等把持，而国柱更为之囊橐，惟命是听。一、督、抚、藩、臬缺出，余国柱等无不展转贩鬻，必索及满欲而后止。是以督抚等官愈事剥削，小民重困。今天下遭遇圣主爱民如子，而民间犹有未给足者，皆贪官搜索，以奉私门之所致也。一、康熙二十三年学道报满之后，应升学道之人，率往论价。九卿选择时公然承其风旨，缺皆预定。由是学道皆多端取贿，士风文教因之大坏。一、靳辅与明珠、余国柱交相固结，每年糜费河银大半分肥。所题用河官多出指授，是以极力庇护。当下河初议开时，彼以为必委任靳辅，欣然欲行，九卿亦无异词。及上欲另委人，则以于成龙方沐圣眷，举出必当上旨，而成龙官止臬司，可以统摄。于是议题议奏仍属靳辅，此时未有阻挠意也。及靳辅张大其事，与成龙议不合，始一力阻挠，皆由倚托大臣，故敢如此。一、科道官有内升出差者，明珠、余国柱率皆居功要索。至于考选科道，既与之订约，凡有本章必须先行请问。由是言官多受其牵制。一、明珠自知罪戾，见人辄用柔颜甘语，百计款曲而阴行鸷害，意毒谋险。最忌者言官，恐发其奸状。当佛伦为总宪时，见御史李兴谦屡奏称旨，御史吴震方颇有参劾，即令借事排陷，闻者骇惧。以上各款，但约略指参。总之明珠一人，其智术足以弥缝罪恶，又有余国柱奸谋附和。负恩之罪，罄竹难尽。伏祈霆威立加严谴，天下人情，无不欣畅。"

　　奏入，上谕吏部曰："国家建官分职，经理庶政，必须矢志精白，大法小廉，各守职业，实心任事，庶无负拔擢简用之意。朕亲理万几，历有年所，于尔部院大小官员行事，无不深知。为臣子者，即担爵受禄，荣及父母，庇其子孙，家能自给，便当知足，无致陨越。前已屡颁谕旨，严行申诫，又复谆谆面谕，训诲再三。今在廷诸臣，自大学士以下，有职掌官员以上，全不恪勤乃职，惟知早出衙署，偷安自便，三五成群，互相交结，同年门生，相为援引倾陷，商谋私事，徇庇同党，图取货贿，作弊营私，种种情状，确知已久。九卿、詹事、科道，皆朕委任之员，凡遇会议，自当各出己见，公同商酌。乃一二欲行倡率之人，持议于前，众遂附和于后，雷同草率，一意诡随。又其甚者，虽在会议之班，茫无知识，随众画题，希图完结。廷议如此，国是何凭？又有当集议时，缄默自容，及至偾事巧于推卸。朕深恶此等推委苟容之辈，亦屡加严饬。至于用人，关系重大，群臣贤否，难以周知。故遇紧要员缺，特令会同推举,原期为国得人,实有裨益;亦欲令被举者警心易虑,恐致溺职,累及举者,因而勉自刻励。九卿诸臣宜体朕心,从公选举,方为不负委任。乃历来所举官员,称职者固有,而贪黩匪类,往往败露。此皆瞻徇情面,植党纳贿所致。凡兹情弊,朕非不知。前者班布尔善、阿斯哈等身为大臣,所行悖乱,致干宪典,遂行正法,至今犹耿于怀。是以比来大小官员背公徇私,交通货贿,朕虽洞见而不即指发,冀其自知罪戾,痛加省改,庶可终始保全。讵意积习深锢,漫无悛悔。如审拟蔡毓荣一案,庇护挽救,瞻徇党类,百计营私。因朕具悉其奸,私谋未遂。近差塞楞额往审张汧被参事情,[一]朕面谕塞楞额,张汧居官贪秽,尔宜严行审出。迨差回时,询问塞楞额,奏称:'臣于此案尽心研鞫,若有失实,甘受诛戮。'及览其奏案,惟恐累及保举张汧之人,竟为庇护。朕知内阁原拟票签保举张汧官员并未议及,业行折出;又念张汧审结定罪之后,自然发露,因仍用原签票发。又靳辅下河工程屯田之案,朕早已察其情弊,特遣佛伦等前往勘议,今所议殊属偏私。且凡会议之时,科尔坤、佛伦等务执己见,持论好胜,苟非怀挟私情,何以力排众议?朕亦曾面加诫谕,未见畏悔。如此积弊,愈久愈深,物议沸腾,舆情愤激,以致言官列款参奏。本应发明其事以肃官方,因不忍遽行加罪大臣;且用兵之时,有曾效劳绩者,故免其发觉。勒德洪、明珠着革去大学士,交与领侍卫内大臣酌用;李之芳着休致回籍;余国柱着革职;科尔坤着以原品解任;佛伦、熊一潇等着解任,于河工案内完结。嗣后大小臣工,各宜洗涤肺肠,痛改陋习,洁己奉公,勉尽职掌,以副朕宽大矜全、咸与维新之至意。"

寻授明珠为内大臣。二十九年，上命裕亲王福全统兵征噶尔丹，明珠与领侍卫大臣索额图等参赞军务。寻以噶尔丹败遁，不行追剿，议罪，降四级留任。三十五年四月，上亲征噶尔丹，遣明珠与左都御史于成龙督运西路军饷。五月，以噶尔丹败遁，班师。明年，上复亲征，明珠扈从，至宁夏，奉命拨驼运饷；又偕大学士黄茂赍白金颁赉鄂尔多斯随征兵众。师还，叙功，复原级。四十三年，奉命与内大臣阿密达等赈山东、河南流民之就食京师者。四十七年四月，以疾卒，年七十有四。上遣皇子奠茶酒，赐祭葬如例。

今上乾隆三十七年十月，谕曰："国史馆进呈新纂明珠传，内所列郭琇纠参各款，胪采不全，于核实纪载之义未合。明珠在康熙年间身为大学士，柄用有年，乃竟不克自终，渐至植党营私，市恩通赂，势焰薰灼，物议沸腾。皇祖叠申诫谕，期得以恩礼保全，而明珠不知省改，致郭琇参奏。复念其于平定三藩时，曾有赞理军务微劳，不即暴示罪状，然亦立予罢斥，并未尝废法姑容。后虽量为录用，仅授内大臣之职，距其身殁二十馀年，不复再加委任。此实皇祖恩威并用，权衡纤毫不爽，迥非三代以后所可几及。而确核明珠罪案，只在徇利太深，结交太广，不能恪守官箴，要不至如明代之严嵩、温体仁辈窃弄威福，竟敢阴排异己，潜害忠良，举朝侧目，而莫可谁何也。即如明珠以现任阁臣，而郭琇即以露章胪款，抨击甚力，使明珠果能如明季诸奸之箝制言路，则郭琇矢口之间，早已祸不旋踵；即或深谋修隙，亦必多方狙伺，假手挤排。乃郭琇因此一疏，遂以鲠直受知，不及二年，即由金都御史荐擢都御史，不闻明珠之党有能为之抑沮者。其间亦曾因事论黜,而我圣祖鉴其政绩风力,由闲废中擢为湖广总督。后因红苗抢夺,隐匿不报,削籍归里,其罪实由自致,亦非明珠之党藉事以为报复。今郭琇列传具在,可考而知也。至于明珠生平,是非功过,原不相掩。我皇祖慎持予夺之柄,至公至明,因物付物,恭绎圣谕,仁至义尽,一一适如其人之所自取,即此可以窥见万一。兹馆臣裒辑明珠事迹,因检阁库,未获郭琇劾章,似由当日留中不下,遂据馆中所存郭琇疏稿刊本,撮载大凡;但其间删削过多,[二]恐传之既久,或疑修史者有意曲为隐讳,于据事直书之旨无当也。因命于明珠传中全列郭琇参本,俾天下后世得喻此事本末,共知我国家立纲陈纪,朝宁肃清,从无有宵小金壬,如前代之得以怙权干政,而我皇祖圣明英断,刑赏持平,实为执两用中之极则。朕禀承祖训,凡一切用人行政,无不本此意为折衷。用是剖悉原委,宣谕中外,仍命录载传后,使定论昭然,永以示传信而垂法戒焉。”

【校勘记】

〔一〕近差塞楞额往审张汧被参事情　“事情”原颠倒作“情事”。满传卷一四叶一一下,及耆献类征卷九叶二三上均同。今据仁录卷一三三叶一九上改正。

〔二〕但其间删削过多　原脱“但”字。满传卷一九叶一五下,及耆献类征卷九叶二五上均同。今据纯录卷九一九叶二七上补。

佛伦

佛伦,满洲正白旗人,姓舒穆禄氏。初由笔帖式迁兵部主事。<u>圣祖仁皇帝</u><u>康熙</u>十五年，迁詹事府中允。寻迁工部郎中，历少詹事，荐陟大理寺卿。十八年，擢内阁学士，充经筵讲官。

时逆孽<u>吴世璠</u>尚踞<u>黔</u>、<u>滇</u>，是年六月，<u>佛伦</u>奉命同侍郎<u>金鋐</u>赴<u>湖广</u>，总理粮饷。九月，疏言："进<u>黔</u>兵饷，自至镇远后，皆资陆运。因量设塘站数处，集夫递送。惟是<u>黔</u>民遭乱稀少，请饬将军、督、抚招徕土民贸易，以裨粮运。"从之。十九年，兼理<u>四川</u>粮饷。及贼平，还<u>京</u>。二十二年，迁刑部侍郎。二十三年，命同吏部侍郎<u>陈廷敬</u>、兵部侍郎<u>阿兰泰</u>、副都御史<u>马世济</u>管理钱法，疏请令各省有芦课、关税之所，办铜赍解宝源局，以广鼓铸。下工部议行。二十四年，调兵部侍郎，寻擢左都御史。疏言："科道各官有受嘱陈奏，结党诬陷，及给假终养、丁忧，不在家静守，遍游各省，挟制督抚诸弊，请严定处分。"下吏部议行。二十五年，迁工部尚书，二十六年二月，调刑部，九月，调户部。

先是，河道总督<u>靳辅</u>言："<u>高邮</u>、<u>宝应</u>诸州县<u>下河</u>，宜筑堤束水入海。"按察使<u>于成龙</u>以堤工难成，请疏浚<u>下河</u>及海口。上遣侍郎<u>孙在丰</u>往董疏浚事，<u>靳辅</u>又言："宜自<u>高家堰</u>起，加筑重堤，束各坝减泄之水，出<u>清口</u>归<u>黄河</u>，而停浚<u>下河</u>，并请于堤外涸出田亩，设官清丈，以为屯田，可增钱粮百馀万。"上曰："朕从利益民生起见，非为钱粮，着<u>佛伦</u>与侍郎<u>熊一潇</u>，给事中<u>达奇纳</u>、<u>赵吉士</u>会同<u>江南</u>总督、总漕确勘议奏。"寻议应如<u>靳辅</u>所请。二十七年，漕运总督<u>慕天颜</u>疏劾<u>佛伦</u>勘议河工，皆从<u>靳辅</u>臆说，不顾兴屯之占田厉民。<u>孙在丰</u>疏言："前<u>佛伦</u>与臣等会勘河工时，原议海口应浚，拟有疏稿；后忽改为加筑重堤、停浚海口之疏，虽系<u>佛伦</u>主稿，实<u>靳辅</u>阴谋。"御史<u>陆祖修</u>复劾："<u>佛伦</u>往勘河工、屯田二事,左袒河臣,不顾公议。嗣奉命九卿会议,而主议者不过佛伦及尚书科尔坤、左都御史格斯特等三四人;即如屯田一节,尚书张玉书、左都御史徐乾学力言屯田所占民田应还业主,而科尔坤等置若罔闻,半依佛伦所奏具稿。其馀九卿有不见议稿只字者。"疏入,下部严察议奏。会御史郭琇疏劾靳辅偏听幕友陈潢,阻挠下河开浚,又劾大学士明珠、余国柱与佛伦结党营私诸款。上谕责佛伦往勘河工、屯田所议偏徇,且凡会议时挟私好胜,命解户部尚书任;召靳辅、于成龙同郭琇、佛伦、熊一潇、达奇纳、赵吉士等入对。佛伦乃奏停屯田,有丈出民田概还业主,其暂设同知、县丞等官并裁汰,于是部议佛伦应革职。上曰:"佛伦任工部时,极其勤劳,凡奉差遣,亦能胜任。但议此事,舛错殊甚。着留其佐领,以原品随旗行走。"逾月,授内务府总管。

二十八年,山东巡抚缺,谕大学士等曰:"山东绅衿最称桀骜,且好结朋党。宜简用风力之人为巡抚,着以佛伦补授。"二十九年正月,疏言:"沂州等州、县、卫、所未完康熙二十八年钱粮,请于麦收后开征。"上曰:"山东本年地丁钱粮,全行蠲免,原欲使小民终年休息,若带征未完旧欠,必至借端滋弊。着于三十年带征。"六月,佛伦疏言:"东省赋役不均,凡绅衿、贡监户下,悉免杂差,遂有奸民诡寄田亩,规避徭役,请通限两月之内,许其自首改正。嗣绅衿等田亩,令与民人一例应役,以厘剔积弊。"得旨:"徭役不均,偏累小民。所奏改正厘剔,具见实心任事,并不瞻徇。直省应一体行。"七月,佛伦疏言:"东省本年蠲免正赋,臣仰体皇仁,劝谕大户酌减佃租一分至五分不等,请嗣后直省凡遇恩免赋粮,七分蠲免业户,三分蠲免佃种之民。"又言:"东省

本年丰收,绅民愿每石捐输三合,以为积贮,合计得谷二十五万
馀石,用备荒歉。"疏并下部议行。三十年,革职县丞谭明命讦吏
部主事朱敦厚任潍县知县时婪赃事,下佛伦鞫勘。佛伦言:"敦
厚加派婪赃,经前抚臣钱珏审实。敦厚因浼求原任刑部尚书徐
乾学贻书钱珏徇情销案。请敕部议处。"乾学等皆斥职。

三十一年,擢川陕总督。是年,[一]西安、凤翔饥,佛伦请暂
减二府额销盐引之半,又言:"西安驻防官兵粮草,州县苦于远
解,请于距省四十里可通水路之曹店,设仓收兑。"事俱下部议
行。三十二年冬,入觐,赐冠服。遣回任,加礼部尚书衔。三十
三年,授礼部尚书。三十五年,上亲征噶尔丹,命与大学士阿兰
泰、尚书马齐分班值宿禁城。三十八年,授文渊阁大学士。初,
佛伦任山东巡抚时,疏劾左都御史郭琇前任吴江知县亏帑事,且
言琇父郭景昌原名尔标,系明季御史黄宗昌家仆,曾入贼党,伏
法。琇私改父名,滥请封典,应予追夺。部议如所请。三十九年
二月,郭琇以湖广总督入觐,具疏讼佛伦诬蔑其父。上诘问佛
伦,以访闻舛错对。下部察议,应革职,援赦得免。三月,以前任
总督时散给陕西籽种银两,不确察各官侵扣、挪用诸弊,应降四
级调用。上命以原官休致。明年,卒。

四十四年,上谕大学士马齐曰:"佛伦为总督时,密奏凉州总
兵师帝宾骑射不堪,朕谕以师帝宾为三屯营副将时骑射之佳,大
臣侍卫皆知,乃佛伦终劾之,而佛伦亦于此坏名。又审奏赵良栋
不可居宁夏,乞召赴京师。后良栋来朝,朕命之归。良栋奏曰:
'有人言臣不宜居宁夏,臣不便归。'朕问何人,良栋言:'佛伦以
告索额图,而索额图语臣。'以此观之,人之无耻,未有如佛伦者!

凡密奏之事,皆朕亲手封发,即左右人亦不得见。此皆体密奏者之心而重其事也。佛伦自行密奏,而反以告人,犹可比之人数乎?"四十九年,户部亏空积年承办草豆银两事觉,上命从宽,就现在得赃人员于未审之前,以所得之银归款,免其革职拿问。因谕诸大臣曰:"户部弊端,始自尚书科尔坤、佛伦,后来诸臣因循成习,以至于此。凡为大臣者,理应廉洁自守,黾勉从事,方为无忝厥职也。"

【校勘记】

〔一〕是年　"是"原误作"明"。耆献类征卷一二叶一九下,及满传卷一七叶二一上均同。今据仁录卷一五七叶五下改。

余国柱

余国柱,湖北大冶人。顺治九年进士,授兖州府推官。康熙三年,内升行人司行人。十一年,充山西乡试正考官。明年,迁户部主事。十五年七月,以考选授户科给事中。十月,疏言:"迩者关中底定,闽逆投诚。荡平虽可刻期,然一日未罢兵,即一日不可无粮饷。宜于浙江、江西、湖广开捐例,纳米豆、谷麦、草束,以济军需。山东、河南岁值大稔,并宜捐米,贮临河州县,支应本省兵粮,多则运解京仓。"疏下部议,以山东、河南需粮无几,运京徒滋耗费,浙江兵已进征福建,无需捐纳。准开例湖广、江西、福建三省现任官捐加级纪录,四品以下降革官捐复原职,馀分别录用先用及顶带荣身。十七年五月,疏言:"天下盐课定额不下三百馀万,止陕西省遇闰加银。应令各省一例,又可增银二十馀万,于军需不无小补。"又疏言:"京、通二仓,岁进漕白三百馀万,各监督交代时,虽有盘验无缺印结,相沿日久,未免视为具文。自后应令每十廒抽验一廒,不足则照廒科算,令旧监督赔补。"疏并下部议行。十二月,转礼科掌印给事中。

十八年七月,劾浙江水师提督常进功年老耳聋,非高声大呼,不闻一语。恐秘密军机,因之泄露,所关非细。疏下部察议,罢进功任。十九年七月,疏言:"曩者平南王尚可喜驻镇广东,颇知奉法。自逆子尚之信叛后,恣意妄为,横行暴敛,虽势戚归正,而鱼肉闾阎,滋害如旧。近为属下护卫张永祥控告,其自辩疏中有云:'张永祥假其名色,每年私收税银一千六百两。'即此可知尚之信所自收之税,当不下百万。应令督抚察核归公,累民者奏明蠲免;并分拨藩下官兵,或驻防或随征,毋坐縻俸饷。"疏下王大臣等议行。九月,迁鸿胪寺少卿。十二月,转光禄寺少卿。二十年二月,迁左佥都御史。五月,擢左副都御史。九月,疏请停各部岁终举劾之例,有不职者随时举劾,宜保荐者俟京察之期核举。十一月,以滇南平定,请厘定乐章。上并允所请。十二月,劾两广总督金光祖前此降附吴三桂,嗣复荫庇尚之信,应黜罢之,以为不忠者戒,从之。是月,授江宁巡抚。二十三年,内升左都御史,寻迁户部尚书。二十六年二月,授武英殿大学士。先是,任巡抚时,疏请增设机房四十二间,制造宽大缎疋,得旨:"宽大缎疋非常用之物,何为劳民縻费?"斥所奏不行。又屡奏淮、扬二府属水退涸出地,并令次年征输额赋,及汤斌为巡抚奏覆勘涸出地,皆未耕种,且有五千九百四十馀顷,仍然水淹,事乃寝。互详汤斌传。

二十七年二月，御史郭琇疏劾："国柱在内阁票拟，承顺大学士明珠指麾，轻重任意，即有舛错，同官莫敢驳正。屡奉谕诘责，漫无省改。遇会议会推，与尚书佛伦等结党把持，督、抚、藩、臬缺出，展转援引，总揽贿赂。保送学道及科道内升出差，率皆居功要索。营私负恩，罄竹难尽。请加严谴。"上以党援、贿赂诸弊，久已洞鉴，因不忍遽行加罪大臣，概免勘问，革国柱职。互详明珠传。国柱既罢去，法司以覆勘被劾湖广巡抚张汧、上荆南道祖泽深罪状，前此曾遣人赴京行贿，营谋庇护，词涉国柱，请檄追质问，得旨贳免。二十八年三月，给事中何金兰疏言："凡解职解任官，仍居原任地方，例有明禁。余国柱曾为江宁巡抚，荐陟大学士，不思竭忠图报，黩货无厌，秽迹彰闻。其人品心术，久在睿照中。荷恩不置重典，放归田里，使稍知廉耻，当疾返故乡，杜门省愆。乃被黜后，挟辎重往江宁省城，购买第宅，广营生计，呼朋引类，垄断攫金，借势招摇，显违禁例。乞敕部严议。"事下两江总督傅拉塔察讯，以留恋原任地方购买第宅，并设立钱店、典铺覆奏，刑部拟杖折赎，诏免罪，趣回籍。寻卒于家。

于成龙

于成龙，山西永宁人。顺治十八年，由副榜贡生授广西罗城知县。圣祖仁皇帝康熙六年，总督卢兴祖等言："罗城在深山之间，瑶、玲顽悍，成龙洁己爱民，建学宫，创养济院，任事练达，堪列卓异。"是年，迁四川合州知州。八年，迁湖广黄州府同知。

十三年二月，擢武昌知府。值逆藩吴三桂踞湖南，大兵将进征，巡抚张朝珍檄成龙于咸宁县境，造浮桥济师。甫成，雨水冲激,桥圮。部议革职。时吴逆散布伪札,煽诱湖北州县人民,麻城、大冶、黄冈、黄安各山寨皆叛应之。朝珍以成龙素为黄州人民信服,令往麻城招抚。成龙单骑直入贼寨,谕胁从者免罪,贼众遂降;复督兵擒斩大冶贼黄金龙、邹君升等。朝珍疏言:"黄属四十八寨,接连数省,旧为盗薮,伏莽易发,必得成龙弹压。请复成龙职,即以为黄州府知府。"上允之。成龙寻复率黄冈知县李继政、〔一〕千总李茂升等,集乡勇二千人,偕营兵搜剿贼寨,击溃贼众于石子山及牧马崖,擒伪总兵鲍世荣,伪游击何士荣,伪参将陈正澈、〔二〕邓少兴等。十五年十月,丁继母忧,总督蔡毓荣等奏令在任守制。十六年十月,增设江防道于黄州,擢成龙任之。

十七年六月,迁福建按察使。十八年九月,巡抚吴兴祚等言:"成龙执法决狱,不徇情面,屡伸冤抑,案牍无停,不滥准一词,不轻差一役,而刁讼风息,扰害弊除。捐增监狱口粮,遍济病囚医药。倡赎被掠良民子女数百口,资给路费遣归。屏绝所属馈送。性甘淡泊,吏畏民怀,为闽省廉能第一。"疏入,得旨"于成龙清介自持,才能素著,允称卓异"。是月,迁福建布政使。

十九年二月,擢直隶巡抚。时直隶不设总督,保定有守道,管布政使事;有巡道,管按察使事;与通永、霸昌、大名、口北、天津诸道,各以所司之事达巡抚。成龙既莅任,戒州县私加火耗、馈上官节礼。寻据道府揭报不职知县,劾罢数员,而知县有以道府因无节礼,诬揭捏报,控诉成龙者。九月,成龙疏言:"自督抚、监司以及州县,上下名义不容紊越,未有如直属之逞讦上官,体统倒置者。臣六月抵任,检阅旧案,如前抚臣金世德之清慎明决,而已故知县施延宝、夏显煜侵欠库银盈千累万,被劾后反讦告道府,效尤成风,恬不知怪。臣任事后,以驱除贪吏、拯救民生为务,据道府揭报,察其已甚者,参劾以示惩创。随有州县讦告道府两案,〔三〕皆撦拾往事、混肆污蔑之言,且不由守、巡两道,径以验文封送。似此悍貌,将来道府必怀投鼠忌器之嫌,而隐忍养奸,法纪颓靡。如果道府不法,而抚臣姑容恣害,应重罪抚臣;若道府揭报属官,而属官反噬挟制,应加严处分,以肃法纪。"疏下部确议,督抚姑容不法道府,降三级调用;属官首告上司,在上司揭报后者,不准理,革其职;已革职者,刑部议罪,定为例。

十月,疏言:"宣府所属东西二城,〔四〕与怀安、蔚州二卫,有水冲沙压地千八百顷有奇,小民包粮为累。经前抚臣金世德具疏请豁,部议令照旧征收。臣履任后,勘明冲压益甚,耕耨无期,穷黎绵力几何,奚堪永远包赔? 荒粮一日不除,则民生一日不遂。虽目今师旅未息,需饷尚殷,而滇、黔馀孽指日荡平,此后军需无虞不足,况合计四处荒地,粮不过三千馀石,银仅一千馀两,在国计为涓滴之捐,而数千馀户贫民,得免包赔,皆顶戴皇仁矣。"疏下部议,令确勘取结,自二十年始,豁免钱粮。十一月,〔五〕疏言:"宣府所属东西两城及万全左右前卫,怀安、蔚州、保安、紫沟、西阳等处,俱报夏灾,又被秋灾,已奉恩旨分别缓征,并平粜积贮粮石。近据通判陈天栋报称东西二城二十馀日间,饥死者不下数十人。城坊闹市,日有偃仆穷民。伏思平粜粮石,止救稍能措籴之民,而不能救囊无一钱、僵卧待毙之民。即再疏请赈,候部议覆,奉旨允行,亦须一月。此一月之内,民之饥死者又不知凡几矣。臣仰体皇上惠爱元元至意,委保定府同知何如玉等驰赴东西二城及前卫、怀安等处,动支平粜仓粮,确察饥困不能谋生穷民,每口赈给二斗,俾少延月馀。其善后之举,容臣与守道等酌议,另行题请。"疏入,下部议,寻奉诏即以平粜米石赈济。十二月,疏劾青县知县赵履谦征额赋银一万馀两,多收火耗三千馀两,领库银一千赈济,侵蚀入己,及勒索报灾册费等款,请革职治罪。二十年正月,入觐,谕曰:"尔为今时清官第一,殊属难得!闻尔昔在黄州,土贼啸聚,尔往招之,即时投顺解散,何以致之?"成龙奏曰:"臣惟宣布皇上威德,未有他能。"上问属吏亦有清廉者否,成龙以知县谢锡衮,同知何如玉、罗京对。上曰:"尔前所劾知县赵履谦甚当。"成龙奏曰:"赵履谦过而不改,臣不得已而劾之。"上曰:"为政之道,当知大体,小聪小察,不足为多。且人贵始终一节,尔其勉之!"寻谕日讲官曰:"于成龙起家外吏,即以廉明著闻。荐陟巡抚,益励清操。凡在亲戚交游相请托者,概行峻拒。所属人员并戚友,间有馈遗,一介不取,朕甚嘉之!知其家计凉薄,特赐内帑银一千两、朕亲乘良马一匹,以示鼓励。"

寻命户部遣员外郎叶伦会同成龙赈济宣府各处饥民,诏蠲免本年额征、积年带征钱粮及房税。七月,成龙疏言:"宣府被灾地方房税已蒙恩免征,而真定府属获鹿、井陉、曲阳、平山、灵寿五县因夏旱二麦无收,其房税银两请缓至来年。"下部议,从之。九月,诏曰:"朕巡行近畿至霸州,见其田亩洼下,多遭水患。小民生计维艰,何以供给正赋?着察明酌量蠲免。"成龙疏言:"霸州水淹地方,先经疏报勘明,成灾十分、九分者一千五百四顷有奇,部覆照例免本年钱粮十之三。计额征银六千三百八十两有奇,应蠲一千九百馀两。今仰邀睿照,洞悉民困,特恩轸恤,应将本年钱粮破格全蠲。"得旨俞允。又疏言："<u>直属监司</u>、厅印等官,求其与盗案脱然无累,得预升转之列者十不能三四。此案未获,彼案复增;一案幸完,数案未结;甚有一日而失盗之案数家,经年累月,攒眉无策。在州县身任地方,既不能消弭于未然,又不能缉获于事后,责无可诿,降调允宜。但既降级去任,接缉之官,事不切己,搜捕玩延,强盗反多漏网。若议处降一级者,仍留原任,能获一半以上,开复原降之级,于惩过之中,寓以劝勉,必能悉力擒拿,不致凶徒幸免。至于荐举卓异行取,乃朝廷超拔人才之典,而亦督抚诸臣尽其以人事君之义。每因一二案未完,格于定例,远大之器,困于百里,深为可惜。前见<u>江宁抚臣慕天颜</u>以现有钱粮未完处分之知县<u>林象祖</u>、<u>任辰旦</u>题请行取,奉特旨俞允。仰见<u>皇上</u>怜才之殷,初未欲以成例限人。<u>直隶盗案处分</u>,与<u>江南钱粮</u>相等,非无品行卓越、才具优长如<u>林</u>、<u>任</u>二令者,应无论盗案之销否,一体荐扬,以备擢用。其捕盗同知、通判虽专司督缉之任,但所属有十馀州县及二三十州县者,竟同各州县一体处分,似属过甚。武职议处,既有专汛、兼辖、统辖之等差,则同知、通判亦当视兼辖武职例。至督缉道员,定例罚俸之外,停其升转。臣思方面大吏,或由京官改授,或由外吏升任,率多练达之才,及其年力精壮,正可矢图报效。乃因督缉议处,无复进阶之期,更为可惜。在承缉官固应停其升转,限年缉获,而督缉者既已罚俸,似可免其停升。"疏下部议,不准。奉谕曰:"朕巡视畿辅,<u>自山海关</u>以西,<u>永平</u>以东,一面傍海,一面临边,盗贼无地潜藏,故剽劫犹少。<u>至玉田</u>、丰润、<u>遵化</u>、蓟州、霸州、保定诸处,民居稠密,盗贼所以繁也。今处分之例太严,恐官民俱累,其令九卿等详议。"寻议承缉不获，未及二年者免离任；督缉道员限满，罚俸，免停升。

十二月，成龙疏言："臣早年失恃，继母李氏勤劬抚育。臣初任知县，欲奉母之任，而力有不能。及任黄州知府，正值兵兴，终未遂迎养之私。寻闻母病故，督抚诸臣题留在任守制。由是抱哀供职，驰驱军旅之间，而臣母停枢在家，不遑顾也。今滇南逆孽荡平，我皇上诞敷文德，首扶植纲常，敦崇伦理。臣谬任巡抚，代宣圣化，亦惟以纲常伦理教人。际太平盛时，非复从前多事。若不归葬，是贪恋显荣，忘亲背义。对属临民之际，先自怀惭歉，又何以教人乎？伏乞允臣回籍葬母，完此一生大事，则犬马馀年，皆图报圣恩之日。"疏入，得旨："览奏，情辞恳切，准假三个月，回籍葬母。事竣，速赴任供职。"越六日，特旨授江南江西总督。前此因江西用兵，分设江西总督，至是复并为一。二十一年正月，成龙疏言："臣乞归葬母，奉有钦定假期，而新承简命，未可久迟赴任。谨循前年直隶守道护理抚印之例，以守道董秉忠暂护直抚印务。臣即回籍葬母，事毕，赴新任。再有陈者，前岁举劾案内，臣以直隶守道董秉忠、阜城知县王燮荐举。去年遵旨往宣府赈济饥民，以南路通判陈天栋荐举。王燮已准行取，其董秉忠、陈天栋均未予注册，而贤绩已达天听。此外柏乡知县邵嗣尧、高阳知县孙弘业俱堪磨练，通州知州于成龙具恬淡之性，优通变之才，霸州州判卫济贤凛清白之操，化浮嚣之气，并堪大用。兹值离任之际，不敢隐蔽，特列名上陈，以尽举贤之悃。"疏入，报闻，下吏部，邵嗣尧等准注册。六月，疏言："江苏现届二年举劾之期，臣自四月任事，虚衷察访属员，有立身以名节自励，而设施未洽民情;行己在清浊之间,而举动未撄民怒。盖贤非循卓之尤,不贤非污墨之甚,恐举之劾之,不足以为未举未劾者愧励,请暂停此次举劾。其贤者,臣奖进诱掖,徐观厥成,特疏题荐;不贤者,教诫以期自新,倘怙恶不悛,亦特疏纠参,无稍姑容。"疏下所司知之。是月,江宁知府缺出,成龙请敕廷臣会推清操久著、干练成效,与通州知州于成龙、霸州州判卫济贤相类者。吏部以知府无会推例议上,上命即以通州知州于成龙升补江宁知府。十二月,疏言:"臣自入境受事,细事必出于躬亲,勺水必懔于夙夜。凡属吏进见,多方训诲,随事整饬。察其所守之诚伪,访其敷政之宽严,亦莫不争相濯磨,矢志厘剔。未几而或以盗案,或以逋欠,或以违限,屡有处分。今遇计典,与举荐之例不符,如江苏布政使丁思孔历任既久,参罚因多,既不敢违例以入卓异之列,又不敢拘例以蹈蔽贤之愆。现将入觐,乞亲赐咨访,破格擢用。"疏下吏部、都察院,以毋庸议覆奏。得旨,丁思孔准为卓异,旋即擢任偏沅巡抚。

　　二十二年十月,督造漕船副都御史马世济还京,疏言:"总督于成龙向有声誉,初到江南,美名如故。闻其自任用中军田万侯之后,人多怨言。臣奉差在南,见其年近古稀,景迫桑榆,道路喷喷,咸谓田万侯欺朦督臣,倚势作弊,因未有实据,难以入告。督臣衰暮,不能精察,故匪人得以播弄而败善政,且各有司衙门皆有督臣秽言告示,污蔑各官。如果各官不法,何难白简题参;若俱循良,岂可凭空凌辱? 显系小人播弄督臣,令其虚张声势,就中取利。请罢黜田万侯,并令成龙休致。"疏下部议,部臣以马世济所言未有实据,令成龙明白回奏。成龙奏:"臣到江南,期以兴利除害,察吏安民,仰报知遇。无奈两江之吏治、营务、刑名、钱谷,繁剧实甚。臣昼夜拮据,躬亲料理,从不敢寄耳目于左右。然近习难防,或有窥伺欺弄,臣亦安能保其必无? 宪臣马世济疏称中军田万侯倚势作弊,臣实未之觉察也。至于告示一节,或地方之利弊,民生之疾苦,臣有见闻,即通行禁饬,无非以利害祸福之言痛切告诫。其词未免过于峻厉,似涉秽言污辱。宪臣马世济疏称小人播弄,令其虚张声势,就中取利,臣亦未之觉察也。此皆臣之衰迈昏瞆,何以自解? 若夫臣之年近古稀,景迫桑榆,久在皇上洞鉴之中,虽殚精竭虑,不敢稍自宽假。然气衰力疲,龙钟之状,大非昔比;臣又何敢自讳? 乞敕部严加议处,以为大臣溺职有初鲜终者之戒。"疏下部察议,兵部言成龙既称田万侯倚势作弊,就中取利,未之觉察,应革田万侯副将职;吏部言成龙既自称景逼桑榆,衰迈昏瞆,应令其休致。上命成龙留任,田万侯降级。

二十三年三月,江苏巡抚余国柱入为左都御史,安徽巡抚涂国相升任湖广总督,成龙兼署两巡抚事。四月,卒于官,年六十有八。谕部予恤,部臣以成龙曾降五级奏,得旨,予开复,祭葬如典礼,谥曰清端。

七月,内阁学士锡住勘问海疆还,上问曰:"尔到江南,闻原任总督于成龙居官如何?"锡住奏:"成龙居官甚清。但因轻信,或为属员欺罔。"上曰:"于成龙因在直隶居官甚善,朕特简任总督。既到江南,有人言其变更素行。病故后,知其始终廉洁,甚为百姓所称。殆因素性梗直,与之不合者,挟仇谗害,造作'属下欺罔'等语,是为不肖之徒所嫉耳。居官如于成龙者有几?"十一月,上南巡至江宁,谕知府于成龙曰:"尔务效前任总督于成龙正直洁清,乃无负朕优眷。"回銮,谕大学士等曰:"国家澄叙官方,首重廉吏。其治行最著者,尤当优加异数,以示褒扬。原任江南江西总督于成龙操守端严,始终如一。朕巡幸江南,延访吏治,博采舆评,咸称居官清正,实天下廉吏第一。应从优褒恤,为大小臣工劝。其详议以闻。"御制诗云:"服官敦廉隅,抗志贵孤洁。"又云:"江上见甘棠,遗爱舆人说。"寻允廷臣议,加太子太保,荫一子入监。世宗宪皇帝雍正十年,入祀贤良祠。

　　孙准,官至江苏巡抚。

【校勘记】

〔一〕成龙寻复率黄冈知县李继政　"继"原误作"经"。耆献类征卷一五八叶一下同。今据汉传卷六叶四〇上改。

〔二〕伪参将陈正澈　"正"原误作"顿"。耆献类征卷一五八叶一下同。今据汉传卷六叶四〇上改。

〔三〕随有州县讦告道府两案　"州"原误作"知"。汉传卷六叶四一下,及耆献类征卷一五八叶二下均同。今据仁录卷九三叶九下改。

〔四〕宣府所属东西二城　"城"原误作"县"。汉传卷六叶四二上,及耆献类征卷一五八叶三上均同。今据仁录卷九三叶二〇上改。按下文有"东西二城"可证。

〔五〕十一月　"一"原误作"二"。汉传卷六叶四三上,及耆献类征卷一五八叶三上均同。今据仁录卷九三叶九下改。

　　王骘

　　王骘,山东福山人。顺治十二年进士,授户部主事。圣祖仁皇帝康熙五年,充广东副考官。六年,迁员外郎。八年,迁刑部郎中。

十九年,授四川松威道。时逆孽吴世璠未灭,大军分剿永宁、建昌诸贼党,进征云南,水陆数千里,皆巉崖危峡。骘管运军粮,至虾蟆滩覆舟,又坠马于狮子坎,仍刻期前进,转输无误。二十四年七月,垒溪、大定堡山后生番阻截哨道,抗抚肆掠,巡抚韩世琦奏调官军进剿,令骘驻扎茂州弹压,并同松潘镇总兵高鼎会议先抚后剿机宜。骘驰至大定堡,传示招抚,反覆开谕,番族盘踞巴猪寨,且恃有双马、列角、庙山、卓沙、白卜等寨为之羽翼,佯就抚,仍抗命。高鼎往剿列角寨,骘驻营山顶,制白旗树立近寨,令愿投者奔赴旗下免死,安插;又令安抚司苏天荣等持白旗号布招卓沙、白卜等六寨;复令瓦寺土官招双马、庙山二寨:俱就抚。巴猪寨负固如故。官军由庙山进围,斩获无算,于寨内搜获伪印、伪札;穷追至黑水江,贼渠挖子被焚死,山后番众悉降。九月,迁直隶口北道,未之任,循例以松威道计典入觐。

二十五年三月,疏言:“四月应运楠杉,经抚臣韩世琦以匠夫不敷,奏请湖南等省匠夫协助,诏工部核计,邀恩免运十分之七。伏思建造太和殿,近系中外万国之观瞻,远系圣子神孙亿万年之基业。采运木料,乃臣工职分,庶民子来,岂容置喙?但事出艰难,有勉强竭力而后可为者,亦有勉强竭力而终不能为者。四川境地,大半环山,巉岩亏蔽,惟成都稍称平衍,并无大楠。其有大材者,皆人迹罕到,斧斤难施,所以久存。遥望一木,必多方纤拽,始至其地。足胝履穿,攀藤侧立,施工既难,而运路则自山抵江,或百馀里,或七八十里,俱属深涧幽壑。一溪之行,纤折几盘,必费多力而始转一石之塞,横亘长川,必待暴水而始过。采取必须搭架,拽运必须垫低就高。木在溪间,利于汛涨;木在山陆,又累于汛涨。故陆运必于春冬,水运必于夏秋,非可一径而行,计日而至。傥民力稍可足用,即竭蹶岂敢贻误?乃<u>四川</u>幅员既广,祸变相踵,荒烟百里,半灶俱无。当年进兵,臣行间运粮,满目疲病死亡艰难之状,兵火之苦,久在圣聪。自荡平以来,休养生息,疮痍渐起。然计通省户口,仍不过一万八千九十馀丁,不及他省一县之众。就中抽拨五千,入山采木,其供送衣、粮、器具,又必盈千累百。且此遣发民夫,远者千里,近者数百里,耕作必致全废,国赋凭何办供?请敕抚臣亲至产楠处所察勘,可以竭力斫运者几何,星速采取;其设法竭力而必不能斫运者,题请定夺。”下九卿议,以已经议减,仍令斫运。上曰:“<u>四川</u>山路险阻,人民稀少,且屡经兵火,困苦已极。采运楠木必致甚累小民。今塞外松木,材大可用者甚多,若取充殿材,即数百年亦可支用,何必楠木?着停止采运。”十一月,吏部循例开列司道内升京堂官十员,鹭名未预,特旨内升。二十六年三月,授光禄寺少卿。寻转通政司参议、鸿胪寺卿。十月,迁太常寺卿。

十二月,授<u>江西</u>巡抚。二十七年正月,陛辞,谕曰:“巡抚为地方大吏,以操守为要。大法则小廉,百姓俱蒙福矣。”鹭奏曰:“臣向在<u>四川</u>时,不取民间粒米束草。惟带一二家僮,日费取给于家中,不敢有私。”上曰:“身为大臣,寻常日用,岂能一无所费?若必分毫取给于家,势亦有所不能。但操守廉洁,念念从爱百姓起见,便为良吏。人贵始终如一,朕特简尔等,当砥砺清操。地方一切利害,有关百姓者,〔一〕不妨事事奏闻。”鹭奏曰:“臣当严禁属吏科派及词讼、贿赂诸弊。"上曰："为大吏者,亦须安静,安静则为地方之福。凡贪污属吏,先当训诫之,[二]若始终不悛,乃纠劾可也。"濒行,于常例外,赐盘费银一千两。

三月,擢闽浙总督。将入闽,奏："江西地方向来凋敝,自荡平叛逆之后,节年蠲免银米二百万有奇,民生渐裕。然征收之弊,尚为民累。钱粮明加火耗,暗加重戥,每两多一钱五六分不等。部、院、司、道、府皆有解费,又多收一钱一二分不等。臣入境之初,火耗已减,解费尚存,即揭示剔除积弊,自巡抚衙门起,去旧更新,官役上下大小杂费尽革,有犯必惩。漕粮官收官兑,本朝定制通行。惟南昌、新建二县棍徒把持,尚仍民兑,臣俱行革除。漕运积年陋规,搜剔无遗,止许遵照定例每石漕米加银三分、米三升。漕规止此,其馀款项皆属横征弊端,向日行之,恬不为怪。一经指破,众共晓然曰:'从此知漕原无费也!'但在民则省费,在官则失利,未有不以刻薄怨臣者。恐臣去之后,空言无用,乞天语严禁,不致前弊复生。"下所司知之。五月,次邵武,疏言:"湖广督标裁兵夏逢龙据武昌叛,黄州失守,倘滋扰江西,应调闽兵协剿。"

十月,疏言:"自海氛既靖之后,皇恩浩荡,大弛海禁,许民贸捕为生。遂有奸徒杂入商贩,出洋劫掠,半岁之间,报有数次。屡檄镇营擒捕,多以贼船往来飘忽,且执离汛远洋定例不准会哨为辞。臣思无事自当恪遵定例,有事岂宜仍拘疆界?即遣标员持令箭,飞檄温州总兵蒋懋勋、黄岩总兵林本植驾船出洋,克期痛剿。复令定海总兵董大本出洋,逐岙遍搜贼踪,阅三十馀日,温、黄二镇赴杨柳坑、大陈嶴等处,获贼船三,定海镇赴杨柳、马迹外洋,斩杀拒捕贼众,获贼船四,又于白沙湾获贼大船一。其生擒贼徒,俟审明定拟。"疏入,报闻。嗣以思头岛盗首杨仕玉未获,密差标员李涵往宁波侦缉,遣人诡投贼伙,尽得杨仕玉自称统海大将军于思头岛,及战败后养创窝家,复通线下海运械状,悉擒之,审释被掳难民百十一名,论斩盗首杨仕玉等十六人,馀杖流。

二十八年,上巡幸浙江,鼒迎銮无锡舟次,遵旨议入学广额名数,奏请照顺治五年以后额数:府学六十名,大学四十名,中学二十五名,小学十二名。九卿议定:府学二十五名,大学二十名,中学十六名,小学十二名。及驻跸杭州,赐鼒御用冠服,谕曰:"尔任总督,凡事实心办理,操守清廉。浙、闽黎庶,称尔为清廉总督。故特加优赉。"

五月,内升户部尚书。二十九年二月,以坠马伤疾乞休,命在任调理。五月,疏荐清苑知县邵嗣尧清廉慈惠,得旨优擢。三十年六月,以老病求罢,温旨慰留之。三十一年四月,同工部尚书萨穆哈往赈凤翔府饥。三十二年五月,复乞休,上慰留之。三十三年正月,召大学士九卿等同河道总督于成龙入对,谕责成龙平日排陷靳辅,并及鼒与左都御史董讷、内阁学士李应荐畏惧成龙,交相附和。寻各具疏引罪,部议并革职,鼒得旨以原品休致。三十四年五月,卒于家,赐祭葬如例。

【校勘记】

〔一〕朕特简尔等当砥砺清操地方一切利害有关百姓者　原脱"等"与"者"二字。汉传卷九叶一〇下,及耆献类征卷五〇叶二七上均同。今据仁录卷一三三叶一三上补。

〔二〕先当训诫之　原脱"之"字。汉传卷九叶一〇下,及耆献类征卷
五〇叶二七上均同。今据仁录卷一三三叶一三上补。

朱之锡

朱之锡,浙江义乌人。顺治三年进士,改庶吉士,授编修。
六年二月,大学士刚林、范文程等请简翰林官十二人,编辑六科
章奏,以备国史之用,之锡与焉。七年二月,乞假省亲,旋丁父
忧。服阕,补原官。十一年七月,擢弘文院侍读学士。十一月,
迁少詹事。十二年二月,疏言:"自国家定鼎以来,开馆纂修明
史,因天启、崇祯年间事实散佚,参考无凭,遂致停搁。恐岁月渐
深,传闻愈舛。夫实录不存,则可据者惟当时邸报及野乘遗书。
宜敕部宣示中外,有以明末邸报来上者,量加旌赉。至求书久奉
明旨,而各省奉行怠忽,请责成学臣购进。及任满时,课其多寡
而殿最之。则事有专司,史科易备矣。"〔一〕疏入,下所司议行。
十月,迁詹事。十三年闰五月,迁弘文院学士。十四年六月,擢
吏部右侍郎。七月,世祖章皇帝谕嘉之锡气度端醇,才品勤敏,
令以兵部尚书衔总督河道,驻济宁州。

十五年十月,河决山阳县柴沟,溢建义、马逻诸堤。之锡赴
清江浦,筑戗堤以卫之,决口遂堵。宿迁董家口为淤沙所塞,别
开新河四百丈于旧渠迤东,以通运道。十六年正月,疏言:"黄河
建瓴万里,及入河南,土松流汇,泛溢之害,无代无之。前明二百
馀年,数兴大役,治水名臣如徐有贞、刘大夏、潘季驯等塞决口,
疏河身,役夫俱八九万至十馀万,糜帑不赀。我朝数百万京储,

仰给东南。凡筹河者,必兼济运。黄河自荥泽至山阳,南北两岸,前明经营遗迹,废弛日甚。运河自惠通至董口,清口至江,规制十存其五。欲一一修复,工繁帑绌。谨酌盈虚,权缓急,条上十事:一、河南岁修夫役,宜存旧额。近以安澜,屡经奏减。不知河本湍急,未至横流谓之曰安。然其湍激之性,固无分已决未决也。伏秋水涨,呼吸间淹岸数里,迎流之处,纵有重障,如穿蒿葭。其防之也高一丈、长十丈之埽,非数百人莫能推挽;一里之堤,非三万馀工不成。今岁所筑,阅岁而高者卑,厚者薄。加以浊流无定,倏北倏南。重堤不支,退守月堤;月堤之内,不得不又议土工。此夫役旧额,万不可议裁减。一、淮工宜酌行民修旧例。江、淮、河、济原分四渎,自挽河资运,会淮注海,以一淮受河、济两渎之水,漫决时有,工作不停。前明兼用官修、民修,我朝因之。自顺治九年定议,募夫支给河银,未议及民修之例。河银有定额,用夫无常期,难免顾此失彼。宜分别应官修者,募夫给银;应民修者,派夫给食米。人数少,可专派山阳一县;人数多,则均派高邮、宝应、兴化、泰州、盐城、泰兴各州县,协济则事分工速。一、堤闸宜择最要者先治。扬属运道与湖水相连,淮属运道系黄、淮交会。黄流易致沙淤,必借淮流荡涤,方不致梗运。伏秋之间,淮被黄遏,不得出清口,皆聚于洪泽湖,则高堰危。故堰南有高良涧、周家桥两闸泄水,东入高宝、白马诸湖。高宝湖东通运河,南从瓜洲、仪征入江,而地势微昂,宣泄不及,则运堤危。故运河东岸有径河子婴、金湾等闸泄水,东下射阳、广洋诸湖,有湾头闸,有芒稻河泄水,南入于江。今各闸圮坏,应即估计修葺。一、柳料宜预为筹备。令濒河州县各置柳园数区,或取之荒地,或就近河民田偿价归官。每园置堡夫数名,布种浇灌,责成道厅稽察。数年之后,遍地成林,不惟有济河工,而河帑亦可稍节。一、严剔误工、病民弊端。凡供役之厂夫、堡夫、流夫、堤夫、闸夫、浅夫、铺夫,有奸豪包占、卖富金贫、贿鬻私逃、克减工食之弊;采买之柳梢、砖石、草柴、芦粜、灰铁、糯米、桐油,有扣减价值、交收掯索、折干肥私之弊;器具之方船、活闸、刮版、戽斗、铁铲、铁镢、布捥、竹筐、铁畲、杏叶杓、铁簸箕、五齿铁扒、铁杵、木夯、石碌、云梯,有储备不豫、制作潦草之弊。宜责司、道、府、厅查报,徇隐者以溺职论。一、厘核旷尽银两。凡额设水夫,天时阴雨而不赴工者为逃旷,所扣工食银谓之旷尽,恐不肖官吏侵入私囊。前河臣杨方兴奏明每季起解河库,每岁册报工部。今宜令管河厅官立循环簿,每幅首行书某州县额夫若干、工食若干,中界为三十格,每日一格,书夫几名,某所作工,有无逃旷;后行书应扣旷尽总数,每日送司道查核。一、慎重河工职守。遇同知以下缺员,许荐尽心河务之人升补。吏部推升,亦先用曾经举荐之人。凡河员升调降用,俱令候代,始行离任。一、河官既有专责,不应别膺差委。一、请复旧例岁终察核所属贤否,分别举劾,以示劝惩。一、酌议派补夫食三月。"又言:"黄、运二河,毗连数省。巡抚身任封疆,境内河道,不当视为非其职守,致调集夫料,各省参差。请敕各巡抚共襄河务,平时先事绸缪,临急从宜抢救。"疏下部,皆如所请行。八月,疏荐运河同知佟养钜、北河同知魏裔鲁、邳宿同知孙裔昌、封丘知县余缙、仪封知县崔维雅等,得旨叙录。十月,以兵船纤夫有守候越站、攘夺奔追、顺水行舟诸苦累,请自今兵船分别征剿、驻防,酌定夫额,设官巡查,下水舟速,停止给夫。疏亦下部议行。

先是,之锡丁母忧,上以河工紧要,令在任守制。至是,疏言:“臣前以母椟尚停官署,未营窀穸,三疏陈请,叠奉温纶,勉臣恪供职业;重以褒宠光荣,即顶踵捐糜,莫能报塞,何敢再以私情渎奏?顾臣墨缞任事,转盼祥禫,无地自容,时不可失。仰祈俯鉴苦衷,及今河事方竣,望简新督受代,容臣躬扶母椟回籍治丧。”得旨:“览奏,具悉至情。准暂假数月,扶椟回籍。事竣,仍即赴任。”命侍郎杨茂勋署河道总督。十七年六月,授茂勋湖广巡抚,以佥都御史苗澄接署。十二月,之锡复任,偕僚属捐银赈济淮、扬、徐三府灾民。明年,圣祖仁皇帝御极,议叙捐赈千两以上诸臣,加之锡太子少保。康熙元年九月,河决原武、祥符、兰阳,东溢曹县,决石香炉口[二]。之锡檄济宁道方兆及等赴曹县董筑,自往河南塞西阎寨、单家寨、时和驿、蔡家楼、策家寨诸决口。

是年,河南巡抚刘源濬条奏南阳、汝宁二府开垦荒地,请免河工差徭十年,部议令之锡覆核。之锡言:“差徭宜均其劳逸,新垦者偏逸,则旧业之民偏劳。酌定自今领垦地亩,五年后起派杂差。”又工部以江南瓜洲剥船逋欠岁输河库额银,令之锡察追。之锡言:“扬州至瓜洲,近年商船通行,剥船无从觅利,兼复拨应兵差,其旧新额税,俱宜豁免。”又疏请造船劳浅高邮四十五,宝应、江都各十八,共支帑银千七十余两。部议并从之。先是,之锡疏荐通惠分司工部主事寿以仁、河南驿传道万永祚、南河分司兵部郎中吴炜、北河分司工部主事高恒豫及封丘知县屠粹忠、扬州府推官王士祯等,俱叙录如例。

四年二月，疏言："闸河原因挽漕开凿，汇众泉分注灌输。南旺为运河之脊，北至临清，南至台庄，全赖四十馀闸启闭得宜。濒河之地，春雨长少，惟伏秋雨多，收入湖柜，可济来年新运。去岁东省久旱，竭力支持，旧漕幸竣。然山泉之小者多枯，大者已弱；湖水之旧者尽放，新者无收。臣日夕忧悬，未敢宁处，不得不鳃鳃过计于闸板内之涓涓水利。若差船官船，聚集多人，应闭者强之使开，泄水下注，则重运之在上者阻矣。应开者强之使闭，留水待船，则重运之在下者又阻矣。公差既由水程，即随漕而进，未致误期。官员情殷叱驭，既知河路迂迟，则又何妨从陆。乞天语申饬，各遵例禁，仍容臣刊刻榜示，树立各闸，有裨漕务非浅。"疏入，得旨："嗣后非奉极要敕旨差遣，擅行启闭闸口者，即指名题参。"下部严议行。

五月，疏言："自去冬督率东省司、道、厅印等官，搜剔泉源，挑浚河身，添建草闸，多置木坝，随宜经营，未尝时刻停辍。入春之后，亢阳逾甚，循例请颁泰山香帛，臣恭诣祈祷。值重运停滞迦河，臣忧心如燔，南北奔驰，在清平、博平督建草闸事竣，五月朔途次东昌，大雨如注，汶、泗诸水已经报长。现饬各闸相机启闭。今岁运道可无浅阻之虞矣。"八月，疏言："部议停差北河、中河、南河、南旺、夏镇、通惠诸分司，令以分司事务归并地方官。臣维黄、运两河，堤防疏浚，皆须一一足到限期，不比刑名钱谷之事，可以理断臆决者也。河势变幻，工料纷繁，天时不齐，非水则旱，或绸缪几先，或补苴事后，或张皇于风雨仓遽之际，或调剂于左右方圆之间，往往数武之地，竭千百人之拮据而不足。北河所辖千馀里，其间三十馀闸；中河所辖黄、运两河，而董口尤运道咽喉,清黄交接,浊流易灌;南河所辖在淮、黄、江、湖之间,东西南北相距窎远,天妃闸口每多沙淤为患。南旺泉源三百馀处,虽济、兖二府所属,近者或出道隅,远者偏藏僻壤。夏镇地属两省,凿石通漕,形势陡绝,节宣闸座,尤费经营。通惠浮沙易浅,峻水易冲,塞决之役,岁岁有之。各分司职掌,载在敕书,难以殚述。若云归并府佐,则府佐原有管河之责,是乃裁革分别非为拨官管理。况征夫问料,地方官民皆不乐闻,府佐职微权轻,上下掣肘,呼应不灵,易致贻误。至于地方监司,其钱粮、差徭、盗贼、词讼、供应兵差、缉解逃人,甚为繁剧;河属修防,固未尝不资其协助。然责以终年累月往来奔驰,驻守河上,揆之事势,万万不能。况源流之上下相济,夫料之缓急通融,分司与各道界壤迥不相同,若应合而分:则一闸座也,上流以为应闭,下流以为应开:一额夫也,在此则欲求多,在彼又复患少。不但纷竞日多,必致牵制误事。更当巡道既裁之后,兖西道所管之曹、单、东阿、阳谷等县,〔三〕运河已改并济宁道矣;扬州道所管之运河,已归并驿传道矣;淮西道所管之黄、运两河,已改并淮海道矣。又以驿传道兼摄扬关榷税,淮海道兼摄板闸淮仓、清江榷税,是一道而已兼数道之任。夫税务犹可坐理,若增一泉汛、河汛,道里相距率皆数百里而遥,百务缤纷,此身羁绁,渺渺水滨,欲闻其足音不可得也。又况自厅而至道,自道而至臣衙,公署文移往返,道路迂回,坐误事机,有不可缕悉者。盖臣属之设司厅于沿河各境,犹身之有臂,臂之有指也。今若专任末僚之佐贰,而以事繁地远、纸上兼摄之监司承接其间,黄、运两河各不下二千馀里,倚臣之一身总理,急此而遗彼,顾东则失西,异时万一贻误运道,收拾艰难,为忧方大。是安得不为之长虑却顾哉？应仍循旧例，部差分司以重河防，以保运道。"疏入，得旨俞允。

五年二月，卒于官。四月，直隶山东河南总督朱昌祚疏言："之锡治河十载，殚力宣劳。当旱溢相仍，则拮据夙夜；若堤渠挑浚，则南北驰驱。受事之初，河库贮银止十馀万两，频年撙节，现今贮库四十六万两有奇。核其官守，可谓公忠体国。其弟之璋称之锡积劳婴疾，因河事孔棘，不敢请告。今岁北往临清，南至邳宿，夙病日增。回署身故，年止四十有四，未有子嗣。吁请恩恤。"赐祭葬如例。

十二年八月，河道总督王光裕疏言："之锡生而尽瘁，没为河神。江、淮两河商民，追思惠政，每涉危履险，祈祷即验。邳州、宿迁、中牟、阳武、曹、单等县，皆为建庙。漕艘运丁，亦塑像尸祝。其生前保运安澜，固分所宜尽，而其始终为国为民之精诚，能于没后有验。谨据舆情吁请锡封。"疏下礼部，部臣以河臣封神，未有成例，寝其事。今上乾隆四十五年二月，巡视河工，允在事诸臣请，谕礼部以之锡殁为河神，屡著灵应，赐封助顺永宁侯，春秋致祭。

【校勘记】

〔一〕史科易备矣　"科"原作"料"，形似而讹。耆献类征卷一五二叶一下同。今据汉传卷八叶二上改。

〔二〕决石香炉口　"石"原误作"口"。耆献类征卷一五二叶四下同。今据汉传卷八叶七下改。

〔三〕兖西道所管之曹单东阿阳谷等县　"单"原误作"黄"。汉传卷八叶一一上，及耆献类征卷一五二叶七上均同。按清代山东兖西道所管无“黄县”，有单县。今据改。

靳辅

靳辅，汉军镶黄旗人。父应选，官通政使司参议。辅由官学生，于顺治九年考授国史院编修。十五年，改内阁中书。寻迁兵部员外郎。圣祖仁皇帝康熙元年，迁郎中。七年，迁通政使司右通政。明年，擢国史院学士，充纂修世祖章皇帝实录副总裁官。九年十月，改内阁学士。十年六月，授安徽巡抚。十一年四月，奏临淮、灵璧二县虚报开垦田四千六百馀顷，应请旨豁免田粮，从之。

十三年，逆藩吴三桂、耿精忠分寇江西，煽诱饶州弁兵从逆。上诏辅增兵接壤防守，辅寻遣兵会剿，擒斩歙县贼宋镳等。十五年二月，疏言：“户、兵二部因军需浩繁，令裁驿站经费。臣以为欲省经费，宜先除糜费。在外诸臣，非要务，勿专差赍奏，则火牌糜费节省十之八；京差官员，酌量并减，即解饷解炮，沿途自有官兵护送，亦止需部差一员，则勘合糜费节省十之三。严禁各员役横索骚扰，则节省无名之费更多。安徽所属站额银二十六万两有奇，以十分之四科之，岁省十万馀两。通天下计之，每岁所节当不下百馀万，可以裕军饷，苏驿困。”得旨：“驿递繁苦，皆由差员横索骚扰，着严行饬禁。”下部详议，如所奏，定为例。是年，疏报存留各属扛脚等项银十一万七千馀两，节省驿站银十二万九千馀两。得旨：“靳辅节省存留驿站各项钱粮，为数甚多，具见实心任事。”下部议叙，加兵部尚书衔。

十六年二月，〔一〕授河道总督。七月，疏言："黄河之水裹沙而行，水合则流急，而沙随水去；水分则流缓，沙停河底日高。故全赖各处清水并力助刷，始能奔趋归海而无滞。归仁一堤，原以障睢水，及水洞、邱家、白鹿诸湖水不使侵淮，且令小河口、白洋河入黄刷沙。自顺治十六年归仁堤溃，淮、湖诸水侵淮，不复入黄刷沙。黄水从小河口、白洋河二处逆灌，积沙渐成陆地。康熙六、七年间，王家营、邢家口溃，而黄水不由云梯关入海；古沟、翟家坝溃，而淮水不赴清口会黄。十五年，高家堰、清水潭、烂泥浅皆溃，而运道益淤，徐州以下黄流缓弱散漫，而河底益高矣。谨以大修事宜，分列八疏：一曰取土筑堤，使河宽深。清江浦历云梯关至海口，河身泥淤，须于两旁离水三丈，各挑引河一道，面阔八丈，底阔二丈，深一丈二尺，即以掘取之土，高筑堤岸。堤底七丈，面阔三丈，高一丈二尺，则黄、淮下注，中央既有旧存一二十丈河身，左右又各有八丈新凿之河，所存旧堤，薄仅三丈，一经三面夹攻，自可尽行刷去。新旧之河合而为一，河身宽至四十丈，深至二丈，可以渐复旧观。其夫役，请并令山东、河南协募。二曰开清口及烂泥浅引河，使得引淮刷黄。三曰加筑高家堰堤岸。盖欲堵决口，不先修筑残堤，恐水将寻隙奔溃，而石工费甚浩繁，板工不能耐久。伏思水性至柔，乘风则刚，其板石诸工率皆陡峻，故怒涛撞击，溃即随之。惟遇坦坡，及平漫而上，顺缩而下，堤制水而不抗水，虽经大水乘风，高低不虞激溃。今于堤外近湖之处，挑土帮筑坦坡。每堤高一丈，筑坦坡五丈，即有旧存桩木，亦听其埋于土内，以为堤骨，夯杵坚实，密布草根、草子于其上，俟其茂长，则土益坚、堤益固。四曰周桥闸至翟家坝共三十二里,原冲支河九道,及决口三十四处,须次第堵塞。臣验各处埽工,率用柳枝、芦草,费大而不能经久。伏思克水者土也,当求束土御水之法。改埽工为蒲包裹土,麻绳捆扎而填之,则费省而工亦坚固。五曰深挑清口至清水潭二百三十里运道。所挑之土,俱倾于东西两堤外,即以帮筑西堤坦坡,增培东堤坚厚。六曰令淮、扬田按上中下三则,[二]每亩纳修河银三钱至二钱有差,商船来往淮、扬两关,纳剥浅银,一年以米豆每石二分、货物每斤四分为率。七曰裁南河、中河、北河、通惠四分司,就近归道员管理。裁管河同知、山清、安海、宿桃三缺,改并山盱、归仁、邳宿三员,以重责成。八曰按里设兵,画堤分守。暇则栽柳蓄草,添土帮堤,每月乘浚船下铁扫帚,刷河底淤沙,督率员弁,严立课程,用期久远。"疏下王大臣议,以军务未竣,大修募夫甚多,宜暂停,上命辅熟筹。

　　辅复申前奏,唯运土用夫,请改为车运,遂皆如所请,诏发帑兴工。辅乃开通清口、烂泥浅引河四道,浚清江浦至云梯关外河身,创筑束水堤一万八千馀丈,塞王家冈、武家墩、高家堰诸决口。河堤外加筑缕堤及格堤,徐州、宿迁筑浅水坝十三座,其坝东西宽十二丈,南北长十八丈六尺,中立矶心六座,两旁俱用石墙,土内密钉排桩,灌以浆灰,上铺石板,联以铁锭。每坝一座,共成七洞,每洞各宽一丈八尺,计其泄水之地共十二丈六尺。清水潭旧堤冲溃,辅为弃深就浅,计筑西堤九百二十馀丈、东堤六百馀丈,更挑新河长八百四十丈,奏改名永安河。又以甘罗城西运口,黄流内灌,易致停淤,自新庄闸西南挑浚至太平坝,又至文华寺挑浚至七里闸,复转而西南,亦接至太平坝,因达烂泥浅,去

淮、黄交会之地约十里,计阅两月工竣。先是,漕船由骆马湖行
八十馀里,始抵窑湾,夏秋则盛涨,冬春则水涸,重运多阻。辅于
湖旁疏浚皂河故道,上接迦河通运。二十年三月,以大修已越三
年,黄河未尽归故道,自请议处,部议革职,得旨留任督修。

　　二十一年五月,上遣尚书伊桑阿、侍郎宋文运等阅工,并以
候补布政使崔维雅随往,因具奏上河防刍议、两河治略二书,及
条列二十四事,欲更改辅所行减水坝诸法也。十月,伊桑阿等还
奏:"靳辅建议大修,已用帑银二百五十馀万两。今萧家渡决口
未堵,宿迁、沭阳等处田地淹没,黄河不归故道,其言固难尽信。
崔维雅改议修筑,亦未必成功。"辅疏言:"河工次第告竣,海口
大辟,下流疏通,腹心之患已除,萧家渡决口堵塞亦易,不宜有所
更张。"因详辨维雅陈二十四事不可行。并下廷议,工部尚书萨
穆哈等请令辅赔修决口,上曰:"修治河工所需钱粮甚多,靳辅果
能赔修耶?如必令赔修,万一贻误漕运,奈何?朕思治淮尚易,
黄河身高于岸,施工甚难。崔维雅条奏二十四款,朕初览时似有
可取,及览靳辅回奏,崔维雅所奏诚无可行者。"因召辅来京。十
一月,辅至,奏:"萧家渡决口,明年正月可塞。崔维雅所议挑河,
每日用夫四十万,筑堤以十二丈为准,断不可行。"上是之,特旨
宽免赔修,决口仍给帑堵筑。二十二年四月,疏报萧家渡工成,
河归故道,请修七里沟险汛,天妃坝、王公堤等闸座;又请增开
封、归德堤工,以防上流壅滞。谕曰:"河道关系国计民生,最为
紧要。今闻河流得归故道,深为可喜!以后益宜严毖,勿致疏
防。"十二月,诏复原职。

　　二十三年十月,上南巡阅河,谕辅曰:"朕观高家堰地势高于

宝应、高邮数倍,前人于此筑石堤障水,〔三〕实为淮、扬屏蔽,且使洪泽湖与淮水并力敌黄,冲刷淤沙,关系最重。今高家堰旧口及周桥、翟坝修筑虽久,仍须岁岁防护,不可轻视,以隳前功。"又谕曰:"数年以来,治河著有成效,黾勉尽力,朕已悉知。此后当益加勉励,早告成功,使百姓各安旧业,庶不负朕委任至意。"因御书阅河堤诗赐之。二十四年正月,疏请添建黄河南岸毛城铺减水闸一、王家山十八里屯减水闸三、北岸大谷山减水闸二,以保徐州上流堤工;并于归仁堤添建石坝二,拦马河及清河运口各添建石闸一。九月,疏言:"勘阅河南堤岸考城、仪封、阳武三县应帮筑堤工七千八百七十九丈,封丘县荆隆口应筑大月堤三百三十丈,荥泽县应修筑埽工二百一十丈,以防上流异涨;并请增设兰阳、仪封、荥泽河员,免开封、归德二府居民采办青柳。"事下部议,俱从之。

是时,上念高邮、宝应诸州县湖水泛溢,民田被淹,命安徽按察使于成龙经理海口及下河事宜,仍听辅节制。辅疏言:"下河卑于海潮五尺,疏海口则引潮内侵,大不便。请自高邮城东车逻镇筑长堤二,历兴化白驹场至海口,束所泄之水入海。堤内涸出田亩,丈量还民;其馀田招民屯垦,以抵经费。"廷议如所奏,召辅及于成龙进京。成龙力主开浚海口故道,辅仍议筑长堤高一丈五尺,束水敌海潮。大学士九卿俱从辅议,通政使参议成其范、给事中王又旦、御史钱钰从成龙议。时宝应人侍读乔莱奏辅议非是,乃命尚书萨穆哈等往勘视,寻以开海口无益回奏。会江宁巡抚汤斌入为尚书,奏下河宜疏浚,上命侍郎孙在丰往董其事。

二十六年七月,诏询下河田畴,何策可纾水患。辅疏言:

"宋、元以前,高邮、宝应诸湖原皆田畴。臣前堵筑清水潭,深挑两堤中间河底,有宋、元旧钱及砖井石街,其为民居可证。盖黄河在宋、元时虽南侵,而尚未全徙。至明代始绝北流,南夺淮渠以入海,致淮水壅不得下,清河县之洪泽村漫淹而为洪泽湖,又从高家堰、翟家坝旁流,东注为高邮、宝应诸湖。自此永不复田畴之旧,且为患于下河矣。臣屡经测验运河堤顶,卑于高家堰堤顶一丈有奇。故减水坝之建,在堰堤可泄水一千方,在运堤则便可泄水一千二百方。所以历七年之久,三遭大涨而运堤安然无恙。运堤所泄之水,以下河为壑,下河之东即大海,浚海口似可纾水患。然自清江浦南行三百馀里,至江都县之茱萸湾,折而东百馀里至泰州,又百馀里至海安镇,折而北即范公堤。沿堤而行,历安丰、东台、河垛、丁溪、白驹、刘庄等场,计二百馀里而抵盐城县,北行百馀里而至庙湾场,折而西百馀里为苏家嘴,又百馀里仍回清江浦,计程千里有奇。惟庙湾、天妃、石礅三口向系泄水入海之处,必登舟过渡,馀皆可以驰马之路。其卑处于周围马路中者,南北三百馀里、东西二百馀里,形如釜底,止就釜底挑挖,陡增釜底之深。当淮流盛涨,高堰泄水汹涌而来,仍不能救民田之淹没。臣与幕友陈潢反复曲筹,杜患于流,不若杜患于源。高家堰之堤外,直东为下河,东北为清口,当自翟家坝起,历唐埂、古沟、周桥闸、高良涧、高家堰筑重堤一道,约高一丈七八尺至二丈不等,长一万六千丈,需费七十九万五千两。此工一成,束堰堤减下之水,使北出清口,则洪泽湖之水不复东潴下河,其下河十馀万顷之地,可变成沃产;而高宝诸湖俱可涸出田亩数千顷,招人屯垦,可以裕河库。且高堰原为最险之工,增此堤则长年保护。洪泽湖广阔非常，一遇风起，多覆舟沉溺，行此堤内之河，则避湖险而就安流，有便于商民者甚大。至臣幕友陈潢前逢圣驾阅工，臣以姓名上达宸聪，其间兴工之委曲，及将来竣工，非陈潢协力区画不可。念臣垂老多病，万一即填沟壑，或病卧不能驰驱，则继臣司河者，仍必得陈潢在幕佐之，庶不歧误。此臣十年以来之血诚，欲吐而未敢者。今据实陈明，非仅居功蔽贤之念不忍萌，即引嫌避忌之私亦不敢计。"疏下廷议，如所请，并赐陈潢佥事道衔。

时于成龙任直隶巡抚，诏以辅疏示询成龙，成龙言下河宜开，重堤不宜筑。上遣尚书佛伦，侍郎熊一潇，给事中达奇纳、赵吉士与总督董讷、总漕慕天颜会勘。天颜、在丰议与辅相左，佛伦等以应从辅议还奏，仍下九卿会议。二十七年正月，御史郭琇疏言："海宇升平，万邦底定，宵旰殷忧，时切如伤之念者，止一线黄河与淮、扬等州县昏垫之黎民耳。皇上委任河臣靳辅，靳辅则听命于幕客陈潢。如果洪水归洋，狂澜永息，犹得有辞。乃今日议筑堤，明日议挑浚，糜费帑金数百万，终无底止之期。今日题河道，明日题河厅，以朝廷爵位为私恩，从未闻有得人之效。又复攘夺民田，妄称屯垦，取米麦越境货卖。皇上以下河为必可开，而靳辅百计阻挠，欲令功垂成而终止。且屯田一事，皇上洞知其累民，会勘诸臣亦知其累民，则靳辅、陈潢之罪，了如指掌矣。陈潢为靳辅营一家之谋，于国计民生全无裨益。忌功之念重，图利之心坚，真国之蠹而民之雠也。监司、佥事何等尊贵，岂容一介小人冒滥名器，以快靳辅酬报私情？宜即斥革，敕部严加处分，另简大臣之清廉敏练者，整理河务，庶成功可奏，生灵永利矣。"疏下九卿查议。二月，给事中刘楷疏言："河工道厅至杂职百十馀员，题补之权总归河臣。使其虚己求才，果能奏安澜之效，犹且不可久擅用人大权。乃在在保举，及至任事漫无寸功，惟见每岁报冲决而已。嗣后大小河官，应仍由吏部选补。"御史陆祖修疏言："皇上每遇紧要政事，令九卿会议，期于众论金同，至当不易。无奈河臣靳辅身虽在外，而呼吸甚灵，九卿中赞决异同者不过三四人，皆左袒河臣，不顾公议。如屯田一事，悉依户部尚书佛伦等所奏具稿，箝众人之口。伏思民间地亩，各处例有准则起科，并无额外多馀之理。直隶巡抚于成龙审事湖广将还，倘蒙亲询其间利病根由、情弊始末，可救东南七州县昏垫之民命，省内府几百万糜费之金钱。河臣积恶已盈，中外人心总望睿断罢斥，万勿议劳使过，以重迟回。昔帝舜殛鲧，以其逆水之性也。今兼有屯田害民之事，去一靳辅，天下万世仰赖圣明，无逾此矣！"时慕天颜、孙在丰亦疏论屯田累民及辅阻挠下河开浚事，诏俟于成龙至，会议一并严察。

辅寻得请入觐，先疏论于成龙、慕天颜、孙在丰朋谋陷害，又自辩："受命治河之日，正当两河坏极之时。自砀山以抵海口，南北两岸决口七八十处，高家堰决口三十四处，翟家坝成河九道，清水潭久溃，下河七州县一望汪洋，清口运河变为陆地。臣昼夜奔驰，先堵高家堰，淮水方出清口；旋堵清水潭，挑挖运河，改移运口，迄今永远深通。其向来行运之骆马湖淤浅，不能行舟，臣创开皂河，漕艘无阻，久蒙圣鉴。至浚筑经费，方臣未任之初，曾特遣部臣勘估，计六百万两。臣任事后，苦心节省，自徐州起直抵海口，两岸堤工，并高家堰、清水潭及前所未估之新开皂河，堵塞杨家庄,修筑归仁堤,改移运口,止用帑二百五十一万两。又萧家渡冲决时,蒙赐帑一百二十万两,今一概加修竣工,统计所用,仅及前此部臣估计之半。而台臣郭琇则曰'糜费帑金数百万,营一家之计',不知何所见而诬臣至此极也? 其曰'题道厅未闻得人',则河员原因慎重河务,必由河臣保题,定例已久,非自臣始。其曰'夺田屯垦',则臣绝不以纳粮之民田,分厘入屯。其曰'越境卖麦',则臣原以变价还部题明。其曰'陈潢小人,冒滥名器',则陈潢之蒙恩,实出鼓励人才之特典,以言冒滥,臣不知何所指? 且诋之为小人,则因于成龙久与结拜弟兄慕天颜频与宴好殷勤,孙在丰亦与亲密异常者也。自康熙二十二年两河归故,运道通行,而郭琇必以洪水狂澜罪臣,科臣刘楷曰'惟见每岁报冲决',台臣陆祖修曰'逆水之性',又谓'清丈隐占非额外多馀地亩'。盖郭琇与孙在丰为庚戌科同年,陆祖修为诸生时,拜慕天颜为师,又系孙在丰教习门生,刘楷、陆祖修己未科同年,并江南人,与隐占田亩者,无非桑梓亲戚年谊之契,故彼呼此应,协力陷臣。慕天颜与孙在丰结婚姻,因于成龙倡开海口之议,故必欲附成龙以攻臣而助在丰,兼夺臣任。夫河臣之职,与督抚不同。督抚统摄地方诸务,稍一兴利除弊,易以见德。河臣频年奔走河滨,以挑筑为务,上费帑金,下役民力,最易招尤致谤;而臣之负谤,更因屯田之清丈隐占。隐占田亩,唯山阳最多,有京田、时田之分。时田一亩纳一亩之粮,系小民之业;京田四亩纳一亩之粮,皆势豪之业。臣清丈沭阳、海州、宿迁、桃源、清河五属,得三百万亩,至山阳则终不能丈,以山阳乡绅多也。臣不顾众怒,致雠谤沸腾,使中伤臣者,更得以借口。然臣任事十馀年,凡雇

夫挑筑,买办物料,皆给发现银,虽淮、扬各属隐占田亩诸人怨臣
至深者,亦不能指摘也。伏念河工一事,成之甚难,坏之甚易。
自康熙六年两河溃决,历经数河臣,治之十馀年,终无一效。臣
受任之初,群议蜂起,百计阻挠,赖皇上不惜帑金,兼授方略,两
河得以复故。正须绸缪善后,而诸臣合计交攻,必欲陷臣杀臣而
后已,全不顾运道民生大计。当此众口铄金之际,即皇上欲终始
保全,无如诸臣朋谋陷网之密布。倘蒙圣驾再巡,亲阅堤工,更
命重臣清丈隐占地亩,则臣与诸臣之是非、功罪立分。臣身负重
劾,万死一生,幸得入觐,恐天威咫尺,不得尽吐所欲陈,谨缮疏
密奏。”疏入,上谕阁臣曰:“近因靳辅被劾,议论其过者甚多。
靳辅若不陈辩朕前,复何所控告耶? 此疏并下九卿察议。”

三月,上御乾清门,命辅与于成龙、郭琇各陈所见。于成龙
言海口必应开浚,郭琇言屯田夺民产业,上曰:“屯田之事,因取
民馀田,小民实皆嗟怨。靳辅当亦无可置辩。”辅奏:“向者河旁
田亩,尽被水淹。臣任事后,将决口堵闭,两岸筑堤,河流故道,
无有冲决之患。数年水淹之田,尽皆涸出。臣以民间原纳租税
之额田,给与本主,其馀丈出之田,作为屯田,抵补河工所用钱
粮。因属吏奉行不善,民怨是实,臣无可辩,唯候处分。”上曰:
“各省民田未有不溢于纳粮之额者,〔四〕若以馀田作屯,岂不大扰
民乎? 屯田不行,无可复议。至下河作何开浚,重堤应否停筑,
九卿等公同详酌确议。”寻允九卿议停筑重堤,革辅职,以福建浙
江总督王新命代之。〔五〕陈潢革金事道衔。

初,漕船出清口入黄河,行二百里,始抵张庄运口。辅奏于
清河县西仲家庄建闸,上自宿迁、桃源、清河三县黄河北岸,遥接

二堤内加挑中河一道,俾漕船既出清口,截流径渡北岸,避黄河一百八十里之险溜,由仲家庄闸内进中河,历皂河、迦河北上。及工竣,学士开音布、侍卫马武往勘,还奏中河商贾舟行不绝,漕运可通。上谕廷臣曰:"前于成龙奏云:'靳辅开中河无益,反为民累,河道已大坏。'今开音布等往勘,则云:'数年以来,河道未尝冲决,漕艘亦未有误。'谓靳辅治河全无裨益,微独靳辅不服,朕亦不惬于心矣。若王新命顺从于成龙之说,将原修工程尽行更改,是各怀私忿,必致贻误河工。"乃命尚书张玉书、图纳等往勘确议,还奏:"河身渐次刷深,黄水迅溜入海。其已建闸坝堤埽及已浚引河,并应如辅所定章程,无庸更改。"十一月,辅奉命同工部尚书苏赫等往阅通州运河,请于沙河建闸蓄水,通州下流筑堤束水,以利漕运,从之。

二十八年正月,上南巡阅河,辅从行,谕询中河逼近黄河,水涨堤溃可虞。辅奏:"前曾奉谕筹拦马河减水坝,所出之水每致淹没民田。臣开中河以束水,兼令漕船避黄河险溜。今若加筑遥堤,曾不至有患。"三月,谕吏部曰:"朕南巡时,江南淮安人民皆称誉前任河道总督靳辅,思念不忘。且念浚河深通,筑堤坚固,实心任事,劳绩昭然,可复其原品。"二十九年三月,漕运总督董讷以北运河水浅,请尽泄南旺湖之水北流,仓场侍郎开音布以挑浚北运河奏请。上召问辅,辅奏曰:"南旺湖水若使偏入北河,[六]必致南河水浅,唯从北河两旁下埽,束水则水深,自可济运。"诏即以辅同开音布经理之。

三十年九月,奉命与侍郎博霁、李光地等阅黄河险工。三十一年正月,还奏:"黄河南岸自徐州以上毛城铺起至海口,北岸自大谷山起至云梯关以下六套，所有减水坝闸，现无冲损，中河亦甚便漕船往来。唯黄河南岸之横庄、烟墩、马逻，北岸之朱家庄、安东县便益门、南东门六处险工，有未设月堤，及下埽单薄处，应增筑加培。"并绘图呈览，下九卿议，令河臣如所奏行。二月，王新命以勒取库银为运河同知陈良谟讦罢，上谕大学士曰："朕听政以来，以三藩及河务、漕运为三大事，夙夜厪念，曾书而悬之宫中柱上，至今尚存。倘河务不得其人，一时漕运有误，关系非轻。靳辅熟练河务，及其未甚老而用之，亦得纾数年之虑。其令仍为河道总督。"辅以衰病辞，命顺天府丞徐廷玺同往协理。六月，疏言："前所奉诏截留江北漕粮二十万石，由黄河运至山西蒲州，拨陕西赈济。臣因开封以西，黄河浅深无定，与漕臣董讷定议，漕船三百八十四，每船预支下运行月银六十两，为增雇剥船夫役之用，共银二万三千四十两。二月初至淮安开行，臣于五月初赴开封督饬催攒，添雇民船，随浅随剥。抚臣阎兴邦牒称水路止可运至孟津，由孟津陆运至蒲州六百三十里，业经山、陕两省议明分运。臣今赴孟津料理。"得旨，嘉其实心任事。

　　十月，疏言："黄河自河南荥泽县至江南清河县，两岸各一千馀里，其险工不可疏虞。如南岸之在开封或疏虞，则黄水入淮；归德至宿迁或疏虞，则黄水入睢；桃源、清河间或疏虞，则黄水入洪泽湖以侵高堰。倘高堰不固，宝应、高邮运道必致淤垫。故尚须筹画万全，欲加筑前此停筑之重堤，为费甚大，惟就运料小河之堤加筑高二丈、广三丈，乃可无患。北岸之在荥泽或疏虞，则黄河水上溢张秋，下溢济宁，鱼台、丰、沛民田受淹。宿迁、清河或疏虞，则一百八十里之运道亦淤垫。故中河遥堤必须加筑,于西宁桥添建石闸二,仲家庄、陶家庄两闸左右各添一闸,以备宣泄。其张庄旧运口,臣辅前挑中河时,曾议设闸,因解任未举行。恐将来山东之水微弱,致中河浅涩,今宜竟行堵塞,就骆马湖之东、中河之南建闸。值东水大涨,开以泄之,东水消落,闭以蓄之,庶无他虑。"又疏言:"黄河堤工,莫重于既成之后,随时修补,堤根积水,易致汕刷。惟于上流量挖一沟,引沙直注,使停;再于下流量挖一沟,引水分泄渐去,其低洼处自然淤平。臣辅前任时,相度董家堂、龙窝二处险工,曾设涵洞,引黄灌注,于月堤里使清水流在月堤外,洼地遂成平陆。徐州长樊大坝险工,亦引黄内灌,淤高洼地二三尺。今邳州旧城迤西洼地,周围约有百里,水无去路。宜仿已验之法行之,或虑掘堤难以修防,则建小闸以酌量引灌,更为万全。"疏下九卿议,以黄河水势湍迅,引灌邳州洼地,已属危险,令再审筹,馀如所请。

又疏言:"臣前任安徽巡抚,当军兴之际,陈潢助理协宜。及任总河,值高家堰决口甚多,翟家坝未堵二十馀里,成河九道,因尽行筑堤塞河,以敌清口之黄,创设减水坝,以保高堰之堤。改清水潭堤工,于湖内永保安澜。浚甘罗城运口至太平坝,以避黄水内灌。挑皂河二十馀里、支河三十里,使骆马湖不复淤垫。又挑中河,使漕船免黄河逆流之险。凡臣所经营,皆潢之计议。仰荷圣主如天之福,次第成功,恩赐潢金事道衔。不意骤遭诋毁,革去职衔,旋即物故。又奉命勘河之尚书熊一潇,给事中达奇纳、赵吉士同时被指摘而去,已蒙恩起复,则无辜受累者,当一体均邀慈鉴。"疏下吏部,陈潢已故,寝议。熊一潇、达奇纳、赵吉士并请旨录用。时辅再疏自陈疾剧,乞解任,命内大臣明珠往视,

传谕留淮调理。十一月,卒于官,年六十。遗疏至,得旨:"靳辅
简督河务,经理年久。黄、淮两河修筑得宜,运道民生俱有裨益。
患病溘逝,深为轸怀。下部议恤。"赐祭葬如例,谥曰文襄。

三十五年,河道总督董安国以江南士民吁请捐赀建祠河干
入奏,下部议行。四十六年,上南巡还,谕吏部曰:"朕廑念河防,
屡行亲阅。凡自昔河道之源流,治河之得失,按图考绩,靡不周
知。粤从明季寇氛,决黄灌汴,而洪流横溢,岁久不治。迄于本
朝,在河诸臣,未能殚心修筑,以致康熙十四、五年间黄、淮交敝,
海口渐淤,朕乃特命靳辅为河道总督。靳辅自受事以后,斟酌时
宜,相度形势,兴建堤坝,广疏引河,排众议而不挠,竭精勤以自
效。于是淮、黄故道次第修复,而漕运大通。其一切经理之法具
在,虽嗣后河臣互有损益,而规模措置不能易也。至于创开中
河,避黄河一百八十里波涛之险,因而漕挽安流,商民利济。其
有功于运道民生,至大且远。朕每莅河干,遍加谘访,沿淮居民
感颂靳辅治绩,众口如一,久而不衰。夫人臣有大建树于国家
者,奖励酬庸,宜从优渥,虽赐恤易名,已循彝典,尚应特予褒荣,
贲以殊恩。其加赠太子太保,予骑都尉世职,用彰朝廷追念勋臣
之典,为矢忠宣力者劝。"

寻令其子治豫袭职,准再袭二次。世宗宪皇帝雍正三年,以
治豫向随父任,明晰河务,由副参领加工部侍郎衔,协理江南河
工事务。五年,谕阁臣曰:"朕览治河方略,见原任河道总督靳辅
昔年修理河工,劳绩茂著,欲加恩泽以奖勋庸。据吏部查奏康熙
四十六年已赠宫保与世职,今再追赠工部尚书,予祭一次,以示
朕笃念前劳至意。"七年,命江苏巡抚尹继善择地建祠,祀辅及河

道总督齐苏勒,有司春秋致祭。八年,诏建贤良祠于京师,以辅
入祀。

【校勘记】

〔一〕十六年二月　"二"原误作"八"。满传卷二六叶二下,及耆献类
　　征卷一五五叶二上均同。今据仁录卷六五叶二〇下改。

〔二〕六曰令淮扬田按上中下三则　"令"原作"合",又"扬"作"阳",
　　均形似而讹。耆献类征卷一五五叶三下同。今据仁录卷六五叶
　　一三上改。按满传卷二六叶五上,"令"字不误而"扬"误"阳"。

〔三〕前人于此筑石堤障水　"于"原误作"如"。满传卷二六叶八下
　　同。今据仁录卷一一七叶二一上改。按耆献类征卷一五五叶五
　　下不误。

〔四〕各省民田未有不溢于纳粮之额者　"溢"原作"滥",形似而讹。
　　满传卷二六叶二〇下,及耆献类征卷一五五叶一二上均同。今据
　　仁录卷一三四叶八下改。

〔五〕以福建浙江总督王新命代之　原脱"浙江"二字。满传卷二六叶
　　二〇下,及耆献类征卷一五五叶一二上均同。今据仁录卷一三四
　　叶一二上补。

〔六〕南旺湖水若使偏入北河　原脱"南"字。满传卷二六叶二一下,
　　及耆献类征卷一五五叶一三上均同。今据仁录卷一四五叶八
　　下补。

徐旭龄

徐旭龄,浙江钱塘人。顺治十二年进士,授刑部主事。十五
年,改吏部主事。十七年五月,迁本部员外郎。六月,丁母忧。

康熙三年,起补原官。四年,迁礼部郎中。五年,充江南乡试正考官。六年五月,疏言:"经制衙役,定额甚严。近有串名朋役,承应官府,表里作奸,是谓衙蠹。请敕督抚严查所属,凡经制外悉令归农。如不将溢额核汰,该管官从重治罪。"下部议行。十月,授云南道御史。七年四月,疏言:"赎锾向备仓储,事烦地广之处,赎罪者多,有司申报上官,十无二三,侵渔实甚。请于岁终,州县册报藩臬两司,藩臬册报督抚,叠为稽核。其罚数及罚赎人姓名详载册内,倘有隐匿,即以贪黩治罪,庶积储充实,荒政可修。"得旨允行,并敕承问各官明示晓谕。是年,裁云南道缺一员,旭龄以裁缺候补。八年,补湖广道御史。九年三月,疏言:"督抚专司察吏。迩来降调官员,百姓每每保留,不无滋弊,请禁止。凡官员贤否冤抑,责成督抚实心体访。果系清廉良吏,或因公受累、事同处异者,许督抚特疏入告。如稍徇隐,别经发觉,加等治罪。"从之。

五月,命偕御史席特纳巡视两淮盐政。十月,疏言:"两淮积弊相沿,其私费之苦有六:商人纳课,例将引数填注限单,而运库于每引科费数钱,方得给单,胥役纲总又有科敛,其苦一;商盐出场,例将舱口验报,谓之桥掣,而关桥扣勒引票,每引科费数分,方得掣放,其苦二;商盐呈纲,例必造册摆马,谓之所掣,而未经称掣,先有江掣等费,每引费一二钱,方得过所,其苦三;引盐既掣,例必请给水程及桅封等项,每引费二三钱,方得开行,其苦四;盐船既放行,而盐道有挂号之费,营伍有巡缉之费,关钞有验料之费,其苦五;船盐既抵岸,而江、广进引,每引进费钱馀不等,又有样盐查批等费,其苦六。请责成盐属各官,取各商有无私费甘结,缴臣衙门查核。若一处无结,即指名纠参,以为剥商者戒。"又言:"淮盐称掣三大弊,两淮地狭盐多,商人于正课宁甘纳课,不愿带盐,乃桥、所两掣额外之斤,反加增重,实为盐法大害:其一为加铊之弊,掣官不论盐包轻重,暗挂斤两,商盐不增捆,额外始能与铊相准,利归于铊,而病中于商;其一为坐斤之弊,掣官不论轻重有无,豫定馀盐,商盐必多带斤两,始能抵偿掣费,公斤愈多,则私科愈重;其一为作斤改斤之弊,掣官于未掣之先,议定使费,暗作斤两,已掣之后,议定使费,又暗改斤两。于是输纳不均,害在于课;口岸不销,害中于引。臣以为革弊之道,惟有严禁斤重一法。凡桥、所称掣,溢斤割没,少者三四斤,多者七八斤,不得逾额。如奸商有夹带过多,掣官有虚填太重者,商则计引科罪,官则计斤坐赃。多带之斤除,则销运易;填注之弊绝,则掣验公。"部议如所请,勒石严禁。又言:"两淮盐法,春夏行盐,秋冬纳课。原照引数征纳,并无计日催征之例。近因部臣以盐差在任一日,即有一日考成之责。于征完本年课银外,又行豫征,最为苦累。且早征于额不增,迟征于额不减,民间地丁正赋,尚禁豫征,商民无二。请将五十七日豫征停止。"部议不准,特旨再议,仍照旧例行。十八年,迁太常寺少卿。二十年,转大理寺少卿。二十一年六月,授左金都御史。八月,疏言:"国家省事,莫如省官。康熙元年,以各省监司浮于郡守,酌议冗官尽去。自十三年逆贼变乱,添设道二十七员。今天下承平,多一衙门即多一供应。请将十三年后所添道员,或裁巡归守,或并守归巡,或守巡全裁,亦息事宁人之道也。"敕九卿议行。

二十二年,擢山东巡抚。二十三年四月,旭龄以东省岁禄米贵,穷民待哺,请借给仓谷,免其起息还仓,诏报可。九月,授工部右侍郎。十二月,迁漕运总督。二十八年八月,疏请厘三害云:"随漕例有增裁,原为贴军而设。乃有司私增,更甚于军。每石少以钱计,多以数钱计。南兵军局恤伍一项,原无增裁。今统归大粮征收,仍难扣减,宜革者一。随漕例有运耗,原为贴兑而设。乃有司私耗更浮于兑,每石少以斗计,多以数斗计。白粮已编有办束包令,又另加春办米包索银,宜革者二。至盘费脚价,江、浙官无额编,民间私贴每石银三五分、米三五斗。乃湖北已编有折银三千九百馀两,每石复帮贴银一二钱。江西已编有脚费银三万四千五百馀两,每石复征水脚银三钱五分,宜革者三。"又请筹三便云:"各省给军款项,有减存抵欠销算者,势须粮道给放,其随漕增截银两,亦汇解道库,一解一给,旗丁反受扣减。请停止汇解,竟归州县给发,便一。运丁行月粮,遇有灾伤停缺,例请拨补,有康熙十二年间除荒银两。至二十一年仍未准给,旗丁不沾实惠。请停止除荒,竟入现运项下,得应急之用,便二。至船少帮多,为病尤甚。浙江帮次有可合一帮者,请附归并,可省二十馀帮,便三。"诸疏俱下九卿议行。

二十五年六月,疏言:"京口驻防兵米,向例截留江西漕粮。康熙二十一年后,改留本省常、镇、苏、松拨解。但江漕有折耗、夫役诸费,报部核销。苏、松各府解送费亦难免,而例不准销,恐不能无累于民。查京口岁需米十馀万石,镇江一府正耗漕米十三万八千馀石。莫若即以镇属之米给镇江之兵,则就地支给,耗费可以不用,官民均利。"得旨俞允。十月,时漕船抵通迟延,上特遣部员前往催趱,回空不致有误,仍诏旭龄明白回奏。旭龄奏:"漕、白二船,较上年多三分之一。自四月内尽数过淮,朝夕督催出闸赴北,回空船只并无片帆冻阻。"上以其饰辞诳奏,敕部严议,应革职;特旨宽免,降五级留任。二十六年二月,卒。谕嘉"旭龄才品优长,操履清慎",应给从优恤典。寻命复其所降级,赐祭葬,谥清献。

于成龙

于成龙,汉军镶黄旗人。圣祖仁皇帝康熙七年,由荫生授直隶乐亭知县。八年,署滦州知州。以罪囚脱逃降调,乐亭民列其善政,叩阍吁留。部议保留,叠经饬禁,械为首者系狱。九年二月,县民再叩阍,下巡抚金世德察奏所列善政皆实,复县任。十三年六月,以缉盗逾限未全获,应降调,金世德奏言:"乐亭旧号疲邑,成龙抚绥调剂,与民相宜,可否留任?"部议不准,得旨:"于成龙抚绥疲邑,与民相宜,其留任。"十八年,擢通州知州。

二十一年,直隶巡抚于成龙迁两江总督,疏荐其可大用;寻又请敕廷臣推清操久著与相类者为江宁知府,上即擢成龙任之。二十三年十月,上南巡至江宁,传谕曰:"朕在京师,闻尔居官廉洁。今临幸此地,确加咨访,与所闻无异。用锡亲书手卷,以嘉尔清操。"十一月,擢安徽按察使,驾还京,赐其父原任参领于得水貂裘,奖其教子有方。又谕八旗都统侍郎诸臣有子弟官外者,各贻书训勉,效成龙之洁己爱民。

二十五年二月,[一]擢直隶巡抚。濒行,赐银千两、表里二十端。谕询:"畿辅重地利弊应兴革者,宜何先?"成龙奏:"弭盗为先。奸恶之徒,倚仗旗下名色,窝藏匪类,有司明知而莫敢深究。

嗣后有如此者,臣当执法治之。"既抵任,疏言:"弭盗之方,在力行保甲。今民间已申饬遵行。惟旗下庄屯向不属州县管辖,本旗统领官远在京城,仅有拨什库在屯,未能约束。今应令旗人与民户同编保甲,以拨什库与乡长互相稽察,无论盗所劫之家是旗是民,俱协力救护。能擒获者赏给,如窝盗纵盗,许州县官诘讯申报。"又疏言:"燕山六卫所辖辽阔,与州县不相统属。遇有贼盗,止责汛弁缉拿,而卫员漠不关心,此贼盗所以充斥也。请嗣后以卫地近州者归州,近县者归县,则保甲易编,匪类易察。京东之通州,西之卢沟桥,南之黄村,北之沙河,宜设捕盗同知四员,分驻其地。自守备以下分汛各官,徼巡墩台诸务,及旗下庄屯悉归稽察。则武弁有所顾忌,旗人亦受约束矣。"疏并下部议行。先后察究武清、易州等处怙恶不悛之旗人,请旨置诸法。又疏言:"顺德、广平、大名等府,额解狐皮、花绒、芝麻,运送费多,恐借端苛派,请改解折色。"又言:"河工岁修派夫,应令旗地与民地一体计亩均役。"下部议,格于例,并得旨如所请行。二十六年四月,上以于成龙廉能称职,诚心爱民,特旨嘉奖,加太子少保。十月,巡行畿甸,赐鞍马并银千两。十二月,诏同山西巡抚马齐往鞫湖广巡抚张汧贪款,得实,论罪如律。二十七年三月,回任。

初,成龙任安徽按察使。靳辅为河道总督,大治淮、黄堤坝,上以其未能兼顾下河,敕成龙督理之,遇事得自陈奏。成龙请浚海口故道,靳辅请于下河筑长堤,束水注海。上诏询籍隶淮、扬诸臣,奏宜从成龙请。工部尚书萨穆哈奉命往问居民,还奏百姓佥谓浚海口无益。大学士、九卿议未决,成龙迁巡抚,以侍郎孙在丰督理下河。靳辅奏开中河以便漕运，又请于高家堰外增筑重堤束水，北出清口，则下河不浚自治。上以疏示成龙，成龙奏下河宜浚，重堤不宜筑，开中河无益，反为民累。上允靳辅开中河，遣尚书佛伦、侍郎熊一潇同总督董讷、总漕慕天颜会勘增筑重堤事。佛伦等还奏宜从靳辅请，慕天颜、孙在丰，御史郭琇相继劾靳辅兴屯累民。靳辅亦劾慕天颜、孙在丰附和成龙，朋谋阻挠。至是，成龙自湖广还，诏同靳辅入对。靳辅言开浚海口，有海水倒灌之患。成龙奏："若筑高家堰重堤，纵上流之水不来，而秋霖暴涨，天长、六合等处之水，泄归何处？故海口仍应开浚。"上罢靳辅任，以福建浙江总督王新命代之，别遣部臣代孙在丰。五月，学士开音布、侍卫马武阅中河还，奏商贾舟行不绝，漕运可通；又劾慕天颜前此禁止堵塞支河，勒令已进中河漕运退回，有意阻挠。命逮慕天颜鞫问，得成龙寄书，令勿顺从靳辅状，议削成龙太子少保，降二级调用，得旨留巡抚任。

　　二十八年正月，从上阅河，同侍郎徐廷玺往视下河，还奏："串场河已兴工挑浚，自丁溪场至白驹场，有通海之处三，滔子灶上又有归入丁溪之冯家坝小河，[二]宜加挑浚，俾河垛之水由丁溪入苦水洋。"从之。是年，畿辅旱，诏发帑金三十万两赈济。成龙疏言："兵丁仰借月粮，今岁米豆腾贵，请加给折色之半。"又言："旗下庄屯贫户，及未成灾州县贫民，请酌议赈恤。"又言："长芦盐引，前以军兴需饷加增，有壅积未销者，请豁免征课。"并得旨俞允。二十九年正月，以部推井陉道甘文焕久不赴任，奏荐湖广知府武廷适、戴梦熊、王辅，请简补。谕责以收罗别省官员之心，破坏定例，不准行。七月，疏请增设通州、昌平、顺义等州县及榆林、土木等驿马匹。大名府通判二员,移一员驻古北口管理驿务,移密云县丞驻石匣腰站。并下部议,从之。是年,内升左都御史,兼镶红旗汉军都统。

三十一年二月,王新命为山东巡抚佛伦劾罢,靳辅仍复任。十二月,靳辅卒,成龙任河道总督。三十二年五月,疏言:"靳辅令河员领帑购买柳束,工部驳减银一万八千两。今覆核,并无虚冒。"又言:"靳辅兴筑高家堰重堤,豫给夫役银四万四千馀两,王新命一再题销,工部以非例饬追。实因向来募夫远方,悉给安家路费,工完扣抵,故无扣给之名。此重堤工作中止,未经扣抵。今访察豫给是真,无从追缴。"诏并与豁免。三十三年正月,奉诏至京,疏言:"运河自通州、天津至山东峄县,卑薄各堤宜加筑高厚;武清八百户等处宜增建月堤。黄河自荥泽县至江南砀山县,卑薄各堤均宜加筑,高堰六坝、周桥大坝、永安西堤均宜改建石工,其毛城铺等处旧有引河,宜疏浚深通,檀度寺东堤及茆家围等处挑挖引河,即以所挖之土筑增两岸束水子堤,徐州城石岸急应大修,清江浦迤下至黄浦东、西两堤,扬州属江都东堤、高邮西堤,俱需加筑,并修茸闸坝涵洞。"又疏言:"河防各设专员,并无顾此失彼之虞。天津道有地方职掌,应增设两道,一驻河西务,一驻沧州,分管北自通州、南至德州河务。江南河工钱粮,向分厅库收支,不属淮徐、淮扬两道职掌,应增设河库道,桃源同知现驻南岸,应增北岸同知一。邳睢同知、宿虹同知现皆驻北岸,应增南岸通判各一。山阳、清河旧设同知一,应增一员,分管两县。毛城铺闸坝紧要,徐属同知难以兼顾,应增通判一,驻砀山县。"又疏言:"河工所费繁多,非开捐例不可。但银数太多,则无力者裹足不前,徒有开例之名,仍无济工之实。今仿陕西赈饥事例,酌量增减,另行条列,庶几援纳者众,工程得及时兴举。”

寻命同九卿科道入,谕询捐纳无累百姓否,于成龙奏:“可保无累。”上曰:“前所行捐纳事例,或因军需孔亟,或因拯救灾民,银米不能即至其地,为一时权宜之计。至修理河工钱粮,并非难于措处,岂可遽行捐纳?捐纳之人,岂尽殷实?大约称贷者多,不腹削百姓,则逋负何由而偿?且居要津者不给银,而虚冒捐纳亦复不少。陕西所捐银两,现今多有亏空,朕从宽未究,是皆有司不能摈绝情面嘱托所致。若不取偿于百姓,何以补其缺额?如此而云无累百姓,可乎?”成龙奏:“皇上忧劳百姓,屡发帑金百馀万,赈济陕西;且次第蠲免各省钱粮,动至数百万。臣愚拙无知,因河工费用浩繁,请开捐纳。兹蒙圣谕切指情弊,臣冒昧陈奏之罪奚辞!”上曰:“尔向日议河工事,曾面奏减水坝宜塞不宜开,今果可塞乎?”成龙奏曰:“臣彼时妄言,今亦照靳辅而行。”上命大学士以成龙所奏令九卿详议,尚书萨穆哈等议:“河道大修岁修,理应陆续题请。今成龙以数千里工程,欲一时尽行兴举,因请添设道员、同知、通判等官;又条列捐例,凡革职、年老、患疾、休致之人及布政使大员,概许捐复,俱未协事宜。怀私妄奏,应革职。”得旨从宽留任,仍兴举简要各工。七月,疏言:“洪泽一湖,密近淮城,为淮、睢二水所汇归。伏秋水发,波涛澎湃,仅恃高堰土堤,虽加筑坚固,仍须岁修抢修,急宜改建石工。所有六坝及自小黄庄起至古沟东涵洞止,共估工料银五十万两有奇。”疏下部议,从之。三十四年八月,以督理河务勤劳,复原职。旋丁父忧,回京。奏山阳县龙王闸修造尚迟五空桥及檀度寺应建闸通运,高堰石工应开,武家墩及杨家庙等坝运料事,并下新任总河董安国即行。

三十五年二月,上亲征噶尔丹,统师由中路进,先期以侍郎王国昌督运抚远大将军费扬古西路军粮。成龙以左都御史衔,同侍郎李鈵、左通政喀拜督运中路军粮。兵丁各裹粮八十日,八十日外给以成龙所运。四月,成龙诣格德尔库御营,奏运正项米一万九千石,多赍八千石,遵旨酌留各驿。五月丙辰朔,驾次拖稜,成龙奏直隶第一运至第六运已过第十五站格德尔库地,山东省第一运已过第十二站苏勒图地,诏以后运之六七千石留拖稜,备旋师之用。癸亥,驾至克鲁伦河,噶尔丹惊窜,上率前锋军追之。五月,至拖讷山,〔三〕计军粮日期将满,而成龙所运未至,乃以内大臣马思喀为平北大将军,率轻骑裹二十日粮追剿,止留扈从御营兵粮七日。戊辰,西路军大败噶尔丹于昭莫多。上旋师,至拖稜。成龙始至,命留驻,散给诸路军粮。六月,遵旨移驻察罕诺尔,收贮科图等处馀粮。八月,事竣,还京。

九月,上巡幸北塞,察视军情,命成龙偕李鈵、喀拜先赴归化城,督理粮务。十月,驾至归化城,谕曰:"尔等前此迟误,罪在不赦。今许尔等效力自赎。"成龙因与李鈵、喀拜、王国昌等各自备驼数十,以供挽运;又自备驼马车辆,运呼坦和朔仓米一千五百石至喀喇穆伦,复助马塘站。十一月,驾过鄂尔多斯之哲固斯台,将旋跸,命成龙与李鈵等分驻各站办事。十二月,还京。

三十六年正月,诏再亲征噶尔丹,成龙请从效力,命同王国昌、李鈵等先往宁夏,督运军粮。奏请以旗员及情愿效力人分管押运,派鄂尔多斯兵牵驼负载,并以理藩院司员随行。上皆允所请,召问何日起行。成龙奏俟效力人员同行,谕戒前者因待众迟误,毋再瞻顾他人,致己获罪。闰三月,自宁夏用船起运,牵马驼至第十站白塔接运从陆。驾过白塔二十五里驻营七日,大将军费扬古侦报噶尔丹毙死。上旋跸,成龙奉诏督运三之一赴费扬古军,馀留贮所至各站。寻又运回诸路馀粮于船站贮用,乃还。诏免议迟运前罪,仍议叙;如部议加四级,复特予骑都尉世职。

三十七年二月,命以总督衔管直隶巡抚事。三月,兴修永清、固安至张协七十里旧堤,挑浚浑河淤沙,十旬竣工。诏锡名永定河,建庙以祀。奏设南北岸两分司,一以重责成,视黄、运两河之例,敕部择谙练河务之候补、候选人员赴工效用。七月,疏言:“赞皇县地处重山,界连三省,久为贼薮。近遵恩谕,劝导自新,已相率归诚;而防缉不可无兵,应设马兵四百,以守备、千总各一,把总二辖之。”又言:“固关旧设马步兵七百馀名,叠经裁汰抽调,止存三之一。应移王家坪裁存马兵九十名隶固关参将,增设千总、把总各一。”疏下部,并从之。十一月,疏言:“驻防沧州满洲官兵三百二十六员名,岁需粟米七千二百八十馀石。从前截漕支给,近因部议不准截漕,以本州额征粟米拨给,仅得其半,馀皆采买邻封,市价低昂无定,运费赢缩无常,每误二、八两月支放之期。请自明年仍循旧例截漕支给为便。”疏下户部不准,特旨如所请行。

是月,董安国以不谙河务罢任,仍授成龙河道总督。谕大学士九卿曰:“于成龙屡委以事,尚克勉效。河工须相机料理,所与敕书,可入‘各部不得掣肘’语。”三十八年三月,上巡阅高家堰、归仁堤等处,以增筑疏浚事宜,谕令筹办。五月,疏言:“黄、运两河旧派徐州属邑民夫六千九百馀名,助河兵供役,率以老弱充数,且多逃旷。请按派夫旧额,改令每名征银五两,为添设河兵月粮。"又疏言:"皇上亲视河工,指授方略,大为修治。臣以需帑浩繁,请许急公人员捐修,蒙谕如果修筑坚固,疏浚深通,告成之日,自有议叙,仰见圣心寸功必酬。现在应修之处不一,若不酌定成例,恐效力人员观望不前。谨条列计丈、议叙各款。"疏并下九卿议行。

九月,以疾乞假,命在任调理。三十九年三月,卒。遗疏至,得旨:"于成龙才品兼优,服官勤慎。屡经简任,实心办事,不辞劳瘁。宣力有年,历著成效。前因患病,遣医前往诊视,方期痊可。兹闻溘逝,深为轸悼!下部优恤。"赐祭葬如例,谥曰襄勤。子永世,袭骑都尉。世宗宪皇帝雍正八年,以成龙入祀贤良祠。

【校勘记】

〔一〕二十五年二月　"五"原误作"二",又"二月"误作"三月"。满传卷二五叶八下同。今据仁录卷一二四叶一四下改。按耆献类征卷一六〇叶一四下作"二十三年三月",亦误。

〔二〕滔子灶上又有归入丁溪之冯家坝小河　"滔"原作"陷",形似而讹。满传卷二五叶一二下,及耆献类征卷一六〇叶一六下均同。今据仁录卷一四〇叶二上改。

〔三〕至拖讷山　"讷"原误作"诺"。满传卷二五叶一八上,及耆献类征卷一六〇叶一九下均同。今据仁录卷一七三叶一七下改。

姚启圣　子仪

姚启圣,浙江会稽人。顺治十六年,附族人籍,隶镶红旗汉军。由康熙二年举人授广东香山知县。八年,以擅开海禁,罢任。

十三年,逆藩耿精忠据福建叛,遣贼众陷浙江温州府城及台、处二府属县。圣祖仁皇帝命康亲王杰书统师进讨,启圣捐赀募兵,赴军前效力。委署诸暨县,同守备黄河清剿平紫琅山土贼。十四年正月,康亲王疏陈启圣劳绩,得旨授浙江温处道,随都统拉哈达剿平松阳、宣平二县。十五年八月,同副都统沃申、总兵陈世凯剿贼石塘,焚其木城,斩获甚众,乘胜复云和县。十月,康亲王进征福建,耿精忠降。

寻以启圣为福建布政使。时海贼郑锦踞漳、泉、兴化,大军进剿。启圣筹备甲胄、弓矢及战马,以备军用。十七年五月,总督郎廷佐奏启圣自携兵千馀,令其子姚仪统领,随大军剿贼,屡著捷功。其赡兵、〔一〕购马、制械,先后用银五万馀两,皆出己赀。得旨嘉奖。寻擢福建总督。值贼陷海澄、长泰、同安、惠安、平和等县。启圣条上十疏:一、请调福宁镇兵会同八旗兵及浙江提标兵,剿贼泉州,调衢州、赣州、潮州三路兵,剿贼漳州;一、酌给投诚官兵俸饷,以安反侧;一、愿自捐粮米,增募督标兵五千;一、荐举浙江贤能文武官二十员,请令赴闽调遣;一、增价籴谷一万石、米五千石,贮备军食;一、分兵防守要路,设站运饷;一、请复设漳浦、同安两镇总兵官;一、闽省经制兵旧有五万一千七百馀名,请增设一万八千名,俟贼平裁撤;一、严禁管兵官,以厮役冒占兵额;一、申明临阵胜败赏罚格,以振军心。疏下议政王大臣等详议,惟衢、赣、潮三路兵皆在要地,未便调闽;又既增督标兵,毋庸再广通省经制额;馀并如所请行。七月,启圣同海澄公黄芳泰遣兵由永福进,复平和及漳平二县。

九月,贼帅刘国轩等犯漳州,启圣同将军赉塔、都统沃申等率兵进剿,大破贼于蜈蚣山,复长泰县。叙功,晋正一品阶。复遣其子仪率兵抵同安,贼弃城遁,追斩伪副将林钦等。十月,启圣同副都统吉勒塔布、提督杨捷等败刘国轩于江东桥,又败之于潮沟。十八年正月,刘国轩纠党吴淑、何佑等踞郭塘、欧溪头,欲断江东桥,以犯长泰。启圣同赉塔、杨捷及巡抚吴兴祚等遣兵邀击,大破之,先后招降伪官四百馀员、贼兵一万四千馀名。五月,刘国轩、吴淑等率贼万馀,谋夺江东桥、榴山寨,启圣同赉塔、石调声击败之,至太平桥、潮沟,杀贼千馀。十九年二月,同赉塔、杨捷、石调声等督兵攻复海澄县。时提督万正色先克海坛,启圣同赉塔及总兵赵得寿、黄大来等分兵七路并进,破贼十九寨;又别遣将弁乘潮渡海,克取金门、厦门,招降伪将军朱天贵、杨彪等。是年秋,恢复长泰等县。叙功,晋兵部尚书、太子太保。

二十年四月,左都御史徐元文疏劾之,曰:"启圣自为香山县知县,秽迹彰闻,革职提问,永不叙用。只以逆孽变乱,孑身戎行,遂冒军功,骤致节钺。正当殚力竭忠,以报恩遇,不谓素性乖张,举措轻妄,以虚词为实事,以干没为己赍。其言欺罔无据,其心险侧不平。臣请略举数端,有大可骇者:大臣官员侵占民利,煌煌严禁,而启圣前者妄请借司库银十二万两,经营取息,可骇者一;启圣自陈疏称家无片瓦,而以臣所闻,启圣挥霍金钱,不异泥沙,题报军前捐银十五万两有奇,此银不从天降,不由地出,谓非克军饷、朘民膏,臣不信也,可骇者二;闽省民困已极,启圣不能加意存抚,乃拆毁民居,筑园亭水阁,日役千人,舞女歌儿充牣房闼，又强取长泰县乡绅戴玑孙女为妾，委其兄戴法署教官，物议沸腾，可骇者三；海坛进师，启圣力为阻挠，一则曰不敢轻举丧师辱国，一则曰不敢以封疆为儿戏，及恢复海坛，继取金门、厦门，又言当直取台湾，其始则欲养寇，其继又欲穷兵，可骇者四；启圣有卒数万，与海坛万馀之贼相持三载，不能成功，乃欲令水师提督统新降之众，远涉波涛，以图万一之侥幸，继因词穷理屈，即自请出师，漫无布置，始为是语以塞人口，可骇者五；吴兴祚、万正色平海奏功，启圣心怀惭妒，跪向侍郎温岱云：'正色密遣人与伪都督朱天贵约定投诚，随让海坛而去。'其言尤为不根，海坛贼遁之后，朱天贵尚尔狂逞，启圣疏云：'厦门虽经恢复，而朱天贵实为后患。'则所云'让去'者，显系妄造，臣不知启圣何心，与驱除海逆者作难如此，可骇者六；总兵封疆大吏，乃因欲行谗谮，长跪部臣之前，失大臣体，可骇者七。兵部据启圣之言，以为兴祚等冒滥军功，赖皇上圣明，洞鉴万里，令即行议叙。自此劳臣吐气，人心莫不鼓舞。克海贼者既有功，则妒功者自应有罪。总之启圣恣睢放诞，险诈欺诬，委以封疆，甚非八闽苍生之福。乞敕部确察严议，以为人臣诡谲行私者戒。"

　　疏入，命启圣回奏。寻奏言："臣于康熙十七年十月进兵至凤凰山，因一时投诚者甚多，犒赏不继，与抚臣吴兴祚议及外省贸易，颇有微息，前督臣李率泰、经略臣洪承畴曾借帑为之。遂冒昧上疏，未蒙俞允。臣等虽因公起见，然不应以琐事上渎宸聪。臣自入仕京中，未有产业，而军前捐银十五万有奇者，香山革职后贸易七年，颇积微赀，并臣浙江祖业变价，及亲朋借贷，经年累月，而后有此数。臣视师漳南，于康熙十七年七月巡边至省,见总督衙门被耿精忠屯伪官兵居住,以致拆毁倒塌。臣因捐赏修整,每日所用匠夫不过数十名,各给口粮工价。栅外有员役搭盖小房,令其自行拆去。至臣妾数人,俱有子女,年已老大,并无歌儿舞女;强取戴玑孙女,更无其事。教官戴法乃前督臣郎廷相批委者,臣到任时,戴法已署事八月矣。康熙十八年十一月,臣有密陈进剿机宜清字一疏,请水陆各分五路进兵,内称'转盼来春南风一起,船只难行,又须坐守一年,徒费钱粮'。臣彼时尚尔踊跃,岂至次年辄肯迟滞?且抚臣一经拜疏出师,臣即会同将军杨捷亲领弁兵进攻岛屿海仓,并十九寨,上下夹攻,以分贼势。至得厦门之后,即攻台湾。臣先于十八年九月,有密陈一统规模清字一疏,云:'前得厦门,弃而不守,亦不再攻台湾,将船只尽毁,以致海贼复起,我兵无船可用。今托皇上洪福,如得厦门之后,即进剿台湾,不难破卵覆巢。'是臣欲攻台湾,始终如一,非既得厦门,方请宜取台湾也。及十七年九月,臣等大败海贼于蜈蚣山,实因兵单,不能分取海澄、观音山等处。至十月中,催各路官兵到漳,而贼已深沟高垒矣。平南将军臣赉塔、抚臣吴兴祚、提臣杨捷及臣等会商,若止于陆路进兵,断难必胜,决须水陆夹攻。臣百端筹画,不敢轻举,贻误封疆,审有可取之机,方敢上疏自请督师,始为是言也。侍郎臣温岱入奏之言,臣得之朱天贵。天贵六月到漳,招抚投诚之说,天贵言之而臣始知之。总之抚臣、提臣拜疏出师,则平贼之首功已定,臣何所容其惭妒乎?温岱曾云:'总督、提督俱要和衷。'臣因望阙跪誓,不肯负恩,岂跪部臣乎?总之,臣任闽三载,虽无妒功之心,实有溺职之罪。伏祈敕部严加议处,另简贤能,庶臣心安而臣心白矣。"疏入,报闻,下部知之。

二十一年二月,叙恢复海澄,克取金门、厦门功,予骑都尉世职,加一云骑尉。时郑锦已死,次子克塽仍其伪爵,〔二〕称延平王,凡事皆决之刘国轩等。遣人赍书,愿称臣入贡,不剃发登岸,如琉球、高丽例。启圣以奏,上不许,谕趣水师提督施琅进征。二十二年六月,施琅击败贼众,取澎湖。八月,启圣至澎湖,经理粮饷。是月,施琅定台湾,郑克塽、刘国轩等皆降。启圣还福州。十一月,卒,年六十。明年九月,部议启圣修理船只、军械,浮冒帑金四万七千两有奇,应追缴。上以启圣素著劳绩,免之。

子姚仪,初以捐纳知县从征福建,康亲王以游击委用。同安之捷,启圣奏其督战有功,下部议叙,以员外郎用,选郎中,应出为知府,命仍以京官用。议应授五品京堂。上以仪才干素优,且愿以武职自效,改都督佥事,以总兵官用。二十二年正月,授江南狼山总兵官。至是袭职,历杭州、沅州、鹤丽总兵。三十四年十月,擢镶红旗汉军副都统。明年,卒,赐祭葬如例。子法祖,袭职。

【校勘记】

〔一〕其赡兵　"赡"原误作"缮"。耆献类征卷一五九叶一五下同。今据满传卷二三叶二五下改。

〔二〕次子克塽仍其伪爵　原脱"次"字。满传卷二三叶三二下,及耆献类征卷一五九叶一九下均同。今据仁录卷九六叶一四下补。